Marc Bloch

Die
Feudalgesellschaft

Propyläen

Für Ferdinand Lot
mit großer Hochachtung und
in dankbarer Verbundenheit

Inhalt

5

6

7

9

Allgemeine Hinweise zum Gegenstand der Untersuchung

Seit kaum mehr als zwei Jahrhunderten kann ein Buch mit dem Titel
»Die Feudalgesellschaft« darauf hoffen, im voraus eine Vorstellung von
seinem Inhalt zu vermitteln. Doch das Adjektiv als solches ist sehr alt,
in seinem lateinischen Gewand – *feodalis* – stammt es aus dem Mittelalter. Jünger ist das französische Substantiv »féodalité« (Feudalismus), das
doch zumindest bis in das 17. Jahrhundert zurückgeht. Aber das eine
wie das andere Wort bewahrten lange Zeit einen begrenzt juristischen
Sinn. Wie wir noch sehen werden, war das Lehen (*faodum, feudum*)
eine Art von Besitz an dinglichem Gut, unter feudal (féodal) verstand
man »das, was das Lehen betrifft« – so jedenfalls drückt sich die Académie Française aus –, und unter Feudalismus (féodalité) verstand man
bald »die Qualität des Lehens«, bald die zu diesem Lehen gehörigen
Lasten. 1630 nennt der Lexikograph Richelet diese Ausdrücke eine
»Sprache der Gerichte«, nicht der Historiker. Wann kam man auf den
Gedanken, den Wortsinn so zu erweitern, um ihn für die Bezeichnung
eines gesellschaftlichen Zustandes zu verwenden? »Gouvernement féodal« und »féodalité« (Feudalherrschaft, Feudalismus) spielen in diesem
Sinn in den »Lettres Historiques sur les Parlements« eine Rolle, die 1727
erschienen, fünf Jahre nach dem Tode ihres Verfassers, des Grafen von
Boulainvilliers[1]. Das ist das älteste Beispiel, das zu entdecken mir nach
recht eindringender Untersuchung vergönnt war. Vielleicht wird eines
Tages ein anderer Forscher mehr Glück haben. Bei diesem merkwürdigen Herren von Boulainvilliers, der zugleich Freund Fénélons und Über-
setzer Spinozas war, obendrein ein leidenschaftlicher Verteidiger des
Adels, der sich einbildete, von germanischen Häuptlingen abzustammen
und mit weniger Temperament, dafür mit mehr Gelehrsamkeit eine
Art vorzeitiger Gobineau genannt werden könnte, bei ihm also läßt
man sich bereitwillig von dem Gedanken einnehmen, ihn vorbehaltlich
genauerer Nachforschung zum Erfinder einer neuen Einteilung der Geschichte zu machen. Denn darum handelt es sich wohl in der Tat und
wir kennen nur wenige ebenso entscheidende Phasen wie den Zeitpunkt,

11

als »Reiche«, Dynastien, berühmte Zeitalter, die alle unter dem Zeichen eines namengebenden Helden standen, mit einem Wort, alle die alten Zergliederungen der Geschichte, die einer monarchischen und rhetorischen Tradition entstammten, sich auf diese Weise anschickten, einem anderen Gliederungsschema Platz zu machen, das sich auf die Betrachtung gesellschaftlicher Erscheinungen gründete.

Es blieb indessen einem berühmteren Schriftsteller vorbehalten, den Begriff und das, was er ausdrückt, einzubürgern. Montesquieu hatte Boulainvilliers gelesen. Im übrigen konnte ihn die juristische Terminologie nicht abschrecken. Sollte nicht die auch unter seinen Händen sich formende Literatursprache um die Hinterlassenschaft der Gerichtshöfe bereichert werden? Sollte es so scheinen, als habe er »féodalité« gemieden, ein Wort, das sicher nach seinem Geschmack zu abstrakt war, so war er es unbestreitbar, der der gebildeten Öffentlichkeit seines Jahrhunderts die Überzeugung vermittelte, daß die »lois féodales« (Recht der Feudalzeit) eine Phase der Geschichte kennzeichneten. Aus dem Französischen drangen Wort und Begriff in die anderen Sprachen Europas ein: bald wurden sie ganz einfach übernommen, bald wie im Deutschen übersetzt (Lehnswesen). Schließlich vollendete die Revolution, die sich gegen das erhob, was noch von den Institutionen überdauert hatte, die von Boulainvilliers gerade erst getauft worden waren, die Popularisierung dieses Namens, den er ihnen in einem ganz entgegengesetzten Sinn verliehen hatte. »Die Nationalversammlung«, so heißt es in dem berühmten Beschluß vom 11. August 1789, »schafft die Feudalherrschaft vollständig ab.« Wie sollte man in Zukunft die Wirklichkeit eines Gesellschaftssystems in Zweifel ziehen, dessen Zerstörung so viel Mühe gekostet hatte[2]?

Dennoch muß man zugeben, daß das Wort Feudalismus, dem eine so große Zukunft verheißen war, ein äußerst schlecht gewähltes Wort war. Ohne Zweifel erscheinen die Gründe, die ursprünglich über seine Aufnahme in den Sprachschatz entschieden, durchaus einleuchtend. Zeitgenossen der absoluten Monarchie wie Boulainvilliers und Montesquieu hielten die Aufsplitterung der Souveränität auf eine Unzahl von kleinen Fürsten oder selbst von Dorfherren für die auffallendste Besonderheit des Mittelalters. Dieses Merkmal glaubten sie zu treffen, wenn sie den Ausdruck Feudalismus anwandten; denn wenn sie von Lehen sprachen, so dachten sie sowohl an Territorialfürstentümer als auch an Grundherrschaften. Aber weder waren alle Grundherrschaften wirklich Lehen noch waren alle Lehen Fürstentümer oder Grundherrschaften. Vor allem darf man daran zweifeln, daß ein sehr komplexer Typ der Sozialverfassung mit Erfolg nach einer unter vielen anderen Formen des dinglichen Rechts benannt werden kann, sei es, daß man den ausschließlich politischen Aspekt dieses Typus berücksichtigt oder man »Lehen« in der ganzen Kraft seiner juristischen Bedeutung begreift. Doch diese Worte sind wie abgenutzte Münzen, die in ihrem Umlauf von Hand zu Hand gehen und ihr ursprüngliches Relief verlieren. Der heute geläufige Gebrauch von »Feudalismus« und »Feudalgesellschaft« umfaßt einen ganzen Komplex von Vorstellungen, bei denen das eigentliche Lehen nicht mehr im Vordergrund steht. Der Historiker kann sich dieser Ausdrücke unter der Bedingung ohne Gewissensbisse bedienen, daß er sie einfach wie eine von jetzt an übliche Signatur für einen Inhalt verwendet, dessen Definition aussteht. Er kann es mit ebensowenig Gewissensbissen tun, wie der Physiker es nicht überprüft, wenn er ohne Rücksicht auf das Griechische das »Atom« ein Faktum nennt, das zu spalten er seine Zeit verbringt.

Es ist höchst bedeutsam zu wissen, ob nicht andere Gesellschaften zu anderen Zeiten oder unter einem anderen Himmel ein in ihren Grundzügen unserem westeuropäischen Feudalismus durchaus vergleichbares Gefüge hervorgebracht haben, das es wiederum verdient hätte, »feudal« genannt zu werden. Wir werden diese Frage wieder am Ende des Buches aufnehmen. Aber nicht ihr ist dieses Buch gewidmet. Der Feudalismus, den zu analysieren wir im Begriff sind, ist derjenige, der diesen Namen als erster empfing. Der zeitliche Rahmen der Untersuchung wird deshalb unter dem Vorbehalt bestimmter Fragen des Ursprungs oder des Nachlebens durch diese Periode unserer Geschichte bestimmt, die sich ungefähr von der Mitte des 9. Jahrhunderts bis in die ersten Jahrzehnte des 13. erstreckt hat. Der geographische Rahmen ist durch West- und Mitteleuropa gegeben. Nun, da diese Daten zu ihrer Rechtfertigung allein noch auf die Untersuchung warten, scheint im Gegensatz dazu die räumliche Begrenzung eine kurze Bemerkung zu fordern.

Die antiken Kulturen waren rings um das Mittelmeer verteilt. »Von der Erde«, schreibt Platon, »bewohnen wir nur den Teil, der sich vom Phasis bis zu den Säulen des Herkules erstreckt, und hocken um das Meer wie Ameisen oder Frösche um einen Teich[3].« Trotz der Eroberungen blieb dieses Gewässer nach Ablauf vieler Jahrhunderte die Achse der römischen Welt. Ein aquitanischer Senator konnte am Ufer des Bosporus Karriere machen und in Mazedonien ausgedehnte Güter besitzen. Die großen Preisschwankungen erschütterten die Wirtschaft vom Bosporus bis nach Gallien. Die Existenz des kaiserlichen Rom kann man sich ohne das afrikanische Getreide ebensowenig vorstellen wie die katholische Theologie ohne den Afrikaner Augustin. Kaum hatte man da-

gegen den Rhein überquert, begann fremd und feindlich das unermeßliche Land der Barbaren.

Nun waren an der Schwelle des Zeitabschnittes, den wir Mittelalter
nennen, zwei tiefgreifende Bewegungen unter den Völkern in Gang gesetzt worden, die dieses Gleichgewicht zerstören sollten – wir wollen
an dieser Stelle nicht untersuchen, in welchem Maße es schon im Inneren
erschüttert worden war –, um es durch ein ganz andersartiges Gebilde
zu ersetzen. Zuerst waren es die Invasionen der Germanen, dann die
Eroberungen der Muselmanen. Die gemeinsamen Anschauungen von
Leben und Gesellschaft vereinten von nun an die von Germanen besetzten Länder im größten Teil des einst vom Weströmischen Reich ein-
geschlossenen Gebietes, mitunter sogar unter derselben Herrschaft. Allmählich schlossen sich die mehr oder minder assimilierten kleinen keltischen Gruppen auf den Inseln an. Dagegen machte sich Nordafrika
auf ein ganz anderes Schicksal gefaßt. Der Rückstoß der Berber hatte
den Bruch vorbereitet, der Islam ihn vollendet. Außerdem hatten die
Siege der Araber an den Küsten der Levante das alte Oströmische Reich
auf den Balkan und Anatolien beschränkt und dadurch das Griechische
Kaiserreich geschaffen. Beschwerliche Verkehrsverbindungen, eine ganz
andersartige Sozialstruktur und politische Verfassung, eine religiöse
Anschauung und eine Kirchenorganisation, die von der lateinischen erheblich abwich, isolierten den Osten immer mehr von der Christenheit
des Westens. So weit der Westen auch im Osten des Kontinents auf die
slawischen Völker ausstrahlte und unter einigen von ihnen mit der ihm
eigenen religiösen Form, dem Katholizismus, seine Denkungsart und
selbst bestimmte Einrichtungen verbreitet hat, so folgen doch die diesem Sprachenzweig angehörenden Gemeinschaften größtenteils einer
vollkommen eigenständigen Entwicklung.

Eingeschlossen von diesen drei Blöcken der Mohammedaner, Byzantiner und Slawen, zudem seit dem 10. Jahrhundert ständig mit der Er-
weiterung seiner fließenden Grenzen beschäftigt, war dieses romanisch-
germanische Gefüge gewiß weit davon entfernt, von sich selbst ein Bild
der vollkommenen Gleichartigkeit zu bieten. Auf den Elementen, die
es schufen, ruhten die Gegensätze seiner Vergangenheit, die zu lebendig
waren, als daß ihre Wirkung nicht bis in die Gegenwart gereicht hätte.
Selbst da, wo der Ausgangspunkt fast derselbe war, gabelten sich im
folgenden verschiedene Wege der Entwicklung. So sehr indessen diese
Unterschiede hervortreten konnten – warum sollen wir nicht eine bestimmte Höhe der gemeinsamen Kultur über ihnen erkennen, die
Westeuropas? Nicht nur, um dem Leser den Verdruß an lästigen Adjek-
tiven zu ersparen, werden wir auf den folgenden Seiten ganz kurz

»Europa« immer dann sagen, wenn »West- oder Mitteleuropa« hätte erwartet werden können. Was hat es tatsächlich mit der Bedeutung des Wortes und seinen Grenzen in der alten, künstlichen Geographie der fünf »Weltteile« auf sich? Seine menschliche Geltung zählt allein. Wie anders sollte die europäische Kultur keimen und sich entfalten, um sich sodann über den Erdball auszubreiten, als unter den Menschen, die zwischen dem Tyrrhenischen und dem Adriatischen Meer, der Elbe und dem Atlantischen Ozean lebten? Mehr oder weniger verschwommen dachte so schon im 8. Jahrhundert jener spanische Chronist, der sich darin gefiel, die über den Islam siegreichen Franken Karl Martells als »Europäer« zu bezeichnen oder ungefähr zweihundert Jahre später der sächsische Mönch Widukind, der eilfertig in der Gestalt Ottos des Großen, der die Ungarn zurückgeschlagen hatte, den Befreier »Europas« pries[4]. In diesem Sinne, der den reichsten historischen Gehalt hat, ist Europa eine Schöpfung des frühen Mittelalters. Als für Europa das eigentliche Feudalzeitalter begann, existierte es schon.

Der Begriff Feudalismus, der sich auf eine Zeitspanne der europäischen Geschichte bezieht, die oben in ihren Grenzen bestimmt worden ist, sollte zum Gegenstand mitunter fast gegensätzlicher Interpretationen werden. Gerade seine Existenz beweist die Ursprünglichkeit, die man instinktiv der von ihm bezeichneten Periode zuerkannt hat. So sehr sich auch ein Buch über die Feudalgesellschaft als ein Versuch verstehen kann, auf eine durch seinen Titel gestellte Frage zu antworten: auf Grund welcher Besonderheiten verdient es dieser Ausschnitt aus der Vergangenheit, getrennt von den angrenzenden Partien behandelt zu werden? Mit anderen Worten, wir wollen hier den Versuch unternehmen, eine Gesellschaftsstruktur in ihrem Zusammenhang zu analysieren und zu erklären. Wenn sich eine ähnliche Methode in der Erprobung als fruchtbar herausstellt, könnte sie auf andere Untersuchungsgebiete angewandt werden, die durch verschiedenartige Grenzen bestimmt sind. Ich hoffe, daß das, was dieses Unternehmen ohne Zweifel an Neuem bringt, die bei seiner Durchführung entstehenden Fehler entschuldigen wird.

Nun hat es aber der Umfang der so verstandenen Untersuchung notwendig gemacht, die Darstellung der Ergebnisse aufzuteilen. Ein erster Band* wird die allgemeinen Grundlagen der gesellschaftlichen Verhältnisse beschreiben, dann das Entstehen jener Bande der Abhängigkeit

---

* Die beiden Bände sind in der vorliegenden Ausgabe in einem Band vereinigt. Anm. d. Herausgebers d. franz. Reihe.

von Mensch zu Mensch, die der Feudalordnung vor allen Dingen ihre eigentümliche Färbung gegeben haben. Der zweite wird sich der Entwicklung der Klassen und den Herrschaftssystemen widmen. Es ist immer schwierig, in einem lebenden Organismus einen Einschnitt vorzunehmen. Es gab einen Zeitpunkt, an dem zugleich die alten Klassen ihre Umrisse genauer hervortreten ließen, eine neue Klasse, nämlich das Bürgertum, seine besondere Eigenart behauptete und die öffentliche Gewalt aus einer langen Schwächeperiode heraustrat: aber es war zumindest auch der Zeitpunkt, zu dem in der westeuropäischen Kultur die spezifisch feudalen Züge zurückzutreten begannen. Von zwei dem Leser hintereinander dargebotenen Studien wird, ohne daß zwischen ihnen eine streng chronologische Trennung möglich erschiene, die erste vor allem die Entstehung der Feudalgesellschaft darstellen, die zweite das endgültig Gewordene und das Nachleben bieten.

Aber der Historiker ist keineswegs ein freier Mann. Von der Vergangenheit weiß er nur das, was ihm die Vergangenheit selbst anvertrauen will. Sobald sich außerdem herausstellt, daß der Stoff, den zu bewältigen er sich bemüht, zu gewaltig ist, als daß es ihm vergönnt bleibt, alle Quellen persönlich zu überprüfen, fühlt er sich durch die Umstände der Nachforschungen in seiner Untersuchung ständig gehemmt. Mit Sicherheit wird man hier keine Darstellung der Papierkriege finden, von denen die Wissenschaft mehr als einmal ein Schauspiel geboten hat. Warum soll man es hinnehmen, daß die Geschichte vor den Historikern in den Hintergrund tritt? Andererseits habe ich mich immer bemüht, niemals zu verschweigen, welches auch immer die Ursprünge, die Lükken oder die Schwächen unserer Kenntnisse waren. Ich glaubte nicht, Gefahr zu laufen, den Leser dadurch abzuschrecken. Im Gegenteil, eine Wissenschaft, die voll in Bewegung ist, unter dem falsch verstandenen Blickwinkel der Starrheit darzustellen, hieße Gefahr zu laufen, Langeweile und Kälte über sie auszubreiten. Einer der Menschen, die am weitesten in das Verständnis der mittelalterlichen Gesellschaften vorgedrungen sind, der große englische Rechtsgelehrte Maitland, hat gesagt, ein Geschichtsbuch müsse hungrig machen, – hungrig zu lernen und vor allem: zu suchen. Dieses Buch hier hat allein den Wunsch, einigen Arbeitern Appetit zu machen[5].

BAND I

DAS ENTSTEHEN VON BANDEN
DER ABHÄNGIGKEIT

ERSTER TEIL

DIE UMWELT

Erstes Buch

Die letzten Völkerstürme

1. Kapitel

Muslime und Ungarn

1. Das überfallene und bedrängte Europa

»Ihr seht vor Euch den Zorn Gottes sich erheben... Hier gibt es nur entvölkerte Städte, bis auf die Grundmauern zerstörte oder angezündete Klöster, Felder, die zu Einöden geworden sind... Überall bedrückt der Starke den Schwachen und die Menschen gleichen den Fischen des Meeres, die sich kreuz und quer gegenseitig verschlingen.«
So sprachen die 909 in Trosly versammelten Bischöfe der Kirchenprovinz Reims. Die Literatur des 9. und 10. Jahrhunderts, die Urkunden und Konzilsbeschlüsse sind voll dieser Klagen. Nehmen wir soweit wir wollen Anteil am Pathos wie am natürlichen Pessimismus der geistlichen Autoren. Bei diesem ohne Unterlaß erklingenden Thema, das übrigens die Tatsachen bestätigen, kommt es mit Nachdruck darauf an, etwas anderes als einen Gemeinplatz zu erkennen. Gewiß hatten in dieser Zeit die Menschen, die zu beobachten und zu vergleichen wußten, besonders die Geistlichen, das Gefühl, in einer widerwärtigen Atmosphäre des Chaos und der Gewalttätigkeit zu leben. Der mittelalterliche Feudalismus ist im Schoß einer unendlich verworrenen Zeit entstanden. In einem gewissen Maß ist er aus dieser Verwirrung selbst geboren worden. Nun waren aber unter den Ursachen, die dazu beitrugen, eine so verwilderte Umwelt zu schaffen oder zu erhalten, durchaus auch solche, die von außen auf die innere Entwicklung der europäischen Gesellschaften einwirkten. Die einige Jahrhunderte zuvor im glühenden Schmelztiegel der germanischen Völkerwanderung entstandene westliche Kultur stellt wiederum eine belagerte, oder besser gesagt, eine mehr als zur Hälfte eingenommene Festung dar. Der Angriff geschah von drei Seiten zugleich: im Süden waren es die Anhänger des Islam, die Araber oder die arabisierten Völker, im Osten die Ungarn, im Norden die Wikinger.

19

2. Die Muslime

Von den Feinden, die wir soeben aufgezählt haben, war der Islam sicher der am wenigsten gefährliche, obwohl man nicht voreilig das Wort Dekadenz gebrauchen sollte. Für lange Zeit hatten weder Gallien noch Italien unter ihren armen Städten etwas anzubieten, das dem Glanz von Bagdad oder Cordoba gleich kam. Bis zum 12. Jahrhundert übten die muselmanische und die byzantinische Welt in der Tat eine wirtschaftliche Vorherrschaft über den Westen aus. Die wenigen Goldmünzen, die noch in unseren Landstrichen umliefen, stammten aus griechischen oder arabischen Prägestätten oder imitierten, wie auch mehr als eine Silbermünze, diese Prägungen. Und als das 8. und 9. Jahrhundert die Einheit des großen Kalifats für immer zerbrechen sahen, blieben die verschiedenen Staaten, die sich schließlich auf seinen Trümmern erhoben, furchterregende Mächte. Aber es handelte sich seitdem weniger um Invasionen im eigentlichen Wortsinn als um Grenzkriege. Lassen wir den Osten beiseite, wo die griechischen Kaiser aus der Amorischen und Makedonischen Dynastie (828-1056) mühsam und tapfer die Wiedereroberung Kleinasiens in Angriff nahmen. Die westlichen Gesellschaften stießen mit den islamischen Staaten nur an zwei Fronten zusammen. Zuerst Süditalien: Es war gleichsam ein Jagdrevier der Herren, die über die alte römische Provinz Afrika regierten, nämlich der aghlabidischen Emire von Kairuan, dann seit dem Beginn des 10. Jahrhunderts der Fatimiden – Kalifen. Die Aghlabiden entrissen den Griechen Sizilien Stück um Stück; sie hatten es seit Justinian besessen und der letzte feste Ort Taormina fiel 902. Zur gleichen Zeit hatten die Araber ihren Fuß auf die Halbinsel gesetzt. Quer durch alle byzantinischen Provinzen des Südens bedrohten sie die halb unabhängigen Städte der tyrrhenischen Küste und die kleinen lombardischen Fürstentümer Kampaniens und der Beneventer Region, die mehr oder weniger der Herrschaft Konstantinopels unterworfen waren. Noch zu Beginn des 11. Jahrhunderts lenkten sie ihre Züge bis in das Sabiner Bergland. Ein Trupp, der seinen Schlupfwinkel in die bewaldeten Höhen des Monte Argento ganz in der Nähe Gaetas verlegt hatte, konnte erst 915 aufgerieben werden, nachdem er die Gegend zwanzig Jahre lang verheert hatte. 892 brach der junge »Römische Kaiser« Otto II., der sich, obwohl von sächsischer Abkunft, doch um nichts weniger in Italien ebenso wie anderswo als Erbe der Cäsaren betrachtete, zur Eroberung des Südens auf. Er beging die erstaunliche Torheit, die sich im Mittelalter so oft wiederholen sollte, den Sommer zu erwählen, um eine an ein ganz anderes Klima gewöhnte Armee in dieses glühende Land zu führen, und als er am 25. Juli an der

Ostküste Kalabriens auf mohammedanische Truppen stieß, sah er sich durch sie eine außerordentlich demütigende Niederlage erleiden. Die mohammedanische Gefahr lastete weiter auf diesen Landschaften bis zu dem Augenblick, als im Laufe des 11. Jahrhunderts eine Handvoll Abenteurer, die aus der französischen Normandie gekommen waren, sowohl Byzantiner wie auch Araber verdrängten. Sie schlossen Sizilien mit dem Süden der Halbinsel zusammen und der starke Staat, den sie schließlich schufen, sollte zugleich Eindringlingen für immer den Weg versperren und zwischen der lateinischen und der islamischen Kultur die Rolle eines glanzvollen Vermittlers spielen. Wie man sieht, hatte sich auf italienischem Boden der Kampf gegen die Sarazenen, der im 9. Jahrhundert begonnen hatte, über eine lange Zeit ausgedehnt, aber er war mit ziemlich geringen Schwankungen des territorialen Gewinns auf der einen wie auf der anderen Seite verlaufen. Besonders interessierte dieser Kampf als der eines Randgebietes innerhalb der katholischen Christenheit kaum.

Die andere Zone des Aufeinanderprallens befand sich in Spanien. Dort handelte es sich auf der Seite des Islam nicht mehr um Plünderungszüge oder um vorübergehende Besetzungen; hier lebte eine vielköpfige Bevölkerung islamischen Glaubens und die von den Arabern begründeten Staaten besaßen ihre Zentren im Lande selbst. Zu Beginn des 10. Jahrhunderts hatten die sarazenischen Trupps die Kenntnis vom Weg über die Pyrenäen durchaus noch nicht vergessen. Aber die weiterreichenden Vorstöße wurden immer seltener. Ausgehend vom äußersten Norden, machte trotz zahlreicher Rückschläge und Demütigungen die christliche Rückeroberung langsame Fortschritte. In Galizien und auf den Hochebenen des Nordwestens, die die Emire oder Kalifen von Cordoba, deren Macht zu weit im Süden verankert war, niemals fest in der Hand hatten, rückten die kleinen christlichen Königreiche, die bald zersplittert, bald unter einem Fürsten wiedervereinigt waren, seit der Mitte des 11. Jahrhunderts bis in die Gegend des Duero vor; der Tajo wurde 1085 erreicht. Dagegen blieb zu Füßen der Pyrenäen der doch so nahe Lauf des Ebro für ziemlich lange Zeit muselmanisch; Zaragoza fiel erst 1118. Die Kämpfe, die im übrigen keineswegs friedlichere Beziehungen ausschlossen, kannten insgesamt nur kurze Waffenpausen. Sie gaben der spanischen Gesellschaft ein eigentümliches Gepräge. Mit dem Europa »jenseits der Pässe« berührte sie sich höchstens in dem Maße, daß sie – hauptsächlich seit Beginn der zweiten Hälfte des 11. Jahrhunderts – seinem Rittertum Gelegenheit zu glanzvollen, einträglichen und frommen Abenteuern gab, zur selben Zeit, in der es seinen Bauern möglich gemacht wurde, die menschenleeren Länder zu besiedeln, in die sie die spanischen Könige oder Herren geholt hatten. Aber Hand in Hand mit den eigentlichen Kriegen nisteten sich Räuberei und Wegelagerei ein. Insbesondere dadurch trugen die Sarazenen zum allgemeinen Chaos des Westens bei.

Seit langer Zeit fuhren die Araber zur See. Von ihren Schlupfwinkeln in Afrika, in Spanien und vor allem den Balearen durchstreiften ihre Freibeuter das westliche Mittelmeer. Indessen befuhren nur ziemlich wenige Schiffe diese Gewässer, und so brachte das eigentliche Seeräubergeschäft nur bescheidenen Gewinn. Wie die Wikinger zur gleichen Zeit, sahen die Sarazenen in der Beherrschung des Meeres vor allem ein Mittel, an Küsten zu gelangen und dort ertragreiche Raubzüge zu unternehmen. Schon 842 fuhren sie die Rhône bis in das Vorgelände von Arles hinauf und plünderten auf ihrer Fahrt die beiden Ufer. Die Camargue diente ihnen damals gewöhnlich als Ausgangsbasis. Aber bald sollte ihnen ein glücklicher Umstand zusammen mit einer gesicherten Niederlassung auch die Möglichkeit verschaffen, ihre Verheerungen in besonderer Weise auszudehnen.

Zu einem Zeitpunkt, der sich nicht mehr genau bestimmen läßt, ungefähr um 890, wird ein kleines, aus Spanien kommendes Sarazenenschiff von Stürmen an die provenzalische Küste getrieben, bei den Ausläufern des heutigen Ortes Saint-Tropez. So lange der Tag dauerte, ließen sich seine Insassen nicht blicken, doch dann, als die Nacht gekommen war, massakrierten sie die Einwohner eines benachbarten Dorfes. Gebirgig und bewaldet – man nannte es damals das Eschenland (Freinet)[6] – war dieses Stück Erde gut zu verteidigen. Wie ungefähr zur gleichen Zeit ihre Mitstreiter auf dem Monte Argento in Kampanien, verschanzten sich unsere Leute auf einer Höhe mitten im Dornendickicht und lockten Gleichgesinnte an. So entstand das gefährlichste aller Raubnester. Mit Ausnahme von Fréjus, das geplündert wurde, scheint es, daß die hinter ihren Mauern geschützt liegenden Städte nicht direkt gelitten hätten. Aber im ganzen der Küste benachbarten Gebiet ist die Landschaft grauenhaft verwüstet worden. Außerdem machten die Plünderer aus dem Freinet zahlreiche Gefangene, die sie auf spanischen Märkten verkauften.

Ebensowenig zögerten sie, ihre Vorstöße über das Küstenland hinaus zu tragen. Sicher war ihre Zahl sehr gering, weshalb sie sich nur ungern in das Rhônetal wagten, das verhältnismäßig bevölkert und mit festen Städten oder Burgen besetzt war. Dagegen gestattete das Alpenmassiv kleinen Trupps, sich von Bergkette zu Bergkette oder von Horst zu Horst weiter vorzuschleichen, doch wohlgemerkt nur geübten Bergsteigern.

Denn diese Sarazenen, die aus dem Spanien der Sierras oder dem gebirgigen Maghreb stammten, waren, wie es ein St. Galler Mönch ausdrückte, »wahre Ziegen«. Andererseits boten die Alpen trotz ihrer Gestalt ein

für Raubzüge nicht zu verachtendes Gelände. Hinter der Höhe einschlie-
ßender Gebirgszüge verbargen sich fruchtbare Täler, in die unversehens
einzufallen es leicht war. Ein solches Tal war das Graisivaudan. Da und
dort erhoben sich Abteien, Objekte der Beute für alle, die sie anlockten.
Oberhalb von Susa ist das Kloster Novalese, aus dem die meisten seiner
frommen Bewohner geflohen waren, schon 906 geplündert und nieder-
gebrannt worden. Besonders über die Pässe verkehrten kleine Gruppen
von Reisenden, Kaufleute oder eben Rompilger, die an den Gräbern der
Apostel beten wollten. Was war verlockender, als ihrem Zug aufzulauern?
Schon 920 oder 921 sind angelsächsische Pilger in einem Engpaß unter
Steinschlägen zermalmt worden. Von nun an wiederholten sich diese An-
schläge. Die arabischen Djichs (bewaffnete Banden) zeigten keine Furcht,
erstaunlich fern im Norden auf Abenteuer auszugehen. 940 machten sie
sich in der Umgebung des Hochrheintales und im Wallis bemerkbar, wo
sie das berühmte Kloster St. Maurice d'Agaune in Brand gesteckt haben.
Zur selben Zeit durchbohrte einer ihrer Trupps die Mönche von St. Gallen mit Pfeilen, die friedlich in einer Prozession um ihre Kirche zogen.
Zumindest jener Trupp ist von der kleinen Schar Hintersassen, die der
Abt eilends zusammengebracht hatte, zersprengt worden; einige ins Kloster mitgeführte Gefangene gaben sich einem heldenhaften Hungertod
hin.
In den Alpen oder den Landschaften der Provence für Ordnung zu sorgen, überstieg die Kräfte der damaligen Staaten. Es gab keine andere
Hilfe, als das Raubnest im Freinet zu zerstören. Aber dem stand ein neues
Hindernis entgegen. Denn es war fast unmöglich, diese Festung zu um-
zingeln, ohne sie vom Meer abzuschneiden, woher der Nachschub kam. Nun
verfügten weder die Könige des Landes – im Westen die Könige der
Provence und Burgunds, im Osten die Italiens – noch ihre Grafen über
Flotten. Die einzigen, die damals in der Christenheit etwas von der Seefahrt verstanden, waren die Griechen, die übrigens ganz wie die Sarazenen ihre Fähigkeiten mitunter gewinnbringend als Seeräuber nutzten.
Waren es nicht Piraten ihres Volkes, die 848 Marseille geplündert hatten?
Tatsächlich erschien die byzantinische Flotte bei zwei Gelegenheiten, 931
und 942, vor der Küste des Freinet, als sie zumindest 942 und vermutlich
schon zwölf Jahre früher vom König Italiens, Hugo von Arles, gerufen
war, der weitreichende Interessen in der Provence hatte. Die beiden Versuche blieben ohne Ergebnis.
Hatte Hugo ohnehin nicht 942, als er mitten im Verlauf der Kämpfe die
Partei gewechselt hatte, den Gedanken verfolgt, die Sarazenen auf seine
Seite zu ziehen, um mit ihrer Hilfe die Alpenübergänge für den Nachschub zu sperren, den einer seiner Mitbewerber um die lombardische

Krone erwartete? Danach hatte sich der König des ostfränkischen Reiches – heute würden wir Deutschland sagen –, Otto der Große, 951 zum König der Langobarden gemacht. Er arbeitete daran, in Mitteleuropa und zugleich bis nach Italien hinein eine Macht zu errichten, die wie die der Karolinger christlich sein und den Frieden stiften sollte. Da er sich als Erbe Karls des Großen verstand, dessen Kaiserkrone er sich 962 aufs Haupt setzen sollte, sah er es als seine Mission an, der Schande der sarazenischen Plünderungen ein Ende zu machen. Er probierte zunächst den diplomatischen Weg und versuchte, vom Kalifen von Cordoba einen Befehl zu erreichen, das Freinet zu räumen. Dann trug er sich mit dem Gedanken, selbst einen Zug zu unternehmen, der niemals ausgeführt worden ist. Indessen machten die Räuber 972 eine zu erlauchte Beute. Auf dem Weg über den Großen St. Bernhard geriet im Dranse-Tal der Abt Majolus von Cluny, der aus Italien zurückkehrte, in einen Hinterhalt und wurde in einem jener Schlupflöcher des Gebirges gefangen, das die Sarazenen häufig aufsuchten, wenn sie ihre Ausgangsbasis nicht jedesmal erreichen konnten. Er wurde nur gegen ein drückendes Lösegeld wieder freigelassen, das seine Mönche aufgebracht hatten. Nun war aber Majolus, der so viele Klöster reformiert hatte, der verehrte Freund, der Lenker des Gewissens und, wenn man es so sagen darf, der fromme Vertraute einer Vielzahl von Königen und Adligen, besonders auch des Grafen Wilhelm von der Provence. Dieser traf die Bande, die das ruchlose Attentat begangen hatte, auf dem Rückweg und bereitete ihr eine schwere Niederlage; dann sammelten sich unter seinem Befehl mehrere Herren des Rhônetals, denen in der Folge die wieder der Kultur gewonnenen Länder zugewiesen werden sollten. Er unternahm einen Angriff auf die Festung des Freinet. Dieses Mal fiel das Bollwerk.

Für die Sarazenen bedeutete das das Ende ihrer weit in das Land hineinführenden Raubzüge. Natürlich blieb das Küstengebiet der Provence wie auch das Italiens ihren plötzlichen Einfällen ausgesetzt. Noch im 11. Jahrhundert beobachten wir, daß sich die Mönche von Lérins tatkräftig dafür einsetzen, Christen freizukaufen, die die arabischen Piraten fortgeführt hatten und in Spanien gefangen hielten; 1178 wurden auf einem Einfall bei Marseille zahlreiche Gefangene gemacht. Aber die Kultur konnte sich wieder in den Küstengebieten der Provence und zu Füßen der Alpen entfalten und die Alpenwege waren nicht mehr und nicht weniger sicher als alle Wege der europäischen Gebirge. Zugleich waren im Mittelmeer die italienischen Handelsstädte Pisa, Genua und Amalfi zur Offensive übergegangen. Sie vertrieben die Muslime aus Sardinien und stellten ihnen selbst bis in die Häfen des Maghreb (schon 1015) und Spaniens (1092) nach; dann begannen sie, diese Gewässer zu säubern, deren zumindest relative Sicherheit – eine andere sollte das Mittelmeer bis in das 19. Jahrhundert nicht kennen – soviel für ihren Handel bedeutete.

3. Der Ungarnsturm

Wie zuvor die Hunnen, waren die Ungarn oder Magyaren fast ohne Ankündigung in Europa aufgetaucht und schon äußerten die mittelalterlichen Schriftsteller, die sie nur zu gut kennengelernt hatten, ein naives Erstaunen darüber, daß die römischen Autoren sie überhaupt nicht erwähnt hätten. Ihre Frühgeschichte ist für uns im übrigen wesentlich dunkler als die der Hunnen. Denn die chinesischen Quellen, die sicher vor der westlichen Überlieferung einsetzen und uns gestatten, der Spur der »Hiung-Nu« zu folgen, bleiben in diesem Fall stumm. Ohne Zweifel gehörten gerade auch die neuen Eindringlinge zu der so besonders geprägten Welt der asiatischen Steppennomaden: Völker, deren Sprache oft sehr unterschiedlich war, aber die sich in der Lebensweise erstaunlich ähnelten, weil sie von den Bedingungen der gemeinsamen Umwelt geprägt worden sind; Pferdehirten und Krieger, die sich von der Milch ihrer Stuten oder der Ausbeute ihrer Jagd und Fischerei nährten, vor allem geborene Feinde aller Ackerbauern der Umgebung. In seinen Grundzügen hängt das Madjarische mit dem Sprachenzweig des Finno-Ugrischen zusammen; die Sprachen, denen es sich heute am meisten nähert, sind die einiger Stämme Sibiriens. Aber der ursprüngliche Kern des Volkes hatte sich im Laufe seiner Wanderungen mit zahlreichen Elementen der Turksprache vermischt und war von der Kultur dieser Gruppe außerordentlich geprägt worden[7].

Seit 833 sehen wir die Ungarn, deren Name damals zum ersten Mal erscheint, die seßhafte Bevölkerung des Chazarenkhanats und der byzantinischen Kolonien in der Umgebung des Asowschen Meeres beunruhigen. Bald drohen sie jeden Augenblick den Dnjeperweg zu unterbrechen, der in dieser Zeit eine stark benutzte Handelsstraße war und auf der von Hafen zu Hafen und von Markt zu Markt das Pelzwerk des Nordens, der Honig und der Wachs der russischen Wälder, die in aller Herren Länder gekauften Sklaven gegen die Waren oder das Gold, das aus Konstantinopel oder aus Asien stammte, getauscht werden sollte. Aber neue Horden, die Petschenegen, brachen nach den Ungarn aus dem Raum jenseits des Urals hervor und setzten ihnen unentwegt zu. Der Weg nach Süden war ihnen durch das siegreiche bulgarische Reich versperrt. Auf diese Weise zurückgedrängt, zog es eine ihrer Gruppen vor, sich in die Steppe, weiter nach Osten, durchzuschlagen, während ihr größerer Teil um 896 die Karpathen überschritt, um sich in die Ebenen der Theiß und mittleren Donau zu ergießen. Dieser weite Raum, der seit dem 4. Jahrhundert so oft von Einfällen heimgesucht worden war, bildete damals auf der Menschenkarte Europas einen riesigen weißen Fleck. Von einer »Einöde« sprach der Chronist Regino von Prüm. Man sollte das Wort nicht buchstabengetreu verstehen. Die verschiedenen Völkerschaften, die dort vormals bedeutende Ansiedlungen gehabt hatten oder die dort nur durchgezogen waren, hatten wahrscheinlich sehr viele kleine Gruppen, die den Anschluß nicht fanden, zurückgelassen. Insbesondere waren slawische Stämme ziemlich zahlreich dort ganz allmählich eingedrungen. Aber die Siedlung blieb unbestritten sehr dünn: ein Zeugnis dafür ist die fast vollständige Neubildung des geographischen Wortschatzes nach der Ankunft der Magyaren, einschließlich der Gewässernamen. Seit außerdem Karl der Große die Macht der Awaren gebrochen hatte, war kein festgefügter Staat mehr in der Lage, den Eindringlingen ernsthaften Widerstand entgegenzusetzen. Allein einigen den Mährern angehörenden Stammesführern war es seit kurzem gelungen, in der Nordwestecke ein hinreichend starkes und schon offiziell christliches Fürstentum zu begründen: Es war der erste Versuch, einen wirklich rein slawischen Staat zu errichten. Die Angriffe der Ungarn zerstörten ihn endgültig 906.

Seit diesem Zeitpunkt nimmt die Geschichte der Ungarn einen neuen Verlauf. Man kann sie kaum noch im strengen Sinne des Wortes Nomaden nennen, weil sie sich in den Ebenen fest niedergelassen hatten, die heute ihren Namen tragen. Aber von hier stürzten sie sich in Schwärmen auf die umliegenden Länder. Sie versuchen dort nicht Land zu erobern; ihr einziges Ziel besteht im Plündern, um sodann beutebeladen an ihren ständigen Sitz zurückzukehren. Nach dem Tode des Zaren Simeon (927) öffnete ihnen der Niedergang des Bulgarenreiches den Weg in das byzantinische Thrazien, das sie wiederholt verwüsteten. Insbesondere zog sie der wesentlich schlechter verteidigte Westen an.

Zu einer günstigen Stunde waren sie mit ihm in Berührung gekommen. Schon vor dem Übergang über die Karpathen hatte sie 862 einer ihrer Züge bis in die Grenzgebiete Deutschlands geführt. Später waren einige von ihnen vom König dieses Landes, Arnulf, als Hilfstruppen in einem seiner Kriege gegen die Mährer in Dienst genommen worden. 899 brachen ihre Horden in die Poebene ein, im folgenden Jahr in Bayern. Von nun an vergeht kein Jahr, in dem nicht die Klosterannalen Italiens, Deutschlands, bald auch Galliens, in dieser wie in jener Landschaft vermerkten: »Verheerungen der Ungarn.« Norditalien, Bayern und Schwaben hatten am meisten zu leiden; das ganze Land auf dem rechten Ufer der Enns, wo die Karolinger Grenzstützpunkte errichtet und Ländereien an ihre Abteien verteilt hatten, mußte aufgegeben werden. Aber die Einfälle führten auch über das Grenzgebiet hinaus. Die Weite der durchmessenen Strecke würde das Bild verwirren, wenn man sich nicht Rechenschaft darüber ablegte, daß die ausgedehnten Hirtenwanderungen, denen sich die Ungarn einst über riesige Räume hingegeben hatten und die sie im eingeengteren Kreis der Donaupußta beständig weiterpflegten, für sie eine wunderbare Lehrzeit gewesen sind. Das Nomadentum des Hirten, der zur selben Zeit der Pirat der Steppe war, hatte das Nomadentum des Raubgesellen schon vorbereitet. Im Nordwesten wurde Sachsen, d. h. das weite Land, das sich von der Elbe bis an den Mittelrhein erstreckte, bereits 906 erreicht und seitdem mehrmals heimgesucht. In Italien sah man die Ungarn bis Otranto vordringen. 917 schlichen sie sich durch die Wälder der Vogesen und über den Paß von Saales bis zu den reichen Abteien, die sich um die Maas gruppierten. Von nun an war Lothringen und Nordgallien ein ihnen vertrautes Gelände. Von dort wagten sie sich bis nach Burgund und selbst in das Land südlich der Loire vor. Obwohl sie Menschen der Ebene waren, fürchteten sie sich doch durchaus nicht, bei Bedarf die Alpen zu überschreiten. So »lag es an der Unwegsamkeit dieser Berge«, daß sie 924 aus Italien kommend, in das Land um Nîmes einfielen.

Nicht immer mieden sie die Kämpfe mit militärisch ausgerichteten Kräften. Mit wechselndem Erfolg stellten sie dafür eine gewisse Anzahl von Personen ab. Doch im allgemeinen zogen sie es vor, sich rasch quer durch das Land zu stehlen: wahre Wilde, die ihre Anführer mit einem Peitschenhieb in die Schlacht trieben, aber furchterregende Soldaten, gewandt, wenn sie auf den Flanken kämpfen mußten, erbittert in der Verfolgung und erfinderisch, die schwierigsten Situationen zu bestehen. Sollte ein Fluß oder die Lagune von Venedig durchquert werden? In aller Eile fertigten sie Boote aus Häuten oder Holz. Während der Rast stellten sie ihre Zelte nach der Art der Steppenvölker auf; oder sie verschanzten sich gar in den Bauten einer von den Mönchen verlassenen Abtei und verheerten von dort die Umgebung. Verschlagen wie die Primitiven, soweit erforderlich von Abgesandten informiert, die sie weniger zu Verhandlungen, als zum Spionieren vorausschickten, hatten sie schnell die recht schwierigen Feinheiten der westlichen Politik erfaßt. Über Herrschaftswechsel, die ihren Einfällen besonders günstig waren, hielten sie sich auf dem laufenden und sie wußten Streitereien unter den christlichen Fürsten zu nutzen, um sich dem einen oder anderen Rivalen zur Verfügung zu stellen. Mitunter ließen sie sich nach der üblichen Gepflogenheit der Räuber aller Zeiten von der Bevölkerung, die sie zu schonen versprachen, eine Geldsumme zahlen; ja, sie forderten sogar einen regelmäßigen Tribut:

Bayern und Sachsen waren einige Jahre gezwungen, sich dieser Demütigung zu unterwerfen. Aber so konnten sie bei ihrem Ausrauben nur in den Landschaften vorgehen, die an das eigentliche Ungarn angrenzten. Anderwärts hatten sie abscheulicherweise an Töten und Plündern genug. Gleich den Sarazenen vergriffen sie sich nicht an festen Städten; als sie es wagten, scheiterten sie in allgemeinen, so, wie es ihnen schon während ihrer ersten Züge in der Dnjeprgegend unter den Mauern von Kiew geschehen war. Die einzige bedeutende Stadt, die sie erstürmten, war Pavia. Besonders Dörfern und Klöstern waren sie gefährlich, die häufig in einsamer Landschaft oder in Vorstädten außerhalb der Mauern lagen. Vor allem schienen sie es darauf abgesehen zu haben, Gefangene zu machen, indem sie aufmerksam die besten auswählten und mitunter von einer dem Schwert überantworteten Bevölkerung nur die jungen Frauen und die ganz jungen Burschen ohne Zweifel für ihre Bedürfnisse, ihre Vergnügungen und hauptsächlich für den Verkauf aussparten. Gelegentlich verschmähten sie es nicht, dieses menschliche Vieh selbst auf den Märkten des Westens abzusetzen, wo die Käufer nicht immer Leute waren, die es genau nahmen; 954 ist eine junge Adlige, die aus der Gegend von Worms geraubt worden war, zum Verkauf wieder in die Stadt gebracht worden[8].

Sehr oft verschleppten sie die Unglücklichen bis in die Donauländer, um sie griechischen Händlern anzubieten.

4. Das Ende der Ungarneinfälle

Indessen traf der ostfränkische König Otto der Große, der aufs Neue von einem Einfall nach Süddeutschland alarmiert war, am 10. August 955 am Ufer des Lechs den Ungarnhaufen, der sich auf der Heimkehr befand. Nach einer blutigen Schlacht blieb er Sieger und wußte aus der Verfolgung Nutzen zu ziehen. Der auf diese Weise abgeschlagene Plünderungszug sollte der letzte sein. Von nun an beschränkte er sich allein darauf, an den Grenzen Bayerns einen Kleinkrieg zu führen. Kurz darauf reorganisierte Otto den Grenzschutz in Anlehnung an die karolingische Tradition. Zwei Marken wurden geschaffen, die eine in den Alpen, an der Mur, die andere weiter nördlich an der Enns; diese letzte sollte schnell unter dem Namen für das östliche Befehlsgebiet bekannt werden – Ostarrichi, woraus Österreich wurde –, und erreichte schon am Ende des Jahrhunderts den Wienerwald, gegen Mitte des 11. Jahrhunderts die Leitha und March.

So glänzend dieser Sieg auch war und trotz seiner großen moralischen

Nachwirkung, ein bloßer Waffengang wie die Lechfeldschlacht hätte offensichtlich nicht ausgereicht, den Plünderungszügen ein völliges Ende zu setzen. Die Ungarn, deren Siedlungsgebiet unerreicht blieb, waren weit davon entfernt wie einstmals die Awaren unter Karl dem Großen vernichtet zu werden. Die Niederlage eines ihrer Haufen, von denen schon mehrere besiegt worden waren, ist nicht imstande gewesen, ihre Lebensart zu ändern. Die Wahrheit ist, daß ihre wie immer fürchterlichen Züge trotzdem seit ungefähr 926 seltener werden sollten. In Italien nahmen sie ohne eine Schlacht gleichfalls nach 954 ein Ende. Im Südosten beschränkten sich die Einfälle in Thrazien seit 960 auf kleine und mittlere Raubzüge. Ganz gewiß hatte ein Bündel von tieferen Ursachen seine Wirkung allmählich spüren lassen.

Brachten die weiten, an ältere Gewohnheiten anknüpfenden Streifzüge quer durch Westeuropa immer Nutzen und Glück? Um alles zu erhalten, kann man alles in Frage stellen. Die Horden richteten auf ihren Zügen schreckliche Verwüstungen an. Aber es war ihnen kaum möglich, sich mit ungeheuren Beutemengen zu beladen. Die Sklaven, die ihnen bestimmt auf dem Fuß folgten, gefährdeten die Beweglichkeit; außerdem waren sie schwer zu bewachen. Unsere Quellen sprechen oft von Flüchtlingen: ein Beispiel ist der Landpfarrer aus der Gegend von Reims, der bis ins Berry verschleppt worden war, sich eines Nachts von den Eindringlingen wegschlich und sich mehrere Tage in einem Sumpf verkroch und dem es schließlich gelang, sein Dorf wieder zu erreichen, wobei er ganz vom Bericht seiner Erlebnisse erfüllt war[9]. Die Wagen boten angesichts des beklagenswerten Zustands der Straßen jener Zeit, die mitten durch feindliche Gegenden führten, ein viel umständlicheres Transportmittel, das auch weit weniger sicher war, als die normannischen Boote auf den großen Strömen Europas. Die Pferde fanden in den verwüsteten Landschaften nicht immer Futter; die byzantinischen Generäle wußten wohl, daß »die große Schwierigkeit, der sich die Ungarn während ihrer Kriege ausgesetzt sahen, aus dem Futtermangel herrührte«[10]. Im Verlauf eines Zuges mußte mehr als ein Kampf bestanden werden; selbst, wenn sie siegreich waren, kehrten die Trupps aus diesem Kleinkrieg völlig dezimiert zurück. Dezimiert auch durch Krankheit: Als der Geistliche Flodoard von Reims in seinen Annalen, an denen er täglich arbeitete, den Bericht über das Jahr 924 abschloß, trug er mit Freude die soeben empfangene Nachricht ein, daß die meisten der ungarischen Plünderer des Landes um Nîmes, wie man erzählte, einer dysenterischen »Pest« erlegen seien. Außerdem haben sich in dem Maße, in dem die Jahre vergingen, die festen Städte und die Burgen vervielfacht und die offenen Landschaften, die sich allein den Einfällen wirklich anboten, sind eingeengt worden.

Schließlich war der Kontinent seit dem Jahre 930 oder ungefähr seit dieser Zeit vom normannischen Alptraum befreit. Von nun an hatten Könige und Adlige die Hände eher frei, um sich gegen die Ungarn zu wenden und den Widerstand systematischer zu organisieren. Unter diesem Gesichtspunkt war Ottos entscheidendes Werk viel weniger die Heldentat vom Lechfeld als die Errichtung der Marken. Es sollten also sehr viele Beweggründe zusammenkommen, um das ungarische Volk von einer Art der Unternehmen abzuhalten, die ohne Zweifel immer weniger Reichtümer brachten und immer mehr Menschen kosteten. Aber ihr Einfluß wirkte sich nur deshalb so stark aus, weil die magyarische Gesellschaft zur gleichen Zeit bedeutende Wandlungen erlebte. Unglücklicherweise lassen uns die Quellen hier fast völlig im Stich. Wie so viele andere Völker, haben auch die Ungarn erst nach ihrer Bekehrung zum Christentum und der Hinwendung zur lateinischen Sprache mit dem Führen von Annalen begonnen. Wir vermuten indessen, daß sich der Ackerbau allmählich der Viehzucht zur Seite stellte: Im übrigen handelte es sich um einen außerordentlich langsamen Wandel, der für längere Zeit Übergangsformen der Siedlung vom wirklichen Nomadentum einer Hirtenbevölkerung zur völligen Seßhaftigkeit reiner Ackerbaugemeinschaften einschloß. 1147 konnte der bayrische Bischof Otto von Freising die Ungarn seiner Zeit beobachten, als er am Kreuzzug teilnahm und die Donau hinunterfuhr. Ihre Hütten aus Schilf, das seltener als Holz war, dienten nur während der kalten Jahreszeit zum Schutz; »im Sommer und Herbst leben sie unter dem Zelt«. Das ist derselbe Wechsel, den ein arabischer Geograph bei den Bulgaren der unteren Wolga ein wenig früher bemerkte. Die winzigen Siedlungen waren beweglich. Einige Zeit nach der Einführung des Christentums, zwischen 1012 und 1015, verbot eine Synode den Dörfern, sich übermäßig weit von der Kirche zu entfernen. Sollten sie zu weit davongezogen sein, müssen sie eine Geldbuße zahlen und »zurückkehren«[11]. Trotz allem, die Gewohnheit der weit ausgedehnten Reiterzüge ging verloren. Ohne Zweifel stand von nun an die Sorge um die Ernte den großen Beutezügen während des Sommers entgegen. Dieser Wandel in der Lebensart, der vielleicht durch das Aufgehen fremder Elemente in der Masse der Magyaren begünstigt worden war – slawische Stämme, die schon längere Zeit ziemlich seßhaft waren, Gefangene, die den alten Ackerbaukulturen des Westens entstammten –, dieser Lebenswandel also stimmte mit tiefgreifenden politischen Veränderungen überein.

Wir vermuten dunkel, daß bei den alten Ungarn über den kleinen blutsverwandtschaftlichen Verbänden oder solchen, die man dafür hält, umfassendere Gruppierungen existierten, die im übrigen nicht sehr fest ge-

30

fügt waren: »Ist der Kampf einmal beendet«, so schrieb der Kaiser Leon der Weise, »sieht man sie sich auf ihre Sippen (γένη) und auf ihre Stämme (γυλάι) verteilen.«

Das war insgesamt eine Verfassung ganz ähnlich der, die uns die Mongolei noch heute bietet. Seit dem Aufbruch des Volkes im Gebiet nördlich des Schwarzen Meeres ist allerdings in Anlehnung an den Chazarenstaat der Versuch gemacht worden, über alle Hordenhäuptlinge einen »Groß-Herren« zu setzen; so lautet der Ausdruck, den die griechischen und lateinischen Quellen übereinstimmend verwenden. Der Gewählte war ein gewisser Arpad. Obwohl es keineswegs möglich war, von einem geeinten Staat zu sprechen, hielt sich die Arpadendynastie seit dieser Zeit offensichtlich zur Oberherrschaft bestimmt. In der zweiten Hälfte des 10. Jahrhunderts gelang es ihr nicht ohne Kämpfe, ihre Macht über das ganze Volk auszudehnen. Eine Bevölkerung, die seßhaft ist, oder die zumindest nur noch im Inneren eines wenig ausgedehnten Gebietes umherzieht, ist leichter zu unterwerfen als Nomaden, die sich einem ewigen Herumschweifen verschrieben haben. Das Werk erschien vollendet, als im Jahre 1000 der von Arpad abstammende Fürst Waik den Königstitel annahm[12]. Eine recht lockere Gesellschaft plündernder und umherschweifender Horden hatte sich in einen fest auf den eigenen Flecken Erde gegründeten Staat verwandelt. Das geschah nach der Art der Königreiche oder Fürstentümer des Westens, denen man auch in weitem Maße nacheiferte. Wie so oft hatten die grausamsten Kämpfe nicht die Berührung der Kulturen verhindert, von denen die am meisten entwickelte ihre Anziehung auf die primitivere ausgeübt hatte.

Im übrigen war der Einfluß der politischen Einrichtungen des Westens von einer tiefreichenden Wirkung begleitet, die völlig die Denkungsart des Volkes erfaßt hatte; als Waik sich zum König machte, hatte er die Taufe schon unter dem Namen Stefan empfangen, den ihm die Kirche, die ihn unter ihre Heiligen aufnahm, bewahrt hat. Wie das ganze weite kirchliche Niemandsland in Osteuropa, das von Mähren nach Bulgarien und Rußland reichte, war das heidnische Ungarn zunächst zwischen zwei Trupps von Seelenjägern umstritten, von denen ein jeder eines der beiden großen Systeme verkörperte, in die sich die Christenheit schon damals ganz klar geteilt hatte, nämlich in das byzantinische und das römische. Die ungarischen Häuptlinge hatten sich in Konstantinopel taufen lassen; Klöster griechischer Observanz bestanden in Ungarn weiter bis tief in das 11. Jahrhundert. Aber die byzantinische Mission, deren Ausgangspunkt zu weit entfernt lag, trat schließlich vor ihrer Rivalin in den Hintergrund.

Das Werk der Bekehrung, das in den Herrscherhäusern durch Heiraten vorbereitet worden war, die schon eine Absicht zur Annäherung bewiesen, ist vom bayerischen Klerus tatkräftig gelenkt worden. Bekanntlich machte sie der Bischof Pilgrim, der den Passauer Bischofsstuhl von 971 bis 991 innehatte, zu seinem besonderen Anliegen. Er erträumte für seine Kirche als Mittelpunkt der Mission Ungarns dieselbe Rolle, die Magdeburg für die Slawen jenseits der Elbe zukam und die Bremen über die skandinavischen Völker beanspruchte. Unglücklicherweise war Passau im Unterschied zu Magdeburg wie zu Bremen als Suffragan von Salzburg nur ein einfaches Bistum. Doch das machte nichts!

Die Bischöfe von Passau, deren Diözese tatsächlich erst im 8. Jahrhundert begründet worden war, betrachteten sich als Nachfolger derjenigen Oberhirten, die während der Römerzeit in dem befestigten *burgus* von Lorch an der Donau residiert hatten. Pilgrim gab der Versuchung nach, der soviele Männer in seinem Gewand um ihn herum erlagen, und ließ eine Reihe falscher Bullen anfertigen, durch die Lorch als Metropolitansitz »Pannoniens« bestätigt worden ist. Es galt nur noch, diese alte Kirchenprovinz wieder zu errichten.

Rund um Passau, das alle Bande zu Salzburg abbrechen und seinen angeblich althergebrachten Rang wieder einnehmen würde, sollten sich als Satelliten die neuen Bistümer eines ungarischen »Pannonien« gruppieren. Indessen ließen sich weder Papst noch Kaiser überzeugen.

Was die magyarischen Fürsten angeht, so legten sie, selbst wenn sie sich zur Taufe bereit zeigten, Wert darauf, nicht von deutschen Prälaten abhängig zu sein. Mit Vorliebe holten sie als Missionare, später als Bischöfe, böhmische, ja sogar venetianische Priester herbei; und als Stefan schließlich um das Jahr 1000 die kirchliche Hierarchie seines Landes aufbaute, geschah das in Übereinstimmung mit dem Papst unter der Gewalt eines eigenen Metropoliten. Wenn auch nach seinem Tod die Kämpfe, die sich um seine Nachfolge abspielten, einigen noch dem Heidentum verhafteten Häuptlingen zeitweilig ein gewisses Ansehen verliehen, so berührten sie sein Werk am Ende nicht ernsthaft. Immer tiefer vom Christentum durchdrungen, mit einem gekrönten König und einem Erzbischof versehen, hatte das zuletzt aus »Skythien« – wie Otto von Freising sagt – angekommene Volk endgültig den gigantischen Einfällen von einst abgeschworen, um sich unter seinem von nun an unwandelbaren Horizont seiner Felder und seiner Weiden einzuschließen. Mit den Fürsten des benachbarten Deutschland fanden weiter zahlreiche Kriege statt, aber es waren die Könige zweier seßhafter Völker, die fortan aufeinander stießen[13].

2. Kapitel

Die Wikinger

1. Grundzüge der skandinavischen Einfälle

Seit Karl dem Großen befanden sich alle Volksgruppen mit germanischer Sprache, die südlich von Jütland siedelten und von nun an christlich und dem fränkischen oder ostfränkischen Reich eingegliedert waren, unter dem Einfluß der westlichen Kultur. Dagegen lebten weiter nördlich andere Germanen, die mit ihrer Unabhängigkeit ihre besonderen Traditionen bewahrt hatten. Ihre in sich verschiedenen Sprachen, die aber von den Idiomen des eigentlichen Germaniens noch weitaus stärker abwichen, gehörten zu einem anderen der Zweige, die erst unlängst am gemeinsamen Sprachbaum gewachsen waren. Heute nennen wir ihn den skandinavischen Zweig. Die Ursprünglichkeit ihrer Kultur trat im Verhältnis zu derjenigen ihrer südlichen Nachbarn endgültig im Verlauf der großen Wanderungen hervor, die während des 2. und 3. Jahrhunderts unserer Zeitrechnung die germanischen Länder entlang der Ostsee und um die Elbmündung fast von Menschen entblößten und viele der für die Berührung und den Übergang bestimmte Elemente verschwinden ließen.

Diese Bewohner des äußersten Nordens stellten weder einen bloß aufgewirbelten Staub von Stämmen dar noch bildeten sie eine einzige Nation. Man unterschied die Dänen in Schonen, auf den Inseln und etwas später auf der jütischen Halbinsel, die Götar, deren Andenken heute die schwedischen Provinzen Öster- und Vestergötland bewahren[14], die Schweden um den Mälarsee; schließlich besiedelten verschiedene Völkerschaften, die durch weite bewaldete Flächen, durch halbverschneite Heiden und durch Eis getrennt, aber durch das ihnen vertraute Meer verbunden waren, die Täler und die Küsten des Landes, das man bald Norwegen nennen sollte. Indessen gab es unter diesen Gruppen eine zu ausgeprägte Familienähnlichkeit, die zweifellos aus zu häufigen Mischungen herrührte, als daß ihre Nachbarn nicht auf die Idee gekommen wären, ihnen ein gemeinsames Etikett beizulegen, und da an einem Fremden nichts bemerkenswerter zu sein scheint – ein von Natur geheimnisvoller Zustand – als der Punkt am Horizont, von dem er zu kommen scheint, gewöhnten sich die Germanen diesseits der Elbe daran, einfach von Nordleuten, *Normannen,* zu sprechen. Es ist sonderbar, daß dieses Wort trotz seiner fremdländischen Bildung von der romanischen Bevölkerung Galliens ohne weiteres aufgenommen worden ist, sei es, daß, bevor sie das »wilde Volk der Normannen« direkt kennenlernte, ihr seine Existenz durch Berichte aus den Grenzgebieten bekannt geworden war, sei es, was wahrscheinlicher ist, daß die einfache Bevölkerung dieses Wort zuerst ihre Oberen nennen hörte, von denen die meisten zu Beginn des 9. Jahrhunderts königliche Amtsträger waren, die austrasischen Familien entstammten und gewöhnlich fränkisch sprachen. Ebenso blieb der Gebrauch des Begriffs streng auf den Kontinent beschränkt. Die Engländer bemühten sich entweder, so gut sie es konnten, zwischen den verschiedenen Völkern zu unterscheiden, oder sie bezeichneten sie kollektiv mit dem Namen eines von ihnen, dem der Dänen, mit denen sie die stärkste Berührung hatten[15].

Das waren die »Heiden des Nordens«, deren Einfälle unvermittelt um das Jahr 800 losbrachen und die fast anderthalb Jahrhunderte den Westen stöhnen lassen sollten. Besser als die Späher, die damals mit ihren Augen die hohe See absuchten und davor zitterten, den Bug feindlicher Schiffe zu erblicken, oder als die Mönche, die in ihren *scriptoria* (Schreibstuben) damit beschäftigt waren, die Plünderungen aufzuzeichnen, können wir heute den historischen Hintergrund der »normannischen« Züge herstellen. Unter der ihnen zukommenden Perspektive gesehen, erscheinen sie uns heute mehr als eine in der Tat besonders blutige Episode eines großen Abenteuers der Menschheit, diese weiten Fahrten der Skandinavier, die zur gleichen Zeit soziale Handelsverbindungen und kulturelle Kontakte von der Ukraine bis nach Grönland knüpften. Doch muß die Aufgabe, zu zeigen, wie durch diese heldischen Großtaten von Bauern und Kaufleuten ebenso wie von Kriegern der Horizont der europäischen Kultur erweitert worden ist, einem besonderen Werk vorbehalten bleiben, das den Anfängen der europäischen Wirtschaft gewidmet ist. Die Raubzüge und Eroberungen im Westen interessieren uns hier nur als eines der Fermente der Feudalgesellschaft.

Dank den Bestattungsbräuchen können wir uns eine normannische Flotte genau vorstellen. Ein Schiff, das unter einem angeschütteten Erdhaufen verborgen war, das war wirklich das bevorzugte Häuptlingsgrab. In unserer Zeit haben besonders in Norwegen Ausgrabungen mehrere dieser Schiffsgräber wieder ans Tageslicht gebracht: kleine Prunkschiffe, die in Wahrheit eher für friedliche Bewegungen von Fjord zu Fjord bestimmt waren als für Fahrten in ferne Länder, die dennoch bei Bedarf zu sehr langen Fahrten in der Lage waren, weil ein Schiff, das einem von ihnen, dem Gokstad-Boot, genau nachgebaut worden ist, im 20. Jahrhundert den Atlantik in Etappen überqueren konnte. Die »Langschiffe«, die im Westen Schrecken verbreiteten, stellten einen erheblich unterschiedlichen Typ dar, doch nicht in dem Maße, daß die durch die Schriftquellen hinreichend ergänzten und berichtigten Aussagen der Gräber es nicht gestatten, dieses Bild ziemlich leicht wiederhherzustellen. Es waren Schiffe ohne Deck, durch die Verfugung ihrer Bretter Meisterwerke eines Volkes von Holzarbeitern, mit ihrer gefälligen Linienführung Schöpfungen eines großen Seefahrervolkes. Im allgemeinen betrug ihre Länge etwas mehr als 20 Meter, und sie konnten sich mit Rudern wie auch mit Segeln bewegen; ein jedes trug im Durchschnitt zwischen 40 und 60 Leute, die ohne Zweifel eng gedrängt waren. Wenn man ihre Geschwindigkeit nach dem Modell, das dem Gokstad-Boot nachgebaut worden ist, beurteilt, erreichte dieselbe 12 Knoten. Der Tiefgang war gering, kaum mehr als ein Meter. Das war ein großer Vorteil, wenn es sich darum handelte, die hohe See zu verlassen und sich in Küstengewässer oder sogar die Flüsse hinauf zu wagen.

Denn die Gewässer waren für Normannen wie für Sarazenen nur ein Weg, um zur Beute auf dem Lande zu gelangen. Obwohl sie gelegentlich die Kenntnis christlicher Überläufer nicht verschmähten, verfügten sie doch von sich aus über eine Art eingeborenes Wissen von den Flüssen und waren so schnell mit der nicht ganz einfachen Fahrt auf den Gewässern vertraut, daß schon 830 einige von ihnen dem Erzbischof Ebbo auf der Flucht vor seinem Kaiser von Reims an als Führer dienen konnten. Vor dem Bug ihrer Schiffe öffnete das Überfallen günstige, sich verzweigende Netz der Nebenflüsse seine vielfachen Krümmungen. Auf der Schelde gelangten sie bis Cambrai, auf der Yonne bis Sens, auf der Eure bis Chartres, auf der Loire bis Fleury, etwas oberhalb von Orléans. Selbst in Großbritannien, wo die Wasserläufe jenseits der Gezeitenlinie für die Schiffahrt weit weniger günstig sind, führte sie dennoch die Ouse bis York, die Themse und einer ihrer Nebenflüsse bis Reading. Wenn Segel und Ruder nicht ausreichten, hatte man Hilfe am Treideln. Um die Schiffe nicht zu sehr zu belasten, folgte oft eine Abteilung auf dem Landweg. Beiboote wurden abgesetzt, wenn man das Ufer erreichen wollte und das Wasser nicht tief genug war oder wenn man sich zum Überfall in einen Fluß mit flachem Wasser einschlich. Sollte andererseits ein Befestigungshindernis, das den Wasserlauf sperrte, überwunden werden, trug man die Schiffe schnell über Land; so geschah es, um Paris 888 und 890 zu umgehen. Und hatten sich nicht die skandinavischen Kaufleute dort im Osten, in den russischen Ebenen, große Erfahrung angeeignet, als sie abwechselnd zu Schiff fuhren und dann die Schiffe von einem Fluß zum anderen oder den Stromschnellen entlang trugen? Diese wunderbaren Seeleute fürchteten auch keineswegs das Land mit seinen Wegen und seinen Kämpfen. Sie zögerten nicht, den Fluß zu verlassen, um bei Bedarf auf Beutejagd zu gehen, so wie es diejenigen taten, die 870 quer durch den Forst von Orléans immer nach den Wagenspuren der Fährte der Mönche von Fleury folgten, die aus ihrer Abtei am Ufer der Loire flohen.

Mehr und mehr gingen sie beim Ortswechsel, nicht so sehr beim Kampf, dazu über, Pferde zu verwenden, die sie sich natürlich zum größten Teil ganz nach Belieben bei ihren Raubzügen im Lande selbst aneigneten. So geschah es, als sie 866 einen großen Raubzug in Ost-Anglien unternahmen. Mitunter brachten sie die Pferde von einem Plünderungsgebiet ins andere, 885 zum Beispiel von Frankreich nach England[16]. Auf diese Weise konnten sie sich immer weiter vom Fluß entfernen. Hatten sie nicht 864 ihre Schiffe an der Charente verlassen und sich bis Clermont in der Auvergne vorgewagt, das sie einnahmen? Außerdem stießen sie über Land schneller vor und konnten ihre Gegner eher überrumpeln. Sie waren sehr geschickt beim Bau und der Verteidigung von Befestigungswerken. Zudem wußten sie befestigte Orte anzugreifen – darin den ungarischen Reitern überlegen. Es war schon eine lange Liste von Städten, die trotz ihrer Mauern den Angriffen der Normannen 888 nicht standgehalten hatten, darunter Köln, Rouen, Nantes, Orléans, Bordeaux, London, York, um nur die bekanntesten zu nennen. Abgesehen davon, daß mitunter die Überrumpelung eine Rolle gespielt hatte, wie bei Nantes, das an einem Feiertag erstürmt worden ist, waren in Wahrheit die alten römischen Befestigungen weit davon entfernt, immer genügend unterhalten zu werden, noch weiter davon entfernt, jeweils mit großer Hingabe verteidigt zu werden. Als es 888 in Paris eine Handvoll entschlossener Männer verstand, die Befestigung der Cité in Stand zu setzen und auch das Herz zum Kämpfen fand, widerstand die Stadt dieses Mal siegreich, die 845, von ihren Einwohnern fast verlassen, verwüstet worden war und in der Folge vermutlich noch zweimal dieselbe Schmach erlitten hatte.

Die Räubereien waren gewinnbringend. Nicht weniger war es der Schrecken, den sie zuvor erregten. Einige Gemeinschaften – wie schon 810 einige friesische Gruppen –, die sahen, daß die öffentliche Gewalt nicht in der Lage war, sie zu verteidigen, und abseits gelegene Klöster hatten zuerst begonnen, sich freizukaufen. Dann gingen selbst die Machthaber zu dieser Praxis über: um eine Geldsumme erlangten sie von den Trupps das Versprechen, die Raubzüge zumindest vorübergehend einzustellen oder sich anderen Beuteobjekten zuzuwenden. Im Westfrankenreich hatte Karl der Kahle schon 845 ein Beispiel gegeben. 864 folgte ihm der König von Lothringen, Lothar II., nach. 882 war Karl der Dicke im Ostfrankenreich an der Reihe. Bei den Angelsachsen tat der König von Mercien das gleiche vielleicht schon 862, sicher der von Wessex 872. Es liegt in der Natur dieser Freikäufe, daß sie als ein immer wieder erneuerter Köder dienten und sich infolgedessen beinahe endlos wiederholten. Wie die Herrscher von ihren Untertanen und vor allem von ihren Kirchen die nötigen Summen einfordern mußten, so machte sich schließlich insgesamt ein Austrocknen der westeuropäischen gegenüber der skandinavischen Wirtschaft bemerkbar. Noch heute bewahren die Museen des Nordens unter so vielen Andenken aus diesem heldenhaften Zeitalter in ihren Vitrinen erstaunliche Mengen an Gold und Silber: sicherlich zum großen Teil Handelsgüter, aber auch vielfach »Früchte der Räuberei«, wie es der deutsche Geistliche Adam von Bremen ausdrückte. Im übrigen ist es erstaunlich, daß diese kostbaren Metalle, die die Wikinger entweder als Geldstücke oder als Schmuck geraubt hatten, der nach der Mode des Westens gefertigt war, oder die sie als Tribut empfangen hatten, im allgemeinen umgeschmolzen worden sind, um daraus Juwelen nach dem Geschmack ihrer neuen Besitzer herzustellen; ein Zeichen dafür, daß sich diese Kultur ihrer Tradition besonders sicher war.

Gefangene wurden auch gemacht und wenn sie nicht zurückgekauft worworden sind, über das Meer geschafft. Wir wissen, daß in Irland wenig nach 860 schwarze Gefangene verkauft wurden, die in Marokko zusammengetrieben worden sind[17]. Schließlich besaßen diese nordischen Krieger ein starkes und heftiges Sinnesverlangen, das sich mit Gefallen an Blut und Zerstörung paarte und zu gewisser Zeit in beinahe schon wahnsinnigen Ausbrüchen zeigte, bei denen die Gewalttätigkeit keine Hemmungen mehr kannte. So hören wir 1012 von einer berüchtigten Orgie, auf der der Erzbischof von Canterbury, den seine Entführer bisher wohlweislich geschont hatten, um Lösegeld herauszuschlagen, mit den Knochen der auf dem Gastmahl verzehrten Tiere geradezu gesteinigt worden ist. Eine Saga berichtet von einem Isländer, der an Feldzügen in Westeuropa teilgenommen hatte, man habe ihm den Beinamen »der Kindermann« gegeben, weil er sich weigerte, Kinder mit seiner Lanzenspitze aufzuspießen, »wie es unter seinen Kampfgenossen Brauch war«[18]. Das genügt, um das Entsetzen zu verstehen, das die Eindringlinge überall vor sich verbreiteten.

2. Von der Plünderung zur Siedlung

Indessen hatten seit der Zeit, als die Normannen 793 ihr erstes Kloster an der Küste von Northumberland geplündert hatten und sich Karl der Große im Verlauf des Jahres 800 gezwungen sah, in aller Eile die Verteidigung der fränkischen Küstenregion zu organisieren, ihre Unternehmungen in Charakter und Ausmaß gewaltig geändert. Anfangs waren es von der Jahreszeit abhängige Handstreiche, die man zunächst noch an den Küsten des Nordens unternahm – den Britischen Inseln, den niedrig gelegenen Landstrichen, die die große Ebene des Nordens begrenzten, den Felsenküsten Neustriens – und die kleine Haufen von »Wikingern« zu günstiger Stunde ausführten. Die Ableitung des Wortes ist umstritten[19]. Aber es besteht kein Zweifel, daß es einen Fahrer bezeichnete, der auf einträgliche und kriegerische Abenteuer ausging und es ist ebenso sicher, daß sich die so entstandenen Rotten im allgemeinen ohne Rücksicht auf Familienbande und Bindungen an das eigene Volk ganz entschieden um des Wagnis willen gebildet hatten. Allein die Könige von Dänemark, die an der Spitze eines zumindest in den Grundzügen organisierten Staatswesens standen, versuchten sich schon an ihren Südgrenzen mit richtigen Eroberungen – allerdings ohne viel Erfolg. Dann vergrößerte sich der Wirkungsbereich sehr schnell. Die Schiffe stießen in den Atlantik und noch weiter in den Süden vor. Schon 844 empfingen bestimmte Häfen des westlichen Spanien den Besuch der Piraten. 859 und 860 kam das Mittelmeer an die Reihe. Die Balearen, Pisa, die untere Rhône wurden erreicht. Das Arnotal fuhr man bis nach Fiesole hinauf. Im übrigen sollte dieser Streifzug in das Mittelmeer vereinzelt bleiben. Nicht, daß die Entfernung die Entdecker Islands und Grönlands zurückgeschreckt hätte, denn im 17. Jahrhundert wagten sich in umgekehrter Richtung die Barbaresken bis auf die Höhe der Saintonge, ja sogar bis an die Küsten von Neufundland. Aber sicher bewachten die arabischen Flotten die Meere zu gut.

Dagegen drangen die Attacken immer schmerzhafter in den Leib des Kontinents und Großbritanniens ein. Kein Diagramm ist ausdrucksvoller als die auf die Karte übertragenen Wanderungen, die die Mönche von St. Philibert samt ihren Reliquien unternahmen. Die Abtei war im 7. Jahrhundert auf der Insel Noirmoutier gegründet worden; ein wohl geeigneter Aufenthalt für Mönche, solange das Meer so gut wie ruhig blieb, der aber dann besonders gefährlich wurde, als die ersten skandinavischen Boote in der Bucht erschienen. Kurz vor 819 ließen sich die frommen Männer auf dem Festland eine Zuflucht erbauen, in Dées, am Ufer des Lac de Grandlieu. Bald war es Brauch, sich jedes Jahr zu Beginn des Frühjahrs dorthin zu begeben; wenn die schlechte Jahreszeit gegen Ende des Herbstes den Feinden das Befahren der Fluten zu verbieten schien, öffnete sich die Kirche auf der Insel dem Gottesdienst von neuem. Doch hat man 836 beschlossen, Noirmoutier, das ständig verwüstet worden ist und dessen Versorgung sicherlich auf wachsende Schwierigkeiten stieß, endgültig aufzugeben. Dées, das früher zeitweiligen Schutz geboten hatte, erhielt den Rang einer ständigen Niederlassung, während ein weiter im Hinterland unlängst in Cunauld erworbenes kleines Kloster oberhalb von Saumur von nun an als Rückzugsstellung diente. 858

sollte man erneut zurückweichen: Dées, das der Küste zu nahe lag, mußte nun seinerseits endgültig aufgegeben werden, und man ließ sich in Cunauld nieder. Unglücklicherweise war die Lage an der so leicht zu befahrenden Loire schlecht gewählt worden. Schon 862 war man gezwungen, sich auf das platte Land nach Messay im Poitou zu begeben, um nach Ablauf von zehn Jahren zu bemerken, daß die Entfernung zum Meer immer noch zu kurz war. Jetzt erschien das Zentralmassiv in seiner gesamten Ausdehnung, das wie ein Schutzschirm wirkte, nicht zu groß; 872 oder 873 flüchteten unsere Leute nach Saint-Pourçain-sur-Sioule. Selbst dort blieben sie nicht lange. Noch weiter nach Osten wurde der befestigte *burgus* von Tournus an der Sâone zur Zufluchtsstätte, wo seit 875 der heilige Leichnam, der auf so vielen Straßen durchgeschüttelt worden war, endlich einen »Ort der Ruhe« fand, von dem eine Königsurkunde spricht[20].

Natürlich erforderten die auf weite Entfernungen angelegten Unternehmungen der Normannen eine Organisation, die sich sehr wohl von derjenigen unterschied, nach der die plötzlichen Überfälle früher abliefen. Zunächst waren viel stärkere Kräfte nötig. Die kleinen Trupps, von denen sich ein jeder um einen »König des Meeres« geschart hatte, verbanden sich allmählich und bildeten regelrechte Armeen. Ein Beispiel bildet der »Große Host« (*magnus exercitus*), der sich an den Ufern der Themse gebildet und dann, nachdem er die Gestade Flanderns durchzogen hatte und durch die Aufnahme einiger isolierter Gruppen verstärkt war, Gallien von 879 bis 892 grauenhaft verheerte, um schließlich an die Küste Kents zurückzukehren und sich aufzulösen. Außerdem wurde es unmöglich, jedes Jahr in den Norden zurückzufahren. Die Wikinger gingen dazu über, zwischen zwei Feldzügen gerade in dem Land zu überwintern, das sie zu ihrem Jagdgebiet erkoren hatten. So geschah es seit ungefähr 835 in Irland, in Gallien das erste Mal 843 in Noirmoutier, 851 das erste Mal an der Themsemündung, auf der Insel Thanet. Ihre Quartiere hatten sie zunächst an der Küste genommen. Bald zeigten sie keine Furcht mehr, sie viel weiter in das Innere vorzuschieben. Oft verschanzten sie sich auf einer Flußinsel oder sie begnügten sich mit einer Niederlassung im Bereich eines Wasserlaufs. Einige nahmen auf diesen ausgedehnten Aufenthalt Weib und Kinder mit. 888 konnten die Pariser von ihren Wällen Frauenstimmen im feindlichen Lager hören, die die Totenklage über die gefallenen Krieger anstimmten. Trotz des Schreckens, der diese Raubnester umgab, von denen beständig Ausfälle vorgetragen worden sind, wagten sich einige Einwohner der Nachbarschaft zu den Überwinternden, um ihre Waren dort zu verkaufen. Der Schlupfwinkel wurde zeitweilig zum Markt. Auf diese Weise waren die Normannen, die immer noch Freibeuter waren, aber von nun an halb seßhafte Freibeuter, im Begriff, zu Eroberern des Bodens zu werden.

In der Tat ließen alle Umstände die bloßen Räuber von früher sich gleichartig entwickeln. Diese Wikinger, die von den Ländern des Westens zum Plündern angelockt worden waren, gehörten einem Volk von Bauern, von Schmieden, von Holzschnitzern und Kaufleuten, ebenso wie von Kriegern an. Aus Verlangen nach Gewinn oder Abenteuerlust von zu Hause fortgetrieben, mitunter wegen Familienfehden oder Rivalitäten unter ihren Häuptern in die Verbannung gezwungen, spürten sie dennoch die Traditionen einer Gesellschaft hinter sich, die ihren festen Rahmen kannte. So ließen sich die Skandinavier seit dem 7. Jahrhundert auf den Inselgruppen des Westens, von den Färöern bis zu den Hebriden, eben als Siedler nieder, und wiederum waren sie Siedler, die tatsächlich als erste das jungfräuliche Land bebauten, als sie nach 870 an die große Landnahme (*landnáma*) Islands gingen. Weil sie gewöhnt waren, Handel und Piraterie miteinander zu vermengen, hatten sie einen ganzen Kranz befestigter Märkte rund um die Ostsee angelegt. Die allgemeine Struktur der Herrschaften, die einzelne ihrer Heerführer während des 9. Jahrhunderts an beiden Enden Europas begründeten – in Irland um Dublin, Cork und Limerick, in der Kiewer Rus an den Etappenplätzen entlang der großen Flußroute –, zeigte im wesentlichen das Bild von Stadtstaaten, die das umliegende Land beherrschten, sobald eine Stadt als Mittelpunkt gewählt war.

So fesselnd die Geschichte der auf den westlichen Inseln entstandenen Kolonien auch ist, muß sie hier beiseite bleiben: die Shetland-Inseln und die Orkaden, die seit dem 10. Jahrhundert mit dem Königreich Norwegen verbunden waren, sollten erst am Ende des Mittelalters an Schottland übergehen (1468); die Hebriden und die Insel Man, die bis zur Mitte des 13. Jahrhunderts ein selbständiges skandinavisches Fürstentum bildeten; die Königreiche an der irischen Küste, die, als ihrer Ausdehnung am Anfang des 11. Jahrhunderts Einhalt geboten war, endgültig erst ungefähr ein Jahrhundert später im Gefolge der englischen Eroberung verschwanden. In diesen Ländern am äußersten Rand Europas war die skandinavische Kultur mit einer keltischen Gesellschaft zusammengestoßen. Mit einer gewissen Ausführlichkeit wollen wir allein die Ansiedlung der Normannen in den beiden großen »feudalen« Ländern, dem alten Frankenreich und dem angelsächsischen Großbritannien schildern. Obwohl zwischen den beiden Ländern und selbst den benachbarten Inseln bis zum Ende der Wikingerzeit enge Verkehrsbeziehungen bestanden und bewaffnete Banden immer leicht den Ärmelkanal oder die Irische See überquerten, und die Führer, die irgendein Mißerfolg an einem der Flüsse enttäuscht hatte, dann gewöhnlich ihr Glück an der Gegenküste suchten, ist es um der größeren Klarheit willen geboten, die beiden Eroberungsgebiete getrennt zu untersuchen.

3. Die skandinavischen Niederlassungen in England

Die Versuche der Skandinavier, sich auf britannischem Boden niederzulassen, zeichnen sich seit ihrer ersten Überwinterung ab; bekanntlich war das 851. Seit damals lösten sich die Banden mehr oder minder untereinander ab und ließen ihre Beute nicht mehr fahren. Von den angelsächsischen Reichen verschwanden die einen, deren Könige getötet worden waren, nämlich Deira an der Ostküste zwischen Humber und der Tees, Ost-Anglien zwischen Themse und Wash. Andere, wie Bernicien im äußersten Norden und Mercien in der Mitte, überdauerten für einige Zeit, wurden aber in der Fläche eingeschränkt und unter eine Art Schutzherrschaft gestellt. Allein Wessex, das sich zu jener Zeit über den ganzen Süden erstreckte, gelang es, seine Unabhängigkeit zu bewahren, nicht ohne harte Kriege, die sich seit 871 durch den umsichtigen und gelassenen Heldenmut des Königs Alfred auszeichneten. Als ein vollkommenes Geschöpf dieser angelsächsischen Kultur, die es besser als irgendeine andere in den germanischen Königreichen verstand, kulturelle Beiträge entgegengesetzter Herkunft in einer glücklichen Verbindung zu vereinen, war Alfred, der ein gelehrter König war, auch ein soldatischer König. Ihm gelang es um 880, das, was noch von Mercien geblieben war, zu unterwerfen und er entzog es auf diese Weise dem dänischen Einfluß. Dagegen mußte er in einem regelrechten Vertrag dem Eindringling zur gleichen Zeit den ganzen Ostteil der Insel überlassen. Man soll aber nicht denken, daß dieses riesige Gebiet, das nach Westen ungefähr von der Römerstraße, die London mit Chester verband, begrenzt wurde, damals in den Händen der Eroberer ein einziges Reich gebildet hätte. Skandinavische Könige oder »Jarls« teilten sich ohne Zweifel da und dort mit kleinen angelsächsischen Führern das Land, etwa mit den Nachfolgern der Fürsten von Bernicien. Bald waren sie untereinander durch alle Arten von Verbindungen und Bündnissen oder der Unterordnung verbunden, bald lagen sie im Streit. Anderwärts hatten sich kleine Adelsrepubliken gebildet, dem Muster Islands vergleichbar. Befestigte »boroughs« waren emporgewachsen, die zur gleichen Zeit wie die Märkte den verschiedenen, seßhaft gewordenen »Armeen« als Stützpunkte dienten. Und weil es notwendig war, die Truppen, die von jenseits des Meeres gekommen waren, zu ernähren, ist das Land den Kriegern zugewiesen worden. Jedoch setzten andere Wikingerbanden ihre Plünderungszüge an den Küsten fort. Überrascht es uns, daß Alfred, dessen Erinnerung noch mit so vielen Schreckensszenen angefüllt war, der am Ende seiner Regierung das Bild vom goldenen Zeitalter in der »Consolatio« des Boethius übersetzte, sich nicht enthalten konnte, seiner Vorlage diese Bemerkung hinzuzufügen: »In jener Zeit hörte man niemals von Schiffen sprechen, die für den Krieg bewaffnet waren«[21]?

Der Zustand der Anarchie, in dem der »dänische« Teil der Insel ebenso lebte, erklärt, daß seit 899 die Könige von Wessex, die als einzige in ganz Großbritannien über eine ausgedehnte Macht zu Lande geboten und über relativ beträchtliche Hilfsquellen verfügten, in der Lage waren, die Wiedereroberung mit Erfolg zu versuchen. Sie stützten sich dabei auf ein Netz von allmählich erbauten Befestigungen. Seit 854 ist nach einem äußerst harten Kampf ihre Oberherrschaft über das ganze vorher vom Feind besetzte Land anerkannt worden. Das heißt keineswegs, daß die Spuren der skandinavischen Niederlassung dadurch aus der Welt geschafft waren. Es ist richtig, daß einige Jarls mit ihrem Gefolge mehr oder weniger freiwillig wieder das Meer aufgesucht haben. Doch blieb der größte Teil der Eindringlinge von einst an Ort und Stelle: Die Führer bewahrten unter königlicher Hegemonie ihre Herrschaftsrechte, die einfachen Leute behielten ihr Land.

Indessen hatten sich tiefgreifende politische Veränderungen in Skandinavien selbst vollzogen. Über dem Chaos der kleinen Stammesgruppen erhielten regelrechte Staaten ein festeres Gefüge oder sie entstanden neu: Staaten, die zwar gewiß noch unstabil, von unzähligen dynastischen Kämpfen in sich zerrissen und ohne Unterlaß damit beschäftigt waren, sich gegenseitig zu bekämpfen, die dennoch zumindest in einer plötzlichen Aufwallung zu einer unbezweifelbaren Konzentration der Kräfte fähig waren. Neben Dänemark, wo sich die Macht des Herrschers am Ende des 10. Jahrhunderts beträchtlich festigte, neben dem Königreich der Schweden, das sich das der Götar einverleibt hatte, sollte dann die letztgeborene der nordischen Monarchien ihren Platz einnehmen. Um das Jahr 900 ist sie von einem Geschlecht dort ansässiger Führer begründet worden, die ursprünglich in der verhältnismäßig offenen und fruchtbaren Landschaft rund um den Oslo-Fjord und den Mjösen-See beheimatet waren. Das war das Königreich des »Nordweges«, oder auf deutsch Norwegen. Der Name selbst, der nur eine Richtung angibt und ohne ethnischen Widerhall ist, läßt eine Herrschaftsgewalt erscheinen, die sich allmählich über den Partikularismus der einstmals völlig getrennten Stämme legte. Nun waren aber die Fürsten, die Gebieter dieser sehr kraftvollen politischen Einheiten, mit dem Wikingerleben vertraut: Junge Leute, die vor ihrem Regierungsantritt die Meere befahren hatten und die später, wenn sie irgendein Schicksal zeitweise vor einem glücklicheren Nebenbuhler zu fliehen zwang, wieder auf große Abenteuerfahrt gingen. Und wie sollten sie nicht, denen es einst möglich war, einem bedeutenden Aufgebot an Menschen und Schiffen in einem ausgedehnten Gebiet zu befehlen, ihre Blicke wieder zur Küste schweifen lassen, um hinter dem Horizont die Gelegenheit zu neuen Eroberungen zu suchen?

Als die Einfälle in Großbritannien seit 980 stärker zunehmen, finden wir, was bezeichnend ist, bald an der Spitze der beiden Hauptbanden zwei Anwärter auf nordische Königreiche, den einen auf die Krone Norwegens, den anderen auf die Dänemarks. Alle beide wurden im Folgenden Könige. Der Norweger, Olaf Tryggvason, kehrte nie mehr auf die Insel zurück. Dagegen vergaß der Däne, Sven Gabelbart, den Weg durchaus nicht. In der Tat scheint er zunächst wegen einer dieser Fehden dorthin zurückgerufen worden zu sein, denen ein skandinavischer Held nicht ohne Schande zu erleiden abschwören konnte. Während in der Zwischenzeit die Beutezüge unter anderen Führern fortgesetzt worden sind, glaubte Aethelred, der englische König, sich gegen die Räuber nicht besser verteidigen zu können, als daß er einige von ihnen in seinen Dienst nahm. Auf diese Weise Wikinger den Wikingern entgegenzustellen, war ein altes Spiel, das mehrfach von den Fürsten des Festlandes und fast immer mit mäßigem Erfolg praktiziert worden war. Aethelred, der seinerseits die Treulosigkeit seiner »dänischen« Söldner erfuhr, rächte sich, als er am 13. November 1002, dem St. Bricciustag, die Hinrichtung all derer befahl, derer man habhaft werden konnte. Eine ältere Überlieferung, die nicht mehr zu überprüfen ist, besagt, unter der Anzahl der Opfer habe sich Svens eigene Schwester befunden. Schon 1003 brannte der dänische König englische Städte nieder. Von nun an verwüstete ein fast unaufhörlicher Krieg das Land. Er sollte weder nach Svens noch nach Aethelreds Tod ein Ende nehmen. In den ersten Tagen des Jahres 1017 sind die letzten Vertreter des Königshauses von Wessex nach Gallien geflohen oder von den dänischen Siegern in das weit entfernte Slawenland weggeführt worden, während die »Weisen« des Landes, nämlich die Versammlung der großen Herren und der Bischöfe, Knut, den Sohn Svens, als König aller Engländer anerkannten.

Es handelte sich nicht um einen bloßen Dynastiewechsel. Zur Zeit seines Regierungsantritts in England war Knut noch nicht König von Dänemark, wo einer seiner Brüder herrschte; er wurde es zwei Jahre später. Darauf eroberte er Norwegen. Er versuchte, sich bei den Slawen und Finnen jenseits der Ostsee bis hin nach Estland, zumindest festzusetzen. Den Beutezügen, für die das Meer den Weg gewiesen hatte, folgte ganz natürlich der Versuch, ein Seereich zu errichten. England stellte darin nur die westlichste Provinz dar. In der Tat erwählte Knut gerade englischen Boden, um dort den ganzen Rest seines Lebens zu verbringen. Es war gerade der englische Klerus, an den er sich gern wandte, um die Errichtung von Missionskirchen in seinen skandinavischen Staaten in die Hand zu nehmen. Denn Knut, Sohn eines heidnischen Königs, vielleicht erst spät bekehrt, wurde selbst zum ergebenen Anhänger der römischen Kirche, zum Begründer von Klöstern, zum religiösen und moralisierenden Gesetzgeber nach der Art eines Karls des Großen. Dadurch näherte er sich seinen Untertanen in Großbritannien. Als er getreu dem Beispiel mehrerer seiner angelsächsischen Vorgänger 1027 eine Pilgerreise nach Rom »zur Erlösung seiner Seele und zur Errettung seiner Völker« unternahm, assistierte er dort bei der Krönung des größten westlichen Herrschers, des Kaisers Konrad II., der deutscher und italienischer König war, traf außerdem mit dem König von Burgund zusammen, und als guter Sohn eines Volkes, das immer ebenso Handel getrieben wie Kriege geführt hatte, wußte er für die Kaufleute aus England von diesen Torhütern der Alpen nützliche Zollbefreiungen zu erlangen. Aber gerade aus den skandinavischen Ländern zog er die Hauptkraft, mit der er die große Insel hielt. »Aale ließ diesen Stein errichten. Er erhob Steuern für König Knut in England. Gott bewahre seine Seele.« So lautet die Runeninschrift, die man noch heute auf einem Grabstein in der Nähe eines Dorfes der schwedischen Provinz Upland liest[22]. In diesem um die Nordsee gelegten Reich kreuzten sich alle Arten der kulturellen Strömungen in kurioser Weise. Offiziell war es, trotz des Weiterlebens zahlreicher oder sehr oberflächlich christianisierter Elmente christlich, hatte sich über den Weg des Christentums dem Erbe der antiken Literatur geöffnet und schließlich die skandinavische Überlieferung mit der angelsächsischen Kultur, die selbst zugleich germanisch und lateinisch geprägt war, hinzugefügt. Vielleicht war es um diese Zeit, oder wahrscheinlich etwas eher, daß in Northumbrien, wo älter ansässige Wikinger wohnten, ein angelsächsischer Dichter alte Sagen des Götarlandes und der dänischen Inseln in Verse setzte und das Beowulf-Lied dichtete, das voll vom Widerhall einer epischen Stimmung ist, die noch ganz heidnisch war. Dieser fremdartige und düstere Gesang mit seinen mythenhaften Ungeheuern liefert ein neues Zeugnis für dieses Spiel gegensätzlicher Beeinflussung: Das Manuskript, das ihn uns überliefert, läßt ihm einen Brief Alexanders an Aristoteles vorangehen und ein aus dem Buch Judith übersetztes Fragment folgen[23].

Aber dieses einzigartige Reich war immer zu locker gefügt. Die Verbindungen über so weite Entfernungen und so stürmische Meere brachten viele Risiken mit sich. Etwas Beunruhigendes war aus den Worten der Proklamation zu hören, die Knut 1027 auf dem Wege von Rom nach Dänemark an die Engländer ergehen ließ: »Wenn mein östliches Reich befriedet ist, beabsichtige ich, zu Euch zu kommen ... sobald ich in diesem Sommer in der Lage sein werde, mir eine Flotte zu verschaffen.« Die Teile des Reiches, in denen der Herrscher nicht gegenwärtig war, mußten Statthaltern überlassen werden, die nicht immer treu waren. Nach Knuts Tod zerbrach die Verbindung, die er mit Gewalt geschaffen und aufrecht erhalten hatte. Wie ein Teilreich wurde England zuerst einem seiner Söhne zugewiesen, dann, nach einer kurzen Zeitspanne, wieder mit Dänemark vereinigt. Norwegen hatte die Trennung endgültig vollzogen. Schließlich war es wiederum ein Prinz aus dem Hause Wessex, Eduard, später »der Bekenner« genannt, der dort als König anerkannt worden ist.

Indessen hatten weder die skandinavischen Einfälle an den Küsten völlig aufgehört noch war die Begehrlichkeit der Häuptlinge aus dem Norden erloschen. Der englische Staat, der von so vielen Kriegen und Raubzügen bis aufs Mark ausgeblutet war, dessen politisches und geistliches Gerüst eingestürzt war, durch Führungskämpfe der Adelsgeschlechter ins Chaos getrieben, war offensichtlich nur noch zu schwachem Widerstand in der Lage. Von zwei Seiten ist dieser ganz und gar erledigten Beute aufgelauert worden: jenseits des Ärmelkanals von den französischen Herzögen der Normandie, deren Untertanen schon während der ganzen ersten Regierungsperiode Eduards, der selbst am Herzogshof aufgewachsen war, in der Umgebung des Fürsten und in der hohen Geistlichkeit eine Rolle gespielt hatten. Jenseits der Nordsee standen die skandinavischen Könige bereit. Als nach Eduards Tod Harald, einer der führenden Adligen des Reiches, dem Namen nach selbst Skandinavier und Halbskandinavier der Herkunft nach, zum König gekrönt worden war, gingen innerhalb weniger Wochen zwei Heere an der englischen Küste an Land. Das eine, am Humber, war das des norwegischen Königs, ein anderer Harold oder Harald, der Harald Hardrada (von festem Rat) der Sagas: ein wahrer Wikinger, der die Krone erst nach langen, unsteten Abenteuerfahrten erlangte, ehemals Kommandeur der skandinavischen Garden am Hof von Konstantinopel, Oberbefehlshaber der byzantinischen Armeen, die gegen die Araber in Sizilien zu Felde zogen, Schwiegersohn eines Fürsten von Nowgorod, endlich kühner Erkunder der arktischen Meere. Das andere Heer, das am Strand von Sussex gelandet war, wurde vom Herzog der Normandie, Wilhelm dem Bastard, angeführt[24]. Harald der Norweger wurde in der Schlacht von Stamfordbridge geschlagen und getötet. Wilhelm siegte auf der Anhöhe von Hastings.

Ohne Zweifel verzichteten Knuts Nachfolger nicht mit einem Mal auf ihren ererbten Traum: Bei zwei Aktionen kehrten die Dänen unter Wilhelms Regierung nach Yorkshire zurück. Aber diese kriegerischen Unternehmungen entarteten zu reinen Raubzügen. Die Züge der Skandinavier erhielten am Ende wieder den Charakter ihres Beginnens. Dem nordischen Kreis entrückt, dem England für einen Augenblick endgültig anzugehören schien, war es anderthalb Jahrhunderte einem Staat einverleibt, der sich auf beide Ufer des Ärmelkanals erstreckte, und blieb für immer den politischen Interessen und den kulturellen Strömungen des benachbarten Westeuropa verbunden.

4. Die skandinavischen Niederlassungen in Frankreich

Aber dieser selbe Herzog, der Eroberer Englands, war zwar nach Sprache und Lebensart ganz französisch, und doch rechnete auch er sich zu den ursprünglichen Abkömmlingen der Wikinger. Denn schließlich hatte er sich, der mehr als ein »König des Meeres« war, auf dem Festland wie auf der Insel zum Herrn oder Fürsten über das Land gemacht.
Die Entwicklung hatte dort frühzeitig begonnen. Schon ungefähr in den Jahren um 850 hatte das Rheindelta den ersten Versuch einer skandinavischen Herrschaftsbildung gesehen, die sich im politischen Gebäude des Frankenreiches vollzog. Um diese Zeit empfingen zwei aus ihrem Land vertriebene Mitglieder des dänischen Königshauses von Kaiser Ludwig dem Frommen als »Wohltat« (lat. beneficium) das Land, das sich rund um Dorestad erstreckte, damals Haupthafen des Reiches an der Nordsee. Später um verschiedene andere Teile Frieslands erweitert, sollte das so überlassene Gebiet fast ununterbrochen in Händen von Angehörigen dieser Familie verbleiben, bis zu dem Tage, als ihr letzter 889 auf Befehl Karls des Dicken, seines Herrn, nach Verrat getötet worden ist. Das wenige, was wir schemenhaft von ihrer Geschichte wahrnehmen, reicht zu zeigen, daß sie nichts als Vasallen ohne Treue gewesen sind und zum Schutz des Landes ungeeignet waren. Bald hatten sie ihre Blicke nach Dänemark und seine dynastischen Streitigkeiten gewandt, bald auf die fränkischen Provinzen, in die sie, die doch ganz zu Christen geworden waren, sich nicht scheuten, gewinnbringende Einfälle zu unternehmen. Aber diese niederländische Normandie, die keineswegs überlebte, besitzt in den Augen des Historikers völlig den Wert eines symptomatischen Vorläufers. Etwas später scheint eine noch heidnische Normannengruppe eine Zeitlang in Nantes oder in der Umgebung der Stadt in Eintracht mit dem bretonischen Grafen gelebt zu haben. Die fränkischen Könige haben

die Häupter des Haufens nach mehreren Versuchen in ihre Dienste genommen. Wenn beispielsweise jener Völundr, dessen Vasalleneid Karl der Kahle 862 empfangen hatte, nicht etwas später in einem gerichtlichen Zweikampf getötet worden wäre – kein Zweifel, daß er nicht nur bald mit Landlehen hätte versorgt werden müssen und daß diese Konsequenz in Zukunft unvermeidbar gewesen wäre. Offensichtlich lag die Idee derartiger Siedlungen zu Beginn des 10. Jahrhunderts in der Luft.

Wie und in welcher Form nahm nun am Ende der Rechnung eine dieser Vorstellungen Gestalt an? Unser Wissen darüber ist sehr schlecht. Das technische Problem ist hierbei zu gewichtig, als daß der Historiker sich ehrenhaft enthalten könnte, seinen Leser ins Vertrauen zu ziehen. Öffnen wir deshalb die Tür des Laboratoriums für einen Augenblick.

Zu dieser Zeit gab es in den verschiedenen christlichen Kirchen Geistliche, die bestrebt waren, Jahr für Jahr die Ereignisse aufzuzeichnen. Das war ein alter Brauch, der ehemals aus der Beschäftigung mit den Mitteln der Kalenderberechnung entstanden war, um dort die herausragenden Ereignisse des verstrichenen oder laufenden Jahres einzutragen. So war man an der Schwelle des Mittelalters, als man noch nach Konsuln datierte, mit den Konsularfasten verfahren und später in der gleichen Weise mit den Ostertafeln, die dafür bestimmt waren, die in ihrer Abfolge so veränderlichen Daten dieses Festes anzuzeigen, das die liturgische Ordnung fast des ganzen Jahres bestimmt. Dann hat sich ungefähr zu Beginn des karolingischen Zeitalters der historische Abriß vom Kalender gelöst, bewahrte aber streng den auf ein Jahr begrenzten Abschnitt. Natürlich unterschied sich der Blickwinkel dieser Chronisten beträchtlich von dem unseren. Sie interessierten sich für Hagelschlag, für Wein- und Getreidemangel, für Wunderzeichen fast ebenso wie für Kriege, den Tod von Fürsten und gewaltsame Veränderungen von Staat und Kirche. Außerdem zeigten sie nicht nur ein ungleiches Verständnis, sondern waren auch außerordentlich ungleich informiert. Die Wißbegier, die Kunst zu fragen, der Eifer, wechseln von Person zu Person. Insbesondere hängen Zahl und Wert der empfangenen Nachricht von der Stellung des geistlichen Hauses, seinen mehr oder weniger engen Banden zum Hof oder den Großen der Welt ab. Unbestreitbar waren am Ende des 9. und während des 10. Jahrhunderts ein anonymer Mönch der großen Abtei St. Vaast in Arras und ein Priester in Reims, Flodoard, Galliens größte Annalisten; der letzte verband den Vorteil eines besonders subtilen Geistes damit, an einem unvergleichlichen Brennpunkt der Intrigen und Nachrichten zu leben. Unglücklicherweise brechen die Annalen von St. Vaast ganz unvermittelt in der Mitte des Jahres 900 ab; Flodoards Annalen aber, oder zumindest soweit sie uns erhalten sind – denn wohlgemerkt, man muß mit den Unbilden der Zeit rechnen –, nehmen ihren Anfang erst mit dem Jahre 919. Nun aber zeigt sich, daß durch ein bitterböses Mißgeschick die Lücke der Aufzeichnungen genau mit dem Festsetzen der Normannen im Westfrankenreich zusammenfällt.

Tatsächlich sind diese Notizen nicht das einzige historische Werk, das uns eine so stark mit der Vergangenheit beschäftigte Epoche hinterlassen hat. Weniger als ein Jahrhundert nach der Begründung des normannischen Fürstentums an der unteren Seine, entschied Herzog Richard I., der Enkel des Begründers, seine eigenen und seiner Vorfahren Heldentaten aufzeichnen zu lassen. Er beauftragte mit dieser Aufgabe Dudo (Doon), einen Kanoniker aus St. Quentin. Das vor 1026 beendete Werk enthält eine Fülle von Nachrichten. Wir erkennen darin einen Schriftsteller des 11. Jahrhunderts bei der Arbeit, der damit beschäftigt war, die Informationen, die er aus älteren Annalen übernommen hat, die er niemals zitiert, mit irgendwelchen mündlichen Mitteilungen, von denen er großen Staat macht, und mit den Ausschmückungen, die ihm einerseits seine Belesenheit, andererseits, was weitaus natürlicher ist, seine Einbildungskraft verschaffte, zusammenzustellen. Hier sehen wir einmal ganz lebendig an den Tag gelegt, welchen Schmuck ein gelehrter Kleriker für wert hielt, um den Glanz eines Berichtes zu erhöhen und ein geschickter Kriecher für angemessen sah, dem Stolz seiner Herren zu schmeicheln. Mit Hilfe einiger Originaldokumente, wodurch wir die Erzählung überprüfen können, ergründen wir die Tiefe des Vergessens und das Maß der Einstellung, zu denen die historische Erinnerung der Menschen dieser Zeit nach einer Reihe von Generationen neigte. Mit einem Wort – vor uns liegt ein für die Denkungsart eines Lebenskreises und einer bestimmten Zeit unendlich kostbares Zeugnis; für die Fakten, die wir dort berichtet finden, zumindest, soweit es die ursprüngliche Geschichte des Herzogtums Normandie angeht, ist es ein Zeugnis, dessen Wert fast Null ist.

Hier nun gelangen wir mit Hilfe einiger dürftiger Annalen und eines ganz geringen Archivmaterials von diesen so obskuren Ereignissen zur Erkenntnis.

Ohne Rhein- und Scheldemündung völlig aufzugeben, richteten die Wikinger seit ungefähr 885 mehr und mehr ihr Bemühen auf die Täler der Loire und Seine. An der unteren Seine hatte sich bekanntlich einer ihrer Trupps 896 dauerhaft niedergelassen. Von dort bewegten sie sich in alle Richtungen auf der Suche nach Beute. Aber nicht immer verliefen diese weitreichenden Züge glücklich. In Burgund wurden die Räuber nach mehreren Aktionen geschlagen, 911 unter den Mauern von Chartres. Dagegen beherrschten sie im Roumois und der benachbarten Landschaft das Feld, und um sich während der Überwinterungen zu ernähren, mußten sie den

Boden dort bebauen oder bebauen lassen, zumal diese Niederlassung einen Anziehungspunkt bildete und die ersten Ankömmlinge, deren Zahl nur gering war, von anderen Wogen von Abenteurern erreicht worden sind. Wenn die Erfahrung zeigte, daß es nicht unmöglich war, ihre Verwüstungen in Grenzen zu halten, so schien es dagegen, sie aus ihren Schlupfwinkeln zu vertreiben, die Kräfte der einzigen interessierten Macht zu übersteigen, die des Königs. Denn von den regionalen Mächten war keine Rede mehr: in diesem schrecklich verwüsteten Land, dessen Mittelpunkt nur eine Ruinenstadt war, blieben die lokalen Herrschaftskader völlig verschwunden. Sonst scheint der neue König des Westfrankenreiches, Karl der Einfältige, der 893 gekrönt und nach dem Tod seines Rivalen Odo überall anerkannt worden ist, seit seinem Regierungsantritt das Unternehmen betrieben zu haben, mit den Eindringlingen zu einer Verständigung zu gelangen. Das verfolgte er während des Jahres 897, als er den Führer der Normannen an der unteren Seine zu sich rief, um ihn zu seinem Patensohn zu machen. Dieser erste Versuch blieb ohne Ergebnis. Aber wen sollte es wundern, daß er die Idee vierzehn Jahre später wieder aufgenommen und sich dieses Mal an Rollo gewandt hat, der dem Patenkind von einst an der Spitze derselben »Armee« nachgefolgt war? Rollo seinerseits war gerade vor Chartres besiegt worden; es konnte nicht ausbleiben, daß ihm diese Niederlage die Augen für die Schwierigkeiten öffnete, die sich beim Andauern der Raubzüge einstellten. Er glaubte weise zu handeln, wenn er das Angebot des Königs annahm. Das bedeutete auf beiden Seiten, die vollendeten Tatsachen anzuerkennen; für Karl und seine Ratgeber bot es obendrein den Vorteil, sich durch die Bande des Vasalleneides und folglich die Verpflichtung zur militärischen Hilfe mit einem Fürstentum zu verbinden, das eigentlich schon völlig ausgebildet war und das von nun an die Küste gegen die Schändungen neuer Piraten verteidigen würde, wofür alle Vernunftgründe sprachen. In einer Urkunde vom 14. März 918 erwähnt der König die »den Normannen an der Seine, nämlich Rollo und seinen Genossen… für die Verteidigung des Reiches« gewährte Verleihung.

Das Abkommen wurde an einem Datum geschlossen, das uns kein Hinweis genau zu bestimmen erlaubt: sicher nach der Schlacht von Chartres (20. Juli 911), vermutlich wenig später. Rollo und viele der Seinen empfingen die Taufe. Über die ihm eingeräumten Gebiete, über die Rollo fortan herrschen sollte, war die praktisch erbliche Gewalt des höchsten Lokalbeamten der fränkischen Hierarchie, des Grafen, im großen und ganzen eingeschlossen. Die einzige glaubwürdige Quelle – Flodoard in seiner Reimser Kirchengeschichte – spricht von »einigen Grafschaften« um Rouen: anscheinend der Teil der Diözese Reims, der sich von der Epte bis zum Meer erstreckte, und ein Splitter der Diözese Evreux. Aber die Normannen waren keine Leute, die sich mit einer überdies eingeschränkten Fläche begnügten. Ohnehin drängte sie neuer Zufluß von Einwanderern, sich unausweislich zu vergrößern. Das Wiederaufleben dynastischer Kriege im Westfrankenreich lieferte ihnen nach kurzer Zeit die Gelegenheit, sich ihr Eingreifen bezahlen zu lassen. Schon 924 überließ König Rudolf an Rollo das Bessin[25]; 933 dem Sohn und Nachfolger Rollos die Diözesen Avranches und Coutances. Auf diese Weise hatte die neustrische »Normandie« schrittweise ihren fortan fast unveränderten Umriß gefunden.

Doch blieb die untere Loire mit ihren Wikingern – das gleiche Problem stellte sich wie an der anderen Mündung und aufs erste kam auch die gleiche Lösung in Frage. 921 hatte der Herzog und Markgraf Robert, Bruder des früheren Königs Odo, der im Westen einen ausgedehnten Kommandobereich innehatte und sich praktisch wie ein unabhängiger Herrscher aufführte, den Flußpiraten, von denen sich nur einige taufen ließen, die Grafschaft Nantes überlassen. Indessen schien der skandinavische Trupp weniger stark gewesen zu sein, und die Anziehungskraft, die von Rollos Niederlassungen ausging, mit denen ungefähr zehn Jahre zuvor der Ausgleich erzielt worden war, hinderte ihr Wachstum. Zudem war das Gebiet um Nantes nicht gerade wie die Grafschaften um Rouen ein leeres Besitztum, noch war es isoliert. Ohne Zweifel hatten im Königreich oder Herzogtum der armorikanischen Bretonen, in das die Gegend von Nantes kurz nach 840 eingegliedert worden war, die Kämpfe zwischen den Prätendenten und eben auch die skandinavischen Einfälle die vollkommene Anarchie herbeigeführt. Gleichwohl betrachteten sich die Herzöge oder die Anwärter auf die Herzogswürde, bekanntlich die Grafen des unmittelbar benachbarten Gebietes um Vannes, als die legitimen Gebieter dieses Grenzlandes der romanischen Sprache; um es zurückzuerobern, hatten sie die Unterstützung von Truppen, die sie unter ihren Getreuen in der eigentlichen Bretagne ausheben konnten. Einer von ihnen, Alan Krummbart, der 936 aus England zurückkehrte, wohin er geflohen war, verjagte die Eindringlinge. Die Normandie an der Loire ist im Unterschied zu der an der Seine nur von kurzlebiger Existenz gewesen[26].

Die Siedlung der Genossen Rollos am Ärmelkanal setzte den Verwüstungen nicht auf einmal ein Ende. Da und dort setzten noch vereinzelte Führer die Züge eine Zeitlang fort, die um so mehr auf das Plündern erpicht waren, als sie erzürnt darüber waren, daß nicht auch sie Land empfangen hatten[27]. 924 wurde Burgund von neuem heimgesucht. Mitunter verbanden sich die Normannen von Rouen mit diesen Räu-

bern. Selbst die Herzöge hatten nicht sofort mit ihren alten Gewohnheiten gebrochen. Der Reimser Mönch Richer, der in den letzten Jahren
des 10. Jahrhunderts schrieb, versäumt es selten, sie »Räuberherzöge« zu
nennen. Tatsächlich unterschieden sich ihre Kriegszüge nicht viel von den
früheren Raubzügen, zumal sie sich häufig der Wikingertruppen bedienten, die gerade aus dem Norden gekommen waren, so, als 1013, mithin
mehr als ein Jahrhundert, nachdem Rollo den Vasalleneid geleistet hatte,
die Abenteurer »besessen vom Wunsch nach Beute«[28] erschienen. Sie wurden von Olaf, einem Anwärter auf die Krone Norwegens angeführt, damals noch Heide, aber nach seiner Taufe dazu ausersehen, der National-
heilige seines Heimatlandes zu werden. Andere Banden operierten an der
Küste unter eigener Flagge. Eine von ihnen wagte sich zwischen 966 und
970 bis an die Küsten Spaniens vor und nahm Santiago de Compostela ein.
1018 erschien eine andere an den Küsten von Poitou. Doch allmählich vergaßen die skandinavischen Schiffe den Weg in die weit entfernten Gewässer. Jenseits der französischen Grenzen war auch schon das Rheindelta
von ihnen fast frei geworden. Um 930 konnte der Bischof von Utrecht
seine Stadt wiedergewinnen, in der dauerhaft sich aufzuhalten sein Vorgänger nicht in der Lage war; er ließ sie wieder aufbauen. Die in die
Nordsee mündenden Flüsse standen gewiß noch vielen Handstreichen offen. 1006 wurde der Hafenort Tiel am Waal geplündert und Utrecht
bedroht; die Einwohner setzten die Kaianlagen und die Kaufmannssied-
lung, die keine Befestigung schützte, in Brand. Ein friesisches Gesetz, das
aus der Zeit kurz danach stammt, sah als ein fast normales Geschehen
den Fall vor, daß ein von den »Normannen« entführter Einheimischer
von ihnen mit Gewalt in eine ihrer Banden eingereiht wurde. Lange Zeit
ließen so die skandinavischen Seefahrer von ihrer Seite im Westen diesen
für eine bestimmte Kulturstufe bezeichnenden Zustand der Unsicherheit
andauern. Aber die Zeiten der ausgedehnten Züge mit ihren Überwinterungen und, nach der Niederlage von Stamfordbridge, die der Eroberungen jenseits des Meeres waren vorbei.

5. Die Christianisierung des Nordens

Indessen machte die Christianisierung des Nordens allmählich immer
größeren Fortschritt. Eine Kultur, die langsam einen anderen Glauben
annimmt – der Historiker kennt kaum eine Erscheinung, die erregendere
Beobachtungen bietet, besonders wenn es, wie in diesem Fall, die Quellen
trotz der heillosen Lücken gestatten, die Wechselfälle beinahe hinreichend
zu verfolgen, um daraus eine einsichtige Lehre zu ziehen, mit der ähn-

liche Vorgänge der gleichen Art erklärt werden können. Doch würde eine ausführliche Untersuchung den Rahmen dieses Buches sprengen. Einige Anhaltspunkte sollten genügen. Es wäre kaum richtig zu behaupten, das nordische Heidentum habe keinen ernsthaften Widerstand geleistet, weil drei Jahrhunderte nötig waren, um es niederzuwerfen. Indessen bemerken wir bestimmte innere Gründe, die die endgültige Niederlage ermöglichten. Skandinavien stellte dem fest organisierten Klerus der christlichen Völker keine entsprechende Einrichtung entgegen. Die Führer der durch Blutsbande verbundenen Sippen oder Völker waren die einzigen Priester. Zweifellos mußten besonders die Könige befürchten, ein wesentliches Element ihrer Hoheit dadurch zu zerstören, wenn sie ihre Rechte an der Opferung verlören. Aber wie wir später darlegen werden, zwang das Christentum sie nicht, ihr heiliges Wesen aufzugeben. Man darf glauben, daß die tiefgreifenden Veränderungen des Gesellschaftsgefüges, die mit den Wanderungen und mit den Stammesbildungen zugleich zusammenhingen, dem priesterlichen Nimbus der Familien- oder Stammesoberhäupter einen fürchterlichen Schlag versetzt haben. Die alte Religion entbehrte nicht nur den äußeren Rahmen der Kirche. Anscheinend hat sie in der Bekehrungszeit die Anzeichen einer Art eigenständigen Verfalls in sich getragen. Die skandinavischen Texte stellen uns oft genug wirklich Ungläubige vor. Auf die Dauer mußten diese krassen Zweifel weniger zu einem fast undenkbaren Fehlen jeden Glaubens als zur Annahme eines neuen führen. Schließlich öffnete gerade der Polytheismus dem Glaubenswechsel einen bequemen Weg. Ein Geist, dem jede Kritik am Zeugnis unbekannt ist, neigt kaum dazu, das Übernatürliche, woher es auch kommt, zu leugnen. Wenn die Christen sich weigerten, die Götter der verschiedenen heidnischen Kulte anzubeten, so bedeutete das meistenteils kein Nichtanerkennen ihrer Existenz; sie hielten sie für böse Geister, die gewiß gefährlich, aber viel schwächer als der Alleinschöpfer waren. Ebenso bezeugen zahllose Texte, daß, sobald die Normannen Christus und seine Heiligen kennen lernten, sie sich schnell daran gewöhnten, diese wie fremde Gottheiten zu behandeln, die man mit Hilfe der eigenen Götter bekämpfen und verhöhnen konnte, aber deren dunkle Macht zu sehr zu fürchten war, als daß die priesterliche Weisheit sie unter anderen Umständen nicht gnädig stimmen und die geheimnisvolle Magie ihres Kultes achten konnte. Hat nicht 860 ein kranker Wikinger ein Gelübde für den heiligen Richarius abgelegt? Etwas später hat ein gerade bekehrter isländischer Häuptling nicht davon abgelassen, in bestimmten schwierigen Fällen Thor anzurufen.[29] Die Kluft von der Anerkennung des Christengottes als schrecklicher Macht bis dahin, ihn als einzigen Gott anzunehmen, konnte in fast unmerklichen Etappen überbrückt werden.

Die Beutezüge übten, von Waffenruhen und Verhandlungen unterbrochen, ihre eigene Wirkung aus. Mehr als ein nordischer Seemann brachte von seinen Streitfahrten die neue Religion an seinen heimischen Herd gerade wie seine Beute mit. Die zwei großen norwegischen Missionskönige, Olaf Tryggvason und Olaf Haraldson, hatten alle beide die Taufe empfangen – der erste 994 auf englischem Boden, der zweite 1014 auf französischem, zu einer Zeit, als sie noch nicht über ihre Reiche geboten, sondern Wikingerbanden anführten. Dieser Übergang oder Hinübergleiten unter das Gesetz Christi verstärkte sich in dem Maße, als die von Übersee gekommenen Abenteurer an ihrem Weg eine größere Zahl ihrer Landsleute trafen, die sich dauerhaft in den von alters christlichen Ländern niedergelassen hatten und zum größten Teil für den Glauben der unterworfenen oder benachbarten Bevölkerung gewonnen worden waren. Die Handelsbeziehungen, die älter als die großen Kriegsunternehmen waren und niemals von ihnen unterbrochen worden sind, begünstigten ihrerseits die Bekehrung. In Schweden gehörten die meisten der ersten Christen zu den Kaufleuten, die den Hafenort Dorestad aufgesucht hatten, der damals der Hauptknotenpunkt der Beziehungen zwischen dem fränkischen Reich und den Meeren des Nordens war. Eine alte Chronik aus Gotland schreibt über die Einwohner dieser Insel: »Mit ihren Waren fuhren sie in alle Himmelsgegenden...; bei den Christen sahen sie christliche Bräuche; einige wurden getauft und fuhren mit Priestern zurück.« In der Tat hatten sich die ältesten Gemeinschaften, deren Spuren wir fassen können, in den Fernhandelssiedlungen gebildet: Birka am Mälarsee, Ripen und Schleswig an den beiden Endpunkten des Weges, der die jütische Landzunge von Meer zu Meer durchquerte. Nach der aufmerksamen Beobachtung des isländischen Historikers Snorri Sturluson hatten in Norwegen zu Beginn des 11. Jahrhunderts »die meisten Leute, die entlang der Küsten wohnten, die Taufe empfangen, während die Bevölkerung der Hochtäler und der ausgedehnten Bergländer heidnisch blieb[30]«. Während einer langen Zeit waren diese vom Zufall zeitweiliger Wanderungen abhängigen Kontakte von Mensch zu Mensch wesentlich wirksamere Mittler der Ausbreitung für den fremden Glauben als die von der Kirche in Gang gesetzte Mission. Dessen ungeachtet hatte sie schon frühzeitig begonnen. An der Ausrottung des Heidentums zu arbeiten, erschien den Karolingern zugleich als eine ihrer Berufung zu christlichen Fürsten innewohnende Aufgabe und als der sicherste Weg, um über eine von nun an in einem Gebet vereinte Welt ihre eigene Vorherrschaft auszubreiten. Genauso dachten auch die großen deutschen Kaiser, Erben ihrer Tradition. War das eigentliche Germanien einmal bekehrt, warum sollte man nicht an die Nordgermanen denken? Auf Anregung Ludwigs des Frommen machten sich Missionare daran, den Dänen und Schweden Gottes Wort zu verkünden. Junge Skandinavier wurden auf den Sklavenmärkten gekauft, um für das Priesteramt und die Verkündigung vorbereitet zu werden; Gregor der Große hatte sich einst mit dem Gedanken getragen, dergleichen für die Engländer zu tun. Schließlich erhielt das Missionswerk einen dauerhaften Stützpunkt durch die Errichtung eines Erzbistums in Hamburg, dessen erster Amtsinhaber der pikardische Mönch Ansgar bei seiner Rückkehr aus Schweden wurde: eine Metropole, die noch nicht mit Suffraganen versehen war, aber für die sich jenseits der skandinavischen und der ganz nahen slawischen Grenzen eine unermeßliche Kirchenprovinz öffnete, die erobert werden mußte. Indessen hatte der Ahnenglaube noch zu feste Wurzeln und die fränkischen Priester, in denen man Diener fremder Fürsten erblickte, erregten zu starke Zweifel und gerade eine Schar von Predigern war trotz einiger vom Feuer der Verkündigung beseelter Männer wie Ansgar nicht leicht zu gewinnen, als daß diese großartigen Träume so rasch Gestalt gewinnen konnten. Hamburg ist 845 von den Wikingern geplündert worden, und die Missionsmutterkirche überlebte nur, weil man sich dafür entschied, sie mit dem älteren und weniger armen Bremer Bischofsstuhl zu vereinen, den man aus der Kölner Kirchenprovinz herauslöste.

Das war zumindest eine Rückzugs- und Warteposition. In der Tat begann in Hamburg-Bremen im 10. Jahrhundert ein neuer, glücklicherer Anlauf. Zur selben Zeit stritten die aus einem anderen Teil der christlichen Welt gekommenen englischen Priester mit ihren deutschen Brüdern um die Ehre, die skandinavischen Heiden zu taufen. Schon seit geraumer Zeit waren sie mit dem »Fischen der Seelen« vertraut, wobei ihnen die dauerhaften Verbindungen zwischen den Häfen ihrer Insel und den gegenüberliegenden Küsten zugute kamen, und da sie weniger verdächtig als die Deutschen waren, scheinen sie eine reichere Ausbeute gemacht zu haben. Es ist bezeichnend, daß z. B. in Schweden die christliche Terminologie eher durch angelsächsische als durch deutsche Entlehnungen geprägt worden ist, wie auch, daß dort zahlreiche Pfarrkirchen Heilige aus Großbritannien zu ihren Patronen genommen hatten. Obwohl die mehr oder weniger kurzlebigen Bistümer, die in den skandinavischen Ländern begründet worden sind, nach der festgelegten kirchlichen Gliederung der Provinz Hamburg-Bremen hätten unterstellt sein müssen, ließen die christlichen Könige ihre Bischöfe gern in Großbritannien weihen. Mit um so größerem Recht strahlte der englische Einfluß zu Zeiten Knuts und seiner unmittelbaren Nachfolger weit nach Dänemark und selbst nach Norwegen aus.

Denn in der Tat war die Haltung der Könige und der vornehmsten

Führer das entscheidende Element. Die Kirche, die sich vor allem darauf festgelegt hatte, sie zu gewinnen, wußte das wohl. Besonders in dem Maße, in dem sich die christlichen Gruppen vergrößerten und sie gerade im Hinblick auf ihren tatsächlichen Erfolg sich Auge in Auge mit heidnischen Gruppen befanden, die sich der Gefahr bewußter und daher wesentlich kampfentschlossener waren, lag es an der Stärke der von den Herrschern oft mit äußerster Härte ausgeübten Gewalt, daß die beiden Parteien ihre sichere Hoffnung in sie setzten. Und wie sollte man ohne ihre Hilfe dieses Netz von Bistümern und Abteien über das Land werfen, ohne daß das Christentum nicht in der Lage gewesen wäre, seine geistliche Ordnung aufrechtzuerhalten und die unteren Schichten der Bevölkerung zu gewinnen? Dagegen fehlte es nicht daran, daß religiöse Zwietracht in den Kriegen der Prätendenten, die die skandinavischen Staaten ohne Unterlaß zerfleischten, ausgenutzt worden ist; mehr als ein dynastischer Umsturz zerstörte zeitweilig eine Kirchenorganisation, die sich gerade konsolidierte. Der Sieg konnte an dem Tag als gesichert gelten, an dem in jedem der drei Königreiche der Reihe nach und ohne Unterbrechung christliche Könige einander nachfolgten: zuerst in Dänemark seit Knut, in Norwegen seit Magnus dem Guten (1035) und erheblich später in Schweden seit dem König Ingo, der am Ende des 11. Jahrhunderts das alte Heiligtum in Upsala zerstörte, wo seine Vorgänger so oft Tier- und selbst Menschenfleisch geopfert hatten.

Wie in Ungarn mußte die Bekehrung der nordischen Länder, die auf ihre Unabhängigkeit eifersüchtig bedacht waren, notwendigerweise die Errichtung einer eigenen, Rom unmittelbar unterstellten Kirchenorganisation in einem jeden von ihnen nach sich ziehen. Es kam der Tag, daß ein ziemlich scharfblickender Politiker den erzbischöflichen Stuhl von Hamburg-Bremen bestieg, der sich in das Unvermeidliche fügte, aufgab, was nicht mehr zu retten war und zumindest einen Teil der ursprünglich von seiner Kirche beanspruchten Oberherrschaft zu bewahren suchte. Erzbischof Adalbert – seit 1043 – entwickelte die Idee eines riesigen nordischen Patriarchates, in dessen Schoß unter dem Schirm der Nachfolger des Heiligen Ansgar nationale Kirchenorganisationen begründet werden sollten. Aber die römische Kurie, die Zwischeninstanzen nicht sonderlich gesonnen war, hütete sich, dieses Vorhaben zu begünstigen, das mit großer Leidenschaft zu verfolgen die Auseinandersetzungen innerhalb des deutschen Adels seinem Urheber ohnehin in der folgenden Zeit nicht gestatteten. 1103 wurde in Lund, im dänischen Schonen, ein Erzbistum mit Amtsgewalt über alle skandinavischen Länder begründet. 1152 erhielt dann Norwegen sein eigenes, das in Nidaros (Drontheim) am Grabe – dem wahren Palladium der Nation –, in dem der Märtyrerkönig Olaf ruhte, errichtet worden ist. Schließlich legte Schweden seinen christlichen Mittelpunkt 1164 ganz in der Nähe des Punktes fest, wo sich in heidnischer Zeit der Königstempel von Upsala erhoben hatte. So glitt die skandinavische Kirche der deutschen Kirche aus den Händen. Ebenso gelang es im politischen Bereich den ostfränkischen Herrschern, trotz ihrer unzähligen Eingriffe in die dynastischen Kriege Dänemarks niemals, den Königen dieses Landes in dauerhafter Weise Tributzahlungen, das Zeichen der Unterwerfung, aufzuerlegen, noch die Grenze ernsthaft vorzuschieben. Zwischen den beiden großen Zweigen der germanischen Völker sollte sich die Trennung immer stärker ausbilden. Deutschland war es nicht, Deutschland sollte niemals ganz Germanien sein.

6. Auf der Suche nach den Ursachen

War es die Bekehrung, die die Skandinavier veranlaßte, auf ihre Gewohnheit der Beutezüge und der weitführenden Wanderungen zu verzichten? Die Wikingerzüge unter der Fahne eines Religionskrieges zu sehen, der durch den Eifer eines unbezähmbaren heidnischen Fanatismus ausgelöst worden war – eine Erklärung, die mitunter zumindest angedeutet worden ist und die sich keineswegs mit dem verträgt, was wir von Seelen wissen, die bereit sind, jede Art von Magie anzuerkennen. Kann man im Gegenteil nicht an die Wirkung eines tiefen Gesinnungswandels unter dem Walten eines Bekenntniswandels glauben? Sicher ist die Geschichte der normannischen Schiffahrt und Invasionen nicht ohne diese Leidenschaft für Krieg und Abenteuer zu verstehen, die sich in den moralischen Vorstellungen des Nordens mit der Ausübung geruhsamerer Künste vereint. Dieselben Leute, die man als geübte Händler die Märkte Europas von Konstantinopel bis zu den Häfen des Rheindelta aufsuchen sah oder die unter Rauhreif die Einöden Islands urbar machten, kannten kein größeres Vergnügen und keine größere Quelle des Ruhmes als »das Klirren von Eisen« und »das Aufeinanderprallen von Schilden«. Das sind ebensolche Zeugnisse wie die Gesänge und Erzählungen, die zwar erst im 12. Jahrhundert aufgezeichnet worden sind, aber die noch den getreuen Klang der Wikingerzeit bewahren. Zeugen sind ebenfalls die Stelen, die Grabsteine oder einfachen Kenotaphe, die auf den Grabhügeln des skandinavischen Landes längs der Wege oder bei Versammlungsorten stehen und noch heute ihre in lebhaftem Rot in den grauen Fels eingemeißelten Runen darbieten. In den meisten Fällen künden sie freilich nicht wie eine so große Zahl griechischer und lateinischer Grabstätten vom Tode derer, die friedlich am häuslichen Herd entschlafen sind. Sie erinnern fast ausschließlich an Helden, die im Verlauf irgendwelcher blutiger Züge gefallen sind. Nicht weniger auffallend ist, daß diese Gefühlsstimmung mit dem Gesetz Gottes unvereinbar erscheinen mag, das doch als eine Lehre der Güte und Barmherzigkeit verstanden wird. Aber im Folgenden werden wir oftmals feststellen können, daß sich bei den christlichen Völkern während der Feudalzeit der in den Mysterien des Christentums lebendige Glaube ohne erkennbare Schwierigkeiten mit der Lust zu Gewalttat und Räuberei, ja sogar mit dem bewußtesten Hochgefühl des Krieges verband.

Gewiß waren die Skandinavier von nun an mit den anderen Mitgliedern der katholischen Christenheit in einem gemeinsamen Glaubensbekenntnis vereint, zehrten von denselben Pilgerstraßen und lasen oder ließen sich, wenn sie auch nur den geringsten Wunsch nach Bildung hatten, dieselben Bücher vorlesen, in denen sich die mehr oder weniger entstellte griechisch-römische Überlieferung niederschlug. Hatte aber die fundamentale Einheit der westeuropäischen Kultur jemals Kriege unter ihren Gliedern verhindert? Allenfalls kann man annehmen, daß die Idee eines einzigen und allmächtigen Gottes, die mit ganz anderen Vorstellungen über die andere Welt verbunden war, dieser Schicksals- und Ruhmesmystik auf die Dauer einen harten Schlag versetzt hätte. Für die alte Poesie des Nordens war sie so charakteristisch, und sicher hatte mehr als ein Wikinger die Rechtfertigung für seine Leidenschaften aus ihr genommen. Wer will glauben, dieses habe gereicht, in den Häuptlingen jedes Verlangen auszulöschen, den Spuren von Rollo und Sven zu folgen oder sie daran zu hindern, die für ihren Ehrgeiz notwendigen Krieger auszuheben?

Tatsächlich leidet das Problem, so wie wir es oben dargestellt haben, an einer unvollständigen Aussage. Wie sollen wir untersuchen, weshalb eine Erscheinung ihr Ende gefunden hat, ohne uns zuerst zu fragen, warum sie auftrat? Dies geschieht im vorliegenden Fall vielleicht nicht, um der Schwierigkeit zu entgehen, denn der Beginn der skandinavischen Wanderungen ist in seinen Gründen kaum weniger dunkel als ihr Ende. Das heißt im übrigen nicht, daß wir uns länger damit aufhalten sollten, die Gründe für die Anziehungskraft zu erforschen, die die im allgemeinen fruchtbareren und von alters her kultivierteren Länder des Südens, auf die Völker des Nordens ausgeübt haben. War nicht schon die Geschichte der großen Germanenzüge und der Völkerverschiebungen, die ihnen voranging, die einer langen Wanderung zur Sonne? Selbst die Tradition der Beutefahrten über Meer war alt. In einer bemerkenswerten Übereinstimmung haben uns zugleich Gregor von Tours und der »Beowulf« das Andenken an einen Zug bewahrt, den um 520 ein Götarkönig an die Küsten Frieslands unternommen hat. Andere ähnliche Versuche entgehen uns ohne Zweifel nur wegen des Mangels an Schriftquellen. Nicht weniger gewiß ist es, daß diese ausgedehnten Züge ziemlich plötzlich am Ende des 8. Jahrhunderts ein bis dahin unbekanntes Ausmaß annahmen.

Soll man nun glauben, daß das schlecht verteidigte Westeuropa damals eine leichtere Beute als in der Vergangenheit geworden ist? Aber abgesehen davon, daß diese Erklärung nicht zu den eigentlichen Vorgängen der Zeit wie der Besiedlung Islands oder der Begründung warägischer Reiche an den russischen Flüssen passen kann, wäre es ein nicht hinzunehmender Widerspruch, wenn man behauptet, das Merowingerreich müsse in der Periode seiner Auflösung schrecklicher als die Monarchie Ludwigs des Frommen, ja sogar seiner Söhne, erschienen sein. Offensichtlich müssen wir die nordischen Länder selbst studieren, um den Schlüssel zu ihrem Schicksal zu suchen.

Der Vergleich von Schiffen des 9. Jahrhunderts mit einigen anderen Fundstücken, die älter zu datieren sind, beweist, daß während der Periode, die der Wikingerzeit unmittelbar vorausging, die skandinavischen Seeleute ihren Schiffsbau außerordentlich weit entwickelt hatten. Es besteht kein Zweifel, daß die weiten Fahrten über die Meere ohne diesen technischen Fortschritt unmöglich gewesen wären. Aber war es wirklich der Wunsch, die besser konstruierten Schiffe zu erproben, daß so viele Normannen sich entschlossen, ihr Glück im Abenteuer fern der Heimat zu suchen? Eher wird man glauben, daß sie sich mit der Verbesserung ihres Schiffsgerätes befaßten, um sich viel weiter auf das Meer zu wagen.

Schließlich ist schon vom Historiker der französischen Normannen selbst, Doon von St. Quentin, eine andere Erklärung im 11. Jahrhundert vorgeschlagen worden. Er erblickte den Grund der Wanderungen in der Übervölkerung der skandinavischen Länder und deren Ursprung in der Praxis der Polygamie. Lassen wir diese letzte Deutung beiseite: abgesehen davon, daß allein die Häuptlinge wirklich Harems unterhielten, haben die demographischen Beobachtungen niemals erwiesen – sie waren weit davon entfernt –, daß Polygamie dem Bevölkerungszuwachs besonders günstig gewesen sei. Gerade die Hypothese von der Übervölkerung kann auf den ersten Blick verdächtig erscheinen. Die von Invasoren besiegten Völker haben sie in ihrer ziemlich naiven Hoffnung vorgeschoben, ihre Niederlage durch das Zusammentreffen einer gewaltigen Anzahl von Feinden zu rechtfertigen. So verhielt sich die Bevölkerung der Mittelmeerländer vor den Kelten, die Römer vor den Germanen. Doch verdient die Hypothese hier mehr Beachtung, weil Doon sie vermutlich nicht aus der Überlieferung der Besiegten, sondern der Sieger nahm, vor allem aber auf Grund einer ihr innewohnenden gewissen Wahrscheinlichkeit. Vom 2. bis 4. Jahrhundert hatten die Verschiebungen unter den Völkern,

die schließlich den Untergang des Römischen Reiches herbeiführen sollten, mit Sicherheit bewirkt, daß auf der skandinavischen Halbinsel, den
Inseln der Ostsee, in Jütland riesige Räume entstanden, die menschenleer
waren. Die am Ort verbliebenen Gruppen konnten sich während mehrerer Jahrhunderte frei entfalten. Dann kam irgendwann im 8. Jahrhundert der Augenblick, daß der Platz, zumindest im Hinblick auf den Zustand ihrer Landwirtschaft, tatsächlich knapp zu werden begann.
In der Tat waren die ersten Wikingerzüge viel weniger darauf gerichtet,
Land für Dauersiedlungen zu gewinnen, als Beute zu machen, die nach
Hause gebracht werden sollte. Aber dort war es nur ein Mittel, um dem
Mangel an Boden zu begegnen. Dank der in südländischen Gefilden
erbeuteten Dinge konnte der Anführer, den die Enge seiner Felder und
Weiden beunruhigte, seinen Lebensstil aufrechterhalten und seine Gefolgsleute ständig mit den für sein Ansehen notwendigen Geschenken in
freigiebigster Weise versehen. Den nachgeborenen Söhnen der unteren
Schichten ersparte die Auswanderung die Dürftigkeit eines überfüllten
Haushaltes. Vermutlich hat damals mehr als eine Bauernfamilie derjenigen geglichen, mit der uns ein schwedischer Grabstein vom Beginn des
11. Jahrhunderts bekannt macht: Von fünf Söhnen sind der älteste und
der jüngste zu Hause geblieben, die drei anderen sind in der Fremde
gefallen – der eine in Bornholm, der zweite in Schottland, der dritte in
Konstantinopel[31]. Hat endlich eine der Streitereien oder Fehden, die sich
nur allzu häufig aus dem gesellschaftlichen Gefüge und den Sitten ergaben, einen Mann veranlaßt, den ererbten *gaard* (Hof) aufzugeben?
Die Verknappung des unbesiedelten Bodens machte ihm die Suche nach
einer neuen Bleibe im Lande selbst schwerer als in der Vergangenheit.
Verfemt fand er oft keine andere Zuflucht als das Meer oder weit entfernte Gegenden, zu denen es den Zugang verschaffte. Das geschah besonders dann, wenn der Feind, vor dem man floh, einer jener Könige
war, denen es eine weniger dichte Besiedlung gestattete, eine wirkungs-
vollere Herrschergewalt über weite Landstriche auszudehnen. Gewohnheit und Erfolg halfen nach, Lust und Liebe kamen nötigenfalls sehr
schnell hinzu, und das Abenteuer, das sich im allgemeinen als gewinnbringend erwies, wurde auf einmal zum Beruf und Sport.
Wie der Beginn der Normanneneinfälle nicht durch den Zustand der
politischen Kräfte in den heimgesuchten Ländern erklärt werden kann, so
kann es auch ihr Ende nicht. Ohne Zweifel war das Ottonenreich besser
als das der letzten Karolinger in der Lage, sein Küstengebiet zu schützen;
Wilhelm der Bastard und seine Nachfolger hätten in England furchterregende Gegner erproben können. Indessen ergab sich, daß weder die
einen noch die anderen eigentlich etwas zu verteidigen hatten – oder es

hat nur wenig daran gefehlt. Und man wird schwerlich glauben, daß Frankreich seit der Mitte des 10. Jahrhunderts, England unter Eduard dem Bekenner als zu harte Beute erschienen wären. Höchstwahrscheinlich führte gerade die Erstarkung der skandinavischen Königreiche dazu, daß die Quellen der Fahrten am Ende des Prozesses zum Versiegen gebracht worden sind: Während seiner Entstehung hatte das Königtum die Züge zeitweilig gesteigert, als es zahlreiche Verbannte und in ihren Hoffnungen getäuschte Prätendenten zur Fahrt über den Ozean zwang. Von nun an hatten nur noch die Staaten das Recht, Menschen und Schiffe auszuheben; die Inanspruchnahme des Schiffsmaterials führten sie mit besonders umsichtiger Sorgfalt durch. Andererseits förderten die Könige vereinzelte Züge kaum, die einen Geist der Unruhe am Leben erhielten und Ausgestoßenen zu leichte Zuflucht sicherten, ebenso wie sie Verschwörern – das zeigt die Saga vom Heiligen Olaf – die Mittel lieferten, die für ihre finsteren Machenschaften notwendigen Reichtümer anzuhäufen. Man berichtet, daß, sobald Sven erst einmal Herr Norwegens geworden war, er diese Züge verboten hat. Die Anführer gewöhnten sich mehr und mehr an den Rahmen eines geregelteren Lebens, wo ihr Ehrgeiz seine Erfüllung im Mutterland selbst suchte, im Dienste des Herrschers oder seiner Rivalen. Um sich Neuland zu verschaffen, widmete man sich verstärkt der Binnenkolonisation. Es blieben die Eroberungen der Monarchen, z. B. diejenigen, die Knut machte und an denen sich Harald Hardrada versuchte. Aber die königlichen Armeen waren schwerfällige Maschinen, schwer in Gang zu setzen in Staaten, deren politische Organisation so wenig beständig war. Das letzte, auf England gerichtete Unternehmen eines dänischen Königs zur Zeit Wilhelms des Bastards scheiterte an einer Palastrevolution, noch bevor die Flotte die Anker gelichtet hatte. Bald schränkten die norwegischen Könige die Absicht ein, ihre Herrschaft über die westlichen Inseln von Island bis zu den Hebriden zu verstärken oder zu begründen, die Könige von Dänemark und Schweden, die ausgedehnten Feldzüge gegen ihre slawischen, finnischen und lettischen Nachbarn fortzusetzen. Sie galten zugleich Unternehmen der Vergeltung, denn in gerechter Umkehr waren sie Eroberungskriege und Kreuzzüge, da die Seeräuberei dieser Völker ständig die Ostsee berunruhigte und glichen auch sehr wohl ziemlich genau den Zügen, unter denen die Ufer der Schelde, der Themse oder der Loire so lange gelitten hatten.

3. Kapitel

Einige Folgerungen und einige Lehren aus den Völkerstürmen

1. Das Chaos

Westeuropa ging aus dem Sturm der letzten Völkerstürme völlig mit
Wunden bedeckt hervor. Selbst die Städte sind nicht verschont geblieben
– schon gar nicht von den Skandinaviern, und wenn sich viele von ihnen
nach der Plünderung oder dem Wegziehen der Bewohner schlecht und
recht wieder aus ihren Ruinen erhoben, so führte doch dieser Bruch im
normalen Ablauf ihres Lebens dazu, daß sie für lange Zeit geschwächt
blieben. Andere waren vom Glück weniger begünstigt: Die beiden Haupt-
häfen des Karolingerreiches an seiner Nordküste, Dorestad im Rheindelta, Quentovic an der Mündung der Canche, verloren endgültig ihre
Bedeutung. Das erste sank zu einem unbedeutenden Weiler herunter, das
zweite zu einem Fischerdorf. Die Handelsplätze hatten an den Fluß-
routen jede Sicherheit verloren. Als 861 Pariser Kaufleute auf ihren
Schiffen flohen, sind sie von normannischen Booten eingeholt und in die
Gefangenschaft geführt worden. Das platte Land litt besonders schrecklich, oft so sehr, daß es geradezu zu einer Einöde geworden ist. Im Land
um Toulon mußte der Boden nach der Vertreibung der Räuber aus dem
Freinet wieder urbar gemacht werden. Die alten Grenzen zwischen den
Landeigentümern waren nicht mehr zu erkennen und »jeder«, so sagt
eine Urkunde, »verschaffte sich Land nach seinen Kräften«[32]. Eine Urkunde vom 14. September 914 wirft in der so oft von den Wikingern
heimgesuchten Touraine Licht auf eine kleine Grundherrschaft in Vontes
im Indre-Tal und auf ein ganzes Dorf, in Martigny an der Loire. In
Vontes könnten 5 Unfreie »Land besitzen, wenn Frieden ist«. In Martigny
sind die Abgaben sorgfältig aufgezählt. Aber sie gelten nur noch für die
Vergangenheit. Denn wenn man noch 17 vergebene Besitzeinheiten oder
mansi (Hufen) unterscheidet, so bedeuten sie nichts mehr. Nur sechzehn
Familienoberhäupter leben auf diesem ausgepowerten Boden: demnach
eines weniger als die *mansi*, während doch eigentlich ein Teil von ihnen
jeweils von zwei oder drei Haushalten hätte bewirtschaftet werden müssen. Einige der Männer »hatten weder Frauen noch Kinder«. Und wieder erklingt dasselbe tragische Lied: »Wenn Frieden wäre, könnten diese
Leute das Land in Besitz halten[33].« Im übrigen waren nicht alle Verwüstungen das Werk der Eindringlinge. Denn oft war es nötig, den Feind
auszuhungern, um ihn zur Einsicht zu bringen. Als sich 894 ein Wikinger-
trupp in die alten Befestigungen von Chester flüchten mußten, »trieb« das

englische Heer, so berichtet die Chronik, »das gesamte Vieh der Umgebung weg, verbrannte die Erde und ließ seine Pferde das umliegende Land vollständig abweiden«.

Natürlich waren dadurch die Bauern mehr als jede andere Klasse in einem solchen Ausmaß in tiefste Not und Verzweiflung getrieben, daß sie sich mehrfach zwischen Seine und Loire und in der Moselgegend in Schwureinungen verbanden und über die Plünderer herfielen. Ihre schlecht organisierten Kräfte sind jedesmal vernichtet worden[34]. Aber die Bauern waren nicht die einzigen, die hart unter der Verwüstung des Landes zu leiden hatten. Die Städte litten Hunger, selbst wenn ihre Befestigungen standhielten. Die Grundherren, die ihre Einkünfte aus dem Land bezogen, waren verarmt. Besonders mühselig fristeten die Kirchenfürsten ihr Leben. Wie später nach dem Hundertjährigen Krieg, stellte sich deshalb ein tiefer Verfall des Mönchtums und als seine Folge ein Verfall des geistigen Lebens ein.

England war besonders betroffen. König Alfred beschwört mit Schmerz in der Vorrede zu Gregors des Großen »Regula pastoralis« (Ordnung für das Hirtenamt), die unter seiner Aufsicht übersetzt worden ist, »die Zeit, ehe alles verwüstet und verbrannt worden ist und die englischen Kirchen von Schätzen und Büchern überquollen«[35]. Das war in der Tat der Grabgesang der angelsächsischen Kirchenkultur, deren Glanz einst über ganz Europa gestrahlt hatte. Doch die nachhaltigste Wirkung zeigte sich überall zweifellos in einem furchtbaren Kräfteverlust. Als sich wieder eine relative Sicherheit eingestellt hatte, sahen sich die an Zahl verminderten Menschen von weiten, einst bebauten Räumen umgeben, die mit Buschwerk bedeckt waren. Die Eroberung des noch so reichlich vorhandenen jungfräulichen Bodens ist deshalb um mehr als ein Jahrhundert verzögert worden.

Doch waren die materiellen Schäden nicht alles. Zugleich muß auch der geistig-seelische Schock bedacht werden. Gerade er war um so tiefer, weil besonders im Frankenreich der Sturm einer Periode zumindest relativer Ruhe folgte. Sicher war der karolingische Frieden nicht von langer Dauer, und er war auch nicht überall voll wirksam. Doch ist das menschliche Gedächtnis kurz und unergründlich die Gabe, sich Illusionen hinzugeben. Ein Zeugnis dafür ist die Geschichte der Reimser Befestigungen, die sich im übrigen mit einigen Varianten in mehr als einer Stadt wiederholt hat[36]. Unter Ludwig dem Frommen hatte der Erzbischof den Kaiser um die Erlaubnis ersucht, der alten Römermauer Steine zu entnehmen, um sie beim Wiederaufbau seiner Kathedrale zu verwenden. Der Monarch, der, so schreibt Flodoard, »damals den tiefen Frieden genoß und auf die glänzende Macht seines Imperiums stolz war, befürchtete keinen Einfall der Barbaren« und gab seine Einwilligung. Kaum fünfzig Jahre waren vergangen, als die »Barbaren« wiederkehrten und man in aller Eile neue Befestigungen errichten mußte. Die Mauern und die Palisaden, von denen Europa nun allmählich starrte, waren das sichtbare Zeichen einer großen Angst. Der Raubzug war von nun an zu einem vertrauten Ereignis geworden, das kluge Leute in ihren Verträgen voraussahen, wie ein Landpachtvertrag aus der Umgebung von Lucca zeigt, der 876 den Aufschub der Zinszahlung festsetzte, »wenn das Heidenvolk die Häuser samt dem was drinnen ist oder die Mühle niederbrennt oder verwüstet«[37]. Oder schon 18 Jahre später hieß es im Testament eines Königs von Wessex: die milden Gaben, die er seinen Gütern auferlegt hat, werden nur gezahlt, wenn jedes so belastete Stück Land »von Mensch und Tier bewohnt bleibt und sich nicht in Einöde verwandelt«[38]. Verschieden im Bestreben, doch gleich im Empfinden ertönten die zitternden Gebete, die uns in einigen liturgischen Büchern erhalten sind, von einem Ende Westeuropas zum anderen. In der Provence: »Ewige Dreieinigkeit... befreie Dein Christenvolk von der Bedrängnis der Heiden« (hier sind die Sarazenen gemeint). In Nordgallien: »Oh Herr, befreie uns vom grausamen Volk der Normannen, das unsere Reiche verwüstet.« In Modena, wo man sich an den heiligen Gimignano wandte: »Sei unser Beschützer gegen die Pfeile der Ungarn[39].« Man stelle sich nur einen Augenblick den seelischen Zustand der Gläubigen vor, die sich solchem Flehen hingaben. Eine Gesellschaft kann nicht ohne Schaden ständig in einer ständigen Alarmhaltung bleiben. Sicherlich trugen die arabischen, ungarischen oder skandinavischen Einfälle nicht die ganze Verantwortung für den Schatten, der auf den Seelen lastete. Aber sie trugen einen großen Teil.

Doch war die Erschütterung nicht nur destruktiv. Gerade das Chaos bewirkte bestimmte, zum Teil tief reichende Veränderungen der Kraftlinien Westeuropas, der Ordnung seiner Kultur und Gesellschaft. In Gallien fanden Bevölkerungsverschiebungen statt, die, wenn wir etwas anderes als sie nur erahnen könnten, uns sicher folgenschwer erschienen. Seit Karl dem Kahlen war die Regierung ohne viel Erfolg damit beschäftigt, die Bauern, die vor den Eindringlingen geflohen waren, an den heimischen Herd zurückzuholen. Kann man glauben, daß alle Leute aus dem Bas-Limousin, die nach dem Bericht der Quellen im Gebirge Zuflucht suchten, jemals die Stelle, von der sie aufbrachen, wiedergesehen haben? Ebenso scheinen namentlich in Burgund die Ebenen von der Entvölkerung mehr als die höher gelegenen Landstriche betroffen gewesen zu sein[40]. Im übrigen sind nicht alle der alten Dörfer, die völlig verschwanden, durch Feuer und Schwert zerstört worden. Viele wurden einfach zugunsten sicherer Zufluchtsstätten aufgegeben: wie gewöhnlich führte die allgemeine

Gefahr zur Siedlungskonzentration. Besser als die Wanderungen der Leute weltlichen Standes kennen wir die der Mönche. Wie sie auf den Wegen in die Fremde zusammen mit ihren Reliquienkästen auch ihre fromme Überlieferung mitnahmen, so folgte ihnen ein ganzer Legendenwust, der in derselben Zeit den Heiligenkult und die Einheit der katholischen Christen ganz eigentümlich festigen sollte. Namentlich der große Auszug der bretonischen Reliquien verbreitete in weiter Ferne die Kenntnis von einer andersartigen Hagiographie, die rasch von Seelen aufgenommen wurde, die sich gerade von der Eigentümlichkeit der Wunder einnehmen ließen.

Die politische und kulturelle Karte ist nun in England infolge einer ausgedehnten und andauernden ausländischen Besatzung empfindlich verändert worden. Der Zusammenbruch der einst mächtigen Königreiche in Northumbrien im Nordosten und in Mercien in der Mitte begünstigte den Aufstieg von Wessex, der schon während der vorhergehenden Periode begonnen hatte. Er machte schließlich diese einer Landschaft des Südens entsprossenen Könige zu »Kaisern von ganz Britannien«[41], wie es eine ihrer Urkunden ausdrückt. Das war ein Erbe, das letzten Endes Knut, dann Wilhelm der Eroberer aus ihren Händen lediglich empfangen sollten. Die Städte des Südens, Winchester und später London, zogen von nun an zu den Schätzen, die sie in ihren Burgen hüteten, den Ertrag der im ganzen Land erhobenen Abgaben auf sich. Die Abteien Northumbriens waren berühmte Studienzentren. Dort hatte Beda gelebt, dort kam Alkuin her. Die Züge der Dänen, an die sich die von Wilhelm dem Eroberer planmäßig unternommenen Verheerungen anschlossen, um Revolten zu bestrafen und ihnen zuvorzukommen, setzten dieser geistigen Vorherrschaft ein Ende. Mehr noch: Ein Teil des Nordens entglitt dem eigentlichen England für immer. Von der übrigen Bevölkerung durch das wikingische Siedlungsgebiet in Yorkshire abgeschnitten, fiel das englischsprachige Unterland rings um die northumbrische Burg Edinburgh unter die Herrschaft der keltischen Häuptlinge im Gebirge. Auf diese Weise war das vom sprachlichen Dualismus beherrschte Königreich Schottland infolge eines Gegenstoßes eine Schöpfung der skandinavischen Invasion.

2. Der Beitrag der Menschen: Das Zeugnis der Sprache und der Namen

Weder die sarazenischen Räuber noch die ungarischen Horden außerhalb der Donauebene mischten ihr Blut in einem nennenswerten Maß mit dem des alten Europa. Dagegen begnügten sich die Skandinavier nicht mit der Räuberei: Ihre Siedlungen in England und der neustrischen Normandie begründeten unbestreitbar für die Menschen neue Grundlagen. Wie sollen wir diesen Beitrag bewerten? Die Daten der Anthropologie sind beim gegenwärtigen Stand der Wissenschaft nicht in der Lage, uns irgend etwas Sicheres zu liefern. Sie müssen gemustert und mit den verschiedensten Arten von eher indirekten Zeugnissen konfrontiert werden. Ungefähr seit 940 war bei den Normannen an der Seine um Rouen die nordische Sprache nicht mehr im allgemeinen Gebrauch. Dagegen wurde sie zu dieser Zeit im Bessin weiter gesprochen, das vielleicht von einer neuen Auswandererwelle später besiedelt worden ist. Ihre Bedeutung blieb innerhalb des Fürstentums groß genug, so daß es der regierende Herzog für notwendig erachtete, sie seine Erben lernen zu lassen. Zur gleichen Zeit hören wir durch einen erstaunlichen Zufall zum letzten Mal vom Bestehen heidnischer Gruppen, die mächtig genug waren, in den Wirren eine Rolle zu spielen, die dem Tod des Herzogs Wilhelm Langschwert folgten, der 942 ermordet worden ist. Bis in die ersten Jahre des 11. Jahrhunderts müssen sich noch in der Umgebung dieser »Jarls von Rouen«, die, wie uns eine Saga berichtet, »lange Zeit das Andenken an die Vetternschaft« mit den Häuptlingen des Nordens[42] bewahrten, Männer gefunden haben, die ohne Zweifel zweisprachig waren und über die Fähigkeit verfügten, skandinavische Sprachen weiter zu verwenden. Wie soll man es anders erklären, daß um das Jahr 1000 die Verwandten der Vizegräfin von Limoges, die von einer Wikingerbande an der Küste von Poitou geraubt und von ihren Entführern »über das Meer« geschafft worden ist, ihre Zuflucht bei den guten Diensten des Herzogs Richard II. gesucht hatten, um ihre Befreiung zu erreichen –, daß dieser selbe Fürst 1013 die Horden Olafs in seine Dienste hatte nehmen können –, daß im folgenden Jahr einige seiner Untertanen vielleicht im Heer des dänischen Königs von Dublin gekämpft hatten[43]? Indessen sollte die sprachliche Angleichung nach diesem Zeitpunkt fast abgeschlossen sein, die zugleich durch die religiöse Annäherung und den Rückgang der Zuwanderung neuer Ankömmlinge begünstigt worden ist, die in der Periode, die sich der ersten Siedlungszeit unmittelbar anschloß, in kurzen Abständen einander gefolgt waren. Ademar von Chabannes, der 1028 oder wenig früher schrieb, hielt sie für beendet[44]. Von Rollo und seinen Genossen haben weder der romanische Dialekt der Normandie noch durch sein Zwischenglied das gewöhnliche Französisch kaum mehr als einige technische Ausdrücke entlehnt, die sich fast alle – wenn wir vorläufig den Agrarbereich beiseite lassen – sowohl auf die Schiffahrt als auch auf die Küstenbeschreibung beziehen, z. B. »havre« (Hafen) und »crique« (Bucht). Wenn sich Wörter dieser Art trotz der Romanisierung am Leben erhielten, so lag das daran, daß es unmöglich war, entsprechende Ausdrücke in der Sprache einer Landbevölkerung zu finden, die unfähig war, Schiffe zu bauen wie auch die Gestalt eines Küstengebietes zu beschreiben.

Ganz anderen Linien folgte die Entwicklung in England. Tatsächlich beharrten die Skandinavier nicht wie auf dem Kontinent auf ihrer sprachlichen Isolierung. Sie erlernten das Angelsächsische, jedoch um es in einer wohl einzigartigen Weise zu gebrauchen: Indem sie sich, so gut es ging, völlig seiner Grammatik anpaßten und einen großen Teil seines Wortschatzes übernahmen, vermischten sie beständig in großer Zahl Wörter ihrer ursprünglichen Sprache mit der angelsächsischen. Wiederum gewöhnten sich die Einheimischen in engem Kontakt mit den Einwanderern daran, das fremde Vokabular in weitem Ausmaß zu verwenden. Damals war Nationalismus in der Sprache und im Ausdruck sogar bei den Schriftstellern ein unbekanntes Empfinden, die der Überlieferung ihres Volkes am meisten verbunden blieben. Eines der ältesten Beispiele für Entlehnungen aus der Wikingersprache bietet uns das Lied von der Schlacht bei Maldon, das den Ruhm der Krieger von Essex preist, die 991 in einem Kampf gegen eine Bande dieser »mörderischen Wölfe« fielen. Es ist hier nicht mehr nötig, die technischen Wörterbücher zu durchblättern. Vollkommen gebräuchliche Substantive wie »sky« (Himmel) oder »fellow« (Genosse), ebenso geläufige Adjektive wie »low« (niedrig) oder »ill« (krank), Verben, die jeder Mensch ständig im Munde führt, z. B. »to call« (rufen) oder »to take« (nehmen), selbst bestimmte Pronomen (nämlich das der dritten Person Plural) –, so viele Ausdrücke, die uns heute als das Englisch der Engländer erscheinen, sind doch in Wirklichkeit zusammen mit vielen anderen im Norden entstanden, so daß die Millionen Menschen, die im 20. Jahrhundert irgendwo in der Welt die am weitesten verbreitete europäische Sprache sprechen, sich in ihrer täglichen Umgangssprache gänzlich verschieden ausdrücken würden, wenn die Küsten Northumbriens niemals die Schiffe der »Meeresleute« gesehen hätten.

Völlig unklug würde indessen der Historiker handeln, der diese Fülle mit dem dürftigen Beitrag der skandinavischen Sprachen im Französischen vergliche und aus der Zahl der eingewanderten Bevölkerung eine Differenz konstruierte, die in einem genauen Verhältnis zu der der sprachlichen Entlehnungen stünde. Der Einfluß einer sterbenden Sprache auf eine konkurrierende, die überlebt, ist weit davon entfernt, sich genau in der Zahl der Personen deutlich zu machen, denen die erste ursprünglich als Ausdrucksmittel diente. Die einer Sprache eigentümlichen Verhältnisse spielen eine nicht weniger beträchtliche Rolle. Das geradezu durch einen Abgrund von den romanischen Dialekten Galliens geschiedene Dänisch und Norwegisch näherte sich im Gegenteil während der Wikingerzeit stark dem Altenglischen, das wie sie aus dem Gemeingermanischen hervorgegangen war. Bestimmte Wörter waren auf beiden Seiten nach Inhalt und Form gleich. Andere, die den gleichen Sinn hatten, besaßen ähnliche Formen, zwischen denen im Gebrauch zu wählen leicht war. Gerade dort, wo der skandinavische Ausdruck einen englischen von ganz verschiedener Gestalt ersetzt hatte, ist sein Eindringen oftmals durch das Vorhandensein anderer Wörter in der einheimischen Sprache erleichtert worden, die aus der gleichen Wurzel stammten und durch einen Rahmen verwandter Vorstellungen verbunden waren. Doch bliebe eben die Entstehung dieser Art von Kauderwelsch unerklärlich, wenn es nicht zahlreiche Skandinavier gegeben hätte, die auf englischem Boden gelebt und dort ständig Beziehungen mit den eingesessenen Bewohnern unterhalten hätten.

Wenn schließlich viele dieser Lehnwörter in die Umgangssprache eindrangen, so geschah das übrigens fast immer durch die Vermittlung der in Nord- und Nordostengland verbreiteten Sprachen. Andere blieben allein auf die Dialekte dieser Gegenden beschränkt. In der Tat hatten dort besonders in Yorkshire, Cumberland, Westmoreland, dem Norden von Lancashire und dem Gebiet der »Fünf Borroughs« (Lincoln, Stanford, Leicester, Nottingham und Derby) die überseeischen Jarls ihre bedeutendsten und dauerhaftesten Herrschaften aus dem Land herausgeschnitten. Dort und vor allem dort war die große Landnahme vor sich gegangen. Die angelsächsische Chronik berichtet, daß 876 der in York ansässige Wikingerhäuptling das Land Deira seinen Genossen überließ, »und diese bebauten es von nun an«. Und weiter zum Jahre 877: »Nach der Ernte kam das dänische Heer nach Mercien und teilte sich ein Stück Land.« Angesichts dieser bäuerlichen Besitzergreifung bestätigten die sprachlichen Hinweise, die kein geringes Gewicht haben, das Zeugnis der Chronisten völlig. Denn die meisten Lehnwörter bezeichneten einfache Gegenstände oder vertraute Tätigkeiten und allein Bauern, die mit Bauern verkehrten, konnten von ihren Nachbarn neue Bezeichnungen für das Brot (*bread*), das Ei (*egg*) oder die Wurzel (*root*) annehmen. Auf englischem Boden zeigt sich die Bedeutung dieses Beitrages der unteren Schichten nicht weniger klar bei der Untersuchung der Personennamen. Die lehrreichsten sind nicht diejenigen, derer sich die oberen Klassen bedienten. Denn bei ihnen richtete sich die Wahl des Namens vor allem nach der Geltung einer herrschaftlichen Tradition und folgte ihr um so lieber, als im 10. und 11. Jahrhundert kein anderes Prinzip sich diesem Reiz wirkungsvoll widersetzte. Die Regeln der Familienüberlieferung hatten ihre gesamte Kraft verloren. Die Taufpaten hatten noch nicht die Angewohnheit, ihren Patenkindern die eigenen Namen zu geben noch übten selbst bei den frommsten Leuten weder Väter noch Mütter den Brauch, ihren Kindern nur Heiligennamen als Beinamen zu geben. Tatsächlich dauerte es nach der Eroberung von 1066 kaum mehr als ein Jahrhundert, daß die bis dahin im englischen Adel außerordentlich verbreiteten Namen skandinavischer Herkunft einhellig durch alle die verdrängt worden sind, die auf eine gewisse soziale Unterscheidung Wert legten. Dagegen blieben sie bei der Masse der Bauern und selbst der Bürger viel länger im Gebrauch, die durchaus nicht den unwirklichen Wunsch verfolgten, sich einer siegreichen Kaste anzugleichen: in Ost-Anglien bis zum 13., in Lincolnshire und in Yorkshire bis in das folgende Jahrhundert, in Lancashire bis zum äußersten Ende des Mittelalters. Es gibt gewiß auch keinen Anlaß zu glauben, damals hätten ausschließlich Abkömmlinge der Wikinger diese Namen getragen. Im Gegenteil, warum sollte man es nicht für möglich halten, daß auf dem flachen Land innerhalb ein und derselben Klasse die Nachahmung und das Hin- und Herheiraten ihre übliche Wirkung gezeigt hätten? Aber dieser Einfluß konnte nur Geltung gewinnen, weil sich zahlreiche Einwanderer inmitten der Vorbevölkerung niedergelassen hatten, um mit ihr dasselbe einfache Leben zu führen.

Das wenige, was wir zu unserem Leidwesen beim Fehlen von wissenschaftlich ausreichenden Untersuchungen wissen, läßt uns in der neustrischen Normandie die Vorstellung von einer Entwicklung gewinnen, die ganz ähnlich wie in den am weitesten skandinavisierten Grafschaften Englands verlaufen war. Obwohl der Gebrauch einiger Namen nordischer Herkunft wie Osbern im Adel zumindest bis in das 12. Jahrhundert gewahrt blieb, schienen sich die oberen Klassen insgesamt schon frühzeitig den französischen Sitten zugewandt zu haben. Hatte nicht Rollo selbst ein Beispiel gegeben, als er seinen in Rouen geborenen Sohn auf den Namen Wilhelm taufen ließ? Seitdem kehrte in dieser Beziehung kein Herzog der Normannen zu den Traditionen der Ahnen zurück. Offensichtlich wünschten sie nicht, sich von den anderen großen Adligen des französischen Reiches zu unterscheiden. Andererseits zeigten sich die unteren Volksschichten ebenso wie in Großbritannien wesentlich traditionsbewußter: ein Beweis ist noch heute im Normannenland die Existenz einer gewissen Anzahl von Patronymika, d. h. Ortsnamen, die mit alten skandinavischen Vornamen gebildet worden sind. Alles, was wir im allgemeinen über die Bildung von Familiennamen wissen, verbietet uns die Annahme, sie hätten frühstens vor dem 13. Jahrhundert einen festvererblichen Charakter angenommen. Diese Tatsachen spiegeln wie in England die Verhältnisse einer bestimmten bäuerlichen Bevölkerung wider. Die Erscheinungen sind weniger zahlreich als in England und führen zu der Vermutung, daß die Bevölkerung weniger dicht war.

Die Ortsnamenkunde verschafft uns hinreichend Gewißheit darüber, daß die Wikinger ebenso in den Gegenden, wo sie selbst so viele öde Räume hinterlassen hatten, wiederum mehr als eine neue Siedlung begründet haben. Tatsächlich ist es nicht immer leicht, in der Normandie zwischen skandinavischen Ortsnamen und einer älteren germanischen Schicht zu unterscheiden, die sich von einer sächsischen Schicht herleiten könnte, die nämlich für die Völkerwanderungszeit zumindest im Bessin eindeutig erwiesen ist. Indessen scheint es so, daß der Streit in der Mehrzahl der Fälle zugunsten der jüngeren Einwanderung entschieden werden müsse. Wenn man zum Beispiel, wie es mit einer gewissen Sorgfalt zu tun erlaubt ist, eine Liste der Ländereien aufstellt, die die Mönche von Saint-Wandrille am Ende der Merowingerzeit rund um die untere Seine besessen haben, so ergeben sich daraus zwei bezeichnende Einsichten: Die Namen sind alle gallo-römisch oder entstammen der fränkischen Zeit, ohne daß eine Vermischung mit dem späteren nordischen Beitrag möglich ist. Eine sehr große Zahl widersetzt sich noch heute jeder Identifizierung, zweifellos deshalb, weil in der Zeit der normannischen Invasion die meisten Ortschaften selbst zerstört oder umbenannt worden sind[45]. Im übrigen zählen hier allein die Erscheinungen in ihrer Gesamtheit, die am wenigsten Gegenstand des Zweifels sind. Die Dörfer mit dem Klang skandinavischer Namen drängen sich sehr eng beieinander im Roumois und Caux. Dahinter wird ihre Anordnung schon lockerer, mit kleinen, stellenweise noch eingestreuten Gruppen: so diejenige, die zwischen Seine und Risle am Eingang des Londe-Waldes, der selbst einen nordischen Namen trägt, an die Rodungen von Siedlern erinnern, die schon in ihrem Mutterland mit dem Leben von Waldläufern vertraut waren. Allem Anschein nach vermieden es die Eroberer, sich übermäßig zu zerstreuen und sich zu weit vom Meer zu entfernen. Es scheint sich keine Spur ihrer Besitznahme im Vexin, im Alençonnais oder dem Land um Avranches zu finden.

Auf der anderen Seite des Ärmelkanals gibt es dieselben Gegensätze, aber sie verteilen sich auf viel weitere Räume. Die charakteristischen Namen, die allesamt skandinavischer Herkunft oder lediglich skandinavisiert sind, kommen äußerst dicht gedrängt in dem großen Gebiet von Yorkshire und in den Gegenden vor, die im Süden der Bucht von Solway an die Irische See grenzen und zerstreuen sich dann in dem Maße, je mehr man in den Süden oder die Mitte kommt, bis sie sich auf einige Gruppen beschränken, wenn mit Buckhinghamshire und Bedfordshire die Nachbarschaft der Hügel erreicht wird, die die Themseebene im Nordosten begrenzen.

Sicher waren unter den so nach der Wikingersitte benannten Orten nicht alle notwendigerweise neue Siedlungen oder solche, deren Bevölkerung sich von Grund auf erneuert hat. Ausnahmsweise können wir auf unbestreitbare Tatsachen verweisen. Die Siedler, die sich an den Ufern der Seine am Ausgang eines kleinen Tales niederließen, kamen auf den Gedanken, diese Siedlung in ihrer Sprache »Kaltenbach«, heute »Coudebec«, zu nennen. Müssen sie nicht alle, oder beinahe alle, nordisch gesprochen haben? Mehrere Orte im Norden von Yorkshire nennen sich »Dorf der Angeln«, *Ingleby* (-*by* ist ein unbestreitbar skandinavisches Wort), eine Bezeichnung, die ganz augenscheinlich ihres Sinnes beraubt worden wäre, wenn sie in diesem Land nicht zu einem Zeitpunkt gegeben worden wäre, als es für einen bewohnten Ort eine große Ausnahme war, eine »englische« (d. h. anglische) Bevölkerung zu besitzen. Während nun zur gleichen Zeit wie die Siedlung selbst die verschiedenen Flurstücke ebenfalls übertragene Namen trugen, ist es klar, daß die bescheidenen Flurnamen nur von Bauern umgestaltet werden konnten. In Nordostengland ist das häufig der Fall. Für die Normandie muß man mehr als einmal wieder auf die unzureichenden Untersuchungen hinweisen. Zu allem Unglück bieten andere Zeugnisse noch weniger Gewißheit. In Großbritannien wie in der Umgebung der Seine wird eine große Anzahl von Dörfern durch einen zusammengesetzten Namen bezeichnet, dessen erster Bestandteil ein Personenname skandinavischer Herkunft ist. Die Tatsache, daß die namengebende Person, in der man kaum nur einen Häuptling sehen kann, ein Einwanderer gewesen ist, schließt für seine Untertanen nicht zwingend eine ähnliche Herkunft ein. Wer von den armen Teufeln, deren Arbeit den Herrn Hastein von Hattentot im Caux oder den Herrn Tofi von Towthorpe in Yorkshire ernährte, wer also sagt uns, wieviele schon vor der Ankunft dieser Patrone von Generation zu Generation auf diesem Boden gelebt hatten, den sie mit ihrem Schweiß düngten?

Diese Bedenken drängen sich um so mehr auf, wenn das zweite Element des zusammengesetzten Namens, das in den vorhergehenden Beispielen wie im ersten fremder Herkunft war, im Gegensatz dazu zur Sprache der ansässigen Bevölkerung gehört. Die Menschen, die vom Land des Herrn Hakon sprachen, und es Hacquenville nannten, hatten sicherlich die Sprache der Eindringlinge vergessen oder, was wahrscheinlicher ist, sich ihrer niemals bedient.

3. Der Beitrag der Menschen: Das Zeugnis des Rechts und der Gesellschaftsstruktur

Auf dem Gebiet des Rechts sind auch nicht alle Zeugnisse von gleicher Bedeutung. Der Einfluß einer Handvoll auswärtiger Herrscher reicht aus, bestimmte Entlehnungen zu erklären. Weil die Earls im eroberten England Recht sprachen, gewöhnten sie ihre Untertanen, nämlich Engländer, daran, das Recht unter den Namen anzurufen, die den Menschen von jenseits des Meeres vertraut waren: *lagu, law*. Sie teilten das besetzte Gebiet in Bezirke nach der Sitte des Nordens auf: *wapentakes, ridings*. Unter dem Einfluß der eingewanderten Häuptlinge wurde ein ganz neues Recht eingeführt. Nach den Siegen der Könige von Wessex erklärte um 962 einer von ihnen, Edgar: »Ich will, daß bei den Dänen das weltliche Recht gemäß ihrer guten Gewohnheit geregelt bleibt[46].« In der Tat blieben die meisten Grafschaften, die Alfred einst den Wikingern überlassen mußte, bis zum 12. Jahrhundert unter der gemeinsamen Bezeichnung des »Danelaw« (Land des dänischen Rechts) vereint. Aber das so bezeichnete Gebiet erstreckte sich eben auch jenseits der Grenzen, innerhalb derer die Ortsnamenforschung eine starke skandinavische Bevölkerung nachgewiesen hat. Das liegt daran, daß die Rechtsgewohnheiten eines jeden Bezirks von den großen Gerichtsversammlungen der Landschaften festgelegt worden sind, wo die Mächtigen, die doch anderer Herkunft als die Masse waren, die gewichtigste Stimme führten. Wenn in der Normandie der *féal* (Getreue) eine Zeitlang ständig durch den übernommenen Ausdruck *dreng* bezeichnet worden ist, wenn auch sonst das den Frieden sichernde Recht bis zum Ende ein skandinavisches Gepräge bewahrte, so sind doch diese fortlebenden Erscheinungen nicht der Art, daß sie auf den Umfang der Einwanderung irgendeinen sicheren Schluß zuließen: denn der Wortschatz der Gefolgschaft interessierte nur einen ziemlich beschränkten Kreis, und die öffentliche Ordnung war nach ihrem Wesen Sache des Fürsten[47]. Im allgemeinen verlor das normannische Recht sehr schnell völlig die Farbe seines ethnischen Ursprungs, abgesehen von bestimmten Besonderheiten, die sich auf die hierarchische Verfassung der militärischen Klassen beziehen, was wir später bemerken. Zweifellos war gerade die Machtkonzentration in den Händen der Herzöge, die sich schon frühzeitig darin gefielen, die Sitten des hohen französischen Adels zu übernehmen, für die Anpassung des Rechts günstiger als die Machtzersplitterung im Gebiet des Danelaw.

Um die volle Wirkung der skandinavischen Besetzung zu ermessen, muß man mit Vorrang auf zwei Seiten der Struktur von Gruppen achten, deren Größe unter der einer Provinz oder Grafschaft liegt: die englischen *boroughs,* von denen mehrere wie Leicester und Stanford lange Zeit der Rechtsüberlieferung von Kriegern und Kaufleuten, die sich zur Zeit der Invasion dort niedergelassen hatten, die Treue bewahrten. Vor allem muß man in der Normandie ebenso wie in England auf die kleinen ländlichen Gemeinschaften achten.

Die Gesamtheit der von einem Bauernhof abhängigen Länder ist im mittelalterlichen Dänemark *bol* genannt worden. Das Wort wurde in die Normandie übertragen, wo es sich später in bestimmten Ortsnamen niederschlug oder einfach in die Bedeutung von »Einhegung« hineinwuchs und samt Gemüse- und Obstgarten die Wirtschaftsgebäude umfaßte. In der Ebene von Caen und einem großen Gebiet des Danelaw bezeichnet derselbe Ausdruck ein Bündel langgestreckter, nebeneinander liegender und gleichgeordneter Parzellen inmitten des Ackerlandes: *delle* heißt es hier, *dale* dort. Eine so frappante Übereinstimmung zwischen zwei Gebieten, die untereinander keine direkte Beziehung aufwiesen, vermag nur mit ein und derselben ethnischen Einwirkung erklärt werden. Das Gebiet von Caux unterscheidet sich von den benachbarten französischen Landschaften durch die besondere Form seiner Felder, die wie grobe Quadrate wirken und aufs geradewohl aufgeteilt sind. Diese Eigenart scheint eine agrarische Neugestaltung vorauszusetzen, die jünger ist als die Besiedlung des Umlandes. Im »dänischen« England war die Umwälzung so radikal, daß sie das Verschwinden der ursprünglichen agrarischen Einheit der *hide* und ihr Ersetzen durch eine weitaus geringere Größe, das *ploughland* (Pflugland), zur Folge hatte[48]. Sollten einige Häuptlinge, die zufrieden waren, hoch über den einfachen, auf eben diesem Boden geborenen Bauern die Stelle der alten Herren einzunehmen, den Wunsch oder die Macht besessen haben, die schlichten Flurbezeichnungen auf diese Weise umzuformen und sie um den Bereich der Gemarkungen zu erweitern?

Den Gedanken kann man noch weiter ausführen. Innerhalb der Sozialstruktur des Danelaw und der Normandie tritt ein gemeinsamer Zug hervor, der eine weitgehende Verwandtschaft der Institution zeigt. Die sklavische Verbindung, die im übrigen Nordfrankreich zwischen dem Herrn und seinem »Mann« ein so starkes und so festes erbliches Band knüpfte, kannten die ländlichen Gebiete der Normandie keineswegs, oder wenn es sich vielleicht vor Rollo auszubilden begann, hörte die Entwicklung merkbar auf. In gleicher Weise zeichneten sich der Norden und der Nordosten Englands lange Zeit durch bäuerliche Freiheiten aus. Unter den Kleinbauern, die im allgemeinen der grundherrlichen Gerichtsbarkeit unterlagen, besaßen viele den Rang vollkommen freier Leute. Sie konnten die Herrschaft nach Belieben wechseln, in jedem Fall veräußerten sie ihr

Land nach ihrem Willen und hatten insgesamt weniger drückende und weniger festgesetzte Verpflichtungen als sie sowohl auf einigen ihrer weniger begünstigten Nachbarn als auch auf den meisten der einfachen Bauern außerhalb des »dänischen« Gebiets drückend lastete.

Nun ist es sicher, daß die Grundherrschaft den skandinavischen Völkern in der Wikingerzeit absolut fremd gewesen ist. Hätte es indessen den an Zahl geringen Eroberern, die sich darauf beschränkt hätten, von der Arbeit der unterworfenen Bevölkerung zu leben, widerstrebt, diese im alten Zustand der Unterwerfung zu belassen? Daß die Eindringlinge ihre überkommenen Vorstellungen von bäuerlicher Freiheit in ihre neue Niederlassungen übertragen hatten, setzt allem Anschein nach eine wesentlich stärkere Siedlung voraus. Nicht um eine im Mutterland unbekannte Knechtschaft zu finden, waren die gewöhnlichen Krieger, die nach der Verteilung des Bodens die Lanze mit dem Pflug oder der Hacke vertauschten, so weit gefahren. Ohne Zweifel mußten sich die Nachfahren der ersten Ankömmlinge ziemlich schnell zumindest zum Teil dem Herrschaftsrahmen fügen, den die Verhältnisse der Umwelt gestaltet hatten. Die eingewanderten Häuptlinge bemühten sich, das nutzbringende Beispiel ihrer Standesgenossen aus dem anderen Volk nachzuahmen, und sobald sich die Kirche erst einmal wieder fest eingerichtet hatte, handelte sie, die den besten Teil ihres Unterhalts aus grundherrlichen Einkünften bezog, in ganz ähnlicher Weise. Weder die Normannen noch das Danelaw waren Länder ohne Grundherrschaft. Aber für lange Jahrhunderte blieb die Unterordnung weniger drückend und weniger umfassend als andernorts.

All das führt zu denselben Schlußfolgerungen. Völlig falsch wäre es, nach dem Beispiel der »französischen« Gefolgschaft Wilhelms des Eroberers sich die skandinavischen Einwanderer lediglich unter dem Blickwinkel einer Klasse von Häuptlingen vorzustellen. Gewiß entstiegen in der Normandie wie im Norden und Nordosten Englands Bauernkrieger den Schiffen aus dem Norden. Sie waren denen vergleichbar, von denen uns der schwedische Grabstein berichtet. Bald hatten sie sich in den Gebieten niedergelassen, die man den früheren Besitzern weggenommen hatte oder die die Flüchtlinge aufgegeben hatten, bald in den Räumen zwischen den alten Siedlungen. Diese Bauern waren zahlreich genug, um ganze Dörfer zu begründen oder umzunennen, um ihren Wortschatz und ihr Namengut rings um sie herum auszubreiten, um den agrarischen Rahmen in bestimmten lebenswichtigen Punkten sogar einschließlich der ländlichen Gesellschaftsstruktur zu ändern, die im übrigen schon durch die Invasion tiefgreifend umgewälzt worden ist.

Aber im allgemeinen war der skandinavische Einfluß in Frankreich weniger stark, und abgesehen vom Landleben, das nach seinem Wesen konservativ ist, erwies er sich weniger dauerhaft als auf englischem Boden. Dort bestätigt das Zeugnis der Archäologie die Methoden, die schon vorher angeführt worden sind. Trotz der beklagenswerten Unvollständigkeit unserer Bestandsverzeichnisse kann man nicht daran zweifeln, daß die Spuren nordischer Kunst in der Normandie wesentlich seltener als in England sind. Viele Gründe erklären diesen Gegensatz. Die geringere Ausdehnung des skandinavischen Gebietes in Frankreich machte es für von außen herangetragene Einflüsse empfänglicher. Der viel schärfere Gegensatz zwischen der eingeborenen und der eingeführten Kultur führte gerade dadurch, daß er nicht den Austausch untereinander begünstigte, schlicht und einfach dazu, daß sich die weniger widerstandsfähige der anderen anglich. Wahrscheinlich war das Land immer stärker besiedelt als das entsprechende in England; folglich bewahrte mit Ausnahme der fürchterlich verwüsteten Landschaften im Roumois und Caux die ansässige Bevölkerung, die nach der Invasion am Ort verblieben war, eine größere Dichte. Schließlich waren die Invasoren, die in einem recht kurzen Zeitabschnitt in verschiedenen Wogen angelangt waren, selbst im Verhältnis zu dem in Besitz genommenen Land an Zahl entschieden schwächer, während sich in England der Zustrom in nachfolgenden Wellen über mehr als zwei Jahrhunderte fortgesetzt hatte.

4. Der Beitrag der Menschen: Probleme der Herkunft

Eine mehr oder weniger starke Besiedlung durch Menschen aus dem Norden hat es also gegeben. Aber aus welchen Gebieten des Nordens stammten sie wirklich? Selbst den Zeitgenossen ist die Unterscheidung nicht immer leicht geworden. Innerhalb der skandinavischen Dialekte konnte man sich noch ohne große Mühe verständigen, und vor allem die ersten Trupps, die sich der Räuberei wegen zusammengefunden hatten, waren höchstwahrscheinlich sehr gemischt. Doch besaß ein jedes der verschiedenen Völker seine eigene Tradition, und ihr stets lebendiges Gefühl für ihre nationale Eigenständigkeit scheint sich wohl in dem Maße, in dem große Reiche in ihrem Mutterland entstanden, immer schärfer ausgeprägt zu haben. Auf dem Felde der Eroberung gerieten Dänen und Norweger im Gefolge von Kriegen aneinander. Abwechselnd haben sich diese feindlichen Brüder die Hebriden, die kleinen Königreiche an der irischen Küste, das Königreich York streitig gemacht, und in den Fünf Boroughs haben die dänischen Truppen den englischen König von Wessex gegen die Rivalen herbeigerufen[49]. Diese Feindschaft unter den Wikingern, die

74

auf mitunter tiefen Gegensätzen zwischen den Gewohnheiten der einzelnen Völker beruhte, erweckt noch größere Hoffnung, die Herkunft der Eindringlinge von einer Siedlung zur anderen genau bestimmen zu können.

Wie wir bemerkt haben, erschienen Schweden zur Zeit Knuts unter den Eroberern Englands. Andere beteiligten sich an den Raubzügen in die fränkischen Teilreiche: so z. B. Gudmar, dessen Grabstein in der Provinz Södermannland an seinen Tod »dort, im Westen, in Gallien« erinnert[50]. Jedoch bevorzugten die meisten ihrer Landsleute andere Wege: die Flüsse im Osten oder Süden der Ostsee waren zu nahe, die Beute, die die russischen Flußmärkte boten, zu verlockend, um sie nicht vor allen anderen anzuziehen. Die Norweger, die mit der nördlich um Großbritannien herumführenden Route vertraut waren, stellten den größten Anteil an der Besiedlung der an diesem Seeweg verstreut gelagerten Inselgruppen, ja selbst an der Irlands. Gerade von dort aus und noch eher als von der skandinavischen Halbinsel brachen sie zur Eroberung Englands auf. So erklärt es sich, daß sie fast die einzigen Eindringlinge waren, die die Grafschaften an der Westküste von der Solway-Bucht bis an den Dee besiedelten. Weiter im Inland findet man ihre Spuren noch ziemlich zahlreich im westlichen Yorkshire, viel seltener im Rest der Grafschaft und um die Fünf Boroughs, doch jetzt schon mit dänischen Siedlungen vermischt. Letztere waren in der ganzen Mischzone insgesamt wesentlich dichter. Offensichtlich gehörten die meisten der Einwanderer, die sich auf englischem Boden niedergelassen hatten, zu den südlichsten der skandinavischen Völker.

Die die Normandie betreffenden Schriftquellen sind von entmutigender Dürftigkeit. Was noch ärger ist: sie widersprechen sich. Während die Herzöge sich anscheinend selbst eine dänische Abstammung zugelegt haben, läßt eine norwegische Saga Rollo einen Norweger sein. So bleiben die Zeugnisse der Ortsnamen und der Agrarlandschaft. Die einen wie die anderen sind bisher unzureichend erforscht. Die Anwesenheit dänischer Elemente erscheint sicher, ebenso die von Südnorwegern. Aber in welchem Verhältnis standen sie und wie waren sie über das Land verteilt? Das zu sagen, ist zur Zeit unmöglich. Und wenn ich zu behaupten wage, daß die zwischen dem Gebiet um Caux einerseits und dem der Ebene von Caen andererseits so scharf ausgeprägten Gegensätze wohl am Ende auf eine Besiedlung durch verschiedene Völker zurückgeführt werden können – die unregelmäßigen Felder von Caux erinnern an die Norwegens, die langgestreckten des Bessin an die Dänemarks –, so setze ich diese noch sehr brüchige Hypothese nur durch die Treue zu einem mir sehr teuren Vorsatz aufs Spiel: dem Willen, den Leser niemals vergessen zu lassen, daß die Geschichte noch den ganzen Reiz einer unerforschten Ausgrabung besitzt.

5. Die Lehren

Daß eine Handvoll auf einem Hügel der Provence sitzender Räuber fast ein Jahrhundert lang über ein ausgedehntes Gebirgsmassiv Unsicherheit verbreiten und einige für die Christenheit lebenswichtige Wege zur Hälfte sperren konnte; daß für noch längere Zeit kleine Reiterhorden aus der Steppe freie Bahn hatten, den Westen nach allen Richtungen hin auszuplündern; daß von Ludwig dem Frommen bis zu den ersten Kapetingern, in England vielmehr bis zu Wilhelm dem Eroberer, Jahr für Jahr Schiffe aus dem Norden auf Raub erpichte Banden ungestraft an die Küsten Germaniens, Galliens oder Britanniens warfen; daß es, um diese Banden welcher Art auch immer zu beschwichtigen, nötig wurde, hohes Lösegeld zu zahlen und schließlich den schrecklichsten unter ihnen ausgedehnte Ländereien zu überlassen – das sind überraschende Tatsachen. Wie in der Medizin das Fortschreiten einer Krankheit das geheime Leben eines Körpers offenbart, so besitzt der Siegeszug eines großen Unheils gegenüber der so erkrankten Gesellschaft in den Augen des Historikers den vollen Wert eines Symptoms.

Denn die Sarazenen des Freinet erhielten ihren Nachschub über das Meer, und seine Fluten trugen die Wikingerschiffe in ihre vertrauten Jagdgebiete. Es ihnen zu versperren, wäre ohne jeden Zweifel das sicherste Mittel gewesen, ihren Raubzügen zuvorzukommen. Als Zeugen dienen die spanischen Araber, die den skandinavischen Seeräubern das Befahren der südlichen Gewässer untersagten, später die Siege der endlich von König Alfred geschaffenen Flotte und die italienischen Städte, die das Mittelmeer im 11. Jahrhundert säuberten. Nun zeigte zumindest am Anfang der Einsatz christlicher Macht eine in dieser Beziehung beinahe völlige Unfähigkeit. Haben nicht die Herren der provenzalischen Küste, an die sich heute so viele Fischerdörfer schmiegen, die Hilfe der fernen griechischen Flotte angerufen?

Wir wollen auch keineswegs behaupten, daß die Fürsten nicht über Kriegsschiffe verfügten. Bei dem Zustand, in dem sich die Seefahrt befand, hätte es sicher ausgereicht, einige Schifferboote oder Handelsschiffe zu beschlagnahmen, oder, um im Notfall über besser ausgerüstetes Schiffsmaterial zu verfügen, die Dienste einiger Kalfaterer (Abdichter) zu beanspruchen, und irgendwelche zur See fahrenden Leute hätten schon die Besatzung gestellt. Aber Westeuropa schien sich damals fast völlig der mit Seefahrt zusammenhängenden Dinge entwöhnt zu haben, und diese seltsame Enthaltsamkeit gehört durchaus zu den merkwürdigsten Entdekkungen, die uns die Geschichte dieser Invasionen bietet. Die größeren Orte, die einst unter den Römern ganz am Rande der Buchten lagen, hatten sich in das Landesinnere zurückgezogen[51]. Alkuin gebraucht in dem Brief, den er nach dem ersten Normannenüberfall, dem auf Lindisfarne, an König und Adel von Northumbrien schrieb, ein Wort, das einen nachdenklich macht: »Niemals«, so sagt er, »hätte man an die Möglichkeit einer gleichartigen Schifffahrt geglaubt[52].« Dabei handelte es sich nur darum, die Nordsee zu überqueren! Schließlich entschied sich König Alfred nach einem Zwischenraum von fast einem Jahrhundert, die Feinde in ihrem eigenen Element zu bekämpfen. Einen Teil seiner Seeleute mußte er in Friesland anwerben, dessen Einwohner seit langer Zeit auf ein von ihren Nachbarn beinahe aufgegebenes Gewerbe, die Küstenschiffahrt an den nördlichen Gestaden, spezialisiert waren. Eine eigene Flottenorganisation ist tatsächlich erst von seinem Urenkel Edgar (959-975) aufgebaut worden[53]. Gallien zeigte sich noch viel träger in der Erkenntnis, über seine Klippen oder Dünen hinauszuschauen. Es bleibt bezeichnend, daß der ansehnlichste Teil des mit der Seefahrt zusammenhängenden Wortschatzes der französischen Sprache zumindest im Westen des Landes spät entstanden ist und sowohl Entlehnungen aus dem Skandinavischen wie gerade auch aus dem Englischen aufgenommen hat.

Hatten sich die sarazenischen oder normannischen Banden ebenso wie die ungarischen Horden erst einmal festgesetzt, waren sie besonders schwer in Schach zu halten. Es ist kaum möglich, Ordnung zu halten, wenn Menschen irgendwo dicht aufeinander leben. Nun war aber die Bevölkerung jener Zeit selbst in den am meisten begünstigten Gegenden im Verhältnis zu unseren heutigen Massen nur von geringer Dichte. Weite Räume, Heiden und Wälder boten für Überraschungsangriffe geeignete Anmarschwege. Dieses sumpfige Dickicht, das einmal die Flucht des Königs Alfred abgeschirmt hatte, konnte ebensogut das Anrücken der Eindringlinge verbergen. Die Schwierigkeit war letzten Endes dieselbe, auf die früher die französischen Offiziere stießen, als sie sich bemühten, an den Grenzen Marokkos oder in Mauretanien die Sicherheit zu gewährleisten: Es versteht sich von allein, daß diese Schwierigkeit durch das Fehlen jeder höheren Gewalt verzehnfacht wurde, die in der Lage gewesen wäre, weitläufige Landstriche wirkungsvoll zu kontrollieren.

Weder Normannen noch Sarazenen waren besser als ihre Gegner bewaffnet. Die schönsten Schwerter aus Wikingergräbern tragen das Herkunftszeichen fränkischer Arbeit. Das sind die »flandrischen Klingen«, von denen die skandinavischen Erzählungen so oft sprechen. Dieselben Texte bedecken ihre Helden gern mit »welschen Helmen«. Als Läufer und Jäger in der Steppe waren die Ungarn vermutlich bessere Reiter und Bogenschützen, besser vor allem als die Westeuropas, aber trotzdem sind sie bei mehreren Gelegenheiten in offener Feldschlacht besiegt worden. Wenn die Eindringlinge eine militärische Überlegenheit besaßen, so war sie viel weniger technischer Art, sondern gesellschaftlichen Ursprungs. Die Ungarn hatten sich, wie später die Mongolen, durch ihre eigentümliche Lebensart auf den Krieg hin ausgerichtet. »Wenn die beiden Parteien an Zahl und Stärke gleich sind, trägt die am stärksten an das Nomadenleben gewöhnte den Sieg davon.« Diese Beobachtung stammt von dem arabischen Historiker Ibn-Khaldun[54]. In der alten Welt hat sie eine fast universelle Geltung besessen, zumindest solange, bis sich die seßhafte Bevölkerung eines Tages der Unterstützung einer voll durchgebildeten politischen Organisation und einer wahrhaft wissenschaftlich fundierten Militärmaschinerie versichern konnte. Deshalb ist der Nomade der geborene Soldat, der ständig mit seinen üblichen Mitteln ins Feld zu ziehen bereit ist, mit Pferd, Bewaffnung und Vorrat, der auch mit einem den seßhaften Menschen im allgemeinen völlig unbekannten strategischen Raumgefühl ausgestattet ist. So waren bei den Sarazenen und vor allem den Wikingern ihre Trupps schon beim Aufbruch ausdrücklich für den Kampf bestimmt. Was vermochten angesichts dieser grausam vorgehenden Truppen improvisierte Aushebungen, in aller Eile aus den vier Ecken eines schon angegriffenen Landes zusammengebracht? Man vergleiche nur in den Berichten der englischen Chroniken die Beweglichkeit des *here* – des dänischen Heeres – mit der Hilflosigkeit des angelsächsischen *fyrd*, einer schwerfälligen Truppe, mit der man einen nur etwas länger dauernden Einsatz unter der Bedingung erreichte, daß man nach einem System der Ablösung einem jeden Mann die Heimkehr auf seine Scholle in bestimmten Abständen gestattete. Diese Gegensätze waren tatsächlich von Anbeginn lebendig. In dem Maße, in dem sich die Wikinger zu Siedlern wandelten und die Ungarn im Umkreis der Donau zu Bauern, sollten neue Sorgen ihre Bewegungen hindern. Und hatte sich nicht gerade auch Westeuropa schon frühzeitig mit der Vassalität oder dem Lehnswesen eine Klasse von Berufskriegern geschaffen? Die Unfähigkeit dieses für den Krieg aufgestellten Apparates, bis zu seinem Ende überhaupt wahrhaft wirksame Mittel des Widerstandes aufzubieten, sagt über die inneren Schwächen genug. Aber wollten diese Berufssoldaten wirklich kämpfen? »Jedermann flieht«, schrieb schon 862 oder ein wenig später der Mönch Ermentarius[55]. In der Tat scheinen die ersten Eindringlinge bei den scheinbar bestgeübten Männern den Eindruck panischen Schreckens hervorgerufen zu haben, dessen lähmende Wirkung unwiderstehlich die

Erinnerung an ethnographische Berichte von der kopflosen Flucht bestimmter primitiver, aber doch außerordentlich kriegerischer Stämme vor einem Fremden wachruft[56]. Im Angesicht einer bekannten Gefahr tapfer, sind diese tölpelhaften Gemüter im allgemeinen unfähig, die Überraschung und das Geheimnis zu ertragen. Man beachte nur, mit welch kummervollem Ausdruck der kurze Zeit nach dem Ereignis selbst schreibende Mönch von Saint-Germain-des Prés berichtet, wie die Normannen 845 mit ihren Schiffen die Seine hinaufgefahren sind, »daß man niemals Sagen vernahm von einer ähnlichen Sache noch in den Büchern etwas gleiches las«[57]. Diese Erregbarkeit war durch ein Klima der Wundergeschichten und des Weltuntergangs, das die Köpfe umgab, hervorgerufen worden. In den Ungarn, so berichtet Remigius von Auxerre, glaubten »unzählige Menschen« die Völker Gog und Magog zu erkennen, die Vorgänger des Antichrist[58]. Denn die überall verbreitete Idee, daß dieses Unheil eine Himmelsstrafe sei, ließ den Mut der Menschen sinken. Die Briefe, die Alkuin nach der Katastrophe von Lindisfarne nach England sandte, sind nichts als Ermahnungen an die Tugend und die Reue, enthalten aber kein Wort über die Organisation des Widerstandes. Indessen gehören diese Beispiele einer nun wirklich erwiesenen Feigheit noch in den allerersten Zeitabschnitt. Später zeigte man sich etwas beherzter.

Die eigentliche Wahrheit ist, daß die Führer gar nicht so unfähig zum Kämpfen waren, wenn es um ihr eigenes Leben oder um ihr Hab und Gut ging, als die Verteidigung systematisch zu organisieren. Abgesehen von ganz wenigen Ausnahmen waren sie nicht in der Lage, den Zusammenhang zwischen ihrem besonderen und dem allgemeinen Interesse zu begreifen. Ermentarius war völlig im Recht, wenn er den Ursachen für die skandinavischen Siege der Feigheit und »Apathie« der Christen ihre »Streitereien« zur Seite stellte. Daß die abscheulichen Räuber des Freinet einen König von Italien sich mit ihnen verbinden sahen, daß ein anderer König Italiens, Berengar I., Ungarn, ein König von Aquitanien, Pippin II., Normannen in seine Dienste genommen hatte, daß die Pariser 885 die Wikinger nach Burgund abgelenkt hatten, daß die Stadt Gaeta, die lange Zeit mit den Sarazenen vom Monte Argento verbündet war, nur gegen die Abtretung von Land und gegen Gold geneigt war, ihre Unterstützung einem zur Vertreibung der Wegelagerer geschlossenem Bündnis zu leihen: diese Episoden werfen unter vielen anderen ein besonders schreckliches Licht auf das allgemeine Bewußtsein. Bemühten sich trotz allem die Fürsten, zu kämpfen? Sehr oft endete ein Unternehmen wie 881 das Ludwigs III., König des Ostfränkischen Reiches, der über der Schelde eine Burg hatte erbauen lassen, um den Normannen den Weg zu versperren, und »niemand finden konnte, um sie zu bewachen«. Es gab kaum einen königlichen Heerbann, auf den man nicht zumindest das hätte anwenden können, was ein Pariser Mönch nicht ohne einen Anflug von Optimismus über das Aufgebot von 845 sagte: viele der zusammengerufenen Krieger kamen, alle nicht[59]. Aber der aufschlußreichste Fall ist sicherlich der eines Otto des Großen, der unter den Monarchen seiner Zeit der mächtigste war und dem es niemals gelang, die kleine Truppe zusammenzubringen, deren Angriff dem Skandal von Freinet ein Ende gesetzt hätte. Wenn in England die Könige von Wessex den heroischen Kampf gegen die Dänen tapfer und nicht ohne Wirkung bis zum endgültigen Zusammenbruch führten, wenn Otto in Deutschland in gleicher Weise gegen die Ungarn kämpfte, so wurde der allein wirklich erfolgreiche Widerstand im gesamten Westeuropa eher von den Regionalgewalten geleistet. Sie waren stärker als das jeweilige Königtum, weil sie der menschlichen Basis näher standen und weniger mit zu weitreichendem Ehrgeiz beschäftigt waren: langsam erhoben sie sich aus dem Staub über den kleinen Grundherrschaften.

Wie reich an Lehren auch immer das Studium der letzten Invasionen ist, so dürfen wir doch nicht zulassen, daß uns diese Lehren eine noch wichtigere Tatsache verdecken – nämlich das Ende der Invasionen. Bis dahin hatten die Raubzüge der von außen gekommenen Horden und die großen Völkerverschiebungen der Geschichte Westeuropas ihr eigentliches Gepräge aufgedrückt, wie eben auch dem Rest der Welt. Von nun an wird Westeuropa davon im Unterschied beinahe zum Rest der Welt befreit sein. Weder die Mongolen noch die Türken sollen später nur mehr als seine Ränder streifen. Sicher wird es seinen Zwist haben, jedoch innerhalb eines geschlossenen Ganzen. Deshalb besteht die Möglichkeit zu einer viel geordneteren kulturellen und gesellschaftlichen Entwicklung ohne den Bruch, den ein Angriff von außen noch der Zustrom fremder Menschen mit sich bringt.

Im Gegensatz dazu vergleiche man das Geschick Indochinas, wo der Glanz der Cham und der Khmer unter den Schlägen der annamitischen oder siamesischen Invasoren im 14. Jahrhundert zusammenbrach. Vor allem vergleiche man ganz in unserer Nähe Osteuropa, das bis in unsere heutigen Zeiten von den Steppenvölkern und den Türken niedergestampft worden ist. Einen Augenblick nur wollen wir uns fragen, was Rußlands Schicksal ohne die Polowzer und die Mongolen gewesen wäre. Sicher ist es gestattet, die Ansicht zu vertreten, daß diese außergewöhnliche Unantastbarkeit, die zu teilen wir kaum mit einem anderen Volk als mit den Japanern die Gnade haben, einer der wesentlichen Faktoren der europäischen Kultur im tiefsten, im wahrsten Sinne des Wortes gewesen ist.

Zweites Buch

Lebensbedingungen und geistiges Klima

1. Kapitel

Materielle Grundlagen und wirtschaftliche Verhältnisse

1. Die beiden Phasen der Feudalzeit

Der Komplex von Einrichtungen, der eine Gesellschaft steuert, kann letzten Endes nur durch die Kenntnis der gesamten menschlichen Umwelt verstanden werden. Zwar ist das erdachte Bild der Tätigkeit ohne Zweifel notwendig, das uns zwingt, die Phantome *homo oeconomicus, philosophicus, iuridicus* von einem Wesen aus Fleisch und Blut abzuspalten, aber zu ertragen ist es nur dann, wenn man sich weigert, von ihm betrogen zu werden. Obwohl es in dieser Sammlung* andere Bücher gibt, die den verschiedenen Erscheinungen der mittelalterlichen Kultur und Gesellschaft gewidmet sind, haben uns die Schilderungen, die man unter einem von dem unseren abweichenden Blickwinkel angestellt hat, nicht davon befreien können, hier die Grundzüge des historischen Klimas, nämlich das des europäischen Feudalismus, herauszuarbeiten. Muß es nun hinzugefügt werden? Indem ich diese Ausführungen fast an die Spitze des Buches stelle, so war keineswegs daran gedacht, einen, ich weiß nicht welchen, illusorischen Vorrang zugunsten der Abfolge von Fakten zu fordern, die kurz vergegenwärtigt würden. Weil es darum geht, zwei besondere Erscheinungen einander gegenüberzustellen, die zu unterschiedlichen Reihen gehören – z. B. eine bestimmte Verteilung der Siedlungen mit bestimmten Formen von Rechtsgruppen –, stellt sich sicher die heikle Frage nach Ursache und Wirkung. Um wiederum zwei von Natur aus unähnliche Erscheinungsketten durch eine mehrhundertjährige Entwicklung gegenüberzustellen und zu sagen: »Hier auf dieser Seite liegen alle Ursachen; dort, auf der anderen, alle Wirkungen«, so wäre nichts gedankenloser als eine solche Zweiteilung. Ist eine Gesellschaft nicht wie ein Gedanke mit ständigen Einwirkungen durchwebt? Indessen hat jede Untersuchung ihre eigene Achse. Höhepunkte im Verhältnis zu anderen Untersuchungen, die sich um einen anderen Mittelpunkt drehen, sind die

---

* Anm. d. Übers.: Das Buch ist als Band 34/34b der Sammlung »L'évolution de l'Humanité « – Die Entwicklung der Menschheit – erschienen.

Analyse der Wirtschaft oder des geistigen Klimas, für den Sozialhistoriker sind sie der Ausgangspunkt.

Bei dieser einleitenden Schilderung mit ihrem wissentlich begrenzten Gegenstand wird es darauf ankommen, sich auf das wesentliche zu beschränken und nur den geringsten Teil einem Zweifel zu unterwerfen. Ein Wort der Erklärung verdient vor allem eine absichtliche Unterlassung. Die bewundernswerte Blüte der Kunst während der Feudalzeit, zumindest seit dem 11. Jahrhundert, bleibt in den Augen der Nachwelt nicht der einzig dauerhafte Ruhm dieses Abschnitts der Menschheitsgeschichte. Sie diente damals den höchsten Formen einer religiösen Empfindsamkeit als Ausdrucksmittel wie auch diesem so charakteristischen gegenseitigen Durchdringen von Heiligem und Profanem, das keine natürlicheren Zeugnisse als bestimmte Friese oder Kirchenkapitelle hinterlassen hat. Sie war wohl auch oft gleichsam eine Zufluchtsstätte der Werte, denen es nicht gelang, sich anderswo zur Geltung zu bringen. Die Schlichtheit, zu der das Heldenlied nicht fähig war, muß man gerade in der romanischen Architektur suchen. Die Klarheit des Gedankens, die die Notare in ihren Urkunden nicht zu treffen wußten, beherrschte die Werke der Baumeister von Gewölben. Aber die Beziehungen, die den anderen Zügen einer Kultur plastischen Ausdruck verliehen, sind noch zu unbekannt, wir erkennen sie gerade als zu komplex, zu sehr geeignet für Verzögerungen und Abweichungen, als daß man sich nicht hier hätte entschließen müssen, die Probleme, die sich aus diesen so heiklen Verbindungen und scheinbar so erstaunlichen Gegensätzen ergeben, beiseite zu schieben.

Es wäre im übrigen ein schwerer Fehler, die »Kultur der Feudalzeit« so zu behandeln, als bilde sie im Ablauf der Zeit einen festen, aus einem Stück gefertigten Block. Um die Mitte des 11. Jahrhunderts kann man eine Reihe von sehr tiefen und grundsätzlichen Veränderungen beobachten, die ohne Zweifel durch das Aufhören der letzten Invasionen hervorgerufen oder möglich gemacht worden sind, aber in dem Maße, in dem sie selbst das Ergebnis dieses großen Ereignisses waren, zeigen sie sich ihm gegenüber um einige Generationen verspätet. Gewiß war es keineswegs ein Bruch, eher ein Richtungswechsel, der trotz aller unvermeidlichen Verschiebungen je nach den betroffenen Ländern oder Erscheinungen Zug um Zug fast alle Kurven der gesellschaftlichen Entwicklung erreichte. Mit einem Wort, es gab zwei aufeinanderfolgende »Feudal«-perioden, deren Wesen sich gänzlich unterschied. Im Folgenden werden wir uns bemühen, ihren gemeinsamen Zügen ebenso wie den Gegensätzen dieser beiden Zeitabschnitte Gerechtigkeit widerfahren zu lassen.

2. Die erste Phase der Feudalzeit: Die Bevölkerung

Es ist und wird uns immer unmöglich sein, die Bevölkerung unserer Landstriche, und sei es nur annähernd, zu berechnen. Ohnehin gab es sicherlich starke regionale Abweichungen, die beständig durch die Erschütterungen gesellschaftlicher Störungen betont worden sind. Angesichts der wahren Wüste, die auf den iberischen Hochebenen an der Grenze zwischen Christentum und Islam die ganze Öde eines weiten »no man's land« (Niemandsland) ausdrückte, wüst selbst gegenüber dem alten Germanien, wo die durch die Wanderungen der vorhergehenden Zeit geschlagenen Breschen langsam wieder aufgefüllt wurden, stellten die Landschaften Flanderns oder der Lombardei verhältnismäßig begünstigte Gebiete dar. Was aber auch immer die Bedeutung dieser Gegensätze wie auch die ihrer Nachwirkungen für alle Spielarten der Kultur war, als Grundzug bleibt das allgemeine und tiefe Absinken der Bevölkerungszahl.

Auf der gesamten Fläche Europas waren die Menschen nicht allein ungleich weniger zahlreich als seit dem 18., sondern selbst seit dem 12. Jahrhundert. Die Bevölkerung war auch allem Anschein nach in den noch kürzlich römischer Herrschaft unterworfenen Provinzen erheblich dünner als in den besten Zeiten des alten Römischen Reiches. Bis in die bedeutendsten Städte, die kaum mehr als einige 1000 Seelen zählten, reichte weitläufig unbebautes Gelände, Gärten, selbst Felder und Weiden schoben sich von allen Seiten zwischen die Häuser. Eine ganz ungleiche Bevölkerungsverteilung begünstigte obendrein diese mangelnde Dichte. Sicherlich trugen die natürlichen Bedingungen wie die gesellschaftliche Tradition dazu bei, auf dem Lande die tiefen Unterschiede zwischen den Siedlungsverhältnissen aufrecht zu erhalten. Bald hatten sich die Familien, oder zumindest einige bestimmte, in hinreichender Entfernung von anderen niedergelassen, eine jede inmitten ihres Grundbesitzes; so war es im Limousin geschehen. Wiederum im Gegensatz dazu drängten sich fast alle wie in der Ile-de-France in Dörfern. Insgesamt jedoch blieben sowohl der von den Oberen ausgeübte Druck als auch besonders die Sorge um die Sicherheit Hemmnisse für eine zu starke Zerstreuung. Das Chaos des frühen Mittelalters hatte näher beieinanderliegende Ansammlungen zur Folge gehabt. Die Menschen lebten in diesen Siedlungen auf Tuchfühlung. Aber sie waren häufig durch Einöden voneinander getrennt. Allein das Ackerland, aus dem das Dorf seine Nahrung gewann, war im Verhältnis zur Einwohnerzahl viel weitläufiger als in unseren Tagen. Denn die Landwirtschaft verschlang damals geradezu den Raum. Weder wuchsen auf den unzureichend umgebrochenen Äckern, denen es fast immer an genügend Dünger mangelte, sehr schwere Ähren, noch standen sie dicht gedrängt. Vor allem war die gesamte Ackerflur niemals zugleich mit Ährenfeldern bedeckt. Das ausgeklügelte Fruchtwechselsystem erforderte, daß in jedem Jahr die Hälfte oder ein Drittel des bebauten Bodens brach liegen blieb. Oft folgten gerade Brache und Ernte einander in nicht festgelegtem Wechsel, der der wild wachsenden Vegetation immer eine längere Zeit als der Anbauperiode zubilligte. In diesem Fall waren die Felder kaum mehr als vorübergehend und für kurze Zeit der Brache, dem unbebauten Land, abgerungen. So war die Natur selbst inmitten des Ackerlandes ohne Unterlaß bestrebt, die ihr genommene Fläche zurückzugewinnen. Jenseits dieser Gebiete, sie einschließend und durchdringend, breiteten sich Wälder, Gestrüpp und Heiden aus, eine unermeßliche Wildnis, in denen der Mensch selten gänzlich fehlte, aber die er als Köhler, Hirt, Einsiedler oder Geächteter nur um den Preis einer langen Abwesenheit von Seinesgleichen aufsuchte.

3. Die erste Phase der Feudalzeit: Die Beziehungen

Innerhalb der zerstreuten Menschengruppen litten die Verbindungen unter großen Schwierigkeiten. Der Niedergang des Karolingerreiches hatte gerade die letzte Macht zerstört, die einsichtig genug war, um sich um öffentliche Arbeiten zu kümmern, die mächtig genug war, um zumindest einige von ihnen ausführen zu lassen. Selbst die alten Römerstraßen, die weniger solide gebaut waren als man sich mitunter vorgestellt hat, gingen wegen mangelnder Unterhaltung zugrunde. Vor allem litten die Brücken, die man nicht mehr reparierte, unter dem geringen Verkehr. Hinzu kommt die Unsicherheit, die durch die Entvölkerung gewachsen war und zu der sie ihrerseits zum Teil beigetragen hatte. Welche Überraschung herrschte 841 am Hof Karls des Kahlen, als dieser Fürst in Troyes die Boten erblickte, die ihm den königlichen Schmuck aus Aquitanien brachten. Einer so kleinen Schar von Männern, beladen mit so kostbarer Last, war es gelungen, so weite, in allen Teilen von Räuberei geplagte Gebiete unbehelligt zu durchqueren[60]! Weitaus weniger überrascht zeigt sich die angelsächsische Chronik, als sie berichtet, wie 1061 einer der großen Herren Englands, Earl Tostig, vor den Toren Roms von einer Handvoll Banditen gefangen genommen und gegen Lösegeld festgehalten worden ist.

Verglichen mit dem, was wir in der Gegenwart erleben, erscheint uns die Geschwindigkeit, mit der Menschen in jener Zeit den Ort wechselten, unbedeutend. Doch war sie nicht spürbar schwächer als sie bis zum Ende des Mittelalters, ja bis zur Schwelle des 18. Jahrhunderts blieb. Im Unterschied zu dem, was wir heute kennen, war aber die Reisegeschwindigkeit auf dem Meer bei weitem größer als auf dem Land. 100 bis 150 Kilometer bildeten für ein Schiff an einem Tag keine herausragende Höchstleistung, wenn nur, was sich von selbst versteht, die Winde nicht zu ungünstig wehten. Auf Landstraßen betrug anscheinend die durchschnittliche Tagesstrecke im Mittel 30 bis 40 Kilometer, wohlgemerkt, für einen Reisenden ohne Eile, wie eine Händlerkarawane, einen großen Herrn, der von Burg zu Burg oder von Kloster zu Kloster zog und mit seinem Gepäck ausgerüstet war. Ein Eilbote, eine Handvoll entschlossener Leute konnte bei Aufbietung ihrer Kräfte das Doppelte oder mehr erreichen. Ein von Gregor VII. am 8. Dezember 1075 in Rom geschriebener Brief erreichte Goslar am Fuß des Harzes am darauffolgenden 1. Januar. Sein Überbringer hatte nach Art des Vogelfluges ungefähr 47 Kilometer am Tag zurückgelegt, in Wahrheit natürlich viel mehr. Um ohne große Beschwerden und Verzögerung zu reisen, mußte man beritten sein oder über einen Wagen verfügen: Ein Pferd oder ein Maultier gehen nicht nur viel schneller als ein Mensch, sie passen sich auch den Schlaglöchern besser an. Deshalb erklärt sich die jahreszeitlich bedingte Unterbrechung vieler Verbindungen weniger auf Grund des schlechten Wetters als aus Futtermangel. Die karolingischen *missi* (Königsboten) waren bestrebt, ihre Rundreise nicht eher, als das Gras wuchs, zu beginnen[61]. Doch glückte es, wie heutzutage in Afrika, einem geübten Läufer erstaunlich weite Entfernungen in wenigen Tagen zurückzulegen und bestimmte Hindernisse überwand er zweifellos schneller als ein Reiter. Als Karl der Kahle seinen zweiten Italienzug unternahm, war er darauf bedacht, seine Verbindungen mit Gallien quer über die Alpen durch Schnelläufer zu sichern[62].

Obwohl schlecht und wenig sicher, waren diese Straßen und Strecken deshalb nicht verödet, ganz im Gegenteil. Dort, wo der Verkehr schwierig ist, macht sich der Mensch leichter auf den Weg zur Sache als daß er die Sache zu sich kommen läßt. Vor allem könnte keine Einrichtung, keine Technik, den persönlichen Kontakt zwischen menschlichen Wesen ersetzen. Es wäre unmöglich gewesen, den Staat aus der Tiefe des Palastes zu regieren: Um ein Land zu behaupten, gibt es kein anderes Mittel, als es nach allen Richtungen hin ohne Rast zu durchreiten. Die Könige der ersten Feudalzeit haben sich buchstäblich mit Reisen um das Leben gebracht. So sehen wir z. B. im Laufe eines Jahres (1033), das keine Ausnahme darstellt, den Kaiser Konrad II. nacheinander von Burgund an die polnische Grenze und von dort in die Champagne ziehen, um schließlich in die Lausitz zurückzukehren. Der Adlige zog beständig mit seinem Gefolge von einer seiner Besitzungen zur anderen. Es ging nicht nur darum, sie besser zu beaufsichtigen. Es kam darauf an, die Abgaben sogleich am Ort zu verzehren, deren Transport an einen zentralen Ort ebenso beschwerlich wie kostspielig gewesen wäre. So war auch jeder Kaufmann ein Hausierer, ein »Staubfuß«, der sein Glück über Berg und Tal versuchte. Er verfügte über keine Repräsentanten, denen er die Sorge um Kauf oder Verkauf aufbürden konnte und im übrigen fand er sicher an ein und demselben Ort beinahe niemals einen ausreichenden Kundenkreis, der ihm seinen Gewinn sicherte. Nach Wissenschaft oder nach Askese dürstend, mußte der Geistliche Europa auf der Suche nach dem ersehnten Lehrer durchstreifen. Gerbert von Aurillac studierte Mathematik in Spanien und Philosophie in Reims, der Engländer Stephen Harding das vollkommene Klosterwesen in der burgundischen Abtei Molesmes. Vor ihm hatte der heilige Odo, der zukünftige Abt von Cluny, Frankreich in der Hoffnung durchzogen, dort ein geistliches Haus zu entdecken, dessen Insassen streng nach der Mönchsregel lebten.

Trotz der alten Feindschaft der Benediktinerregel gegenüber den *gyrovagi*, den üblen Mönchen, die ohne Unterlaß überall herumvagabundierten, begünstigte ohnehin der ganze Zustand des geistlichen Lebens dieses Herumtreiben. Der internationale Charakter der Kirche, der Gebrauch des Lateins als Umgangssprache bei Priestern oder gebildeten Mönchen, die Filiationen (Tochtergründungen) der Klöster, der Streubesitz ihrer Ländereien und schließlich die »Reformen«, die in bestimmten Abständen diesen gewaltigen Kirchenorganismus erschütterten und die als erste die vom neuen Geist berührten Plätze zugleich zu Brennpunkten des Aufrufs machten, zu denen man von allen Seiten strömte, um die richtige Norm zu suchen, und zu Mittelpunkten der Weitergabe, von wo die blinden Eiferer sich zur Eroberung der katholischen Christenheit aufschwangen. Wie viele Fremde sind auf diese Weise in Cluny aufgenommen worden! Wie viele Mönche schwärmten aus Cluny in fremde Länder aus!

Unter Wilhelm dem Eroberer stand an der Spitze fast aller Bistümer, fast aller großen Abteien der Normandie, die damals gerade von den ersten Wellen der »gregorianischen« Erweckung erreicht worden sind, ein Italiener oder Lothringer. Der Erzbischof Maurilius von Rouen stammte aus Reims und hatte in Lüttich studiert, in Sachsen gelehrt und in der Toskana das Eremitenleben praktiziert, bevor er seine neustrische Kathedra bestieg.

Aber auch das einfache Volk war keineswegs mehr selten auf den Straßen Westeuropas anzutreffen: Flüchtlinge, von Krieg und Teuerung Verjagte; solche, die das Abenteuer suchten, Halbsoldaten, Halbbanditen; Bauern auf der Suche nach einer besseren Existenz, die fern von ihrer angestammten Heimat ein paar neue Felder zum Urbarmachen zu finden hofften; schließlich noch Pilger. Denn gerade die religiöse Überzeugung stachelte zum Entfernen vom Ort an, und mehr als ein guter Christ, ob arm oder reich, Geistlicher oder Laie, glaubte, das Heil seines Körpers oder seiner Seele nicht anders als um den Preis einer weiten Reise erkaufen zu können.

Man hat häufig bemerkt, daß sich gute Straßen zu ihrem Nutzen in eigentümlicher Weise einen freien Raum schaffen. In der Feudalzeit, als alle schlecht waren, war kaum eine in der Lage, den Verkehr auf diese Weise völlig an sich zu reißen. Sicher dienten Hemmnisse des Oberflächenprofils, die Tradition, hier das Vorhandensein eines Marktes, dort einer heiligen Stätte zum Vorteil bestimmter Strecken, doch ging das mit viel geringerer Beständigkeit vor sich, als die Historiker glaubten, die literarischen oder künstlerischen Beziehungen nachgegangen sind. Ein zufälliges Ereignis – ein Unfall mit Körperschaden, Forderungen eines großen Herrn in Geldnot – reichte aus, um den Verkehrsstrom mitunter dauerhaft abzulenken. Der Bau einer Burg über einer alten Römerstraße, in Händen eines Raubrittergeschlechts, der Herren von Méréville, dagegen die Ansiedlung der Priorei St. Dionys in Toury einige Meilen weiter, wo die Kaufleute und Pilger wiederum gute Aufnahme fanden, – das reichte aus, die Wegführung der durch die Beauce führenden Teilstrecke der Straße von Paris nach Orléans endgültig nach Westen zu verlagern; sie sollte sich künftig nicht mehr nach dem antiken Pflaster richten. Vor allem hatte der Reisende vom Aufbruch bis zur Ankunft fast immer die Wahl zwischen mehreren Routen, von denen sich keine völlig zwingend erwies. Mit einem Wort – der Verkehr floß nicht in einigen großen Verkehrsadern, er breitete sich eigenwillig in einer Fülle kleiner Äderchen aus. Keine noch so abgelegene Burg, kein Flecken oder Kloster konnten hoffen, hin und wieder nicht doch den Besuch Herumirrender zu erhalten, lebende Bindeglieder zur weiten Welt. Dagegen waren die Gegenden mit regelmäßigem Durchgangsverkehr selten.

Hindernisse und Gefahren der Straße hinderten also das Reisen keineswegs. Aber aus jeder Reise machten sie eine Expedition, geradezu ein Abenteuer. Wenn die Menschen unter dem Druck der Bedürfnisse dennoch nicht lange Reisen zu unternehmen fürchteten – vielleicht fürchteten sie diese weniger, als wenn sie in den unserer Zeit näheren Jahrhunderten Reisen unternehmen mußten –, so zögerten sie vor diesem ständigen Kommen und Gehen in einem kurzen Umkreis, der in anderen Kulturen gleichsam das Gewebe des täglichen Lebens bildet, vor allem, wenn es sich um einfache Leute mit einer ortsgebundenen Beschäftigung handelte. Deshalb bietet sich eine für unsere Augen erstaunliche Struktur des Beziehungssystems. Es gab kaum einen Flecken auf der Erde, der nicht zeitweilig irgendwelche, zugleich beständige und unregelmäßige, Kontakte mit dieser Art der »Brownschen Bewegung« hatte, von der die ganze Gesellschaft durchdrungen war. Dagegen waren die Beziehungen zwischen zwei eng benachbarten Ansiedlungen sicher viel spärlicher, die menschliche Entfernung – so möchte man es ausdrücken – unendlich beträchtlicher als in unseren Tagen. Wenn die Kultur des feudalen Europa je nach dem Winkel, aus dem man sie betrachtet, bald sonderbar universalistisch, bald extrem partikularistisch erscheint, so hatte dieser Widerspruch seinen Ursprung vor allem in einem System von Verbindungen, das einer weitreichenden Ausbreitung sehr allgemeiner, einfluß-verbreitender Strömungen ebenso günstig war, wie es sich auch im einzelnen der gleichmacherischen Wirkung nachbarschaftlicher Beziehungen widersetzte.

Der einzige, einigermaßen regelmäßige Verbindungsdienst, der Briefe beförderte und während der ganzen Feudalzeit funktionierte, verband Venedig mit Konstantinopel. Westeuropa war dergleichen fremd. Die letzten Versuche, dem Fürstenhof ein nach dem Vorbild des Römischen Reiches organisiertes Postsystem zu erhalten, waren mit dem Karolingerreich verschwunden. Es ist bezeichnend für das allgemeine Durcheinander, daß gerade die Herrscher Deutschlands, die rechtmäßigen Erben dieses Reiches und seiner Bestrebungen, weder die notwendige Autorität noch das nötige Verständnis aufbrachten, um eine Einrichtung wieder zu beleben, die doch für die Herrschaft über ausgedehnte Territorien unentbehrlich war. Herrscher, Herren und Prälaten mußten ihren Schriftverkehr nur zu diesem Zweck ausgesandten Boten anvertrauen, oder man bediente sich wohl hauptsächlich unter Leuten weniger herausragenden Standes der Gefälligkeit der Vorüberziehenden, so z. B. der Pilger, deren Weg nach St. Jakob in Galizien (Compostela) führte[63]. Die relative Langsamkeit der Boten, das Mißgeschick, das sie auf Schritt und Tritt aufzuhalten drohte, bedeutete, daß allein die Ortsgewalt eine wirksame Macht darstellte. Jeder örtliche Vertreter eines großen Herrn, der gezwungen war, beständig einen gewichtigen Anstoß zu geben – in dieser Beziehung ist die Geschichte der päpstlichen Legaten reich an Zeugnissen –, neigte dazu, diese Macht in einem ganz natürlichen Drang zu seinem eigenen Nutzen zu gebrauchen und sich schließlich selbst zu einem unabhängigen Dynasten zu wandeln.

Was nun das Wissen von dem angeht, was in der Ferne geschah, so war jedermann, welchen Standes auch immer, gezwungen, sich in dieser Hinsicht auf die Zufälligkeit von Erzählungen zu verlassen. Das zeitgenössische Weltbild, das die bestinformierten Menschen in sich trugen, zeigte sehr viele Lücken; wir können uns auf Grund der Auslassungen, denen nicht einmal die besten unter den Klosterannalen zu entgehen wußten und die wie Prozeßberichte von Neuigkeitskrämern wirken, eine Vorstellung machen. Selten gab eine solche Erzählung die richtige Zeit wieder. Ist es z. B. nicht erstaunlich, wenn man bemerkt, daß eine Person wie der Bischof Fulbert von Chartres, der gleichwohl über eine Position verfügte, in der er sich informieren konnte, sich darüber wundert, als er von Knut dem Großen Geschenke für seine Kirche empfängt: denn, so gesteht er, er habe diesen tatsächlich seit seiner Kindheit getauften Fürsten noch für einen Heiden gehalten[64]. Vorzüglich zeigt sich der Mönch Lambert von Hersfeld über deutsche Angelegenheiten unterrichtet; aber wenn er zur Schilderung der bedeutenden Ereignisse übergeht, die sich zu seiner Zeit in Flandern abspielten, das jedoch an das Reich grenzte und zum Teil Reichslehen war, so häufen sich hier bei ihm sogleich die absonderlichsten Schnitzer. Solch unausgebildete Vorstellungen waren eine dürftige Grundlage für jede weit vorausschauende Politik!

4. Die erste Phase der Feudalzeit: Der Austausch von Waren

Das Europa der ersten Feudalzeit lebte nicht völlig abgeschlossen. Mit den benachbarten Kulturen gab es mehr als einen Strom des Austausches. Der lebhafteste war vermutlich der, der es mit dem muselmanischen Spanien verband: Zeugnisse sind die zahlreichen arabischen Goldmünzen, die in das Gebiet nördlich der Pyrenäen gelangten und dort so beliebt waren, daß sie zum Gegenstand häufiger Nachahmung wurden. Andererseits kannte das westliche Mittelmeer kaum mehr Seefahrt über längere Strecken. Die Hauptverbindungslinien mit dem Orient verliefen anderwärts. Die eine, die Meeresroute, führte durch die Adria, an deren Scheitel Venedig ein byzantinisches Bruchstück darstellte, das mitten in eine fremde Welt eingesprengt war. Auf dem Lande war die für lange Zeit von den Ungarn unterbrochene Donauroute fast verödet. Aber weiter im Norden zogen auf den Wegen, die Bayern mit dem wichtigen Markt Prag verbanden und sich von dort über die Terrassen an der Nordflanke der Karpathen bis zum Dnjepr fortsetzten, Karawanen hin und her, die auf der Rückreise mit Erzeugnissen aus Konstantinopel oder Asien beladen waren. In Kiew trafen sie auf die große Durchgangsstraße, die die Anrainerländer der Ostsee quer durch die Ebenen und von Wasserlauf zu Wasserlauf mit dem Schwarzen und dem Kaspischen Meer oder den Oasen Turkestans in Berührung brachte. Denn dem Westen war damals die Funktion eines Mittlers zwischen dem Norden oder Nordwesten des

Kontinents und dem östlichen Mittelmeer entglitten; tatsächlich hatte er auf seinem eigenen Boden dem gewaltigen Kommen und Gehen von Waren, auf dem die Blüter der Kiewer Rus beruhte, nichts Gleichwertiges anzubieten.

So war der westeuropäische Handel nicht nur auf eine kleine Zahl von Verbindungslinien beschränkt, sondern obendrein ziemlich ausgezehrt. Was noch schlimmer ist: Die Bilanz scheint klar passiv gewesen zu sein, zumindest mit dem Orient. Aus den Ländern der Levante bezog der Westen beinahe ausschließlich Luxuswaren, deren im Verhältnis zu ihrem Gewicht sehr hoher Wert es gestattete, sich über die Kosten und Risiken des Transports hinwegzusetzen. Im Austausch blieb kaum etwas anderes, als Sklaven anzubieten. Außerdem scheint es so, daß der größte Teil des menschlichen Viehs, das in den slawischen und lettischen Ländern jenseits der Elbe bei Razzien ausgehoben oder von Händlern, die aus England kamen, erworben worden ist, seinen Weg über das islamische Spanien genommen hat; das östliche Mittelmeer war von sich aus mit dieser Ware überreich ausgestattet, als daß man es nötig hatte, beträchtliche Mengen davon einzuführen. Der Gewinn aus dem Sklavenhandel war insgesamt ziemlich unbedeutend und reichte sicher nicht aus, um auf den Märkten der byzantinischen Welt, Ägyptens oder des näheren Asiens den Kauf kostbarer Gegenstände oder Gewürze aufzuwiegen. Deshalb kam es zu einem schleichenden Aderlaß an Silber und vor allem an Gold. Wenn einige Kaufleute unbezweifelbar ihr Vermögen dieser Art des Fernhandels verdankten, so verdankte die Gesellschaft ihm in ihrer Gesamtheit kaum etwas als einen zusätzlichen Grund, auf Bargeld zu verzichten.

Sicher fehlte das Geld im »feudalen« Westen bei der Abwicklung des Handels niemals völlig, selbst nicht bei den ländlichen Volksschichten. Insbesondere hörte es niemals auf, eine Rolle als Standard beim Tausch zu spielen. Der Schuldner zahlte oft in Waren, aber in Waren, die gewöhnlich eine um die andere nach der Art bewertet worden sind, daß die Summe dieser Berechnungen einem in Pfunden, Schillingen oder Denaren festgesetzten Preis entsprach. Wir wollen aber das zu allgemeine und zu unbestimmte Wort »Naturalwirtschaft« vermeiden. Es wäre besser, einfach von einer Münznot zu sprechen. Der Bargeldmangel ist noch durch das Chaos beim Prägen gesteigert worden, das wiederum sowohl ein Ergebnis der Zersplitterung der staatlichen Gewalt wie auch der Schwierigkeiten aller Verbindungen darstellte. Denn unter der Not des Mangels mußte jeder bedeutende Markt über seine örtliche Prägestätte verfügen. Abgesehen von der Nachahmung exotischer Münzen und einigen wenigen und unbedeutenden Stückchen sind nur Denare geprägt worden, Stücke mit einem ziemlich schwachen Silbergehalt. Gold war nur in Gestalt arabischer und byzantinischer Münzen oder ihrer Nachbildungen im Umlauf. Das Pfund (libra) und der Schilling (solidus) waren lediglich rechnerische Vervielfachungen des Denars, eine eigene materielle Basis hatten sie nicht. Aber die verschiedenen Denare wiesen unter dem gleichen Namen je nach ihrer Herkunft einen unterschiedlichen metallischen Wert auf. Schlimmer noch, daß beinahe jede Prägung an ein und demselben Ort zu Abweichungen im Gewicht oder der Legierung führte. Zugleich war das Münzgeld insgesamt selten und im Hinblick auf seine Veränderungen nicht leicht zu verwenden. Außerdem war der Umlauf zu langsam und zu unregelmäßig, als daß man sich jemals sicher glauben konnte, es zu erhalten, wenn man es brauchte. So war die Lage zu einer Zeit, als es nur einen unzureichenden Handel gab.

Doch hüten wir uns abermals vor einem schnell erworbenen Klischee, nämlich dem der geschlossenen Wirtschaft. Genau genommen läßt sie sich nicht einmal auf die kleinen bäuerlichen Wirtschaften anwenden. Wir wissen, daß es Märkte gab, auf denen die Landbevölkerung ganz gewiß einige Erzeugnisse ihrer Felder oder Geflügelhöfe an Stadtbewohner, Geistliche oder Bewaffnete verkaufte. Auf diese Weise kamen sie zu den Denaren für ihre Abgaben. Und ganz arm war derjenige, der nie auch nur einige Unzen Salz oder etwas Eisen kaufte. Das hieße in bezug auf die »Autarkie« der großen Grundherrschaften, daß ihre Herren Waffen und Juwelen entbehrten, niemals Wein getrunken hätten, wenn er auf ihren Ländereien nicht zufällig erzeugt worden wäre und für ihre Kleidung hätten sie sich mit grobem Tuch begnügt, das die Frauen ihrer Hintersassen gewebt hätten. Folglich trugen gerade der unzulängliche Stand des Landbaues, die verworrenen gesellschaftlichen Verhältnisse und schließlich die Unbilden der Witterung dazu bei, einen gewissen Binnenhandel aufrecht zu erhalten. Denn sobald die Ernte einmal ausfiel, wenn viele Menschen buchstäblich am Hungertod starben, ist die Bevölkerung nicht auf diesen extremen Zustand gebracht worden, und wir wissen, daß sich zwischen Ländern, die gegenüber denen, die die Not plagte, eher begünstigt waren, ein Getreidehandel entwickelte, der zu umfangreichem Spekulieren Anlaß gab. Also fehlte der Handel keineswegs, aber er war im höchsten Maße ungleichförmig. Die Gesellschaft jener Zeit war mit Kauf und Verkauf durchaus vertraut, doch sie lebte nicht wie die unsere von Kauf und Verkauf.

Ebenso wenig war der Handel, auch der Tauschhandel, weder der einzige noch vielleicht selbst der bedeutendste der Kanäle, durch den sich damals quer durch die Gesellschaftschichten der Warenumlauf vollzog. Eine große Anzahl von Erzeugnissen ging als Abgaben von Hand zu Hand, die einem Oberen als Entgelt für seinen Schutz oder einfach als Anerkennung seiner Macht dargebracht worden sind. Das traf auch für jene andere Ware zu, die die menschliche Arbeit darstellt: der Frondienst lieferte mehr Arbeitskraft als das Mieten von Arbeit. Mit einem Wort, der Handel im eigentlichen Wortsinn nahm im Wirtschaftsleben ohne Zweifel einen geringeren Platz ein als Abgaben und Dienstleistungen; und weil der Handel so gering war und dabei allein die bettelarmen Leute sich damit abfinden konnten, nur von ihrem eigenen Schaffen zu leben, schienen Reichtum und Wohlstand untrennbar mit Herrschaft verbunden.

Indessen stellte eine so beschaffene Wirtschaft auch den Mächtigen insgesamt nur außerordentlich beschränkte Erwerbsmittel zur Verfügung. Wer von Geld spricht, spricht von der Möglichkeit von Rücklagen, der Fähigkeit zum Warten, »der Vorwegnahme zukünftiger Werte«, alles Dinge, die durch den Geldmangel im Verhältnis zueinander besonders kompliziert geworden sind. Ohne Zweifel war man bemüht, Schätze in anderen Formen zu horten. Die Adligen und die Könige häuften goldenes oder silbernes Eßgeschirr und Juwelen in ihren Truhen, die Kirchen trugen für den Kult bestimmte Goldschmiedearbeiten zusammen. Traten unvorhergesehene Ausgaben zutage, so verkaufte oder verpfändete man die Krone, den Pokal oder das Kruzifix oder man gab sie zum Einschmelzen in die nächste Münze. Aber gerade im Hinblick auf den Rückgang des Handels war das Verwandeln der Vermögenswerte in Geld weder leicht noch brachte es sicheren Gewinn, und auch die Schätze erreichten im ganzen keine beträchtliche Summe. Hoch und niedrig lebte von der Hand in den Mund, stets genötigt, sich auf die augenblicklichen Einnahmequellen zu stützen und gezwungen, sie fast auf der Stelle auszugeben. Die Schwäche des Handels und des Geldumlaufs hatte noch eine andere, schwerwiegende Folge. Sie drängte die gesellschaftliche Rolle des Lohns bis aufs äußerste zurück. Dieser setzt auf seiten des Arbeitgebers eine ausreichende Menge Bargeld voraus, dessen Quelle nicht in Gefahr ist, jeden Augenblick zu versiegen, von seiten des Lohnempfängers, das so empfangene Geld verwenden zu können, um sich die lebensnotwendigen Waren zu verschaffen. Beide Bedingungen fehlten der ersten Feudalzeit. Für alle Grade der Rangordnung kam es darauf an, sich einer Art des Entgelts zu bedienen, die nicht auf periodische Geldzahlungen gegründet war, handelte es sich nun darum, daß sich der König der Dienste eines großen Amtsträgers versicherte, der Junker sich derjenigen eines bewaffneten Gefolgsmannes oder eines Bauernknechtes. Zwei Möglichkeiten standen zur Verfügung: den Mann zu sich zu nehmen, ihn zu ernähren und zu kleiden, ihm sozusagen sein »Futter« zu liefern oder ihm eben als Vergütung für seine Arbeit ein Stück Land zu überlassen, das ihm gestattete, durch direkte Nutzung oder in Gestalt von Abgaben, die von den Bebauern des Bodens erhoben worden sind, selbst für seinen Lebensunterhalt zu sorgen.

Nun, beide Arten trugen, obwohl in entgegengesetztem Sinn, dazu bei, menschliche Bande zu knüpfen, die von denen des Lohnsystems sehr verschieden waren. Muß nicht die Bindung zwischen dem »Ausgestatteten« und dem Gebieter, in dessen Schatten er lebte, viel enger gewesen sein, als zwischen einem Arbeitgeber und einem Lohnempfänger, der mit seinem Geld in der Tasche fortgehen kann, wenn er nur will, sobald seine Arbeit beendet ist? Andererseits hat sich das Band fast notwendig gelockert, sobald der Untergeordnete auf einem Stück Land angesiedelt war, das er allmählich in ganz natürlicher Entwicklung bestrebt war als Eigentum zu betrachten und sich bemühte, die Last der Dienste zu mindern. Es kommt hinzu, daß in einer Zeit, in der mühselige Verbindungen und ein geschrumpfter Handel es schwierig machten, umfangreiche Haushaltungen in einem relativen Reichtum zu erhalten, das »Durchfüttern«, die Pfründe, insgesamt für einen sicherlich geringeren Umfang geeignet waren als das System, das auf der Entschädigung mit Land beruhte. Wenn die Feudalgesellschaft beständig zwischen diesen beiden Polen geschwankt hat, nämlich der engen Beziehung von Mensch zu Mensch und dem lockeren Knoten der Landleihe, so ist zu einem großen Teil dafür die Wirtschaftsordnung verantwortlich zu machen, die zumindest am Anfang das Lohnsystem nicht zuließ.

5. Die Wirtschaftsrevolution der zweiten Phase der Feudalzeit

Im zweiten Teil dieses Buches bemühen wir uns, die Bevölkerungsentwicklung zu schildern, die das Antlitz Europas zwischen 1050 und 1230 umgestaltet hat: der Landesausbau an den Grenzen der westlichen Welt, auf den iberischen Hochflächen und in der großen Tiefebene jenseits der Elbe. Selbst im Innern der alten Landschaften sind die Wälder und Einöden vom Pflug angefressen worden, auf den ausgerodeten Lichtungen griffen dicht bei Bäumen und Gebüsch ganz neue Dörfer nach dem jungfräulichen Boden; andernorts ging rings um die seit ewigen Zeiten bewohnten Landschaften die Vergrößerung des Ackerbodens unter dem unaufhaltsamen Druck der Rodenden vor sich. Folglich wird es angebracht sein, die Zeitabschnitte zu unterscheiden und die landschaftlichen Unterschiede herauszustellen. Zunächst sind für uns die Erscheinung als solche und ihre Hauptergebnisse wichtig.

Zuallererst konnte man sicherlich das Zusammenrücken der einzelnen

Menschengruppen untereinander beobachten. Zwischen den verschiedenen Siedlungen gab es von nun an keine weit ausgedehnten Räume mehr, abgesehen von einigen zurückgebliebenen Gegenden. Was an solchen Zwischenräumen blieb, war im übrigen leicht überwindbar geworden. Denn in ihrem Aufstieg gerade durch die Bevölkerungsvermehrung begünstigt, hatten sich neue Mächte erhoben oder sich gefestigt, denen ihr gewachsener Einflußbereich neue Verantwortung auferlegte: das städtische Bürgertum, das ohne Handel und Wandel ein Nichts wäre; Königreiche und Fürstentümer, auch sie an einer Handelsblüte interessiert, aus der sie durch Abgaben und Straßenzölle beträchtliche Geldsummen an sich zogen. Zudem waren sie sich weitaus mehr als in der Vergangenheit der lebenswichtigen Bedeutung bewußt, die sich für sie mit ungehinderter Verbreitung ihrer Anordnungen und dem Durchzug ihrer Armeen verband. Die Aktivität der Kapetinger in Richtung auf diese entscheidende Wendung, die die Regierung Ludwigs VI. kennzeichnet, ihre kriegerische Anstrengung, ihre Königsgutpolitik, ihre Rolle bei der Siedlungslenkung, stellten in weitem Maße eine Antwort auf Nöte der folgenden Art dar: Die Herrschaft über die Verbindungen zwischen den beiden Hauptstädten Paris und Orléans aufrecht zu erhalten, jenseits von Loire oder Seine die Verbindung mit dem Berry und den Tälern der Oise und Aisne zu sichern. In der Tat scheint der Zustand der Straßen, selbst wenn der Schutz dort auch sicherer geworden ist, nicht bemerkenswert verbessert worden zu sein. Aber Kunstbauten sind in großem Umfang weiter errichtet worden. Wie viele Brücken sind im Verlauf des 12. Jahrhunderts über alle Ströme Europas geschlagen worden! Schließlich sollte zur gleichen Zeit eine glückliche Erfindung bei der Technik des Anspannens die Transportleistung der Pferdefuhrwerke in außerordentlicher Weise steigern.

Den gleichen Wandel beobachten wir in den Beziehungen zu angrenzenden Kulturen. Das Mittelmeer ist in immer größerer Zahl von Schiffen durchzogen worden, und zwischen dem Felsen von Amalfi und Katalonien erreichten seine Häfen die Höhe großer Handelsplätze. Der Bereich des venetianischen Handels dehnte sich unaufhörlich aus. Auch die Route durch die Donauebenen ist von den schweren Planwagen der reisenden Kaufleute befahren worden. Das sind schon beachtliche Tatsachen. Aber die Beziehungen zum Orient waren nicht allein leichter und auch enger geworden. Sie hatten sich in ihren Grundzügen von Natur aus gewandelt. Gestern noch fast ausschließlich Importeur, hatte sich der Westen zu einem bedeutenden Lieferanten bearbeiteter Produkte entwickelt. Die Waren, die er auf diese Weise als Massengüter in die byzantinische Welt, die islamische oder lateinische Levante, ja sogar, wenn auch in geringerem Maße, in den Maghreb ausführte, gehörten zu ganz verschiedenen Gruppen. Eine von ihnen überragte indessen alle anderen mit Abstand. Bei der Expansion der europäischen Wirtschaft spielten die Tuche im Mittelalter dieselbe führende Rolle wie im 19. Jahrhundert bei der Expansion der englischen Wirtschaft die Metallverarbeitung und die Baumwolle. Wenn man in Flandern, in der Picardie, in Bourges, im Languedoc, in der Lombardei und noch anderwärts die Webstühle und die Walkmühlen klappern hörte – denn die Tuchzentren hatten sich fast überall verbreitet –, so geschah das für fremdländische Märkte beinahe ebenso wie für den einheimischen Verbrauch. Um diese Revolution zu erklären, die unsere Länder die wirtschaftliche Eroberung der Welt mit dem Orient beginnen ließ, dürfte es angebracht sein, vielfältige Gründe anzuführen und die Blicke, wenn möglich, ebenso nach dem Osten wie nach dem Westen schweifen zu lassen. Ganz unbestreitbar haben allein die demographischen Tatsachen, die wir uns eben in Erinnerung gerufen haben, diese Revolution erst möglich gemacht. Wenn die Bevölkerung nicht zahlreicher als früher und die bebaute Erdoberfläche nicht ausgedehnter gewesen wären, wenn nicht die Felder, deren Wert erst durch vieler Hände Arbeit gehoben worden ist und die vor allem intensiver gepflügt worden sind, so weit gebracht worden wären, ertragreichere und häufigere Ernten zu geben, wie hätte man in den Städten so viele Weber, Färber oder Tuchscherer zusammenbringen und ernähren können?

Der Norden ist wie der Osten erobert worden. Seit Ende des 11. Jahrhunderts sind in Nowgorod flandrische Tuche verkauft worden. Allmählich verfällt der Weg durch die russischen Ebenen und bleibt gesperrt. So wandten sich Skandinavien und die Ostseeländer künftig nach Westen. Der auf diese Weise einsetzende Wandel kam zum Abschluß, als der deutsche Handel im Laufe des 12. Jahrhunderts die Ostsee für sich erschloß. Seit jener Zeit waren die Häfen der Niederlande, Brügge vor allem, im Begriff, zu den Orten zu werden, wo die Erzeugnisse des Nordens nicht nur mit den eigenen Produkten des Westens, sondern auch mit Waren, die man aus dem Orient herbeischaffte, eingetauscht worden sind. Ein breites Band internationaler Beziehungen verband über Deutschland und die Messen der Champagne die beiden Seiten des feudalen Europa.

Bei einem so günstig ausbalancierten Außenhandel konnte es nicht ausbleiben, daß Münzen und Edelmetalle von Europa angezogen worden sind, um dort den Umfang der Zahlungsmittel in der Folge in beträchtlichem Maße zu erhöhen. Zu dem zumindest relativ erleichterten Zahlungsverkehr gesellte sich der beschleunigte Rhythmus des Umlaufs, um die Wirkung zu vervollständigen. Denn eben auch im Innern der Länder hatten das Bevölkerungswachstum, die größere Bequemlichkeit der Verbindungen, das Aufhören der Invasionen, die mit einer Atmosphäre des

Chaos und der Panik auf dem Abendland gelastet hatten, sowie noch andere Gründe, die zu untersuchen hier zu weit führte, den Handel wieder belebt.

Hüten wir uns aber vor Übertreibungen. Das Bild bedarf einer nach Gegenden und Schichten sorgfältig abgestuften Schattierung. Von seinem Hab und Gut zu leben, blieb für lange Zeit das im übrigen selten erreichte Ideal vieler Bauern und der meisten Dörfer. Andererseits folgten die tiefen Veränderungen der Wirtschaft einem recht langsamen Tempo. Es ist bezeichnend, daß von den beiden Haupterscheinungen des Münzwesens die eine, nämlich die Prägung großer Silberstücke, die viel schwerer als der Denar waren, nicht vor Beginn des 13. Jahrhunderts einsetzte – und zu diesem Zeitpunkt allein in Italien –, die andere, und zwar die Wiederaufnahme der Goldprägung nach einheimischem Typ, bis zur zweiten Hälfte desselben Jahrhunderts warten ließ. In mancher Hinsicht sah die zweite Feudalzeit weniger das Verschwinden der älteren Verhältnisse als ihr Schwächerwerden. Die Beobachtung gilt für die Rolle der Entfernungen wie für das Handelssystem. Aber dadurch, daß die Könige, der Hochadel und die Grundherren damals wieder damit beginnen konnten, sich mit Hilfe von Abgaben bedeutenden Reichtum zu verschaffen und das Lohnsystem, bisweilen unter Rechtsformen, die unbeholfen älteren Praktiken entlehnt worden sind, wieder unter den verschiedenen Arten des Entgelts von Diensten allmählich einen führenden Platz eingenommen hatte, wirkten diese Erscheinungen des Wirtschaftslebens angesichts der Erneuerung seit dem 12. Jahrhundert wiederum auf das ganze Geflecht der menschlichen Beziehungen. Das war nicht alles. Die Wirtschaftsentwicklung hatte eine wahre Umkehr der gesellschaftlichen Werte zur Folge. Kaufleute und Handwerker hatte es immer gegeben. Zumindest die letzten hatten auch vereinzelt hier und da eine gewichtige Rolle gespielt. Als Gruppe zählten weder die einen noch die anderen kaum etwas. Mit dem ausgehenden 11. Jahrhundert setzten sich der viel zahlreicher und für das Leben aller weitaus unentbehrlicher gewordene Handwerker- und Kaufleutestand im städtischen Rahmen zunehmend kraftvoller durch. Vor allem gilt das für den Kaufmannsstand. Denn die mittelalterliche Wirtschaft ist seit der großen Wiederbelebung jener entscheidenden Jahre nie vom Erzeuger, sondern stets vom Händler beherrscht worden. Keineswegs für diese Leute hatte sich der juristische Rahmen des vorangehenden Zeitabschnitts ausgebildet, der sich auf eine Wirtschaftsordnung stützte, in der sie nur einen unbedeutenden Platz einnahmen. Ihre alltäglichen Bedürfnisse und ihre Denkart mußten dort wie von selbst einen neuen Gärstoff hineinbringen.

Der europäische Feudalismus, der in einer sehr locker gewebten Gesellschaft entstanden ist, in der der Handel wenig ausmachte und Geld selten war, veränderte sich zutiefst, sobald die Maschen des die Menschen verbindenden Netzes von Beziehungen enger geknüpft worden sind, sobald sich der Umlauf der Güter und des Münzgeldes verstärkt hatte.

2. Kapitel

Formen des Fühlens und Denkens

1. Die Haltung des Menschen zu Natur und Zeit

Der Mensch der beiden Feudalperioden stand einer Natur, die ihrerseits viel weniger genutzt und bequem gemacht worden war, viel näher als wir. Die Ackerbaulandschaft, in der die Brachländer so weite Flächen einnahmen, trugen in einer weniger wahrnehmbaren Form ein vom Menschen geprägtes Antlitz. Die wilden Tiere, die heute nur in den Ammenmärchen herumspuken, die Bären, besonders die Wölfe, schweiften in all den Einöden umher, ja sogar selbst in den bebauten und bestellten Landschaften. Die Jagd, die doch soviel wie ein Sport galt, war ein unentbehrliches Verteidigungsmittel und lieferte eine für die Ernährung beinahe gleich notwendige Ergänzung. Das Lesen von Wildfrüchten und das Honigsammeln waren wie zu den Anfängen der Menschheit ständig üblich. Unter den Geräten nahm Holz eine führende Rolle ein. Die Nächte, die man nur schlecht zu erhellen wußte, waren dunkler, die Kälte, die bis in die Säle der Burgen reichte, war strenger. Mit einem Wort – hinter allem gesellschaftlichen Leben gab es einen Hintergrund an Primitivität, an Abhängigkeit von unbezwingbaren Mächten, an Gegensätzen des Lebens, die nicht zu mildern waren. Es gibt kein Mittel, das es gestattet, den Einfluß abzuwägen, den eine solche Umgebung auf die Seelen ausüben konnte. Warum aber soll man nicht vermuten, daß dieser Einfluß zu ihrer Rohheit beitrug?

Eine Geschichte, die diesen Namen eher verdient als die zaghaften Versuche, auf die uns heute unsere Mittel beschränken, hätte ihren Platz beim Ablauf der Wechselfälle des menschlichen Körpers. Es ist ziemlich einfältig zu behaupten, man könne die Menschen verstehen, ohne zu wissen, in welchem Gesundheitszustand sie sich befanden. Aber die Beschaffenheit der Texte, mehr noch der ungenügende Zustand unserer Untersuchungsmethoden beschränken unser Streben. Es gibt keinen Zweifel, daß die Kindersterblichkeit im feudalen Europa sehr hoch war, aber es lag nicht an ihr, daß sich die gewöhnlichen Gefühle gegenüber der Trauer um einiges verhärteten. Und auch das Leben der Erwachsenen war, von Unglücksfällen im Krieg abgesehen, im Durchschnitt verhältnismäßig kurz, zumindest soweit wir es nach den fürstlichen Personen beurteilen können, auf die sich die einzigen, leidlich genauen Angaben beziehen, über die wir verfügen. Der französische König Robert der Fromme starb etwa sechzigjährig, Heinrich I. mit 52, Philipp I. und Ludwig VI. mit 56 Jahren. In Deutschland erreichten entsprechend die vier ersten Kaiser der sächsischen Dynastie ungefähr 60 Jahre, dann 28, 22 und 52 Jahre. Das eigentliche Alter schien sehr bald, schon mit unserem Mannesalter, zu beginnen. Diese Welt, von der wir sehen werden, daß sie sich für sehr alt hielt, ist tatsächlich von sehr jungen Menschen regiert worden. Unter so vielen vorzeitigen Todesfällen waren viele auf die großen Epidemien zurückzuführen, die häufig auf eine Menschheit hereinbrachen, die zu ihrer Bekämpfung nur schlecht gerüstet war. Bei den einfachen Leuten waren Hungersnöte eine zusätzliche Ursache. Im Zusammenwirken mit den täglichen Zwängen gaben diese Katastrophen dem Leben den Beigeschmack ständiger Unsicherheit. Vermutlich war das eine der Hauptursachen für die Unbeständigkeit des Empfindens, das für die Denkungsart der Feudalzeit so bezeichnend ist, vor allem während ihres ersten Abschnitts.

Die zweifellos mangelhafte Sauberkeit trug ebenfalls zu dieser Nervosität bei. Man hat sich in unserer Zeit viel Mühe gegeben, zu beweisen, daß der herrschaftlichen Gesellschaft Bäder nicht unbekannt waren. Es ist ziemlich kindisch, zugunsten dieser Beobachtung so viele mißliche Lebensbedingungen zu übersehen, namentlich die Unterernährung der Armen und die Völlereien der Reichen. Und warum soll man schließlich nicht die Auswirkungen einer den angeblich übernatürlichen Erscheinungen erstaunlichen Aufgeschlossenheit berücksichtigen? Sie richtete beständig und fast krankhaft die Aufmerksamkeit der Vorstellung auf jede Art von Zeichen, Träumen und Halluzinationen. Dieser Zug war tatsächlich vor allem in der Mönchswelt ausgebildet, in der die Kasteiungen und die Verdrängungen ihrem Einfluß noch gleichsam aus dem Beruf geborene Überlegungen hinzufügten, die um die Probleme des Unsichtbaren kreisten. Kein Psychoanalytiker hat jemals seine Träume mit mehr Eifer als die Mönche des 10. oder 11. Jahrhunderts geprüft. Aber auch die Laien nahmen an der Erregbarkeit einer Gesellschaft teil, deren moralischer und sozialer Affektstandard den weit herausgehobenen Personen noch nicht auferlegt hatte, ihre Tränen und ihre »Ohnmacht« zu unterdrücken. Die Verzweiflung, der Zorn, die Kurzschlußreaktionen, die plötzlichen Gefühlsschwankungen stellen die Historiker vor große Schwierigkeiten, die instinktiv darauf ausgerichtet sind, bei der Rekonstruktion der Vergangenheit den Leitlinien ihres Verstandes zu folgen. Ohne Zweifel sind das beachtenswerte Faktoren des gesamten Geschichtsverlaufs, die auf die Entwicklung der politischen Ereignisse des feudalen Europa eine Wirkung ausgeübt haben, die allein aus einer Art falschen Scham mit Schweigen übergangen werden könnte.

Diese Menschen, die um sich herum und in sich selbst so vielen plötzlich auftretenden Gewalten ausgesetzt waren, lebten in einer Welt, deren Zeitablauf sich um so mehr ihren Zugriffen entzog, als sie ihn nur schlecht zu messen wußten. Wasseruhren waren aufwendig und sperrig und existierten nur in einer ganz kleinen Anzahl von Exemplaren. Die Stundengläser scheinen nur geringe Verwendung gefunden zu haben. Die Unvollkommenheit der Sonnenuhren war besonders bei bedecktem Himmel offensichtlich. Deshalb verwandte man kuriose Kunstwerke.

Der angelsächsische König Alfred, der damit beschäftigt war, den Ablauf eines wahren Nomadenlebens zu regeln, hatte sich in den Sinn gesetzt, überall Kerzen von gleicher Länge mit sich zu führen, die er der Reihe nach anzünden ließ[65]. Aber dieses Bemühen um Gleichmäßigkeit in der Tageseinteilung stellte damals eine Ausnahme dar. In der Regel zählte man nach dem Beispiel der Antike unabhängig von der Jahreszeit 12 Tag- und 12 Nachtstunden, und die Personen mit der höchsten Bildung gewöhnten sich daran, daß ein jeder dieser Zeitabschnitte nacheinander genommen ohne Unterlaß, je nach dem jährlichen Sonnenumlauf, wuchs und wieder abnahm. So sollte es bis zu dem Augenblick bleiben, als etwa im 14. Jahrhundert die Gewichtuhren schließlich mit der Mechanisierung des Gerätes sozusagen die der Zeit nach sich zogen.

Eine in einer Chronik des Hennegaus überlieferte Anekdote wirft ein wunderbares Licht auf diese Art der ständigen Zeitschwankungen. In Mons sollte ein gerichtlicher Zweikampf stattfinden. Ein einziger Kämpfer erschien in der frühesten Morgendämmerung. Als die neunte Stunde gekommen war, die das Ende der vom Brauch vorgeschriebenen Wartezeit bezeichnete, forderte er, daß das Verletzen der Regeln durch seinen Gegner festgestellt würde. Vom Standpunkt des Rechts war das sicherlich richtig. Aber war es wirklich die verabredete Stunde? Die Grafschaftsrichter beratschlagten, blickten zur Sonne, fragten die Geistlichen, die die liturgische Praxis zu einer weitaus sichereren Kenntnis des Stundenablaufs gebracht hatte und deren Glocken sie mehr oder minder genau zum gemeinsamen Wohl der Menschen anschlugen. Das Gericht verkündet, die neunte Stunde, die Non, sei tatsächlich vergangen[66].

Um wieviel scheint von unserer Kultur, in der es üblich ist, die Augen nur noch beständig auf die Uhr zu heften, um wieviel also erscheint uns diese Gesellschaft entrückt, in der ein Gerichtshof beratschlagen und Untersuchungen anstellen mußte, um die Tageszeit zu erfahren. Gewiß, das geringe Vermögen, die Stunden zu zählen, war nur ein Anzeichen unter anderen für eine weitreichende Gleichgültigkeit gegenüber der Zeit. Nichts wäre leichter und auch nützlicher gewesen, als mit Recht auch bedeutende Daten wie die Geburt von Prinzen genau aufzuzeichnen. Und trotzdem war 1284 eine Untersuchung nötig, um recht und schlecht das Alter einer der größten Erbinnen des Kapetingerreiches (Frankreich), der jungen Gräfin der Champagne, zu bestimmen[67]. Obwohl es doch der einzige Daseinszweck für unzählige Urkunden oder Aufzeichnungen des 10. und 11. Jahrhunderts war, eine Erinnerung zu bewahren, tragen sie keinen Zeitvermerk. Andere sind als Ausnahmen besser gestaltet, doch dem Notar, der gleichzeitig mehrere Arten von Quellen und Belegen verwendet, gelingt es oft nicht, seine verschiedenen Berechnungen in Übereinstimmung zu bringen. Obendrein war es nicht allein die Vorstellung von der Zeit, es war das gesamte Reich der Zahl, über dem Nebelschleier lagen. Die unsinnigen Ziffern der Chronisten sind nichts als literarische Übertreibungen; sie beweisen das Fehlen jeglichen Gefühls für statistische Glaubwürdigkeit. Während Wilhelm der Eroberer in England gewiß nicht mehr als 5000 Ritterlehen ausgab, schreiben ihm die Historiker der folgenden Jahrhunderte, ja sogar selbst bestimmte Angehörige der Verwaltung gern die Begründung von 32 000-60 000 dieser militärischen Lehen zu, obwohl es ihnen nicht schwer gewesen wäre, sich zu unterrichten. Diese Zeit hatte besonders zum Ende des 11. Jahrhunderts ihre Mathematiker, die tapfer im Gefolge der Griechen und der Araber herumtappten. Architekten und Bildhauer konnten eine ziemlich einfache Geometrie anwenden. Aber unter den uns erhaltenen Rechnungen gibt es bis zum Ende des Mittelalters kaum eine, die nicht erstaunliche Fehler aufweist. Die Schwerfälligkeit des römischen Zahlensystems, das sinnvoll durch den Gebrauch des Abakus (Rechenbrett) verbessert worden ist, reicht nicht aus, um diese Irrtümer zu erklären. Die Wahrheit ist, daß die Freude an der Genauigkeit zusammen mit ihrer sichersten Stütze, der Achtung vor der Zahl, den Köpfen der Zeit, selbst den führenden Geistern, zutiefst fremd blieb.

2. Der Ausdruck

Einerseits war die Sprache der Gebildeten fast gleichmäßig das Lateinische, andererseits gab es die täglichen Umgangssprachen in ihrer ganzen Verschiedenheit. Das ist der besondere Dualismus, unter dessen Zeichen die Feudalzeit fast völlig stand. Er gehörte zur sogenannten westeuropäischen Kultur und trug dazu bei, sie ihren Nachbarn scharf entgegenzustellen, nämlich der keltischen und skandinavischen Welt, die über eine reiche poetische und belehrende Literatur ihrer Nationalsprachen verfügten; dann dem griechischen Osten und dem Islam, zumindest in den tatsächlich arabisierten Gebieten. Aber auch im Westen blieb in Wirklichkeit ein gesellschaftlich-kultureller Bereich lange Zeit ausgenommen, der des angelsächsischen Großbritannien. Nicht, daß man dort nicht lateinisch und sogar recht gut schrieb, aber man schrieb es bei weitem nicht allein. Das alte Angelsächsische hatte sich schon zeitig zum Rang einer Literatur- und Rechtssprache erhoben. König Alfred wollte, daß es die jungen Leute in den Schulen erlernten, bevor die Begabteren zum Latein übergingen[68]. Die Dichter bedienten sich seines in ihren Gesängen und ließen es aufschreiben, weil sie nicht damit zufrieden waren, es vorzutragen.

So verfuhren die Könige mit der Sprache der Gesetze, die Kanzleien mit ihren Urkunden, die sie für die Könige oder die Großen ausfertigten und die Mönche mit ihren Chroniken; in jener Zeit war das ein wahrhaft einzigartiger Fall einer Kultur, die den Kontakt mit den Ausdrucksmitteln der Masse aufrecht zu erhalten wußte. Mit der normannischen Eroberung brach diese Entwicklung abrupt ab. Zwischen dem Brief, den Wilhelm der Eroberer bald nach der Schlacht von Hastings an die Londoner gerichtet hatte und einigen wenigen Erlassen am Ende des 12. Jahrhunderts gab es keine Königskunde, die nicht in Latein abgefaßt war. Seit der Mitte des 11. Jahrhunderts verstummen mit praktisch einer Ausnahme die angelsächsischen Chroniken. Andere Werke, die man mit einigem guten Willen literarisch nennen kann, sollten nur wenig vor dem Jahr 1200 und zunächst erst in Gestalt einiger Erbauungstraktätchen wieder erscheinen.

Auf dem Kontinent hatte das großartige Bemühen der karolingischen Renaissance die Nationalsprachen nicht völlig beiseite geschoben. In der Tat kam damals niemand auf die Idee, die romanischen Sprachen der Aufzeichnung für wert zu halten, die ganz einfach den Eindruck eines fürchterlich verdorbenen Lateins machten. Dagegen erregten die Dialekte Germaniens die Aufmerksamkeit der Menschen, von denen viele Angehörige des Königshofes oder der hohen Geistlichkeit sie als Muttersprache gebrauchten. Man schrieb alte Gesänge auf, die bisher einfach mündlich überliefert waren, und man dichtete neue, hauptsächlich über geistliche Themen, hinzu. Handschriften in der »thiudisc« (deutsch) genannten Sprache spielten in den Adelsbibliotheken eine Rolle. Aber die politischen Ereignisse, in diesem Fall der Niedergang des Karolingerreiches mit den ihm folgenden Wirren, bezeichneten einen Bruch. Vom

Ende des 9. bis zum Ende des 11. Jahrhunderts stellen einige fromme Dichtungen und Übersetzungen die magere Ausbeute dar, die zu verzeichnen sich die Historiker der deutschen Literatur begnügen müssen. Im Vergleich mit den lateinischen Schriften, die auf dem gleichen Boden und während des gleichen Zeitabschnitts entstanden sind, kann man im Hinblick auf ihre Anzahl wie ihre geistige Geltung ein Gleiches nicht behaupten. Im übrigen wollen wir uns hüten, das Latein des Feudalzeitalters uns in den dunklen Farben einer »toten Sprache« vorzustellen, wobei das Attribut zugleich etwas Stereotypes und Gleichförmiges unterstellt. Trotz dem Gefallen, den man in der karolingischen Renaissance wieder daran fand, die Sprache zu reinigen und zu verbessern, trug alles dazu bei, in sehr unterschiedlichem Maß je nach Umgebung oder betroffenen Personen sowohl neue Wörter als auch neue Wendungen der Sprache hinzuzufügen; so bestand die Notwendigkeit, mit Worten Dinge wiederzugeben, die der Antike unbekannt waren oder Gedanken auszudrücken, die ihr vor allem im Bereich des Religiösen fremd gewesen sind. Etwas anderes war der schädliche Einfluß auf logische Vorgänge, die sehr verschieden sind von denen der traditionellen Grammatik, an die der Gebrauch der Volkssprachen den Verstand gewöhnt, und schließlich Unkenntnis oder Halbwissen.

Wenn das Buch die Unbeweglichkeit begünstigt, ist die Sprache nicht dann in gleicher Weise ein Vermittler der Bewegung? Nun hat man sich nicht darauf beschränkt, Latein zu schreiben. Man hat es gesungen, ein Zeugnis ist die Dichtung, die zumindest in den Gattungen, die am meisten ein wahres Gefühl wiedergaben, die klassische Prosodie der langen und kurzen Silben zugunsten des akzentuierenden Rhythmus aufgaben, der einzigen Musik, die von nun an hörbar war. Man hat es auch gesprochen. So sah sich ein gebildeter Italiener, der an den Hof Kaiser Ottos I. gerufen war, für einen in einer Unterhaltung begangenen schweren Schnitzer grausam von einem St. Galler Mönchlein verspottet[69]. Wenn der Bischof Notker von Lüttich betete und sich an Laien wandte, gebrauchte er das Wallonische, dagegen das Lateinische, wenn er Geistliche vor sich hatte. Sicherlich wären viele Kirchenmänner, insbesondere die Pfarrgeistlichen, nicht in der Lage gewesen, ihm nachzueifern, ja ihn überhaupt zu verstehen. Aber für Priester und gebildete Mönche erhielt sich die alte κοινή* der Kirche ihre Rolle als Verständigungsmittel. Denn wie hätten sich diese Menschen aus verschiedenen Ländern ohne ihre Hilfe an der Kurie, auf den großen Konzilien oder im Verlauf ihres Umherziehens von Abtei zu Abtei erfolgreich untereinander verständigen können?

* Anm. d. Übers.: Griechische Gemeinsprache der hellenistischen Zeit.

Gewiß schwankt die Ausdrucksweise in fast jeder Gesellschaft nach der jeweils gewünschten Anwendung oder den entsprechenden Schichten mitunter sehr erheblich. Aber die Gegensätze beschränken sich in der Regel auf Nuancen der grammatischen Sorgfalt oder auf Eigentümlichkeiten der Wortwahl. In diesem Fall waren sie unvergleichlich tiefer. Denn in einem großen Teil Europas gehörten die Umgangssprachen, die die germanische Gruppe bildeten, zu einer ganz anderen Gruppe als die Kultursprache. Selbst die romanischen Idiome hatten sich in dieser Beziehung von ihrem gemeinsamen Stamm so weit gelöst, daß der Übergang von ihnen zum Latein ein langdauerndes Erlernen in der Schule voraussetzte, dergestalt, daß die sprachliche Spaltung am Ende des Prozesses auf den Gegensatz zweier menschlicher Gruppen hinauslief. Auf der einen Seite stand die ungeheure Mehrheit der Ungebildeten, von denen ein jeder in seinen landschaftlichen Dialekt eingemauert war und, wenn er literarische Interessen hatte, sich mit einigen weltlichen Gedichten, die fast ausschließlich durch das lebendige Wort überliefert waren, sowie den frommen Gesängen begnügen mußte, die einige wohlmeinende Geistliche in den Nationalsprachen zum Nutzen der einfachen Leute verfaßt hatten und die sie mitunter dem Pergament anvertrauten. Auf der anderen Seite gab es die kleine Handvoll gebildeter Menschen, die beständig zwischen ihrer Tages- und Heimatsprache und der universellen Gelehrtensprache hin- und herwechselte und streng genommen zweisprachig war. Für sie waren die theologischen und historischen Werke bestimmt, die gleichbleibend in Latein abgefaßt waren, ihrem Verständnis erschloß sich die Liturgie, ihm selbst die Geschäftspapiere. Latein bildete nicht nur eine Hilfssprache des Unterrichts, es war die einzige Sprache, die unterrichtet wurde. Mit einem Wort – lesen können hieß Latein lesen können. Doch hat man sich ausnahmsweise verleiten lassen, in einem Rechtstext die Nationalsprache zu verwenden. Wo diese Unregelmäßigkeit erscheint, sollen wir nicht zögern, sie als ein Zeichen von Unwissenheit anzusehen. Wenn einige Urkunden aus dem südlichen Aquitanien sich schon im 10. Jahrhundert im Gewand eines mehr oder minder falschen Latein voll von provenzalischen Ausdrücken zeigen, so kommt das daher, daß die Klöster Rouergue oder Quercy abseits der großen Mittelpunkte der karolingischen Renaissance lagen und unter den ihren nur selten geistliche Männer zählten, die wissenschaftlich gebildet waren. Weil Sardinien ein armes Land war, dessen Bevölkerung die von Piraten heimgesuchten Küstenstriche mied und gleichsam abgeschieden lebte, übertreffen die ersten Aufzeichnungen in Sardisch die ältesten auf der Halbinsel entstandenen italienischen Texte an Alter bei weitem.
Das sichtbarste Ergebnis dieser Einstufung der Sprachen ist ohne Zwei-

fel, daß das von der ersten Feudalzeit hinterlassene Bild arg getrübt worden ist. Verkaufs- und Schenkungsurkunden, Selbstverknechtungs- und Freilassungsurkunden, Rechtssprüche, königliche Privilegien, Lehens- urkunden, die Urkunden des täglichen Lebens bilden die kostbarste Quelle, über die sich der Gesellschaftshistoriker beugen kann. Wenn sie auch nicht immer unverfälscht sind, so haben sie doch zumindest im Un- terschied zu den für die Nachwelt bestimmten erzählenden Quellen das Verdienst, daß sie im schlimmsten Fall nur die Zeitgenossen täuschen wollten, deren Leichtgläubigkeit anderen Normen als die unsere unter- lag. Nun sind sie mit ganz wenigen, soeben dargelegten Ausnahmen bis in das 13. Jahrhundert stets in Latein abgefaßt worden. Aber nicht auf diese Weise ist zunächst die Wirklichkeit ausgedrückt worden, deren An- denken diese Texte zu erhalten doch bestrebt waren. Wenn zwei Grund- herren über den Preis eines Stück Landes oder die Klauseln eines Ab- hängigkeitsverhältnisses verhandelten, so unterhielten sie sich sicher nicht in der Sprache Ciceros. Danach war es Aufgabe des Notars, auf gut Glück ein klassisches Gewand für ihren Vertrag zu schneidern. Beinahe jede lateinische Urkunde oder Aufzeichnung spiegelt doch das Ergebnis einer Übersetzungsarbeit wider, die der heutige Historiker umgekehrt noch einmal tun muß, will er die darunterliegende Wahrheit auf- spüren.

Es mag noch angehen, wenn die Ausarbeitung immer denselben Regeln gefolgt wäre! Das war keineswegs der Fall. Von der Schulübung, die ein geistiges Schema ungeschickt in der Volkssprache nachahmte, bis zur la- teinischen Abhandlung, an der ein gebildeter Kleriker mit Umsicht ge- feilt hatte, finden sich alle Abstufungen. Mitunter – und das ist unbezwei- felbar der günstigste Fall – ist das laufende Wort einfach so gut es geht durch das Anfügen einer unechten lateinischen Endung verkleidet, z. B. ist »hommage« nur so eben in »homagium« verkleidet worden. An an- derer Stelle bemühte man sich, allein die klassischsten Ausdrücke zu ge- brauchen und ging sogar so weit, »archiflamen« statt »archiepiscopus« (Erzbischof) zu schreiben, indem man in einer Art geistigen Spielerei, die an Gotteslästerung grenzte, die Bezeichnung für den Jupiterpriester der des lebendigen Gottes gleichsetzte. Das Schlimmste war, daß sich die Sprachpuristen bei ihrer Suche nach Parallelismen nicht scheuten, sich we- niger bereitwillig von der Ähnlichkeit der Bedeutung als der Laute füh- ren zu lassen. Weil »comte« (Graf) im Französischen den Nominativ »cuens« hatte, gab man es durch »consul« wieder, oder »fief« (Lehen) etwa durch »fiscus«. Sicher bildeten sich allmählich allgemeine Übersetz- ungsnormen heraus, von denen einige am universellen Charakter der Gelehrtensprache teil hatten: dem französischen »fief«, deutsch »Lehen«, entsprachen in den lateinischen Urkunden Deutschlands regelmäßig Wörter, die nach dem französischen Vorbild geprägt worden waren. Aber bis in seine weniger ungeschickten Anwendungen hinein hat man das Notariatslatein niemals übersetzt, ohne es ein wenig zu entstellen.

Ebenso verfügte selbst die juristische Fachsprache nur über einen Bestand an Wörtern, der zugleich zu altertümlich und zu schwankend war, um die Wirklichkeit genau zu erfassen. Der Wortschatz der Umgangssprachen unterlag ganz der Unbeständigkeit und dem Schwanken von Bezeichnungen einer lediglich mündlich angewandten Volkssprache. Ja, und im Bereich gesellschaftlicher Einrichtungen führte die Wortverwirrung beinahe notwendig zur Begriffsverwirrung. Ob es nur an der Unvollkommenheit der Terminologie lag – jedenfalls lag über dem System der menschlichen Beziehungen eine große Unsicherheit. Aber diese Beobachtung geht noch weiter. Zu welchem Gebrauch man das Latein auch verwandte, es hatte den großen Vorteil, den Intellektuellen seiner Zeit ein internationales Verständigungsmittel zu bieten. Andererseits wies es für die meisten der Menschen, die sich seiner bedienten, den unbezweifelbaren Nachteil auf, von der inneren Stimme entschieden getrennt zu sein, sie infolgedessen beim Aussprechen ihrer Gedanken zu einem beständigen Annähern zu nötigen. Warum soll man nicht unter die vielfältigen Gründe, die sicherlich dazu beitrugen, die fehlende Präzision bei der geistigen Arbeit zu erklären – wie wir gesehen haben, handelte es sich um einen Grundzug der Zeit –, dieses unaufhörliche Hin und Her zwischen den beiden Sprachebenen einbeziehen?

3. Kultur und Gesellschaftsschichten

In welchem Maße war das mittelalterliche Latein als Kultursprache die Sprache einer Aristokratie? Mit anderen Worten, bis zu welchem Ausmaß deckte sich die Gruppe der *litterati* mit den führenden Personen? Im Fall der Kirche gibt es keinen Zweifel. Es bedeutet wenig, daß das üble System der Ernennungen zu Ämtern hier und da die ersten Verterter der unwissenden Schichten erreichte. Die Höfe der Bischöfe, die großen Klöster, die Hofkapellen, mit einem Wort, der ganze Stab der geistlichen Armee, entbehrten niemals gebildete Geistliche, die im übrigen oft adliger oder ritterlicher Herkunft waren und in den Kloster- und vor allem den Kathedralschulen ausgebildet worden waren. Sobald man auf die Laienwelt trifft, wird das Problem heikler.

Hüten wir uns, eine Gesellschaft uns vorzustellen, die, und sei es in den dunkelsten Stunden, nicht gesonnen war, an jeder geistigen Speisung teilzunehmen. Wie nützlich man im allgemeinen für einen Führer von Menschen den Zugang zu den Schätzen der Gedanken und Erinnerungen erachtete, zu denen allein das geschriebene Wort, das heißt, das Lateinische, den Schlüssel verwahrte, wird am ehesten durch die Bedeutung bewiesen, die viele Fürsten der Ausbildung ihrer Erben zuwiesen. Robert der Fromme, der »in Gott gelehrte König«, war in Reims Schüler des berühmten Gerbert von Aurillac gewesen, Wilhelm der Eroberer gab seinem Sohn Robert einen Geistlichen zum Erzieher. Unter den Großen der Erde fanden sich wahre Bücherfreunde. Kaiser Otto III. sprach fließend Griechisch und lateinisch; seine Mutter, eine byzantinische Prinzessin, hatte ihm diese Bildung mitgegeben, sie, die aus ihrer Heimat die Gepflogenheiten einer wesentlich verfeinerten Kultur mitgebracht hatte. Wilhelm III. von Aquitanien hatte eine ansehnliche Bibliothek zusammengetragen, in der man ihn bisweilen bis in die tiefste Nacht beim Lesen fand[70]. Diesen Beispielen können wir die keineswegs seltenen Fälle hinzufügen, daß Fürsten, die zunächst für den geistlichen Stand bestimmt waren, sich von ihrer ersten Ausbildung her bestimmte Kenntnisse und eine gewisse, dem geistlichen Milieu eigentümliche Zuneigung bewahrt hatten. Zu ihnen gehörte Balduin von Boulogne, der, obwohl ein rauher Krieger, die Königskrone von Jerusalem erlangte.

Aber für eine so gedeihliche Erziehung bedurfte es des Klimas, in dem die hochadligen Geschlechter lebten, die in ihrer vererbten Macht schon fest verankert waren. Nichts ist bezeichnender als der in Deutschland schon fast traditionelle Gegensatz zwischen den Begründern einer Dynastie und ihren Nachfolgern. Otto II., dem dritten der sächsischen Könige und Heinrich III., dem zweiten Salier, alle beide sorgsam ausgebildet, stehen ihre Väter gegenüber: Otto der Große, der mit dreißig Jahren lesen lernte, Konrad II., dessen Kaplan bemerkt, daß er »seine Buchstaben nicht gekannt hat«. Wie es oft geschah, waren der eine wie der andere zu jung in ein Leben voll Abenteuer und Gefahr geworfen worden, um Muße zu haben, sich anders als durch alltägliche Erfahrung oder mündliche Überlieferung auf ihren Beruf als Herrscher vorzubereiten. In viel stärkerem Maße traf das fast immer zu, sobald man auf der sozialen Stufenleiter tiefer steigt. Die im Verhältnis glänzende Kultur einiger großer Königs- oder Adelsfamilien darf zu keiner Illusion verleiten, noch sollte die außergewöhnliche Anhänglichkeit dazu verleiten, mit der die ritterlichen Schichten Italiens und Frankreichs an den pädagogischen Traditionen hingen, die ihrerseits auch ziemlich unentwickelt waren: Wenn auch das Wissen eines Cid und Ximenes nicht sehr umfangreich war, so konnten sie zumindest ihren Namen schreiben[71]. Man sollte nicht daran zweifeln, daß wenigstens nördlich der Alpen und Pyrenäen die Mehrheit der kleinen und mittleren Grundherren, die zu jener Zeit die größte Machtfülle gegenüber Menschen besaßen, aus wirklich ungebildeten Menschen bestand, dergestalt, daß man in den Klöstern, wohin sich einige von ihnen an ihrem Lebensabend flüchteten, die Wörter *conversus*, d. h. einer, der der geistlichen Berufung spät folgt, und *idiota*, das den Mönch bezeichnete, der die Heilige Schrift zu lesen unfähig war, gleichbedeutend verwandte.

Dieser Mangel an Ausbildung unter den Laien erklärt die Rolle der Geistlichen, die zugleich das Denken der Großen verdeutlichten und Hüter der politischen Tradition waren. Den Fürsten kam es zu, von dieser Gruppe ihrer Diener das zu fordern, was ihnen der übrige Teil ihrer Umgebung nicht geben konnte. Um die Mitte des 8. Jahrhunderts waren die letzten weltlichen »Referendare« der Merowingerkönige verschwunden; im April 1298 übergab der französische König Philipp der Schöne dem Ritter Pierre Flotte das Staatssiegel. Zwischen diesen beiden Daten sind mehr als fünf Jahrhunderte vergangen, während der die Kanzlei der französischen Könige ausschließlich Männer der Kirche als Leiter hatte. Im allgemeinen verhielt es sich andernorts genauso. Es sollte uns nicht ganz gleichgültig sein, daß die Entscheidungen der Mächtigen dieser Welt nicht selten von Männern beeinflußt und immer zum Ausdruck gebracht worden sind, die, welchen Anteil auch immer sie an ihrer Klasse oder Nation hatten, letzten Endes ihrer ganzen Erziehung nach zu einer von Natur aus universalistischen und in der religiösen Sphäre verwurzelten Gesellschaft gehörten. Kein Zweifel, daß sie dazu beitrugen, den Blick über dem Getümmel der kleinen und begrenzten Auseinandersetzungen nicht von einem größeren Horizont abzulenken. Wenn sie andererseits vor die Aufgabe gestellt waren, politischen Vorgängen schriftlichen Ausdruck zu verleihen, fühlten sie sich gezwungen, diese offiziell mit einer Begründung zu rechtfertigen, die sie von der eigenen moralischen Norm abgeleitet hatten, um so die Urkunden mit Motiven zu übertünchen, die mehr als zur Hälfte trügerisch waren. Das beweisen besonders die Arengen so vieler Freilassungsurkunden, die um einen Geldpreis ausgefertigt worden waren und sich mit der Maske der Freigiebigkeit verkleidet hatten, wie es auch die Arengen vieler Königsurkunden beweisen, die ohne Ausnahme von der alltäglichsten Frömmigkeit vorgeschrieben erscheinen. Wie die Geschichtsschreibung mit ihren Werturteilen lange Zeit in geistlichen Händen lag, so trugen die üblichen Formen des Denkens und der Literatur dazu bei, vor der zynischen Realität der menschlichen Beweggründe eine Art Vorhang zu weben, der erst an der Schwelle der Neuzeit von der harten Hand eines Commynes und eines Machiavelli zerrissen werden sollte.

Dennoch blieben die Laien in mancher Beziehung die treibende Kraft der weltlichen Gesellschaft. Deshalb waren die ungebildetsten unter ihnen noch keine Unwissenden. Abgesehen davon, daß sie sich bei Bedarf das übersetzen ließen, was sie nicht selbst lasen, werden wir später sehen, wieviel ihnen die Erzählungen in der Volkssprache an Erinnerungen und Gedanken vermitteln konnten. Doch muß man sich immer wieder die Lage der meisten Grundherren und vieler hoher Adliger vorstellen, die als Verwalter unfähig waren, einen Bericht oder eine Rechnung persönlich zu prüfen, die als Richter amtierten, deren Sprüche in einer dem Gerichtshof fremden Sprache aufgezeichnet worden sind – wenn sie überhaupt aufgezeichnet wurden. Überrascht es, wenn diese leitenden Personen, die gewöhnlich darauf angewiesen waren, ihre vergangenen Entscheidungen aus dem Gedächtnis zu rekonstruieren, Ausdauer oft völlig vermissen ließen, die ihnen moderne Historiker sicher mit Unrecht mitunter zuzuschreiben sich bemühen?

Weil das Schreiben diesen Menschen fast fremd war, sind sie ihm gegenüber gleichgültig geworden. Als Otto der Große 962 die Kaiserkrone empfangen hatte, ließ er unter seinem Namen ein Privileg ausfertigen, das durch die »Verträge« der karolingischen Kaiser und vielleicht von der Historiographie inspiriert, den Päpsten »bis zum Ende der Zeit« den Besitz eines unermeßlichen Landgebietes zuerkannte. Mit dieser Veräußerung hätte der König–Kaiser zugunsten des Patrimonium Petri den größten Teil Italiens und sogar die Herrschaft über einige der bedeutendsten Alpenstraßen aufgegeben. Bestimmt hatte Otto niemals auch nur eine Minute daran gedacht, daß diese wenn auch ganz genauen Bestimmungen jemals wirksam werden könnten.

Man würde sich weniger wundern, wenn es sich um einen dieser Scheinverträge gehandelt hätte, die zu allen Zeiten unter dem Druck der Verhältnisse mit der festen Absicht unterzeichnet worden sind, sie nicht zu befolgen. Aber absolut nichts – abgesehen von einer mehr oder weniger schlecht verstandenen historischen Tradition – nötigte den sächsischen Fürsten zu einer solchen Täuschung. Auf der einen Seite existierte ein Stück Pergament und seine Tinte, auf der anderen ohne Zusammenhang mit ihm der tatsächliche Vorgang: Es war das extreme und in dieser Form besonders krasse und außergewöhnliche Ergebnis einer viel allgemeineren Spaltung. Eine große Anzahl von Personen, die sich in der Lage befanden, menschliche Angelegenheiten zu lenken, verstanden überhaupt nicht die Sprache, die als einzige der Aufzeichnung wert war, die für den Menschen und sein Heil höchst nützliche Kenntnisse vermittelte, ja selbst Wirkungen jeder gesellschaftlichen Tätigkeit aufwies.

4. Die religiösen Vorstellungen

Um die religiöse Haltung des feudalen Europa zu kennzeichnen, spricht man gern von einem Volk von Gläubigen. Nichts wäre richtiger, wenn man darunter versteht, daß jedes Weltverständnis, aus dem das Übernatürliche ausgeschlossen war, den Köpfen jener Zeit zutiefst fremd blieb, daß, besser gesagt, das Bild, welches sie sich von der Bestimmung des Menschen und des Universums machten, beinahe harmonisch in das von der christlichen Theologie und Eschatologie in ihren westlichen Erscheinungsformen vorgezeichnete Modell eingefügt worden ist. Die dann und wann den »Fabeln« der Bibel gegenüber zum Ausdruck gebrachten Zweifel fallen wenig ins Gewicht. Ganz seiner rationalen Basis beraubt, schmolz dieser unentwickelte Skeptizismus, der im allgemeinen nicht zum Gemeingut gebildeter Menschen gehörte, im Augenblick der Gefahr wie Schnee in der Sonne. Man kann sogar behaupten, daß Glauben seinen Namen zu keiner Zeit ohne größeren Vorbehalt verdient hat. Denn das seit dem Ausklang der christlichen Philosophie der Antike unterbrochene Bemühen der Gelehrten, das während der karolingischen Renaissance mit Mühe zeitweilig neu belebt worden war, den christlichen Mysterien die Stütze einer logischen Spekulation zu verschaffen, sollte erst wieder zum Ende des 11. Jahrhunderts anheben. Andererseits wäre es ein schwerer Irrtum, diesen Gläubigen einen starr einförmigen Glauben zuzuschreiben.

Nicht nur war der Katholizismus in Wahrheit noch sehr weit davon entfernt, sein Lehrgebäude vollständig ausgebaut zu haben, dergestalt, daß die strikteste Orthodoxie damals über ein viel freieres Spiel verfügte als es später zunächst nach der scholastischen Theologie, dann der Gegenreformation der Fall sein sollte. Nicht nur bewahrte sich in dem unübersichtlichen Grenzgebiet, wo die christliche Ketzerei zu einer dem Christentum entgegengesetzten Religion absank, der alte Manichäismus stellenweise mehr als einen Anhänger, von denen man nicht recht weiß, ob die, die dieser verfolgten Sekte seit den ersten Jahrhunderten des Mittelalters gegen alle Widerstände treu geblieben waren, ihren Glauben ererbt oder ob sie ihn im Gegenteil nach langer Unterbrechung aus Osteuropa empfangen hatten. Aber am schwersten wog, daß der Katholizismus die Massen nur unvollständig durchdrungen hatte. Der Pfarrklerus war insgesamt für seine Aufgabe intellektuell und moralisch ungeeignet. Er ergänzte sich ohne ausreichende Kontrolle und war unzureichend ausgebildet; am häufigsten sind dem Knaben, der sich als Meßdiener auf seinen Stand vorbereitete, von irgendeinem selbst vielleicht nicht sonderlich ausgebildeten Geistlichen aufs Geratewohl Stunden gegeben worden.

Man hat nur unregelmäßig gepredigt, obwohl allein die Predigt den Menschen einen wirksamen Zugang zu den in der Heiligen Schrift verschlossenen Mysterien eröffnen konnte. Mußte sich nicht 1031 die Synode von Limoges gegen den Irrtum auflehnen, der vorgab, die Predigt sei einzig den Bischöfen vorbehalten, die doch allein nicht in der Lage waren, das Evangelium ihrer gesamten Diözese zu verkünden?

Die katholische Messe ist in allen Kirchspielen mehr oder minder korrekt – mitunter ziemlich unkorrekt – gelesen worden. »Die Literatur derjenigen, die nicht lesen können«, die Fresken und Basreliefs erteilten in reichem Maße an den Mauern oder Kapitellen der großen Kirchen bewegende, doch verschwommene Lehren. Sicher besaßen beinahe alle Gläubigen eine oberflächliche Kenntnis der auffallendsten Erscheinungen, um sich unter den christlichen Darstellungen der Vergangenheit, der Gegenwart und Zukunft etwas vorzustellen. Aber nebenbei wurde ihr religiöses Leben von einer großen Zahl von Glaubensvorstellungen und ihrer Ausübung gespeist, die bald von jahrtausendalter Magie ererbt waren, bald in einer verhältnismäßig jungen Zeit im Schoß einer Kultur entstanden waren, die noch groß im Hervorbringen von Mythen war; auf die offizielle Lehre übten sie einen beständigen Druck aus. Am Gewitterhimmel sahen die Menschen immer wieder gespenstische Armeen vorüberziehen: von Totenheeren sprach die Menge, von trügerischen Dämonen die Gebildeten, die viel weniger gewillt waren, diese Erscheinungen zu leugnen als für sie eine einigermaßen mit der Lehre übereinstimmende Deutung zu finden[72]. Auf dem Lande hing man unzähligen Naturriten an, von denen uns die Poesie besonders mit den Maibaum-Festen vertraut gemacht hat. Mit einem Wort, niemals vermischte sich die Theologie weniger mit der allen gemeinsamen Religion, mit der wirklich erfüllten und gelebten.

Trotz unendlich feiner Unterschiede, die sich nach Umgebung und örtlicher Tradition richteten, kann man bestimmte gemeinsame Grundzüge einer so verstandenen religiösen Vorstellung herauslesen. Auf die Gefahr hin, mehr als ein uns tief oder oberflächlich berührendes Merkmal beiseite zu lassen, mehr als eine leidenschaftliche Frage, die auf ewig von menschlichem Wert ist, so müssen wir uns darauf beschränken, hier die Richtung unserer Gedanken und Gefühle einzuhalten, deren Wirkung auf das gesellschaftliche Verhalten besonders stark gewesen zu sein scheint.

In den Augen all der Personen, die der Überlegung fähig waren, ist die wahrnehmbare Welt kaum mehr als eine Art von Maske gewesen, hinter der sich alle wahrhaft bedeutenden Dinge abspielten; zugleich war sie ihnen eine Sprache, der es aufgegeben war, eine tiefere Wirklichkeit in

Zeichen auszudrücken. Wie ein ansehnliches Gewebe nur Interesse an sich selbst erweckt, so war das Ergebnis dieser Voreingenommenheit, daß die Beobachtung im allgemeinen zugunsten der Deutung vernachlässigt worden ist. In einer kleinen Abhandlung über das Universum, die im 9. Jahrhundert verfaßt worden war und sich lange der Beliebtheit erfreute, erklärt Hrabanus Maurus, wie er seinem Plan folgte: »Mir ist es in den Sinn gekommen, ein kleines Werk zu verfassen... das nicht nur die Natur der Dinge und die Eigenschaft der Worte behandelt, sondern außerdem noch ihre mystische Bedeutung[73].« Dadurch erklärt sich zum größten Teil die geringe Aufmerksamkeit der Wissenschaft für die Natur, die es im Grunde nicht sonderlich zu verdienen schien, daß man sich mit ihr beschäftigte. Die Technik war einschließlich ihres mitunter beträchtlichen Fortschritts reiner Empirismus.

Zudem – wie konnte diese verrufene Natur in der Lage sein, aus sich selbst die eigene Deutung zu beziehen? Ist sie nicht in der unendlichen Einzelheit ihrer täuschenden Entfaltung vor allem als ein Werk verborgener Willen begriffen worden? In der Mehrzahl von Willen, an die zumindest die einfachen und auch sehr viele gebildete Leute glaubten. Denn unter den einzigen Gott und seine Allmacht untergeordnet, ohne daß man sich im allgemeinen den genauen Bereich dieser Unterwerfung sehr genau ausmalte, stellten sich die meisten Menschen die entgegengesetzten Wünsche einer Menge guter oder schlechter Wesen vor, die ständig im Streit lagen: Heilige, Engel und besonders Teufel. »Wer weiß nicht«, schrieb der Pfarrer Helmold, »daß die Kriege, die Stürme, die Pest, all das Leid, das fürwahr über das Menschengeschlecht herniedergeht, durch die Tätigkeit von Dämonen geschieht[74]?«

Man wird bemerken, daß die Kriege kunterbunt zusammen mit den Unwettern genannt sind, doch die gesellschaftlichen Katastrophen auf der gleichen Ebene wie diejenigen, die wir heute als Naturereignisse bezeichnen würden. Das Ergebnis war eine geistige Haltung, die sich schon bei der Betrachtung der Invasionen gezeigt hatte: kein Verzicht im strengen Wortsinn, eher eine Zuflucht zu Handlungsinstrumenten, die man für wirksamer als die menschliche Anstrengung hielt. Gewiß fehlten niemals die instinktiven Reaktionen eines lebenskräftigen Wirklichkeitssinns. Wie hätten indessen ein Robert der Fromme, ein Otto III. einer Pilgerfahrt ebensoviel Bedeutung wie einer Schlacht oder einem Gesetz beimessen können? Die Historiker, die bald daran Anstoß nehmen, bald sich darauf versteifen, hinter diesen frommen Fahrten geheime politische Ziele zu entdecken, beweisen dadurch einfach ihre eigene Unfähigkeit, die Brille abzusetzen, die die Menschen des 19. und 20. Jahrhunderts tragen. Nicht allein der Egoismus des eigenen Heils inspirierte diese königlichen

Pilger. Von den heiligen Beschützern, die sie anzuflehen kamen, erwarteten sie für ihre Untertanen wie für sich zusammen mit der Verheißung ewigen Lebens die Reichtümer dieser Erde. An der geweihten Stätte ebenso wie im Kampf oder im Gericht dachten sie daran, ihre Funktion als Führer des Volkes wahrzunehmen.

Diese Welt der Erscheinungen war auch eine vergängliche Welt. Selten haftete das Bild von der Endkatastrophe so stark im Bewußtsein wie in jener Zeit, obwohl in sich selbst untrennbar von jeder christlichen Vorstellung des Alls. Man sann darüber nach, man stellte Berechnungen über die Vorzeichen an. Die Chronik des Bischofs Otto von Freising, die umfassendste der Weltchroniken, begann mit der Schöpfung und endete mit dem Gemälde des Jüngsten Gerichts. Daraus ergibt sich ganz von selbst eine unvermeidliche Lücke: Von 1146, dem Zeitpunkt, zu dem der Autor die Niederschrift beendet hat, bis zum Tag des großen Zusammenbruchs. Otto sah darin gewiß nur einen bescheidenen Zeitraum: »Wir, die wir an das Ende der Zeiten gestellt worden sind«, sagt er zum wiederholten Male. Das war das geläufige Denken zu seiner Zeit und vor ihm. Man soll das nicht als Gedanken von Geistlichen abtun. Das hieße das tiefe Einanderdurchdringen der geistlichen und der Laienwelt leugnen. Selbst unter denen, die nicht wie der Heilige Norbert so weit ginge zu verkünden, das drohende Ereignis sei so nahe, daß die lebende Generation nicht vergehen dürfte ohne es niederkommen zu sehen, war doch jedem das nahende Bevorstehen bekannt. In jedem schlechten Fürsten glaubten fromme Seelen die Klauen des Antichrist zu bemerken, dessen Reich der Finsternis dem Anbruch des Gottesreichs vorangehen werde.

Aber wann würde man wohl diese ganz nahe Stunde schlagen hören? Eine Antwort schien die Apokalypse zu liefern: »Wenn tausend Jahre vergangen sind...« Waren darunter tausend Jahre seit Christi Tod zu verstehen? Einige glaubten es und schoben gemäß der normalen Berechnung den großen Einsturz bis 1033 hinaus. Oder waren wohl die Jahre seit seiner Geburt gerechnet? Diese letzte Auslegung schien die allgemeine gewesen zu sein. In jedem Fall ist es gewiß, daß ein Prediger vor dem Jahr 1000 in den Pariser Kirchen für dieses Datum das Ende der Zeiten ankündigte. Wenn man dann trotzdem nicht bemerkte, daß sich unter den Massen allgemeiner Schrecken verbreitet hat, den unsere Vertreter der romantischen Geschichtsbetrachtung zu Unrecht ausgemalt haben, so liegt das vor allem daran, daß die Menschen dieses Zeitabschnitts, wie aufmerksam sie auch auf den Ablauf der Jahreszeiten und den jährlichen Rhythmus der Liturgie achteten, sich im allgemeinen nicht nach Jahreszahlen richteten, noch viel weniger nach Zahlen, die deutlich auf einer einheitlichen Grundlage berechnet waren. Wir haben schon gesehen, wie gerade Urkunden jede zeitliche Angabe entbehrten! Und wie verschieden waren die Berechnungsgrundlagen bei den übrigen; für die meisten bestand keine Verbindung mit dem Leben des Erlösers: Regierungs- oder Pontifikatsjahre, astronomische Anhaltspunkte jeder Art, ein fünfzehnjähriger Indiktionszyklus, der einst seinen Anfang von der Praxis der römischen Steuerverwaltung genommen hatte! Ein ganzes Land, Spanien, bediente sich allgemeiner als anderswo einer genauen Ära und verlieh ihr, man weiß eigentlich nicht warum, einen dem Evangelium völlig fremden Ursprung, nämlich 38 vor Christi. Schloß man sich ausnahmsweise in den Gesetzestexten und häufiger in den Chroniken der Inkarnationsära an? Man hatte noch die Unterschiede beim Jahresbeginn zu berücksichtigen. Denn die Kirche verhängte ein Scherbengericht über den 1. Januar, der ein heidnisches Fest gewesen war. Je nach Gegend oder Kanzlei ließ sich so das benannte tausendste Jahr nach dem einen oder anderen von sechs oder sieben verschiedenen Daten beginnen, die sich nach unserem Kalender vom 25. März 999 bis zum 31. März 1000 verteilten. Was noch schlimmer ist, daß einige dieser Punkte des Jahresbeginns, die auf dieses oder jenes liturgische Datum der Osterzeit festgelegt und deshalb im wesentlichen beweglich waren, ohne die Ostertafeln, über die allein Gelehrte verfügten, nicht vorausgesehen werden konnten. Sie waren auch durchaus dazu angetan, die Gehirne endgültig zu verwirren, weil sie die aufeinanderfolgenden Jahre zu ganz ungleicher Länge verurteilen. So kehrte unter der gleichen Jahreszahl im März oder April das gleiche Datum oder das Fest desselben Heiligen ziemlich häufig zweimal wieder. Tatsächlich konnte dieses Jahr 1000, das man uns glauben machen wollte, es wäre mit Ängsten beladen gewesen, bei den meisten Menschen des Abendlandes keine genau in den Ablauf der Jahre eingebettete Phase beschwören.

Doch ist die Vorstellung so falsch, damals sei durch die Ankündigung des *dies irae* (Weltuntergang) ein Schatten auf die Seelen geworfen worden? Ganz Europa bangte nicht dem Ende des ersten Jahrtausends entgegen, um sich sogleich wieder nach Ablauf dieses vermeintlich prophetischen Datums abrupt zu beruhigen. Aber was vielleicht noch schlimmer war, fast ununterbrochen liefen Wellen von Ängsten bald hierhin, bald dorthin und verebbten nur an einem Punkt, um bald darauf etwas weiter neu zu entstehen. Mitunter gab eine Vision oder ein tragisches Ereignis der Geschichte den Anstoß, wie 1009 die Zerstörung des Heiligen Grabes oder ganz einfach ein Unwetter. An einem anderen Tag war es eine Berechnung von Liturgikern, die sich von gebildeten Kreisen herab bis unter die Menge verbreitete. »Fast in der ganzen Welt hatte sich das Gerücht verbreitet, das Weltende käme, sobald Mariä Verkündigung mit

Karfreitag zusammenfiele«, schrieb kurz vor dem Jahr 1000 Abbo von Fleury[75]. In Wahrheit erinnerte man sich dessen, was Paulus gesagt hatte: Der Herr wird die Menschen heimsuchen »wie ein Dieb in der Nacht«. Viele Theologen tadelten diese groben Versuche, in das Geheimnis einzudringen, in das die Gottheit ihren Blitzstrahl einzuhüllen sich gefiel. Ist denn die Erwartung weniger gespannt, wenn man nicht weiß, wann das Verhängnis herabfährt? Die Zeitgenossen erblickten in dem allgemeinen Chaos, das wir gern als ein jugendliches Aufwallen bezeichnen würden, einhellig nur das Greisenalter einer »gealterten« Menschheit. Trotz allem gärte ein unbezwingbares Leben in den Menschen. Aber sobald sie darüber nachdachten, war ihnen kein Gefühl fremder als das einer unermeßlichen, jugendlichen Kräften geöffneten Zukunft.

Wenn es so schien, daß die gesamte Menschheit rasch ihrem Ende zuging, so kam dieses Empfinden, »auf dem Wege« zu sein, mit um so größerer Berechtigung jedem einzelnen Leben zu. War der Gläubige nicht nach dem Wort, das vielen frommen Schriften so teuer war, auf Erden wie ein »Pilger«, dem das Ziel der Reise selbstverständlich viel mehr bedeutete als die Gefahren des Weges? Gewiß dachte die Mehrheit der Menschen nicht beständig an ihr Heil. Aber sobald sie daran dachten, geschah es intensiv und mittels sehr konkreter Ideen. Diese lebendigen Vorstellungen kamen ihnen mit Vorliebe stoßweise. Denn ihre von Grund auf labilen Seelen waren plötzlichen Wendungen unterworfen. Mit dem Brandgeruch einer sich ihrem Niedergang zuneigenden Welt behaftet, wurde aus Sorge um ewige Belohnung durch die Flucht ins Kloster mehr als eine zur Führung bestimmte Karriere abgebrochen, ja sogar die Fortpflanzung von mehr als einer Adelssippe plötzlich unterbrochen, wie es mit den sechs Söhnen des Herrn von Fontaine-lès-Dijon geschah, die sich unter der Führung des berühmtesten von ihnen, Bernhard von Clairvaux, ins Kloster warfen. So begünstigte die religiöse Denkungsart auf ihre Weise das Vermischen der sozialen Schichten.

Indessen fühlten sich viele Christen in ihrem Herzen nicht so gefestigt, um sich diesen rauhen Praktiken zu verschreiben. Andererseits hielten sie sich, und vielleicht nicht ohne Grund, für unfähig, den Himmel mit ihren eigenen Kräften zu erreichen. Denn sie setzten ihr Hoffen in die Gebete frommer Seelen, in die Verdienste, die einige weltabgewandte Gruppen zum Nutzen aller Frommen angehäuft hatten, in die Fürsprache der Heiligen, die sich in ihren Reliquien verkörperten und von den Mönchen, ihren Dienern, vertreten wurden. In dieser christlichen Gesellschaft schien kein Dienst von gemeinschaftlichem Interesse notwendiger zu sein als der der geistlichen Korporationen, aber eben nur insoweit, als sie geistlich waren, worüber wir uns keineswegs täuschen sollen. Die karitative, kulturelle und wirtschaftliche Rolle, die die großen Kathedralkapitel und die Klöster spielten, konnte wohl in der Tat beträchtlich sein. In den Augen der Zeitgenossen war sie nur von nebensächlicher Bedeutung. Die Vorstellung einer ganz vom Übernatürlichen durchdrungenen irdischen Welt wirkte hier an der Besessenheit vom Jenseits mit. Das Glück des Königs und des Reiches in der Gegenwart, das Heil der königlichen Ahnen und des Königs selbst in Ewigkeit: Das war der doppelte Nutzen, von dem Ludwig der Dicke erklärte, daß er ihn von seiner Gründung erwarte, als er bei St. Viktor von Paris eine Gemeinschaft von Regularkanonikern begründete. »Wir glauben«, sagte selbst Otto I., »daß mit dem zunehmenden Gedeihen der Verehrung Gottes der Schutz unseres Reiches verbunden ist[76].« So entstehen mächtige und reiche Kirchen, die eigene Rechtsinstitutionen hervorbringen. Durch die schwierige Anpassung dieser geistlichen *civitas* an die weltliche *civitas* erhoben sich eine Fülle von Problemen, die mit großem Eifer erörtert worden sind und die mit einem sehr drückenden Gewicht über der allgemeinen Entwicklung des Westens lasten sollten. Wer vermag angesichts dieser Charakteristika, die mit jedem klaren Bild der Feudalwelt untrennbar verbunden sind, nicht einzusehen, daß die Höllenfurcht eine der großen gesellschaftlichen Kräfte der Zeit war?

3. Kapitel

Die gemeinsame Erinnerung

1. Die Geschichtsschreibung

In der Feudalgesellschaft kamen viele Einflüsse zusammen, um das Interesse an der Vergangenheit zu wecken. Die Religion hatte unter ihren heiligen Büchern Geschichtsbücher, ihre Feste gedachten bestimmter Ereignisse, zu ihrer volkstümlichsten Seite gehörte, daß sie aus den Erzählungen, die über uralte Heilige entstanden waren, Kraft zog und schließlich verscheuchte sie die Illusion, die Zeitalter einer großen Erwartung dazu verführt, sich allein für ihre Gegenwart oder ihre Zukunft zu interessieren, dadurch, daß sie versicherte, das Ende der Menschheit stehe nahe bevor. Das kanonische Recht gründete sich auf die alten Texte, das weltliche auf Präzedenzfälle. Die unausgefüllten Stunden im Kloster oder auf der Burg waren für lange Berichte günstig. Tatsächlich wurde Geschichte nicht *ex professo* in den Schulen gelehrt, sieht man von der Vermittlung durch Lektüre ab, die grundsätzlich auf andere Ziele gerichtet war: Religiöse Schriften, in denen man eine theologische oder moralische Belehrung suchte, Werke der klassischen Antike, die vor allem dazu bestimmt waren, Muster für einen guten Stil zu liefern. Dennoch nahm die Geschichte unter dem allgemeinen geistigen Gepäck einen fast hervorragenden Platz ein.

Aus welchen Quellen konnten gebildete Personen schöpfen, die begierig waren, das zu wissen, was vor ihnen geschah? Die Historiker des lateinischen Altertums, die nur aus Fragmenten bekannt waren, hatten ihr Ansehen keineswegs eingebüßt. Obwohl Titus Livius bei weitem nicht zu den am häufigsten gelesenen Autoren zählte, spielte sein Name unter den zwischen 1039 und 1049 an die Mönche von Cluny zur Fastenlektüre verteilten Büchern eine Rolle[77]. Die erzählenden Quellen des frühen Mittelalters waren ebensowenig vergessen: Von Gregor von Tours z. B. besitzen wir mehrere Handschriften, die zwischen dem 10. und 12. Jahrhundert entstanden sind. Aber der beträchtlichste Einfluß gehörte unbestreitbar den Schriftstellern, die es sich an der entscheidenden Wende vom 4. zum 5. Jahrhundert zur Aufgabe gemacht hatten, eine Synthese aus zwei historischen Überlieferungen zu vollziehen, die sich bisher einander völlig fremd gegenüberstanden und deren zweifaches Vermächtnis sich der neueren Welt aufdrängte: das der Bibel und das Griechenlands und Roms. Im übrigen war es keineswegs nötig, direkt bis auf die Initiatoren dieses Ausgleiches zurückzugehen, um sich jenes Werk zunutze zu machen, das damals von einem Eusebius von Cäsarea, einem Heiligen Hieronymus, einem Paulus Orosius geschaffen worden ist. Der Inhalt ihrer Werke war beständig in zahlreiche Schriften jüngeren Datums übergegangen und dieser Übergang setzte sich fort.

Denn die Sorge, hinter dem unmittelbaren Augenblick das Treiben des breiten Stroms der Zeit zu veranschaulichen, war so lebendig, daß viele Autoren, unter denen selbst solche waren, deren Aufmerksamkeit sich vor allem auf die nächsten Ereignisse richtete, es dennoch für nützlich hielten, statt einer Einleitung mit der Weltgeschichte in einer Art Kavalierstour zu verfahren. Die Annalen, die der Mönch Lambert um 1078 in seiner Hersfelder Zelle verfaßte, befragen wir nur noch, um uns über die Erschütterungen zu informieren, die dem Kaiserreich während der Regierung Heinrichs IV. widerfuhren; doch ihr Ausgangspunkt ist die Schöpfung. Welcher Forscher, der sich heute über die fränkischen Königreiche nach dem Verfall der karolingischen Macht in der Chronik Reginos von Prüm, über die angelsächsische Gesellschaft in den Chroniken von Worcester oder Petersborough, über die weniger bedeutenden Einzelheiten der burgundischen Geschichte in den Annalen von Beza unterrichten will, mag bemerken, daß die Geschicke der Menschheit dort seit der Geburt Christi skizziert sind? Selbst dann, wenn der Bericht weniger weit zurück einsetzt, sehen wir ihn häufig zu einer Zeit beginnen, die weit vor der Erinnerung des Berichterstatters liegt. Dagegen bilden diese Einleitungen ein kostbares Zeugnis für die Denkungsart: sie sind auf der Basis einer Lektüre verfaßt worden, die oft schlecht verarbeitet oder schlecht verstanden war und es folglich nicht vermochte, uns mit zu weit entfernten Fakten bekanntzumachen, die sie zu berichten vorgeben. Sie führen uns das Bild vor Augen, das sich das feudale Europa von seiner Vergangenheit machte. Sie beweisen mit Nachdruck, daß die Chronisten oder Annalisten über keinen bewußt begrenzten Horizont verfügten. Sobald der Schriftsteller das sichere Schutzdach der Literatur verließ und darauf verwiesen war, sich seine Nachrichten selbst zu verschaffen, führte die Zersplitterung der Gesellschaft vor allem dazu, seine Kenntnisse zu begrenzen, dergestalt, daß die Erzählung häufig in dem Maße, in dem sie voranschritt, in einem eigenartigen Gegensatz zugleich um Einzelheiten bereichert worden ist und sich ihr Blickfeld eingeschränkt hat. So lief es darauf hinaus, daß die in einem Kloster in Angoulême von Adémar von Chabannes verfaßte große Geschichte der Franzosen Schritt für Schritt kaum zu mehr als einer Geschichte Aquitaniens geworden ist.

Im übrigen bezeugen gerade die verschiedenen, von den Geschichtsschreibern verwendeten Gattungen das allgemeine Gefallen, das man damals am Erzählen oder dem Zuhören fand. Die Weltgeschichten oder die als solche galten, die Geschichten der Völker, die Geschichten der Kirchen, berühren die einfachen Nachrichtensammlungen, die Jahr um Jahr aufgestellt worden sind. Sobald große Ereignisse auf die Seelen einwirkten, wurden sie zum Motiv für einen ganzen Kreis von Erzählungen, z. B. den Kampf der Kaiser mit den Päpsten und vor allem die Kreuzzüge. Obwohl die Schriftsteller ebensowenig wie die Bildhauer in der Lage waren, die ursprünglichen Züge wiederzugeben, die aus einem menschlichen Wesen ein Individuum machen, war die Biographie in Mode und durchaus nicht nur in der Gestalt der Heiligenleben. Wilhelm der Eroberer, die Deutschen Heinrich IV. und Konrad II., die gewiß kein Anrecht besaßen, vor den Altären eine Rolle zu spielen, fanden Geistliche, die ihre Taten nachzeichneten. Ein hoher Adliger des 11. Jahrhunderts, der Graf von Anjou, Fulko der Rauhe, ging noch weiter: Er zeichnete oder ließ unter seinem Namen seine eigene Geschichte und die seines Geschlechtes aufzeichnen. So viel Bedeutung maßen die Großen dieser Welt der Erinnerung bei. Ohne Zweifel erscheinen bestimmte Gegenden ziemlich benachteiligt. Aber das lag daran, daß man dort in jeder Beziehung wenig schrieb. Viel ärmer an Chroniken oder Annalen als die Landschaften zwischen

Seine und Rhein, hatten Aquitanien und die Provence in gleicher Weise viel weniger theologische Arbeiten hervorgebracht.

Unter den vorherrschenden Gedanken der Feudalgesellschaft besaß die Geschichte eine sehr beträchtliche Rolle, um mit ihrem wechselnden Glück insgesamt ein Barometer der Kultur zu sein. Doch wollen wir uns nicht täuschen: Dieses Zeitalter, das sich so gern der Vergangenheit zuwandte, besaß davon eher nur wortreiche als zuverlässige Darstellungen. Die Schwierigkeit, unter der man sich selbst über die jüngst zurückliegenden Ereignisse informieren mußte, wie der allgemeine Mangel an präzisem Denken, verdammte die meisten historischen Werke dazu, sich mit fremdem Plunder herumzuschleppen. Eine ganze Überlieferungsgruppe erzählender Quellen Italiens, die schon in der Mitte des 9. Jahrhunderts beginnt, hat es versäumt, die Krönung des Jahres 800 zu verzeichnen und machte Ludwig den Frommen zum ersten karolingischen Kaiser[78]. Die Quellenkritik, die mit jeder Betrachtung beinahe untrennbar verbunden ist, war als solche gewiß nicht völlig unbekannt, wie die merkwürdige Abhandlung des Guibert von Nogent über die Reliquien beweist. Aber niemand dachte zumindest vor Abälard daran, sich systematisch den alten Urkunden zuzuwenden. Selbst für diesen großen Mann handelte es sich noch um ein sehr begrenztes Gebiet[79]. Ein lästiges Vermächtnis der antiken Historiographie, eine vorgefaßte Meinung gegen das Rhetorische und das Heldenhafte, lastete schwer auf den Schriftstellern. Wenn bestimmte Klosterchroniken mit Urkunden aus den Archiven vollgestopft sind, so hatten sie fast einhellig ganz bescheiden den Zweck, die Rechte der Gemeinschaft auf ihr Erbe zu erweisen. Dagegen hatte sich ein Gilles d'Orval in einem Werk von gehobener Form der Aufgabe verschrieben, die großen Taten der Bischöfe von Lille nachzuzeichnen. Und als er auf seinem Weg auf eine der ersten städtischen Freiheitsurkunden trifft, nämlich die von Huy an der Maas, weigert er sich, sie zu untersuchen, aus Furcht, seinen Leser »zu langweilen«. Zu den Stärken der isländischen Schule – so überlegen sie den Chroniken der lateinischen Welt auch im historischen Verstehen war – gehörte es, diese Ansprüche zu vermeiden. Die symbolische Deutung, die eine andere geistige Strömung belastete, trübte das Erfassen der Fakten. War die Heilige Schrift ein Geschichtsbuch? Ohne Zweifel, aber zumindest in einer ganzen Partie dieser Geschichte, dem Alten Testament, gebot die Exegese, weniger die Darstellung der Ereignisse zu sehen, die ihren Sinn in sich selbst fanden, als die Vorwegnahme dessen, was ihnen nach dem Wort des Heiligen Augustin folgen sollte: »Der Schatten der Zukunft[80].« Schließlich und vor allem litt das Bild an einer unvollkommenen Erfassung der Unterschiede zwischen den aufeinanderfolgenden Ebenen der historischen Perspektive.

Es war nicht so, wie Gaston Paris sich zu behaupten verstieg, daß man hartnäckig an die »Unwandelbarkeit« der Dinge glaubte. Ein solcher Sinn wäre kaum mit dem Begriff einer Menschheit vereinbar, die sich mit schnellen Schritten auf das vorher bestimmte Ziel hinentwickelte. »Vom Wechsel der Zeit«, das war der Titel, den Otto von Freising in Übereinstimmung mit dem Denken der Zeit seiner Chronik gab*. Doch ohne bei irgend jemand Anstoß zu erregen, versahen die in den Volkssprachen abgefaßten Dichtungen die karolingischen Paladine, Attilas Hunnen und die antiken Helden gleichmäßig mit den Zügen der Ritter des 11. und 12. Jahrhunderts.

Bei diesem ewigen Wandel, der nicht bestritten worden ist, war es praktisch völlig unmöglich, seinen Umfang zu erfassen. Das geschah natürlich aus Unwissenheit, aber vor allem, weil der Zusammenhalt zwischen dem Einst und dem Heute, der als sehr stark empfunden wurde, die Gegensätze verbarg und bis zur Notwendigkeit, sie zu bemerken, verdrängte. Wie hätte man der Versuchung widerstehen können, sich die Kaiser des alten Rom so vorzustellen, als seien sie den Herrschern der eigenen Tage ganz ähnlich, da man doch glaubte, das Römische Reich bestünde noch und die sächsischen oder salischen Fürsten gälten in direkter Linie als Cäsars oder Augustus' Nachfolger. Jede religiöse Bewegung sah sich selbst im wahrsten Sinn des Wortes unter dem Blickwinkel einer Reform, nämlich einer Rückkehr zur ursprünglichen Reinheit. War nicht ohnehin die traditionalistische Haltung, die die Gegenwart ohne Unterlaß hin zur Vergangenheit zieht und ganz natürlich dazu führt, die Farben der einen mit denen der anderen zu vermischen, war sie nicht himmelweit entfernt von der historischen Denkart, die vom Sinn für die Verschiedenheit beherrscht wird? Obwohl in der Regel unbewußt, geschah die Täuschung mitunter vorsätzlich. Zweifellos liegen die großen Fälschungen, die ihren Einfluß auf weltliche oder geistliche Politik während der Feudalzeit ausübten, um einiges früher. Die sogenannte Konstantinische Schenkung ist in das ausgehende 8. Jahrhundert zu setzen. Die Erzeugnisse der erstaunlichen Werkstatt, der wir gleichsam als Hauptwerke die falschen, unter dem Namen Isidors von Sevilla überlieferten Dekretalen verdanken sowie die falschen Kapitularien des Diakons Benedikt, waren eine Frucht der karolingischen Renaissance während ihrer Entfaltung. Aber das einmal gegebene Beispiel sollte durch die Zeiten weiterwirken. Die zwischen 1008 und 1012 vom heiligen Bischof Burchard von Worms veranstaltete

---

* Anm. d. Übers.: Otto spricht in seinem Widmungsschreiben an Kaiser Friedrich I. von seinem Werk »De mutatione rerum« – Vom Wandel der Dinge. Der Titel der Erstfassung lautet »Historia de duabus civitatibus« – Die Geschichte der zwei Staaten.

Kanones-Sammlung wimmelt von falschen Zuweisungen und fast zynischen Bearbeitungen. Am Kaiserhof sind falsche Stücke zusammengeschustert worden. Andere sind in nicht mehr zu zählender Menge in den *scriptoria* (Schreibschulen) der Kirchen entstanden, die in dieser Hinsicht so übel beleumundet waren, daß die erkannten oder vermuteten Verzerrungen der Wahrheit, die man dort vornahm, nicht wenig dazu beitrugen, das schriftliche Zeugnis in Verruf zu bringen: »Es ist unwichtig, welche Feder dem Erzählen dienen kann, noch was sie berichtet«, sagte ein deutscher Adliger im Verlauf eines Prozesses[81].

Wenn gewiß die an sich immer gegenwärtige Tätigkeit der Fälscher und Fabulanten während einiger Jahrhunderte in besonderer Blüte stand, kommt die Verantwortung dafür zu einem guten Teil zugleich den Umständen des Rechtslebens zu, das sich auf Präzedenzfälle berief, und dem ringsum herrschenden Chaos. Unter den zusammenphantasierten Urkunden war mehr als eine nur zu dem Zweck entstanden, um die Zerstörung des ursprünglichen Textes wettzumachen. Aber wie viele lügenhafte Erzeugnisse damals auch entstanden sind und wie viele fromme Menschen mit unbestreitbaren Charaktervorzügen auch in diese Machenschaften verwickelt waren und obwohl sie auch von ihrer eigenen Zeit durch Recht und Moral ausdrücklich verdammt worden sind, so gibt es da doch ein psychologisches Symptom, das des Nachdenkens wohl wert ist: Durch einen seltsamen Widerspruch, nämlich die starke Achtung vor der Vergangenheit, gelangte man dazu, die Vergangenheit so wiederherzustellen, wie sie hätte sein sollen. So zahlreich historische Schriften überhaupt waren, waren sie nur einer ziemlich beschränkten Elite zugänglich. Denn außer bei den Angelsachsen war ihre Sprache Latein. Je nachdem, ob ein Anführer von Menschen zu dem kleinen Kreis der *litterati* gehörte oder nicht, wirkte die Vergangenheit, ursprünglich oder entstellt, mit mehr oder minder großem Gewicht auf ihn ein. Zum Beweis diene in Deutschland nach der Realpolitik Ottos I. die Politik der Erneuerung des Römischen Reiches eines Otto III.* Auf den ungebildeten Konrad II., der geneigt war, die Ewige Stadt den Kämpfen ihrer Adelsparteien und deren Marionettenpäpsten zu überlassen, folgte der hochgebildete Heinrich III., »Beschützer der Römer« und Reformator des Papsttums. Doch selbst die weniger gebildeten unter diesen Häuptern nahmen in irgendeinem Maße an dem Schutz der Erinnerungen teil. Zweifellos unterstützten ihre vertrauten Diener sie dabei. Mit Sicherheit war Otto I. der Stimmung, die von dem Zauber des antiken Rom ausging, viel weniger aufgeschlossen

---

* Anm. d. Übers.: Im frz. Text steht »la politique de réminscences d' un Otton III.« Ich glaubte, an dieser Stelle sei eine stärker erläuternde Übersetzung angebracht.

als es sein Enkel sein sollte, und er war dennoch der erste seines Geschlechtes, der die Krone der Cäsaren für sich beanspruchte. Wer wird uns jemals sagen, von welchen Lehrmeistern, die ihm irgendwelche Werke übersetzten oder kurz zusammenfaßten, dieser des Lesens fast unkundige König die römisch-imperiale Tradition kennen lernte, bevor er sie erneuert hat?

Insbesondere waren die in den Volkssprachen abgefaßten epischen Berichte die Geschichtsbücher für Leute, die nicht lesen konnten, aber gern zuhörten. Die Probleme der Heldendichtung zählen zu den umstrittensten der Mittelalterforschung. Wenige Seiten würden nicht ausreichen, um ihre Komplexität darzulegen. Zumindest sollten sie unter den Blickwinkel gestellt werden, der vor allem für die Geschichte der Gesellschaftsstrukturen wichtig ist und, noch allgemeiner, vielleicht am ehesten dazu geeignet ist, vielversprechende Ausblicke zu eröffnen: es handelt sich um die gemeinsame Erinnerung.

2. Das Heldenlied

So wie wir die Geschichte des französischen Heldenliedes erfassen, beginnt sie um die Mitte des 11. Jahrhunderts, vielleicht noch etwas eher. Sicher ist, daß zu dieser Zeit schon in Nordfrankreich heroische »Gesänge« in der Volkssprache verbreitet waren. Von diesen verhältnismäßig frühen Dichtungen verfügen wir unglücklicherweise nur über indirekte Zeugnisse: Anspielungen in Chroniken, das Fragment einer Bearbeitung in lateinischer Sprache (das geheimnisvolle »Haager Fragment«). Keine epische Handschrift reicht über die zweite Hälfte des folgenden Jahrhunderts hinaus. Aber vom Alter einer Abschrift kann man nicht auf das Alter des durch sie überlieferten Textes schließen. Es gibt sichere Anzeichen, daß zumindest schon spätestens 1100 drei Gedichte in einer Gestalt existierten, die derjenigen, in der wir sie heute lesen, sehr ähnlich war: das Rolandslied, das Wilhelmslied, das selbst beiläufig mehrere andere Lieder erwähnt, von denen wir keine älteren Fassungen mehr besitzen, und schließlich die Geschichte, die man allgemein »Gormont und Isembart« nennt, die wir sowohl aus einem Handschriftenanfang als auch aus Zusammenfassungen kennen, deren erste aus dem Jahr 1088 datiert.

Die Ränke des »Roland« basieren eher auf folkloristischem Gut als auf der Geschichte: Haß zwischen Stiefvater und Stiefsohn, Neid, Verrat. Das letzte Motiv erscheint im Gormont wieder. Im Wilhelmslied beruht die Handlung nur auf einer Legende. In allen Werken scheinen viele der hervorragendsten Personen der Handlung eine Erfindung zu sein, z. B.

121

Oliver, Isembart und Vivien. Doch findet sich überall im Gewebe der Erzählung ein historischer Einschuß. Es ist erwiesen, daß die Nachhut Karls des Großen beim Übergang über die Pyrenäen am 15. August 778 von einer feindlichen Bande überrascht worden ist. Die Geschichte berichtet von Basken, die Sage wird von Sarazenen sprechen. Ein Roland genannter Graf sei zusammen mit vielen anderen Führern im heftigen Getümmel gefallen. Die Ebenen des Vimeu, wo die Handlung des »Gormont« spielt, hatten 881 den ruhmreichen Triumph eines historischen Königs Ludwig, nämlich des Karolingers Ludwig III., über historische Heiden gesehen. Normannen waren es, die einmal mehr von der Dichtung in Streiter des Islam verwandelt worden sind. Graf Wilhelm hatte wie seine Frau Guiburg unter Karl dem Großen gelebt. Im Wilhelmslied war er ein mutiger Moslemschlächter, der mitunter, wie im Lied von den Ungläubigen, aber stets heldenhaft besiegt worden ist. Selbst im Mittelgrund der drei Werke, ja sogar im wimmelnden Hintergrund des Gemäldes, ist es nicht schwer, an der Seite imaginärer Schatten mehr als eine Figur zu erkennen, die, wenn sie auch von den Dichtern nicht immer in die richtige Zeit eingeordnet worden ist, dennoch tatsächlich existiert hat, z. B. der Erzbischof Turpin, der heidnische König Gormont, der ein berühmter Wikinger war, bis zu jenem dunklen Grafen Esturmi von Bourges, dessen Gestalt das Wilhelmslied in so schwarzen Farben allein durch den unbewußten Widerhall auf die Geringschätzung zeichnet, der zu seiner Zeit eine unfreie Geburt ausgesetzt war.

In den sehr zahlreichen Liedern, die im Laufe des 12. und 13. Jahrhunderts zu ähnlichen Themen verfaßt worden sind, findet sich der gleiche Gegensatz. Dort finden sich die Fabeln im Überfluß, und sie wuchern in dem Maße immer weiter, in dem die literarische Gattung reicher wurde und ihren Stoff nur mit Hilfe von Phantasien erneuern konnte. Doch zumindest in den Werken, deren allgemeiner Umriß, wenn nicht gar die heute bekannte Bearbeitung in eine weit vergangene Epoche zurückreicht, bemerkt man fast immer sowohl im Mittelpunkt der Handlung selbst ein unbezweifelbar historisches Motiv als auch bei den Einzelheiten diese oder jene Erinnerung, die von unerwarteter Genauigkeit ist, wie z. B. eine Randfigur, eine Burg, von der man gemeint hätte, sie sei seit langem vergessen. Auf diese Weise drängen sich dem Fragenden zwei unlösbare Probleme auf. Über welche Brücken, die sich über eine Kluft von mehreren hundert Jahren spannten, gelangte die Kenntnis von einer so entfernten Vergangenheit zu den Dichtern? Welche geheimnisvolle Überlieferung hat z. B. zwischen der Tragödie des 15. August 778 und dem »Lied« aus den letzten Jahren des 11. Jahrhunderts ihre geheimnisvollen Fäden gewoben? Von wem hatte der *troùvère* (Dichter) des »Raoul von Cambrai« im 12. Jahrhundert von dem Angriff erfahren, den Raoul, Sohn des Raoul von Gouy 943 gegen die Söhne des Herbert von Vermandois gerichtet hatte, von wem den Tod des Eindringlings erfahren und von wem hatte er zusammen mit diesen in den Mittelpunkt des Dramas gestellten Ereignissen die Namen der meisten Zeitgenossen des Helden gehört, des Ybert, Herrn von Ribémont, Bernhard von Rethel, Ernaut von Douai? Das ist das erste Rätsel. Aber hier folgt das zweite, das nicht weniger schwierig ist: Warum wirken diese genauen Angaben so merkwürdig gequält oder besser, wie kommt es, daß die letzten Bearbeiter das gute Korn nur mit so vielen Irrtümern und Erfindungen vermischt erhielten (denn man kann offensichtlich nicht sie allein für die ganze Entstellung verantwortlich machen)? Ein Teil war echt, ein Teil erdichtet. Jeder Deutungsversuch, der es unterließe, das eine und das andere Element mit gleichem Gewicht zu berücksichtigen, wäre schon dadurch zum Scheitern verurteilt.

Grundsätzlich waren die Heldenlieder nicht zum Lesen gedacht. Sie waren geschaffen, um vorgetragen oder eher noch vorgesungen zu werden. Von Burg zu Burg, von Versammlungsplatz zu Versammlungsplatz sind sie auf diese Weise durch berufsmäßige Vortragskünstler verbreitet worden, die man »Spielleute« nannte. Allerdings lebten die Ärmsten von Geldstückchen, die jeder Zuhörer »aus seinem Hemdzipfel« zog[82] und verbanden den Beruf des umherziehenden Geschichtenerzählers mit dem eines Possenreißers. Andere, die in der recht glücklichen Lage waren, die Protektion irgendeines hohen Herrn gefunden zu haben, der sie an seinen Hof zog, sicherten sich dadurch einen weniger mißlichen Broterwerb. Gerade auch aus dem Kreis dieser Vortragskünstler gingen die Verfasser der Lieder hervor. Mit anderen Worten, diese Spielleute gaben bald im mündlichen Vortrag fremde Schöpfungen wieder, bald hatten sie als erste die Lieder »gefunden«*, die sie vortrugen. Zwischen beiden Extremen gab es natürlich unendliche Abstufungen. Selten erdichtete ein »trouveur« seinen Stoff vollständig, selten enthielt sich ein Interpret jeder Umgestaltung. Die Zuhörerschaft war sehr gemischt, in ihrer Mehrheit ungebildet und fast immer nicht in der Lage, die Echtheit des Vorgetragenen zu beurteilen, zumal sie für die Glaubwürdigkeit viel weniger als für die Belustigung und die Erregung bestimmter Gefühle empfänglich war. Die Schöpfer der Werke waren Menschen, daran gewöhnt, ständig am Stoff ihrer Erzählungen herumzuändern, die andererseits einer Art Leben verschrieben waren, das dem Studium wenig günstig gewesen ist. Doch be-

* Anm. d. Übers.: frz. trouver »finden«, daher »trouvère« als Bezeichnung für diese Dichter in Nordfrankreich, »troubadour« in der Provence.

fanden sie sich in einer Lage, von Zeit zu Zeit mit den Großen zu ver-
kehren und darum besorgt zu sein, ihnen zu gefallen. So sah der menschliche Hintergrund dieser Literatur aus. Zu untersuchen, warum so viele
echte historische Nachrichten in diese Literatur eingedrungen sind, heißt,
wieder zu der Frage zurückzukehren, auf welchem Wege die Spielleute
über Ereignisse und Namen auf dem laufenden gehalten werden
konnten.

Es ist fast überflüssig, daran zu erinnern, daß alles, was die Lieder nach
unserer Kenntnis an Echtem enthalten, sich in den Chroniken oder Urkunden in verschiedener Form wiederfand. Wie könnten wir heute eine
Auswahl treffen, wenn es anders gewesen wäre? Aber nicht ohne schreien-
den Widerspruch kann man sich die Spielleute als Menschen vorstellen,
die in entsprechender Anzahl in Bibliotheken gewühlt hätten; im Gegenteil ist die Frage berechtigt, ob sie nicht zum Stoff ihrer Schriften
indirekt Zugang haben konnten, die sie kaum imstande waren, sich untereinander zu befragen. Man wird natürlich an diejenigen als Vermittler
zu denken haben, die gewöhnlich die Urkunden verwahrten, die Geistlichen und besonders die Mönche. Die Vorstellung als solche hat nichts an
sich, das den Verhältnissen der Feudalgesellschaft widerstrebt. In der
Tat ist es völlig falsch, wenn die Historiker der Romantik, die davon
eingenommen waren, in allen Dingen einen Gegensatz zwischen dem
»Ursprünglichen« und dem »Gelehrten« aufzustellen, zwischen den Trägern der sogenannten Volkspoesie und diesen berufsmäßigen Zöglingen
der lateinischen Literatur, nämlich den Geistlichen, eine wie auch immer
unüberbrückbare Wand ersonnen hatten. Aus Mangel an anderen Quellen sollten die Zusammenfassung des Gormontliedes in der Chronik des
Mönches Hariulf, das »Haager Fragment«, das vermutlich eine Schüler-
übung darstellt, das lateinische Gedicht, das ein französischer Geistlicher
des 12. Jahrhunderts über Ganelons Verrat verfaßte, genügen, uns darin
zu bestärken, daß das volkssprachliche Heldenlied im Schatten der Klöster
weder unbekannt blieb noch gering geachtet wurde. In gleicher Weise
entstand vielleicht aus einer Schulübung in Deutschland der »Waltharius«,
dessen vergilische Hexameter so seltsam eine germanische Sage umklei-
den. Später erfahren wir aus dem England des 12. Jahrhunderts, daß die
pathetische Erzählung von Arthurs Abenteuern den jungen Mönchen wie
den Laien die Tränen in die Augen trieb[83]. Es kommt hinzu, daß trotz
der Verdammung der »Gaukler« durch einige Rigoristen die Personen
geistlichen Standes natürlich im allgemeinen darauf bedacht waren, den
Ruhm ihrer Häuser und der Reliquien zu verbreiten, die ihnen hochwill-
kommene Zuwendungen einbrachten. Sie gehörten nicht zu denen, die
verkannten, in den Spielleuten ein beinahe unvergleichliches Propaganda-

124

instrument zu besitzen, die gewöhnlich auf einem öffentlichen Platz ihr Repertoire vorstellten, das von höchst weltlichen Liedern bis zu den frommen Heiligenberichten reichte.

Wie Joseph Bédier mit unvergeßlichen Worten gezeigt hat, ist das Zeichen der Mönche deutlich über mehr als einer Heldensage eingegraben. Die Beharrlichkeit der Mönche von Pothières und noch mehr der von Vézelay kann allein die Verlegung der Taten Girarts von Roussilon nach Burgund erklären, deren historische Elemente sämtlich am Ufer der Rhône angesiedelt waren. Ohne die Abtei von St.-Denis-de-France, ihren Markt und ihre heiligen Gebeine hätten wir nicht das Lied von der »Reise Karls des Großen« erhalten, einer humoristischen Stickerei von Reliquiengeschichten, die sicher weniger zum Gebrauch von Pilgern, die zur Kirche kamen, als für die Marktbesucher bestimmt waren. Auch hätten wir nicht den »Floovant«, der mit mehr Ernst und Langeweile einen ähnlichen Gegenstand behandelte, noch wahrscheinlich manches andere Lied, in denen die karolingischen Fürsten, deren frommes Andenken dort bewahrt wurde, vor einem mit Leinwand bespannten Hintergrund erscheinen, vor dem sich das Kloster abhebt. Über den Anteil, den diese große Gemeinschaft, die den kapetingischen Königen verbunden war und sie beriet, an der Ausgestaltung des sich mit Karl dem Großen befassenden Stoffes hatte, ist das letzte Wort sicher noch nicht gesprochen.

Dennoch gibt es bekanntlich besonders unter den ältesten viele Werke, bei denen man Mühe hätte, eine Spur mönchischen Einflusses zu entdecken, zumindest in absichtsvoller Weise und ununterbrochen wirkend. Zu nennen sind das Wilhelmslied, Raoul von Cambrai und der ganze Zyklus der »Lothringer«. Gerade im »Roland«, den man mit den Pilgerfahrten nach Compostela in Verbindung bringen wollte, muß man sich, wäre diese Hypothese richtig, wundern, weder den Namen des Heiligen Jakob unter so vielen Heiligen noch unter so vielen spanischen Städten den bedeutenden heiligen Ort in Galizien zitiert zu finden. Wie soll in einem angeblich von Mönchen inspirierten Werk die heftige Mißbilligung erklärt werden, die der Dichter gegenüber dem Klosterleben zur Schau trägt[84]? Wenn es nicht zu bezweifeln ist, daß alle echten in den Heldenliedern verwandten Angaben grundsätzlich aus der Benutzung von Archiven und Bibliotheken hätten stammen können, so kommen sie in den fraglichen Dokumenten im allgemeinen unter vielen anderen, nicht bewahrten Zügen nur in einem unvollständigen Zustand vor, so daß es, um sie aus diesen Texten und nur sie allein auszusondern, einer einzigen mühseligen Arbeit des Vergleichs und der Auswahl bedürfte, einer Gelehrtenarbeit, die, mit einem Wort, so wenig wie möglich von den geistigen Gewohnheiten der Zeit beeinflußt sein dürfte.

Schließlich und endlich am Beginn eines jeden Liedes jenes pädagogische Paar zu fordern – als Lehrer einen gebildeten Geistlichen, als Schüler einen gelehrigen Spielmann –, hieße, so scheint es, darauf zu verzichten, den Irrtum im Gefolge der Wahrheit zu erklären. Denn so dürftig die annalistische Literatur, so vollgestopft mit Legenden und Fälschungen sie war, daß man dabei mit gutem Recht an die Überlieferung religiöser Gemeinschaften denkt und so sehr man den Spielleuten die Bereitschaft zum Erdichten oder Vergessen unterstellt, hätte doch kaum die schlechteste Erzählung, die mit Hilfe von Chroniken oder Urkunden gestaltet worden ist, ein Viertel der Schnitzer begehen können, deren sich das unwahrste der Lieder schuldig macht. Wir haben hier ohnehin einen Gegenbeweis: Um die Mitte des 12. Jahrhunderts geschah es, daß nacheinander zwei Geistliche einen historischen Stoff in französische Verse setzten, dessen sicherlich größter Teil sie den Handschriften entnommen hatten und deren Stil sich eng an die Epen anlehnte. Gewiß fehlen nun weder im »Roman de Rou« von Wace noch in der »Geschichte der Herzoge der Normandie« des Benedikt von St. Maure Sagen und Verwechslungen; aber im Vergleich zum »Roland« sind es Meisterwerke an Genauigkeit.

Wenn es man es jedoch für unwahrscheinlich halten muß, daß die »trouvères« des ausgehenden 11. und der ersten Jahre des 12. Jahrhunderts zumindest in der Mehrzahl der Fälle gerade zur Zeit, in der sie dichteten, das Material ihrer »gestes«[85] und sei es nur indirekt aus Chroniken oder Archivgut bezogen hätten, müssen wir wohl annehmen, daß ihren Erzählungen eine ältere Tradition zugrunde liegt. In der Tat ist diese lange Zeit klassische Hypothese allein durch die Formen belastet worden, in die man sie allzu oft gekleidet sah. Am Beginn stünden sehr kurze, mit dem Geschehen zeitgleiche Lieder; die uns bekannten Lieder wären spät und mehr oder wenig ungeschickt mit Hilfe dieser ursprünglichen Kantilenen Stück um Stück zusammengenäht worden; kurz gesagt, am Anfang habe die Spontaneität des Volksgeistes gestanden, am Ende eine Arbeit des Schriftstellers. Dieses Bild, dessen einfache Linien bestechend wirken, hält einer Prüfung kaum stand. Gewiß sind nicht alle Lieder der gleichen Herkunft; es gibt einige, die keineswegs die Spuren plumper Zusätze entbehren. Doch wer, der den »Roland« unvoreingenommen liest, könnte sich sträuben, in ihm ein Werk aus einem Guß zu erblicken, das Werk eines Mannes und eines großen Mannes, dessen Ästhetik in dem Maße, in dem sie nicht auf ihn persönlich bezogen war, die Vorstellungen seiner Zeit wiedergab und kein blasser Reflex verlorener Hymnen war? In diesem Sinn ist es sicher richtig zu behaupten, daß die »chansons de geste« am Ende des 11. Jahrhunderts »geboren« worden sind. Selbst dann, wenn ein Dichter genial ist – was ohne Zweifel keineswegs sehr häufig der Fall ist, denn man vergißt allzusehr, wie außergewöhnlich die Schönheit des »Roland« ist –, macht er dann in der Regel etwas anderes als die Themen so gut er kann zu verwenden, deren gemeinsames Erbe ihm über die Generationen hinweg überliefert worden ist?

Warum soll man sich auch wundern, daß eine Erzähltradition am Faden der Zeit herabsteigt, wenn man das Interesse kennt, das die Menschen der Feudalzeit der Vergangenheit entgegenbrachten und das Vergnügen, das sie beim Zuhören von Geschichten empfanden. Als bevorzugte Mittelpunkte kannte diese Tradition alle Orte, an denen sich die Fahrenden trafen: diese Wallfahrtsplätze und Märkte, die Wege der Pilger und Kaufleute, deren Andenken so viele Gedichte geprägt hat.

Durch einen zufälligen Text wissen wir von deutschen Fernhändlern, die die skandinavische Welt mit bestimmten deutschen Sagen bekannt machten[86]. Was hindert uns zu glauben, daß nicht auch Franzosen in der gleichen Weise zusammen mit ihren Tuchballen und Gewürzsäcken eine Fülle von Stoffen der Heldensage, ja selbst nur Namen, von einem Ende zum anderen der ihnen vertrauten Wege gebracht hätten? Zweifellos waren es ihre Berichte, die mit denen der Pilger den Spielleuten das geographische Namengut des Orients vermittelten und diese Dichter des Nordens mit der Schönheit des mittelmeerischen Ölbaums bekannt machten, die mit einem naiven Hang zum Fremdländischen und einer bewundernswerten Verachtung des Lokalkolorits die Lieder wacker auf die Hügel Burgunds oder der Pikardie verpflanzten. Hatten die Klöster im allgemeinen die Sagen auch nicht in ihrer endgültigen Ausprägung vermittelt, so stellten sie doch einen für ihre Entwicklung ungemein günstigen Boden dar: Weil man dort viele Reisende vorüberziehen sah, weil sich dort das Andenken um mehr als ein altes Denkmal gerankt hatte und weil schließlich die Mönche immer eine Liebe für das Erzählen hatten – allzusehr nach der Meinung von Puritanern wie Petrus Damiani[87]. Die ältesten Anekdoten über Karl den Großen sind schon im 9. Jahrhundert in St. Gallen aufgeschrieben worden. Die zu Beginn des 11. Jahrhunderts abgefaßte Chronik des Klosters Novalese, das am Weg über den Mont Cenis liegt, wimmelt von sagenhaften Zügen.

Aber wir dürfen uns nicht vorstellen, daß all das frommen Stätten entstammte. Die Adelsgeschlechter besaßen ihrerseits eine Überlieferung, aus der mehr als eine genaue oder auch entstellte Überlieferung kommen mußte, und man gefiel sich über die Ahnen in den Hallen der Burgen ebenso wie unter den Bögen der Klöster zu sprechen. Zufällig wissen wir, daß es der Herzog Gottfried von Lothringen nicht verschmähte, seinen

Gästen Histörchen über Karl den Großen aufzutischen[88]. Kann man glauben, daß dieser Hang nur ihm zu eigen war? Es macht kaum Mühe, im Heldenlied zwei Bilder des großen Karolingers, die sich heftig widersprechen zu entdecken: dem edlen Herrn des »Roland«, den eine geradezu religiöse Verehrung umgibt, steht der alte »Gierschlund« und »Narr« so vieler anderer Lieder gegenüber. Der erste Strang stimmte mit der Norm der Kirchengeschichtsschreibung wie auch den Bedürfnissen der kapetingischen Propaganda überein. Im zweiten muß man den Ausdruck der gegen das Königtum gerichteten Stimmung des Adels erkennen.

Anekdoten können auf diese Weise sehr wohl von Generation zu Generation weitergegeben werden, ohne deshalb die Form von Gedichten anzunehmen. Aber letztlich gab es diese Gedichte. Seit wann? Das Problem ist fast unlösbar. Denn wir haben es mit dem Französischen zu tun, das heißt, mit einer Sprache, die lediglich als verdorbenes Latein galt und mehrere Jahrhunderte brauchte, um sich zu literarischem Rang zu erheben. Hat sich bereits in die »chansons rustiques«, das heißt in volkssprachliche Dichtungen, die schon am Ende des 9. Jahrhunderts ein Bischof von Orléans seinen Priestern glaubte verbieten zu müssen, irgendein Stoff aus der Heldensage eingeschlichen? Wir werden es niemals wissen, weil sich das alles in einem Bereich vollzog, der ganz außerhalb der Aufmerksamkeit der Schreibenden lag. Doch ohne dem *argumentum e silentio* übertriebene Beweiskraft zumessen zu wollen, muß man feststellen, daß die ersten die Heldenlieder betreffenden Erwähnungen allein im 11. Jahrhundert auftauchen. Das plötzliche Auftreten dieser Zeugnisse nach einer langen Nacht scheint wohl zu beweisen, daß sich die in Verse gesetzten Heldenlieder nicht viel eher entwickelt haben, zumindest nicht in irgendeiner größeren Zahl. Andererseits ist es sehr bemerkenswert, daß in den meisten der alten Gedichte Laon als die gewöhnliche Residenz der Karolingerkönige eine Rolle spielt. Selbst der »Roland«, der Aachen wieder in seine alte Würde einsetzte, trägt versehentlich einige Spuren der Laoner Tradition. Nun konnte jene erst im 10. Jahrhundert entstehen, als der »Mont-Loon« tatsächlich die ihm zugeschriebene Rolle spielte. Später wie früher wäre sie nicht zu erklären[89]. Denn nach allem Anschein verfestigten sich gerade in diesem Jahrhundert die Hauptthemen des Heldenliedes und wenn zwar noch nicht in Versform, so doch zumindest in einer Gestalt, die sie anzunehmen bereit waren.

Einer der charakteristischen Grundzüge der Lieder bestand im übrigen darin, nur vergangene Ereignisse zu schildern. Unmittelbar der epischen Behandlung schienen fast allein die Kreuzzüge würdig. Das liegt daran, daß sie alles boten, um die Vorstellungskraft wachzurütteln so wie sie ohne Zweifel auch eine Form des christlichen Heldentums, die den Gedichten seit dem 11. Jahrhundert vertraut war, in die Gegenwart übertrugen. Diese aktuellen Werke gaben den Spielleuten Gelegenheit, einen gelinden Druck auf ihre Mäzene auszuüben: dafür, daß Arnulf von Ardres einem von ihnen zwei scharlachrote Beinkleider verweigert hatte, sah er seinen Namen aus dem »Antiochia-Lied« getilgt[90]. Doch welches Vergnügen auch immer die adligen Herren empfinden mußten, wenn sie hörten, wie ihre Heldentaten so unter die Leute kamen, welchen Gewinn auch immer die Dichter aus solchen Schöpfungen erwarten konnten, die zeitgenössischen Kriege fanden, wenn sie nicht gerade das Heilige Land zum Schauplatz hatten, im allgemeinen niemanden, der sie auf diese Weise gefeiert hätte. Soll das heißen, daß, wie Gaston Paris geschrieben hat, die »epische Gärung« zu dem Zeitpunkt aufhörte, als sich die französische Nation endgültig herausgebildet hatte? Diese an sich schon wenig wahrscheinliche These würde unterstellen, daß die die sich auf das 9. und 10. Jahrhundert beziehenden Erzählungen unmittelbar eine dichterische Form angenommen hätten, eine Annahme, die alles andere als sicher ist. Die Wahrheit ist ohne Zweifel, daß die Menschen, die von der Achtung für die vergangenen Zeiten durchdrungen waren, Begeisterung damals nur an Erinnerungen finden konnten, die schon mit einem Ansehen beladen waren, das sehr alten Dingen eigentümlich ist. 1066 begleitete ein Spielmann die normannischen Krieger in Hastings. Was sang er? Von »Karlemaigne und von Rollant«. Ein anderer zog um 1100 einer burgundischen Räuberbande in einem lokalen Kriege voran. Was besang er? »Die hehren Taten der Ahnen[91].« Als wiederum die großen Schwertstreiche des 11. und 12. Jahrhunderts in die Ferne der Zeit versetzt waren, blieb stets der Hang zum Vergangenen, doch fand er auf andere Weise Befriedigung. Die Geschichtsschreibung, die mitunter noch in Verse gekleidet war, aber sich von nun an auf die schriftliche Überlieferung stützte und infolgedessen von der Sage viel weniger beeinflußt war, hatte das Heldenlied verdrängt.

Die Vorliebe für historische und sagenhafte Berichte war während der Feudalzeit nicht auf Frankreich beschränkt. Über ganz Europa verbreitet, fand sie auf verschiedene Weise Ausdruck.

So weit wir in die Geschichte der germanischen Völker zurückgehen, erkennen wir ihre stete Gewohnheit, die Taten ihrer Helden in Versen zu feiern. Im übrigen scheinen bei den Germanen des Festlandes, Britanniens wie auch Skandinaviens zwei Arten der Kriegerdichtung nebeneinander bestanden zu haben. Die eine war uralten, mitunter mythischen Persönlichkeiten geweiht, die andere berichtete vom Ruhm der gegenwärtig lebenden oder eben verstorbenen Führer. Dann begann im 10. Jahrhundert eine Periode, in der man kaum und, abgesehen von ganz wenigen

Ausnahmen, allein in Latein schrieb. Während dieser dunklen Jahrhunderte ist das Überleben der alten Sagen auf deutschem Boden fast allein durch eine lateinische Fassung – den »Waltharius« – und das Weiterwandern bestimmter Stoffe in die nordischen Länder bezeugt, wo die Quelle der Volksliteratur stets frisch sprudelte. Trotzdem waren die Sagen immer lebendig und verführerisch geblieben. Statt der Lektüre des Heiligen Augustin oder des Heiligen Gregor bevorzugte der Bischof Gunther, der von 1057 bis 1065 den Bamberger Bischofsstuhl inne hatte, glaubt man einem seiner Kanoniker, die Erzählungen über Attila und die Amaler, die alte Dynastie der Ostgoten, die im 6. Jahrhundert untergegangen war. Vielleicht »schmückte er« sogar selbst – der Text ist dunkel – diesen weltlichen Stoff mit eigener Zugabe aus[92]. In seinem Umkreis fuhr man also fort, von den Abenteuern längst dahingegangener Könige zu erzählen, und man fuhr ohne Zweifel auch fort, sie in der Volkssprache zu besingen; aber worüber man sang, wissen wir nicht. Das wenig nach 1077 von einem Geistlichen des Bistums Köln in deutsche Verse gesetzte Annolied gehört viel eher zur Hagiographie als zu einer erzählenden Literatur, die für eine weite Zuhörerschaft bestimmt war.

Der Schleier hebt sich vor unseren Augen erst zu einem Zeitpunkt ungefähr ein Jahrhundert, nachdem die französischen *gestes* entstanden waren und nachdem sich gerade das deutsche Publikum durch die Nachahmung dieser *gestes* oder jüngerer Werke, aber von derselben Herkunft, schon seit einer Generation daran gewöhnt hatte, die großen poetischen Fresken der Volkssprache zu schätzen. Die ersten Heldengedichte, die unter einheimischem Einfluß entstanden sind, wurden nicht vor dem Ende des 12. Jahrhunderts in einer Form geschaffen, die der uns heute bekannten nahesteht. Wie in Frankreich suchten sie ihre Motive in Abenteuererzählungen, die sich schon in einer langen Überlieferung vor anderen abgezeichnet hatten und die Großtaten der Zeitgenossen von nun an den Chronisten oder der lateinischen Verdichtung überließen. Das Merkwürdige ist, daß diese Vergangenheit hier mit Vorliebe viel entfernter gewählt wird. Ein einziges Lied – das vom Herzog Ernst – erzählt ein Ereignis aus dem Anfang des 11. Jahrhunderts, das zudem seltsam entstellt ist.

Die anderen vermischen reine Sagen und etwas Wunderbares, das mitunter noch ganz heidnisch ist, mit alten Erinnerungen an die Völkerwanderungszeit, die außerdem von ihrem hohen Rang der Weltkatastrophen auf die bescheidene Höhe banaler Blutrache einzelner Personen herabgeführt worden ist. Die 21 Haupthelden, die man in dieser Literatur insgesamt benennen konnte und die mit historischen Personen zu identifizieren waren, reichen von einem 375 gestorbenen Gotenkönig bis zu einem 575 gestorbenen Langobardenkönig. Erscheint nun zufällig hier und da eine Persönlichkeit jüngeren Datums? Im Nibelungenlied hat sich zum Beispiel ein Bischof des 10. Jahrhunderts unter die schon gar nicht zueinander passenden Gestalten der Versammlung geschlichen, die Attila, Theoderich der Große und die Burgunderkönige vom Rhein an der Seite wesenloser Schatten der Geschichte wie Siegfried und Brunhilde bilden. Aber diese Eindringlinge spielen lediglich eine Rolle von Randfiguren, vermutlich als Folge lokalen oder geistlichen Einflusses. Es wäre gewiß nicht so gewesen, wenn die Dichter ihren Gegenstand von Geistlichen erhalten hätten, die sich damit abgegeben hätten, Schriftquellen durchzusehen: Die deutschen Klöster hatten keine Barbarenhäuptlinge zu Gründern, und wenn die Chronisten viel über Attila, ja selbst über den »Tyrannen« Theoderich sprachen, so geschah es in wesentlich schwärzeren Farben als es das Heldenlied tat.

Doch was ist erstaunlicher als dieser Gegensatz? Frankreich, dessen Kultur im Schmelztiegel des frühen Mittelalters zutiefst verändert worden war, dessen Sprache, insoweit als sie ein wirklich differenziertes Sprachwesen darstellte, verhältnismäßig jung war, entdeckte die Karolinger, sobald es sich seiner ältesten Tradition zuwandte. Die merowingische Dynastie erschien nach unserer Kenntnis ziemlich spät nur in einem einzigen Lied, dem »Floovant«, das, wie wir sahen, vermutlich zu einer Gruppe von Werken gehörte, die unmittelbar von gelehrten Mönchen, denen von St. Denis, beeinflußt worden waren. Dagegen verfügte Deutschland über unendlich älteres Material, um seine Erzählungen zu nähren, weil der lange Zeit verborgene Strom der Berichte und vielleicht der Lieder niemals unterbrochen ist.

Kastilien führt uns eine gleichfalls lehrreiche Erfahrung vor Augen. Der Hang zur Erinnerung war nicht weniger lebendig als anderswo. Aber in diesem Land der Reconquista waren die ältesten nationalen Erinnerungen ganz jung. Das hatte zur Folge, daß die Spielleute in dem Maße, in dem sie nicht ausländische Modelle nachahmten, ihre Anregungen aus kaum erkalteten Ereignissen schöpften. Der Cid starb am 10. Juli 1099. Das »Gedicht vom Cid«, einziges Überbleibsel einer ganzen Familie von *cantares,* die dem Helden der jüngsten Kriege geweiht waren, stammt aus der Zeit um 1150.

Noch einzigartiger ist der Fall Italiens. Es besaß kein eigenständiges Heldenepos, und es scheint auch niemals ein solches besessen zu haben. Warum? Es wäre der Gipfel der Vermessenheit zu fordern, ein so verwirrendes Problem mit zwei Worten zu lösen. Trotzdem verdient es zumindest einen Lösungsversuch. Während der Feudalzeit war Italien eines der ganz seltenen Länder, in dem eine große Zahl von Personen aus der

Schicht der Grundherren ebenso sicher wie aus der der Kaufleute lesen konnte. Wenn dort der Hang zur Vergangenheit keine Lieder entstehen ließ, sollte es nicht daran gelegen haben, daß er in der Lektüre der lateinischen Chroniken eine ausreichende Befriedigung fand?

Das Heldenepos übte dort, wo es sich entwickeln konnte, einen um so stärkeren Einfluß auf die Vorstellungen aus, weil es nicht wie das Buch ausschließlich die Augen ansprach. Es zog aus der ganzen Wärme der menschlichen Rede Nutzen und aus jener Art, die Sinne zu bearbeiten, die aus der Wiederholung entsteht, nämlich durch die Stimme, die selben Themen, ja sogar dieselben Verse. Man befrage die Regierungen unserer Tage, ob das Radio nicht ein viel wirkungsvolleres Propagandamittel als die Zeitung ist. Ohne Zweifel läßt sich gerade seit dem ausgehenden 12. Jahrhundert beobachten, daß die Oberschichten von nun an in höher kultivierten Kreisen begannen, ihren Sagen zu leben: Ein Ritter konnte z. B., um einen Feigling zu verhöhnen, keinen schneidenderen noch schärferen Spott finden als eine Anspielung, die einem höfischen Roman entlehnt war. Später pflegte eine ganze Gruppe zypriotischer Adliger das Spiel, die Rollen des Reinhard-der-Fuchs-Zyklus zu verkörpern, so wie es eben gewisse gesellschaftliche Kreise mit den Helden Balzacs in noch gar nicht lange vergangener Zeiten taten[93]. Dennoch waren die französischen *gestes* kaum entstanden, als sich die adligen Herren schon vor 1100 darin gefielen, ihren Söhnen die Namen Olivier und Roland zur gleichen Zeit zu geben, während der des durch Ehrlosigkeit gebrandmarkten Ganelon für immer aus dem Namensgut verschwand[94]. Bei diesen Geschichten kam es vor, daß man sich wie auf authentische Quellen zurückberief. Der berühmte Seneschall Heinrichs II. Plantagênet, Ranulf Glanville, der doch schon das Kind einer Zeit war, die mit Büchern weitaus häufigeren Umgang hatte, antwortete, als man ihn nach den Gründen für die langdauernde Schwäche der französischen Könige im Verhältnis zu den normannischen Herzogen fragte und er sich auf die Kriege berief, die einst die französische Ritterschaft »beinahe ausgerottet« hätten: Zeugen dafür seien, so sagte er, die Berichte des »Gormont« und des »Raoul von Cambrai«[95]. Dieser große Staatsmann hatte sicherlich vor allem aus solchen Liedern die Anregung erhalten, über Geschichte nachzudenken. In der Tat war die Vorstellung vom Leben, die sich in den *gestes* ausdrückte, in vieler Beziehung nichts anderes als die Vorstellung des literarischen Publikums. In jeder Literatur betrachtet die Gesellschaft immer ihr eigenes Bild. Dennoch war mit der Erinnerung an vergangenes Geschehen, so entstellt sie auch war, mehr als eine Überlieferung durchgesickert, die tatsächlich aus der Vergangenheit schöpfte und deren Spuren wir wiederholt treffen werden.

4. Kapitel

Die geistige Wiedergeburt in der zweiten Phase
der Feudalzeit

1. Grundzüge der neuen Kultur

Das Erscheinen der großen epischen Lieder im Frankreich des 11. Jahrhunderts kann als eines der Vorzeichen verstanden werden, durch das sich die mächtige kulturelle Entwicklung des kommenden Zeitabschnitts ankündigte. Häufig spricht man von einer »Renaissance des 12. Jahrhunderts«. Wenn alle Vorbehalte gegenüber einem Wort gewahrt bleiben, das buchstabengetreu verstanden statt eines Wandels ein bloßes Wiederaufleben beschwören würde, mag der Ausdruck gelten, doch unter der Bedingung, daß ihm keine zu präzise Zeitbedeutung beigelegt wird. Wenn die Bewegung ihre volle Stärke nur im Laufe des Jahrhunderts erreichte, dessen Namen man ihm im allgemeinen beilegt, so rühren ihre ersten Äußerungen, nämlich die mit ihr einhergehenden wirtschaftlichen und demographischen Veränderungen, aus der wirklich entscheidenden Phase, welche die zwei oder drei Jahrzehnte darstellten, die dem Jahr 1100 unmittelbar vorangingen. Bis zu diesem Zeitpunkt hinauf reichen, um nur einige Beispiele anzuführen, das philosophische Werk Anselms von Canterbury, das juristische Werk der ältesten italienischen Romanisten und der Kanonisten, ihrer Nacheiferer, und die Anfänge der mathematischen Bemühungen in den Schulen von Chartres. Weder auf geistigem Gebiet noch auf irgendeinem anderen Feld gab es eine vollständige Umwälzung. Aber so nahe auch das zweite Feudalzeitalter auf Grund seiner geistigen Verfassung dem ersten in vieler Beziehung blieb, so ist es doch durch bestimmte geistige Züge gekennzeichnet, deren Auswirkungen genauer untersucht werden müssen.

Die Weiterentwicklung der Verbindungen, die sich auf der Wirtschaftskarte so eindrucksvoll abzeichnet, hinterläßt auf der Kulturkarte weniger deutliche Spuren. Die Fülle der Übersetzungen griechischer und vor allem arabischer Werke – die letzten waren in den meisten Fällen ohnehin nichts als Vermittler hellenischen Gedankengutes –, der Einfluß, den sie auf das Bewußtsein und die Philosophie des Westens ausübten, verweisen auf eine Kultur, die von nun an mit besseren Antennen ausgerüstet war. Es war durchaus kein Zufall, wenn sich unter den Übersetzern mehrere Angehörige der in Konstantinopel ansässigen Kaufmannskolonien befanden. Selbst im Innern Europas sollten die von West nach Ost gewanderten alten keltischen Sagen die Vorstellungen der französischen Erzähler mit ihrem fremdartigen Zauber durchdringen. Ihrerseits sind die in Frankreich entstandenen Dichtungen – ältere *gestes* oder Geschichten neueren Geschmacks – in Deutschland, Italien und Spanien nachgeahmt worden. Die Brennpunkte der neuen Wissenschaft waren die großen internationalen Schulen: Bologna, Chartres, Paris, »Jakobs Himmelsleiter«[96]. Die romanische Kunst, die über ihren unzähligen regionalen Unterschieden etwas Universelles besessen hat, spiegelte vor allem eine bestimmte kulturelle Gemeinschaft oder die Beziehungen zwischen einer Reihe kleiner Einflußzentren wider. Dagegen gab die gotische Kunst gleich ein Beispiel künstlerischer Formen, die weitergegeben wurden und die, da sie natürlich allen Arten der Veränderung unterworfen waren, sich ebenso von den festen Zentren der Ausstrahlung her verbreiteten: es handelte sich um Frankreich zwischen Seine und Aisne und um die burgundischen Zisterzienserklöster.

Der 1053 geborene Abt Guibert von Nogent, der um 1115 seine »Bekenntnisse« schrieb, stellte mit diesen Worten die beiden Enden seines Lebens gegenüber. »In der Zeit, die meiner Kindheit unmittelbar voranging und während dieser selbst herrschte ein so großer Mangel an Schulmeistern, daß es beinahe unmöglich war, sie in den *burgi* zu finden, und es machte Mühe, wollte man sie in den Städten antreffen. Entdeckte man sie zufällig? Ihre Gelehrsamkeit war so dürftig, daß sie nicht einmal mit derjenigen der kleinen, umherziehenden Geistlichen von heute verglichen werden konnte[97].« Es besteht kein Zweifel, daß die Bildung während des 12. Jahrhunderts, was ihren Wert und ihre Verbreitung quer durch die verschiedenen sozialen Schichten betrifft, tatsächlich einen ungeheuren Fortschritt genommen hat. Mehr als je gründete sie sich auf antike Vorbilder, die vielleicht nicht mehr verehrt wurden, aber besser bekannt waren, besser verstanden und besser empfunden wurden, so daß es mitunter bei gewissen Dichtern am Rande der geistlichen Welt wie dem berühmten rheinischen Archipoeta zu einer Art Aufbrechen von moralischem Heidentum kommen konnte, das dem vorangehenden Zeitabschnitt ganz fremd war. Aber der neue Humanismus war in der Regel eher ein christlicher Humanismus. »Wir sind Zwerge, die auf den Schultern von Riesen sitzen.« Dieser oft wiederholte Ausspruch Bernhards von Chartres beleuchtet die ganze Weite der Schuld, die die größten Geister der Zeit gegenüber der klassischen Kultur anerkannten.

Der neue Atem hatte die Laienwelt erreicht. Der Fall des Grafen Heinrich des Freigiebigen von der Champagne, der Vegetius und Valerius Maximus im Original las, bildete von nun an keine Ausnahme mehr, ebenso wie der des Grafen Gottfried des Schönen von Anjou, der sich beim Bau einer Festung auch des Vegetius bediente[98]. Doch diese Bestrebungen stießen sehr häufig auf die Hindernisse einer Erziehung, die noch zu einfach war, um in die Geheimnisse von Werken einzudringen, die in der Gelehrtensprache geschrieben waren. Ebenso wenig verzichteten sie darauf, sich ein Ventil zu schaffen. Man denke an Balduin II. von Guines (gestorben 1205). Jäger, Zecher und Schürzenjäger, in gleicher Weise als Spielmann in den *chansons de gestes* wie in groben Fabelgedichten kundig, vergnügte sich dieser pikardische Herr, »schriftlos« wie er war, nicht nur mit heroischen oder lustigen Geschichten. Er suchte das Gespräch mit Geistlichen, die er seinerseits mit »heidnischen« Histörchen entlohnte. Nach dem Geschmack eines der Priester seines Landes war er durch diese gelehrten Unterhaltungen zu sehr gebildet worden. Er hat das theologische Wissen, das er sich erworben hatte, benutzt, um mit seinen Meistern zu disputieren. Aber er begnügte sich keineswegs mit dem bloßen Gesprächsaustausch. Er ließ mehr als ein lateinisches Buch ins Französische übersetzen, damit sie ihm laut vorgelesen würden: Zusammen mit dem Hohenlied Salomonis waren es die Evangelien und das »Leben des Hl. Antonius«, ein großer Teil der »Physik« des Aristoteles und die alte »Geographie« des Römers Solinus[99].

Aus diesen neuen Bedürfnissen entstand fast überall in Europa eine volkssprachliche Literatur, die zwar für Laien bestimmt, aber nicht nur zu ihrer Unterhaltung gedacht war. Es bedeutet wenig, daß sie zu Beginn fast allein aus der freien Wiedergabe der lateinischen Vorlage bestand; dennoch hat sie den Zugang zu einer ganzen Überlieferung weit geöffnet, der unter anderem ein Zugang zu einer Vergangenheit war, die in weniger unwirklichen Farben gemalt wurde.

Tatsächlich bleiben die historischen Erzählungen in den Nationalsprachen lange Zeit dem prosodischen Gewand und dem Klang der alten *gestes* verhaftet. Ehe sie sich mit der Prosa, dem natürlichen Ausdrucksmittel einer die Fakten wiedergebenden Literatur verbanden, mußte man die ersten Jahrzehnte des 13. Jahrhunderts und mit ihnen das Aufkommen zweier neuer historiographischer Gattungen abwarten. Zunächst das Erscheinen von »Erinnerungen«, die von Personen verfaßt waren, die der Welt der Spielleute und der der Geistlichen fremd gegenüberstanden, so ein hoher Herr wie Gottfried von Villehardouin oder ein bescheidener Ritter wie Robert von Clary; dann auch von Zusammenstellungen, die ausdrücklich zur Belehrung eines breiten Publikums bestimmt waren: Die »Taten der Römer« (Gesta Romanorium), der Abriß, der sich ohne falsche Scham »Die ganze Geschichte Frankreichs« nannte, die sächsische »Weltchronik«. Beinahe ebensoviele Jahre vergingen zuvor, daß es in Frankreich, dann in den Niederlanden und in Deutschland einige noch sehr seltene in der Alltagssprache abgefaßte Urkunden schließlich den vertragsschließenden Personen gestatteten, den Inhalt unmittelbar kennenzulernen. Allmählich schloß sich die Kluft zwischen der Handlung und ihrem Ausdruck.

Zur selben Zeit kam an den kultivierten Höfen, die sich um die großen Herrscher entwickelten – die Plantagenêts mit ihrem angevinischen Reich, die Grafen der Champagne, die Welfen in Deutschland – eine ganze Literatur von Fabeln und Phantasien zur Geltung. Gewiß gefielen die für den Tagesgeschmack mehr oder minder überarbeiteten und durch eingeflickte Episoden aufgeschwemmten *chansons de geste* noch immer. Doch in dem Maße, in dem die tatsächliche Geschichte im allgemeinen Bewußtsein den Platz des Heldenliedes einnahm, waren schnell neue Formen der Dichtkunst hervorgedrungen, die ihrem Ursprung nach provenzalisch oder französisch waren und sich bald über ganz Europa verbreiteten. Das waren Romane, die ganz und gar erdichtet waren, in denen gewaltige Schwertstreiche, die »grans borroflemens«, eine Rolle spielten und die bei einer dem Krieg durch und durch verhafteten Gesellschaft immer beliebt waren. Als vertrauten Hintergrund hatten sie künftig eine Welt, die von geheimnisvollem Zauber durchsetzt war. Das Fehlen jeden historischen Anspruchs wie die Flucht in das Feenland waren jetzt der Ausdruck einer Zeit, der sich so weit verfeinert hatte, daß man den reinen Ausbruch in die Dichtung von der Beschreibung der Wirklichkeit trennen konnte. Dann waren es auch kurze lyrische Gedichte, deren älteste Vertreter mit den Heldengedichten beinahe gleich alt sind, die aber in immer größerer Zahl und in immer gesuchterem Stil abgefaßt worden sind. Denn ein zugespitzter ästhetischer Sinn verschaffte den Neuerungen, ja sogar der gekünstelten Form, wachsende Geltung. Wohl in diese Zeit gehört der köstliche Vers, in dem einer der Nacheiferer Chrétiens von Troyes, den das Frankreich des 12. Jahrhunderts als seinen besten Erzähler ansah, in der Absicht, ihn zu loben, sein Andenken beschwor und keinen schöneren Preis als diesen zu finden wußte: »Er nahm das Französische mit vollen Händen.«

Insbesondere begnügen sich Romane und lyrische Gedichte nicht mehr damit, Taten zu vergegenwärtigen. Nicht unbeholfen, doch mit viel Eifer bemühen sie sich die Gefühle zu ergründen. Bis in die Kriegsgeschichten hinein verdrängt der Zweikampf das gewaltige Aufeinanderprallen der Heere, das den alten Liedern lieb und teuer war. Die neue Literatur war in jeder Weise bestrebt, das Individuelle wieder zur Geltung zu bringen, und sie lud ihr Publikum ein, über ihr Ich nachzudenken. Bei diesem Hang zur Innenbeschau ging sie mit einem von den geistlichen Orden ausgehenden Einfluß Hand in Hand. Die Praxis der Ohrenbeichte des Gläubigen beim Priester, die lange Zeit nur bei den Mönchen Brauch

136

war, verbreitete sich im Laufe des 12. Jahrhunderts unter den Laien. In vielen Zügen ähnelt der Mensch in der Zeit ungefähr um 1200, zumal als Angehöriger der oberen Gesellschaftsschichten, seinen Ahnen aus den vorangegangenen Generationen: der gleiche Geist der Gewalt, die gleichen jähen Stimmungswechsel, die gleiche Vorliebe für das Übernatürliche, die sich vielleicht, denkt man daran, daß die Gegenwart vom Teufel besessen sei, noch gesteigert hatte. Das lag am Dualismus, der aus der Nachbarschaft der damals so lebendigen manichäischen Ketzereien stammte und mitten unter die Rechtgläubigen reichte. Doch in zwei Punkten unterschied sich dieser Mensch zutiefst von seinen Vorgängern: Er ist gebildeter und er ist selbstbewußter.

2. Die Erfahrung des Selbstbewußtseins

Dieses Bewußtwerden ließ ohnehin den einzelnen Menschen hinter sich und verbreitete sich über die Gesellschaft selbst. Der Anstoß dazu war während der zweiten Hälfte des 11. Jahrhunderts von der großen religiösen »Erweckung« ausgegangen, die man nach Papst Gregor VII., einer der führenden Personen, üblicherweise die Gregorianische Reform nennt. Es handelte sich um einen verwickelten Vorgang, in dem sich Bestrebungen der Geistlichen und vor allem der Mönche, die an den alten Texten geschult waren, mit vielen Vorstellungen vermischten, die dem Untergrund der Volksseele entsprungen waren; z. B. fand die Idee, daß der Priester, dessen Fleisch durch den Geschlechtsakt befleckt worden ist, untauglich wird, die Sakramente wirksam zu spenden, unter der Masse der Laien ihre glühendsten Verfechter, abgesehen von den asketischen Mönchen und den Theologen. Es handelte sich auch um eine außerordentlich mächtige Bewegung, nach der man ohne Übertreibung die endgültige Ausbildung des lateinischen Christentums datieren kann, das gerade damals eben nicht durch die Wirkung eines zufälligen Zusammentreffens für immer vom östlichen Christentum abgespalten worden ist. So verschiedenartig auch die Bezeugungen dieses Geistes waren – viel neuartiger, als man es überhaupt bemerkte –, so läßt sich doch sein Wesen in wenigen Worten zusammenfassen: In einer Welt, in der man bisher sah, wie sich Weltliches und Geistliches fast unauflösbar mischten, richtete sich das Bemühen der Gregorianischen Reform dahin, die Eigenheit wie die Vorherrschaft des geistlichen Auftrags zu sichern, dessen Sachwalter die Kirche war, um den Priester neben und über den einfachen Gläubigen zu setzen.
Sicherlich waren die Radikalsten unter den Reformern kaum Freunde

einer geistigen Kultur. Sie mißtrauten der Philosophie. Sie verachteten die Rhetorik, nicht ohne häufig genug ihrem Zauber zu unterliegen – »meine Grammatik ist Jesus Christus«, verkündete Petrus Damiani, der trotzdem völlig korrekt deklinierte und konjugierte. Sie waren der Ansicht, daß der Fromme eher zum Klagen als zum Studieren geschaffen sei. Mit einem Wort, in dem großen Schauspiel des Bewußtwerdens war seit der Zeit des Heiligen Hieronymus mehr als ein christliches Herz zerrissen worden. Hin- und hergerissen zwischen der Bewunderung für antikes Denken oder antike Kunst und den eifersüchtigen Forderungen einer asketischen Religion, ordneten sich die Eiferer entschlossen der Partei der Unnachgiebigen zu, die weit davon entfernt war, wie z. B. Abälard, in den Philosophen des Heidentums »von Gott inspirierte« Menschen zu erblicken und nach dem Beispiel Gerhochs von Reichersberg in ihnen nur »Feinde des Kreuzes Christi« sehen wollten. Aber bei ihren Bemühungen um Besserung, dann im Laufe der Kämpfe, die ihnen ihr Programm gegen die weltlichen Gewalten, namentlich gegen das Reich zu liefern auferlegte, war es ihre Aufgabe, ihre Ideale in eine geistige Form zu bringen, zu durchdenken und zum Nachdenken aufzufordern. Wir erfahren, in Deutschland habe man bis hin zu den öffentlichen Plätzen und in den Krambuden die Schriften gelesen oder sich übersetzen lassen, in denen Geistliche, vom Getümmel noch ganz erhitzt, kontrovers über das Ende des Staates, das Recht der Könige, ihrer Völker oder des Papstes diskutierten[100]. Andere Länder sind nicht im gleichen Maße davon berührt worden, doch blieben diese Auseinandersetzungen nirgendwo ohne Wirkung. Mehr als zuvor betrachtete man von nun an die menschlichen Angelegenheiten als Gegenstände des Nachdenkens.

Zu dieser entscheidenden Wandlung verhalf noch ein anderer Einfluß. Die Erneuerung des gelehrten Rechtes, die weiter unten behandelt werden wird, erreichte in dieser Zeit, in der jeder tätige Mensch ein kleiner Jurist sein mußte, weite Kreise; sie führte auch dazu, in der gesellschaftlichen Wirklichkeit etwas zu sehen, das methodisch beschrieben und bewußt ausgearbeitet werden konnte. Aber zweifellos müssen die sichersten Auswirkungen der neuen juristischen Ausbildung in einer anderen Richtung gesucht werden. Vor allem gewöhnte sie unabhängig vom Gegenstand der Überlegung die denkenden Geister daran, ihr Nachdenken in bestimmten Formen zu vollziehen. Dadurch schloß sie sich dem Fortschritt der philosophischen Spekulation an, der ihr im übrigen eng verbunden war. Gewiß konnte dem logischen Bemühen eines Heiligen Anselm, eines Abälard und eines Petrus Lombardus nur eine kleine Zahl von Menschen folgen, die sich fast ausschließlich unter den Geistlichen fanden. Aber diese Geistlichen waren oft Menschen, die sich einem sehr tätigen Leben gewidmet hatten; Reinald von Dassel, Kanzler des Reiches, ehemaliger Schüler der Pariser Schulen, dann Erzbischof von Köln, bestimmte die deutsche Politik während langer Jahre; der Philosoph-Prälat Stephen Langton war unter Johann ohne Land das Haupt des englischen Adelsaufstandes. War es außerdem jemals nötig, an den besten Leistungen eines bestimmten Denkens teilzunehmen, um seinen Hauch zu verspüren? Man lege zwei Urkunden, eine aus der Zeit um das Jahr 1000, die andere aus den letzten Jahren des 12. Jahrhunderts, aneinander: fast immer ist die zweite deutlicher, genauer, nicht so ungeordnet. Nicht, daß auch noch im 12. Jahrhundert sehr empfindliche Gegensätze unter den Urkunden bestanden, je nach der Umgebung, aus der sie stammten. Die städtischen Urkunden, die von einem eher klugen als gebildeten Bürgertum verfaßt waren, sind im allgemeinen im Hinblick auf eine wohlgestaltete Abfassung den schönen Ausfertigungen ziemlich unterlegen, die zum Beispiel aus der gelehrten Kanzlei eines Barbarossa hervorgegangen sind. Trotzdem bleibt im ganzen gesehen der Gegensatz zwischen den beiden Zeitabschnitten sehr scharf. Nun aber war der Ausdruck untrennbar von seinem Inhalt geworden. Warum soll man nicht in der noch so geheimnisvollen Geschichte der Verbindungen zwischen dem Denken und der Anwendung die Tatsache unbeachtet lassen, daß die tätigen Menschen am Ende der zweiten Feudalzeit gemeinhin über ein Mittel verfügten, das zur Analyse geistiger Zustände geeigneter als in früheren Zeiten war?

5. Kapitel

Die Grundlagen des Rechts

1. Die Macht des Gewohnheitsrechts

Wie sollte ein Richter im vorfeudalen Europa am Beginn des 9. Jahrhunderts verfahren, wenn er Recht zu sprechen hatte? Seine erste Aufgabe war es, die Texte zu befragen, z. B. römische Kompilationen, wenn der Prozeß nach den Gesetzen Roms durchgeführt werden sollte; dann Gewohnheiten der germanischen Völker, die fast in ihrer Gänze allmählich schriftlich aufgezeichnet worden sind und schließlich Verordnungen mit Gesetzeskraft, die von den Herrschern der barbarischen Königreiche in großer Zahl erlassen worden sind. Dort, wo diese Denkmäler sprachen, blieb nur der Gehorsam. Aber nicht immer bot sich eine so einfache Aufgabe an. Lassen wir einmal den in der Praxis sicher ziemlich häufigen

Fall, daß die Handschrift entweder fehlte oder wie bei den gewichtigen römischen Quellen der Zugang schwierig war, so kannte man die Bestimmung in der Tat nur durch ihre Verwendung, obwohl ihr Ursprung im Buch lag. Am schwersten wog, daß kein Buch genügte, um alles zu entscheiden. Ganze Bereiche des gesellschaftlichen Lebens – die Beziehungen innerhalb der Grundherrschaft, die Bindungen des Menschen an den Menschen, wobei sich schon der Feudalismus abzeichnete, waren in den Texten sehr unvollkommen geregelt, ja sogar nicht einmal das. So gab es schon neben dem geschriebenen Recht einen Bereich der rein mündlichen Überlieferung. Einer der wichtigsten Grundzüge des folgenden Abschnitts – nämlich anders gesagt der Zeit, in der sich die Feudalordnung wirklich herausbildete – war, daß sich dieser Rand über die Maßen soweit ausdehnte, daß er in einigen Ländern das Rechtsleben völlig überwucherte.

In Deutschland und in Frankreich erreichte die Entwicklung ihre äußersten Grenzen. Gesetzgebung fand nicht mehr statt: In Frankreich stammt das letzte Kapitular, das übrigens nur wenig ursprünglich war, aus dem Jahr 884. In Deutschland scheint diese Quelle schon mit der Auflösung des Karolingerreiches nach Ludwig dem Frommen versiegt zu sein. Nur eben noch einige Fürsten – ein Herzog der Normandie, ein bayerischer Herzog – veröffentlichen dann und wann den einen oder anderen Erlaß von etwas weitreichenderer Bedeutung. In dieser Unzulänglichkeit glaubte man mitunter eine Auswirkung der Schwäche zu erkennen, in die die monarchische Gewalt gefallen war. Aber die Erklärung, die zu akzeptieren man versucht sein könnte, wenn es sich allein um Frankreich handelte, kann offensichtlich für die viel mächtigeren Fürsten Deutschlands nicht gelten. Außerdem wirkten die sächsischen oder salischen Kaiser, die ihre Urkunden nördlich der Alpen jeweils immer nur für einzelne Fälle ausstellten, in ihrem italienischen Herrschaftsbereich auch als Gesetzgeber, obwohl sie dort keineswegs über eine stärkere Macht verfügten. Wenn man diesseits des Gebirges nicht mehr das Bedürfnis verspürte, den unlängst ausdrücklich formulierten Normen etwas hinzuzufügen, so lag der wahre Grund darin, daß diese Normen selbst der Vergessenheit anheimgefallen waren. Im Laufe des 10. Jahrhunderts hat man es allmählich aufgegeben, die Gesetze der Barbarenvölker wie auch die Verfügungen der Karolinger aufzuzeichnen oder zu erwähnen, allenfalls in flüchtigen Anspielungen. Gab sich ein Notar (Urkundenschreiber) noch den Anschein, das römische Recht zu zitieren? Seine Erwähnung ist zu drei Vierteln nichts als ein Gemeinplatz oder ein Mißverständnis. Wie hätte es auch anders sein sollen? Latein zu verstehen – eine Sprache, in der auf dem Kontinent alle alten Rechtsurkunden abgefaßt waren –, ist fast ausschließlich ein Monopol der Geistlichen gewesen. Nun hatte sich die geistliche Gesellschaft ihr eigenes sich mehr und mehr abschließendes Recht gegeben. Dieses kanonische Recht wurde in den Schulen gelehrt, die sämtlich Schulen der Geistlichkeit waren, wobei man sich auf die Texte stützte, dergestalt, daß die einzigen fränkischen Kapitularien, die beständig weiter kommentiert wurden, die Kirchenkapitularien waren. Dagegen war das weltliche Recht durchaus kein Gegenstand der Lehre. Sicher ist die Vertrautheit mit den alten Quellen dennoch nicht vollständig verloren gegangen, wenn es einen Stand von rechtskundigen Leuten gab. Aber das Verfahren ließ keinen Rechtsbeistand zu und jeder Herr war ein Richter. Das bedeutet, daß die meisten Richter nicht lesen konnten; ohne Zweifel war das eine ungünstige Bedingung für die Bewahrung geschriebenen Rechts.

Die engen Beziehungen, die so in Frankreich und in Deutschland den Niedergang des alten Rechts mit dem der Bildung verbanden, entspringen bei den Laien im übrigen deutlich bestimmten Erfahrungen im umgekehrten Sinn. In Italien ist diese Verbindung schon im 11. Jahrhundert sehr schön von einem ausländischen Beobachter ausgedrückt worden. Der kaiserliche Kaplan Wipo spricht davon, daß in diesem Land, in dem »die ganze Jugend« – wohlgemerkt der führenden Schichten – »auf die Schulen geschickt worden war, um dort im Schweiße des Angesichts zu arbeiten«[101], man es niemals aufgegeben hatte, weder die Rechte der barbarischen Völker noch die karolingischen Kapitularien noch das römische Recht zu studieren, zusammenzufassen und zu glossieren. Zugleich beweisen dort eine Reihe von Urkunden, die zwar dünn gesät waren, aber deren Kontinuität augenscheinlich ist, das Weiterbestehen einer gesetzgebenden Tätigkeit. Im angelsächsischen England, wo die Gesetzessprache die Umgangssprache war und wo folglich, wie der Biograph des Königs Alfred berichtet, selbst die Richter, die ihre Buchstaben nicht kannten, sich die Handschriften vorlesen ließen und so verstehen konnten[102], beschäftigten sich die Fürsten bis hin zu Knut immer wieder damit, das Gewohnheitsrecht zu kodifizieren oder zu vervollständigen, ja sogar ausdrücklich durch ihre Verordnungen zu verändern. Nach der normannischen Eroberung war es nötig geworden, den Inhalt dieser Texte, deren Sprache den Siegern unverständlich war, für ihr oder zumindest ihrer Geistlichen Verständnis umzuformen, dergestalt, daß sich damals auf der Insel seit dem Beginn des 12. Jahrhunderts eine zur gleichen Zeit auf der anderen Seite des Kanals unbekannte Sache entwickelte: eine juristische Literatur in lateinischem Gewand, aber im Kern ihrer Quellen angelsächsisch[103].

Doch so beträchtlich auch der Unterschied war, der sich auf diese Weise zwischen den verschiedenen Sektoren des feudalen Europa ausdrückte, berührte er durchaus nicht den Grund der Entwicklung selbst. Dort, wo sich das Recht nicht mehr auf Aufzeichnungen stützte, waren dennoch viele alte Rechtssätze unterschiedlichster Herkunft durch mündliche Vermittlung bewahrt worden. Umgekehrt hatten in den Gegenden, denen die alten Texte weiterhin bekannt blieben und wo sie beachtet worden sind, die gesellschaftlichen Bedürfnisse ihrerseits eine große Zahl neuer Rechtsbräuche entstehen lassen, die die alten einerseits ergänzten, andererseits ersetzten. Mit einem Wort, schließlich entschied überall die gleiche Autorität über das Los, das dem juristischen Erbe der vorhergehenden Zeit bestimmt war: Das Gewohnheitsrecht war es, damals die einzige lebendige Rechtsquelle und die Tatsache, daß die Fürsten, selbst dann, wenn sie Gesetze gaben, kaum mehr als eine Interpretation in Anspruch nahmen. –

Die Weiterentwicklung dieses Gewohnheitsrechts war von einer tiefreichenden Veränderung des Rechtsgefüges begleitet. In den von den Barbaren eingenommenen Festlandprovinzen der alten *Romania* und später in dem von den Franken eroberten Germanien hatte die hautenge Nachbarschaft von Menschen, die nach ihrer Geburt zu unterschiedlichen Völkern gehörten, zunächst zu einer einzigartigen Buntheit geführt, die sich ein Professor der Rechte allenfalls in seinen Alpträumen vorstellen kann. Grundsätzlich und bei allen Vorbehalten gegenüber den Schwierigkeiten der Anwendung, die bei zwei Prozeßgegnern entgegengesetzter Herkunft nicht fehlten, blieb der Einzelne, wo auch immer er wohnte, den Regeln unterworfen, nach denen seine Vorfahren regiert worden waren. Das berühmte Wort eines Erzbischofs von Lyon spricht es so aus, daß, wenn sich fünf Personen im fränkischen Gallien zusammenfanden, man sich keineswegs zu wundern brauchte, wenn ein jeder nach einem anderen Recht lebte, nämlich ein Römer, ein Salfranke, ein ripuarischer Franke, ein Westgote und ein Burgunder.

Kein nachdenklicher Beobachter konnte seit dem 10. Jahrhundert daran zweifeln, daß eine solche einst durch zwingende Notwendigkeiten auferlegte Ordnung entsetzlich unbequem geworden war und außerdem immer weniger mit den Verhältnissen einer Gesellschaft übereinstimmte, in der die ethnischen Gruppen fast vollständig miteinander verschmolzen waren. Den Angelsachsen, die kaum mit alteingesessenen Volksgruppen zu rechnen hatten, war das Problem stets unbekannt. Das westgotische Königtum hatte es schon 654 bewußt beseitigt. Aber dort, wo die besonderen Rechte schriftlich festgehalten worden sind, blieb ihre Widerstandskraft groß. Es ist bezeichnend, daß das Land, in dem sich diese Vielfalt der Rechtskreise am längsten erhielt – bis zur Schwelle des 12. Jahrhunderts –, das gelehrte Italien war, allerdings um den Preis einer absonderlichen Entstellung. Denn da die Zugehörigkeit zunehmend weniger leicht zu bestimmen war, setzte sich der Brauch durch, von jeder Person zu jedem Zeitpunkt, an dem sie an einem Rechtsakt teilnahm, das Recht angeben zu lassen, dem unterworfen zu sein sie anerkannte und das mitunter auf diese Weise der Natur der Sache nach schwankte, da es vom Willen des Vertragspartners abhängig war. Auf dem übrigen Festland waren die Texte der vorhergehenden Zeit seit dem 10. Jahrhundert in Vergessenheit geraten, wodurch das Entstehen einer ganz neuen Ordnung möglich wurde. Manchmal spricht man von der Herrschaft des landschaftlichen Gewohnheitsrechts; sicher wäre es besser, vom Gewohnheitsrecht der Gruppen zu sprechen.

Jede menschliche Gemeinschaft, sei sie groß oder klein, die Grund und Boden in genauem Umfang besitzt oder nicht, trachtet danach, die ihr eigentümliche Rechtstradition weiterzuentwickeln und zwar so, daß der Mensch gemäß den verschiedenen Arten seiner Tätigkeit nach und nach von einem Gebiet des Rechts zu einem anderen schreitet. Nehmen wir eine ländliche Siedlung als Beispiel. Das Familiengesetz der Bauern folgt gewöhnlich Normen, die der gesamten benachbarten Umgebung ziemlich ähnlich sind. Dagegen richtet sich ihr agrarisches Recht nach den besonderen Gebräuchen ihrer Gemeinschaft. Von den auf ihnen liegenden Lasten sind die einen, die sie als Zins zahlende tragen, nach dem Gewohnheitsrecht der Grundherrschaft festgesetzt, deren Grenzen nun keineswegs immer mit denen der dörflichen Flur zusammenfallen; die anderen berührten ihre Person, sofern sie unfreien Standes waren, und regelten sich nach dem Recht der Gruppe, deren Größe im allgemeinen beschränkter war und von den am selben Ort wohnenden Hörigen eines Herrn gebildet wurde. Es versteht sich von selbst, daß das unbeschadet verschiedener Verträge oder Vorgänger während einer ganzen Geschlechterfolge einer Familie geschah; bald waren die Vorgänge strikt an Personen gebunden, bald waren sie geeignet, ihren Einfluß vom Vater auf den Sohn übergehen zu lassen. Selbst da, wo in zwei kleinen benachbarten und strukturell ähnlichen Gesellschaften sich das System des Gewohnheitsrechts ursprünglich in gleichen Linien ausgebildet hatte, mußte es sich immer weiter auseinanderentwickeln, wenn es sich nicht schriftlich herauskristallisiert hatte. Welcher Historiker fühlt sich nicht angesichts einer solchen Zersplitterung versucht, die enttäuschte Äußerung des Verfassers der »Gesetze und Wohnheiten des englischen Reichs« zu billigen, einer am Hofe Heinrichs II. entstandenen Abhandlung: »Die Rechte und Gesetze des Königreichs in ihrer Gesamtheit aufzuzeichnen ist in unseren Tagen ganz und gar unmöglich ... so unübersichtlich ist ihre Anzahl«[104]?

Doch steckte die Verschiedenheit vor allem im Detail und im Ausdruck. Unter den innerhalb der verschiedenen Gruppen einer vorgegebenen Region beachteten Normen herrschte gewöhnlich eine große Familienähnlichkeit. Oft erstreckte sich die Ähnlichkeit noch weiter. Bestimmte mächtige und einfache allgemeine Ideen, von denen die einen dieser oder jener europäischen Gesellschaft eigentümlich, die anderen ganz Europa gemeinsam waren, beherrschten das Recht der Feudalzeit. Und wenn es wohl wahr ist, was war dieses die vielfachen Faktoren der Entwicklung trennende Prisma etwas anderes, als die Geschichte mit einer außerordentlich reichen Sammlung anschaulicher Kenntnisse zu versorgen?

2. Das Wesen des Gewohnheitsrechts

Wie die ganze Kultur der Zeit, war das Rechtssystem des ersten Feudalzeitalters grundsätzlich traditionalistisch und gründete sich auf die Idee, daß das, was gewesen ist, gerade dadurch das Recht zu sein hat, doch gewiß nicht ohne bestimmte Vorbehalte, die durch eine höhere Moral beeinflußt worden sind. Angesichts einer irdischen Gesellschaft, deren Erbe weit davon entfernt war, völlig mit ihren Idealen übereinzustimmen, hatte namentlich die Geistlichkeit gute Gründe für die stete Weigerung, das Gerechte mit dem Sichtbaren zu vermengen. Bereits Hinkmar von Reims erklärte, daß der König nicht nach dem Herkommen richten wird, wenn dieses sich grausamer als »die christliche *rectitudo*« (richtiges Handeln) erweist. Papst Urban II., ein Nachfolger im gregorianischen Geist, der unter den Eiferern eine wahrhaft revolutionäre Glut geschürt hatte, eignete sich obendrein gleichsam als natürliches Erbe einen Ausspruch jenes anderen Mannes an, der zu seiner Zeit die Traditionen erschüttert hatte, nämlich des alten Tetullian. Er schrieb 1092 an den Grafen von Flandern: »Behauptest Du, Du habest bisher nur in Übereinstimmung mit den uralten Gewohnheiten des Landes gehandelt? Du mußt es doch wissen, Dein Schöpfer hat gesagt: Mein Name ist Wahrheit. Er hat nicht gesagt: Mein Name ist die Gewohnheit[105].« Folglich konnte es auch »schlechte Gewohnheiten« geben. Tatsächlich gebrauchen die Zeugnisse des Rechtslebens jene Ausdrücke häufig genug. Aber das geschieht fast immer, um auf diese Weise neu eingeführte Normen zu geißeln oder solche, die man dafür hielt: »diese verfluchten Neuerungen«, »diese unerhörten Erpressungen«, Worte, mit denen so viele mönchische Texte diese Zustände anprangerten. Ein Rechtsbrauch schien mit anderen Worten verdammenswert vor allem dann, wenn er jung war. Wenn es sich um die Kirchenreform handelte oder um einen Streit zwischen zwei benachbarten Grundherren, konnte das Ansehen der Vergangenheit kaum bestritten werden, es sei denn, man stellte ihm eine noch verehrungswürdigere Überlieferung entgegen.

Es ist sonderbar, daß dieses Recht, in dessen Augen jeder Wandel als ein Übel erschien, weit davon entfernt, unwandelbar zu sein, tatsächlich eines der formbarsten war, das man je kannte. Schuld daran war vor allem, daß es weder in den Urkunden des Rechtslebens noch in Gestalt von Gesetzen eine feste schriftliche Form gefunden hatte. Die meisten Gerichte begnügten sich mit mündlichen Entscheidungen. Bestand der Wunsch, ihren Wortlaut wiederherzustellen? Man schritt zu einer Untersuchung bei den Richtern, sofern sie noch lebten. In den Verträgen wurden die Absichten der Partner mittels Gebärden und mitunter durch geheiligte Wörter festgehalten, ein wahrer Formalismus, der wirklich geeignet war, Vorstellungen zu treffen, die für das Abstrakte weniger empfänglich waren. Allein in Italien spielte die Schriftlichkeit beim Austausch von Vereinbarungen eine Rolle. Sie galt selbst als ein Bestandteil des Rituals: um die Übertragung eines Landstückes kenntlich zu machen, ließ man die Urkunde von einer Hand zur anderen gehen, wie man es anderwärts mit einer Erdscholle oder einem Kornhalm getan hätte. Nördlich der Alpen diente das Pergament, sofern es benutzt wurde, kaum mehr als eine Gedächtnisstütze. Jeder wahren Geltung beraubt, hatte diese »Notiz« hauptsächlich den Zweck, eine Liste von Zeugen aufzustellen. Denn letzten Endes beruhte alles auf der Bezeugung, selbst, wenn man »schwarze Tinte« verwandte, um so mehr in den gewiß sehr zahlreichen Fällen, bei denen man es unterlassen hat. Da die Erinnerung offensichtlich desto dauerhafter zu sein versprach, je länger ihre Träger auf dieser Erde bleiben sollten, brachten die Vertragspartner oftmals Kinder mit. Fürchtete man die Unbesonnenheit dieser Altersstufe? Verschiedene Mittel gestatten es, ihr durch eine zweckmäßige Verbindung von Bildern zuvorzukommen: eine Ohrfeige, ein kleines Geschenk, sogar ein Zwangsbad.

Handelte es sich nun um besondere Übereinkommen oder um allgemeine Regeln des Herkommens, so hatte die Tradition doch kaum andere Garanten als das Gedächtnis. Nun ist aber das Gedächtnis, das flüchtige, das »leicht fließende« *(escoulourjante)* Gedächtnis nach einem Wort von Beaumanoir, ein wunderbares Werkzeug der Tilgung und der Umgestaltung, vor allem das, was wir als die gemeinsame Erinnerung bezeichnen. Es fügt den Irrtümern, die jedes einzelne Hirn beim Registrieren von Eindrücken begeht, die Mißverständnisse der Rede hinzu, wenn die Erinnerung der Schriftlichkeit beraubt ist, da sie doch in Wahrheit nichts als ein Weitergeben von Generation zu Generation ist.

Das wäre auch kein Problem gewesen, wenn es im feudalen Europa eine dieser Zünfte von berufsmäßigen Bewahrern der Rechtserinnerung gegeben hätte, wie man sie in anderen Kulturkreisen, z. B. bei den Skandinaviern, kannte. Aber im feudalen Europa und unter den Laien taten das die meisten Menschen, die Recht zu sprechen hatten, in der Regel nur sehr gelegentlich. Da sie keine ordnungsgemäße Schulung erhalten hatten, waren sie fast immer darauf beschränkt, »ihren Möglichkeiten oder Launen zu folgen«[106]. Das Rechtswesen war mit einem Wort weniger ein Ausdruck von Kenntnissen als von Bedürfnissen. Weil das erste Feudalzeitalter in seinem Bemühen, der Vergangenheit nachzufolgen, nur über ungetreue Spiegelbilder verfügte, wandelte es sich sehr schnell und sehr gründlich, während es glaubte, es bestehe weiter.

In einer Richtung begünstigte außerdem gerade die Autorität, die man der Tradition zubilligte, den Wandel. Denn jeder einmal abgeschlossene Vorgang oder, noch besser, wenn er drei- oder viermal wiederholt worden ist, lief Gefahr, als Präzedenzfall zu gelten, selbst wenn er ursprünglich eine Ausnahme, ja sogar rundheraus übertrieben war. Schon im 9. Jahrhundert, als eines Tages der Wein in den königlichen Kellern in Ver fehlte, hatte man die Mönche von St. Denis gebeten, zweihundert Fässer zu liefern. Von nun an wird man diese Lieferung von ihnen alle Jahre als bindend beanspruchen und um sie aufzuheben, bedarf es einer Kaiserurkunde. Wir hören, daß es in Ardres einmal einen Bären gab, den der Herr des Ortes dorthin gebracht hatte. Die Einwohner freuten sich an dem Schauspiel, ihn gegen Hunde kämpfen zu sehen und erboten sich, ihn zu verpflegen. Dann starb das Tier, doch der Herr fuhr fort, das Brot zu fordern[107]. Die Wahrhaftigkeit der Begebenheit mag anfechtbar sein, ihr symbolischer Wert steht dagegen außer Zweifel. Viele Zinse entstanden auf diese Weise aus gutgemeinten Gaben und bewahrten lange Zeit die alte Bezeichnung. Umgekehrt verfielen beinahe zwangsläufig durch Verordnung eine Abgabe, die während einer gewissen Anzahl von Jahren nicht mehr gezahlt worden ist ebenso wie ein symbolischer Akt der Unterwerfung, der nicht mehr vorgenommen worden ist. Das geschah in der Art, daß sich die Gewohnheit einbürgerte, in wachsender Zahl jene merkwürdigen Dokumente auszustellen, die die Urkundenforscher »Vorbehaltsurkunden« nennen. Ein Adliger oder ein Bischof fordern Quartier von einem Abt, ein von Geldnot bedrückter König appelliert an die Großzügigkeit eines Untertan. Einverstanden, antwortet die so beanspruchte Person, doch unter einer Bedingung: Es sei genau vermerkt, schwarz auf weiß, daß meine Gefälligkeit auf keinen Fall ein Recht auf meine Kosten schafft. Diese Vorbehalte, die eigentlich nur in gewisser Beziehung herausragenden Leuten von Rang gestattet waren, hatten keinerlei Wirkung, sobald das Gleichgewicht der Kräfte zu unausgewogen war. Eine zu häufig vorkommende Folge dieses Gewohnheitsbegriffes war es, daß die Brutalität als rechtmäßig angesehen wurde und, indem man daraus Nutzen zog, sie sich durchsetzte. Bei einer Landveräußerung war es in Katalonien Brauch, in einer besonders zynischen Formel zu bestimmen, daß das Land mit allem Nutzen, dessen sich sein Besitzer erfreut hatte, »unentgeltlich oder gewaltsam« übergeben worden ist[108].

Diese Berücksichtigung des nun einmal Geschehenen wirkte mit besonderer Stärke auf das System des dinglichen Rechts. Während der ganzen Feudalzeit geschieht es ganz selten, daß man vom Eigentümer spricht, weder von dem eines Landes noch von dem eines mit Machtausübung verbundenen Amtes. Noch viel seltener ist es – wenn der Fall jemals eintrat, von Italien abgesehen –, daß ein Prozeß um dieses Eigentum geführt wird. Das, was die Parteien beanspruchen, ist fast einhellig das Besitzrecht (Gewere). Im 13. Jahrhundert trägt selbst das »Parlament« der kapetingischen Könige das für römisch-rechtlichen Einfluß empfänglich war, Sorge, in jedem Spruch über das Besitzrecht den »Anspruch« vorzubehalten, das heißt die Klage um das Eigentum. Tatsächlich ist das so vorbedachte Rechtsverfahren niemals abgelaufen. Was aber war nun dieses berüchtigte Besitzrecht? Genau gesagt war es kein Besitz, der genügt hätte, die einfache Aneignung des Bodens oder des Rechts zu schaffen, sondern ein Besitz, der durch die Dauer der Zeit ehrwürdig geworden war. Streiten sich zwei Prozeßgegner um ein Feld oder um ein Recht? Wer auch immer der augenblickliche Besitzer ist – derjenige wird sich durchsetzen, der den Beweis antreten kann, in den vorangegangenen Jahren das Land gepflügt oder Gericht gehalten zu haben, oder noch besser, der beweisen kann, daß es seine Väter wie er vor ihm getan haben. Dafür wird er in dem Maße, wie man sich nicht auf Gottesurteile oder gerichtlichen Zweikampf beruft, im allgemeinen »die Erinnerung der Menschen, so weit sie auch reicht«, anrufen. Wird er Beweisstücke vorlegen? Der Erinnerung können sie nur wenig nützen oder wenn sie eine Übergabe bezeugen, so ist es schon diejenige eines Besitzrechts. Ist der Beweis der langen Nutzung erst einmal auf diese Weise erbracht, hält es keiner für nützlich, etwas anderes zu beweisen.

Auch noch aus anderen Gründen ist das auf Liegenschaften angewandte Wort Eigentum beinahe sinnentleert worden, oder zumindest wäre es nötig gewesen – wie man es später gern tat, als man über einen besser ausgeprägten juristischen Wortschatz verfügte –, von Eigentum oder Besitzrecht an diesem oder jenem Recht am Boden zu sprechen. In der Tat lastete zu jener Zeit auf beinahe jedem Stück Land und auf vielen Leuten eine Unzahl von Rechten, die nach ihrem Wesen verschieden waren, aber von denen ein jedes in seinem Bereich gleich ansehnlich erschien. Keines stellte diese strenge Ausschließlichkeit dar, die für das römische Besitzrecht charakteristisch ist. Der hintersässige Bauer, der – im allgemeinen vom Vater auf den Sohn übergehend – pflügt und erntet; sein direkter Grundherr, dem er Zinse zahlt und der in bestimmten Fällen die Hand wieder auf die Scholle zu legen wußte; dann der Herr dieses Herrn – und so ging es weiter auf der ganzen langen Leiter der Abhängigkeit von Herr zu Herr. Wie viele Leute waren es, von denen der eine mit ebensoviel Recht wie der andere sagen konnte: »Das ist mein Feld!« Und gerade das zählt zu wenig. Denn die Verzweigungen erstreckten sich ebenso horizontal wie in die Höhe und in die Tiefe, und es war angebracht, auch auf die Dorfgemeinschaft Rücksicht zu nehmen, die gewöhnlich die Nutzung ihres gesamten Ackerlandes wiedererlangte, sobald es abgeerntet war; man mußte die Familie des Hintersassen berücksichtigen, ohne deren Zustimmung der Besitz nicht veräußert werden konnte; schließlich waren die Familien der nachfolgenden Grundherren nicht zu vergessen. Dieses abgestufte Bündel von Beziehungen zwischen dem Menschen und dem Boden gründete sich ohne Zweifel auf weit zurückliegende Ursprünge. War denn der quiritische* Besitz in großen Teilen der *Romania* etwas anderes als eine Fassade? Doch das System breitete sich in der Feudalzeit mit unvergleichlicher Kraft aus. Eine derartige Überschichtung der »Besitzrechte« auf ein und derselben Sache stieß kaum auf einen Geist, der für logischen Widerspruch hinreichend empfänglich gewesen wäre, und um diesen Zustand von Recht und Meinung zu kennzeichnen, wäre es wohl das beste, in Anlehnung an einen bekannten soziologischen Ausdruck von der Mentalität der rechtlichen »Partizipation« (Teilhaberschaft) zu sprechen.

3. Die Erneuerung des geschriebenen Rechts

Wir haben schon bemerkt, daß die Beschäftigung mit dem römischen Recht in den Schulen Italiens niemals aufgehört hat. Aber etwa seit dem Ende des 11. Jahrhunderts sind es nach dem Zeugnis eines Marseiller Mönches fortan wahre »Massen«, die sich sichtbar in die Vorlesungen drängen, die von ganzen Scharen von Lehrern gehalten worden sind, die ihrerseits sehr zahlreich und besser organisiert waren[109]. Vor allem auf Bologna traf das zu, die »Fackel des Rechts«, das der große Irnerius berühmt gemacht hatte. Zugleich unterlag der Unterrichtsstoff einem tief-

---

* Anm. d. Übers.: »Quiriten« ist eine Bezeichnung für römische Bürger.

greifenden Wandel. Die Originalquellen, vor kurzem noch zugunsten dürftiger Zusammenfassungen nur zu oft vernachlässigt, nehmen wieder den ersten Rang ein. Insbesondere die Digesten, die fast der Vergessenheit anheim gefallen wären, eröffnen von nun an in einer schon sehr ausgebildeten Weise den Zugang zur Besinnung auf das römische Recht. Nicht anders steht es mit den Beziehungen zwischen dieser Erneuerung und den anderen geistigen Bewegungen der Zeit. Die Krise der Gregorianischen Reform hatte auf allen Seiten zu einem Bemühen sowohl um juristische wie auch politische Spekulation geführt. Es war durchaus kein Zufall, wenn die Zusammenstellung der großen Sammlungen des kanonischen Rechts, die durch diese Spekulation veranlaßt worden war, genau gleichzeitig mit den ersten Arbeiten der Schule von Bologna geschah. Können wir im übrigen nicht in den letzteren zugleich die Anzeichen einer Rückkehr zur Antike und einer Freude an der logischen Analyse erkennen, die sich in der neuen Literatur lateinischer Zunge wie in der erwachenden Philosophie ausbreiten sollte?

Eine verwandte vorwärtsdrängende Entwicklung war ungefähr zur gleichen Zeit im übrigen Europa sichtbar geworden. Dort wuchs namentlich unter dem hohen Adel der Wunsch, sich des Rates der Berufsjuristen zu versichern. Ungefähr seit dem Jahre 1096 bemerken wir unter den Richtern, aus denen sich das Gericht des Grafen von Blois zusammensetzte, Personen, die sich nicht ohne Stolz als »in den Rechten gelehrt« bezeichnen[110]. Vielleicht hatten sie ihre Gelehrsamkeit irgendwelchen antiken Rechtstexten entnommen, die noch Klosterbibliotheken nördlich der Alpen aufbewahrten. Aber diese Grundlage war zu dürftig, um den Stoff für eine auf sie allein sich gründende Wiederbelebung zu liefern. Der Anstoß kam aus Italien. Begünstigt von einer Fülle von Beziehungen, die intensiver als jemals waren, verbreitete sich die Tätigkeit der Bologneser Schule durch ihren Unterricht, der fremden Hörern offenstand, durch die Aufzeichnung, schließlich durch die Auswanderung mehrerer ihrer Häupter. Herrscher des Königreichs Italien und des Deutschen Reichs war Friedrich Barbarossa, der während seiner italienischen Feldzüge in seinem Gefolge lombardische Rechtsgelehrte versammelte. Placentinus, ehemaliger Schüler Bolognas, ließ sich bald nach 1160 in Montpellier nieder; ein anderer, Vaccarius, ist einige Jahre früher in Canterbury bezeugt. Überall drang im Verlauf des 12. Jahrhunderts das römische Recht in die Schulen ein. Um 1170 zum Beispiel wurde es Seite an Seite mit dem kanonischen Recht im Schatten der Kathedrale von Sens gelehrt[111].

Das ging freilich nicht, ohne daß es zu feindseligen Auseinandersetzungen kam. Von Grund auf weltlich, beunruhigte das römische Recht viele Menschen der Kirche mit seinem verborgenen Heidentum. Die Hüter der Mönchstugenden beschuldigten es, die Frommen vom Gebet abzuhalten. Die Theologen warfen ihm vor, die einzige Form spekulativen Denkens zu verdrängen, der sie Geistliche für würdig hielten. Selbst die Könige von Frankreich oder ihre Räte scheinen zumindest seit Philipp-August eifersüchtig auf die Rechtfertigungen geworden zu sein, die das römische Recht den Theoretikern der kaiserlichen Vorherrschaft zu leicht lieferte. Diese Bannflüche, die weit entfernt waren, den Erfolg der Bewegung aufzuhalten, bewiesen doch nur ihre Macht.

In Südfrankreich, wo die gewohnheitsrechtliche Tradition einen stärker römisch geprägten Stempel bewahrt hatte, führten die Bemühungen der Juristen, die sich fortan den Rückgriff auf die Originaltexte gestatteten, dazu, das »geschriebene« Recht in den Rang einer Art gemeinen Rechts zu erheben, das zum Fehlen ausdrücklich entgegengesetzter Rechtsgewohnheiten paßte. Ebenso war es in der Provence, wo die Kenntnis des Codex Justinianeus seit der Mitte des 12. Jahrhunderts selbst den Laien so bedeutsam erschien, daß man dafür sorgte, ihnen eine Kurzfassung in der Muttersprache vorzulegen. Anderwärts war die Einwirkung weniger direkt. Zudem waren selbst dort, wo sie auf einen besonders günstigen Boden trafen, die Bindungen an die Vorfahren zu fest in der »Erinnerung der Menschen« verwurzelt, waren sie auch sonst zu eng mit einem ganzen System der Sozialverfassung verbunden, die von der des alten Rom ganz verschieden war, um zu dulden, daß sie allein durch den Willen einiger Rechtsprofessoren auf den Kopf gestellt würden. Doch die von nun an gegenüber den alten Formen der Beweisführung erwiesene Feindschaft, namentlich der gerichtliche Zweikampf, und im öffentlichen Recht das Bemühen um einen Begriff der Majestätsbeleidigung, verdankten überall etwas den Beispielen des Corpus Iuris und der Glosse. Das Nachahmen der Antike ist im konkreten Fall durch andere Einflüsse noch kräftig unterstützt worden: das Zurückschrecken der Kirche vor Blut wie vor jeder Tätigkeit, die als ein »Gottversuchen« ausgelegt werden konnte; die Neigung vor allem bei Kaufleuten, sich bequemerer und rationellerer Formen zu bedienen; die Erneuerung des monarchischen Ansehens. Wenn man beobachtet, wie sich im 12. und 13. Jahrhundert bestimmte Notare abmühen, die Wirklichkeit ihrer Zeit im Wortschatz der Gesetzbücher einzufangen, so berührten diese unbeholfenen Versuche kaum das Wesen der menschlichen Beziehungen. Auf einem anderen Wege geschah es, daß das gelehrte Recht in der Tat damals auf das lebendige Recht einwirkte: indem es dieses lehrte, sich ein deutlicheres Bewußtsein seiner selbst zu schaffen.

Tatsächlich mußten die Menschen, die in der Schule des römischen Rechts gebildet worden waren, von Angesicht zu Angesicht mit den unverfälscht traditionellen Regeln, die bisher die Gesellschaft recht und schlecht gelenkt hatten, notwendigerweise eine Haltung einnehmen, die sich bemühte, die Widersprüche und das Unbestimmte auszumerzen. So wie es in der Natur derartiger Geisteszustände liegt, sich allmählich zu verbreiten, ist ein Bestreben erkennbar, rasch die verhältnismäßig engen Kreise zu überschreiten, welche mit den wunderbaren aus der antiken Lehre vererbten Hilfsmitteln einer geistigen Auseinandersetzung unmittelbar vertraut waren. Zudem stimmten sie hier noch mit mehr als einer ursprünglichen Strömung überein. Eine weniger kenntnislose Gesellschaft dürstete nach dem geschriebenen Wort. Stärkere Gemeinschaften, vor allem die städtischen Gruppen, verlangten nach der Aufzeichnung von Normen, deren schwankender Charakter zu soviel Mißbrauch Anlaß gegeben hatte. Die Neuordnung der gesellschaftlichen Glieder in umfassende Stände oder weiträumige Fürstentümer begünstigte nicht nur die Wiedergeburt der Gesetzgebung, sondern außerdem in den ausgedehnten Territorien die Ausbreitung einer vereinheitlichenden Rechtswissenschaft. Es geschah nicht ohne Grund, daß der Verfasser des Traktats über »Die Rechte und Gewohnheiten« des englischen Reichs« der entmutigenden Vielfalt örtlicher Gebräuche im Verlauf des oben zitierten Textes die weitaus besser organisierte Praxis des königlichen Gerichtshofes gegenüberstellte. Es ist bezeichnend, daß man im Kapetingerreich um das Jahr 1200 Seite an Seite zusammen mit der alten Erwähnung des örtlichen Gewohnheitsrechts im engsten Sinn die Namen ausgedehnterer Bezirke des Gewohnheitsrechts auftauchen sieht, nämlich Frankreich rings um Paris, die Normandie und die Champagne.

Nach allen diesen Hinweisen zeichnete sich ein Bild der Kristallisation ab, und man muß, wenn nicht gar ihren Abschluß, so doch zumindest das Vorspiel dem ausgehenden 12. Jahrhundert zuerkennen. In Italien sollten sich nach der Charta von Pisa (1132) die städtischen Statuten verfielfachen. Nördlich der Alpen tendierten die der einzelnen Bürgerschaft bewilligten Freiheitsurkunden mehr und mehr dazu, sich zu weitläufigen Darstellungen des Gewohnheitsrechts zu entwickeln. Heinrich II., der rechtsgelehrte König, »kundig im Erlassen und Berichtigen von Gesetzen, scharfsinniger Finder ungewohnter Urteile«[112], beklagt in England einen das Maß übersteigenden gesetzgeberischen Drang. Unter dem Mantel der Friedensbewegung wird die Tätigkeit der Gesetzgebung bis nach Deutschland hin wieder belebt. In Frankreich regelt Philipp-August, der vom Gedanken getragen war, seinen englischen Rivalen in allen Dingen nachzueifern, verschiedene Lehensangelegenheiten durch Verordnung[113]. Schließlich finden sich Schreiber, die sich ohne offiziellen Auftrag und einfach zum Vorteil der Benutzer, der Mühe unterwerfen, die in ihrem Umkreis geltenden Rechtsnormen ordnend zu verzeichnen. Der Anstoß kam wie natürlich aus Kreisen, die es seit langer Zeit gewohnt waren, sich nicht mit rein mündlicher Überlieferung zu begnügen. Um 1150 vereinte ein Sammler in Norditalien in einer Art Corpus die Gutachten über das Lehnsrecht, zu denen die Juristen dieses Landes durch die von den Kaisern in ihrem lombardischen Königreich zu diesem Gegenstand verkündeten Gesetze inspiriert worden sind. In England entstand um 1187 in der Umgebung des Justitiars* Ranulf von Glanville der »Traktat«, bei dem wir schon mehrere Anleihen gemacht haben. Dann folgen um 1200 das älteste normannische Gewohnheitsrecht, um 1221 der »Sachsenspiegel«, der von einem Ritter in der Volkssprache abgefaßt war[114] und auf diese doppelte Weise die weitreichenden Eroberungen des neuen Geistes bezeugte. Die Arbeit sollte sich während der folgenden Gelehrtengenerationen tatkräftig fortsetzen, so daß man oft mit aller nötigen Vorsicht auf diese verhältnismäßig späten Werke zurückgreifen muß (spiegeln sie doch die gestaltende Klarheit wider, die dem Zeitalter der Kathedralen und der Summen zu eigen ist), um eine gesellschaftliche Struktur zu verstehen, die vor dem 13. Jahrhundert nur unvollkommen beschrieben ist und von der trotz bedeutender Wandlungen noch viele Züge in das Europa der großen Monarchien fortdauerten. Welcher Historiker des Feudalzeitalters könnte auf die Hilfe des hoch zu bewundernden Analytikers der mittelalterlichen Gesellschaft verzichten, des ritterlichen Dichters und Juristen, Bailli** zweier Könige, nämlich Sohn und Enkel des Heiligen Ludwig, des Verfassers der »Coutumes« (Gewohnheitsrecht) des Beauvaisis (1283), Philipp von Beaumanoir?

Sollte ein Recht, das fortan in Teilen auf dem Wege der Gesetzgebung aufgezeichnet und das ingesamt gelehrt und aufgeschrieben worden ist, nicht viel von seiner Formbarkeit wie auch zur selben Zeit von seiner Verschiedenartigkeit verloren haben? Sicher ist es ganz und gar nicht daran gehindert worden, sich beständig zu entwickeln, was auch wirklich geschah. Aber die Veränderung ging weniger unbewußt und infolgedessen auch weniger häufig vonstatten. Denn über einen Wandel nachzudenken, heißt immer, sich der Gefahr auszusetzen, auf ihn zu verzichten. Auf einen besonders bewegten Zeitabschnitt, auf ein Zeitalter von dunkler und tiefer Trächtigkeit folgte so mit Beginn der zweiten Hälfte des 12. Jahrhunderts eine Ära, in der die Gesellschaft von nun an darauf bedacht war, die menschlichen Beziehungen ernsthafter zu gestalten, zwi-

---

* Anm. d. Übers.: Stellvertreter des Königs.
** Anm. d. Übers.: Regionaler Beamter mit vor allem richterlichen Befugnissen.

schen den Klassen schärfere Grenzen zu errichten, viele der örtlichen Unterschiede zu verwischen und schließlich nur allmähliche Veränderungen zuzulassen. Für diesen entscheidenden Wandel der Zeit um 1200 war sicherlich nicht der Umschwung im Rechtsdenken allein verantwortlich, der im übrigen mit anderen Kausalketten eng verbunden war. Indessen besteht kein Zweifel daran, daß er in hohem Maße dazu beigetragen hat.

ZWEITER TEIL

DIE BANDE VON MENSCH ZU MENSCH

Erstes Buch

Die Blutsbande

1. Kapitel

Der Zusammenhalt durch Abkunft

1. Die »blutsverwandten Freunde«

Die auf die Blutsgemeinschaft gegründeten Bande ließen viele Dinge an
Alter hinter sich und waren auf Grund ihres Wesens den menschlichen
Beziehungen, die die Feudalzeit kennzeichneten, fremder. Sie spielten im
Schoß der neuen Ordnung andauernd eine zu bedeutende Rolle, als daß
man sie nicht aus unserem Bild ausschließen könnte. Zu allem Unglück ist
die Beschäftigung mit ihnen schwierig. Nicht ohne Grund hat man im
alten Frankreich die Familiengemeinschaft auf dem Lande mit dem Wort
der »schweigenden« (taisible) Gemeinschaft bezeichnet. Ganz natürlich
spielt sich der Verkehr zwischen nahestehenden Personen ohne Schrift ab.
Doch in Ausnahmefällen nahm man sie in Anspruch. Die Stücke, die
fast ausschließlich für den Gebrauch der oberen Klasse bestimmt waren,
sind zum größten Teil verloren, zumindest aus der Zeit vor dem 13. Jahrhundert. Denn bis zu diesem Zeitpunkt waren die beinahe einzigen Archive, die uns erhalten geblieben sind, die der Kirchen. Aber das ist nicht
das einzige Hindernis. Ein Gesamtbild der feudalen Einrichtungen zu
zeichnen, kann mit Recht gewagt werden, weil sie sich, die gerade zu der
Zeit entstanden waren, als das eigentliche Europa Gestalt annahm, ohne
wesentliche Unterschiede über die ganze europäische Welt verbreiteten.
Dagegen waren die Institutionen der Verwandtschaft für eine jede der
Gruppen verschiedenen Ursprungs, die ihr Zweck dahin geführt hatte,
Seite an Seite zu leben, ein besonders zähes Erbe ihrer eigentümlichen
Vergangenheit. Man vergleiche zum Beispiel einmal die ziemliche Ein-
förmigkeit der Regeln, die bei der Vererbung eines militärischen Lehens
galten, mit der unendlichen Verschiedenheit derjenigen, die die Übertragung anderer Güter festlegten. In der sogleich folgenden Darstellung
werden wir uns mehr als einmal damit begnügen müssen, unser Augen-
merk auf einige große Strömungen zu richten.
Im ganzen feudalen Europa gab es also blutsverwandtschaftliche Gruppen. Die Ausdrücke, mit denen man sie zu bezeichnen pflegt, sind ziemlich
schwankend; in Frankreich war »parenté« oder »lignage« (Verwandt-

schaft, Sippe) am üblichsten. Dagegen galten die so geknüpften Bande als außerordentlich fest. Bezeichnend ist ein Wort: Um in Frankreich von Verwandten zu sprechen, sagt man gewöhnlich ganz kurz »les amis« und in Deutschland »Freunde« (d. i. les amis). Eine Urkunde des 11. Jahrhunderts aus der Ile-de-France zählt »seine Freunde, das heißt seine Mutter, seine Brüder, seine Schwestern und seine anderen Verwandten, mit denen er durch Blut oder Verschwägerung verbunden war«[115], auf. Es liegt nicht nur an einer Sorge um eine recht seltene Genauigkeit, daß man mitunter ausdrücklich von »Blutsfreunden« spricht, so als ob es in Wahrheit wirkliche Freundschaft nur zwischen Personen gäbe, die durch das Blut verbunden waren.

Der Held, dem am besten gedient war, ist derjenige, dem alle seine Krieger entweder durch das neue und eigentlich feudale Verhältnis der Vassalität oder durch das alte Verhältnis der Sippe verbunden waren: Zwei Beziehungen, die man gewöhnlich auf dieselbe Ebene stellt und weil sie in gleicher Weise binden, scheinen sie den ersten Rang vor allem anderen einzunehmen. »Magen und Mannen«: die Alliteration des deutschen Heldenliedes hat beinahe schon sprichwörtlichen Charakter. Aber die Dichtung bietet uns in diesem Fall nicht die einzige Gewähr, und der scharfsinnige Joinville weiß noch im 13. Jahrhundert sehr gut, daß, wenn die Truppe des Guy de Mauvoisin vor Mansourah Wunder wirkte, es daran lag, daß sie vollständig entweder aus Lehnsmännern des Anführers oder aus Rittern seiner Sippe bestand. Die Hingabe ist am innigsten, wenn die beiden Sphären der Verbundenheit ineinander übergehen. So geschah es dem Herzog Bègue im Heldenlied, dessen tausend Vasallen »alle einer Sippschaft entstammten«. Worauf gründet ein Edelmann aus der Normandie oder aus Flandern nach dem Zeugnis der Chronisten seine Macht? Ohne Zweifel auf seine Burgen, auf seine schön klingelnden Einkünfte, auf die Zahl seiner Vasallen, aber auch auf die seiner Verwandten. Genauso verhält es sich auf der gesellschaftlichen Stufenleiter weiter unten. Es waren Kaufleute wie jene Genter Bürger, von denen ein Chronist, der sie gut kannte, sagte, sie verfügten über zwei bedeutende Stärken: »ihre Türme« – nämlich Wohntürme der Patrizier, deren steinerne Mauern in den Städten einen dunklen Schatten auf die niedrigen Holzhäuser der unteren Volksschichten warfen – und »ihr Geschlecht«. Das waren zumindest zu einem Teil einfache freie Leute, die mit dem bescheidenen Wergeld von 200 Schilling eingestuft waren, und vermutlich vor allem Bauern, wie die Glieder dieser verwandtschaftlichen Gruppen, gegen die in der zweiten Hälfte des 10. Jahrhunderts die Londoner Bevölkerung entschlossen war, in den Krieg zu ziehen, »wenn sie uns am Ausüben unserer Rechte hindern und sich zu Beschützern von Dieben aufwerfen«[116].

War ein Mann einem Gericht überantwortet, fand er in seinen Verwandten seine natürlichen Helfer. Bald war es das Gesetz, bald der Brauch, die es geboten, die »Eideshelfer«, deren gemeinsamer Eid genügte, um den Beschuldigten von jeder Anklage reinzuwaschen oder um die Klage eines Klägers zu bestätigen, dort, wo dieses alte germanische Rechtsverfahren in Kraft blieb, unter »den blutsverwandten Freunden« heranzuziehen, wie die vier Verwandten in Usagre in Kastilien, die aufgefordert waren, mit der Frau zu schwören, die angab, Opfer einer Vergewaltigung geworden zu sein[117]. Wurde dem gerichtlichen Zweikampf als Beweismittel der Vorzug gegeben? Grundsätzlich, so führt Beaumanoir aus, könnte er nur von einer der Parteien gefordert werden, doch gibt es daneben zwei Ausnahmen: Dem lehnspflichtigen Vasallen stand es frei, für seinen Herrn den Kampf zu fordern, und jeder Mann kann so handeln, wenn jemand aus seiner Sippe betroffen ist. Mehr als einmal erscheinen die beiden Möglichkeiten als gleichwertig. So sehen wir im Rolandslied die Sippe des Ganelon einen der ihren entsenden, der gegen den Ankläger des Verräters in die Schranken treten soll. Im Lied erstreckt sich im übrigen das Gefühl der Zusammengehörigkeit noch viel weiter. Nach der Niederlage ihres Anführers werden die dreißig Sippenangehörigen, die sich für ihn »verbürgt« hatten, in einer dichten Traube am Baum des »Verwünschten Waldes« gehängt. Ohne jeden Zweifel handelt es sich um dichterische Übertreibung. Das Heldenlied war ein Vergrößerungsglas. Aber seine Erfindungen konnten nur dann auf etwas Gefallen treffen, wenn sie die allgemeine Überzeugung ansprachen. Um 1200 hatte der Seneschall der Normandie, Vertreter eines Rechts, das schon auf einer höheren Stufe stand, Mühe, seine Beauftragten daran zu hindern, mit dem Verbrecher seine ganze Sippe in die Bestrafung einzuschließen[118]; so sehr erschienen der einzelne und die Gruppe untrennbar verbunden.

So wie diese Sippe einen Rückhalt bildete, war sie nach ihrer Art auch ein Richter. Wenn wir den Heldenliedern glauben, wandten sich die Gedanken des Ritters ihr in der Stunde der Gefahr zu: »Kommt mir zu Hilfe, auf daß ich nicht verzage und meiner Sippe dadurch zur Schande gereiche«, so fleht Wilhelm von Oranien treuherzig die Jungfrau an[119]. Und wenn Roland sich weigert, das Heer Karls des Großen zu seiner Hilfe zu rufen, so geschieht es aus Angst, daß seine Sippschaft seinetwegen gescholten wird. Ehre oder Schande eines ihrer Angehörigen fiel auf die ganze kleine Gesellschaft zurück.

Doch vor allem bei der Blutrache zeigten die Blutsbrüder ihre ganze Kraft.

2. Die Blutrache

Fast von Anbeginn bis zum Ende haben das Mittelalter und besonders die Feudalzeit unter dem Zeichen der Privatrache gelebt. Selbstverständlich oblag sie als die heiligste der Pflichten vor allem der gekränkten Einzelperson. Ein reicher Florentiner mit Namen Velluto di Buonchristiano war in einer jener stadtbürgerlichen Gemeinschaften geboren, denen gerade ihre Unabhängigkeit von den großen Staaten eine lang anhaltende Treue zu den überlieferten Ehrbegriffen gestattete. Er ist von einem seiner Feinde tödlich verwundet worden und machte 1310 sein Testament. In dieser Urkunde, die ebensosehr ein Werk der Frömmigkeit wie der klugen Vorsorge war und die nach dem Willen der Zeit vor allem das Seelenheil durch fromme Stiftungen sichern sollte, scheute er sich keineswegs, ein Legat zum Wohle seines Rächers auszusetzen, falls sich einer finden sollte[120].

Der einzelne Mensch jedoch vermochte nur wenig. Zudem war es am häufigsten ein Tod, der gesühnt werden mußte. Dann trat der Familienclan auf den Plan, und die Fehde wurde angesagt, um das alte germanische Wort zu verwenden, das sich allmählich über ganz Europa ausbreitete: »Die Rache der Verwandten, die wir Fehde nennen«, heißt es in einer kirchenrechtlichen Schrift aus Deutschland[121]. Keine moralische Verpflichtung schien geheiligter als gerade diese. In Flandern lebte am Ende des 12. Jahrhunderts eine adlige Dame, deren Mann und beide Söhne von Feinden getötet worden waren; seither beunruhigte die Blutrache das umliegende Land. Ein Gottesmann, der Bischof Arnulf von Soissons, kam die Versöhnung zu predigen. Um ihn nicht zu hören, ließ die Witwe die Zugbrücke hochziehen. Bei den Friesen rief der Leichnam selbst nach Rache; er hing im Hause und vertrocknete, bis zu dem Tage, an dem die Verwandten nach beendeter Fehde das Recht zur Bestattung erhielten[122]. Warum hielt es in Frankreich noch während der letzten Jahrzehnte des 13. Jahrhunderts der weise Beaumanoir, der drei Königen diente, die den Frieden besser als alle anderen wahrten, warum hielt er es für wünschenswert, daß jedermann das Verhältnis zu seinen Verwandten zu bestimmen in der Lage sei? Damit man, wie er sagt, in Privatkriegen »die Hilfe seines Freundes fordern« kann.

Die ganze Sippe, die sich gewöhnlich unter den Befehlen eines »Kriegshäuptlings« zusammenscharte, griff also zu den Waffen, um den Mord oder nur die Schmähung eines der ihren zu bestrafen. Aber das richtete sich nicht allein gegen den Urheber des Unrechts selbst. Denn dem aktiven Gefühl der Zusammengehörigkeit entsprach mit gleicher Stärke ein passives. In Friesland war keineswegs der Tod des Mörders nötig, um den

Leichnam nach der Sühne des Unrechts ins Grab zu legen. Der Tod eines
Angehörigen der Tätersippe reichte aus. Und wenn man uns berichtet,
Velluto habe 24 Jahre nach seinem Testament in einem seiner Verwandten endlich den erhofften Rächer gefunden, so traf die Sühne ihrerseits
nicht den Schuldigen, sondern einen seiner Verwandten. Wie stark und
dauerhaft diese Vorstellung war, beweist ohne Zweifel nichts besser als
ein verhältnismäßig später Spruch des Pariser Parlaments*. 1260 war
der Ritter Louis Defeux von einem gewissen Thomas d'Ouzouer verwundet worden; seinen Angreifer verfolgte er bis vor das Gericht. Der
Angeklagte leugnete die Tat keineswegs, aber er führte aus, daß er selbst
einige Zeit zuvor von einem Neffen seines Opfers angegriffen worden sei.
Was warf man ihm vor? Hatte er nicht im Einklang mit den königlichen
Bestimmungen vierzig Tage gewartet, ehe er Rache übte? (Das war die
Zeit, die man für nötig hielt, um die Verwandten gebührend zu warnen.)
Ganz recht, erwiderte der Ritter, aber was mein Neffe getan hat, geht
mich gar nichts an. Der Einwand galt wenig, denn die Tat eines einzelnen betraf seine ganze Sippe. So entschieden zumindest in diesem Fall die
Richter des frommen und friedliebenden Heiligen Ludwig. So rief Blut
nach Blut und endlose Streitereien, aus oftmals nichtigen Anlässen entstanden, ließen feindliche Häuser sich gegeneinander erheben. Im 11. Jahrhundert zog sich ein zwischen zwei adligen Häusern in Burgund aus-
gebrochener Streit, der an einem Tag während der Weinlese begann, an
die dreißig Jahre hin. Gleich bei den ersten Kämpfen hatte eine der Parteien mehr als elf Mann verloren[123].
Die Chroniken haben vor allem die Fehden der großen Adelsgeschlechter
aufgezeichnet, z. B. »der dauerhafte Haß«, der, mit finsterem Verrat
vermischt, die Giroie und die Talvas in der Normandie des 12. Jahrhunderts aneinander geraten ließ[124]. In den von den Spielleuten immer
und immer wieder vorgetragenen Berichten fanden die großen Herren
den Widerhall ihrer bis zum Heldenlied sich erhebenden Leidenschaften.
Die Blutrache der »Lothringer« an »denen von Bordeaux«, der Sippschaft des Raoul von Cambrai an der des Herbert von Vermandois, füllen einige unserer schönsten Heldenlieder aus. Der Todesstoß, den eines
der Kinder von Lara an einem Festtag einem der Verwandten seiner
Tante versetzte, zeugte eine Reihe von Morden, die, miteinander verknüpft, die Handlung für einen berühmten spanischen *cantar* bilden. Aber
die gleichen Sitten siegten bei Hoch und Niedrig der Gesellschaft. Sobald
der Adel endgültig im 13. Jahrhundert zu einem erblichen Stand gewor-

---

* Anm. d. Übers.: Königlicher Gerichtshof, der seit etwa 1250 nur noch in Paris
tagte.

den war, zeigte er sich bestrebt, sich alle Arten der Waffengänge als ein Ehrenzeichen vorzubehalten. Die öffentliche Gewalt – etwa 1276 der Grafenhof von Hennegau[125] – und die juristische Lehre richteten sich danach: aus Neigung zu den adligen Vorurteilen, aber auch, weil um die Friedenswahrung besorgte Fürsten oder Juristen mehr oder minder undeutlich das Bedürfnis spürten, brennen zu lassen, was nicht zu retten war. Weder war für eine Kriegerkaste der Verzicht auf jede Rache in der Praxis durchzuführen, geschweige denn grundsätzlich zu vertreten; zumindest wäre viel gewonnen gewesen, ihn beim Rest der Bevölkerung zu erreichen. So wurde Gewalt ein Klassenvorrecht, wenigstens theoretisch. Denn selbst die Autoren, die wie Beaumanoir es für gut halten, daß »andere als die Edelleute nicht zu den Waffen greifen können«, lassen uns kaum über die wahre Tragweite dieser Regel im Unklaren. Arezzo war nicht die einzige Stadt, wo, wie man den Malereien auf den Wänden der Basilika von Assisi entnehmen kann, der heilige Franziskus die Dämonen der Zwietracht hätte vertreiben können. Wenn die ersten Stadtrechte den Frieden als ihre Hauptsorge ansahen und sie getreu dem Namen, den sie sich manchmal gaben, geradezu als »Friedens«urkunde erschienen, so geschah das bekanntlich, weil sich die entstehende Bürgerschaft neben vielen anderen Gründen der Wirrnis »durch Streit und Unfrieden, der eine Familie gegen die andere aufstehen ließ«, entzweit hatte, wie es noch Beaumanoir sagt. Das wenige, was wir über das verborgene Leben auf dem Lande wissen, enthüllt uns dort ähnliche Verhältnisse.

Dennoch herrschten diese Gedanken nicht völlig ungeteilt. Sie stießen auf andere, durchaus gewichtige Vorstellungen: die von der Kirche eingeflößte Angst vor vergossenem Blut, der überlieferte Begriff des allgemeinen Friedens und überhaupt das Bedürfnis nach diesem Frieden. Wir werden weiter unten die Geschichte der leidvollen Anstrengungen gegenüber der inneren Ruhe behandeln, die durch die ganze Feudalzeit hindurch eines der hervorstechendsten Symbole gerade der Übel war, auf die einzuwirken dieses Friedensbedürfnis mit mehr oder weniger Erfolg bestrebt war. Der »sterbliche Haß« – die Wortverbindung hat eine fast technische Gültigkeit bekommen – der von den Familienbanden unaufhörlich geschaffen worden ist, zählte unbestreitbar zu den Hauptursachen der üblichen Störungen. Aber die glühendsten Apostel der Ordnung blieben in ihrem Herzen dem wesentlichen Bestandteil eines Sittengesetzes mit Sicherheit treu. Allein einige Utopisten konnten darauf sinnen, die radikale Abschaffung ins Auge zu fassen. Viele Übereinkünfte zur Friedenssicherung, die überall Bußgelder festsetzten oder Orte benannten, an denen die Ausübung von Gewalt, welcher Art auch immer, untersagt wurde, erkannten die Rechtmäßigkeit der Fehde ausdrücklich an. Die öffentlichen

Gewalten handelten in den meisten Fällen nicht anders. Sie bemühten sich, die Unschuldigen gegen den gröbsten Mißbrauch des Zusammengehörigkeitsgefühls der Sippe zu schützen und setzten Zeiten des Friedensschutzes fest. Sie legten Wert darauf, erlaubte Vergeltung von reiner Räuberei zu unterscheiden, die unter dem Deckmantel einer Sühne geschah[126]. Sie versuchten mitunter, die Anzahl und die Schwere der Vergehen zu begrenzen, die mit Blut reingewaschen werden konnten. Auf Grund der normannischen Bestimmungen Wilhelms des Eroberers war das nur beim Mord am Vater oder Bruder gestattet. Sie wagten in dem Maße, in dem sie sich stark fühlten, immer häufiger der Privatsache dadurch zuvorzukommen, daß sie entweder Verbrechen auf frischer Tat ahndeten oder Übertretungen bekämpften, die unter die Rubrik der Friedensverletzung fielen. Vor allem wandten sie Mühe darauf, die feindlichen Gruppen zu veranlassen, mitunter sie zu zwingen, Waffenstillstands- oder Versöhnungsabkommen zu schließen, die von Gerichten vermittelt würden. Mit einem Wort – abgesehen von England, wo nach der normannischen Eroberung das Verschwinden jedes gesetzmäßigen Rechts auf Rache zu den Merkmalen der königlichen »Tyrannei« gehörte – beschränkten sich die öffentlichen Gewalten darauf, den Auswüchsen der Erscheinungen zu steuern, die sie nicht zu verhindern in der Lage waren, womöglich nicht einmal den Wunsch hatten. Ohnehin stellten die Gerichtsverfahren kaum mehr als eine geregelte Blutrache dar, wenn die geschädigte Partei sie zufällig der direkten Aktion vorzog. Man beachte, in welcher bezeichnender Form 1232 die Stadtrechtsurkunde von Arques im Artois im Fall der vorsätzlichen Tötung bestimmte Fragen regelte: an den Herrn fiel die Habe des Schuldigen, an die Verwandten des Opfers sein Körper, um ihn zu töten[127]. Das Recht zu klagen stand fast immer ausschließlich den Verwandten zu[128]. Noch im 13. Jahrhundert konnte in den gesittetsten Städten und Fürstentümern, in Flandern z. B. oder der Normandie, der Mörder die Gnade des Herrschers oder der Richter nur erringen, wenn er sich zuvor mit der Sippe geeinigt hatte.

Denn wie achtbar auch »diese alten, wohl überlieferten Rachegefühle« auch schienen, von denen die spanischen Dichter mit Wohlgefallen sprechen, so war es doch kaum möglich, auf ihr immerwährendes Weiterleben zu hoffen. Früher oder später mußte man zum Verzeihen der »Totenrache« kommen, wie es im »Girard von Roussillon« heißt. Nach einem sehr alten Brauch geschah die Versöhnung gewöhnlich mittels einer Entschädigung. »Die Lanze auf deiner Brust, – kaufe sie, wenn du nicht den Stoß empfangen willst«: der Rat dieses alten angelsächsischen Spruches hat seine Weisheit noch immer behalten[129].

In der Tat erhielten sich die abgestuften Bußgelder, um die sich einst die

Volksrechte mit soviel Sorgfalt bemüht hatten, dann vor allem die peinlich genaue Staffelung der »Menschenpreise«* im Falle eines Totschlages nur noch in beträchtlich überarbeiteter Form in einigen Gegenden, wie in Friesland, in Flandern und an einigen Plätzen Spaniens.

Wenn der »Spiegel«, d. h. der »Sachsenspiegel« im gleichwohl konservativen Sachsen** noch zu Beginn des 13. Jahrhunderts ein solches System kannte, so spielte es kaum mehr als die Rolle eines sinnentleerten Archaismus. Und das »relief de l'homme«, das unter dem Heiligen Ludwig bestimmte Texte des Loiretales zu 100 Sou beständig festsetzten, bezog sich nur auf außergewöhnliche Umstände[130]. Wie hätte es auch anders sein sollen? An die Stelle der alten Volksrechte waren die Rechtsgewohnheiten von Gruppen getreten, die von nun an bei einer Bevölkerung verbreitet waren, die eine ganz andere Strafrechtsüberlieferung kannte. Die öffentlichen Gewalten, die ehemals an der strikten Bezahlung der vorgeschriebenen Summen interessiert waren, weil sie daran einen Anteil erhielten, hatten während der Anarchie des 10. und 11. Jahrhunderts die Macht eingebüßt, etwas einzufordern. Schließlich und überhaupt hatten sich die Klassenunterschiede, auf denen die alten Berechnungen beruhten, zutiefst verändert.

Aber das Verschwinden der festen Gebührenabstufungen berührte nicht die Tatsache der Entschädigung als solche. Sie lag bis zum Ende des Mittelalters in ständiger Konkurrenz mit den Leibesstrafen, die durch die Friedensbewegung zu Ehren gekommen waren und zur Abschreckung der Verbrecher geeigneter erschienen. Allein der Preis des Verbrechens oder des Blutvergießens, an den sich mitunter fromme Stiftungen zugunsten dahingegangener Personen anschlossen, war von nun an in jedem einzelnen Fall durch Übereinkunft, Schiedsspruch oder Gerichtsentscheidung festgesetzt. Um nur zwei Beispiele anzuführen, die von den beiden Enden der Gesellschaftspyramide stammen: um 1160 erhält der Bischof von Bayeux eine Kirche aus der Hand eines Verwandten des Herrn, der seine Nichte getötet hatte und 1227 empfängt eine Bäuerin aus Sens vom Mörder ihres Mannes einen geringen Geldbetrag[131].

Wie die Fehde, so betraf auch die Bezahlung, die ihr ein Ende setzte, ganze Gruppen. Wenn es sich um ein einfaches Vergehen handelte, scheint sich tatsächlich schon vor langer Zeit der Brauch durchgesetzt zu haben, die Entschädigung auf die gekränkte Person zu begrenzen. Aber was geschah, hatte man es dagegen mit einem Mord, manchmal auch mit einer

---

* Anm. d. Übers.: Gemeint ist das Wergeld der frühmittelalterlichen Volksrechte.
** Anm. d. Übers.: Das Werk spiegelt das ungeschriebene Gewohnheitsrecht Elbostfalens.

Verstümmelung zu tun? Dann empfing die Familie des Opfers die Entschädigung für den Mann ganz oder in Teilen. In jedem Fall trug die Sippe des Schuldigen zur Zahlung bei: kraft einer streng gesetzlichen Verpflichtung und gemäß den zuvor angegebenen Regeln da, wo die abgestuften Wergelder in Kraft geblieben waren; andernorts entschied die Gewohnheit oder vielleicht der einfache Anstand, die indessen beide so bindend waren, daß die öffentlichen Gewalten ihnen fast Gesetzeskraft zuerkannten. »Das Vermögen der Verwandten«, unter diesem Titel trugen die Angehörigen der Kanzlei Philipps des Schönen eine königliche Verordnung, die nach Ermittlung des herkömmlichen Brauchs die Festsetzung des Beitrages der verschiedenen »Blutsverwandten« bestimmte, in ihre Formelsammlung ein, die nach einer ähnlichen Verordnung so genannt worden ist. Zweifellos war man der Meinung, das Formular häufig anwenden zu müssen[132].

Zudem genügte im allgemeinen die Entschädigungszahlung nicht, um einen Vertrag zu besiegeln. Zusätzlich war ein Akt der Buße oder eher der Unterwerfung gegenüber dem Opfer oder den Seinen erforderlich. Am häufigsten nahm er zumindest unter Personen vornehmeren Ranges die ihrem Sinn nach bedeutendste Form der Unterwerfung an, die man damals kannte, nämlich die Huldigung »mit Mund und Hand«. Noch waren es weniger einzelne Personen als Gruppen, die aneinandergerieten. Als 1208 der in Argenteuil sitzende Meier der Abtei St. Denis mit dem Meier des Herrn von Montmorency, den er verwundet hatte, Frieden schloß, mußte er zum Versöhnungsakt 29 seiner »Verwandten« mit sich bringen, und im März 1134 waren nach der Ermordung des Subdiakons von Orléans alle Verwandten des Toten erschienen, um die Ehrenbezeigung nicht nur eines der Mörder, seiner Helfershelfer und Vasallen entgegenzunehmen, sondern auch der »Besten seines Geschlechtes«, insgesamt 240 Leute[133]. So breitete sich die Tat eines Mannes im Schoße seiner Sippschaft in Wellen aus, die alle ihre Angehörigen erreichten.

3. Der ökonomische Zusammenhalt

Das feudale Abendland kannte einhellig die Rechtmäßigkeit des Individualbesitzes. Aber in der Praxis erstreckte sich das Gemeinschaftsbewußtsein der Sippe häufig auf die Gütergemeinschaft. Überall auf dem Lande bestanden zahlreiche »Bruderschaften«, mehrere verwandte Haushalte, die am selben »Herd«, am selben »Tisch« und denselben ungeteilten Feldern teil hatten. Oft ermutigte oder gebot der Grundherr die Gründung dieser »Gesellschaften«, denn er hielt es für vorteilhaft, die Mitglieder wohl oder übel für seine Einkünfte verantwortlich zu machen. Das Erbrecht der Unfreien kannte in einem großen Teil Frankreichs keine andere Regelung des Heimfalls als den Fortbestand einer schon bestehenden Gemeinschaft. Im Falle, daß der natürliche Erbe, der Sohn oder mitunter auch der Bruder, schon vor Beginn der Erbfolge den gemeinsamen Haushalt aufgegeben hatte, dann, aber nur dann, erloschen seine Rechte gänzlich vor denen des Oberhauptes. Ohne Zweifel waren diese Gewohnheiten bei den höheren Schichten weniger verbindlich, weil die Zerteilung notwendigerweise in dem Maße leichter wird, in dem der Reichtum zunimmt; aber das lag hauptsächlich daran, daß sich die grundherrlichen Einkünfte nur schlecht von den Herrschaftsrechten unterscheiden ließen, die der Natur der Sache nach weniger geeignet waren, von einer Gruppe ausgeübt zu werden. Doch hauptsächlich im mittleren Frankreich und in der Toskana war es bei vielen kleinen Herren üblich, ganz nach der Art der Bauern, nicht zu teilen. Sie nutzten ihr überkommenes Erbe in Gemeinschaft und lebten sämtlich vereint auf der Familienburg oder teilten sich zumindest in ihrer Hut.

Das waren die »Miterben unter dem zerfetzten Mantel«*, von denen einer, der Troubadour Bertrand de Born, geradezu der Typ des armen Ritters war. Zu ihnen gehörten nach 1251 die 31 Mitbesitzer einer Burg im Gévaudan[134]. War es vielleicht einem Fremden möglich, sich der Gruppe anzuschließen? Mag es sich um einfache Bauern oder höhergestellte Personen handeln, der Vorgang des Beitritts nahm gern die Form einer »Scheinbruderschaft« an, so als ob die einzig wirklich dauerhafte gesellschaftliche Abmachung die gewesen wäre, die in Ermangelung einer Blutsverwandtschaft zumindest deren Bande nachahmte.

Den großen Herren von Adel waren nämlich diese gemeinschaftlichen Gepflogenheiten immer geläufig. Die Bosoniden haben über einige Generationen hin die provenzalischen Grafschaften beherrscht, wobei jedem Zweig ein besonderer Einflußbereich vorbehalten war, während das Leben als ungeteilte Samtherrschaft angesehen wurde und man sich einhellig des gleichen Titels »Graf« oder »Fürst« der ganzen Provence bediente.

Selbst als dann der Besitz völlig auf einzelne Personen aufgeteilt worden war, war er deswegen durchaus noch nicht von jeder familiären Fessel frei. Dieses Zeitalter der rechtlichen »Teilhabe« sah zwischen zwei Begriffen, die wir gern für widersprüchlich halten, keinen Gegensatz. Lesen wir nur die Verkaufs- oder Schenkungsurkunden flüchtig durch, die uns

---

* Anm. d. Übers.: Im Deutschen werden solche »Miterben« als Ganerben bezeichnet.

die Kirchenarchive aus dem 10., 11. und 12. Jahrhundert aufbewahrt haben, so verkündet häufig derjenige, der etwas veräußert, in einer von Geistlichen verfaßten Vorrede sein Recht, in aller Freiheit über sein Gut zu verfügen. Das war in der Tat die Vorstellung der Kirche. Wie hätte sie, die ständig durch Gaben bereichert worden ist, obendrein Hüterin des Seelenheils war, es zulassen sollen, daß den Gläubigen irgendein Hindernis in den Weg gelegt würde, die bestrebt waren, durch fromme Freigiebigkeit ihr Heil oder das der Ihren, die ihnen teuer waren, zu sichern? Die Interessen des Hochadels, dessen Erbgut durch Landauftragungen der kleinen Leute, denen diese mehr oder minder freiwillig zugestimmt hatten, vermehrt worden war, gingen in dieselbe Richtung. Es war keineswegs ein Zufall, wenn schon im 9. Jahrhundert das sächsische Recht beim Aufzählen der Bedingungen, unter denen die Veräußerung gestattet war – sollte es die Enterbung der Verwandtschaft bewirken –, neben Freigiebigkeiten gegenüber den Kirchen und dem König den Fall des armen Schluckers verzeichnete, der »von Hunger bedrückt«, zur Bedingung gemacht hat, von dem Mächtigen ernährt zu werden, dem er sein Stück Land aufgetragen hat[135]. Doch fast nie versäumen es Urkunden und Aufzeichnungen, die Zustimmung der verschiedenen Verwandten des Verkäufers oder Schenkenden später zu erwähnen, so sehr sie auch die Rechte des einzelnen hervorheben. Diese Billigung schien um so notwendiger, als man in der Regel nicht zögerte, dafür zu bezahlen. Was geschah, wenn irgendein Verwandter, der damals nicht befragt worden war, mitunter nach langen Jahren darauf drang, die Übereinkunft für null und nichtig zu erklären? Die Nutznießer zeterten über die Ungerechtigkeit und die Gottvergessenheit, und manchmal brachten sie die Angelegenheit vor ein Gericht und gewannen den Prozeß[136]. Doch unter neun von zehn Fällen mußten sie sich trotz aller Proteste und Urteile am Ende vergleichen. Wohlverstanden hat es sich keineswegs wie in unserer Gesetzgebung um einen die Erben begünstigenden Schutz im strengen Wortsinn gehandelt. Ohne daß irgendein festes Prinzip den Kreis derer begrenzte, deren Zustimmung erforderlich schien, so legten Seitenverwandte trotz vorhandener direkter Nachkommen beständig Einspruch ein oder in ein und demselben Zweig fühlten sich die verschiedenen Generationen gleichzeitig zur Zustimmung aufgerufen. Das Ideal war, wie es ein Gutsverwalter aus Chartres versuchte, sich die günstige Meinung »so vieler Verwandter und Angehöriger als möglich«[137] zu verschaffen – selbst dann, wenn schon Frau, Kinder und Schwestern sie gebilligt hatten. Die ganze Sippschaft fühlte sich benachteiligt, wenn ein Gut ihrem Besitz entglitt.

Als man indessen seit dem 12. Jahrhundert bei der Anwendung des Gewohnheitsrechts, das aber bestimmten großen Gemeinschaftsideen unterworfen blieb, oft unsicher geworden war, ist es allmählich von einem Recht ersetzt worden, das weitaus mehr der Strenge und Klarheit zugetan war. Andererseits ließen die wirtschaftlichen Veränderungen die dem Warenaustausch entgegenstehenden Hindernisse immer weniger spüren. Früher waren Grundstücksverkäufe ziemlich selten. Selbst ihre Rechtmäßigkeit schienen in den Augen der öffentlichen Meinung bezweifelbar, wenn sie nicht eine große »Armut« zur Entschuldigung hatten. Sobald der Käufer eine Kirche war, wurden diese Geschäfte gern mit der Bezeichnung eines Almosens umkleidet oder der Verkäufer erwartete tatsächlich von diesem Schein, der nur zur Hälfte eine Täuschung war, einen doppelten Gewinn: in dieser Welt einen Preis, der vielleicht niedriger war, als er es beim Fehlen einer jeden anderen Entschädigung gewesen wäre, in der anderen die Erlösung, die er durch die Gebete der Diener Gottes erhielte. Im Gegenteil sollte von nun an der bloße Verkauf ein häufiges Geschäft werden, das auch offen anerkannt war. Sicher, um es völlig frei zu machen, bedurfte es eines vom Geschäftssin getriebenen Geistes und des Wagemutes bestimmter stadtbürgerlicher Gemeinschaften, Eigenschaften, die sich nur in Gesellschaften von außerordentlicher Art finden. Außerhalb dieser Verhältnisse begnügte man sich damit, dieses Geschäft mit einem besonderen Recht zu begaben, das von dem der Schenkung säuberlich getrennt war. Zwar war es ein Recht, das noch mehr als einer Beschränkung unterlag, aber sie waren weniger eingeengt als in der Vergangenheit und besser abgegrenzt. Zunächst war man zu fordern bestrebt, daß vor jeder Veräußerung gegen Geld das Gut Gegenstand eines Vorangebotes zu Nutzen der Verwandten wäre, zumindest, wenn es selbst aus einer Erbschaft herrührte. Das war eine schwerwiegende Klausel, die auch dauerhaft sein sollte[138]. Schließlich begnügte man sich ungefähr zu Beginn des 13. Jahrhunderts damit, den Angehörigen der Sippe innerhalb eines bestimmten Bereichs und gemäß einer vereinbarten Ordnung die Möglichkeit zuzuerkennen, den Wert des einmal geschehenen Kaufes dem Erwerber mittels Rückzahlung zu ersetzen. In der mittelalterlichen Gesellschaft war kaum eine feste Gewohnheit weiter verbreitet als der »Rückruf durch Verwandte« (retrait lignager). Mit der einzigen Ausnahme Englands[139] – und dort wiederum von bestimmten Stadtrechten abgesehen –, führte ihr Siegeszug von Schweden bis Italien. Auch keine Einrichtung war fester verankert. In Frankreich sollte sie erst von der Revolution abgeschafft werden. So bestand unter zugleich weniger schwankenden, obwohl stärker geschwächten Formen der wirtschaftliche Einfluß der Sippe durch die Zeiten fort.

2. Kapitel

Eigenschaften und Wandel der verwandtschaftlichen Bande

1. Die Wirklichkeit des Familienlebens

Es wäre geradezu ein schwerer Irrtum, das Innenleben dieser Sippe in gleichmäßig idyllischen Farben zu malen, trotz der starken Unterstützung, die sie gewährte und trotz des Zwanges, den sie auferlegte. Der Umstand, daß die Sippschaften untereinander gern Fehden begannen, hinderte sie nicht immer daran, Streit in ihrem innersten Kreis höchst grausam auszutragen. Wie verdrießlich Beaumanoir auch Gewaltanwendung unter Verwandten ansah, betrachtet er sie augenscheinlich nicht als Ausnahme noch selbst als streng verboten, außer, wenn es sich um direkte Brüder handelte. Es würde wohl auch ausreichen, darüber die Geschichte der fürstlichen Häuser zu befragen, zum Beispiel das Schicksal der Anjou, wahrer Atriden des Mittelalters, von Generation zu Generation zu verfolgen. »Mehr als ein Bürger«-Krieg war der, in den den Grafen Fulko Nerra sein Sohn Gottfried Martel stürzte und der sieben Jahre dauerte. Nachdem Fulko der Rauhe seinen Bruder aus seinem Erbe verdrängt hatte, warf er ihn in den Kerker, um ihn erst nach achtzehn Jahren als Wahnsinnigen freizulassen. Unter Heinrich II. von England wütete der Haß der Söhne gegen den Vater, schließlich wurde Arthur von König Johann, seinem Onkel, ermordet. Auf der unmittelbar darunterliegenden Ebene waren es die blutigen Auseinandersetzungen so vieler mittlerer und kleinerer Herren rings um ihre Familienburg, wie das Schicksal jenes flandrischen Ritters zeigt, der von seinen beiden Brüdern aus seiner Heimstatt vertrieben worden war und mitansah, wie seine junge Frau und sein Kind von ihnen hingemordet wurden und der dann den einen der Mörder mit eigener Hand tötete[140]. Schrecklicher aber war das Lied von den Vizegrafen von Comborn, einer dieser unmenschlichen Haßgesänge, die nichts von ihrem Geist verlieren, wenn sie uns durch die friedfertige Vermittlung eines geistlichen Schreibers überliefert werden[141].

Zunächst sehen wir den Vizegrafen Archambaud als Rächer seiner verlassenen Mutter auftreten und einen seiner Stiefbrüder töten, dann erkauft er viele Jahre später die Verzeihung seines Vaters durch die Ermordung eines Ritters, der dem alten Herrn einst eine unheilbare Wunde beigebracht hatte. Der Vizegraf wiederum hinterläßt drei Söhne. Der älteste, der die Vizegrafschaft geerbt hatte, stirbt bald ohne andere Nachkommen als einen ganz jungen Sohn zu hinterlassen. Da er seinem zweiten Bruder mißtraute, so betraute er den letztgeborenen, Bernhard, mit der Obhut seiner Ländereien während der Minderjährigkeit. Als »das Kind« Ebel das Ritteralter erreicht hatte, forderte er sein Erbe vergeblich ein. Doch erhält er dank der Vermittlung von Freunden wenigstens die Burg Comborn. Dort lebte er mit Grimm im Herzen bis zu dem Tag, als ihm durch Zufall seine Tante in die Hände fiel. Er vergewaltigte sie vor aller Augen, weil er den verhöhnten Onkel auf diese Weise zu zwingen hoffte, sie zu verstoßen. Bernhard nimmt seine Frau zurück und sinnt auf Rache. Eines schönen Tages erscheint er wie zum Trotz mit kleinem Gefolge vor den Mauern. Ebel, der vom Zechen benebelt war und sich getrübten Sinnes von der Tafel erhob, stürzt sich wie ein Verrückter in die Verfolgung. Nach einer Weile wenden sich die angeblich Fliehenden um, bemächtigen sich des Jünglings und verwunden ihn tödlich. Dieses tragische Ende, das Unrecht, das das Opfer ertragen hatte, vor allem seine Jugend, rühren das Volk. Einige Tage lang legte man auf sein vorläufiges Grab an der Stelle, wo er gefallen war, wie über die Reliquien eines Märtyrers Weihegaben. Aber der wortbrüchige Onkel, der Mörder, und seine Nachkommen bewahrten unangefochten die Burg und die Vizegrafschaft.

Wir wollen nicht den Widersinn beschwören. In diesen Zeiten der Gewalt und Reizbarkeit konnten gesellschaftliche Bindungen als sehr stark gelten, ja sich oft sogar häufig als solche erweisen und dessen ungeachtet einem Ausbruch von Leidenschaft ausgeliefert sein. Doch einmal abgesehen von diesen Gewalterscheinungen, die durch Gier ebenso wie durch Wut hervorgerufen waren, bleibt die Tatsache bestehen, daß sich unter ganz normalen Umständen ein sehr lebendiges Gemeinschaftsbewußtsein leicht mit einer gleichgültigen Mildherzigkeit gegenüber Personen vertrug, ebenso wie es vielleicht in einer Gesellschaft natürlich war, in der man Verwandtschaft vor allem als ein Mittel gegenseitiger Hilfe verstand, daß die Gruppe viel mehr als ihre Glieder, jedes für sich genommen, zählte. Dem offiziellen Historiker, der von einer großen adligen Familie besoldet worden ist, verdanken wir die Erinnerung an einen bemerkenswerten Ausspruch, den der Stammvater des Geschlechts eines Tages tat. Als sich Johann, Marschall von England, trotz seiner Versprechung weigerte, eine seiner Burgen dem König Stephan zu übergeben, drohten ihm seine Feinde damit, seinen jungen Sohn vor seinen Augen zu töten, den er vor kurzem als Geisel hinterlassen hatte. »Was liegt mir an dem Kind«, antwortete der gute Edelmann, »habe ich nicht noch Hammer und Amboß, um mit ihnen schönere zu schmieden[142]?« Die Eheschließung war in ihrer einfachsten Gestalt oft nicht mehr als eine Interessengemeinschaft und für die Frauen die Begründung eines Schutzes. Man höre, was im »Cid« die Töchter des Helden sagen, denen ihr

Vater gerade verkündete, daß er sie den Söhnen des Carrión versprochen habe. Die Mädchen, die ihren Bräutigam natürlich nie gesehen haben, bedanken sich: »Wenn ihr uns geheiratet habt, werden wir reiche Damen sein.« Diese Anschauungen waren so mächtig, daß sie bei zutiefst christlichen Völkern einen merkwürdigen und doppelten Widerspruch zwischen der Lebensweise und den religiösen Geboten hervorriefen.

Die Kirche war einer zweiten oder dritten Verheiratung nicht sonderlich aufgeschlossen, wenn sie ihr gegenüber auch nicht ganz feindlich gesonnen war. Jedoch war bei hoch und niedrig in der Gesellschaft die Wiederverheiratung fast allgemein üblich, natürlich aus Sorge, das fleischliche Behagen unter das Zeichen des Sakramentes zu stellen, aber auch, daß die Einsamkeit als zu große Gefahr für die Frau erschien, wenn der Gatte als erster gestorben war und daß andererseits der Grundherr in jedem zum Kunkellehen gewordenen Land eine Bedrohung der wohlgeordneten Dienste sah. Als der König Balduin II. von Jerusalem 1219 nach dem Untergang der antiochischen Ritterschaft auf dem Blutfeld ausschließlich damit beschäftigt war, sein Fürstentum wieder aufzurichten, bestand er darauf, zugleich den Waisen ihr Erbe zu bewahren und den Witwen neue Gatten zu verschaffen. Und Joinville bemerkt einfältig über sechs seiner Ritter, die in Ägypten starben: »Deshalb mußten ihre Frauen, alle sechs, sich wieder verheiraten[143].« Mitunter griff die grundherrliche Gewalt selbst gebieterisch ein, damit die Bäuerinnen, die eine unzeitige Witwenschaft daran hinderte, ihre Felder sorgfältig zu bestellen oder die vorgeschriebenen Frondienste zu leisten, »mit Gatten versorgt« waren.

Andererseits verkündete die Kirche die Unauflösbarkeit der ehelichen Bindung. Vor allem innerhalb der höheren Schichten schloß das häufige Verstoßungen nicht aus, die oft auf äußerst niedrige Beweggründe zurückzuführen waren. Ein Zeugnis unter tausenden liefern die Eheabenteuer des Marschalls Johann, die stets in der gleichen Tonart von dem Minnesänger erzählt werden, der in den Diensten seiner Enkel stand. Er hatte eine Dame von vornehmer Abkunft geheiratet, die, glaubt man dem Dichter, mit allen Vorzügen des Körpers und Geistes ausgestattet war: »großes Vergnügen hatten sie miteinander«. Zu allem Unglück hatte Johann auch einen »zu starken Nachbarn«, mit dem sich zu vertragen die Klugheit empfahl. Er schickte seine entzückende Frau zurück und verband sich mit der Schwester dieser gefährlichen Person.

Aber es hieße ohne Zweifel die Wirklichkeit des Feudalzeitalters beträchtlich entstellen, wenn man die Ehe in den Mittelpunkt des Familienverbandes stellt. Nur zur Hälfte gehörte die Frau zur Sippe, in die sie das Schicksal hatte eintreten lassen, vielleicht nur für kurze Zeit. »Schweigt«, sprach scharf Garin der Lothringer zur Witwe seines ermordeten Bruders, die über dem Leichnam weinte und klagte, »ein artiger Ritter wird Euch wieder nehmen ... ich bin es, dem es zukommt, tiefe Trauer zu bewahren«[144].

Wenn in dem verhältnismäßig späten Nibelungenlied Kriemhild den Tod Siegfrieds, ihres ersten Gemahls, an ihren Brüdern rächt – ohne daß übrigens die Rechtmäßigkeit dieser Tat in irgendeiner Weise als anfechtbar galt –, so scheint sie doch im Gegenteil in der ursprünglichen Fassung die Fehde ihrer Brüder gegen Attila, ihren zweiten Gatten und deren Mörder, zu betreiben. Durch die Gefühlsstimmung ebenso wie durch seinen Umfang war der Familienverband damals etwas ganz anderes als die eheliche Kleinfamilie nach moderner Art. Wie aber haben sich ihre Umrisse genau abgezeichnet?

2. Die Sippenstruktur

Mächtige *gentes*, die ganz und gar durch die wahre oder falsche Vorstellung einer gemeinsamen Abstammung zusammengehalten wurden und gerade dadurch genauestens abgegrenzt waren, kannte das Abendland während der Feudalzeit allein an seinem äußersten Rand, außerhalb der eigentlich feudalisierten Länder. An den Küsten der Nordsee herrschten die *Geschlechter* Frieslands oder Dithmarschens, im Westen die keltischen Sippschaften oder *Clans*. Allem Anschein nach hatten Gruppen dieser Art noch bei den Germanen der Völkerwanderungszeit existiert, wie die langobardischen und fränkischen *farae*, nach denen immer noch heute mehr als ein italienisches oder französisches Dorf seinen Namen trägt, dann auch die alemannischen und bajuwarischen *genealogiae*, die bestimmte Schriftquellen im Besitz des Bodens zeigen. Aber diese zu großen Einheiten sind allmählich zerbröckelt.

Ebenso stand es mit der absoluten Vorherrschaft der Abstammung in männlicher Linie, der die römische *gens* die außerordentliche Stärke ihrer historischen Rolle verdankte. Während der Feudalzeit findet sich nichts Vergleichbares. Wir wissen, daß schon jede einzelne Person im alten Germanien zwei Arten von Verwandten besaß, solche »von der Speerseite« und solche »von der Rockenseite«. Sie war, natürlich in verschiedenen Abstufungen, beiden Seiten verpflichtet, so als ob bei den Germanen das agnatische Prinzip niemals so vollständig gesiegt hätte, um jede Spur eines älteren Systems der Abkunft von mütterlicher Seite verschwinden zu lassen. Unglücklicherweise wissen wir fast gar nichts über die Familientradition, die in den von Rom unterworfenen Ländern wurzelte. Was man aber auch immer über diese Abstammungsfragen zu denken hat, in jedem Fall ist sicher, daß Verwandtschaft im mittelalterlichen Abendland einen deutlich zwiespältigen Charakter angenommen oder bewahrt hatte. Die Gefühlsbedeutung, die das Heldenlied den Beziehungen zwischen dem Onkel mütterlicherseits und dem Neffen zumißt, ist nur eine der Äußerungen einer Herrschaftsform, in der die Bande weiblicher Verbindungen beinahe ebensoviel wie die väterliche Blutsverwandtschaft zählten[145], was unter anderem das sichere Zeugnis der Namenkunde beweist.

Die meisten der germanischen Personennamen waren aus zwei zusammengefügten Bestandteilen gebildet, deren jedes seine eigentümliche Bedeutung besaß. Solange sich das Bewußtsein vom Unterschied zwischen den beiden Stämmen erhielt, war es, wenn nicht die Regel, so doch zumindest häufiger Gebrauch, die Abstammung durch das Herausnehmen eines der beiden Bestandteile anzugeben. Das geschah selbst auf romanischem Boden, wo das Ansehen, das die Sieger nach der Völkerwanderung genossen, dazu führte, daß ihre Namensbräuche bei der einheimischen Bevölkerung weit verbreitet nachgeahmt worden sind. So geschah es nun, daß man mit Hilfe dieses verbalen Kunstgriffs beinahe unterschiedslos an die Vergangenheit bald des Vaters, bald der Mutter anknüpfte. Zum Beispiel haben in dem Dorf Palaiseau der Kolone *Teud-ricus* und seine Frau *Ermen-berta* zu Beginn des 9. Jahrhunderts einen ihrer Söhne *Teuthardus*, einen anderen *Ermen-tarius* und den dritten in doppelter Erinnerung *Teut-bertus* getauft[146]. Dann bildete sich die Gewohnheit aus, den ganzen Namen von Generation zu Generation übernehmen zu lassen. Dies geschah, indem man wieder mit den Namen der beiden Herkunftslinien wechselte, so, wenn von den beiden Söhnen des Lisois, Herrn von Amboise, der um 1065 starb, der eine den Namen seines Vaters erhielt, der andere, der der ältere war, Sulpicius wie der Großvater und Bruder seiner Mutter genannt wurde. Noch später, als man damit begonnen hatte, den Vornamen einen Familiennamen zuzufügen, schwankte man lange Zeit beständig zwischen den beiden Arten der Namensübertragung. Die Tochter des Jacques d'Arc und der Isabelle Romée, die zu ihren Richtern sagte, »man nennt mich bald Jeanne d'Arc, bald Jeanne Romée« und die die Geschichte nur unter dem ersten ihrer Namen kennt, machte darauf aufmerksam, daß man in ihrem Landesteil üblicherweise dazu neigte, den Töchtern den Zunamen ihrer Mutter zu geben.

Diese Doppelbeziehung zog bedeutende Folgen nach sich. Da jede Generation einen derartigen Verwandtenkreis besaß, der sich keineswegs mit dem der vorangehenden Generation deckte, veränderte der Bereich der sich aus der Abkunft ergebenden Verpflichtungen ununterbrochen seine Umrisse. Die Pflichten waren streng, aber die Gruppe war zu unbeständig, um als Grundlage des gesamten Gesellschaftssystems zu dienen. Doch noch schlimmer war es, wenn zwei Sippen aufeinanderprallten, und so konnte es schon geschehen, daß ein und dieselbe Person einmal von seiten des Vaters, dann von seiten der Mutter beiden zugleich angehörte. Wie sollte man sich entscheiden? In weiser Art rät Beaumanoir, mit dem nächsten Verwandten zu gehen und sich bei gleichem Verwandtschaftsgrad fernzuhalten. Es besteht kein Zweifel, daß die Entscheidung in der Praxis oft durch die Vorliebe für bestimmte Personen diktiert worden ist. Wir werden bei der Untersuchung der eigentlich feudalen Beziehungen diesen juristischen Wirrwarr im Falle des Vasallen mit den zwei Herren bemerken. Er war für eine bestimmte Vorstellung typisch, und auf die Dauer konnte er die Bindungen nur lockern. Wie zerbrechlich war die Familienverfassung im Innern, die dazu zwang, wie es im 13. Jahrhundert im Beauvaisis geschah, den Krieg zwischen zwei Brüdern, die aus zwei Ehen ein und desselben Vaters stammten, als rechtmäßig anzusehen. Sie sahen sich in eine Fehde unter ihren mütterlichen Verwandten verwickelt.

Wieweit erstreckten sich die Verpflichtungen gegenüber den »blutsverwandten Freunden« aus zwei Sippen? Man findet kaum mit einiger Genauigkeit festgelegte Grenzen außer bei den Gemeinschaften, die den festgesetzten Zahlungen des Kompositionssystems treu geblieben waren, und auch diese Rechtsgewohnheiten sind erst zu einer verhältnismäßig späten Zeit aufgezeichnet worden. Deshalb ist es nur um so bezeichnender, daß sie Gebiete eines aktiven und passiven Gemeinschaftsgefühls beschreiben, die erstaunlich groß sind; überdies waren es abgestufte Zonen, in denen der Satz der empfangenen oder gezahlten Summen je nach der Nähe der Verwandtschaft wechselte. Damit die am Mörder eines Verwandten vollzogene Rache nicht als Verbrechen gewertet werden konnte, genügte es im 13. Jahrhundert in Sepulveda in Kastilien, mit dem Opfer einen gemeinsamen Ururgroßvater zu haben. Der gleiche Grad der Beziehung ermöglichte dem Recht von Oudenarde zufolge einen Teil des Blutgeldes zu empfangen und machte in Lille zur Auflage, zu seiner Bezahlung beizutragen. In St. Omer ging man in diesem letzten Fall so weit, die Verpflichtung von der Existenz eines Großvaters des Urgroßvaters, gleichsam eines gemeinsamen Stammes, herzuleiten[147]. Anderwärts war das Bild weniger deutlich. Wie schon beobachtet, gebot die Klugheit, sich für Veräußerungen die Zustimmung von soviel Seitenverwandten wie möglich zu verschaffen. Was die »schweigenden« Gemeinschaften auf dem Lande angeht, so vereinten sie zahlreiche Personen für lange Zeit unter ihrem Dach. Im 11. Jahrhundert waren es in Bayern bis zu fünfzig, bis zu siebzig im 15. Jahrhundert in der Normandie[148].

Genau genommen scheint jedoch seit dem 13. Jahrhundert beinahe überall eine Art Verkleinerung stattzufinden. Die großen Sippen von einst werden allmählich durch Gruppen ersetzt, die unseren Kleinfamilien von heute viel näher stehen. Beaumanoir hat gegen Ende des Jahrhunderts das Gefühl, daß der Kreis der Personen, die durch den Zwang zur Rache zusammengehalten werden, im Begriff war, kleiner zu werden, so daß er zu seiner Zeit im Unterschied zum vorangehenden Zeitraum nur mehr Vettern zweiten Grades einschloß, ja sogar vielleicht allein die Vettern ersten Grades den Kreis bildeten, in dem die Verpflichtung mit starker Wirkung spürbar blieb. Mit den letzten Jahren des 12. Jahrhunderts ist in den französischen Urkunden eine Tendenz zu erkennen, das Bemühen um Anerkennung der Familienzugehörigkeit auf die engsten Verwandten zu begrenzen. Dann kam das System des Wiederkaufsrechts. Mit dem Unterschied, den es zwischen den Erwerbungen und dem Familienbesitz begründete und dadurch bedingt zwischen Besitz machte, der seiner Herkunft gemäß für Ansprüche sowohl der väterlichen als auch der mütterlichen Linien offenstand, entsprach es viel weniger als die ältere Praxis dem Begriff einer gleichsam unendlichen Verwandtschaft. Der Entwicklungsrhythmus war natürlich je nach der Gegend sehr verschieden. Hier wird es reichen, die allgemeinsten und wahrscheinlichsten Gründe einer so folgenreichen Wandlung in knappen Zügen darzustellen.

Ohne Zweifel trugen die herrschenden Mächte dadurch, daß sie den Frieden hüteten, dazu bei, den Zusammenhalt der Familie zu schwächen. Das geschah auf vielfältige Weise und besonders, wie es Wilhelm der Eroberer tat, durch die Begrenzung der Fälle von erlaubter Rache, vielleicht vor allem aber dadurch, daß der Verzicht auf jede Teilnahme an der Blutrache begünstigt worden ist. Das freiwillige Ausscheiden aus der Sippe war eine alte und verbreitete Möglichkeit. Doch wenn es dem einzelnen ermöglichte, vielen Gefahren zu entgehen, so beraubte es ihn doch in der Zukunft einer lange Zeit als unverzichtbar geltenden Stütze. Der einmal wirkungsvoller gewordene Schutz des Staates machte diese »Abschwörungen« weniger gefährlich. Mitunter zögerte die Obrigkeit nicht, sie zu erzwingen. Zum Beispiel ließ der Graf von Hennegau 1181 nach einem Mord zunächst die Häuser aller Angehörigen des Schuldigen verbrennen, um ihnen das Versprechen abzupressen, diesem in keinem Fall zu Hilfe zu eilen.

Doch scheint das gleichzeitige Abbröckeln und Schwinden der Sippe, die zur gleichen Zeit Wirtschaftseinheit und ein Organ der Fehde war, vor allem die Folge tiefgreifender gesellschaftlicher Veränderungen gewesen zu sein. Der fortschreitende Warenaustausch führte zur Begrenzung der familiären Hindernisse hinsichtlich der Veräußerung von Besitz. Der sich entwickelnde gegenseitige Verkehr brachte das Auseinanderbrechen der zu großen Gemeinschaften, die beim Fehlen eines jeglichen gesetzmäßigen Zustandes das Bewußtsein ihrer Einheit nur dadurch wahren konnten, daß sie sich an ein und demselben Ort zusammenschlossen. Schon die spätantiken Einfälle und Wanderungen hatten den »Geschlechtern« des alten Germanien, die viel fester gefügt waren, einen beinahe tödlichen Schlag versetzt. Die heftigen Stöße der Einfälle und der skandinavischen Wanderungen wie auch der normannischen Eroberung, die England hinnehmen mußte, trugen zweifellos viel zum vorzeitigen Untergang des alten, von den Sippen geprägten Systems bei. Beinahe in ganz Europa zerstörte während des gewaltigen Landesausbaus die Anziehungskraft der neuen städtischen Zentren und der auf Rodeland entstandenen Dörfer sicher manch eine bäuerliche Gemeinschaft. Es war keineswegs ein Zufall, wenn sich diese Bruderschaften zumindest in Frankreich gerade in den ärmsten Provinzen viel länger erhielten.

Es ist merkwürdig, aber nicht unerklärlich, daß in dieser Zeit, in der die großen Sippenverbände auf solche Weise zu zerbröckeln begannen, die Familiennamen aufkamen, die im übrigen noch sehr unausgebildet erschienen. Wie die römischen *gentes* besaß ein jedes der »Geschlechter« in Friesland und Dithmarschen seine überkommene Bezeichnung. Ebenso stand es in germanischer Zeit mit den Fürstengeschlechtern, die mit einem erblichen Heil ausgestattet waren. Im Gegensatz dazu blieben die Familien der Feudalperiode lange Zeit seltsam anonym. Der Grund war zweifellos ihr verschwommenes Äußeres, lag aber auch darin, daß die Abstammung zu gut bekannt war, als daß man die Notwendigkeit einer mündlichen Gedächtnisstütze verspürte. Dann stellte sich häufig seit dem 13. Jahrhundert die Gewohnheit ein, dem einzigen Namen von einst, unserem heutigen Vornamen, einen Beinamen oder manchmal einen zweiten Vornamen hinzuzufügen. Die Tatsache, daß viele alte Namen allmählich außer Gebrauch gekommen waren, hatte ebenso wie die Bevölkerungsvermehrung eine störende Zunahme vieler gleichlautender Namen bewirkt. Zugleich machten die Veränderungen des Rechts, das sich von nun an auf einen schriftlichen Vorgang stützte, und die der Mentalität, die viel stärker als in der Vergangenheit zu einer bestimmten Klarheit drängte, den aus dem dürftigen Namensmaterial erwachsenen Wirrwarr immer weniger erträglich und zwangen Unterscheidungsmittel zu suchen.

Aber noch waren es nur vereinzelte Zeichen. Der entscheidende Schritt wurde erst getan, als der zweite Name, in welcher Form auch immer, erblich geworden war und sich zum Familiennamen gewandelt hatte. Es ist bezeichnend, daß der Gebrauch wirklicher Familienbenennungen zuerst unter Angehörigen des hohen Adels hervortrat, dessen einzelne Angehörige zugleich beweglicher und, wenn sie sich von zu Hause entfernten, eher bestrebt waren, nicht den Rückhalt an ihrer Gruppe zu verlieren. Im 12. Jahrhundert sprach man in der Normandie schon häufig von den Giroie und den Talvas, im lateinischen Osten um 1230 von »denjenigen der Familie, die den Zunamen d'Ybelin führen«[149]. Die Bewegung erreichte dann die städtischen Bürgerschaften, bei denen ebenfalls Ortsveränderungen und Entfernungen üblicherweise eine Rolle spielten. Sie fürchteten schon um der Notwendigkeit des Warenaustausches willen jede Gefahr der Verwechslung von Personen, ja selbst von Familien, die oft mit Handelsgesellschaften identisch waren. Schließlich verbreitete sich diese Sitte der Namengebung über die ganze Gesellschaft.

Aber man muß dabei auch berücksichtigen, daß die Gruppen, deren Kennzeichen auf diese Weise Gestalt annahmen, weder sehr fest gefügt noch von einem Umfang waren, der bei weitem nicht mit dem der alten Sippen vergleichbar war. Die Namensübertragung, die, wie wir gesehen haben, mitunter zwischen der väterlichen und der mütterlichen Linie hin- und herwechselte, erlitt sehr viele Brüche. Wenn einzelne Zweige auseinandertraten, wurden sie oft unter verschiedenen Namen bekannt. Dagegen standen Unfreie bereitwillig unter dem Namen ihres Herrn. Alles in allem hatte man es wohl eher entsprechend der allgemeinen Entwicklung der Blutsbande nicht mit Sippenbezeichnungen, sondern mit Hausnamen zu tun. Die Beständigkeit des Haushaltes war dem geringsten Unglück, das dem Geschick der Gruppe oder des einzelnen widerfuhr, ausgeliefert. Die strikte Erblichkeit wurde erst viel später durch das Standesamt verbindlich, als die öffentliche Gewalt darauf bedacht war, sich auf diese Weise die eigene Arbeit von Polizei und Verwaltung zu erleichtern, so daß der unveränderliche Familienname, der heute unter einer gemeinsamen Bezeichnung Menschen vereint, die oft jedem lebendigen Gemeinschaftsgefühl abhold sind, lange nach dem letzten Abgesang der Feudalgesellschaft schließlich in Europa die Schöpfung nicht des aus der Abkunft erwachsenen Geistes werden sollte, sondern der Institution, die diesem Geist am vollständigsten entgegengesetzt war: der souveräne Staat.

3. Blutsbande und Feudalismus

Überhaupt müssen wir uns davor hüten, uns eine regelrechte Emanzipation des einzelnen seit der fernen Stammeszeit vorzustellen. Zumindest auf dem Kontinent scheint es wohl so, daß zur Zeit der völkerwanderungszeitlichen Barbarenreiche Veräußerungen weitaus weniger vom guten Willen der Verwandten abhingen, als sie es während der ersten Feudalzeit werden sollten. Das gilt auch für Verfügungen im Todesfalle. Im 8. und gerade im 9. Jahrhundert ermöglichten es bald römisch-rechtliche Testamente, bald verschiedene, aus dem germanischen Gewohnheitsrecht entwickelte Verfahren dem Menschen, den Erbfall seines Besitzes mit einer gewissen Freiheit selbst zu regeln. Abgesehen von Italien und Spanien – bekanntlich folgten beide als Ausnahmen von der Regel treu den Lehren des alten, schriftlichen Rechts –, verschwand diese Möglichkeit in der Tat mit dem 11. Jahrhundert. Waren diese Zuwendungen dazu bestimmt, Wirkungen erst nach dem Tode zu zeigen, so nahmen sie künftig fast ausschließlich die Form von Schenkungen an, die natürlich der Zustimmung der Familie unterworfen blieben. Der Kirche war das nicht gelegen. Unter ihrem Einfluß kam im 12. Jahrhundert das eigentliche Testament wieder auf, das sich zunächst auf fromme Almosen beschränkte, aber dann unter dem Vorbehalt gewisser Einschränkungen des Nutzens durch die natürlichen Erben allmählich ausgedehnt worden ist. Das war der Zeitpunkt, zu dem das gemäßigte System der Sippenverkleinerung dasjenige der familiären Zustimmung ersetzte. Der Bereich der Fehde selbst war durch die Gesetzgebung der Staaten, die aus den Völkerstürmen hervorgegangen waren, verhältnismäßig eingeschränkt worden. Waren diese Schranken einmal gefallen, so nahm die Fehde ihren Platz in der ersten Reihe des Strafrechts bis zu dem Tag ein oder nahm ihn wieder ein, als sie erneut zur Zielscheibe von Angriffen der wiederbegründeten königlichen oder fürstlichen Macht wurde.

Mit einem Wort, die Parallelität erscheint in jeder Weise vollständig. Der Zeitraum, der die Entfaltung der Schutzbeziehungen und persönlichen Unterordnung sah, die charakteristisch für den gesellschaftlichen Zustand waren, den wir Feudalismus nennen, war in gleicher Weise durch die tatsächliche Beschränkung der Blutsbande gekennzeichnet. Weil die Zeiten verworren waren und die öffentliche Gewalt ohne Kraft, erhielt sich der einzelne Mensch ein sehr lebhaftes Bewußtsein seiner Bindungen an die kleinen Gruppen welcher Art auch immer, von denen er Hilfe erwarten konnte. Die Jahrhunderte, die später den fortschreitenden Untergang oder die Verwandlung der eigentlichen Feudalstruktur miterlebten, lernten auch zusammen mit dem Zerbröckeln der großen Sippen die Vorboten kennen, die das langsame Verschwinden des Zusammengehörigkeitsgefühls der Familien ankündigten.

Dennoch gewährte die Verwandtschaft nicht einmal während der ersten Feudalzeit dem von vielfältigen Gefahren einer Atmosphäre der Gewalt bedrohten Einzelnen hinreichenden Schutz. Zweifellos war sie dafür in der Form, in der sie sich damals befand, zu unbestimmt und in ihrer

178

Gestalt zu veränderlich, im Innern durch den Dualismus der männlichen und weiblichen Abstammung zutiefst ausgehöhlt. Gerade deshalb suchten oder ertrugen die Menschen beständig andere Bindungen. Hierzu verfügen wir über eine entscheidende Beobachtung: Die einzigen Landstriche, in denen mächtige agnatische Gruppen weiterbestanden, nämlich die an die Nordsee grenzenden Küstengebiete Deutschlands und die keltischen Landschaften auf den britischen Inseln, kannten weder Vasallität noch Lehen und Grundherrschaft. Die Stärke der verwandtschaftlichen Bindung war eines der wesentlichen Elemente der Feudalgesellschaft; ihre verhältnismäßige Schwäche erklärt, daß es erst einen Feudalismus gegeben hat.

Zweites Buch

Vasallität und Lehen

1. Kapitel

Die Lehenshuldigung

1. Der Mann eines anderen Mannes

Der »Mann« eines anderen Mannes zu sein – in der Tat gab es im Wortschatz der Feudalzeit keine Wortverbindung, die weiter verbreitet noch eine, deren Sinn umfassender war als diese. Den Sprechern romanischer wie germanischer Zunge war sie geläufig und diente dazu, die persönliche Abhängigkeit an und für sich auszudrücken. Das war wie auch immer präzise der juristische Charakter der Bindung, der von keinem Klassenunterschied belastet war. Der Graf war der »Mann« des Königs wie der Hörige es derjenige seines Dorfherrn war. Manchmal geschah es, daß gesellschaftliche Zustände, die sich radikal voneinander unterschieden, auf diese Weise nacheinander im Abstand weniger Zeilen im gleichen Schriftstück angesprochen waren: Zum Beispiel klagte gegen Ende des 11. Jahrhunderts eine Bittschrift von Nonnen aus der Normandie darüber, daß ihre »Leute« (Männer), d. h. ihre Bauern, von einem großen Edelherrn gezwungen waren, auf den Burgen seiner »Leute«, nämlich der Ritter, seiner Vasallen, zu arbeiten[150]. Kein Mensch nahm am Doppelsinn Anstoß, weil trotz der Kluft zwischen den gesellschaftlichen Rängen die Betonung auf dem gemeinsamen Grundprinzip lag, der Unterordnung des Einzelnen unter den einzelnen.

Aber wenn der Grundsatz dieser menschlichen Bindung das gesamte gesellschaftliche Leben durchdrang, so waren doch die Formen, die sie annahm, außerordentlich verschieden, mit bisweilen fast unmerkbaren Übergängen von ganz oben nach ganz unten. Von Land zu Land kommen sehr viele Unterschiede hinzu. Am bequemsten wird es sein, als Leitfaden eine ganz bezeichnende Abhängigkeitsbeziehung zu wählen: das Vasallenband. Wir wollen seiner Geschichte zuerst in dem am stärksten »feudalisierten« Gebiet Europas nachgehen, nämlich dem Herzen des alten Karolingerreiches: Nordfrankreich, das Rheinland und Schwaben, um uns schließlich vor jeder den Ursprüngen nachspürenden Suche zu bemühen, zumindest die Hauptzüge der Erscheinung in der Zeit ihrer umfassenden Verbreitung, d. h. vom 10. bis zum 12. Jahrhundert, zu beschreiben.

2. Die Huldigung in der Feudalzeit

Zwei Männer stehen sich von Angesicht zu Angesicht gegenüber; der eine, der dienen will, der andere, der willens ist oder hofft, als Herr anerkannt zu werden. Der erste faltet seine Hände zusammen und legt sie so verbunden in die Hände des zweiten: ein klares Symbol der Unterwerfung, dessen Sinn manchmal noch durch Niederknien hervorgehoben worden ist. Gleichzeitig spricht die Person mit den dargebotenen Händen einige sehr kurze Worte, mit denen sie anerkennt, der »Mann« ihres Gegenüber zu sein. Dann küssen sich der Herr und der Untergebene auf den Mund – ein Symbol der Übereinstimmung und der Freundschaft. So sahen die Gesten aus, die dazu dienten, eines der stärksten gesellschaftlichen Bande zu knüpfen, die das Feudalzeitalter kannte. Sie waren sehr einfach und gerade dadurch außerordentlich geeignet, die Gemüter zu beeindrucken, die allen sichtbaren Dingen so aufgeschlossen waren. Hundertmal beschrieben und in Texten erwähnt, auf Siegeln, Miniaturen und Reliefs wiedergegeben, ist dieser Vorgang »Mannschaft leisten« oder »Huldigung« genannt worden. Um den zu bezeichnen, der daraus als der Höhere hervorging, gab es tatsächlich keinen anderen Ausdruck als den höchst allgemeinen Namen »Herr«[151]. Der Untergebene ist oft in gleicher Weise ohne Zusatz der »Mann« dieses Herrn genannt worden, mitunter mit etwas größerer Genauigkeit, sein »Mann von Mund und Hand«. Aber man hat auch speziellere Wörter wie »Vasall« oder zumindest bis Beginn des 12. Jahrhunderts »Kommendierter«, einer, der sich ergeben hat.

So verstanden, blieb der Ritus von jedem christlichen Gepräge entblößt. Ein solcher Mangel, der nur durch die weit zurückreichenden germanischen Ursprünge seines Symbolismus erklärt werden kann, konnte nicht in einer Gesellschaft fortdauern, in der man es kaum mehr duldete, daß ein Versprechen galt, wenn es nicht Gott zum Garanten hatte. Die Form der Huldigung selbst ist niemals verändert worden. Aber wahrscheinlich seit der Karolingerzeit schickte sich ein zweiter, rein religiöser Brauch an, die Huldigung zu überschichten: die Hand auf die Evangelien oder auf Reliquien gelegt, schwor der neue Vasall seinem Herrn ein getreuer Mann zu sein. Das nämlich war die »Treue« (früher »Hulde«, in Frankreich »foi«). Das Zeremoniell bestand aus zwei Zeitstufen. Doch besaßen seine beiden Phasen bei weitem nicht den gleichen Wert.

Denn die »Treue« hatte nichts besonderes an sich. In einer unruhevollen Gesellschaft, in der das Mißtrauen die Regel war, zur selben Zeit, in der das Beschwören der göttlichen Vergeltung eines der seltenen einigermaßen wirkungsvollen Zwangsmittel darstellte, gab es tausend Gründe dafür, den Treueid häufig zu fordern. Die königlichen oder grundherrlichen Amtsträger jeden Ranges leisteten ihn beim Amtsantritt, die Prälaten forderten ihn gern von ihren Geistlichen, die Grundherren gelegentlich von ihren Bauern. Im Unterschied zur Mannschaft, die den ganzen Mann mit einem Mal verpflichtete und im allgemeinen nicht als erneuerungsfähig galt, konnte dieses beinahe alltägliche Versprechen gegenüber derselben Person mehrfach wiederholt werden. Es gab also viele »Treue«-Handlungen ohne Huldigung. Wir kennen keine Huldigungen ohne Treueid. Sobald sich außerdem beide Riten verbunden hatten, erschien als Ergebnis der Vorrang der Huldigung gerade auf Grund des Platzes, den sie in der Zeremonie einnahm: stets fand sie an erster Stelle statt. Allein sie war es übrigens, die die beiden Männer in enge Verbindung treten ließ; die Vasallentreue begründete eine einseitige Verpflichtung, der nur selten von seiten des Herrn ein gleichartiger Eid entsprach. Die Huldigung ist mit einem Wort die eigentliche Schöpferin der vasallitischen Beziehung unter dem doppelten Gesichtspunkt der Abhängigkeit und des Schutzes gewesen. Der so geknüpfte Knoten dauerte grundsätzlich ebenso lange wie die beiden Leben, die er verband. Sobald dagegen der Tod dem einen oder dem anderen Leben ein Ende gesetzt hatte, löste er sich von selbst auf. Tatsächlich werden wir sehen, daß sich die Vasallität im Alltag sehr schnell in einen verbreitet erblichen Zustand verwandelte. Aber dieses de-facto-Verhältnis ließ die juristische Norm bis zum Ende unangetastet bestehen. Es hatte kaum Bedeutung, daß der Sohn des heimgegangenen Vasallen seine Mannschaft gewöhnlich dem Herrn leistete, der jene von dessen Vater empfangen hatte oder daß der Erbe des vorausgegangenen Herrn fast immer die Huldigungen der väterlichen Vasallen empfing. Dennoch mußte der Ritus jedesmal wiederholt werden, wenn sich die Zusammensetzung des Lehnspaares ändern sollte. Zugleich konnte Huldigung durch Vollmacht weder angeboten noch empfangen werden. Die dagegen sprechenden Fälle stammen sämtlich aus einer sehr späten Zeit, als das Verständnis für die alten Handlungen schon vielfach verloren gegangen war. In Frankreich ist diese Möglichkeit gegenüber dem König nur unter Karl VII. und nicht ohne starke Bedenken rechtmäßig geworden[152]. So schwer wiegt es also, daß das gesellschaftliche Band untrennbar von der geradezu leiblichen Berührung schien, die die formelle Handlung zwischen den beiden Männern bewirkte.

Die allgemeine Pflicht der Hilfe und des Gehorsams, die dem Vasallen auferlegt war, hatte er mit jedem auch immer gemeinsam zu tragen, der sich zum »Mann« eines anderen Mannes gemacht hatte. Aber sie war hier nach besonderen Verpflichtungen abgestuft, auf deren Einzelheiten wir noch einzugehen haben. Ihr Wesen entsprach den ziemlich eng gefaßten Bedingungen des Standes und der Lebensart. Denn trotz großer Verschiedenheit von Besitz und Ansehen, rekrutierten sich die Vasallen keineswegs unterschiedslos aus allen Schichten der Bevölkerung. Die Vasallität war die den oberen Klassen eigentümliche Abhängigkeitsform, die sich von anderen vor allem durch die Berufung zum Kriegshandwerk und zum Herrschen abgrenzten. Zumindest war sie als solche entstanden. Um ihr Wesen besser zu durchdringen, sollten wir an dieser Stelle untersuchen, wie sie sich nach und nach aus einem ganzen Bündel persönlicher Beziehungen befreit hat.

3. Das Entstehen von Verhältnissen der persönlichen Abhängigkeit

Sich einen Beschützer suchen, am Beschützen Gefallen finden, das sind Wünsche, die es zu allen Zeiten gab. Aber selten bringen sie neuartige Rechtsinstitutionen hervor wie in den Kulturen, denen sich der Rest des Gesellschaftssystems beugt. Das war in Gallien nach dem Zusammenbruch des Römischen Reiches der Fall.

Stellen wir uns die gesellschaftliche Wirklichkeit der Merowingerzeit vor. Weder Staat noch Sippe boten hinreichend Sicherheit. Die Dorfgemeinschaft besaß allein die Kraft, die Ordnung innerhalb der eigenen Grenzen aufrecht zu erhalten. Eine städtische Gemeinschaft gab es kaum. Überall spürte der Schwache die Notwendigkeit, sich einem in die Arme zu werfen, der stärker war als er selbst. Der Mächtige vermochte seinerseits nicht sein Ansehen oder seinen Reichtum zu erhalten noch selbst seine Sicherheit zu festigen, als daß er sich, sei es durch Überzeugung oder durch bestimmten Druck, die Unterstützung von niedriger Gestellten verschaffte, die zur Hilfe verpflichtet waren. Einerseits gab es die Flucht zu einem Oberen, andererseits oft eine brutale Besitzergreifung der Herrschaft. Und wie die Begriffe von Schwäche und Macht nur relativ sind, so konnte man es in sehr vielen Fällen erleben, daß sich ein und derselbe Mann einem Mächtigeren unterordnete und sich zugleich zum Schutzherrn niedriger gestellter Personen aufwarf. Auf diese Weise begann sich ein weitreichendes System persönlicher Beziehungen herauszubilden, dessen sich kreuzende Fäden von einem Stockwerk des Gesellschaftsbaus zum anderen liefen.

Indem man sich so den Nöten des Augenblicks unterwarf, besaßen diese Generationen weder Wunsch noch Vorstellung, neue Gesellschaftsformen zu entwickeln. Aus natürlichem Antrieb erstrebte ein jeder, seinen Teil der Mittel zu sichern, die ihm die herrschenden Verhältnisse boten, und wenn man am Ende doch etwas Neues schuf, ohne sich allzu sehr Rechenschaft abzulegen, so bestand es in dem Bemühen, das Alte passend zu machen. Überhaupt war das Erbe der Institutionen oder der Gebräuche, über die die aus den Völkerstürmen hervorgegangene Gesellschaft verfügte, besonders bunt. Die germanische Überlieferung sollte sich mit dem römischen Vermächtnis, auch mit dem der von Rom eroberten Völker, verbinden, ohne jemals ihre eigenen Gewohnheiten gänzlich auszulöschen. Wir wollen hier nicht in den Irrtum verfallen, weder in der Vasallität noch allgemeiner in den Einrichtungen des Feudalstaates einen besonderen ethnischen Ursprung zu suchen und uns einmal mehr in das berüchtigte Dilemma Rom oder »die Wälder Germaniens« begeben. Diese Gedankenspiele müssen wir Generationen überlassen, die weniger als wir über die schöpferische Kraft der Entwicklung unterrichtet waren und mit Boulainvilliers glauben konnten, der Adel des 17. Jahrhunderts stammte fast ausschließlich von fränkischen Kriegern ab oder mit dem jungen Guizot die Französische Revolution als Rache der Galloromanen deuten konnten. Auf diese Weise stellten sich die alten Physiologen im Sperma einen voll ausgebildeten *homunculus* (Menschlein) vor. Dennoch ist die Lehre des feudalen Wortschatzes klar. Dieser Wortbestand, in dem, wie wir sehen werden, Elemente jedweder Herkunft nebeneinander bestanden – die einen waren bald der Sprache der Besiegten, bald der der Sieger entlehnt, die anderen, wie »hommage«* neu geprägt –, bietet uns ein getreues Abbild einer Sozialverfassung, das, obwohl es nachdrücklich vom Stempel einer Vergangenheit geprägt worden ist, die selbst besonders vielfarbig war, um nichts weniger vor allem das Ergebnis der zeitgenössischen Verhältnisse gewesen ist. »Die Menschen«, sagt ein arabisches Sprichwort, »gleichen eher ihrer Zeit als ihrem Vater.«

Unter den Schwachen, die einen Beschützer suchten, wurden die Elendesten ganz einfach zu Sklaven und banden dadurch zusammen mit sich selbst ihre Nachkommen. Viele andere indessen, gerade auch die niedriger Gestellten, achteten darauf, sich ihren Status als freie Leute zu erhalten. Die Personen, die ihre Unterwerfung empfingen, hatten in den häufigsten Fällen kaum einen Grund, sich diesem Wunsch zu widersetzen. Das zu genießen, was man die Freiheit nannte, bedeutete zu jener Zeit, als die persönlichen Bindungen noch nicht jegliche Staatsgewalt überwuchert hatten, durchaus in der Eigenschaft eines vollberechtigten Mitgliedes zu dem von den merowingischen Fürsten regierten Volk zu gehören: zum *populus Francorum* (fränkisches Volk), einer damals geläufigen Bezeichnung, die unter demselben Namen Eroberer und Besiegte zusam-

---

* Anm. d. Übers.: »hommage« bedeutet »Lehnseid, Mannschaft, Huldigung«, und leitet sich von mittellateinisch »homagium« mit derselben Bedeutung ab. Im »feudalen Wortschatz« ist der mittellateinische Ausdruck verwandt worden.

menfaßte. Die beiden Bezeichnungen »frei« (*libre*) und »frank«, die aus dieser Gleichwertigkeit hervorgegangen waren, galten als gleichbedeutend und sind durch die Zeiten beibehalten worden. Denn für einen Herrn war es in vieler Beziehung vorteilhafter, sich mit Abhängigen zu umgeben, die mit richterlichen und militärischen Vorrechten versehen waren, die den freien Mann ausmachten, als lediglich über eine Herde von Sklaven zu gebieten.

Diese Abhängigkeitsverhältnisse des »freien Standes« (*ingenuili ordine*) – wie es in einer Formel aus Tours heißt – wurden mit Hilfe von Wörtern ausgedrückt, von denen ein großer Teil dem Wortschatz des klassischen Latein entstammte. Denn trotz aller Wechselfälle einer ereignisreichen Geschichte waren die alten Schutzverhältnisse der römischen oder romanisierten Welt niemals verschwunden. Besonders in Gallien hatten sie um so leichter Wurzel geschlagen, als sie den Gewohnheiten der unterworfenen Bevölkerung entsprachen. Vor dem Erscheinen der Legionen sah sich jeder gallische Häuptling von einer Gruppe Getreuer umgeben, waren es nun Bauern oder Krieger. Wir wissen sehr wenig von dem, was nach der Eroberung und unter dem Lack einer weltumspannenden Kultur von diesen alten angestammten Gepflogenheiten weiterbestehen konnte. Doch führen alle Überlegungen zu dem Ergebnis, daß sie unter dem Druck eines recht verschiedenartigen politischen Zustands mehr oder weniger stark verändert durchaus weiterbestanden. Im ganzen Römischen Reich hatten jedenfalls die Wirren der späteren Zeit die Zuflucht zu Gewalten, die näher und wirksamer waren als die öffentlich-rechtlichen Einrichtungen, nötiger denn je gemacht. Während des 4. oder 5. Jahrhunderts hoffte ein jeder quer durch die Gesellschaft von oben nach unten sich gegen die harten Forderungen der Steuereinnehmer abzusichern, das Wohlwollen der Richter zu seinen Gunsten zu lenken oder er glaubte ganz einfach, um sich eine ehrenwerte Karriere zu sichern, nichts besseres machen zu können als sich, der er doch selbst frei und mitunter von vornehmen Stand war, an eine höhergestellte Persönlichkeit zu binden. Dem offiziellen Recht unbekannt, sogar von ihm geächtet, hatten diese Bindungen nichts Legales an sich. Nichtsdestoweniger wurden sie zu einem der stärksten gesellschaftlichen Bindemittel. Die Bewohner Galliens gingen in zunehmendem Maße diese Schutz- und Gehorsamsvereinbarungen ein, und als sie fränkisch geworden waren, sind sie sich doch dessen nicht bewußt gewesen, etwas zu tun, wofür nicht sogleich eine Bezeichnung in der Sprache ihrer Vorfahren gefunden werden konnte.

In der Tat war das alte Wort *clientela* (clientèle, Klientel), abgesehen von literarischen Nachklängen, seit den letzten Jahrhunderten des Römischen Reiches außer Gebrauch gekommen. Aber im merowingischen Gallien wie in Rom sprach man weiter vom Chef, der sich des Untergebenen annehme (*suscipere*), zu dessen »Herrn« *patronus* er sich dadurch machte. Vom Untergebenen sagte man, er »ergebe« sich, d. h. er vertraute sich seinem Beschützer an. Die so anerkannten Verpflichtungen sind gewöhnlich »Dienst« (*servitium*) benannt worden. Einem freien Mann hätte das Wort vor kurzem noch Schrecken bereitet, denn das klassische Latein kannte es nur als Synonym für Sklaverei. Die einzigen Verpflichtungen, die mit der Freiheit vereinbar waren, waren die *officia*. Aber seit Ende des 4. Jahrhunderts hatte *servitium* diesen ursprünglichen Makel verloren.

Doch auch die *Germania* lieferte ihren Beitrag. Der Schutz, den der Mächtige über den Schwachen ausbreitete, wurde häufig *mundium, mundeburdum* genannt, was im Französischen zu *maimbour* werden sollte; oder auch *mitium* wird erwähnt, ein Ausdruck, der ganz besonders das Recht und die Pflicht bezeichnete, den Abhängigen in rechtlichen Dingen zu vertreten. Gleichviel, es waren germanische Wörter, die nur dürftig mit einem lateinischen Gewand bekleidet waren, in das sie die Urkunden steckten.

Diese verschiedenen Ausdrücke waren so ziemlich austauschbar und ließen sich unterschiedslos auf romanische oder barbarische Vertragspartner anwenden. Die Beziehungen der privaten Unterordnung unterlagen nicht dem Grundsatz der Zugehörigkeit zu einem Volksrecht, weil sie noch am Rande allen Rechtes verharrten.

Weil sie nicht normiert waren, erwiesen sie sich um so fähiger, sich unendlich verschiedenen Lagen anzupassen. Selbst der König, der als Haupt des Volkes allen seinen Untertanen ohne Einschränkung Hilfe schuldete und gutes Recht auf ihre Treue hatte, die durch den allgemeinen Eid der freien Männer festgelegt war, gewährte seine besondere »Munt« (*maimbour*) gleichwohl nur einer bestimmten Anzahl unter ihnen. Wer diesen Personen, die unter dem Wort des Königs standen, Schaden zufügte, tat es gleichsam ihm selbst an und setzte sich folglich einer Strafe von außerordentlicher Strenge aus. Aus dem Schoße dieser ziemlich buntscheckigen Menge erhob sich ein engerer und besonders vornehmer Kreis von königlichen Getreuen, die man die *leudes* des Fürsten nannte, d. h. seine »Leute«, die in der Anarchie am Ende der Merowingerzeit mehr als einmal über Krone und Staat verfügten, wie einst, wenn in Rom ein junger Mann aus gutem Hause den Wunsch verspürte, die Gesellschaft kennenzulernen, er sich deshalb einem Großen »anvertraute«, sofern seine Zukunft nicht schon auf diese Weise seit seiner Kindheit von einem vorsorgenden Vater gesichert worden war. Trotz der Verbote der Konzilien trugen viele Geistliche jeden Ranges durchaus keine Bedenken, den Schutz von Laien zu suchen. Aber gerade bei den unteren Gesellschaftsschichten scheinen die Unterordnungsverhältnisse von Anfang an am weitesten verbreitet wie auch am drückendsten gewesen zu sein. Die einzige Ergebungsform (Kommendation), die wir besitzen, führt uns einen armen Teufel vor Augen, der einen Herrn nur annimmt, weil »er nicht mehr über das Nötige zum Essen und zum Kleiden verfügt«. Im übrigen gab es bei diesen verschiedenen Formen der Abhängigkeit, deren soziales Klima doch so entgegengesetzt war, weder einen deutlichen Wertunterschied noch eine säuberliche Trennung der Ideen.

Welchen Standes auch immer der sich Ergebende war, fast immer scheint er seinem Herrn den Eid geleistet zu haben. Hat ihm außerdem das Herkommen geraten, sich einem formellen Akt der Unterwerfung zu fügen? Wir können es nicht sagen. Das überlieferte Recht, das ausschließlich an die Sphäre des Volkes und der Sippe gebunden war, bleibt in diesen Fällen stumm. Was nun besondere Übereinkünfte angeht, so ließen sie die Schriftlichkeit, die allein Spuren hinterläßt, aus dem Spiel. Doch seit der zweiten Hälfte des 8. Jahrhunderts setzen Zeugnisse ein, die die Zeremonie zweier verschränkter Händepaare, den Handgang, erwähnen. In der Tat können wir diesen Vorgang ganz am Anfang allein bei Personen höchsten Ranges in Gebrauch sehen. Der Beschützte ist ein fremder Fürst, der Schützende der Frankenkönig. Doch sollten wir uns keineswegs von dieser Parteinahme der Chronisten täuschen lassen. Die Zeremonie schien es nur wert als solche beschrieben zu werden, weil sie mit Ereignissen der großen Politik verknüpft war, sie gehört zu den Berichten einer Zusammenkunft von Fürsten. Im gewöhnlichen Ablauf des Lebens ging sie bedeutungslos vorüber und wurde folglich mit Schweigen übergangen. Sicher war die Zeremonie schon lange im Gebrauch, ehe sie sich auf diese Weise in das Licht der Quellen erhob. Die Übereinstimmung der fränkischen, angelsächsischen und skandinavischen Bräuche beweist ihren germanischen Ursprung. Aber es war ein zu einleuchtendes Symbol als daß es nicht schnell von der gesamten Bevölkerung in Gebrauch genommen worden wäre. In England und in Skandinavien bezeichnet es unterschiedslos sehr verschiedene Formen der Unterordnung, so des Sklaven unter den Herrn, des freien Gefährten unter den Anführer im Krieg. Alles weist darauf hin, daß es im fränkischen Gallien lange Zeit ebenso gewesen ist. Die Geste diente dazu, Schutzverträge veränderlicher Art zu schließen und bald vollzogen, bald unbeachtet, schien sie niemand unentbehrlich. Eine Einrichtung erfordert eine eindeutige Sprache und ein ziemlich festes Ritual. Aber in der merowingischen Welt waren die persönlichen Beziehungen nur noch bloße Gewohnheit.

187

4. Die »Haus«-Krieger

Doch eine Gruppe von Abhängigen, die sich durch ihre Lebensbedingungen von der übrigen Bevölkerung unterschied, gab es schon jetzt. Diese Gruppe stellten die Hauskrieger dar, die sich in der Umgebung eines jeden Mächtigen und des Königs selbst fanden. Denn das drückendste Problem, das den herrschenden Klassen damals zu schaffen machte, war weniger, den Staat oder privaten Besitz im Frieden zu verwalten als vielmehr, sich die Mittel zum Kämpfen zu verschaffen. Ob es nun ein öffentlicher oder privater Krieg war, ob er nun mutwillig oder um Besitz und Leben zu verteidigen unternommen war, während einer ganzen Reihe von Jahrhunderten mußte er als die übliche Stufenleiter zur Führungskarriere und als der tiefere Grund für die Erringung einer jeden Herrschaftsgewalt gelten.

Als sich die fränkischen Könige zu Herren Galliens gemacht hatten, sahen sie sich als Erben zweier Ordnungen, die beide für sich bei der Aushebung von Heeren die Masse der Bevölkerung betrafen. In Germanien war jeder freie Mann ein Krieger, die Römer rekrutierten in dem Maße, in dem sie noch eingeborene Truppen verwandten, diese hauptsächlich aus den Bebauern des Bodens. Der fränkische Staat erhielt unter seinen beiden einander nachfolgenden Dynastien den Grundsatz der allgemeinen Aushebung aufrecht, der übrigens während der ganzen Feudalzeit andauern und sie überleben sollte. Die königlichen Erlasse konnten sich noch so sehr bemühen, diese Verpflichtung in einem dem Vermögen angemessenen Maße zu regeln, die Ärmsten in kleinen Gruppen zusammenzufassen, von denen eine jede einen Soldaten stellen mußte. Diese Maßnahmen paßten sich den Erfordernissen des Augenblicks an und ließen bei ihrer praktischen Anwendung das System intakt. In gleicher Weise scheuten sich die Großen nicht, ihre Bauern bei ihren Auseinandersetzungen zum Kampf aufzubieten.

Doch der Rekrutierungsapparat lag in den frühmittelalterlichen Reichen in den Händen einer schwerfälligen Verwaltung, die immer weniger in der Lage war, ihren bürokratischen Aufgaben zu genügen. Andererseits hatte die Eroberung den alten Rahmen zerbrochen, den sich die germanischen Verbände für den Kampf wie für den Frieden gegeben hatten. Schließlich wurde der gewöhnliche Germane, der von der Sorge um eine Landwirtschaft in Anspruch genommen war, die von nun an stärker gefestigt blieb und der während der Völkerwanderung eher Krieger als Bauer gewesen ist, allmählich vom Krieger zum Bauern. Gewiß verstand der römische Kolone von einst ebensowenig vom Kriegshandwerk, wenn ihn das Lager von der Scholle abrief. Aber er sah sich in die Ordnung der Legionen eingereiht, wo er seine militärische Ausbildung erhielt. Dagegen gab es im Frankenreich, abgesehen von den Gefolgschaftsgarden, mit denen sich der König und die Großen umgaben, keine stehenden Truppen mehr, infolgedessen auch keine förmliche Ausbildung der Ausgehobenen. Der geringe Eifer und die Unerfahrenheit der Rekruten, dazu Schwierigkeiten bei der Bewaffnung – unter Karl dem Großen mußte es verboten werden, sich beim Heerbann nur mit einem Knüppel versehen einzufinden –, alles das waren Mängel, die ohne Zweifel von Anfang an über der Wehrverfassung der Merowingerzeit lasteten. Aber sie wurden in dem Maße immer deutlicher, in dem das Übergewicht auf dem Schlachtfeld vom Fußkämpfer auf den mit einer beachtlichen Angriffs- und Verteidigungsrüstung versehenen Reiter überging. Denn, um über eine Kriegsrüstung zu verfügung und sich von Kopf bis Fuß zu wappnen, mußte man sich schon eines gewissen Vermögens erfreuen oder die Unterstützung eines anderen, der reicher als man selbst war, erhalten.

Nach dem Ripuarischen Recht war ein Pferd sechsmal wertvoller als ein Rind, ein Harnisch – eine Art Lederpanzer, der durch Metallplättchen verstärkt wurde – hatte denselben Preis, ein Helm war nur die Hälfte weniger wert. So hat 761 ein kleiner Landbesitzer in Alemannien seine väterlichen Felder samt einem Sklaven gegen ein Pferd und ein Schwert hergegeben[153]. Andererseits bedurfte es eines langen Lernens, um sein Roß wirksam in den Kampf zu führen und den schwierigen Zweikampf mit den Schwertern unter einer schweren Rüstung auszuführen. »Aus einem Knaben in der Pubertät kannst du einen Reiter machen, später gelingt es dir nicht mehr.« Diese Regel war unter den ersten Karolingern sprichwörtlich geworden[154].

Doch warum kam es zu diesem Niedergang des Fußkämpfers, dessen soziale Nachwirkungen so außerordentlich sein sollten? Mitunter glaubte man darin eine Wirkung der arabischen Invasionen zu sehen. Um den Schrecken der sarazenischen Reiter abzuwehren oder um sie zu verfolgen, hätte Karl Martell seine Franken in berittene Krieger verwandelt. Das ist eine klare Übertreibung. Selbst unterstellt – was bestritten worden ist –, daß die Kavallerie damals in den islamischen Armeen eine so entscheidende Rolle spielte, die Franken, die zu allen Zeiten über berittene Truppen verfügten, hätten nicht die Schlacht von Poitiers abgewartet, um ihnen einen herausragenden Platz einzuräumen. Als Pippin im Jahre 755 die jährliche Heeresversammlung, das Treffen der Großen und gemeinen Wehrpflichtigen, vom März auf den Mai verlegte, in eine Jahreszeit, in der es wieder Grünfutter gibt, bedeutete diese kennzeichnende Maßnahme allein den Schlußpunkt einer Entwicklung, die sich schon über mehrere Jahrhunderte hinzog. Die Gründe dafür, die auf eine große Zahl der frühmittelalterlichen Reiche des Abendlandes und sogar auf das Ost-römische Reich zutrafen, sind nicht immer völlig verstanden worden, weil einerseits bestimmte technische Faktoren nicht genügend berücksichtigt worden sind, sich andererseits die Aufmerksamkeit auf dem ureigensten Gebiet der Kriegskunst zu ausschließlich auf die Kampftaktik gerichtet hat, zum Schaden des Verständnisses für ihre Voraussetzungen und ihre Folgen. Steigbügel und Hufeisen, die den antiken Mittelmeerkulturen unbekannt waren, erscheinen in den abendländischen Bildquellen nicht vor dem 9. Jahrhundert. Aber es sieht ganz so aus, als hinkten die Ab-bildungen hinter der eigentlichen Entwicklung hinterher. Vermutlich bei den Sarmaten erfunden, war der Steigbügel ein Geschenk der eurasiati-schen Steppennomaden an unser Europa und seine Übernahme eines der Ergebnisse der jetzt um vieles engeren Kontakte, die in der Völkerwan-derungszeit zwischen den seßhaften Menschen des Westens und den Reitervölkern der Steppe geknüpft worden waren. Das geschah einmal direkt durch die Wanderungen der Alanen, deren angestammte Sitze nördlich des Kaukasus lagen, von denen mehrere von der germanischen Flut fortgerissene Volksteile im Herzen Galliens oder Spaniens Zuflucht fanden, schließlich und vor allem durch die Vermittlung derjenigen ger-manischen Völker, die, wie z. B. die Goten, einige Zeit an den Küsten des Schwarzen Meeres gelebt haben. Wahrscheinlich kam auch das Hufeisen aus dem Orient. Der Hufbeschlag erleichterte das Reiten und Angreifen auf schlechtem Boden ungemein. Der Steigbügel bewahrte seinerseits den Reiter nicht nur vor der Ermüdung, sondern steigerte seinen Angriffs-schwung auch noch dadurch, daß er ihm einen besseren Sitz gab.

Der Reiterangriff wurde sicherlich eine der häufigsten Kampfesarten. Aber es war nicht die einzige. Wenn es die Bedingungen des Bodens forderten, saßen die Reiter ab und wurden während des Angriffs vor-übergehend zu Fußkämpfern. Die Kriegsgeschichte des Feudalzeitalters kennt überreichlich Beispiele dieser Taktik. Doch beim Fehlen geeigneter Wege oder von Truppen, die in solchen geschickt koordinierten Manö-vern geübt waren, was die Stärke der römischen Legionen war, gestattete allein das Pferd, sowohl die langen Märsche durchzustehen, die die Kriege zwischen den Fürsten mit sich brachten, als auch die plötzlichen Klein-kriege zu bewältigen, in denen sich das Gros irgendwelcher Häupter und Führer gefiel. Schnell und ohne große Strapazen quer über bestellte Fel-der und durch Sümpfe das Schlachtfeld erreichen, den Gegner dort durch unerwartete Bewegung außer Fassung bringen, ja sogar, wenn sich das Glück einmal wendete, dem Gemetzel durch rechtzeitige Flucht entgehen – alles das gelang mit Hilfe des Pferdes. Als die Sachsen 1075 durch König Heinrich IV. geschlagen waren, mußte der Adel dank der Beweglichkeit seiner berittenen Verbände weit weniger schwere Verluste erleiden als das bäuerliche Fußvolk, das dem Blutbad nicht schnell genug entgehen konnte. So trug im fränkischen Gallien alles dazu bei, es immer notwendiger zu machen, Berufskrieger aufzubieten, die durch die Tradition einer Gruppe geformt und die vor allem Reiter waren. Obwohl der Dienst zu Pferde zum Nutzen des Königs fast bis zum Ende des 9. Jahrhunderts weiterbestand, um grundsätzlich von allen freien und hinreichend vermögenden Männern gefordert zu werden und ihm unterworfen sein zu können, wurde der Kern dieser berittenen, geübten und wohl ausgebildeten Truppen, die die einzigen waren, von denen man eine tatsächliche Wirksamkeit erwartete, natürlich von dem bewaffneten Gefolge gebildet, das sich seit langer Zeit um Fürsten und Große geschart hatte.

Wenn in der altgermanischen Gesellschaft der Rahmen der Verwandtschaftsgruppen und Völker dem normalen Spiel der Kräfte genügte, so hatte sich doch der Abenteuerergeist oder der Ehrgeiz damit nicht zufrieden geben können. Die Anführer, die jungen vor allem, sammelten »Gefolgschaften«, um sich (althochdeutsch *gasind – gisind*, eigentlich: Weggenossen; Tacitus hat das Wort sehr genau durch das lateinische *comes* wiedergegeben). Sie führten sie zu Kampf und Raub; während der Ruhezeit gewährten sie ihnen in den großen, aus Holz erbauten »Hallen«, die für ausdauernde Zechgelage besonders vorteilhaft waren, Gastfreundschaft. Die kleine Truppe stellte in Kriegen oder bei der Ausübung von Blutrache die ganze Stärke ihres Führers dar. Sie sicherte bei den Beratungen der freien Männer seine Autorität. Die freigiebigen Geschenke – Nahrung, Sklaven, Goldreifen –, die er an sie verteilte, begründeten einen unerläßlichen Bestandteil seines Ansehens. So schildert uns Tacitus die Gefolgschaft im Germanien des 1. Jahrhunderts, so wird sie sehr viele Jahrhunderte später im »Beowulf« und, um den Preis einiger unvermeidbarer Veränderungen, in den alten skandinavischen Sagen wieder lebendig.

Hatten die Barbarenhäuptlinge einmal auf den Trümmern des Römischen Reiches Fuß gefaßt, verzichteten sie um so weniger auf diese Gewohnheit, als in der Welt, in die sie gerade eindrangen, der Brauch, Privatarmeen zu unterhalten, seit langem gang und gäbe war. Während der letzten Jahrhunderte des Römischen Reiches gab es kaum ein Mitglied des Hochadels, das nicht seine Soldaten gehabt hätte. Häufig nannte man sie *buccellarii*, nach der Bezeichnung für Zwieback (*buccella*), der besser war als das normale Proviantbrot und ihnen im allgemeinen zugeteilt worden ist. Im übrigen waren sie viel eher gemietete Soldaten als Gefolgsleute, aber zahlreich und ergeben genug, so daß diese persönlichen

Begleitungen in der Umgebung der Herren, die zu Generälen des Reiches geworden waren, bei den Kampfeinheiten häufig den ersten Platz einnehmen konnten.

Während der Wirren der Merowingerzeit mußte sich mehr denn je die Verwendung bewaffneter Gefolge ähnlicher Art aufdrängen. Der König hatte seine *trustis* genannte Garde, die zu allen Zeiten, zumindest in großen Teilen, beritten war. Das galt auch für seine vornehmsten Untertanen, ob sie nun fränkischer oder römischer Herkunft waren. Sogar die Kirchen hielten es für notwendig, auf diese Weise für ihre Sicherheit zu sorgen. Die»Gladiatoren«, wie Gregor von Tours sich ausdrückt, bildeten ziemlich gemischte Truppen, in der auch Galgenvögel keineswegs fehlten. Die Herren scheuten sich nicht, die kräftigsten ihrer Sklaven dort einzureihen. Doch scheinen die freien Männer unter ihnen am zahlreichsten gewesen zu sein. Aber wegen ihrer Geburt gehörten gerade sie nicht immer zu den gehobensten Schichten. Kein Zweifel, durch den Dienst gelangte man zu mehr als einer Stufe des Ansehens und des materiellen Gewinns. Es ist nicht minder bezeichnend, daß im 7. Jahrhundert ein und dieselbe Urkundenformel ohne Unterschied für die Schenkung eines »kleinen Landstücks« zugunsten eines Sklaven oder eines *gasindus* hatte verwandt werden können.

In dieser letzten Bezeichnung erkennt man den alten Namen für den germanischen Kampfgefährten. Er scheint tatsächlich im merowingischen Gallien wie übrigens auch in der gesamten germanisch-frühmittelalterlichen Welt gewöhnlich dazu gedient zu haben, den Mann mit eigenen Waffen zu bezeichnen. Jedoch allmählich machte er einem eingeborenen Wort Platz, nämlich »Vasall« (*vassus, vassallus*), das einer großen Zukunft entgegenblicken sollte. Dieser Neuankömmling war nicht römischer Herkunft, er war keltischen Ursprungs[155]. Aber zweifellos war er lange bevor man in der Lex Salica ein erstes schriftliches Zeugnis findet, in das gesprochene Latein Galliens eingedrungen. Denn die Entlehnung hatte nur in einer Zeit, die von der Chlodwigs weit entfernt war, geschehen können, als auf dem Boden Frankreichs neben einer der Sprache Roms gewonnenen Bevölkerung noch bedeutende Gruppen lebten, die der Sprache ihrer Ahnen treu geblieben waren. So wollen wir, wenn man so will, in diesem Ausdruck einen jener unverfälschten Söhne Galliens verehren, deren Leben sich bis in die tiefsten Schichten des Französischen hinzieht. Wie es auch immer sei, wir müssen uns jedenfalls davor hüten, aus seiner Aufnahme in das lehnsrechtliche Vokabular auf eine wer weiß wie weit entfernte Abstammung von der militärischen Vasallität zu schließen. Gewiß kannte die gallische Gesellschaft vor der römischen Eroberung wie im allgemeinen die keltischen Verbände ein »Gefolgschaftssystem«, das dem des alten Germanien in vieler Beziehung verwandt war. Aber in welchem Maße auch immer diese Gepflogenheiten unter der römischen Oberfläche hatten überleben können, eines ist gewiß: die Namen des bewaffneten »Klienten«, so wie Cäsar sie uns erkennen läßt – *ambacte*, oder *soldurius* in Aquitanien –, verschwanden, ohne Spuren zu hinterlassen[156]. Die Bedeutung von »Vasall« zum Zeitpunkt seines Übergangs in das Vulgärlatein stand sehr viel tiefer: es meinte »junger Bursche«, eine Bezeichnung, die während des ganzen Mittelalters in der Verkleinerungsform »valet« fortleben sollte. Außerdem bedeutete das Wort auch »Haussklave«, was daher kam, daß sich die Bedeutung allmählich veränderte, vergleichbar mit dem lateinischen *puer*. Es ist doch ganz natürlich, wenn der Herr diejenigen, die sich ständig um ihn herum aufhalten, seine »Burschen« nennt. Dieser zweite Sinngehalt ist derjenige, den verschiedene Texte unterschiedlicher Zeitstufe vom 6. bis 8. Jahrhundert im fränkischen Gallien dem Wort fortlaufend beilegen. Schließlich entstand allmählich eine neue Bedeutung, die im 8. Jahrhundert mit der vorangehenden in Wettbewerb trat, um sie im folgenden Jahrhundert zu ersetzen. Mehr als ein Haussklave wurde durch seine Aufnahme in die Garde »geehrt«. Die anderen Mitglieder dieser Schar lebten, ohne Sklaven zu sein, dennoch im Hause des Herrn, dazu bestimmt, ihm auf tausend Arten zu dienen und seine Anordnungen direkt zu empfangen. Denn gerade auch sie waren seine »Burschen«. Mithin wurden auch sie zusammen mit ihren Gefährten unfreier Geburt unter den Begriff der Vasallen gerechnet, der von nun an auf die Bedeutung eines bewaffneten Gefolges eingeschränkt blieb. Schließlich war das früher gemeinsame Merkmal, das eine schätzenswerte Vertrautheit andeutete, allein für die freien Männer der Truppe reserviert.

Nun bezeichnet diese Geschichte eines dem Untergrund der Sklaverei entstammenden Wortes, das mehr und mehr Ansehen gewinnen sollte, die aufsteigende Kurve der Institution als solcher. So bescheiden die ursprüngliche Stellung vieler von den großen und selbst vom König unterhaltener »Halsabschneider« auch war, enthielt sie seit dieser Zeit dennoch wichtige Elemente des Ansehens. Die Bindungen, die diese Kriegsgefährten und ihre Anführer verbanden, bildeten eines der freiwillig eingegangenen Treuegelöbnisse, die der achtbarsten gesellschaftlichen Stellung angemessen war. Der Ausdruck, der die königliche Garde bezeichnete, ist durchaus sinnvoll: *trustis*, das heißt Treue.

Der in diese Truppe neu aufgenommene Mann schwor Treue; umgekehrt verpflichtete sich der König, »ihm Hilfe zu leisten«. Das waren die wirklichen Grundlagen jeder »Ergebung«. Ohne Zweifel tauschten die großen Herren und ihre *gasindi* oder Lehnsleute (Vasallen) entsprechende

Verpflichtungen aus. Von einer Person von Rang beschützt zu werden, verschaffte im übrigen nicht nur eine Sicherheitsgarantie, sondern dazu auch Ansehen. In dem Maße, wie der Staat zerfiel, mußte sich jeder Herrschende Unterstützung mehr und mehr ausschließlich bei den Leuten suchen, die direkt an ihn gebunden waren, und in dem Maße, in dem die alten Formen des Kriegsdienstes verfielen, wurde der Rückgriff auf den Berufskrieger nötiger denn je und die Stellung eines jeden, der Waffen trug, erregte die höchste Bewunderung. Es schien, daß mit wachsender Stärke von allen Arten der Unterordnung eines Menschen unter einen anderen diejenige am meisten galt, die darin bestand, mit Schwert, Lanze und Pferd einem Herrn zu dienen, zu dessen Getreuen man sich feierlich erklärt hatte.

5. Die karolingische Vasallität

Von der Politik der Karolinger, unter der man üblicherweise neben den persönlichen Plänen der Fürsten, von denen übrigens einige bemerkenswerte Persönlichkeiten waren, auch die Sicht ihrer Ratgeber verstehen muß, kann man sagen, daß sie zugleich durch erworbene Gewohnheiten und durch Grundsätze beherrscht worden ist. Die Karolinger entstammten der Aristokratie, gelangten im Gefolge langer Kämpfe gegen das etablierte Königtum zur Macht und hatten sich als die ersten ihres Stammes Schritt für Schritt zu Herren über das fränkische Volk gemacht, indem sie sich mit Gruppen von abhängigen Bewaffneten umgaben und ihre Schutzgewalt (*maimbour, mundeburdium*) auf andere Große ausdehnten. Waren sie erst einmal auf dem Gipfel der Macht gelangt, war es nicht verwunderlich, wenn sie Bindungen dieser Art weiterhin als normal ansahen. Andererseits waren sie seit Karl Martell darauf bedacht, die Macht der Zentralgewalt wieder zu begründen, die sie zuvor im Verein mit ihren Standesgenossen zu zerstören halfen. In ihren Reichen wollten sie in Frieden und göttlicher Ordnung herrschen. Sie wollten Soldaten, um ihre Herrschaft weit auszudehnen und gegen die Ungläubigen den Heiligen Krieg zu führen, aus dem ihre Macht erwuchs und der die Seelen stärkte.

Nun aber genügten die alten Institutionen dieser Aufgabe nicht mehr. Das Königtum verfügte nur über eine kleine Anzahl von Amtsträgern, die im übrigen wenig zuverlässig waren und, abgesehen von einigen Kirchenmännern, nicht von einer speziellen Tradition und Kultur geprägt waren. Ohnehin verboten die wirtschaftlichen Bedingungen die Errichtung eines umfangreichen Apparates bezahlter Beamter. Der Verkehr dauerte lange, war unbequem und unsicher. Die Hauptschwierigkeit jedoch, auf die die Zentralverwaltung traf, bestand darin, die Menschen zu erreichen, um geschuldete Dienste einzufordern und nötige Sanktionen durchzusetzen. Daher stammt die Idee, das Netz der schon so fest begründeten Abhängigkeitsverhältnisse den Zwecken der Regierung nutzbar zu machen. Der Herr, der auf allen Stufen der Herrschaftsordnung Bürge für seinen »Mann« war, sollte verantwortlich sein, ihn bei der Pflicht zu halten. Der Plan war keineswegs einzig und allein eine Idee der Karolinger. Sie hatte schon mehrere Gesetzesakte des westgotischen Königtums in Spanien veranlaßt. Als nach der arabischen Invasion zahlreiche Flüchtlinge aus Spanien am fränkischen Hof weilten, haben vielleicht sie dazu beigetragen, diese Vorstellungen kennen und schätzen zu lernen. Das lebhafte Mißtrauen, das später angelsächsische Gesetze gegenüber dem »Mann ohne Herrn« beweisen sollten, rührt aus einer ganz ähnlichen Voreingenommenheit. Aber selten ist eine vergleichbare Politik bewußter erfolgt und ist, so sollte man versucht sein hinzuzufügen, eine vergleichbare Illusion weitaus folgerichtiger als im Frankenreich um 800 aufrecht erhalten worden.

»Ein jeder Mann übe Zwang auf seine Untergebenen aus, damit sie den kaiserlichen Aufträgen und Erlassen zunehmend freiwillig nachkommen[157].« Diese Wendung eines Kapitulars aus dem Jahre 810 umschreibt in knappen und prägnanten Worten eine der Grundbedingungen, auf denen das von Pippin und Karl dem Großen errichtete Bauwerk ruhte. Ganz ähnlich soll sich in Rußland zu Zeiten der Leibeigenschaft Zar Nikolaus I. gerühmt haben, in seinen »Pomeschtschiki«, den Dorfherren, »hunderttausend Polizeikommissare« zu besitzen.

Die dringendste Maßnahme im Rahmen dieser Vorstellungen bestand offensichtlich darin, die vasallitischen Beziehungen mit dem Recht in Einklang zu bringen und ihnen zugleich die Festigkeit zu verleihen, die allein sie zu einer sicheren Stütze machen konnte. Frühzeitig hatten niedere Amtsträger ihr Leben verpfändet, wie der Hungerleider der Formeln von Tours (Formulae Turonenses). Doch wenn es sicher schon seit langer Zeit Kampfgenossen gab, die wirklich bis zu ihrem Tode dienten, – entweder hatten sie es ausdrücklich versprochen oder Lebensumstände und Interessen hatten ihnen eine Verpflichtung auferlegt –, nichts beweist, daß diese Verpflichtung unter den Merowingern allgemein üblich war. In Spanien hat das westgotische Recht den einem Herrn dienenden Soldaten stets das Recht zuerkannt, ihn auch zu wechseln, denn, so sagt das Recht, »der freie Mann behält immer die Verfügung über seine Person«. Dagegen waren unter den Karolingern verschiedene königliche oder kaiserliche Erlasse ausschließlich damit beschäftigt, genau diejenigen vom

Herrn begangenen Verstöße festzulegen, die den Bruch des Vertrages von seiten des Vasallen rechtfertigten. Von diesen Fällen abgesehen und unter dem Vorbehalt einer auf der gegenseitigen Zustimmung beruhenden Trennung hieß das ganz klar, daß das Band lebenslang unauflöslich blieb.

Der Herr wurde andererseits offiziell für das Erscheinen seines Vasallen vor den Gerichten und den Dienst im Heer verantwortlich gemacht. Gehörte er selbst zum Heerbann, fochten seine Vasallen unter seinen Befehlen. Nur während seiner Abwesenheit waren sie dem direkten Befehl des königlichen Vertreters unterstellt, nämlich dem Grafen.

Doch was war der Nutzen dieses Systems, in dem man sich der Herren bediente, um die Vasallen zu beanspruchen, wenn diese Herren ihrerseits sich nicht fest an den Herrscher gebunden fühlten? Darum bemühten sich die Karolinger, diese unumgängliche Voraussetzung ihres großen Vorhabens dadurch zu verwirklichen, daß sie dazu beitrugen, die gesellschaftlichen Auswirkungen des Lehnswesens bis zum äußersten zu steigern. Einmal im Besitz der Macht, waren sie verpflichtet, ihre »Leute« zu entschädigen. Sie teilten ihnen Land nach einem Verfahren zu, das wir im einzelnen später beschreiben werden. Außerdem sahen sich die Hausmeier, später die Könige, veranlaßt, eine stattliche Anzahl von Personen, die größtenteils schon recht hohe Stellungen einnahmen, oft noch durch Landschenkungen in ihre Abhängigkeit zu ziehen, um sich die notwendigen Stützen zu verschaffen und um überhaupt eine Armee aufzubauen. Die altgedienten Mitglieder der militärischen Gefolgschaft, die auf den ihnen vom Fürsten überlassenen Gütern saßen, sind weiterhin als seine Vasallen betrachtet worden. Dieselben Bande galten zwischen ihm und seinen neuen Getreuen, die doch niemals seine (Kampf-)Genossen gewesen waren. Die einen wie die anderen dienten ihm im Heere, und ihnen folgten ihre eigenen Vasallen, sofern sie über solche verfügten. Aber da sie den größten Teil ihrer Tage fern vom Herrn zu verbringen berufen waren, bestand ein tiefer Unterschied zwischen ihren Lebensumständen und denen der Hauskrieger der vergangenen Zeit. Umgekehrt erwartete man von ihnen, deren jeder der Mittelpunkt einer mehr oder weniger ausgedehnten Gruppe von Abhängigen war, daß sie diese Leute unter Ordnung hielten, notfalls, daß sie selbst über ihre Nachbarn eine ähnliche Oberaufsicht ausübten. Auf diese Art hob sich aus der Bevölkerung des unermeßlichen Reiches eine verhältnismäßig sehr zahlreiche Klasse heraus, die »Vasallen des Herrn«, wohlverstanden »des Herren König« (vassi dominici), die, da sie den besonderen Schutz des Herrschers genossen und gehalten waren, ihm einen großen Teil seiner Truppen zu stellen, außerdem alle Provinzen gleichsam mit einem weitmaschigen Netz der Loyalität überziehen mußten. Als Karl der Kahle 871 seinen Sohn Karlmann besiegt hatte, wollte er die Mitverschworenen des jungen Rebellen wieder in die Pflicht nehmen: Er glaubte, es gelänge ihm am besten dadurch, daß er einen jeden nötigte, sich unter den königlichen Vasallen einen Herrn nach Gutdünken zu wählen. Es ging um mehr. Die Erfahrung schien die Stärke dieser Vasallitätsbande zu beweisen, und die Karolinger gedachten sich ihrer zu bedienen, um sich der stets schwankenden Treue ihrer Amtsträger zu versichern. Sie waren stets unter das besondere *mundeburdium* (Schutz) des Herrschers gestellt, stets hatten sie ihm den Eid geleistet, immer zahlreicher waren sie aus den Leuten hervorgegangen, die ihm als Vasallen dienten, ehe sie einen besonderen Amtsauftrag erhalten hatten. Allmählich setzte sich diese Praxis durch. Zumindest seit der Herrschaft Ludwigs des Frommen gibt es kein Hofamt, keine Führungsstelle von Rang, insbesondere keine Grafschaft, deren Inhaber nicht spätestens bei Antritt seines Amtes sich mit gefalteten Händen zum Vasallen des Monarchen hatte machen müssen. Gerade auch dann, wenn auswärtige Fürsten die fränkische Oberhoheit anerkannten, forderte man von ihnen seit der Mitte des 8. Jahrhunderts, daß sie sich dieser Zeremonie unterwarfen und nannte sie Vasallen des Königs oder des Kaisers. Sicher erwartete niemand von diesen hohen Personen, daß sie wie die Gefolgsleute von einst am Aufenthaltsort des Herrn die Wache hielten. Doch gehörten sie auf ihre Weise zu seinem militärischen Haushalt, weil sie ihm mit ihrer Treue vor allem Kriegshilfe schuldeten.

Nun hatten sich die Großen seit langem daran gewöhnt, in den tüchtigen Gefährten ihres Haushaltes Personen zu sehen, die ihnen eine Schar von Männern des Vertrauens stellten, und die zu den verschiedensten Aufträgen bereit waren. Was geschah, wenn der Einsatz an einem entfernten Ort, das Geschenk eines Landstückes oder eine Erbschaft einen dieser pflichtgetreuen Gesellen bewog, den persönlichen Dienst zu verlassen? Der »Chef« betrachtete ihn nichtsdestoweniger als seinen Getreuen. Kurzum, in diesen Fällen zeigte die Vasallität das Bestreben, durch eine spontane Bewegung dem engen Kreis des herrschaftlichen Haushalts zu entrinnen. Diese lockeren Gepflogenheiten sind durch das Beispiel der Könige und durch den Einfluß der von ihnen verkündeten Rechtssätze festgelegt worden. Herren wie Untergebene mußten sich ganz einfach einer Form des Vertrages bedienen, die künftig rechtmäßige Vergeltungsmaßnahmen vorsah. Die Grafen banden die niederen Amtsträger durch die Bande der Vasallität an sich; so verfuhren Bischof oder Abt mit den Laien, die sie damit beauftragten, ihnen bei der Rechtsprechung zu helfen oder ihre Untertanen dem Heerbann zuzuführen. Die Mächtigen jeder Art bemühten sich ebenso die wachsende Zahl der kleinen Herren in ihren Kreis zu ziehen, wie diese ihrerseits sich in gleicher Weise um die noch Schwächeren bemühten. Diese privaten Vasallen bildeten eine gemischte Gesellschaft, die gesellschaftlich noch ziemlich niedrig stehende Personen umfaßte. Unter denjenigen, denen die Grafen, die Bischöfe, die Äbte und die Äbtissinnen gestattet haben, im Lande zu bleiben, wenn der Heerbann aufgeboten worden ist, gab es eine den *vassi dominici* im kleinen Rahmen entsprechende Gruppe, denen die vornehme Aufgabe der Friedenssicherung anvertraut worden sein wird. Andere wiederum werden in wesentlich bescheidenerer Weise das Haus des Herrn bewacht, das Einbringen der Ernte geleitet und die Führung des herrschaftlichen Haushalts überwacht haben[158]. Zumindest waren das schon Leitungsaufgaben, die folglich Respekt verlangten. Im Umkreis von leitenden Männern jeden Ranges wie im Umkreis der Könige hatte der bloße Dienst im herrschaftlichen Haushalt von einst das Vorbild geliefert, aus dem sich von nun an jede Form der Untertänigkeit herleiten sollte, die keineswegs ohne Ehre war.

6. Die Herausbildung der klassischen Vasallität

Dann kam der Zusammenbruch des karolingischen Staates. Es war der rasche und tragische Niedergang einer Handvoll Männer, die sich um den Preis vieler veraltet und unbeholfen anmutender Maßnahmen, doch unter ungeheurem Einsatz von gutem Willen bemüht hatten, bestimmte Werte der Ordnung und Kultur zu bewahren. Nun begann eine lange Periode der Wirren, die zugleich auch eine Zeit war, in der sich die Keime einer späteren Entwicklung ausbildeten. Die Vasallität sollte ihre endgültige Gestalt annehmen und ihre Züge deutlich ausformen.

Der ständige Kriegszustand, in dem Europa von nun an lebte, als es von Einfällen fremder Völker überzogen und von inneren Auseinandersetzungen heimgesucht worden ist, ließ die Menschen mehr denn je nach einer schutzbietenden Person und diese ihrerseits nach Leuten suchen. Aber die Ausweitung solcher Schutzverhältnisse geschah nicht mehr zum Nutzen des Königtums. Denn die »privaten« Lehnsbeziehungen sollten sich künftig vervielfachen. Seit den Wikinger- und Ungarnzügen erhoben sich die Burgen immer zahlreicher in der Landschaft. Besonders in ihrem Umkreis bemühten sich die Herren, die entweder im eigenen Namen oder im Namen eines Mächtigeren solche Anlagen beherrschten, über Vasallen zu gebieten, die zur Burghut verpflichtet waren. »Der König hat nicht mehr vom König als den Namen und die Krone ... weder ist er imstande, seine Bischöfe noch seine anderen Untertanen gegen drohende Gefahren zu verteidigen. Auch sieht man die einen wie die anderen mit gefalteten Händen Zuflucht im Dienste eines Großen nehmen. Dadurch erhalten sie den Frieden.« Das war das Bild, das ein deutscher Prälat um 1016 von der Anarchie im Königreich Burgund zeichnete. Im folgenden Jahrhundert schildert im Artois ein Mönch treffend, wie nur eine kleine Anzahl von Männern aus dem »Adel« die Bindungen an die Herrschaft der Großen vermeiden konnte und »allein der öffentlichen Gewalt unterworfen blieb«. Doch hat man offensichtlich unter diesem letzten Begriff weniger die Autorität des Monarchen zu verstehen, die viel zu weit entfernt war, als die des Grafen, der an Stelle des Königs all das verwahrte, was von einer Gewalt blieb, die ihrer Natur nach höherwertig als die persönlichen Unterordnungen war[159].

Es versteht sich von selbst, daß sich die Abhängigkeit ebenso über alle Schichten der Gesellschaft und nicht nur unter den »Adligen« verbreitet hat, von denen unser Mönch spricht. Aber die Demarkationslinie, die sich unter ihren verschiedenen, vom unterschiedlichen sozialen Klima bestimmten Formen in der Karolingerzeit auszubilden begann, hatte sich verfestigt.

Gewiß bewahrten die Sprache und selbst bestimmte Gepflogenheiten noch lange sehr viele Spuren der alten Wirrnis. Einige Gruppen sehr bescheidener grundherrschaftlicher Untertanen, die sich der verachteten Ackerarbeit hingaben und an Dienste gebunden waren, die man von nun an als die von Knechten ansah, trugen ständig bis in das 12. Jahrhundert den Namen »Ergebene«, eine Bezeichnung, mit der das zeitlich nahestehende Rolandslied höhergestellte Vasallen versah. Von Unfreien, die die »Männer« ihres Herrn waren, sagte man häufig, sie lebten in seiner »Huld« (*homagium*). Selbst der formelle Akt, wodurch sich ein einzelner als Höriger eines anderen zu erkennen gab, ist mitunter mit dieser Bezeichnung versehen worden und rief in seinem Ritual hin und wieder die Erinnerung an die charakteristischen Gesten der Huldigung »mit den Händen« wach, den Handgang[160].

Diese Huldigung der Unfreien stand jedoch dort, wo sie stattfand, in entschiedenem Gegensatz zu derjenigen der Vasallen; sie mußte nicht von Generation zu Generation erneuert werden. Denn man war dazu gelangt, immer deutlicher zwei Formen der Bindungen an eine übergeordnete Person zu unterscheiden. Die eine ist das Ererben. Es ist durch jede Art der Pflichten gekennzeichnet, die als ziemlich niedrig angesehen werden. Weil es vor allem im Zustand der Abhängigkeit jede Wahl ausschloß, galt es als Gegensatz zu dem, was man jetzt »Freiheit« nannte. Denn in der Tat war es die Leibeigenschaft, in die der größte Teil derjenigen allmählich geraten war, die unteren Schichten entstammten und sich »ergeben« hatten, obwohl ihr »freier« Stand ihre Unterwerfung ursprünglich zu einer Zeit bewirkt hatte, als die soziale Schichtung unterschiedlichen Prinzipien entsprach. Die andere, Vasallität genannte Bindung, dauerte rechtlich, wenn nicht tatsächlich, allein bis zu dem Tag, an dem das eine oder das andere der beiden so aneinander gebundenen Leben endete. Gerade durch diesen charakteristischen Zug, der ihr das demütigende Wesen einer mit dem Blut ererbten Gebundenheit ersparte, eignete sie sich zum ehrenvollen Dienst mit dem Schwert. In der Tat handelt es sich um Waffenhilfe, die diese Bindung mit sich bringt. Seit dem Ende des 9. Jahrhunderts sprechen die lateinischen Urkunden in einer bezeichnenden Gleichartigkeit der Ausdrücke beinahe unterschiedslos von einem Mann, der der Vasall oder der *miles* seines Herrn ist. Wortgetreu müßte der zweite Ausdruck mit »Soldat« übersetzt werden. Aber die französischen Texte geben ihn, seit es sie gibt, mit »chevalier« (Ritter) wieder, und sicher war es dieser Ausdruck der nicht geschriebenen Sprache, den schon die älteren Notare im Kopf hatten. Der ideale Soldat diente in schwerer Kriegsrüstung zu Pferde; die Aufgabe des Vasallen bestand vor allem darin, so ausgerüstet für seinen Herrn zu kämpfen, dergestalt, daß nach einer weiteren Wandlung des alten Wortes, dessen Bedeutung einst so niedrig war, »Vasallität« in der Umgangssprache schließlich für gewöhnlich die schönste der Tugenden bezeichnete, die eine ständig unter Waffen stehende Gesellschaft kennen mochte, nämlich die Tapferkeit. Das so bestimmte Abhängigkeitsverhältnis wird durch den Handgang begründet, das fortan fast gänzlich auf diese Form beschränkt blieb. Aber dieser Ritus der hingebungsvollen Zuwendung ist anscheinend seit dem 10. Jahrhundert zumeist durch das Küssen ergänzt und vervollständigt worden, das die beiden Personen auf ein und dieselbe Ebene der Freundschaft stellte und der Unterordnung nach Vasallenart größere Würde verleiht. In der Tat verband diese Beziehung nur noch Personen herausgehobenen, mitunter selbst sehr hohen Ranges. Die militärische Vasallität, die in einem allmählichen Prozeß der Differenzierung aus der alten und ungleichartigen Kommendation entstanden war, stellte schließlich ihre höchste Erscheinungsform dar.

2. Kapitel

Das Lehen

1. »Benefizium« und Lehen: Lehen für Lohn

Die meisten, die sich in der fränkischen Zeit »kommendierten«, erwarteten von ihrem neuen Herrn nicht nur Schutz, sondern sie forderten von ihm auch, der ja zugleich begütert war, daß er ihnen im täglichen Leben beistand. Von dem Kirchenvater Augustin, der gegen Ende des Römischen Reiches die Armen auf der Suche nach einem Schutzherrn, der ihnen »etwas zum Essen« verschaffen sollte, bis hin zu jener Formel in merowingischen Kommendationsurkunden, auf die wir immer wieder stoßen, ist der gleiche gequälte Ruf der Hungernden zu vernehmen. Der Herr war seinerseits keineswegs nur bestrebt, über Personen zu herrschen. Über sie versuchte er vielmehr oft, ihre Güter zu erlangen. Kurzum, von Anfang an besaßen die Abhängigkeitsverhältnisse einen wirtschaftlichen Aspekt, und das galt von der Vasallität ebenso wie von anderen Formen der Abhängigkeit. Die Freigiebigkeit des Anführers gegenüber seinen Kampfgenossen im Krieg war für die Festigkeit der Bande zwischen beiden Seiten so wesentlich, daß in karolingischer Zeit die Überlassung einiger Geschenke – eines Pferdes, von Waffen oder Schmuckstücken – gewissermaßen das beinahe rituelle Gegenstück zur Geste der persönlichen *deditio* (Übergabe, Ergebung) an den Herrn bildete. Die Frage ist, ob die Kapitularien dem Vasallen untersagten, die Bindung zu brechen. Nach den Ausführungen eines Kapitulars war das nur möglich, wenn der Lehnsmann von seinem Herrn nicht schon irgend etwas im Wert eines Goldsolidus erhalten hatte. Der einzige und echte Herr war derjenige, der bereits etwas gegeben hatte. Allerdings ließen die allgemeinen wirtschaftlichen Verhältnisse dem Oberhaupt einer Vasallengruppe ebenso wie jedem, der damals Leute beschäftigte, nur die Wahl zwischen zwei Arten von Entlohnung. Er konnte den Mann in seiner eigenen Behausung behalten, ihn ernähren, kleiden und auf seine Kosten ausrüsten oder es ihm selbst überlassen, für seinen Unterhalt zu sorgen und ihm dafür ein Gut oder wenigstens feste Einkünfte von dessen Grund und Boden zuweisen. In den Gebieten französischer Zunge nannte man dies *chaser*, was in des Wortes eigentlicher Bedeutung hieß, ihn mit seinem eigenen Haus (lateinisch: *casa*) auszustatten. War dies der Fall, so spielte sich die Zuweisung in folgenden Formen ab:

Das einfache Geschenk, ohne eine Klausel, welche die Erblichkeit entweder ausschaltete oder begrenzte, scheint in der älteren Zeit weithin üblich gewesen zu sein. In dieser Form übergibt ein Herr im 7. Jahrhundert seinem »Genossen« (companio) ein kleines Gut, und ebenso zeigen später die drei Söhne Ludwigs des Frommen mehrfach ihre Freigiebigkeit gegenüber ihren Vasallen, wobei es ihre eingestandene Absicht ist, jene in ihrer Pflicht zu halten. Das geschieht nicht ohne den Vorbehalt einer möglichen Zurücknahme der Zuweisung, falls ihre Erwartung enttäuscht werden sollte. Allerdings war es wichtig, daß die von einem Herrn regelmäßig an die Gefolgschaft in der Art eines Solds eher als einer Belohnung verteilten Güter ohne Schwierigkeiten an ihn zurückgelangten, wenn der entsprechende Dienst nicht mehr geleistet wurde, spätestens dann, wenn der Tod das Band zwischen beiden zerriß. Mit anderen Worten: Das Vasallenverhältnis wurde nicht durch Blutsverwandtschaft übertragen, und es lag daher kein Widerspruch darin, daß die Entlohnung des Vasallen des Erblichkeitscharakters entkleidet war.

Zu solchen Landübertragungen, die von ihrer Bestimmung her nur zeitweilig und zumindest ursprünglich ohne Sicherheit erfolgten, gab es weder im offiziellen römischen Recht noch im germanischen Gewohnheitsrecht, mit der für beide gültigen strengen Regelung von Verträgen zwischen zwei Seiten, Präzedenzfälle. Andererseits hatte sich im Römischen Reich bereits in der Praxis diese Art der Übereinkunft unter dem Einfluß mächtiger Personen weitgehend herausgebildet. Dabei waren die Übereinkünfte mit dem Brauch des Patronats – der Schutzherrschaft – verknüpft, da sie den Unterhalt des Schutzbefohlenen dem Herrn zuwiesen. Ihre Terminologie war reichlich verschwommen, wie sich das bei Einrichtungen am Rande der Legalität beinahe von selbst versteht.

Man sprach von precarium – wegen der Bitte (preces), die vom Beschenkten ausging bzw. als von ihm ausgehend aufgefaßt worden ist – oder auch von »Wohltaten« (beneficium). Dabei war es unwichtig, wenn das geltende Recht, das von solchen Übereinkünften nichts wußte, demjenigen, der ein Gut verpachtete, kein Mittel lieferte, um vor Gericht die Erfüllung der Auflagen einzufordern, mit denen er das Gut ausgegeben hatte. Denn er besaß stets die Möglichkeit, das, was grundsätzlich nur ein Gnadengeschenk war, wieder zurückzuziehen. Beide Begriffe, precarium wie beneficium, wurden im fränkischen Gallien weiterbenutzt, precarium freilich mit einer grammatischen Wandlung, die die Phantasie der Historiker viel beschäftigt hat: vom sächlichen Geschlecht ging dieses Wort zum weiblichen über und hieß nun precaria. Allem Anschein nach handelt es sich einfach um den Spezialfall einer auch sonst im Spätlateinischen verbreiteten Erscheinung, um eine Kontamination mit der Endung

202

-a im Plural des Neutrum, die u. a. aus lateinisch *folium* das französische Wort *la feuille* (das Blatt) entstehen ließ. Der Wandel wurde in unserem Fall noch durch die grammatikalische Attraktion des Begriffs für die Bittschrift des um Schutz Bettelnden erleichtert, die *[epitstola]precaria*.

»Precaria«, »Wohltat« (beneficium): beide Begriffe scheinen zunächst fast unterschiedslos benutzt worden zu sein. Je mehr aber die Prekarie, die dem Mietrecht entlehnte Rechtselemente enthielt, sich allmählich zu einem Vertrag mit festen Umrissen entwickelte, desto stärker war man bestrebt, diese Bezeichnung auf Übertragungen zu beschränken, die eine Abgabe voraussetzten. Dagegen wurde die Bezeichnung *beneficium,* die zugleich unbestimmter und ehrenvoller war, da man mit ihr nicht das vorherige Bitten in Zusammenhang brachte, vor allem auf vorläufige Schenkungen angewendet, auf die man sich unter der Bedingung einer Dienstleistung und zugunsten von Leuten einließ, die mit dem Haus des Herrn verbunden waren, vor allem aber zugunsten von Vasallen. Zur Unterscheidung trug ein Ereignis von bedeutender Tragweite bei. Um sich mit Ländereien zur Ausstattung ihrer zahlreichen Getreuen zu versehen, deren Unterstützung sie sich versichern wollten, nahmen die Karolinger ohne Scham und Scheu Güter aus dem unermeßlichen Eigentum der Geistlichkeit in Anspruch. Die erste Plünderung von Kirchengut unter Karl Martell war geradezu brutal. Seine Nachfolger verzichteten keineswegs auf diese Beschlagnahmen, doch während sie zugleich die früheren, die sich gerade vollziehenden und die künftigen gesetzlich regelten, blieben sie auch in gewisser Weise auf die Wahrung der Rechte der legitimen Eigentümer bedacht. Der Bischof oder das Kloster sollten künftig von dem Grund und Boden, dessen grundsätzlich lebenslängliche Nutznießung sie gezwungenermaßen an den Lehnsmann des Königs abgetreten hatten, einen gewissen Pachtzins erhalten. Dem König stand dagegen die mit der Vergabe des Guts verbundene Dienstleistung zu. Aus der Sicht der Kirche war damit das Gut juristisch gesprochen eine Prekarie, aber vom König hatte der Vasall es als *beneficium* inne. Der Gebrauch dieses Wortes zur Bezeichnung jener Ländereien, die für eine Dienstleistung, vor allem die eines Vasallen, ausgetan waren, sollte im Latein der Kanzlisten und Chronisten bis weit hinein ins 12. Jahrhundert fortleben. Im Unterschied jedoch zu den wirklich lebendigen juristischen Begriffen wie dem des »Kommendierten«, hat es von *beneficium* in den romanischen Sprachen keine Ableitung gegeben. Der Beweis dafür ist, daß dieses veraltete Wort, das zu dem bei Klerikern beliebten, in Nachklängen versteinerten Vokabular gehörte, in der gesprochenen Sprache von einem anderen Begriff abgelöst worden war. Im Feudalzeitalter, d. h. etwa seit dem 9. Jahr-

hundert, dachten die französischen Schreiber an *fief* (Lehen), wenn sie *beneficium* schrieben.

Trotz einiger phonetischer Schwierigkeiten, die im übrigen weniger die romanischen Formen als ihre Umschriften ins Lateinische betreffen, ist die Geschichte dieses berühmten Wortes klar[161]. Die alten germanischen Sprachen besaßen alle ein weitläufig mit dem lateinischen *pecus* verwandtes Wort, das je nach Redewendung oder Sprache entweder dazu diente, mobile Güter ganz allgemein oder die verbreitetste bzw. die kostbarste Form dieser Güter zu bezeichnen: das Vieh. Das Deutsche, das ihm getreulich die zweite Bedeutung bewahrt hat, besitzt und verwendet es noch bis in unsere Tage. Das Galloromanische entlehnte dieses Wort der Sprache der germanischen Eindringlinge und machte *fief* (im Provenzalischen *feu*) daraus. Anfangs ging es darum, wenigstens eine dieser überkommenen Bedeutungen beizubehalten, nämlich die am weitesten gefaßte, die des beweglichen Gutes. Diese Bedeutung bezeugen noch bis zum Beginn des 10. Jahrhunderts verschiedene burgundische Urkunden. So erfahren wir, daß jemand ein Stück Land erworben hat. Als Preis ist der übliche Geldwert festgesetzt worden. Da aber der Käufer die betreffende Münzsumme nicht besitzt, zahlt er nach damals geläufigem Brauch mit Gegenständen von entsprechendem Wert. Die Urkundentexte drücken das folgendermaßen aus: »Wir haben von dir den vereinbarten Preis in *feos* erhalten, deren Wert auf so und soviel Pfunde, Schillinge und Pfennige geschätzt wird[162].« Der Vergleich mit anderen Urkunden beweist, daß es sich gewöhnlich um Waffen, Kleidungsstücke, Pferde und bisweilen um Nahrungsmittel handelte. Es waren also Dinge, welche an das Gefolge eines Herrn als Entlohnung verteilt worden sind, wenn es dieser in seinem Haus unterhielt oder für seine Ausstattung sorgte. Auch dabei sprach man von *feos*.

Da dieser Begriff aber von Sprachen herstammte, die im romanischen Gallien niemand mehr verstand, und da er von sämtlichen Bezeichnungen, auf denen er ursprünglich beruhte, gewissermaßen abgeschnitten war, mußte er sich rasch von seinem etymologischen Inhalt lösen. In den Haushaltungen der Herren, wo er täglich gebraucht wurde, gewöhnte man sich daran, bei seiner Nennung nur noch an Entlohnung zu denken, und zwar an Lohn an sich, ohne noch darauf zu achten, ob es dabei um mobile oder immobile Zuwendungen ging. Erhielt ein Gefährte, den sein Herr bislang ernährt hatte, von ihm ein Stück Land, so hieß auch dieses das *feus* des Mannes. Da Land allmählich zum üblichen Lohn eines Vasallen wurde, beschränkte man schließlich den Begriff auf diese Form der

Entlohnung in Immobilien, obwohl er ursprünglich genau entgegengesetzt sich auf bewegliches Gut bezogen hatte. Auf diese Art hat sich einmal mehr die semantische Entwicklung eines Begriffes genau zum Gegenteil der einstigen Bedeutung hin vollzogen. Von diesen Lehen, die in Form von Land an Vasallen vergeben worden sind, finden wir aus den letzten Jahren des 9. Jahrhunderts das älteste Beispiel in den schriftlichen Quellen überliefert[163]. Wir verdanken es einer jener Urkunden im Süden des Westfränkischen Reiches, die von ungebildeten Klerikern geschrieben worden sind und stark den Wortschatz der Umgangssprache miteinfließen lassen. Es folgen dann im 10. Jahrhundert einige andere Texte aus dem Languedoc. Die Kanzleien der Bretagne, des nördlichen Westfrankenreiches und Burgunds, die mehr auf reines Latein achteten, gaben dagegen erst um das Jahr 1000 dem Druck der Umgangssprache nach. Außerdem führte man anfangs das Wort aus der Volkssprache nur als Glosse ein, um allen den klassischen Begriff zu erläutern. So heißt es 1087 in einer Urkunde aus dem Hennegau: »Das *beneficium,* das man in der Volkssprache *fief* nennt[164].«

In den Ländern germanischer Zunge jedoch behielt das Wort, das uns im Althochdeutschen als *fihu* und im Altenglischen als *feoh* begegnet, die ursprüngliche Bedeutung »Vieh«. Es gab aber einige herausgehobenere Ausnahmen. Denn nichts hinderte die Verfasser von Urkunden, dem Sprachgebrauch der gallischen Notare die eine oder andere lateinische Nachbildung zu entlehnen, die ihr Scharfsinn für den romanischen Ausdruck *fief* ersonnen hatte. Am stärksten verbreitet war davon *feodum,* ein Wort, das sowohl den deutschen Kanzleien als auch denen des kapetingischen Königreiches vertraut war. Damit es aber im alltäglichen Sprachgebrauch durch eine angemessene Bezeichnung wiedergegeben werden konnte, benötigte man auch für die Volkssprache ein solches Wort. Weil die Zuteilung von Land, das die dem Herrn dienenden Leute nutzten, grundsätzlich provisorisch war, bürgerte es sich ein, dafür ein Substantiv zu gebrauchen, das aus dem verbreiteten Verbum »leihen« gebildet wurde. Das *feodum* war eine »Leihe« oder ein »Lehen«[165]. Da indessen die enge Verwandtschaft zwischen diesem Begriff und dem Verbum, von dem er abgeleitet war und das weiterhin in seiner alten Bedeutung gebraucht wurde, im Sprachbewußtsein lebendig blieb, erlangte das Wort »Lehen« nie die ausschließliche Bedeutung wie seine französische Entsprechung *fief.* Zumindest in der Volkssprache behielt man es für alle Arten von Landüberlassungen bei. Lehnworte wassen sich nun einmal besser als aus der eigenen Sprache entwickelte Begriffe neuen Bedeutungserfordernissen an, bei denen es auf genaue Bezeichnungen ankommt.

205

Beneficium, fief, »Lehen«: diese gleichbedeutenden Ausdrücke sollten letztlich einen recht klaren Begriff wiedergeben. Es handelte sich hierbei zweifellos im wesentlichen um einen Begriff des Wirtschaftslebens. Wer von Lehen sprach, meinte ein Gut, das im Grunde nicht gegen Zahlungsverpflichtung überlassen worden war (wo das vorkam, war es reine Nebensache), sondern gegen Dienstverpflichtung. Genauer gesehen, langte es keineswegs, daß Dienste die Hauptlast bildeten, die auf dem verliehenen Gut ruhte, sondern es bedurfte hier einer eindeutigen beruflichen Spezialisierung und auch einer Individualisierung. Das bäuerliche Zinsgut, dem schon die Urkunden des 11. Jahrhunderts, den Sprachgebrauch der Juristen des 13. vorwegnehmend, das Lehen entgegenstellen, war neben Zinsverpflichtungen auch mit Arbeitsleistungen belastet. Aber Landarbeitsfronen, Spanndienste und Ablieferung selbst geringer Erzeugnisse, die auf dem Hof hergestellt wurden, alle die Arbeiten und Aufgaben, zu denen das abhängige Bauerngut verpflichtete, erschienen als solche, die für jedermann erfüllbar waren. Sie wurden überdies durch das Gewohnheitsrecht der Dorfgemeinschaft geregelt. Ein Landgut aber wurde einem »Dienstmann« von seinem Herrn unter der Bedingung überlassen, daß er ihm in Treue die übrigen Zinsbauern beaufsichtigte – oder einem Maler, der dafür den Auftrag erhielt, die Kirche eines Klosters, dem er diente, auszuschmücken – oder einem Zimmermann bzw. einem Goldschmied, die dann ihre Kunst dem Herrn zur Verfügung stellten – oder gar einem Priester als Entlohnung für die Seelsorge in seiner Pfarrei – oder schließlich einem Vasallen, dem Waffengefährten und Berufskrieger. So war das Lehngut mit ganz bestimmten Diensten verbunden, die in jedem Fall auf Grund unterschiedlicher Vereinbarungen oder Überlassungen festgelegt worden sind. Auf diese Weise war es vor allem durch seinen Entlohnungscharakter bestimmt, war mit einem Wort ein Lohn-Lehngut. Man bezeichnete es als Lehen[166], und das, ohne den sozialen Rang des Belehnten zu beachten, und wenn es sich etwa um einen einfachen Arbeiter handelte, verzichtete man natürlich auch auf die Leistung des Lehnseides. Der Verwalter des Herrn war oft ein Höriger und die Köche der Benediktiner von Maillezais oder des Grafen von Poitou, oder aber der Bader, dem es oblag, die Trierer Mönche von Zeit zu Zeit zur Ader zu lassen, gewannen aus ihrer Tätigkeit im allgemeinen keine grössere Achtung in ihrer Umgebung. Trotzdem war es nicht weniger legitim, die einen wie die anderen mit Lehngütern zu versehen, anstatt daß sie einfach von den im Haus des Herrn ausgegebenen Lebensmitteln lebten. Diese Dienstleute mit ihren besonderen Berufen sind eben zu den mit Land belehnten Abhängigen des Herrn gerechnet worden. Einige Forscher haben jene bescheidenen Lehen hervorgehoben und glaubten ganz zu Unrecht, hier eine späte Sonderentwicklung des Lehnswesens vor sich zu haben. Die Urbare des 9. Jahrhunderts kennen bereits die *beneficia* in den Händen von Dorfvorstehern, Handwerkern und Stallknechten. Zur Zeit Ludwigs des Frommen erwähnt Einhard das *beneficium* eines Malers, und als im Rheinland zwischen 1008 und 1016 zum ersten Mal das lateinische Wort *feudum* auftaucht, geht es um das Lehngut eines Grobschmieds. Die Entwicklungskurven des Lehens wie der Vasallität und vieler anderer Rechtsformen des Feudalzeitalters verlief vom allgemein Üblichen hin zu einer Einrichtung der gesellschaftlichen Klassifizierung und nicht umgekehrt.

Denn natürlich war es auf die Dauer für das allgemeine Bewußtsein etwas beschämend, auf diese Weise mit derselben Benennung Güter bezeichnen zu müssen, die von ihrer Ausdehnung und ihrer Eigenart her grundverschieden waren und sich im Besitz von Menschen in ganz entgegengesetzten Verhältnissen wie des Vorstehers eines kleinen Dorfes, eines Kochs, eines Kriegers, eines Herrn, der seinerseits viele Bauern unter sich hatte, eines Grafen oder eines Herzogs befanden. Schließlich verspüren wir in unserer heutigen relativ demokratischen Gesellschaft noch das Bedürfnis, mit Worten eine Art Stufe des Ansehens zwischen dem Lohn eines Arbeiters, dem Gehalt eines Beamten und den Honoraren in freien Berufen auszudrücken. Die Zweideutigkeit des Begriffs *feudum* aber blieb lange bestehen. Noch im Frankreich des 13. Jahrhunderts sprach man von Lehen der herrschaftlichen Amtsträger und der Handwerker, und das ging so weit, daß die Juristen, die darauf bedacht waren, die vasallitischen Lehen eigens zu bezeichnen, diese bereitwillig mit dem Attribut »frei« versahen, d. h., daß sie allein den Verpflichtungen unterworfen waren, die mit der Würde eines vollkommen freien Mannes vereinbar gewesen sind. Andere Sprachen, die das Wort für »Lehen« nach dem französischen Gebrauch (*fief*) übernommen hatten, bezeichneten damit wesentlich länger ganz allgemein den Lohn, und zwar losgelöst von jeder Überlassung von Land. In Italien sind im 13. Jahrhundert die in Geld ausbezahlten Gehälter gewisser städtischer Amtsträger oder Beamter *fio* genannt worden, und in England bezeichnet man heute noch das Honorar für einen Arzt mit *fee*. Immer mehr jedoch neigte man dazu, wenn das Wort ohne besondere Bezeichnung benutzt wurde, es auf die Lehen anzuwenden, die am häufigsten vorkamen und in der Gesellschaft die größte Bedeutung besaßen, um die sich ein »Lehns«-Recht im eigentlichen Sinn entwickelt hatte. Dabei ging es um jene Lehen, mit denen Dienstleistungen eines Vasallen verbunden waren und zwar in der klar spezialisierten Bedeutung, die sich schon längst herausgebildet hatte. In einer Glosse des Sachsenspiegels sollte endlich im 14. Jahrhundert stehen: »Das Lehen ist der Sold des Ritters.«

2. Das »Behausen« der Vasallen

Die beiden Arten, einen Vasallen zu entlohnen, nämlich Lehen zu vergeben und ihn in den Haushalt aufzunehmen, waren keineswegs völlig unvereinbar. Der sich auf seinem Grund und Boden niederlassende Getreue verzichtete damit nicht etwa auf andere Beweise der Freigiebigkeit seines Herrn, vor allem nicht auf die Verteilung von Pferden, Waffen, Kleidung, Mänteln, von *vair et gris* (Feh), was schließlich in viele Gewohnheitsrechte aufgenommen worden ist. Selbst so sehr hochgestellte Persönlichkeiten wie ein Graf von Hennegau, der Vasall des Bischofs von Lüttich war, verschmähten derartiges nicht. Bisweilen, wie es 1166 in der Umgebung eines großen englischen Lehnsherrn geschah, lebten etliche Ritter, obwohl sie mit Land hinreichend ausgestattet waren, bei ihrem Herrn und erhielten von ihm »ihr Notwendiges«[167]. Von einigen Ausnahmefällen abgesehen, bildeten dennoch die unbelehnten Vasallen (*vasalli incasati*) und die belehnten Vasallen (*vasalli casati*) in Wahrheit zwei ganz verschiedene Gruppen, die ihrem Herrn auf unterschiedliche Art nützlich waren, so daß man schon zur Zeit Karls des Großen einen Königsvasallen als ungewöhnlich empfand, der am Hof diente und »dennoch« ein *beneficium* innehatte. Was man freilich auch immer von den Lehnsträgern an Hilfeleistung bei Gefahr oder wenn Rat erforderlich war, verlangen mochte: als Wache in Friedenszeiten waren allein die hausansässigen Vasallen, die ständig anwesend sein konnten, in der Lage, die tausend Aufgaben der Begleitung oder des höheren Hausdienstes wahrzunehmen. Da diese beiden Typen von Vasallen also nicht einander einfach ersetzen konnten, war der Gegensatz zwischen ihnen nicht streng genommen der von aufeinanderfolgenden Entwicklungsstadien. Zwar war der Typus des im Hause des Herrn unterhaltenen Gefährten älter, aber er bestand doch lange neben dem neueren Typus des mit Lehnsgut ausgestatteten Abhängigen. Die Frage ist, ob der Mann nach einer bestimmten Zeit des Dienstes im unmittelbaren Gefolge ein Lehen erhielt. Ein anderer – oft ein Jüngling, der sein Erbteil noch nicht erhalten hatte, oder ein jüngerer Sohn – erhielt an der Tafel des Herrn einen leergewordenen Platz, und die Sicherung von Unterhalt und Unterkunft erschien als so beneidenswert, daß die mittleren Ritterfamilien um eine entsprechende Zusage für ihre jüngsten Mitglieder nachsuchten[168]. Zu Beginn der Herrschaft Philipps II. August waren diese Vasallen ohne

Lehen noch so zahlreich, daß der König, der sonst keine Steuerzahler verschonte, für den Kreuzzugszehnt bei dieser Gruppe eine Ausnahme glaubte machen zu müssen.

Dennoch kann man nicht bezweifeln, daß sich schon in der Karolingerzeit zwischen den beiden Gruppen von Vasallen ein Mißverhältnis der Zahlen zugunsten der Lehnsinhaber herauskristallisierte, das in der Folgezeit noch wachsen sollte. Über diese Entwicklung und wenigstens einige ihrer Ursachen besitzen wir in einer Episode ein ungemein lebendiges Zeugnis, das trotz der Tatsache, daß sich die Angelegenheit außerhalb Frankreichs abspielte, dennoch hier angeführt werden kann, weil die Einrichtungen, um die es dabei geht, im Kern französischen Ursprungs sind.

Als Wilhelm der Bastard von der Normandie 1066 England erobert hatte, war es seine erste Sorge, auf sein neues Königreich die bemerkenswerte Organisation des Lehnsheeres zu übertragen, wofür ihm sein normannisches Herzogtum ein Beispiel geliefert hatte. Er erlegte daher seinen wichtigsten Getreuen die Verpflichtung auf, ständig eine bestimmte Zahl von Rittern, die ein für allemal für jede Baronie festgesetzt worden ist, zu seiner Verfügung zu halten. Auf diese Weise war jeder große Lehnsherr, der ja unmittelbar vom König abhing, gezwungen, seinerseits eine bestimmte Anzahl wenigstens militärischer Vasallen an sich zu binden. Er war aber wohlbemerkt frei darin, über die Mittel zu entscheiden, mit denen er ihren Unterhalt sicherstellen wollte. Anfangs zogen es viele Bischöfe und Äbte vor, sie »auf dem *domanium*«, ihrem Haus und Hof, ihrem Herrenland, wohnen zu lassen und zu unterhalten, ohne sie zu belehnten Vasallen zu machen. Das war natürlich in den Augen der Kirchenhäupter aller Länder die verführerischste Lösung, weil sie jegliche Beeinträchtigung des unveräußerlichen Patrimoniums auszuschließen schien, das ihnen anvertraut worden war. Etwa ein Jahrhundert später mußte der Biograph des Erzbischofs Konrad I. von Salzburg noch seinen Helden dafür preisen, weil er es verstanden habe, Kriege zu führen, »ohne den guten Willen seiner Ritter anders als durch Schenkungen beweglicher Habe zu gewinnen«. Aber von sehr wenigen Ausnahmen abgesehen, waren die englischen Prälaten ziemlich schnell genötigt, auf eine Regelung zu verzichten, die ihren Vorstellungen so sehr entsprach, um von nun an die Last des königlichen Heeresdienstes auf Lehen ruhen zu lassen, die aus dem Kirchenland herausgeschnitten waren[169]. Der Chronist von Ely berichtet, daß die Vasallen zu der Zeit, da sie unmittelbar vom Kloster unterhalten worden sind, durch lautstarke Forderungen, mit denen sie den Kellermeister bestürmten, sich unerträglich gemacht hatten. Man kann in der Tat ohne weiteres annehmen, daß eine lärmende Truppe

Bewaffneter mit unziemlichem Appetit eine beschwerliche Nachbarschaft für den Frieden des Klosters bedeutete. Zweifellos waren selbst in Gallien solche Belästigungen auch angesichts des raschen und frühen Rückgangs der unbelehnten, im Hause dienenden Vasallen kirchlicher Herren nicht ungewöhnlich, da diese dennoch sogar zu Beginn des 9. Jahrhunderts so zahlreich waren, daß die Mönche im Bereich der großen geistlichen Gemeinschaften, wie z. B. in Corbie, für sie eine besondere Brotration bereithielten, und zwar eine von feinerer Sorte als für die anderen Kostgänger. Freilich kam zu diesem, Herrschaften besonderer Art eigentümlichen Nachteil eine noch größere Schwierigkeit, die, wenn sie die Praxis der Versorgung im Herrenhaushalt nicht völlig untersagte, doch ihren Gebrauch wenigstens in besonderer Weise beschränkte. In der ersten Phase der Feudalzeit war es kein geringes Unterfangen, eine etwas größere Gruppe beständig mit Lebensmitteln zu versorgen. Mehrfach sprechen Chronisten in den Annalen ihrer Klöster von Hungersnot im Refektorium. In vielen Fällen war es für den Herrn wie für seinen bewaffneten Gefolgsmann am sichersten, diesem mit den notwendigen Mitteln die Verantwortung für den eigenen Unterhalt selbst zu überlassen.

Um so weniger war dieses Unterhaltssystem anwendbar, wenn die Vasallen, deren Treue zu belohnen war, einen zu hohen Rang besaßen, um sich mit einem Dasein ganz im Schatten des Herrn abfinden zu können. Solche Leute mußten über unabhängige Einkünfte verfügen, die an die Ausübung von Befehlsgewalt gebunden waren und die es ihnen erlaubten, unter Bedingungen zu leben, die ihrem gesellschaftlichen Ansehen entsprachen. Das verlangte bisweilen sogar die Sorge um den Vasallendienst selbst. Die Rolle eines karolingischen *vassus dominicus* (Kronvasallen) setzte voraus, daß dieser einen erheblichen Teil seiner Zeit in der Provinz zubrachte, um diese zu überwachen. In der Tat brachte in der Karolingerzeit die Ausdehnung der vasallitischen Beziehungen nicht nur hinsichtlich der Quantität, sondern sozusagen auch ihres Prestigewertes eine gewaltige Steigerung der Verteilung von *beneficia* mit sich. Man würde sich im übrigen von der Ausweitung der Lehnsbeziehungen ein ganz unvollständiges Bild machen, wenn man am Ursprung aller Lehen eine regelrechte Verleihung vom Herrn an den Vasallen voraussetzte. Im Gegenteil, so paradox es erscheinen mag: viele entstanden in Wirklichkeit durch ein Geschenk des Vasallen an den Herrn. Der Mann, der einen Beschützer suchte, mußte sich den Schutz oft genug erkaufen. Der Mächtige, der einen Schwächeren zwang, sich an ihn zu binden, forderte gewöhnlich, daß ihm die Sachen ebenso wie die Personen unterworfen wurden. Die Niedriggestellten übergaben also mit ihrer eigenen Person dem neuen Herrn auch ihre Ländereien. Wenn aber erst das Band der persönlichen Unterwerfung geknüpft war, gab dieser seinem neuen, jetzt von ihm abhängigen Mann die provisorisch abgetretenen Güter zurück, freilich nicht, ohne sie dabei seinem höheren Recht unterworfen zu haben, das sich durch die Belastung mit verschiedenen Verpflichtungen ausdrückte. Diese gewaltige Bewegung der Landübereignung setzte sich während der fränkischen Zeit und in der ersten Phase des Feudalzeitalters von den oberen zu den unteren Schichten der Gesellschaft fort. Aber je nach dem Rang und der Lebensführung des »Kommendierten« waren die Übereignungsformen sehr verschieden. Der Grund und Boden wurde dem Bauern mit Geld- oder Naturalabgaben und Ackerfronen belastet zurückgegeben. Wenn ein Höhergestellter mit kriegerischen Lebensformen den Lehnseid geleistet hatte, erhielt er sein altes Erbgut als ehrenvolles vasallitisches Lehen zurück. So prägte sich schließlich der Gegensatz zwischen zwei großen Klassen mit unterschiedlichem dinglichen Recht heraus: auf der einen Seite gab es die bescheidenen »Hintersassenlehngüter« derer, die dem gemeinen Gewohnheitsrecht der Grundherrschaften unterworfen waren, sowie die Lehen; auf der anderen Seite befanden sich die »Allode«, der Besitz, der außerhalb jeder Abhängigkeit stand.

Wie das Wort »feudum«, aber mit etymologisch geradlinigerer Verwandtschaft, war der Begriff »Allod« germanischen Ursprungs (von *od* = Gut und vielleicht *al* = alle). Wie das erste war es von den romanischen Sprachen übernommen worden und nur im Gesamtzusammenhang dieser Entlehnungen lebensfähig. Das Deutsche sprach im selben Sinne von »Eigen«. Trotz einiger da und dort belegter Sinnverdrehungen blieb die Bedeutung dieser beiden synonymen Wörter von der fränkischen Zeit bis zum Ende des Feudalzeitalters und noch später vollkommen erhalten. Bisweilen hat man es als »volles Eigentum« gedeutet. Aber das hieße vergessen, daß dieser Ausdruck dem mittelalterlichen Recht kaum angemessen ist. Unabhängig von immer vorhandenen Hindernissen, die sich durch verwandtschaftliche Bande ergeben, kann der Eigentümer eines Allods, so sehr er selbst Grundherr sein mag, dennoch abgabenpflichtige Hintersassen, ja sogar Lehnsleute unter sich haben, deren tatsächlich meist erbliche Nutzungsrechte am Boden seine eigenen Rechte mit höherer Gewalt einschränken. Mit anderen Worten: Das Allod beruht nicht unbedingt nach unten hin auf einem absoluten Recht, doch ist das nach oben hin der Fall, was die deutschen Rechtsgelehrten gegen Ende des Mittelalters sehr schön mit dem Begriff »Sonnenlehen«, d. h. ein Lehen ohne einen menschlichen Herrn, ausdrücken sollten.

Natürlich konnte jede Art von Immobilien oder Einkünften aus Immobilien dieses Vorrecht genießen, welcher Art der Charakter des Guts auch immer sein mochte, angefangen von der kleinen Bauernwirtschaft bis hin zu einem ausgedehntesten Komplex von Abgaben oder Befehlsgewalten, welcher Art auch immer der gesellschaftliche Rang des Besitzers sein mochte. Es bestand also ein Gegensatz zwischen Allod und Zinsgut ebenso wie zwischen Allod und Lehen. Im Augenblick soll uns nur das zweite interessieren. In dieser Hinsicht ist die Entwicklung in Frankreich und den Rheinlanden von einem Rhythmus zweier Zeitabschnitte, wenn auch von unterschiedlicher Dauer, geprägt worden.

Die Anarchie, die das Zerbröckeln des karolingischen Staats begleitete und ihr folgte, bot einer größeren Zahl von Lehnsträgern die Möglichkeit, sich ganz einfach das leihweise, unter bestimmten Bedingungen empfangene Land anzueignen. Das geschah vor allem, wenn der Verleiher eine kirchliche Institution oder der König war. Als Beispiel mögen zwei Urkunden aus dem Limousin dienen, die im Abstand von achtunddreißig Jahren ausgestellt worden sind. 876 überläßt Karl der Kahle seinem Getreuen Adelbert für die Zeit seines und seiner Söhne Leben das Land *Cavaliacus* »zum Nießbrauch, als Lehen«; 941 schenkt Adelberts Sohn Alger den Kanonikern von Limoges »mein Allod, genannt *Cavaliacus*, das ich von meinen Eltern habe«[170].

Wenn sie freilich nicht wie dieses in die Hände des Klerus gelangt waren, konnten weder die usurpierten Allodialgüter noch jene, die von alters her im echten Sinne solche waren, diesen Charakter lange behalten. Es seien einmal zwei Brüder mit Namen Herroi und Hacket gewesen, so berichtet ein Chronist, die nach dem Tod ihres Vaters, eines reichen Grundherrn bei Poperinghe, dessen Allod geteilt hätten. Aber die Grafen von Boulogne und von Guines waren ohne Unterlaß bemüht, sie zum Lehnseid für diese Ländereien zu zwingen. Hacket, »der die Menschen mehr als Gott fürchtete«, gab den Forderungen des Grafen von Guines nach. Herroi dagegen wollte sich keinem seiner beiden Verfolger unterwerfen und ließ seinen Teil des Erbguts dem Bischof von Thérouanne auf, um es als Lehen zurückzuerhalten[171].

Die Überlieferung des Ganzen ist reichlich spät und wird als bloßes Gerücht erzählt, außerdem ist sie in den Einzelheiten nicht ganz sicher. Aber im Grunde vermittelt der Bericht ein richtiges Bild von dem, was das Schicksal kleiner Allodialherren sein konnte, die in die Zange der Ausdehnungsbestrebungen zweier benachbarter hoher Adliger gerieten, die miteinander rivalisierten. Ebenso sieht man in der genauen Chronik des Giselbert von Mons, daß Burgen, die auf Allodialgut des Hennegauer Landes errichtet worden sind, allmählich zu Lehen der Grafen von Hennegau oder von Flandern werden. Da die Feudalordnung, die man im wesentlichen als eine Art Abhängigkeitsnetz versteht, sogar in den Gebieten, wo sie entstanden war, niemals den Zustand der Vervollkommnung erreichte, blieben auch überall Allode bestehen. Doch während sie in der frühen Karolingerzeit noch sehr zahlreich waren – so daß der Besitz eines solchen in derselben Grafschaft die Bedingung dafür war, daß man als Vogt einer Kirche, d. h. als ihr Vertreter in weltlichen Dingen, benannt werden konnte –, nahm ihre Zahl seit dem 10. Jahrhundert immer schneller ab, während die Zahl der Lehen ohne Unterlaß anstieg. Mit der Unterwerfung der Menschen vollzog sich auch die des Bodens.

Wie auch immer die Herkunft des Vasallenlehens wirklich sein mochte, ob es sich dabei um ein Teil des Herrengutes oder ein aufgetragenes Lehen (*feudum oblatum*), oder, wie es später die französischen Juristen nannten, ein *fief de reprise* handelte, offiziell galt es als vom Herrn verliehen. Daher ist auch eine zeremonielle Handlung dazwischengeschaltet worden, die sich in den allgemeinen Formen aller Arten von Übereignung dinglicher Rechte vollzog, welche man im Französischen *investiture* nannte. Der Herr übergab dem Vasallen den Gegenstand, der das Gut symbolisierte. Oft gab man sich dabei mit einem einfachen Stäbchen zufrieden. Freilich kam es auch vor, daß man ein sprechenderes Zeichen wählte: so einen Erdklumpen, der an die verliehene Ackerscholle, oder eine Lanze, die an den Waffendienst erinnerte, oder auch eine Fahne, wenn der Lehnsträger nicht nur Krieger sein, sondern unter seiner Standarte seinerseits andere Ritter befehligen sollte. Auf diese Gitterleinwand, die ursprünglich ziemlich wenig ausdrückte, stickten Gewohnheitsrecht und Genius der Rechtsgelehrten allmählich eine Fülle von verzierenden Merkmalen, die je nach Gebiet wechselten. Wenn das betreffende Gut einem neuen Vasallen zuerkannt wurde, dann fand die Investitur sofort nach der Huldigung und dem Treueid ganz wie zuvor statt[172]. Das Ritual, welches das Treueverhältnis begründete, ging der Entlohnung notwendigerweise voraus.

Ein Lehen konnte jegliches Gut sein. Wenn es sich um Vasallenlehen handelte, setzte jedoch in der Praxis die soziale Lage der Lehnsträger dem gewisse Grenzen. Das galt zumindest, seit sich zwischen den verschiedenen Formen der Kommendierung eine eindeutige Klassenunterscheidung herausgebildet hatte. Die Formel bei einer einem »Gefährten« gewährten Verleihung scheint so, wie sie uns ein Dokument des 7. Jahrhunderts überliefert, vorzusehen, daß landwirtschaftliche Frondienste gefordert werden können. Aber der Vasall späterer Zeiten ließ sich nicht mehr zur Arbeit mit seinen Händen herab. Er mußte also von der Arbeit anderer leben. Erhielt er ein Landgut, so war es üblicherweise von Hintersassen bewohnt, die einerseits Abgaben, andererseits Arbeitsleistungen unterworfen waren, die die Bearbeitung jenes Anteils am Boden erlaubten, der im allgemeinen der unmittelbaren Nutzung durch den Herrn vorbehalten war. Mit einem Wort: die meisten Vasallenlehen waren große oder kleine Grundherrschaften. Andere Lehen wiederum bestanden aus Einkünften, die, obgleich sie ihren Besitzern ebenfalls das Privileg einer ganz dem Adel vorbehaltenen Muße beließen, keineswegs, sondern höchstens in nebensächlicher Bedeutung, (Bann-)Gewalt über andere Abhängige umfaßten. Hierbei handelte es sich um Zehnte, Kirchen mit ihren Einnahmen, Marktrechte oder Wegezölle.

Da Rechte dieser Art in gewisser Weise am Boden hafteten, wurden sogar sie nach der mittelalterlichen Rechtsklassifikation zu den Immobilien gezählt. Erst als später der Fortschritt im wirtschaftlichen Austausch und in der Verwaltungsorganisation die Ansammlung verhältnismäßig großer Münzbeträge in den Königreichen oder den großen Fürstentümern erlaubte, gingen die Könige und großen Lehnsherren dazu über, einfache Renten als Lehen auszutun, die ohne Stütze an Grund und Boden dennoch die Leistung eines Treueides nach sich zogen. Diese »Kammerlehen«, d. h. solche, die mit dem fürstlichen Schatz zusammenhingen, boten vielfältige Vorteile: Mit ihrer Verleihung vermied man jede Entfremdung von Ländereien, und da sie im allgemeinen die Veränderungen, die – wie wir noch sehen werden – die meisten Landlehen zu Erbgütern werden ließ, nicht mitmachten und nur auf Lebenszeit ausgetan wurden, blieb der Lehnsmann dabei in strengerer Abhängigkeit vom Verleiher. Den Staatsoberhäuptern gaben sie das Mittel in die Hand, sich auch weit entfernt lebender Getreuer zu versichern, die sich sogar außerhalb des Gebietes befanden, das ihrer unmittelbaren Herrschaft unterworfen war. Die Könige von England, die frühzeitig zu Reichtum gelangt waren, scheinen unter den ersten gewesen zu sein, die dieses Verfahren anwandten. Sie taten es bereits gegen Ende des 11. Jahrhunderts mit flämischen Grundherren, allen voran mit dem Grafen von Flandern, deren militärische Unterstützung sie suchten. Danach bemühte sich der französische König Philipp II. August, der stets bereit war, die von ihm bekämpften Plantagenêts nachzuahmen, ihnen im selben Gebiet mit eben diesem Mittel Konkurrenz zu machen. Ebenso zogen im 13. Jahrhundert Staufer und Kapetinger jeweils die Räte der anderen auf ihre Seite. Ludwig der Heilige band Joinville unmittelbar an sich, der bis dahin sein Aftervasall gewesen war[173]. Die Frage ist, ob es sich dabei um bewaffnete Gefolgsleute im Rahmen der häuslichen Dienstmannen handelte. Die Entlohnung in Geld vermied die Nachteile der Beköstigung. Wenn im Verlauf des 13. Jahrhunderts die Zahl der im Herrenhaushalt versorgten Vasallen sehr rasch abnahm, so lag das sicherlich in mehr als einem Fall daran, daß die Übernahme in den Dienst bei Gewährung des Unterhalts ganz einfach durch die Bewilligung eines festen Geldlohns in der Form eines Lehens ersetzt worden war.

Aber konnte ein ausschließlich aus Mobilien bestehendes Einkommen rechtlich unangefochten Gegenstand einer Belehnung sein? Das war nicht nur ein Problem der Begriffswahl, da man sich fragen mußte, wie weit sich die sehr speziellen juristischen Regeln erstrecken sollten, die man allmählich im Hinblick auf das Vasallenleben ausgearbeitet hatte. Deshalb gelangte auch in Italien und in Deutschland, wo unter verschiedenen Bedingungen, die später noch dargelegt werden, dieses Feudalrecht im eigentlichen Sinne sich am besten als selbständiges System durchzusetzen vermochte, die Rechtslehre und die Rechtsprechung dahin, die Lehnsqualität der Geldrenten zu leugnen. Im Gegensatz dazu scheint in Frankreich diese Schwierigkeit die Juristen kaum bewegt zu haben. Unter der alten Bezeichnungen des Militärlehns konnten hier die großen Adels- und Fürstenhäuser unmerklich zu einem System der Quasi-Entlohnung übergehen, die für eine neue Wirtschaftsform, welche sich auf Kauf und Verkauf gründete, charakteristisch war.

Als Sold eines Kommendierten sollte die Lehnsüberlassung so lange dauern, wie das Band zwischen zwei Menschen bestehen kann, denn das war ihr eigentlicher Sinn.

Ungefähr seit dem 9. Jahrhundert galt die Vasallität als Einheit zweier Leben. Daher wurde das *beneficium* oder Lehen von nun an so betrachtet, daß es vom Vasallen bis zu seinem Tod oder bis zu dem seines Herrn und nur bis dahin besessen worden ist. Bis zum Schluß war das die formale rechtliche Regel, und ebenso galt, daß zwischen dem Überlebenden der ursprünglichen juristischen »Paarung« und dem Nachfolger seines Partners das vasallitische Verhältnis nur dann fortbestand, wenn die Lehnshuldigung wiederholt wurde; die Beibehaltung des Lehens durch den Erben des Lehnsträgers oder seitens des Lehnsträgers gegenüber dem Erben des Verleihers erforderte eine erneute Investitur. Wir müssen aber sogleich untersuchen, wie diese Grundsätze in der Praxis bald offenkundig verletzt worden sind. Da jedoch die Entwicklung bis zu diesem Punkt im feudalen Europa gleich war, sollten wir zunächst versuchen, in den Ländern, die bis jetzt außerhalb unseres Gesichtskreises geblieben sind, die Entwicklung von Institutionen nachzuzeichnen, die denen, die wir gerade beschrieben haben, ähnlich oder verwandt sind.

3. Kapitel

Europa im Überblick

1. Unterschiede in Frankreich: Der Südwesten und die Normandie

Jedermann weiß oder ist sich darüber einigermaßen im klaren, daß es seit dem Mittelalter Frankreichs Bestimmung war, die nationale Einheit durch ein immer stärkeres Band zustandezubringen, gleich einem Bündel von Gesellschaften, die ursprünglich durch mächtige Gegensätze voneinander getrennt waren, hin zur »Rhône, welche die Durance empfängt«, wie es Mistral so schön ausgedrückt hat. Aber kein Forschungsbereich ist heutzutage weniger erschlossen als der jener Sozialgeographie. Wir müssen uns daher darauf beschränken, den Forschern einige Richtpunkte vorzuschlagen.

Da ist zunächst der Süden Aquitaniens: das Gebiet um Toulouse, die Gascogne und die Guyenne. Diese Landstriche wiesen in jeder Hinsicht eigenständige Strukturen auf, die nur schwach der Wirkung fränkischer Einrichtungen ausgesetzt waren, so daß die Ausbreitung von Abhängigkeitsbeziehungen anscheinend auf zahlreiche Hindernisse gestoßen war. Bis zum Schluß blieb die Zahl der Allode hier sehr hoch, wobei es sich sowohl um kleine bäuerliche Betriebe als auch um ansehnliche Grundherrschaften handelte. Der Begriff des Lehens war zwar allgemein bekannt, verlor aber rasch seine scharfen Konturen. Schon im 12. Jahrhundert bezeichnete man um Bordeaux oder um Toulouse auf diese Weise ausgetane Güter aller Art, ohne davon diejenigen auszunehmen, auf denen bescheidene Bodenrenten oder Ackerfronen lasteten. Ebenso verhielt es sich mit der Bezeichnung *honor* (honneur), die im Norden im Zuge einer semantischen Entwicklung, die wir noch nachzeichnen werden, fast gleichbedeutend mit *feudum* (fief) geworden war. Zwar sind zunächst beide Wörter in ihrem üblichen, sehr genauen Sinn übernommen worden. Die Abweichung, die es in den wirklich feudalisierten Ländern niemals gegeben hat, trat erst später ein. Hier hatte eine regional begrenzte Gesellschaft die juristischen Begriffe mißverstanden, da sie mit ganz anders gearteten Rechtsbräuchen lebte.

Dagegen waren die Normannen Rollos an eine Rechtsform der Waffenbruderschaft gewöhnt, die der der alten Franken nahestand. Als sie sich in Neustrien niederließen, besaßen sie in ihrer eigenen Überlieferung nichts, was dem Lehns- und Vasallitätssystem glich, wie es sich schon damals in Gallien entwickelt hatte. Ihre Anführer eigneten es sich jedoch mit erstaunlicher Wendigkeit an. Nirgends sonst wie auf diesem eroberten Boden verstanden es die Fürsten besser, das Netz der Feudalbeziehungen zum Ausbau ihrer eigenen Macht zu benutzen. Freilich sollten in den tieferen Schichten der Gesellschaft gewisse befremdlich wirkende Eigenarten weiterhin wirken. Ebenso wie an den Ufern der Garonne erhielt das Wort *feudum* in der Normandie rasch die allgemeine Bedeutung des verlehnten Landgutes. Dies hatte aber keineswegs den gleichen Grund. Denn in der Normandie scheint das anderswo so mächtige Gefühl der Klassendifferenzierung gefehlt zu haben und demzufolge das Bewußtsein von einer Beziehung zwischen Landbesitz und Lebensweise. Ein Zeugnis dafür ist das besondere Recht der Valvassoren. Das Wort selbst ist nichts Außergewöhnliches: im gesamten romanischen Sprachraum bezeichnete es in der Kette der Besitzer von Militärlehen diejenigen auf der untersten Stufe, welche von den hohen Adligen oder den Königen aus gesehen nur Untervasallen (*vassi vassorum*) waren. Jedoch die Ursprünglichkeit des normannischen Valvassor beruhte auf dem Gewirr unterschiedlicher Belastungen, die im allgemeinen auf seinem Gut ruhten. Neben der Verpflichtung zum Waffendienst – sei es zu Pferd, sei es zu Fuß –, war die Untervasallenschaft, die *vavassoria*, auch mit Abgaben, ja mit Fronen verbunden. Insgesamt handelte es sich halb um den Status eines Lehnsmannes, halb um den eines hintersässigen Bauern. Man zögert kaum, in dieser Anomalität eine Spur der Wikingerzeit zu erblicken. Um sämtliche Zweifel auszuräumen, genügt es, einen Blick auf die »englische Normandie« zu werfen, d. h. auf die Grafschaften im Norden und Nordosten, die man als die Gebiete »des dänischen Rechts« (Danelaw) bezeichnete. Der gleiche Dualismus der auf den Gütern der Abhängigen lastenden Verpflichtungen war auch hier anzutreffen. Die Abhängigen wurden *drengs* genannt, was ursprünglich – wie für jeden Vasallen – »Junge« bedeutet, ein Ausdruck, der nunmehr eindeutig nordisch ist und im übrigen, wie wir sahen, kurz nach den Normanneneinfällen auch an den Ufern der Seine geläufig war[174].

Vavassor und *dreng:* jeweils beide sollten in den folgenden Jahrhunderten den Juristen viel Kopfzerbrechen bereiten, die Gefangene der sich allmählich herauskristallisierenden Klassifikationen geworden waren. In einer Welt, in der der Umgang mit Waffen über und neben allen sonstigen gesellschaftlichen Tätigkeiten stand, bildeten sie eine fortdauernde und störende Erinnerung an eine Epoche, als bei den Nordmännern, wie man es noch deutlich den isländischen Sagas entnehmen kann, keinerlei Kluft zwischen dem Leben des Bauern und dem des Kriegers bestand.

2. Italien

Im langobardischen Italien hatten sich eigenständig Formen der persönlichen Bindung entwickelt, die in fast jeder Beziehung den Kommendierungen in den Landschaften Gallien entsprachen. Das ging von der einfachen Selbstübergabe (Autotradition) in die Knechtschaft eines anderen bis zur Waffengefolgschaft. Zumindest im Gefolge der Könige, Herzöge und bedeutendsten Herren trugen die Waffengefährten den gemeingermanischen Namen *gasindi*. Viele von ihnen wurden mit Land ausgestattet. Im übrigen waren die meisten nicht verpflichtet, es ihrem Herrn zurückzugeben, wenn sie ihm den Gehorsam aufkündigten. Denn entsprechend den Gewohnheiten, die wir überall zu Beginn dieser Art von Beziehungen vorfinden, hatte jenes Band keinen unauflösbaren Charakter. Sofern sich der freie Langobarde dauernd innerhalb des Königreiches aufhielt, erkannte ihm das Gesetz ausdrücklich das Recht zu, »mit seiner Sippe hinzugehen, wohin er will«. Indessen scheint sich der Begriff einer juristischen Kategorie von Gütern, die eine besondere Entlohnung für Dienstleistungen darstellten, vor der Einverleibung des langobardischen Staats in den karolingischen nicht klar herausgeschält zu haben. Das *beneficium* war für Italien ein Import aus dem Frankenreich. Im übrigen sprach man hier bald ebenso wie in der Heimat dieser Einrichtung lieber von *feudum*. Die langobardische Sprache besaß dieses Wort in seiner alten Bedeutung von »beweglicher Habe«. Doch seit dem Ende des 9. Jahrhunderts ist in der Umgebung von Lucca bezeugt, daß der Begriff eine neue Bedeutung im Sinne von militärischer Landleihe erhielt[175]. Zur selben Zeit ersetzte das gallofränkische Wort *vassallus* allmählich die Bezeichnung *gasindus*, das eine engere Bedeutung im Sinne eines bewaffneten Gefolgsmanns ohne Landausstattung erhielt. Die Fremdherrschaft hatte damit den Institutionen ihren Stempel aufgedrückt. Nicht nur die soziale Krise, welche die Eroberungskriege hervorgerufen hatte und von der uns ein karolingisches Kapitular ein merkwürdiges Zeugnis bietet[176], nicht nur die Bestrebungen des eingewanderten Adels, der die hohen Stellungen besetzt hielt, hatten zu einer Vermehrung aller Arten von Schutzverhältnissen geführt, sondern auch die Politik der Karolinger auf beiden Seiten der Alpen unterwarf das ursprünglich ziemlich lockere System persönlicher und auf dem Besitz von Grund und Boden beruhender Abhängigkeiten festeren Regeln und erweiterte es zugleich. Wenn in ganz Europa Norditalien ohne Zweifel das Land war, in dem das Vasallitäts- und Lehnssystem dem im eigentlichen Frankenreich am nächsten kam, so lag das daran, daß die ursprünglichen Bedingungen auf zwei Seiten ähnlich gewesen waren. An der Basis bestand ein gesellschaftliches Substrat desselben Typs, in dem sich die Gewohnheiten der römischen Klientel mit germanischen Traditionen mischten. Diesen Teig zu kneten, um es so zu formulieren, war das organisatorische Werk der frühen Karolinger. Doch in diesem Land, in dem weder die gesetzgeberische Tätigkeit noch die Rechtslehre jemals ganz zu bestehen aufgehört hatten, sollte das Feudalrecht sehr früh nicht mehr einfach, wie es in Frankreich lange der Fall war, durch eine recht schwankende und fast allein auf mündlicher Tradition beruhende Sammlung traditioneller oder juristischer Regeln festgelegt werden, sondern um die von den Herrschern im Königreich Italien, also faktisch den deutschen Königen, seit 1037 erlassenen Verordnungen entstand bald eine ganze rechtstechnische Literatur, die sich neben der Kommentierung jener Gesetze der Beschreibung der »guten Rechtsbräuche der Gerichtshöfe« widmete, deren erste Stücke bekanntlich in der berühmten Kompilation der *Libri feudorum* gesammelt worden sind. Freilich bietet das Lehnsrecht, so wie es diese Texte darlegen, eine einzigartige Besonderheit: Die Lehnshuldigung mit »Mund und Händen« wird darin nie erwähnt, sondern der bloße Treueid scheint zur Begründung des Treueverhältnisses auszureichen. In Wahrheit wirkten hier z. T. Systematisierung und Künstelei, wie es dem Geist aller Lehrwerke dieser Zeit entspricht. Die Dokumente der Rechtspraxis bezeugen, daß während des Feudalzeitalters in Italien die Lehnshuldigung von Zeit zu Zeit nach fränkischer Art geleistet worden ist. Doch geschah das nicht immer, ja nicht einmal in der Mehrzahl der Fälle. Zur Begründung des Lehnsbandes erschien sie nicht notwendig. Da es sich um einen von anderwärts übernommenen Ritus handelte, hat er sich zweifelsohne nie vollständig im juristischen Denken durchgesetzt, das mehr als dasjenige jenseits der Alpen leichter dazu imstande war, vertragliche Verpflichtungen außerhalb formalistischer Handlungen sich vollziehen zu lassen.

Ein helles Licht auf den Begriff des Vasallenlehens wirft dessen eigene Geschichte in einer anderen Region Italiens, nämlich dem Patrimonium Petri. Im Jahre 999 gelangte durch die Gunst des Kaisers Otto III. ein Mann auf den päpstlichen Stuhl, der im Herzen Aquitaniens zur Welt gekommen war und während seiner raschen, glänzenden Laufbahn Erfahrungen ebenso in den Monarchien und geistlichen Fürstentümern der alten fränkischen Länder wie im langobardischen Italien gesammelt hatte: Gerbert von Aurillac, der als Papst den Namen Silvester II. annahm. Er stellte fest, daß seine Vorgänger das Lehn nicht gekannt hatten. Zwar besaß auch die Römische Kirche ihre Getreuen und versäumte es nicht, ihnen Land zuzuteilen, doch sie bediente sich dazu noch alter römischer Formen, vor allem des Emphyteuse. Weil diese Verträge die einer ganz anders gearteten Gesellschaft waren, entsprachen sie den Bedürfnissen der Gegenwart nur unvollkommen. Sie schlossen keine Dienstauflagen in sich ein, und da sie zwar mehrere Lebensspannen umfaßten, aber zeitlich begrenzt waren, kannten sie nicht den heilsamen Zwang des Heimfalls an den Geber von Generation zu Generation. Gerbert wollte diese Vertragsform durch echte Belehnung ersetzen, und er begründete das auch[177]. Wenn er anscheinend keinen großen Erfolg bei diesem ersten Anlauf hatte, so durchdrangen doch nach ihm allmählich Lehen und Lehnshuldigung die Praxis der päpstlichen Regierung. Das zeigt, wie unerläßlich diese doppelte Institution von nun an für jegliche Organisierung von Abhängigkeitsbanden in der Kriegerschicht war.

3. Deutschland

So wie sich der deutsche Staat zu Beginn des 10. Jahrhunderts endgültig herausgebildet hatte, vereinte er mit den Provinzen an Maas und Rhein, die von Anfang an zu dem von Chlodwig begründeten Königreich gehört und den Kernbereich der karolingischen Macht gebildet hatten, weite Gebiete, die von dem gewaltigen Durcheinandermischen von Menschen und Institutionen, welches für die gallo-fränkische Gesellschaft charakteristisch war, nicht erfaßt worden sind. Hierzu gehörte vor allem die niedersächsische Tiefebene zwischen Rhein und Elbe, die erst seit Karl dem Großen »occidentalisiert« (dem Westen erschlossen) war. Dennoch verbreiteten sich auch im gesamten rechtsrheinischen Deutschland die Einrichtungen von Lehen und Vasallität, ohne allerdings, und dies gilt vor allem für den Norden, den Gesellschaftskörper jemals von Grund auf so zu durchdringen, wie es in den alten fränkischen Ländern der Fall war. Da die Lehnshuldigung von den oberen Schichten als die ihrem Rang entsprechende menschliche Beziehung nicht so vollständig wie in Frankreich übernommen worden war, blieb sie ihrer ursprünglichen Natur näher und ein Ritus reiner Unterordnung. Dem Handgang folgte nur in seltenen Ausnahmefällen der Freundschaftskuß, der ja Herrn und Vasallen fast auf dieselbe Stufe stellte. Es ist möglich, daß sich anfangs die Mitglieder der bedeutenden Adelssippen nur widerstrebend Bindungen unterwarfen, die noch als halbknechtisch galten. In der Umgebung der Welfen berichtete man im 12. Jahrhundert, daß, als einer der Ahnen des Geschlechts von der Lehnshuldigung erfuhr, die sein Sohn dem König geleistet hatte, er in dieser Handlung eine starke Beeinträchtigung des »Adels« und der »Freiheit« seines Blutes sah. Er habe sich deshalb verwirrt in ein Kloster zurückgezogen und es bis zu seinem Tod abgelehnt, den Schuldigen wiederzusehen. Diese Überlieferung birgt hinsichtlich der genealogischen Tatsachen einige Irrtümer und ist in sich nicht von gesicherter Glaubhaftigkeit. Dennoch ist sie bezeichnend, da man in der übrigen »feudalen« Welt auf nichts Vergleichbares trifft.

Andererseits brauchte die Entfaltung des Gegensatzes zwischen Waffendienst und Bodenbewirtschaftung, die übrigens die eigentliche Grundlage für die Spaltung der Gesellschaft in Klassen bildete, hier mehr Zeit. Als zu Anfang des 10. Jahrhunderts König Heinrich I., der selber Sachse war, die sächsische Ostgrenze, die fortwährend von den Slawen und Ungarn bedroht wurde, mit befestigten Stützpunkten versah, vertraute er die Verteidigung, wie uns die Überlieferung berichtet, jeweils Gruppen von neun Leuten an. Acht von ihnen lebten in der Nähe eines befestigten Platzes und rückten nur dann ein, wenn Alarm gegeben wurde. Der neunte Mann aber lebte ständig innerhalb der Befestigung und bewachte die Unterkünfte sowie die Verpflegung, die für seine Kameraden bestimmt war. Auf den ersten Blick weist dieses System durchaus Ähnlichkeiten mit den Regeln auf, die man zur selben Zeit für die Bewachung verschiedener westfränkischer Burgen anwandte. Bei näherer Betrachtung fällt allerdings ein ganz entscheidender Unterschied ins Auge: Die Garnisonsleute an der sächsischen Grenze waren selbst richtige Bauern, die ihren Boden eigenhändig bewirtschafteten, *agrarii milites,* während die mit der Burghut beauftragten Vasallen des Westens ihren Unterhalt bald Zuwendungen ihres Herrn, bald den Einkünften aus Lehnsbesitz verdankten, der ihnen von jenen überlassen worden war.

Bis zum Ende des Mittelalters bewiesen zwei charakteristische Züge diese weniger fortgeschrittene Feudalisierung der deutschen Gesellschaft. Zunächst war es die Anzahl und der Umfang der Allode, vor allem die der führenden Männer. Als der Welfe Heinrich der Löwe, Herzog von Bayern und Sachsen, 1180 durch Richterspruch seiner Reichslehen verlustig ging, blieben doch so zahlreiche Allodialgüter in den Händen seiner Nachkommen, daß sie ein wirkliches Fürstentum daraus bilden konnten. Dieses ist fünfundsiebzig Jahre später ebenfalls in ein Reichslehen umgewandelt worden und sollte unter dem Namen des Herzogtums Braunschweig-Lüneburg noch im Deutschen Bund des 19. Jahrhunderts die Grundlage der Staaten Hannover und Braunschweig bilden[178]. Im übrigen wurde in Deutschland das Vasallen- und Lehnrecht nicht wie in Frankreich mit dem gesamten Rechtssystem unentwirrbar vermengt, sondern schon früh in Gestalt eines eigenen Systems begriffen, dessen Regeln nur auf einen besonderen Personenkreis und bestimmte Ländereien angewandt worden sind und für die besondere Gerichte zuständig waren, ähnlich wie heutzutage in Frankreich das Handelsrecht einen besonderen Teil des Zivilrechts bildet. »Lehnrecht« bedeutete Recht der Lehen, im Unterschied zum »Landrecht«, dem allgemeinen Recht einer bestimmten Landschaft. Die großen Rechtsbücher des 13. Jahrhunderts beruhen ganz auf dieser Zweigliedrigkeit, von der unser Beaumanoir niemals auch nur geträumt hätte. Das ergab nur deshalb einen Sinn, weil selbst in den oberen Klassen viele rechtliche Bindungen kaum etwas mit dem Thema Feudalismus zu tun hatten.

4. Gebiete außerhalb des Karolingerreichs: das angelsächsische Britannien und die spanischen Königreiche Asturien und León

Jenseits des Ärmelkanals, der selbst in den verhängnisvollsten Zeiten stets von Booten überquert wurde, blieben die germanischen Königreiche auf britischem Boden nicht gänzlich vor fränkischen Einflüssen bewahrt. Die Bewunderung, die man hier für den Staat der Karolinger hegte, ging manchmal bis hin zu wirklichen Nachahmungsversuchen. Ein Zeugnis dafür ist unter anderen das Auftauchen des Wortes »Vasall« in manchen Urkunden und erzählenden Quellen, das offenbar ein Lehnwort ist. Allerdings wirkten sich diese äußeren Einflüsse nur an der Oberfläche aus. Das angelsächsische Britannien bietet dem Historiker des Feudalismus die kostbarste der natürlichen Erfahrungen, nämlich die einer im Grunde germanischen Gesellschaftsform, die bis zum Ende des 11. Jahrhunderts eine fast eigenständige Entwicklung durchlief.

Nicht anders als ihre Zeitgenossen fanden auch bei den Angelsachsen in den Volks- und Blutsbanden die Schwachen keine ausreichende Befriedigung ihres Schutzbedürfnisses, und die Großen konnten dadurch in ihrem Machtinstinkt nicht zufriedengestellt werden. Seit dem Augenblick, da sich für uns zu Beginn des 7. Jahrhunderts der Schleier über der Geschichte hebt, die bis dahin der schriftlichen Quellen entbehrt, beobachten wir, wie die Maschen eines Systems von Abhängigkeiten geknüpft werden, die zwei Jahrhunderte später mit den großen Wirren beim Einfall der Dänen an das Ende ihrer Entwicklung gelangen. Von Anfang an wurden jene Beziehungen von den Gesetzen anerkannt und geregelt, für die man auch hier, wenn es sich um die Unterwerfung eines Geringeren handelte, das lateinische Wort *commendatio,* wenn es dagegen um den von einem Herrn gewärten Schutz ging, den germanischen Ausdruck *mund* anwandte. Mindestens seit dem 10. Jahrhundert haben auch Könige diesen Brauch begünstigt, die solche Beziehungen als nützlich für die öffentliche Ordnung ansahen. Zwischen 925 und 935 verordnet Aethelstan, daß, wenn ein Mann keinen Herrn habe und man feststelle, daß dies der Durchführung legaler Strafmaßnahmen hinderlich sei, seine Familie ihm vor dem öffentlichen Gericht (Volksversammlung) einen »Herrn« (lord) bestimmen solle. Dabei ist es gleichgültig, ob die Familie es nicht will oder nicht kann: der Mann ist dann gesetzlos, und jedermann, der ihn trifft, kann ihn wie einen Wegelagerer töten. Offenbar betraf diese Regel keineswegs Personen, die hoch genug gestellt waren, um direkt der Gewalt des Herrschers zu unterstehen; diese Leute waren im Grunde sich selbst verantwortlich. Aber so wie die Verordnung gedacht war, ging sie – obwohl man nicht weiß, inwieweit sie praktisch befolgt worden ist –, zumindest ihrer Absicht nach viel weiter, als Karl der Große und dessen Nachfolger es jemals gewagt hätten[179]. Außerdem verzichteten die angelsächsischen Könige keineswegs darauf, diese Bande auch für sich auszunutzen. Ihre militärischen Gefolgsleute, thegns genannt, waren gleichsam vassi dominici, Kronvasallen, die über das ganze Königreich verteilt waren. Sie sind durch ein besonderes Wergeld geschützt und mit regelrechten öffentlichen Aufgaben betraut gewesen. Dennoch gingen vor der normannischen Eroberung die Abhängigkeitsbeziehungen im angelsächsischen Britannien niemals über den schwebenden Zustand hinaus, wie er etwa im merowingischen Gallien bestanden hatte. Das ist eine der Phasenverschiebungen, in denen sich die Geschichte in ihrem Verlauf gern gefällt. Die Ursache dafür ist weniger in der Schwäche des von den Dänenkriegen stark beanspruchten Königtums, als im Fortbestand einer ursprünglichen Gesellschaftsstruktur zu suchen.

Unter den Abhängigen taten sich früh hier wie anderswo die bewaffneten Getreuen hervor, mit denen sich die Großen und die Könige umgaben. Diese »Hauskrieger« wurden mit verschiedenen Ausdrücken bezeichnet, die neben- oder nacheinander erschienen und einen ziemlich geringen oder mit dem Hausdienst verschwisterten Sinn verrieten. Hierzu gehörte das uns bereits bekannte Wort gesith (zu gasindi); ferner gesella, d. h. Saalgenosse; geneat, d. h. Eßgenosse; thegn, ein Wort, das weitläufig mit dem griechischen τέχνον (Kind) verwandt zu sein scheint und ganz wie Vasall einst »Junge« bedeutete; knight, das dem deutschen »Knecht« entspricht. Seit Knut dem Großen entlehnte man gern dem Skandinavischen den Begriff housecarl (Hauskerl), um ihn auf bewaffnete Gefolgsleute des Königs oder der Großen anzuwenden. Der Herr sowohl eines militärischen Getreuen wie auch des geringsten Kommendierten, ja sogar des Sklaven, wurde hlaford genannt, woraus sich das englische Wort »lord« entwickelt hat; eigentlich bedeutete es »Brotgeber«. Ebenso hießen die Männer seines Hauses »Brotesser«: hlafoetan.

Schließlich war der Herr ebenso Beschützer wie Ernährer. Ein seltsames Gedicht beschreibt die Klage eines jener Kriegsgenossen, der nach dem Tod seines Herrn viele Wege läuft, um sich einen neuen »Verteiler von Schätzen« zu suchen. Es ist die herzzerreißende Klage eines gesellschaftlich Isolierten, der sowohl des Schutzes als auch der Liebe und der für das Leben notwendigsten Freuden beraubt ist. »In manchen Augenblicken träumt es ihn, als umarme er und küsse er seinen Herrn, legte Kopf und Hände auf seine Knie wie einst auf den Hochsessel, von dem die Gaben kamen. Und dann erwacht der Mann ohne Freunde und erblickt nur wogendes Dunkel. Wo sind die Freuden der großen Halle? Wehe, wo ist der glänzende Pokal?«

Alkuin, der 801 in der Umgebung des Erzbischofs von York eine dieser bewaffneten Gefolgschaften beschrieb, wies darauf hin, daß sie gemeinsam aus »edlen Kriegern« und »Kriegern ohne Adel« bestand. Das ist zugleich ein Beweis für die Buntheit, die ursprünglich allen Truppen dieser Art eigen war und der Unterschiede, die man doch schon damals in ihrer Rangordnung betonte. Einer der uns von den angelsächsischen Quellen geleisteten Dienste besteht darin, daß sie in dieser Beziehung eine Kausalverbindung unterstreichen, welche die bedauernswerte Quellenarmut der Merowingerzeit kaum deutlich werden läßt: Die soziale Differenzierung liegt in der Natur der Dinge; aber sie wurde offenkundig durch den rasch um sich greifenden Brauch beschleunigt, diese bewaffneten Leute mit Ländereien zu versehen. Umfang und Art der Landzuweisung, die nach den Fähigkeiten des Mannes wechselten, führten schließlich dazu, daß der Unterschied noch deutlicher wurde. Nichts enthüllt das mehr als der Wechsel der Terminologie. Von den Wörtern, die wir gerade aufzählten, kamen am Ende einige außer Gebrauch. Andere erhielten zur Bezeichnung oberer wie unterer gesellschaftlicher Schichten einen besonderen Sinn. Der *geneat* ist zu Beginn des 7. Jahrhunderts ein echter Krieger und eine ziemlich bedeutende Persönlichkeit; im 11. Jahrhundert ist er nur ein bescheidener Zinsbauer, der sich von den übrigen Bauern kaum noch deshalb unterscheidet, weil er beim Herrn Wacht- und Botendienst versehen mußte. Im Gegensatz dazu blieb *thegn* die Bezeichnung einer Kategorie von bewaffneten Abhängigen, die man wesentlich höher achtete. Da aber die meisten so bezeichneten Leute allmählich mit Lehnsgütern ausgestattet waren, hielt man es bald für notwendig, zur Benennung der im Haus des Herrn lebenden bewaffneten Männer, welche die zuletzt genannten im Waffendienst des Hauses abgelöst hatten, einen neuen Ausdruck zu finden. Man fand ihn mit dem Begriff *knight*, der nun seine »knechtische« Bedeutung verlor. Dennoch war die Entwicklung, die zur Einführung eines Lohns in Form von Land drängte, so unausweichlich, daß kurz vor der normannischen Eroberung wiederum mehr als ein *knight* mit einem Landgut versehen war.

Die Tatsache, daß diese begrifflichen Unterscheidungen noch im Flusse blieben, zeigt, wie unvollständig die soziale Differenzierung tatsächlich war. Dafür liefert uns der Formalismus der Unterwerfungsakte ein weiteres Zeugnis. Denn diese konnten bis zum Schluß und gleichgültig von welcher sozialen Tragweite sie waren, sämtlich den Ritus des Handganges einschließen oder darüber hinweggehen. Im fränkischen Gallien vollzog sich die große grundsätzliche Spaltung, die schließlich so deutlich die Vasallität und die niederen Formen der Kommendierung trennen sollte, in doppelter Weise. Einerseits bestand die Unvereinbarkeit zwischen zwei Arten der Lebensführung sowie als ihre Folge die der Verpflichtungen, und zwar sowohl die des Kriegers als auch die des Bauern; zum anderen gab es die Kluft zwischen einer Bindung auf Lebenszeit, die man freiwillig eingegangen war, und Bindungen, die sich aus der Erbfolge ergaben. Freilich wirkten sich weder der eine noch der andere Faktor in gleicher Weise auf die angelsächsische Gesellschaft aus.

Agrarii milites – »Kriegerbauern«: dieser Wortverbindung, die wir schon in Deutschland antrafen, bediente sich wiederum 1159 ein Chronist zur Beschreibung einiger traditioneller Elemente der militärischen Kräfte, die England, dessen Verfassungssystem durch die normannische Eroberung nicht völlig umgestürzt worden war, weiterhin seinem fremden König zur Verfügung stellte[180]. Obwohl das damals nur Überbleibsel von früher Bestehendem waren, spielte diese Erinnerung doch auf Tatsachen an, die ein Jahrhundert zuvor allgemein üblich gewesen waren. Denn in der Tat waren es Waffenleute und Bauern zugleich, jene *geneats* oder auch *radmen,* deren im 10. Jahrhundert so zahlreiche Zinsgüter mit Geleit- und Botendienstes ebenso belastet waren wie mit Abgaben und Ackerfronen; verschiedene *thegns* waren mit ihrem Land zu niederen Frondiensten ebenso verpflichtet wie zum Kriegsdienst. Alles strebte danach, eine gewisse Verwirrung im Gefüge der Klassen und Funktionen aufrechtzuerhalten. Hier fehlte jenes galloromanische Gesellschaftssubstrat, das, ohne seine Auswirkungen genau in Rechnung stellen zu können, in Gallien anscheinend doch zur Herausbildung von Klassen beigetragen hat. Der Einfluß der nordischen Kulturen kam hinzu: In den nordenglischen Grafschaften, in denen sich die skandinavischen Einflüsse tiefergreifend auswirkten, traf man neben den *drengs,* die wir bereits kennen, auch die bäuerlichen *thegns.* Schließlich besaß das Pferd noch die geringste Bedeutung. Das heißt nicht, daß die angelsächsischen Getreuen keine Reittiere besaßen; aber in der Schlacht kämpften sie regelmäßig zu Fuß. Die

Schlacht von Hastings war vor allem die Niederlage einer Fußtruppe vor einem gemischten Heer, dessen Kavallerie mit ihren Operationen die Infanterie unterstützte. Vor der normannischen Eroberung kannte man in England immer noch nicht die auf dem Kontinent vertraute Gleichsetzung von Vasallen und Rittern, und wenn *knight* nach der Ankunft der Normannen nach einigem Hin und Her schließlich zur Übersetzung von »Ritter« verwendet worden ist, so geschah das zweifellos deswegen, weil die mit den Eroberern einströmenden Ritter meistens ebenso wie die Mehrzahl der *knights* Krieger ohne Landgüter waren. Die Lehrzeit und die beständigen Übungen, die zur Führung eines Schlachtrosses im Kampfgetümmel und zum Reiterkampf mit schweren Waffen nötig waren, brauchte ein Bauer nicht, um zum Ort seines Einsatzes zu reiten.

Was die Gegensätze betrifft, die sich anderswo aus der mehr oder weniger langen Dauer der Bindung ergaben, so bestand für sie in England kaum die Möglichkeit einer allzu starken Ausprägung. Denn natürlich mit der Ausnahme einfacher und bloßer Verknechtung, waren die Abhängigkeitsbeziehungen sämtlicher Grade sehr leicht abzubrechen. Zwar verboten die Gesetze dem Mann, seinen Herrn ohne dessen Zustimmung zu verlassen. Aber diese Erlaubnis konnte nicht verweigert werden, wenn die für die Dienste ausgetanen Güter zurückerstattet worden sind und keine weitere Verpflichtung aus der Vergangenheit bestand. Die stets aufs neue mögliche »Herrensuche« erschien als ein unantastbares Vorrecht des freien Mannes. König Aethelstan sagt: »Kein Herr setze dem ein Hindernis entgegen, ist ihm einmal Recht geschehen.« Sicherlich waren das Spiel besonderer Vereinbarungen, auf bestimmte Orte oder Familien beschränkter Rechtsbräuche, endlich gewaltsamen Mißbrauchs mitunter stärker als gesetzliche Regeln. Mehr als eine Unterordnung wandelte sich in der Praxis in lebenslange, ja erbliche Bindung. Dennoch bewahrten zahlreiche Abhängige von manchmal sehr bescheidenem Stand das Recht, »zu einem anderen Herrn wegzugehen«, wie es im Domesday Book heißt. Im übrigen lieferte keine strenge Klassifizierung der den Grundbesitz betreffenden Beziehungen ein Gerüst für die persönlichen Beziehungen. Zweifellos wurden von den Ländereien, welche die Herren ihren Getreuen zuwiesen, viele – ebenso wie in den Anfängen der Vasallität auf dem Kontinent – mit vollem Recht vergeben, während andere nur für die Dauer des Treueverhältnisses ausgetan werden sollten. Solche Zuweisungen auf Zeit trugen wie in Deutschland oft den Namen »Lehn« (*laen*, lateinisch *praestitum*). Aber man kann keineswegs erkennen, daß sich der Begriff eines »Lohn-Gutes«, das dem Verleiher jeweils im Todesfall des Herrn oder des Gefolgsmanns zurückerstattet werden mußte, klar herausgebildet hätte. Wenn der Bischof von Worcester zu Beginn des 11. Jahrhunderts Landverteilungen dieser Art vornimmt, wobei Gehorsam, Abgaben und Kriegsdienst zugleich zur Pflicht gemacht werden, so wählt er dafür den alten, der Kirche vertrauten Modus einer Pacht auf drei Generationen. Es kam vor, daß die beiden Bindungen von Mann und Boden sich nicht deckten: Unter Eduard dem Bekenner erhielt jemand, der sich von einem kirchlichen Herrn ein Landgut ebenfalls auf drei Generationen hatte übertragen lassen, zugleich die Erlaubnis, »während dieser Frist damit zu dem Herrn zu gehen, zu dem er will«, das heißt, sich selbst und das Gut einem anderen Herrn als dem Verleiher zu kommendieren. Dieser Dualismus wäre in Frankreich zur selben Zeit zumindest in den oberen Klassen undenkbar gewesen.

So bedeutend sicher die Rolle der Schutzverhältnisse im angelsächsischen Britannien zur Verfestigung der Gesellschaft auch geworden war, erstickten diese doch keineswegs alle anderen Bande. Der Herr stand für seine Männer öffentlich ein. Aber neben dieser Solidarität zwischen Herrn und Untergebenen bestanden starke und vom Gesetz sorgfältig geregelte alte Solidaritätsverhältnisse der Sippen und Nachbarschaftsverbände fort. Ebenso lebte die militärische Verpflichtung aller Angehörigen des Volkes, im großen und ganzen je nach dem Reichtum des einzelnen abgestuft, weiter. Allerdings vollzog sich hier eine Vermischung, die für uns sehr lehrreich ist. Mit voller Bewaffnung dienten dem König zwei Typen von Kriegern: sein *thegn*, der in etwa dem fränkischen Vasallen entsprach, und der einfache freie Mann, sofern er über einen gewissen Besitz verfügte. Natürlich deckten sich diese beiden Kategorien zum Teil, da der *thegn* im allgemeinen keineswegs arm war. Man gewöhnte sich daher etwa im 10. Jahrhundert daran, alle jene als *thegn* – gemeint sind die königlichen – zu bezeichnen und mit ihren Vorrechten ausgestattet zu betrachten, die freie Untertanen des Königs waren und genügend Land besaßen, ohne unter seinem unmittelbaren Schutz zu stehen. Das galt sogar für solche, die mit Gewinn einen ehrenhaften Handel über die See hinweg betrieben hatten. Auf diese Weise bezeichnete allmählich dasselbe Wort bald die durch einen persönlichen Unterwerfungsakt entstandene Lage, bald die Zugehörigkeit zu einer wirtschaftlichen Klasse. Selbst wenn man bei dieser Doppeldeutigkeit in Rechnung stellt, daß der Geist der damaligen Zeit dem Prinzip der Gegensätzlichkeit gegenüber sehr empfänglich war, so konnte sie doch nur hingehen, weil die Bindung von Mann zu Mann im vornormannischen England nicht als eine so mächtige Kraft verstanden wurde, daß nichts einen Vergleich mit ihr aushielt. Vielleicht ist es nicht ganz falsch, den Zusammenbruch der angelsächsischen

Kultur als das Debakel einer Gesellschaft zu deuten, die es beim Anblick des zerbröckelnden alten Gesellschaftsgefüges trotz allem nicht verstanden hatte, sie durch ein Gerüst von wohl bestimmten und genau abgestuften Abhängigkeiten zu ersetzen.

Bei der Untersuchung des Feudalismus auf der Iberischen Halbinsel, die in besonderer Weise ein Feld für Vergleiche bietet, darf man nicht nach Nordostspanien schauen, da dort die Mark des Karolingischen Reiches, Katalonien, zutiefst von den fränkischen Institutionen geprägt worden ist. Dasselbe gilt in gewisser Weise auch für das benachbarte Aragón. Dagegen ist die Gesellschaftsstruktur im asturo-leonesischen Bereich, in Asturien, León, Kastilien, Galizien und später Portugal, ganz eigenständig. Leider ist die Forschung hier noch nicht sehr weit vorgedrungen. Immerhin läßt sich folgendes sagen[181]:

Das Erbe der westgotischen Gesellschaft, das die ersten Könige und der Adel hinterlassen hatten, sowie die damals dem ganzen Abendland gemeinsamen Lebensformen begünstigten hier wie auch anderswo die Entwicklung persönlicher Abhängigkeitsverhältnisse. Vor allem die Adelshäupter verfügten über ihre eigenen Krieger, die sie gewöhnlich ihre *criados,* das heißt die von ihnen »Unterhaltenen«, nannten und die in den Quellen bisweilen auch als »Vasallen« bezeichnet werden. Dieser Begriff war aber ein Lehnwort. Insgesamt gesehen wurde er selten benutzt, doch das zeigt in sehr interessanter Weise, daß selbst dieser eigenständige Teil der iberischen Welt anscheinend im wachsenden Maße dem Einfluß des Feudalismus jenseits der Pyrenäen ausgesetzt war. Wie hätte das auch anders sein sollen, während doch so viele französische Ritter und Kleriker beständig über die Bergpässe kamen? Ebenso trifft man mitunter auf das Wort *homagium* und auf den entsprechenden Ritus. Dennoch war die in dieser Gegend eigentlich übliche Unterwerfungshandlung eine andere: sie vollzog sich durch Küssen der Hände, was in einen viel weniger strengen Formalismus eingebettet war und so des öfteren wie ein Akt einfacher Höflichkeit wiederholt werden konnte. Obwohl die Bezeichnung *criados* vor allem an die Getreuen des Hauses zu erinnern scheint und das Lied vom Cid noch die Gefolgsleute des Helden als solche bezeichnet, »die sein Brot essen«, war doch die Entwicklung spürbar, die überall dahin tendierte, die Verteilung von Nahrungsmitteln und Geschenken durch die Ausstattung mit Land zu ersetzen. Sie wurde hier allerdings dadurch gemäßigt, daß Feldzüge in das maurische Gebiet reiche Beute brachten, die in den Händen der Könige und der Großen eine besondere Quelle für Sachzuwendungen bildete. Es entstand ein ziemlich genauer Begriff des mit Diensten belasteten und im Falle, daß diese nicht geleistet worden sind, wieder einziehbaren Leihgutes. Einige mitunter von Klerikern aus Frankreich verfaßte Dokumente sprechen unter dem Einfluß eines fremden Vokabulars bei diesen Gütern von *feuda*. Die Alltagssprache fand völlig unabhängig davon zu einem eigenen Begriff, nämlich *prestamo*, was wörtlich – und hier besteht eine seltsame Parallelität im Geiste mit dem deutschen oder angelsächsischen Wort *lehn/laen* – Leihe bedeutet.

Doch führten diese Praktiken niemals wie in Frankreich zur Entstehung eines starken, alles erfassenden und geordneten Netzes von vasallitischen und feudalen Abhängigkeiten. Der Grund dafür sind zwei große Vorgänge, welche die Geschichte der asturo-leonesischen Gesellschaften in besonderer Weise prägten: die Reconquista und die Wiederbesiedlung. Auf den weiten Flächen des den Mauren entrissenden Gebiets wurden Bauern als Kolonisten angesiedelt, die zumeist nicht in die mehr oder weniger strengen Formen der Unterwerfung unter einen Lehnsherrn hineinpaßten. Im übrigen behielten sie notwendig die kriegerischen Gewohnheiten einer Art Grenztruppe bei. Das hatte zur Folge, daß viel weniger Vasallen als in Frankreich mit Einkünften aus der Arbeit von Zinsbauern, die Abgaben zahlten und zu Fronen verpflichtet waren, versehen werden konnten. Eine wichtige Folge war vor allem, daß der bewaffnete Getreue zwar Kämpfer schlechthin, aber nicht der einzige Kämpfer war, ja nicht einmal der einzige, der beritten war. Neben der Reiterei der *criados* gab es eine »Dorfreiterei«, die aus den Reichsten unter den freien Bauern bestand. Auf der anderen Seite blieb hier die Macht des Königs als des Kriegsoberhaupts weitaus wirksamer als nördlich der Pyrenäen. Je weniger ausgedehnt zudem die Königreiche waren, um so geringere Mühe hatten ihre Herrscher, sich mit der Masse ihrer Untertanen direkt in Verbindung zu setzen. Es gab also keinerlei Durcheinander zwischen Lehnshuldigung der Vasallen und Unterordnung der Amtsträger, zwischen Amt und Lehen. Ebensowenig kannte man eine regelmäßige Abstufung der Lehnshuldigungen vom kleinsten Ritter aufwärts bis zum König, die Unterbrechung durch Allode ausgenommen. Da und dort gab es Gruppen von Getreuen, die oft mit Ländereien ausgestattet waren, womit ihre Dienste entlohnt worden sind. Sie standen untereinander nur in unvollkommener Verbindung und waren weit davon entfernt, das beinahe einzige Gerüst von Gesellschaft und Staat zu bilden. Zwei Faktoren sind nun einmal für jedes vollendete Feudalsystem unerläßlich gewesen: das Quasi-Berufsmonopol des Vasallen-Ritters und angesichts der vasallitischen Bande das mehr oder minder freiwillige Verschwinden anderer, die Wirkung der öffentlichen Gewalt sichernder Mittel.

5. Importierte Feudalsysteme

Mit dem Festsetzen der normannischen Herzöge in England kommen wir zu einer bemerkenswerten Erscheinung der Wanderung von Rechtsformen, nämlich der Übertragung französischer Feudaleinrichtungen auf ein erobertes Land. Während des 11. Jahrhunderts geschah das dreimal nacheinander. Zunächst nach 1066 jenseits des Kanals; sodann in Süditalien, wo etwa seit 1030 ebenfalls aus der Normandie kommende Abenteurer damit begannen, sich Fürstentümer zusammenzuschneidern, die schließlich innerhalb eines Jahrhunderts vereint werden und das sogenannte Königreich Sizilien bilden sollten. Der letzte Fall ist schließlich Syrien, das heißt, die dort von den Kreuzfahrern nach 1099 gegründeten Staaten. Auf englischem Boden erleichterte schon das Bestehen quasivasallitischer Bräuche bei den Besiegten die Annahme der fremden Herrschaftsform. Im lateinischen Syrien arbeitete man auf Neuland. Was Süditalien betrifft, so war es vor der Ankunft der Normannen in drei Herrschaftsbereiche geteilt. In den langobardischen Fürstentümern Benevent, Capua und Salerno war die persönliche Abhängigkeit üblich und weit verbreitet, ohne daß sie aber zu einem stärker hierarchisierten System ausgebaut worden war. In den byzantinischen Provinzen beherrschten Oligarchien von Grundbesitzern, Kriegern und oft auch Kaufleuten die Masse der Geringergestellten, an die sie bisweilen eine Art Schutzverhältnis band. Und schließlich bestand dort, wo die arabischen Emire herrschten, nichts, was auch nur entfernt an die Vasallität erinnerte. Jedoch so gewaltig diese Unterschiede auch waren, so wurde die Verpflanzung feudaler und vasallitischer Verhältnisse überall durch ihre Eigenart als Klasseninstitutionen bewußt erleichtert. Über der Land- und manchmal auch der Stadtbevölkerung, die beide alt ererbten Gesellschaftsformen entstammten, bildeten die herrschenden, hauptsächlich aus Eroberern bestehenden Gruppen, zu denen sich in England und vor allem in Italien Teile des einheimischen Adels gesellt hatten, koloniale Gesellschaftskörper, die wie sie selbst fremden Bräuchen unterworfen waren.

Diesen importierten Feudalsystemen war eine wesentlich bessere Organisation gemeinsam, als sie dort bestand, wo die Entwicklung ganz eigenständig verlaufen war. In Wirklichkeit waren in Süditalien, dessen sich die Normannen in der Folge von Vereinbarungen wie von Kriegen allmählich bemächtigt hatten, die oberen Klassen mit ihren Traditionen ebensowenig ganz und gar verschwunden wie die weiter vorhandenen Allode. Charakteristisch ist, daß viele sich in den Händen alter Geschlechter des Stadtadels befanden. Dagegen war Allodialbesitz weder in Syrien noch, wenn man bestimmte terminologische Schwankungen am Beginn beiseite läßt, in England erlaubt. Jedes Land war im Lehnsbesitz eines Herrn, und diese Kette, die nirgendwo unterbrochen war, führte von Glied zu Glied bis zum König. Daher war jeder Vasall nicht nur als Untertan, sondern auch durch ein Band an den Herrscher gebunden, das von Lehnsmann zu Lehnsmann emporstieg. Der alte karolingische Grundsatz der *coercitio*, das heißt der durch den Herrn ausgeübten Zwangsgewalt, erhielt so in jenen dem alten Reich fremden Gebieten ihre beinahe in idealer Weise vollkommene Anwendung.

In dem von einem mächtigen Königtum regierten England, das die gestrengen Verwaltungsgewohnheiten seines alten Herzogtums auf den eroberten Boden übertragen hatte, ließen die eingeführten Institutionen nicht nur ein fester als anderswo gefügtes Gerüst entstehen, vielmehr durchdrangen sie in einer Art »Ansteckung« fast die gesamte Gesellschaft allmählich von oben nach unten. In der Normandie vollzog sich bekanntlich mit dem Wort *feudum (fief)* eine tiefgehende Bedeutungsveränderung, so daß mit ihm schließlich jedes verliehene Gut bezeichnet worden ist. Wahrscheinlich begann diese Abweichung von der ursprünglichen Bedeutung schon vor 1066, ohne daß sie zu diesem Zeitpunkt bereits völlig abgeschlossen war. Denn wenn sich diese Entwicklung an beiden Ufern des Kanals parallel vollzog, so verlief sie doch nicht genau in denselben Bahnen. Das englische Recht sah sich in der zweiten Hälfte des 12. Jahrhunderts genötigt, zwei wesentliche Kategorien von verliehenen Gütern scharf voneinander zu unterscheiden. Die einen galten als unfrei; sie umfaßten zweifellos die Mehrzahl der kleinen Bauerngüter, die Dauer ihrer Vergabe war ungewiß und auf ihnen lasteten entehrende Dienste. Die anderen bildeten die Gruppe des Freilandes, dessen Besitz unter dem Schutz der königlichen Gerichtshöfe stand. Auf diese letztgenannte ist insgesamt der Ausdruck *fee* bezogen worden, was dem französischen *fief* entsprach. Solche Lehngüter von Rittern lagen in enger Nachbarschaft zu Zinsgütern von Bauern und Bürgern. Die Vorstellung einer rein verbalen Angleichung ginge freilich zu weit. Wie wir bald sehen werden, hatte sich im gesamten Europa des 11. und 12. Jahrhunderts das militärische Lehn faktisch in ein Erbgut verwandelt. Da es in vielen Ländern überdies als unteilbar angesehen wurde, ist es jeweils lediglich an den ältesten Sohn übertragen worden. Das war vor allem in England der Fall. Hier jedoch verbreitete sich das Erstgeburtsrecht nur langsam. Es fand bei sämtlichen, *fees* genannten und manchmal auch bei geringer gestellten Gütern Anwendung. Dieses Vorrecht der Erstgeborenen sollte zu einem der eigenständigsten Charakterzüge der englischen Gesellschaft und ihrer Rechtsbräuche werden und weitreichende Folgen haben. Im Prinzip drückte es also eine Art Vergeistigung des Lehns bis hin zur charakteristischen Stufe eines dinglichen Rechts freier Männer aus. Im gewissen Sinne steht England in der Skala der Feudalgesellschaften als Antipode zum Deutschen Reich da. In England ist das Gewohnheitsrecht der Lehnsleute nicht wie in Frankreich zu einem besonderen Rechtssystem zusammengefaßt worden, sondern hier war ein beträchtlicher Teil des *Landrechts,* nämlich die auf Grund und Boden bezüglichen Rechte, *Lehnrecht.*

4. Kapitel

Das Lehen wird zum Erbgut des Vasallen

1. Das Problem der Erblichkeit: »honores« und einfache Lehen

Montesquieu hat die Durchsetzung der Erblichkeit für Lehen zu den konstitutiven Bestandteilen der feudalen Regierungsweise (*gouvernement féodal*) gezählt, die er der politischen Regierungsweise (*gouvernement politique*) der Karolingerzeit entgegensetzte. Er tat dies mit gutem Grund. Dennoch ist der Begriff streng genommen ungenau. Der Besitz eines Lehens ist niemals automatisch durch den Tod des alten Inhabers übertragen worden. Es sei denn, der Herr besaß eng umschriebene, rechtsgültige Gründe, – andernfalls verlor er das Recht, dem natürlichen Erben die Belehnung, die einer neuen Lehnshuldigung vorausging, zu verweigern. Der Sieg der so verstandenen Erblichkeit war der gesellschaftlicher Kräfte über ein überholtes Recht. Um die Gründe dafür zu begreifen, müssen wir uns die Haltung der betroffenen Parteien anschaulich vorstellen. Dabei beschränken wir uns vorläufig auf den einfachsten Fall, nämlich den, daß der Vasall einen Sohn, und nur den einen, hinterließ.

Selbst wenn kein Land übertragen worden war, tendierte das Treueverhältnis dahin, weniger zwei einzelne Personen miteinander zu verbinden als zwei Geschlechter, von denen eines zum Befehlen, das andere zum Gehorchen bestimmt war. Wie wäre das in einer Gesellschaft, in der die Blutsbande so mächtig waren, auch anders denkbar gewesen? Das ganze Mittelalter legte einen gewaltigen Gefühlswert in die Worte des »natürlichen« Herrn, womit der Herr von Geburt gemeint war. Aber sobald eine Belehnung vorgenommen wurde, bildete sich beinahe zwangsläufig das Interesse des Sohnes heraus, im Treueverhältnis seinem Vater nachzufolgen. Die Lehnshuldigung zu verweigern oder versäumen, sich dem

Akt zu unterziehen, hieß zugleich mit dem Lehn einen beträchtlichen Teil, ja die Gesamtheit des väterlichen Erbes zu verlieren. Um so härter aber mußte der Verzicht erscheinen, wenn es sich um ein »aufgetragenes« Lehen (*feudum oblatum*) handelte, d. h. ein Lehen, das aus einem aufgelassenen alten Allod der Familie hervorgegangen war. Dadurch, daß das Lehnsverhältnis an den Boden gebunden blieb, führte die Praxis der Entlohnung in Land unweigerlich dazu, dieses Entgelt an die Familie zu binden.

Die Stellung des Lehnsherrn war weniger frei. Für ihn als erstes Oberhaupt war es wichtig, daß der »eidbrüchige« Vasall bestraft wurde, daß das Lehn für einen besseren Diener zur Verfügung stand, wenn den damit verbundenen Verpflichtungen nicht entsprochen wurde. Sein Interesse lag mit einem Wort darin, daß er mit aller Nachdrücklichkeit auf dem Grundsatz der Widerruflichkeit bestehen konnte. Der Erblichkeit stand er dagegen nicht grundsätzlich feindlich gegenüber, da er vor allem Gefolgsleute brauchte. Sie waren schließlich am besten unter der Nachkommenschaft jener zu finden, die ihm bereits gedient hatten. Hinzu kam, daß er nicht nur andere vom Eingehen neuer Treueverpflichtungen abschreckte, wenn er dem Sohn das väterliche Lehn verweigerte. Schwerer wog vielmehr, daß er damit Unzufriedenheit unter seinen anderen Vasallen herbeiführte, die mit Recht über das Schicksal ihrer eigenen Nachkommen besorgt waren. Nach einem Ausspruch des Mönches Richer, der unter Hugo Kapet schrieb, hieß ein Kind berauben, alle tapferen Leute in Verzweiflung zu stürzen. Aber der Herr, der ein Teil seines Erbguts vorläufig weggegeben hatte, konnte auch mit aller Macht wünschen, daß er das Land, die Burg oder die Befehlsgewalten wieder in seine Hand bekam, oder er konnte auch, wenn er den Wunsch hegte, sein Eigentum neu zu Lehen auszutun, lieber einen anderen Kommendierten, der ihm sicherer und nützlicher erschien, dem Erben seines vorherigen Vasallen vorziehen. Schließlich widerstrebte es vor allem den Kirchen, die über grundsätzlich unveräußerliche Güter wachten, die Endgültigkeit von Belehnungen anzuerkennen, denen sie schon meistens nur widerwillig zugestimmt hatten.

Das vielfältige Spiel dieser verschiedenen Tendenzen wurde niemals deutlicher als unter den ersten Karolingern. Seit dieser Zeit sind die *beneficia* oft an die Nachkommen vererbt worden, wie jenes Gut von Folembray, das zugleich als königliches *beneficium* und als Prekarie der Kirche von Reims über vier nachfolgende Generationen hinweg, von der Regierung Karls des Großen bis zu der Karls des Kahlen, vom Vater auf den Sohn überging[182]. Mitunter lag es am Ansehen, das ein Getreuer zu

Lebzeiten genoß, wenn die Erblichkeit durch eine sonderbare Wendung unausweichlich geworden war. Erzbischof Hinkmar von Reims vertrat die Meinung, daß ein Vasall zwar wegen Alter oder Krankheit unfähig werden konnte, seine Pflichten selbst zu erfüllen, daß er aber den Dienst ersatzweise von einem Sohn leisten lassen konnte, ohne daß der Herr die Macht hatte, ihm den Besitz zu nehmen[183]. Doch dies bedeutete nahezu, daß man das Nachfolgerecht des Erben am Lehngut, dessen Pflichten er zu Lebzeiten des eigentlichen Inhabers übernommen hatte, vorweg anerkannte. Man hielt es sogar für überaus hart, einem Waisenkind das väterliche *beneficium* wegzunehmen, so jung und demzufolge unfähig zum Waffendienst es auch sein konnte. Bekannt ist ein Fall dieser Art, als Ludwig der Fromme sich von den Bitten einer Mutter erweichen ließ und Lupus von Ferrières deswegen an das gute Herz eines Prälaten appellierte. Freilich streng rechtlich genommen war das *beneficium* nur ein Gut auf Lebenszeit, darüber gab es noch keinen Zweifel. 843 schenkte ein gewisser Adalhard dem Kloster St. Gallen ausgedehnte Güter, von denen ein Teil an Vasallen ausgetan war. Diese sollten nach ihrem Übergang unter kirchliche Herrschaft ihre *beneficia* auf Lebenszeit behalten, desgleichen später ihre Söhne, wenn sie bereit waren, dem Kloster zu dienen. Danach sollte der Abt über die Ländereien nach Gutdünken verfügen[184]. Es ist ganz offenkundig, daß es gegen die guten Regeln gewesen wäre, ihm auf immer die Hände zu binden. Auch interessierte sich Adalhard vielleicht nur für die Kinder, die er kennengelernt hatte. Die Lehnshuldigung steht hier noch ihrem Ursprung nahe, und sie brachte nur auf einen engen Personenkreis beschränkte Gefühle hervor.

Auf dieser anfänglichen Grundlage von Zweckmäßigkeiten und Bequemlichkeiten setzte sich die echte Erblichkeit im Verlauf der Wirren und einer für Neuerungen günstigen Periode, die mit der Zerstückelung des Karolingerreichs einsetzte, allmählich durch. Überall strebte die Entwicklung zu diesem Ziel hin. Aber das Problem stellte sich nicht in denselben Rechtsbegriffen für alle Arten von Lehen. Eine Kategorie muß man beiseite lassen, nämlich jene Lehen, welche die Feudisten später *fiefs de dignité* nannten, also solche, die aus öffentlichen Ämtern, welche der König übertrug, entstanden waren.

Wir sahen, daß seit den ersten Karolingern der König durch die Bande der Vasallität die Personen an sich band, denen er die wichtigsten Staatsämter und vor allem die umfassenden Herrschaftsbezirke der Grafschaften, Markgrafschaften oder Herzogtümer anvertraut hatte. Aber diese Aufgaben, die den alten lateinischen Namen *honores* bewahrt hatten, sind damals sorgsam von den *beneficia* geschieden worden. Unter anderem unterschieden sie sich in einer Hinsicht besonders deutlich, nämlich dadurch, daß sie in keinem Fall auf Lebenszeit verliehen waren. Ihre Inhaber blieben jederzeit absetzbar, selbst wenn sie keine Fehler, sogar zu ihrem eigenen Vorteil, bei ihren Amtshandlungen begangen hatten. Denn der Amtswechsel bedeutete manchmal eine Beförderung, wie im Fall des kleinen Grafen an der Elbmündung, der 817 an die Spitze der bedeutenden Mark Friaul gestellt worden ist. Wenn die Quellen der ersten Hälfte des 9. Jahrhunderts die Gunstbezeugungen des Herrschers für diesen oder jenen seiner Getreuen aufzählen, dann unterscheiden sie stets zwischen *honores* und *beneficia*.

Doch war das Amt als solches Entlohnung für die damit verbundene Tätigkeit, da infolge der allgemeinen Wirtschaftsbedingungen jegliche Entlohnung in Geldform entfiel. Der Graf erhielt in seinem Amtsbezirk nicht nur ein Drittel der Bußgelder, sondern er genoß unter anderem auch die Einkünfte bestimmter Fiskalgüter, die nur zu seinem Unterhalt dienten. Die Bedeutung des Amtes konnte sogar soweit gehen, daß die Gewalt, die über die Bewohner des entsprechenden Bezirks ausgeübt wurde, ganz abgesehen von den illegalen Gewinnen, zu denen sie oft genug Gelegenheit verschaffte, gerade in einer Zeit als echter Gewinn erschien, in der wahrer Reichtum darin bestand, daß man eine herrengleiche Stellung einnahm. In mehr als einer Hinsicht war also die Überlassung einer Grafschaft eine der wertvollsten Gaben, mit denen ein Vasall belohnt werden konnte. Daß der Empfänger dadurch Richter und Kriegsoberhaupt war, machte insgesamt keinerlei Unterschied zwischen ihm und vielen einfachen Inhabern von *beneficia* aus, wenn man von der Rangstufe absieht, da sie zumeist die Ausübung von Herrenrechten einschlossen. Es blieb die Absetzbarkeit. In dem Maße, wie das Königtum seit Ludwig dem Frommen schwächer wurde, ließ sich dieser Grundsatz, der einen Schutzschirm für die Aufrechterhaltung der Zentralgewalt bildete, immer schwieriger anwenden. Denn die Grafen gingen wieder zu den Adelsbräuchen aus der Zeit des Niedergangs der Merowingerdynastie über und bemühten sich mit wachsendem Erfolg, territoriale Potentaten zu werden, deren Macht fest im eigenen Grund und Boden verwurzelt war. So hatte sich Karl der Kahle 867 vergebens bemüht, einem rebellischen Vasallen die Grafschaft Bourges zu entreißen. Kaum noch etwas stemmte sich von nun an einer Angleichung entgegen, die durch unbestreitbare Zusammengehörigkeit von Grundbesitz und Machtausübung vorbereitet war. Bereits während der großen Zeit des karolingischen Reiches hatte man begonnen, sämtliche *beneficia* der königlichen Vasallen, deren Rolle im Staat sie den eigentlichen Amsträgern so nahe brachte, ohne weiteres als *honores* zu betrachten. Schließlich wurde dieses Wort einfach zum Synonym von *feudum*, wobei man allerdings zumindest in einigen Ländern wie im normannischen England dahin tendierte, seine Anwendung auf die größeren Lehen, die mit bedeutenden Befehlsgewalten ausgestattet waren, zu beschränken. Parallel dazu sind die für die Entlohnung eines Amtes dienenden, sodann – und das stellte eine sehr entscheidende Bedeutungsabweichung dar – ist das Amt selbst als *beneficium* oder Lehn bezeichnet worden. In Deutschland, wo die Traditionen der karolingischen Politik besonders lebendig blieben, scheidet der bischöfliche Chronist Thietmar getreu der ersten der beiden Verwendungen um 1015 noch sehr genau die Grafschaft Merseburg von dem mit dieser Grafschaft verbundenen *beneficium*. Jedoch die Umgangssprache kümmerte sich seit langem nicht mehr um diese Feinheiten. Was als *beneficium* oder Lehn bezeichnet wurde, war das gesamte ordentliche Amt, das eine unteilbare Quelle von Macht und Reichtum bildete. Die Fuldaer Annalen berichten schon 881, daß Karl der Dicke in jenem Jahr seinem Verwandten Hugo, »damit er ihm getreu sei, verschiedene Grafschaften als *beneficia*« verliehen habe.

Doch bedeutete es zu wenig, wenn jene, die von den kirchlichen Chronisten gerne als neue *satrapes* der Provinzen bezeichnet worden sind, das Wesen ihrer Macht aus der königlichen Delegation ableiteten und sie von nun an zu ihrem eigenen Nutzen auszuüben gedachten. Um das Land fest im Griff zu haben, waren andere Dinge nötig. Hier und dort mußte neues Land erworben werden, an Straßenknotenpunkten waren Burgen zu bauen, man mußte sich zum Schutzherrn der wichtigsten Kirchen aufwerfen, vor allem aber mußte man sich an Ort und Stelle eigene Getreue schaffen. Dafür bedurfte es eines langen Arms und des geduldigen Wirkens mehrerer im selben Grundbesitz aufeinanderfolgender Generationen. Mit einem Wort: Das Streben nach Erblichkeit erwuchs ganz natürlich aus den Bedürfnissen der Territorialgewalt. Es wäre also ein schwerer Irrtum, dieses Bestreben nur als Auswirkung der sich an die *honores* angleichenden Lehen zu betrachten. Das Streben nach Erblichkeit war für die fränkischen Grafen ein dringendes Erfordernis ebenso wie für die angelsächsischen *earls*, deren ausgedehnte Bannbezirke niemals als Lehngüter betrachtet worden sind. Das galt auch für die *gastaldes* der langobardischen Fürstentümer, die keineswegs Vasallen waren. Da aber in den Staaten, die aus dem fränkischen Reich hervorgingen, die Herzogtümer, Marken oder Grafschaften frühzeitig ihren Platz in den Lehensverleihungen einnahmen, vermengte sich die Geschichte ihrer Umwandlung in Familienbesitz untrennbar mit jener der allgemeinen Umwandlung von

Lehen in Erbeigentum. Das vollzog sich im übrigen, ohne daß jemals das Bewußtsein darüber abhanden kam, es handele sich hierbei um einen Sonderfall. Der Entwicklungsrhythmus war nicht allein überall bei den gewöhnlichen Lehen und den *fiefs de dignité* verschieden, sondern wenn man jeden Staat für sich betrachtet, sieht man, wie sich der Charakter des Gegensatzes verändert.

2. Die Entwicklung in Frankreich

Im Westfrankenreich und in Burgund hatte die frühzeitig einsetzende Schwäche des Königtums zur Folge, daß die aus öffentlichen Ämtern gebildeten *beneficia* mit als erste die Erblichkeit errangen. Nichts ist in dieser Hinsicht lehrreicher als die Maßnahmen, die Karl der Kahle 877 auf der berühmten Reichsversammlung von Quierzy ergriff. Kurz vor seinem Zug nach Italien war er damit beschäftigt, die Regierung des Reiches während seiner Abwesenheit zu ordnen. Was sollte geschehen, wenn ein Graf in dieser Zeit starb? Vor allem war der Herrscher zu benachrichtigen, und dieser behielt sich das letzte Wort bei jeglicher Ernennung vor. Seinem mit der Regentschaft beauftragten Sohn Ludwig gestand er nur das Recht provisorischer Ernennung von Amsträgern zu. In dieser allgemeinen Form entsprach die Vorschrift dem Geist eifersüchtiger Machtwahrung, wovon auch der Rest des Kapitulars von Quierzy zeugt. Daß die Vorschrift freilich in mindestens gleicher Weise von dem Bestreben getragen ist, den Familienehrgeiz der Großen mit einer gewissen Rücksicht zu behandeln, dafür liefert die Erwähnung zweier ausdrücklich genannter Fälle den Beweis. Es war z. B. möglich, daß ein Graf einen Sohn hinterließ, der mit dem Heer über die Alpen gezogen war. Dadurch, daß Karl in diesem Fall dem Regenten die Neubesetzung eines Amts verweigerte, wollte er vor allem seinen Waffengefährten Sicherheit bieten. Schließlich sollte ihre Treue sie nicht der Hoffnung berauben, eine lang angestrebte Nachfolge anzutreten. Es war aber auch möglich, daß ein in Frankreich zurückgebliebener Sohn noch »ganz jung« war. In diesem Falle war die Grafschaft im Namen dieses Kindes von den Amtsträgern seines Vaters bis zu dem Tage zu verwalten, an dem von oberster Stelle aus entschieden wurde. Weiter geht das Edikt nicht. Offensichtlich schien es günstiger, in einem Gesetz den Grundsatz des Erbausfalls nicht in allen Einzelheiten zu regeln. Solche Zurückhaltung findet sich dagegen in der Proklamation, die der Kaiser von seinem Kanzler vor der Versammlung verlesen ließ, nicht mehr wieder. Hierin verspricht er ohne Umschweife, dem Sohn – sei er nun Soldat auf dem Heerzug in Italien oder noch im Kindesalter –, die väterlichen *honores* zu übergeben. Sicherlich waren das durch die Umstände beeinflußte Maßnahmen, die von den Notwendigkeiten einer Politik der Freigiebigkeit diktiert waren. Sie legten nichts für die Zukunft ausdrücklich fest, doch noch weniger brachen sie mit der Vergangenheit. Sie erkannten für eine gewisse Zeit das aus einem Brauch erwachsene Vorrecht offiziell an.

Im übrigen genügt es dort, wo es möglich ist, den wichtigsten Grafenlisten Schritt für Schritt nachzugehen, um zu sehen, wie sich die Erbfolge immer mehr durchsetzte. Ein gutes Beispiel sind die Vorfahren der dritten Dynastie der Könige von Frankreich. 864 kann Karl der Kahle noch Robert dem Tapferen seine *honores* in Neustrien entziehen, um ihn an einem anderen Ort einzusetzen. Das gelingt aber nur für kurze Zeit. Als Robert 866 bei Brissarthe fällt, befand er sich erneut an der Spitze seines Herrschaftsbezirkes inmitten des Gebiets zwischen Seine und Loire. Aber obwohl er zwei freilich sehr junge Söhne hinterließ, erbte keiner von beiden seine Grafschaften, über die der König zu Gunsten eines anderen Magnaten verfügte. Nach dem Tod dieses »Eindringlings« erhielt Odo, Roberts ältester Sohn, das Anjou, die Touraine und vielleicht das Blésois zurück. Seitdem blieben diese Gebiete beim Erbgut der Familie. Das galt zumindest bis zu dem Zeitpunkt, als die Robertiner von ihren eigenen Amtsträgern daraus verjagt worden sind, die sich ihrerseits zu erblichen Machthabern gewandelt hatten. In der Reihe der Grafen, die alle aus derselben Sippe kamen und ungefähr zwischen 885 bis zum Aussterben ihrer Linie 1137 in Poitiers aufeinander folgten, gab es nur eine einzige Lücke; sie war im übrigen nur von kurzer Dauer (890 bis 902) und durch eine Minderjährigkeit hervorgerufen, zu der noch erschwerend der Verdacht unehelicher Geburt trat. Obendrein ist es bei dieser Lücke in doppelter Weise charakteristisch, daß die vom König verfügte Enteignung sich schließlich trotz seiner Befehle zu Gunsten einer Persönlichkeit auswirkte, die der Sohn eines früheren Grafen war und sich ihrerseits auf Rechte berufen konnte, die sich aus der Sippe herleiteten. Ja, über Jahrhunderte hinweg sollten die Habsburger, ein Karl V. und selbst ein Joseph II. die Grafschaft Flandern nur deshalb in ihrem Besitz halten, weil von Heirat zu Heirat ein wenig Blut Balduins des Eisernen in ihre Adern gelangt war, der 862 in so kühner Weise die Tochter des fränkischen Königs geraubt hatte. Man sieht, daß wir immer wieder bei denselben Daten anlangen; unbestreitbar fällt die entscheidende Etappe bei der Durchsetzung der Erblichkeit ungefähr in die zweite Hälfte des 9. Jahrhunderts.

Was aber wurde aus den gewöhnlichen Lehen? Die Verfügungen von

Quierzy betrafen neben den Grafschaften ausdrücklich auch die *beneficia* der königlichen Vasallen, die in ihrer Weise ebenfalls *honores* waren. Verordnung und Verkündigung belassen es aber nicht dabei. Die Regelungen, zu denen sich Karl zu Gunsten seiner Vasallen verpflichtete, will er auch zu Gunsten ihrer eigenen Leute gelten lassen. Die Bestimmungen waren dieses Mal noch allem Anschein nach von den Interessen des Italienzugs diktiert: war es dann nicht angemessen, das Gros der aus Vasallen von Vasallen bestehenden Truppe ebenso zu befriedigen wie einige Große? Dennoch stoßen wir hier auf etwas, das tiefer als eine bloße Gelegenheitsmaßnahme wirkt. In einer Gesellschaft, in der so viele Einzelpersonen Kommendierte und Herren zugleich waren, sträubte man sich zuzugestehen, daß einer von ihnen, dem als Vasallen ein Vorteil zugestanden war, er ihn jenen Personen verweigern konnte, die zu ihm in einem ähnlichen Abhängigkeitsverhältnis standen. Diese Art von Gleichheit bei der Bevorrechtigung, die unmerklich von oben nach unten reichte, sollte vom alten karolingischen Kapitular bis hin zur Magna Charta, der klassischen Grundlage der englischen Freiheiten, einer der fruchtbarsten Grundsätze des feudalen Gewohnheitsrechts bleiben.

Sein Wirken und mehr noch das äußerst mächtige Gefühl für eine Art familiäres Heimfallrecht, das aus den vom Vater geleisteten Diensten ein Anrecht für seine Nachkommenschaft ableitete, beherrschten die öffentliche Meinung. Diese aber vermischte sich in einer Kultur ohne Rechtskodifizierung und ohne systematische Rechtsgelehrsamkeit beinahe mit dem Recht selbst. Im französischen Heldenlied findet das einen getreuen Widerhall. Zwar können wir das von den Dichtern gezeichnete Bild nicht ohne Retuschen hinnehmen. Wegen des historischen Rahmens, den ihnen die Überlieferung auferlegte, stellte sich für sie das Problem höchstens im Hinblick auf die großen königlichen Lehen. Wenn sie im übrigen die ersten karolingischen Kaiser behandelten, so stellten sie diese nicht ohne Grund viel mächtiger dar, als es die Könige des 11. oder 12. Jahrhunderts waren, und das hieß, sie waren noch mächtig genug, um über die Lehen (*honneurs*) des Reiches frei zu verfügen, selbst wenn das zu Lasten der natürlichen Erben ging. Eine solche Möglichkeit besaßen die Kapetinger nicht mehr. In dieser Hinsicht hat das Zeugnis der Dichter also keinen anderen Wert als den einer annähernd genauen Rekonstruktion einer seit langem überholten Vergangenheit. Was ihnen andererseits zeitgemäß ist, das ist ihr Urteil über jene Praktiken, das sie zweifellos auf alle Arten von Lehen ausdehnen. Sie stellen sie nicht eigentlich dem Recht entgegenstehend dar, aber sie schätzen sie als moralisch verurteilenswert ein: so, als wenn der Himmel sich selbst rächen würde, so führen jene

Praktiken zu Katastrophen. Ist die Wurzel des unerhörten Unglücks, welches das Heldenlied »Raoul von Cambrai« erfüllt, nicht eine doppelte Beraubung dieser Art? Der gute Herr ist jener, der die Maxime im Gedächtnis behält, die eines der Lieder zu den Lehren Karls des Großen an seinen Nachfolger zählt:

»Einem Waisenkind hüte dich, das Lehn zu nehmen[185].«

Aber wie viele gute Herren gab es oder wie viele waren gezwungen, gut zu sein? Die Geschichte der Erblichkeit zu schreiben hieße, die Statistik der vererbten und der keineswegs vererbten Lehen bearbeiten – das muß angesichts des Quellenstandes ein auf immer unerfüllbarer Traum bleiben. Gewiß hing in jedem besonderen Fall die Lösung lange vom Gleichgewicht der Kräfte ab. Da die Kirchen schwächer und oft schlecht verwaltet waren, scheinen sie seit Anfang des 10. Jahrhunderts allgemein dem Druck ihrer Vasallen nachgegeben zu haben. Dagegen erkennen wir in den großen weltlichen Fürstentümern noch bis zur Mitte des 11. Jahrhunderts keine fest ausgebildeten Praktiken. Wir können die Geschichte eines Lehns im Anjou, nämlich das von Saint-Saturnin, unter den Grafen Fulko Nerra und Gottfried Martell (987-1060) verfolgen[186]. Der Graf nimmt dieses Lehen nicht nur beim ersten Anzeichen von Untreue wieder an sich, sondern sogar dann, wenn der Aufenthalt des Vasallen in einer benachbarten Provinz dazu führen könnte, der Erfüllung seines Dienstes hinderlich zu sein. Er scheint sich den Rechten der Familie nicht im geringsten verpflichtet zu fühlen. Von den fünf Lehnsinhabern, die innerhalb von fünfzig Jahren aufeinanderfolgten, scheinen nur zwei – zwei Brüder – miteinander blutsverwandt gewesen zu sein, zwischen die sich auch noch ein Fremder schob. Obgleich zwei Ritter für würdig befunden worden sind, Saint-Saturnin auf Lebenszeit verliehen zu erhalten, blieb das Lehn nach ihrem Tod nicht in ihrer Familie. In der Tat deutet nichts darauf hin, daß sie Söhne hinterließen. Aber selbst wenn wir annehmen, daß in beiden Fällen männliche Nachkommenschaft fehlte, so könnte doch nichts bezeichnender sein als das Schweigen, das die sonst sehr detaillierte Quelle, der wir unsere Kenntnisse verdanken, in diesem Punkt bewahrt. Denn sie war dazu bestimmt, die Rechte der Mönche von Vendôme zu begründen, an die der Besitz schließlich fiel. Wenn sie also nach dem Aussterben verschiedener Geschlechter davon absieht, die Rechtmäßigkeit der aufeinanderfolgenden Besitzübertragungen abzusichern, von denen die Abtei am Ende profitierte, so liegt der Grund offenbar darin, daß die Enteignung eines Erben damals keineswegs als unrechtmäßig erschien.

Sicher war eine solche Mobilität schon zu diesem Zeitpunkt fast unnormal. Sogar im Anjou bildeten sich bereits um das Jahr 1000 die wichtigsten

Burgherrendynastien. Im übrigen muß 1066 das normannische Lehn allgemein als vererbbar angesehen worden sein, da diese Tatsache in England, wohin man das Lehnswesen übertrug, praktisch niemals bestritten worden ist. Wenn im 10. Jahrhundert ein Herr die erbliche Übertragung eines Lehns von ungefähr anerkannte, so legte er das in der Verleihungsurkunde ausdrücklich fest. Seit der Mitte des 12. Jahrhunderts war die Lage genau umgekehrt. Seitdem hatte man allein das Bedürfnis, jene Bedingungen festzulegen, welche die Nutznießung eines Lehns nur auf die Lebenszeit des ersten Lehnsträgers beschränkten, und das war eine seltene, wenn auch durchaus statthafte Ausnahme. Nunmehr aber wirkte die Vermutung zu Gunsten der Erblichkeit. Wer um die Mitte des 12. Jahrhunderts in Frankreich wie in England von einem ganz kurzen Lehen sprach, meinte damit, daß es sich vererbte, und als z. B. die kirchlichen Gemeinschaften entgegen dem alten Sprachgebrauch verkündeten, dieses Anrecht schließe nicht die Dienste ihrer Amtsträger ein, beabsichtigten sie damit nichts weniger als jede Verpflichtung von sich zu weisen, die Dienste des Sohnes nach denen des Vaters anzunehmen. Die Lehnspraxis begünstigte die Abkömmlinge seit der Karolingerzeit, als sich die Erblichkeit schon durch die Existenz zahlreicher »aufgetragener Lehen« gefestigt hatte, die auf Grund ihres Ursprungs die Vererbung faktisch unabweisbar machten. Zur Zeit der letzten Karolinger und der ersten Kapetinger hatte sich dann fast überall die Investitur des Sohnes mit demselben Lehen in der Nachfolge des Vaters durchgesetzt. In der zweiten Phase des Feudalzeitalters, das überall von einer Art juristischer Bewußtseinsbildung gekennzeichnet war, ist die Erblichkeit zum geltenden Recht geworden.

3. Die Entwicklung im Kaiserreich

Die Auseinandersetzung zwischen den gesellschaftlichen Kräften, die der Entwicklung des Lehens zugrundeliegen, tritt nirgends deutlicher hervor als in Norditalien. Führen wir uns einmal die abgestufte Feudalgesellschaft des Langobardenreiches vor Augen! Der König an der Spitze ist seit 951 mit kurzen Unterbrechungen zugleich deutscher König und, sobald er vom Papst gekrönt worden ist, auch Kaiser. Direkt unter ihm stehen seine Hauptlehnsträger, die hohen Herren der Kirche oder des Adels; tiefer noch steht die bescheidene Masse der Lehnsleute dieser Herren, die folglich königliche Aftervasallen sind und deshalb gewöhnlich »Valvassoren« genannt werden. Ein tiefer Streit trennt zu Beginn des 11. Jahrhunderts diese beiden Gruppen. Die Valvassoren trachten danach, ihre Lehen wie Familiengüter zu behandeln; die Oberlehnsträger dagegen bestehen auf der Verleihung lediglich auf Lebenszeit und auf der beständigen Möglichkeit des Widerrufs. Im Jahr 1035 führen diese Zusammenstöße schließlich zu einem regelrechten Klassenkrieg. Die in einer Schwurgemeinschaft vereinten Valvassoren Mailands und seiner Umgebung bringen dem Heer der Magnaten eine schlimme Niederlage bei. Die Nachricht über diese Wirren alarmierte den König – Kaiser Konrad II. – in seinem fernen Deutschland. Während seine Vorgänger, die Ottonen, vor allem die Unveräußerlichkeit des Kirchenguts respektiert hatten, brach Konrad mit ihrer Politik und ergriff Partei für die niederen Lehnsleute. Da Italien noch das Land der Gesetze war, da es – wie sich ausdrückte –»nach Gesetzen hungerte«, legte er in einem regelrechten Gesetzeserlaß am 28. Mai 1037 das Recht zu Gunsten seiner Schützlinge fest. Nach seinem Entschluß sollten von nun an sämtliche *beneficia* zu Gunsten des Sohns, Enkels oder Bruder als erblich angesehen werden, die einen weltlichen Oberlehnsherrn, einen Bischof, einen Abt oder eine Äbtissin zum Herrn hatten. Dasselbe galt für die Afterlehen dieser *beneficia*. Von der Umwandlung von Allodien in Lehngüter, denen die Eigentümer zugestimmt hatten, ist mit keinem Wort die Rede. Offenbar wollte Konrad weniger als Herrscher denn als Haupt der Lehnspyramide gesetzgebend tätig werden. Auf diese Weise erreichte er gerade die große Mehrheit der kleinen und mittleren Ritterlehen. Welchen Anteil an seiner Haltung auch bestimmte, mit den waltenden Umständen zusammenhängende Gründe, vor allem seine persönliche Feindschaft mit Aribert, dem Erzbischof von Mailand und Hauptgegner der Valvassoren, gehabt haben mögen, so scheint es doch, daß er weiter als über seine augenblicklichen Interessen und Rankünen hinausblickte. Gegen die großen Feudalherren, die für die Monarchien stets eine Gefahr bedeuteten, suchte er so etwas wie ein Bündnis mit ihrer eigenen militärischen Gefolgschaft. Der Beweis dafür ist, daß er sich in Deutschland, wo er nicht über die Waffe der Gesetzgebung verfügte, bemühte, das gleiche Ziel mit anderen Mitteln zu erreichen – wahrscheinlich, indem er die Rechtsprechung des Königsgerichts im gewünschten Sinne zurechtbog. Auch hier »gewann er die Herzen der Ritter, indem er es nicht litt, daß die den Vätern ausgeteilten Lehen ihren Nachkommen entwunden wurden«, wie es der Kaplan des Kaisers bezeugt.

In Wahrheit fügt sich diese Einmischung des Kaisertums zu Gunsten der Erblichkeit ganz der Linie einer bereits mehr als halbwegs vollendeten Entwicklung ein. Hatte man es nicht in Deutschland erlebt, daß private Übereinkünfte seit dem Anfang des 11. Jahrhunderts immer häufiger wurden, in denen man das Anrecht der Nachkommen auf dieses oder jenes bestimmte Lehen anerkannte? Wenn im Jahre 1069 der Herzog Gottfried von Lothringen noch glaubte, über *tenurae stipendiariae* seiner Ritter frei verfügen und sie einer Kirche geben zu können, so wurde das Murren seiner so verletzten Getreuen dagegen dermaßen laut, daß nach seinem Tod sein Nachfolger diese Zuwendung mit einer anderen vertauschen mußte[187]. In Italien, wo Gesetzgebungsakte üblich waren, in Deutschland, das verhältnismäßig mächtigen Königen unterstand, und in Frankreich, wo Gesetze nichts galten und das faktisch beinahe keinerlei Königsherrschaft besaß, zeigt der parallele Verlauf der Entwicklungskurven die Wirksamkeit politischer Interessen. Das gilt zumindest für gewöhnliche Lehen. Im Schicksal der »Ämterlehen« (franz. *fiefs de dignité*, lat. *honores*) muß man den eigenständigen Zug suchen, der der Geschichte des Lehnswesens in Deutschland und Italien durch eine Macht eingeprägt worden ist, die im übrigen eher Zentralgewalt war als echte Wirksamkeit entfalten konnte.

Da diese Lehen unmittelbar von der Reichsgewalt herrührten, betraf sie das Gesetz Konrads II. ohnehin nicht. So erhielt sich das günstige Vorurteil, das sich im allgemeinen an das Geblütsrecht knüpfte. Jedoch blieb es nicht aus, daß man auch hiermit sein Spiel trieb. Seit dem 9. Jahrhundert entschied sich der Herrscher nur ausnahmsweise dafür, mit einer so achtunggebietenden Tradition zu brechen. Die Frage ist jedoch, ob er sich wirklich in dieser Weise entschloß. Die allgemeine Meinung, deren Echo uns die Chronisten vermitteln, regte sich gerne über die Willkür auf. In der Tat wurde gewiß, wenn es darum ging, einen guten Diener zu belohnen oder ein zu junges Kind bzw. einen als zu unsicher beurteilten Mann von der Erbschaft fernzuhalten, oft darüber hinweggesehen, und das geschah auch auf die Gefahr hin, daß für den so in seinem Anspruch verletzten Erben eine Entschädigung mit einem entsprechenden »Amt« erfolgen mußte. Denn besonders die Grafschaften gingen kaum anders als innerhalb einer ziemlich kleinen Anzahl Familien von Hand zu Hand, und die Ausübung des Grafenamts war als solche bereits lange erblich, ehe es die Grafschaften, jede für sich genommen, wurden. Die bedeutendsten, sich über ein bestimmtes Gebiet erstreckenden Herrschaftsgewalten, die Herzogtümer und Markgrafschaften, waren es auch, die am längsten die Zielscheibe solcher Akte der Zentralgewalt bildeten. Im 10. Jahrhundert konnte z. B. das Herzogtum Bayern zweimal nicht vom Amtsinhaber auf den Sohn übergehen. Dasselbe war 935 bei der Mark Meißen und 1075 mit der Lausitz der Fall. In einer Art Altertümlichkeit, die im mittelalterlichen Deutschland zum Rechtsbrauch zählte, blieb die Lage der obersten »Ämter« im Reiche insgesamt gesehen bis zum Ende des

11. Jahrhunderts etwa die gleiche wie im Westfrankenreich unter Karl dem Kahlen.

Das war aber nur bis zu dieser Zeit der Fall. Bereits im Verlauf des 11. Jahrhunderts beschleunigte sich die Entwicklung. Wir besitzen sogar von Konrad II. selbst die erbliche Verleihung einer Grafschaft. Sein Enkel Heinrich IV. und sein Urenkel Heinrich V. erkannten denselben Status der Erblichkeit den Herzogtümern Kärnten und Schwaben sowie der Grafschaft Holland zu. Im 12. Jahrhundert sollte der Grundsatz der Erblichkeit nicht mehr bestritten werden. So hatten auch die Rechte des Lehnsherrn, und sei es der König, gegenüber denen der Vasallengeschlechter allmählich zurückweichen müssen.

4. Die Umwandlung des Lehens im Lichte des Erbrechts

Als Ausgangspunkt war bisher unsere Hypothese recht brauchbar, daß es einen, also einen einzigen Sohn gab, der fähig war, die Nachfolge anzutreten. Freilich war die Wirklichkeit oft weniger einfach. In dem Augenblick, da die allgemeine Auffassung dahinging, das Geblütsrecht anzuerkennen, sah sie sich recht verschiedenartigen Zuständen in den Familien gegenüber, von denen jede einzelne besondere Probleme aufwarf. Wir müssen daher eine wenigstens überblicksartige Untersuchung anstellen, die es uns erlaubt, die Lösungen, welche die verschiedenen Gesellschaften angesichts solcher Schwierigkeiten entwickelten, zu erfassen und so am Lebensfaden selbst den Gestaltwandel des Lehens und der Lehensbande in den Griff zu bekommen.

Der Sohn bzw. – wenn ein solcher nicht vorhanden war – der Enkel erschien als der natürliche Nachfolger des Vaters oder Großvaters für die Dienste, bei denen er nicht selten dem Älteren zu dessen Lebzeiten zur Hand gegangen war. Ein Bruder oder Vetter dagegen hatten im allgemeinen ihre Laufbahn als Lehnsleute schon anderswo gemacht. Aus diesem Grunde setzte die Anerkennung der Erbfolge durch Seitenlinien in der ursprünglichen Form in der Tat Maßstäbe für die Veränderung des alten *beneficium* zum Erbgut[188]. Der Widerstand dagegen war besonders im Reich groß. 1196 konnte Kaiser Heinrich VI., der von seinen Großen die Zustimmung zu einer anderen Erblichkeit, nämlich der der Krone, verlangte, ihnen im Gegenzug für ein solch schönes Zugeständnis noch die offizielle Anerkennung der Vererbbarkeit von Lehngütern an Seitenlinien anbieten. Das Projekt kam freilich nicht zu einem glücklichen Ende. Abgesehen von ausdrücklichen Bestimmungen, die in die ursprüngliche

Übertragungsurkunde aufgenommen worden sind oder in bestimmten Rechtsbräuchen enthalten waren (wie in jenen, die im 13. Jahrhundert für die Lehen der Reichsministerialen galten), sind die deutschen Lehnsherren im Mittelalter nie gehalten gewesen, die Investitur mit einem Lehngut auch anderen als den direkten Erben ihrer Leute zu gewähren. Das war natürlich kein Hindernis dafür, daß sie eine solche Gnade dennoch recht häufig gewährten. Außerhalb des Reiches erschien es als folgerichtig, eine Unterscheidung einzuführen: Das Lehen wurde auf jeden Fall innerhalb der gesamten Nachkommenschaft des ersten Lehnsträgers übertragen, aber nicht darüber hinaus. Das war die Lösung des lombardischen Rechts. Sie gab zugleich den Anstoß zu Klauseln in recht zahlreichen neuen französischen und englischen Lehnsgesetzen seit dem 12. Jahrhundert. Aber das ging hier nicht ohne Beeinträchtigung des gemeinen Rechts. Denn in den westeuropäischen Königreichen war die Bewegung zum Erbgut hin ziemlich stark und wirkte sich zugunsten eines fast allgemeinen Erbrechts aller verwandtschaftlich dem Erblasser Nahestehenden aus. Ein einziger Vorbehalt trug dazu bei, sich daran zu erinnern, daß die lehnsrechtlichen Gepflogenheiten sich unter dem Zeichen der Dienstleistung entwickelt hatten: denn lange Zeit hindurch weigerte man sich, anzuerkennen – und in England geschah es nie –, daß einem toten Vasallen der Vater nachfolgen könne. Ein Militärgut konnte eben nicht, was widersinnig gewesen wäre, ohne weiteres von einem Jüngeren an einen Älteren fallen.

Der Natur des Lehens schien an sich nichts weniger zu widersprechen, als die Erblichkeit bei Frauen zuzulassen. Nicht etwa, daß das Mittelalter die Frau jemals als unfähig angesehen hätte, Herrschaftsgewalt auszuüben. Niemand nahm daran Anstoß, wenn die hohe Frau dem Gerichtshof einer Baronie vorsaß und ihren abwesenden Gatten vertrat. Aber Frauen trugen keine Waffen. Bezeichnend ist, daß Richard Löwenherz Ende des 12. Jahrhunderts in der Normandie den bereits bestehenden Brauch der Vererbbarkeit von Lehen an Töchter bewußt beendete, als der unbarmherzige Krieg mit seinem kapetingischen Gegner losbrach. Jene Rechte, die am eifrigsten darauf bedacht waren, dem Lehnswesen seinen ursprünglichen Charakter zu bewahren – die lombardische Rechtslehre, die Gewohnheitsrechte Syriens zur Kreuzfahrerzeit, die Rechtsprechung des deutschen Königsgerichts –, haben im Prinzip der Erbin immer das beständig verweigert, was sie dem Erben zugestanden haben. Daß Heinrich VI. seinen großen Vasallen die Abschaffung dieser Rechtsunfähigkeit ebenso wie die Beeinträchtigung der Seitenlinien anbot, beweist, wie stark im Reich noch die alte Regel lebendig geblieben war. Aber dieser Vorgang sagt zugleich auch manches über die Bestrebungen der adligen Herren aus. Was der Staufer als Köder und Gunst seinen Leuten anbot, sollten die Gründer des Lateinischen Kaisertums in Konstantinopel wenig später von ihrem künftigen Herrscher fordern. In Wirklichkeit war die Praxis selbst dort, wo der Ausschluß vom Erbe theoretisch fortbestand, schon früh von zahlreichen Ausnahmen geprägt. Abgesehen davon, daß der Herr sich überhaupt nicht an den Ausschluß zu halten brauchte, kam es vor, daß diese Norm sich vor manch besonderem Gewohnheitsrecht beugen mußte oder ausdrücklich von der Übertragungsurkunde selbst aufgehoben worden ist, was z. B. 1156 für das Herzogtum Österreich geschah. In Frankreich und im normannischen England hatte man sich schon lange vor dieser Zeit entschlossen, Töchtern – sofern Söhne fehlten –, ja selbst gewöhnlichen weiblichen Verwandten – sofern gleichrangige männliche nicht vorhanden waren –, die gleichen Rechte über die Lehen wie über die anderen Güter zuzugestehen. Denn man hatte sehr rasch bemerkt, daß, wenn eine Frau zum Ritterdienst unfähig war, ihr Mann an ihre Stelle treten konnte. Es ist eine bezeichnende Parallelerscheinung, daß die ältesten Beispiele für das Abweichen vom ursprünglichen vasallitischen Rechtsbrauch zugunsten der Tochter oder des Schwiegersohns sämtlich die großen westfränkischen Fürstentümer betreffen, die zugleich als erste die Erblichkeit schlechthin erlangten und auf denen im übrigen kaum noch persönliche Dienste lasteten. Der Robertiner Otto, Gatte der Tochter des »wichtigsten Grafen Burgunds«, verdankte dieser Verbindung schon 956 den Besitz jener Grafschaften, welche die Grundlage seines späteren Herzogtitels bildeten. Die Erbnachfolgerechte der Nachkommen in weiblicher Linie wurden im übrigen ungefähr zur gleichen Zeit anerkannt wie die der Frauen selbst. Auf diese Weise eröffnete sich für die großen oder kleinen feudalen Sippenverbände das weite Feld der Heiratspolitik.

Zweifellos aber stellte die Existenz eines minderjährigen Erben das schwierigste Problem, das dem feudalen Gewohneitsrecht von Anfang an zur Lösung aufgegeben war. Die Dichtung befaßte sich nicht ohne Grund vorwiegend unter diesem Gesichtspunkt mit der großen Diskussion um das Erbrecht. Schließlich war es der Gipfel der Unlogik, ein Kind mit einem Gut auszustatten, das zum Waffendienst verpflichtete! Auf der anderen Seite war es aber eine kaum zu überbietende Grausamkeit, wenn man einen »ganz Kleinen« seiner Habe beraubte! Bereits im 9. Jahrhundert ersann man eine Lösung, die einen Ausweg aus diesem Dilemma bot. Der »Minderjährige« wurde als Erbe anerkannt, jedoch bis zu dem Tage, an dem er imstande wäre, seinen Pflichten als Vasall nachzukommen, sollte ein provisorisch eingesetzter Verwalter an seiner Stelle das Lehen besitzen, die Lehnshuldigung und Dienste leisten. Die Bezeichnung »Vormund« wäre hierfür sicher nicht zutreffend. Der »Muntwalt«* (franz. *baillistre*) nämlich, auf dem so die Dienste, die mit dem Lehen verbunden waren, lasteten, zog zugleich dessen Einkünfte zu seinem eigenen Nutzen ein und hatte dem Minderjährigen gegenüber keine anderen Verpflichtungen, als seinen Unterhalt zu sichern. Obgleich die Einführung dieser Art zeitweiliger Vasallen die Grundidee vom Lehnsband in ihrem Gehalt spürbar beeinträchtigte – verstand man doch darunter ein Band bis zum Tode –, so versöhnte die neue Einrichtung in glücklichster Weise das Familiengefühl mit den Erfordernissen des Dienstes, daß sie in weitem Maße überall angenommen worden ist, wo sich das aus dem fränkischen Reich erwachsene Lehnssystem verbreitete. Allein in Italien, wo man nur wenig geneigt war, zugunsten feudaler Interessen Ausnahmeregelungen vermehrt zuzulassen, gab man sich lieber mit der einfachen Vormundschaft zufrieden.

Dennoch kam es bald zu einer seltsamen Abweichung. Um den Platz eines Kindes an der Spitze eines Lehens einzunehmen, erschien es als das Natürlichste, ein Mitglied seiner Verwandtschaft auszuwählen. Allem Anschein nach war das ursprünglich die allgemeine Regel, und ihr blieben bis zum Schluß viele Rechtsbräuche treu. Obgleich der Lehnsherr gegenüber dem Waisenkind ebenfalls Verpflichtungen hatte, die von der einstigen Treue des Verstorbenen herrührten, wäre die Idee, daß er während der Minderjährigkeit danach trachten könne, sich zum Stellvertreter seines eigenen Vasallen auf Kosten von dessen Verwandten zu machen, anfangs geradezu als absurd erschienen. Schließlich brauchte der Herr einen Lehnsmann und kein Lehngut. Die Wirklichkeit widerlegte jedoch diese Grundsätze sehr rasch. Es ist bezeichnend, daß eines der ältesten Beispiele der zumindest versuchten Ersetzung eines Verwandten durch den Lehnsherrn als Muntwalt den französischen König Ludwig IV. und den jungen Erben eines der größten *honores* des Königreichs, nämlich der Normandie, betraf. Sicherlich war es von größerem Wert, persönlich in Bayeux oder Rouen Herrschaft auszuüben, als auf die ungewisse Hilfe eines im Herzogtum eingesetzten Regenten zählen zu müssen. Die Einführung eines lehnsherrlichen »Vormunds« in verschiedenen Ländern bezeichnet den Zeitpunkt, zu dem der Wert des Lehens als Gut, das man ausbeuten konnte, allgemein den Wert der Dienste zu übersteigen schien, die man vom Lehnsträger erwarten konnte.

* Anm. d. Übers.: Vgl. F. L. Ganshof, Was ist das Lehnswesen? 5. Aufl. Darmstadt 1977, S. 154.

247

Nirgends hat sich dieser Brauch fester eingewurzelt als in der Normandie und in England, wo sich die Vasallenverfassung zugunsten der Kräfte von oben durchsetzte. Die englischen Barone litten darunter, sofern der König ihr Herr war. Es kam ihnen zugute, wenn sie dieses Recht ihrerseits gegenüber ihren Abhängigen geltend machen konnten. Das war so vorteilhaft, daß sie im Jahre 1100, als sie die Rückkehr zur Vormundschaft im Familienverband zugestanden erhielten, es nicht wußten oder nicht verhindern wollten, daß dieses Zugeständnis toter Buchstabe blieb. Im übrigen entfernte sich in England dieses Rechtsinstitut sehr früh bis zu dem Punkt von seiner ursprünglichen Bedeutung, daß die Herren – allen voran der König – gewöhnlich die Vormundschaft über eine Waise nebst der Verwaltung ihrer Lehngüter abtraten oder gar verkauften. Am Hof der Plantagenêts war ein Geschenk dieser Art eine der begehrtesten Entlohnungen. Doch in Wirklichkeit sind die Ländereien eher die geringere Sache bei derartigen Zuwendungen, wie schön auch immer es war, zu Gunsten eines zudem ehrenwerten Auftrages eine Besatzung in den Burgen halten, in den Wäldern jagen oder in den Teichen fischen zu können. Viel größeren Wert besaß die Person des Erben oder der Erbin. Denn, wie wir noch sehen werden, oblag dem lehnherrlichen Verwahrer oder seinem Vertreter die Sorge, ihre Mündel zu verheiraten, und auch dieses Recht brachte durchaus etwas ein.

An sich war nichts klarer, als daß das Lehen grundsätzlich unteilbar sein sollte. Handelte es sich um ein öffentliches Amt, so lief die Obergewalt des Herrn, wenn sie Teilung zuließ, Gefahr, an der Herrschaftsgewalt, die in seinem Namen ausgeübt worden ist, Einbußen zu erleiden und die Kontrolle über das Amt mehr oder weniger zu verlieren. Handelte es sich um ein bloßes Ritterlehen, so beeinträchtigte eine Abteilung die Ableistung der Dienste, deren Last ohnehin unter den verschiedenen Leuten schwer aufzuteilen war. Im übrigen war das Lehen ursprünglich als Lohn für die Dienstleistung eines einzigen Vasallen und seines Gefolges vergeben worden. Teilte man es auf, so konnte es geschehen, daß es zum Unterhalt der neuen Inhaber nicht mehr ausreichte und diese genötigt waren, sich entweder schlecht zu bewaffnen oder aber ihr Glück anderswo zu suchen. Deswegen war es günstig, wenn ein Lehngut, sofern es erblich geworden war, jeweils nur auf einen Erben überging. Doch standen in diesem Punkt die Bedürfnisse des Lehnswesens im Gegensatz zu den gewöhnlichen Bräuchen des Erbrechts, die im größten Teil Europas die Erben gleichrangig behandelten. Unter dem Einfluß gegensätzlicher Kräfte gelangte diese gewichtige juristische Diskussion je nach Ort und Zeit zu ganz verschiedenen Lösungen.

Eine Schwierigkeit, auf die man zunächst stieß, war, nach welchem Maßstab man den einzigen Erben unter den Bewerbern, die mit dem Verstorbenen gleich nahe verwandt waren, etwa unter seinen Söhnen, auswählen sollte. Jahrhunderte des Adels- und Dynastenrechts haben uns daran gewöhnt, im Vorrecht der Ältesten eine Art Selbstverständlichkeit zu sehen. In Wirklichkeit ist es aber ebenso wenig natürlich wie so viele anderen Mythen, auf denen heutzutage unsere Gesellschaft beruht: so die Fiktion von der Mehrheit, die aus dem Willen der größeren Anzahl von Menschen die Deutung auch des Willens der Opponierenden herleitet. Im Mittelalter wurde bis hin zu den königlichen Häusern die Erstgeburtsordnung nicht ohne beträchtlichen Widerstand hingenommen. Zwar begünstigten in manchen Gebieten auf dem Land die bis in ferne Zeiten zurückreichenden Rechtsbräuche bei der Erbfolge einen der Knaben, aber dabei handelte es sich um den jüngsten. Ging es um ein Lehen, so erkannte anscheinend der ursprüngliche Brauch dem Herrn die Möglichkeit zu, denjenigen Sohn damit auszustatten, den er für den fähigsten hielt. Das war noch um das Jahr 1060 in Katalonien die Regel. Bisweilen bezeichnete auch der Vater selbst seinen Nachfolger und stellte ihn seinem Herrn zur Auswahl, nachdem er zu Lebzeiten die Dienste mehr oder weniger mit jenem gemeinsam geleistet hatte. Es kam aber auch vor, daß mehrere Erben gemeinschaftlich die Nachfolge antraten und die Investitur in das Lehen kollektiv erfolgte.

Nirgends hatte dieses altertümliche Vorgehen einen schwereren Stand als in Deutschland. Es blieb hier bis weit ins 12. Jahrhundert hinein in Kraft. Daneben zeigte ein zumindest in Sachsen bestehender anderer Brauch, wie tief der Familiensinn verwurzelt war: die Söhne wählten einen unter sich aus, an den das Erbe fallen sollte. Natürlich konnte es geschehen (und geschah es auch oft), daß die Wahl – gleichgültig, auf welche Weise man vorging – auf den Ältesten fiel. Dennoch sträubte sich das deutsche Recht, einer solchen Bevorzugung zwingende Kraft zu verleihen. Es handelte sich hier nach dem Wort eines Dichters um einen »welschen«, d. h. fremden Brauch[189]. Schließlich hatte Friedrich Barbarossa 1169 selbst über die Krone zugunsten eines jüngeren Sohnes verfügt! Da es grundsätzlich keinen fest umrissenen Unterschied zwischen den Erbberechtigten gab, war die Beachtung der Nichtteilbarkeit in der Praxis ein besonders schwieriges Unterfangen. Auch entstand im Reichsgebiet den alten kollektiven Vertretungen, die der ungleichen Behandlung von Männern gleichen Blutes feindlich gesinnt waren, in der lehnspolitischen Praxis der königlichen oder fürstlichen Gewalten kein so mächtiges Gegengewicht wie anderswo. Die deutschen Könige und Territorialherren, denen die vom karolingischen Staatswesen hinterlassenen Machtmittel zur Durchsetzung ihrer Herrschaftsrechte lange als ausreichend erschienen, waren von den Diensten ihrer Vasallen weniger abhängig als in Frankreich und schenkten dem Lehnssystem keine so starke Aufmerksamkeit. Vor allem die Könige waren fast nur – wie 1158 Friedrich Barbarossa – bestrebt, die Aufteilung von »Grafschaften, Marken und Herzogtümern« zu ächten. Damals hatte die Zerstückelung der Grafschaften zumindest begonnen. 1255 ist mitsamt dem Territorium ein Herzogtitel, und zwar der Bayerns, zum ersten Male aufgespalten worden. Was die gewöhnlichen Lehen betrifft, so hatte das Gesetz von 1158 zugestehen müssen, daß die Aufteilung zulässig sei. Im großen und ganzen hatte endlich das Landrecht über das Lehnrecht gesiegt. Die Reaktion darauf erfolgte erst viel später, gegen Ende des Mittelalters und unter dem Einfluß ganz anders gearteter Kräfte. In den großen Territorialfürstentümern waren es die Landesherren selbst, die durch geeignete Nachfolgegesetze der Zersplitterung einer mit so viel Sorgfalt zusammengeschmiedeten Macht vorzubeugen bestrebt waren. Im allgemeinen wurde für die Lehen das Erbfolgerecht des Ältesten, und zwar über den Umweg des Majorats, als ein Mittel angesehen, das Eigentum des Adels zu stärken. Dynastische Sorgen und Klassenbestrebungen vollendeten langsam so, was das Lehnrecht nicht zu vollbringen vermocht hatte.

Im größten Teil Frankreichs folgte die Entwicklung ganz anderen Linien. Die Zerstückelung der großen regionalen Fürstenherrschaften, die sich durch die Zusammenballung mehrerer Grafschaften in einer Hand gebildet hatten, sollte nach der Auffassung der Könige nicht verboten werden, abgesehen davon, daß sie diese Kräftegruppierungen zur Verteidigung des Landes heranziehen konnten. Jedoch sehr bald wurden die regionalen Oberhäupter für das Königtum eher zu Gegnern, als daß sie Diener blieben. Die Grafschaften sind für sich genommen nur selten aufgeteilt worden. Insgesamt gesehen nahmen sich aber jeweils die Söhne ihren Anteil an der Erbschaft. Auf diese Weise drohte das alte Bündel in jeder Generation zersplittert zu werden. Die Fürstenhäuser wurden sich rasch einer solchen Gefahr bewußt und begegneten ihr, hier früher, dort später, mit der Erbfolge des Ältesten. Im Lauf des 12. Jahrhunderts war dieser Vorgang fast überall abgeschlossen. Ebenso wie in Deutschland, aber zu einem spürbar früheren Zeitpunkt, waren die großen Herrschaften von einst dem Prinzip der Unteilbarkeit unterworfen worden, weniger als Lehen denn als staatliche Gebilde neuen Typs.

Was die Lehen von minderer Bedeutung betrifft, so hatten die Interessen an den Dienstleistungen, die hier auf dem ureigensten Gebiet des Lehns- wesens weitaus stärker beachtet wurden, nach einigen unsicheren Ver- suchen schon früh dazu geführt, daß sie dem Gesetz des eindeutigen und klaren Erstgeburtsrechts unterworfen worden sind. Dennoch erschien es in dem Maße, wie sich das Lehngut von einst in ein Erbgut verwandelte, härter, die Nachgeborenen von der Erbfolge auszuschließen. Allein einige besondere Rechtsbräuche wie in der Landschaft Caux behielten bis zum Schluß den alten Grundsatz rigoros bei. In anderen Gebieten ließ man es zu, daß der Älteste, der moralisch dazu verpflichtet war, für den Un- terhalt seiner Brüder zu sorgen, ihnen die Nutznießung einiger Stücke des väterlichen Landes abtreten konnte, ja mußte. Auf diese Weise bür- gerte sich in vielen Provinzen die Einrichtung ein, die gemeinhin unter dem Namen *paragium* (franz. *parage*) bekannt ist. Nur der Älteste lei- stete dem Herrn den Gefolgschaftseid und nahm demzufolge die Verant- wortung für die gesamten Dienste auf sich. Von ihm erhielten die jünge- ren Brüder ihren Anteil zugewiesen. Mitunter leisteten sie ihm ihrerseits den Treueeid wie in der Ile-de-France, mitunter schien, wie in der Nor- mandie und im Anjou, die Kraft der familiären Bande innerhalb dieser Verwandtengruppe jede andere Form der Bindung nutzlos zu machen, wenigstens bis zu dem Zeitpunkt, da das Haupt- und die untergeord- neten Lehen von Generation zu Generation weitergegeben worden waren und die Verwandtschaftsbeziehungen unter den Erbnachfolgern der ur- sprünglich am *paragium* Beteiligten sich am Ende zu weit auseinander- entwickelt hatten, als daß es klug erschien, sich allein auf den Zusammen- halt der Blutsbande zu berufen.

Dennoch war dieses System trotz allem weit davon entfernt, die Nach- teile der Besitzzerstückelung zu vermeiden. Deshalb ist es in England, wo man es nach der normannischen Eroberung zunächst eingeführt hatte, um die Mitte des 12. Jahrhunderts zu Gunsten des strikten Rechts der Erstgeburt wieder aufgegeben worden. In der Normandie selbst hatten die Herzöge, die bei der Aushebung ihrer Truppen aus den feudalen Ver- pflichtungen großen Vorteil zogen, das *paragium*-System nur zugelassen, sofern die Erbfolge mehrere Ritterlehen umfaßte, die man jedes für sich ohne weiteres unter den Erben verteilen konnte. Gab es nur einen ein- zigen, so ging das Lehen ganz auf den Ältesten über. Aber eine ähnlich strenge Handhabung bei der Eingrenzung der Lehnsdiensteinheit war nur möglich, wenn die landesherrliche Gewalt besonders mächtig und gut ausgebaut war. Im übrigen Frankreich versuchte die gewohnheitsrechtliche Theorie vergeblich, von der Lehngüteraufteilung wenigstens die bedeutendsten Lehen auszunehmen, nämlich jene, die man üblicherweise als freie Kronlehen (*baronnie*) bezeichnete. Trotzdem teilten sich die Erben fast immer die Masse des gesamten Erbguts, ohne zwischen den Einzelbestandteilen zu unterscheiden. Lediglich der dem Ältesten und seinen jeweils erstgeborenen Nachkommen geleistete Treueid bewahrte noch etwas von der alten Unteilbarkeit. Dann fiel auch diese Schutzhülle unter Bedingungen weg, die ein sehr helles Licht auf die letzten Wandlungen der Lehnsverfassung werfen.

Lange Zeit bevor man sie als Recht ansah, war die Erblichkeit als Gunst betrachtet worden. Es erschien daher als angemessen, wenn der neue Vasall seine Dankbarkeit gegenüber dem Herrn durch ein Geschenk bekundete, ein Brauch, der bereits im 9. Jahrhundert bezeugt ist. Freilich war es in dieser, im wesentlichen vom Herkommen geprägten Gesellschaft das Schicksal einer jeden freiwilligen Gabe, daß sie sich, sofern zur Gewohnheit geworden, in eine Verpflichtung umwandelte. Eine solche Praxis erlangte um so leichter Gesetzeskraft, als es in diesem Bereich Präzedenzfälle gab. Seit zweifellos langer Zeit konnte niemand in den Besitz von Bauernland gelangen, auf dem Abgaben und Herrendienste lasteten, ohne vom Herrn zuvor die Investitur erhalten zu haben, und die war in der Regel keineswegs umsonst. Mochte das Militärlehngut auch ein Gut besonderer Art sein, so gehörte es doch in jenes System miteinander verflochtener dinglicher Rechte, die das Charakteristikum der mittelalterlichen Welt waren. »Relief«, »rachat«, mitunter »mainmorte«, diese Bezeichnungen haben in Frankreich überall gemeinsam, daß eine Erbfolgeabgabe auf dem Gut eines Vasallen, eines Hintersassen oder eines Unfreien lastete.

Das eigentliche feudale *relevium* (franz. *relief*, »Anerkennungsgebühr«) unterschied sich davon freilich durch seine Beschaffenheit. Ebenso wie die meisten ähnlichen Abgaben ist es bis zum 13. Jahrhundert fast immer, zumindest teilweise, in Naturalien entrichtet worden. Aber dort, wo der Erbe eines Bauern z. B. das »Besthaupt« – also ein Stück Vieh – abgab, schuldete der Erbe eines Vasallen ein Stück Kriegs-»Ausrüstung«, sei es ein Pferd, seien es Waffen oder sei es auch beides zugleich. Auf diese Art paßte der Lehnsherr seine Forderungen ganz natürlich an die Formen der Dienste an, mit denen das Land belastet war[190]. Bald war der mit dem Gut neu Investierte nur noch diese Kriegsausrüstungsabgabe schuldig, es sei denn, er konnte sich im gegenseitigen Einvernehmen ihrer durch Zahlung einer gewissen Summe entledigen, die gleichwertig war, bald trat zur Ablieferung eines Schlachtrosses (franz. *roncin*) eine Geldabgabe hinzu. Bisweilen waren die Sachleistungen sogar unüblich geworden, und die Regulierung erfolgte allein durch Geld. Im einzelnen war, kurz gesagt, die Vielfalt unendlich groß, weil die Wirksamkeit des Gewohnheitsrechts je nach Gegend, Vasallengruppe oder sogar nach dem einzelnen Lehen zur Herausbildung von oft seltsamen und zufälligen Gewohnheiten geführt hatte. Lediglich grundlegende Abweichungen haben da symptomatische Bedeutung.

In Deutschland beschränkte sich die Verpflichtung zur Leistung des *relevium* schon sehr früh ausschließlich auf untergeordnete Lehen, die herrschaftliche Amtsträger innehatten, welche oft von Unfreien abstammten. Zweifellos war das eine der Formen, in denen die hierarchische Abstufung der Klassen und der Güter, die im Mittelalter für den deutschen Gesellschaftsaufbau so charakteristisch war, ihren Ausdruck fand. Die Auswirkungen sollten beträchtlich sein. Als es um das 13. Jahrhundert infolge des Verfalls der Dienstleistungen dem Lehnsherrn unmöglich geworden war, durch sein Lehen noch zu Kämpfern zu kommen, konnte er sich daraus überhaupt nichts mehr verschaffen. Das war ein für die Staaten schwerwiegender Mangel, da die meisten und reichsten Lehen gerade von den Fürsten und den Königen abhingen.

Die westeuropäischen Königreiche erlebten dagegen ein Zwischenstadium, als das Lehen seine Bedeutung als Quelle für Dienste fast verloren, sie aber als solche für wirtschaftlichen Gewinn behalten hatte. Das war vor allem auf das *relevium* zurückzuführen, das hier allgemein üblich war. Die englischen Könige zogen aus dieser Abgabe im 12. Jahrhundert enorme Summen. Auf Grund jenes Rechtstitels ließ sich in Frankreich König Philipp II. August die Feste Gien abtreten, die ihm einen Übergang über die Loire ermöglichte. Was die Masse der kleinen Lehen betrifft, so ging die Meinung der Lehnsherren insgesamt dahin, in ihnen außer den Erbfolgegebühren nichts mehr für sie wahrhaft Interessantes zu sehen. Und schließlich kam es im 14. Jahrhundert im Gebiet um Paris zur offiziellen Anerkennung dessen, daß das Stellen eines »Kriegsrosses« (franz. *roncin*) den Vasallen von jeglicher persönlicher Verpflichtung entband, ausgenommen von der rein negativen, seinem Herrn nicht zu schaden. Doch je mehr sich die Lehen immer stärker zu Erbgütern verwandelten, um so weniger fanden sich die, denen sie zufielen, damit ab, die Investitur, die schon lange als Rechtsanspruch erschien, lediglich dann zu erhalten, wenn sie ihre Geldbörsen öffneten. Da sie aber nicht imstande waren, die Abschaffung dieser Belastung durchzusetzen, erreichten sie es auf lange Sicht doch, daß sie wenigstens spürbar erleichtert wurde. In verschiedenen Gewohnheitsrechten ist sie nur noch für Verwandte aus Seitenlinien beibehalten worden, deren Erbanspruch weniger klar erschien. Der auch sonst seit dem 12. Jahrhundert von oben nach unten auf der gesellschaftlichen Stufenleiter ablaufenden Bewegung entsprach es, daß man vor allem Zahlungen in veränderbarer Höhe, die in jedem Fall entweder willkürlich oder in schwierigen Verhandlungen festgesetzt worden sind, durch unverändert abgestufte, regelmäßige Beträge zu ersetzen suchte. Noch einen Schritt weiter ging es, wenn man, was in Frankreich häufig geschah, als Norm den Wert der jährlichen Einkünfte des betreffenden Landes nahm. Eine solche Schätzungsgrundlage blieb den Schwankungen des Geldwerts entzogen. Dort, wo dagegen die Sätze ein für allemal in Geldwert festgesetzt waren – das berühmteste Beispiel dafür liefert die englische Magna Charta –, war die Abgabe schließlich durch die laufende Geldentwertung weit herabgesunken. Diese vom 12. Jahrhundert bis zur Frühen Neuzeit reichende Entwertung sollte allen auf ewig festgelegten Geldschuldzahlungen zum todbringenden Schicksal werden.

In der Zwischenzeit hatte jedoch die Aufmerksamkeit, die man jenen Rechten auf Nebeneinkünfte zuwandte, die Bedingungen des Erbfolgeproblems durch und durch verändert. Wenn das *paragium*-System die Dienste beibehielt, so beschränkte es die aus dem *relevium* zu ziehenden Gewinne, da es diese Abgabe auf inzwischen eingetretene Veränderungen im älteren Familienzweig eingrenzte, der allein mit dem Lehnsherrn des ursprünglichen Guts verbunden blieb. Das hat man leicht hingenommen, soweit die Dienste höher zählten als alles Übrige. Aber dieser Mangel, etwas zu erhalten, erschien unerträglich, sobald man den Diensten keinen großen Wert mehr beimaß. Das ging soweit, daß das erste von einem kapetingischen König in Sachen Lehnswesen erlassene Gesetz (und das von den westfränkischen Baronen selbst gefordert sowie von einem Herrscher, der selbst der bedeutendste Lehnsherr des Reiches war, wahrscheinlich ohne Schwierigkeit zugestanden wurde) – daß dieses Gesetz 1209 gerade die Aufhebung des *paragium*-Systems zum Gegenstand hatte. Es ging dabei keineswegs darum, die Zerstückelung abzuschaffen, die sich schließlich eingebürgert hatte, sondern von nun an sollten alle Lehngutstellen ohne eine Zwischengewalt unmittelbar vom ursprünglichen Herrn abhängen. In Wahrheit scheint diese »Einrichtung« des Königs Philipp August nicht allzu getreulich befolgt worden zu sein. Einmal mehr befanden sich die alten Überlieferungen des Familienrechts im Widerstreit mit den eigentlich feudalen Grundsätzen. Nachdem jene die Zerstückelung des Lehnguts durchgesetzt hatten, wirkten sie nun in die Richtung, daß die Folgen dieser Aufteilung nicht die Festigkeit des Sippenverbands beeinträchtigten. In der Tat verschwand das *paragium*-System nur langsam. Der Frontwechsel des französischen Adels im Hinblick darauf bezeichnet dennoch mit seltener Deutlichkeit den Zeitpunkt, als in Frankreich das Lehen, das einst Lohn für bewaffnete Treue gewesen war, auf die Stufe eines Landbesitzes herabsank, bei dem es vor allem auf den Ertrag ankam[191].

5. Die Lehenstreue als Handelsware

Unter den ersten Karolingern war der Gedanke, daß der Vasall das Lehen nach eigenem Gutdünken entfremden könnte, in doppelter Hinsicht absurd erschienen. Denn das Gut gehörte ihm nicht, und außerdem war es ihm nur im Austausch für rein persönliche Pflichten anvertraut. Je weniger man sich freilich der Widerrufbarkeit der ursprünglichen Vergabe bewußt war, um so stärker neigten die Vasallen dazu, bei Geldmangel oder fehlender Großzügigkeit (seitens des Lehnsherrn) über das frei zu verfügen, was man inzwischen für die eigene Sache hielt. Die Vasallen sahen sich darin durch die Kirche ermutigt, die in jeder Beziehung das ganze Mittelalter hindurch darauf hinwirkte, die herrschaftlichen wie familiären Fesseln zu zerbrechen. Denn die damit verbundenen Rechte knebelten das persönliche Eigentum. Almosen, Schenkungen an die Kirche wären anderenfalls unmöglich gewesen, und das Höllenfeuer, das sie »dem Wasser gleich« löschten, hätte unlöschbar weitergebrannt. Schließlich hätten die religiösen Gemeinschaften aus Not eingehen müssen, wenn so viele Herren, die nichts als Lehen besaßen, gehindert worden wären, etwas von ihrem Eigentum zu Nutzen Gottes und der Heiligen abzuteilen. Im Grunde enthielt die Entfremdung des Lehns, je nach dem einzelnen Fall, zwei ganz verschiedene Aspekte.

Es kam vor, daß diese Entfremdung nur einen Bruchteil des Gutes umfaßte. Die althergebrachten Lasten, die einst das gesamte Gut betroffen hatten, sammelten sich dann in gewisser Weise auf dem Teil, der allein in den Händen des Vasallen verblieb. Ausgenommen bei den mehr und mehr ungewöhnlichen und hypothetischen Fällen einer Konfiszierung oder Enterbung, verlor der Herr also nichts von seiner Nutznießung. Dennoch mußte er befürchten, daß das so geminderte Lehen nicht mehr zum Unterhalt eines Abhängigen ausreichte, der ja imstande sein sollte, sich seiner Pflichten zu entledigen. Kurz gesagt: Die Teilentfremdung kam – z. B. mit den Exemtionen von Abgaben, die man den Bewohnern des Landbesitzes erteilte – unter den Begriff, den man im französischen Recht mit

»abrégement« eines Lehens, also Lehnsverschlechterung oder -entwertung bezeichnete. Gegen sie wirkten, wie allgemein gegen den Vorgang der Entwertung, die Gewohnheitsrechte in unterschiedlicher Weise. Die einen autorisierten sie schließlich, indem sie sie begrenzten. Andere hielten daran bis zum Ende fest, daß sie sie der Billigung durch den unmittelbaren Lehnsherrn, ja sogar durch die ganze Stufenleiter der verschiedenen übereinanderstehenden Herren unterwarfen. Natürlich konnte man sich diese Zustimmung üblicherweise erkaufen. Da sie eine Quelle reichlich fließender Einnahmen war, bildete sich mehr und mehr die Auffassung heraus, daß man sie nicht verweigern könne. Einmal mehr also widersetzte sich die Sorge um den Gewinn derjenigen um die Dienste.

Die Gesamtentfremdung stand dem Geist des Lehnsbandes noch stärker entgegen. Nicht, daß die Dienste grundsätzlich vom Schwinden bedroht gewesen wären – das war auch hier nicht der Fall, da sie dem Landbesitz folgten. Jedoch der den Dienst Leistende wechselte. Das hieß, daß man zum Äußersten der paradoxen Situation gelangte, die bereits aus der Erblichkeit folgte. Denn wie sollte man angesichts dieser dem Lehnswesen innewohnenden Gesinnungstreue, daß man nämlich mit ein wenig Optimismus sich und die folgenden Generationen ein und derselben Sippe einem Höheren versprechen konnte, wie also sollte man von einem Unbekannten Treue erwarten, der gegenüber der Vasallität, deren Pflichten er auf diese Weise übernahm, keinen anderen Anspruch besaß, als sich zu einem günstigen Zeitpunkt die Taschen zu füllen? Die Gefahr verminderte sich in der Tat, wenn der Herr unbedingt befragt werden mußte. Das war auch lange der Fall. Genauer genommen mußte man erst das Lehn in der ursprünglichen Form wiederherstellen. Dann hat er, wenn es sein Wille war, den Erwerber wieder damit belehnt, nachdem er dessen Treueeid empfangen hatte. Selbstverständlich erlaubte fast immer eine vorherige Übereinkunft dem Verkäufer oder Schenker, daß er das Gut nicht eher aus den Händen gab, bis daß die Zustimmung des Herrn für den an die eigene Stelle Tretenden, mit dem der Mann zuvor verhandelt hatte, erfolgt war. Dieser so verstandene Vorgang vollzog sich sicherlich, seitdem es überhaupt Lehen der *beneficia* gab. Ebenso wie bei der Erbnachfolge ist das entscheidende Stadium erst durchschritten worden, als der Herr zunächst nach allgemeiner Auffassung, dann aus der Sicht des Rechts, die Möglichkeit verlor, eine Neuinvestitur zu verweigern.

Man muß sich allerdings vor der Vorstellung einer Kurve ohne Einbrüche hüten. Infolge der anarchischen Zustände des 10. und 11. Jahrhunderts fielen die Rechte der Lehnsherren oft der Vergessenheit anheim. Freilich sind sie zugleich infolge des Fortschritts in der Rechtslogik und unter dem Druck bestimmter Staaten, die an einer wohlgeordneten Organisation der Lehnsverhältnisse interessiert waren, wieder in Kraft gesetzt worden. Das geschah in England zur Zeit der Plantagenêts. In einem Punkt erhielt diese Bekräftigung alter Vorschriften beinahe sogar universale Bedeutung. So ließ man es im 13. Jahrhundert in viel verbreiterer Form und mit größerer Festigkeit zu, daß sich ein Lehnsherr der Übertragung eines Lehens an die Kirche klipp und klar widersetzte. Gerade die Anstrengungen, mit denen sich die Geistlichkeit von der Feudalgesellschaft abzusetzen trachtete, schien mehr als je eine Regel zu rechtfertigen, die sich auf Unfähigkeit der Kleriker zum Waffendienst gründete. Könige und Fürsten drangen auf seine Beachtung, weil sie darin bald einen Schutz gegen bedrohliche Tendenzen der Anhäufung von Grund und Boden, bald ein Mittel der steuerlichen Ausbeutung sahen.

Abgesehen davon, blieb aber auch die Zustimmung seitens der Herren nicht davon verschont, die übliche Abwertung zu erfahren. Sie führte schließlich zur Legitimierung der Abgabenerhebung bei Besitzwechsel. Allerdings ist dem Herrn meistens eine andere Einnahmequelle zugestanden worden. Er konnte das Lehen, das den Besitzer wechseln sollte, behalten, indem er den Neuerwerber entschädigte. Auf diese Weise drückte sich die Schwächung der lehnsherrlichen Obergewalt genau in der gleichen Institution wie der Verfall des Sippenverbandes aus. Diese Parallelität ist um so erstaunlicher, als dort, wo das Familienvorkaufsrecht (*retrait lignager*) nicht bestand, wie in England, es das Vorkaufsrecht des Lehnsherrn ebenfalls nicht gab. Im übrigen zeigt nichts deutlicher als dieses letzte den Herren zugestandene Privileg, wie fest das Lehen bereits im Patrimonialgut des Vasallen verankert war. Denn um zurückzuerlangen, was im ganzen gesehen rechtlich ihr Gut war, mußten sie nunmehr dieselbe Summe aufwenden wie ein anderer Käufer.

In der Tat sind mindestens seit dem 12. Jahrhundert die Lehen verkauft oder fast frei abgetreten worden. Die Lehnstreue war der Geschäftswelt anheimgefallen, und es sollte ihr nicht zum Besten gereichen.

5. Kapitel

Der Mann vieler Herren

1. Die Vielzahl von Lehnseiden

»Ein Samurai dient nicht zwei Herren zugleich«: in dieser Maxime des alten Japan – auf die sich noch 1912 der Marschall Nogi berief, als er es von sich wies, seinen Kaiser zu überleben – drückt sich das unerbittliche Gesetz eines jeglichen streng verstandenen Treueverbandes aus. Das war ohne Zweifel die Regel während der Anfänge der fränkischen Vasallität. Mögen auch die karolingischen Kapitularien darauf nicht ausdrücklich zu sprechen kommen, was wahrscheinlich deswegen der Fall war, weil es sich von selbst verstand, so fordern das alle ihre Bestimmungen. Wer sich kommendiert hatte, durfte wohl den Herrn wechseln, aber nur wenn derjenige, dem er seine Treue angetragen hatte, ihn freigab. Sich einem zweiten Herrn zu übergeben und Mann des ersten zu bleiben, war strikt untersagt. Regelmäßig hat man bei Reichsteilungen die notwendigen Maßnahmen ergriffen, um ein Hin- und Herwechseln der Vasallen zu vermeiden. Die Erinnerung an diese ursprünglich strenge Auffassung blieb lange bestehen. Um 1160 dachte ein Reichenauer Mönch, der eine Regelung der Heeresfolge niedergeschrieben hatte, wie sie die Kaiser damals für die Romzüge verlangten, daran, diesen Text fälschlich dem ehrwürdigen Namen Karl des Großen zu unterschieben. »Wenn es vorkommen sollte«, so schrieb er in Worten, die er zweifellos dem alten Geist entsprechend ansah, »daß einundderselbe Ritter mehreren Herren verbunden ist, weil er verschiedene *beneficia* besitzt, was Gott nicht wohlgefällig ist ...«[192]

Dennoch war es schon damals unter Angehörigen des Ritterstandes nicht unüblich, als Vasallen zweier oder mehrerer Herren zu gelten. Das älteste bisher bekannte Beispiel dafür stammt aus dem Jahr 895 und aus der Touraine[193]. Im Lauf der folgenden Jahrhunderte mehren sich die Fälle dann dermaßen, daß im 11. ein bayerischer Dichter und am Ende des 12. ein lombardischer Jurist diese Situation ausdrücklich als normal ansehen. Die Anzahl von aufeinanderfolgenden Eidleistungen an mehrere Herren war bisweilen recht hoch. In den letzten Jahren des 13. Jahrhunderts fand sich ein deutscher Adliger als Lehnsmann von zwanzig verschiedenen Herren und bei einem anderen belief sich diese Zahl sogar auf dreiundvierzig[194].

Wer damals über diese Dinge ernsthaft nachdachte, kam ebenso wie wir heute zu dem Ergebnis, daß dermaßen viele Unterwerfungen schon die

Verneinung des Grundsatzes waren, das ganze Dasein seiner selbst einem anderen zu weihen, und eben das hatte der Vasallenvertrag in seiner ursprünglichen Form mit dem Versprechen einem freigewählten Herrn gegenüber auch gemeint. Von Zeit zu Zeit haben Juristen, Chronisten und selbst ein König wie Ludwig der Heilige mit einer gewissen Trauer an Christi Worte erinnert, daß niemand zwei Herren dienen könne. Gegen Ende des 11. Jahrhunderts meinte Bischof Ivo von Chartres, der im Kirchenrecht wohl bewandert war, daß er einen Ritter von seinem Treueid gegenüber Wilhelm dem Eroberer, den er nach allem Anschein des Vasallentums geleistet hatte, entbinden müsse. Denn, so meinte der Prälat, »solche Bindungen stehen denen entgegen, die dieser Mann zuvor gegenüber den rechtmäßigen Lehnsherren auf Grund des Geburtsrechts eingegangen ist, von denen er seine ererbten *beneficia* erhalten hat«. Das Erstaunliche daran ist, daß diese offenkundige Abweichung von den lehnsrechtlichen Gepflogenheiten so früh und in so weitgehender Form erfolgt ist.

Die Historiker machen dafür ohne weiteres die Gewohnheit verantwortlich, Vasallen durch Lehen zu belohnen, die sich recht frühzeitig einbürgerte. In der Tat kann man kaum daran zweifeln, daß der Köder schöner Ländereien mehr als einen Krieger dazu verleitet hat, viele Treueide zu leisten. Unter Hugo Kapet hat kein unmittelbarer Vasall des Königs einem Grafen die Waffenhilfe verweigert, ohne daß dieser ihn nicht seinerseits zuvor durch den Handgang als seinen Mann angenommen hätte. Wie der König meint, »ist es nicht Brauch bei den Franken, sich anders zu schlagen als im Beisein oder auf Befehl des eigenen Herrn«. Das war ein schöner Vorwand, weniger schön aber sah die Wirklichkeit aus. Denn wir wissen, daß der Preis für diese neue Art der Treueleistung ein Dorf in der Ile-de-France war[195]. Bleibt aber zu erklären, warum die Herren so leicht die Hälfte, ein Drittel oder ein Viertel von Lehnstreue hinnahmen, ja darauf aus waren, und daß die Vasallen, ohne Ärgernis zu erregen, so viele einander widersprechende Treueversprechen abgeben konnten. Die Frage ist, ob man, statt auf die Institution des militärischen Lehnguts an sich zu pochen, stärker auf die Entwicklung hinweisen müßte, die aus der persönlichen Zuwendung von einst ein Eigengut und ein Handelsobjekt hatte werden lassen. Wenn der Ritter, der bereits seine Treue einem ersten Herrn angetragen hatte, sich durch Erbschaft oder Kauf im Besitz eines Lehns befand, das von einem anderen Herrn abhing, so wird man es sich sicher schwerlich vorstellen können, daß er es nicht vorzog, sich meistens neu zu unterwerfen, statt auf diesen glücklichen Zuwachs seines Besitzes zu verzichten.

Dennoch gilt es hierbei vorsichtig zu sein. Die doppelte Treueleistung war keine zeitliche Folge der Erblichkeit. Die ältesten Beispiele tauchen im Gegenteil ziemlich genau zugleich mit ihrer Herausbildung auf, zunächst noch als gelegentliche Praxis. Und doch war sie eine notwendig logische Folge der Erblichkeit. In Japan hat es, außer in ganz wenigen Ausnahmefällen des Mißbrauchs, niemals mehrfache Treueverhältnisse gegeben, dafür aber die Erblichkeit der Lehngüter und die Möglichkeit, sie zu veräußern. Da jedoch ein jeder Vasall für jedes einzelne Lehen nur einen Herrn hatte, führte ihr Übergang von Generation zu Generation einfach dazu, daß eine Sippe von Dienstleuten mit einer Sippe von Lehnsherren fest verbunden war. Was die Abtretung von Lehen betraf, so war sie nur innerhalb der Gruppe der Getreuen, die sich um einen gemeinsamen Herrn scharten, erlaubt. Das waren sehr einfache Regeln, von denen die zweite im übrigen während des französischen Mittelalters oft den Abhängigen auf einer unteren Stufe auferlegt worden ist, nämlich den Hintersassen ländlicher Grundherrschaften. Es wäre nicht unbegreiflich gewesen, daraus das Vormundschaftsgesetz der Vasallität abzuleiten. Doch scheint niemand auf diesen Einfall gekommen zu sein. In Wirklichkeit ist das starke Anwachsen von Lehnseiden, die ein einziger Mann gegenüber mehreren Herren leistete, und das unbestritten zu einem der hauptsächlichen Auflösungsfaktoren der Vasallengesellschaft werden sollte, an sich ursprünglich nur eines von mehreren Symptomen der dem System beinahe angeborenen Schwäche gewesen, unter der eine Verbindung litt, die aus Gründen, welche wir noch zu prüfen haben, sich dennoch als gleichsam fest erwies.

Diese Verschiedenartigkeit von Bindungen war zu allen Zeiten störend. In Augenblicken der Krise lag das Dilemma viel zu sehr auf der Hand, als daß Rechtslehre oder Rechtsgewohnheiten darüber hätten hinwegsehen können, ohne eine Antwort zu suchen. Wo lag die Pflicht des guten Vasallen, wenn zwei seiner Herren miteinander in Krieg gerieten? Sich einer Parteinahme zu enthalten, hätte nur zum doppelten Lehnsfrevel (Felonie) geführt. Eine Wahl mußte getroffen werden, die Frage war nur, welche. Eine ganze Kasuistik entwickelte sich, auf deren Werke die Juristen kein Monopol besaßen. Ebenso fand sie mit sorgfältig ausgewogenen Bestimmungen Eingang in die Urkunden, in denen Treuegelöbnisse immer öfter seit der Zeit abgegeben worden sind, als die Schriftlichkeit ihr Recht forderte. Die Ansichten scheinen zwischen drei Hauptkriterien geschwankt zu haben. Zunächst einmal konnte man bei den Treuegelöbnissen eine zeitliche Reihung vornehmen: Das älteste ging dem zuletzt abgegebenen voran; häufig behielt sich der Vasall in der Formel selbst, mit der ein Gefolgsmann einen neuen Lehnsherrn anerkannte, ausdrücklich die Lehnstreue vor, die er einst einem vorhergehenden Herrn gelobt hatte. Doch bot sich noch ein zweiter Gedanke an, der in seiner Naivität ein helles Licht auf den Hintergrund vieler Ergebenheitsbeteuerungen wirft: der am meisten Achtung gebietende Herr war derjenige, von dem man das reichste Lehen empfangen hatte. Bereits 895 hatte man den Grafen von Le Mans, den die Kanoniker von St. Martin gebeten hatten, einen seiner Vasallen zur Ordnung zu rufen, in einer nur wenig verschiedenen Lage antworten hören, jene Person sei »viel eher« der Vasall des Grafen-Abtes Robert, »weil er von diesem ein bedeutenderes *beneficium* hatte«. Diese Regel hat man noch am Ende des 11. Jahrhunderts bei Konflikten der Lehnstreue im Gericht des Grafen von Katalonien befolgt[196]. Drittens schließlich nahm man das Problem auch von einer anderen Seite in Angriff und nahm die Ursache selbst des Streites zum Stein des Anstoßes: die Verpflichtung gegenüber einem Herrn, der in die Schranken trat, um sein eigenes Recht zu verteidigen, erschien als dringlicher denn diejenige gegenüber dem Herrn, der sich darauf beschränkte, »Freunden« zu Hilfe zu eilen.

Keine dieser Lösungen bot im übrigen eine erschöpfende Antwort auf das Problem. Daß ein Lehnsmann seinen Herrn bekämpfen mußte, war schon schlimm genug. Durfte man es dann noch hinnehmen, daß er dafür die Einkünfte eines Lehens benutzte, das ihm zu einem ganz anderen Zweck anvertraut worden war? Man versuchte, diese Schwierigkeit zu wenden, indem man den Herrn dazu ermächtigte, die Güter vorläufig bis zum Frieden einzuziehen, mit denen er früher einen Vasallen, der im Augenblick – rechtmäßig – untreu war, belehnt hatte. Eine andere Lösung war noch paradoxer. Sie ließ zu, daß der Vasall zweier verfeindeter Herren persönlich demjenigen von ihnen zum Dienst verpflichtet war, dem sich seine Treue vor allem zuwandte. Dennoch mußte er auf den Ländereien, die er vom anderen Kämpen zu Lehen trug, Truppen ausheben, die, wenn er darüber verfügte, hauptsächlich aus seinen eigenen Lehnsträgern bestanden, um sie jenem Herrn zweiten Grades zur Verfügung zu stellen. Auf diese Weise lief der Gefolgsmann zweier Herren, gewissermaßen in Fortsetzung des ursprünglichen Mißbrauchs, Gefahr, seinerseits auf dem Schlachtfeld mit seinen eigenen Leuten zusammenzustoßen.

Diese Spitzfindigkeiten sind noch dadurch erschwert worden, daß man sich bemühte, die verschiedenen Systeme miteinander in Einklang zu bringen. Praktisch folgte daraus nichts anderes, als daß man der Willkür des Vasallen eine Entscheidung überließ, über die oft lange zuvor gefeilscht worden war. Als 1184 zwischen den Grafen von Hennegau und Flandern ein Krieg ausbrach, verlangte der Herr von Avesnes, der beider Vasall war, vom Gericht des ersten einen Urteilsspruch, der seine Verpflichtungen sachgerecht und klug festlegte. Danach warf er alle seine militärischen Kräfte auf die Seite der flämischen Partei: Die Frage ist, ob eine so schwankende Treue noch Treue war?

2. Größe und Niedergang des »homagium ligium« (ligische Mannschaft)

Trotzdem war in dieser Gesellschaft, die weder im Staats- noch im Familienverband ein zuverlässiges Bindemittel finden konnte, das Bedürfnis, die Untergebenen fest mit dem Herrn zu verbinden, so lebendig, daß man, nachdem der übliche Treueeid ganz offenkundig seinen Zweck nicht erfüllt hatte, versuchte, darüber eine Art übergeordneten Treueverband zu begründen. Das war die »ligische« Mannschaft.

Zwar gibt es mit dem berühmten Adjektiv »ligius« (franz. *lige*) einige phonetische Schwierigkeiten; sie sind bei der Geschichte vieler Rechtsbegriffe im Mittelalter üblich, wahrscheinlich weil sie sowohl im gelehrten wie im volkstümlichen Sprachgebrauch vorkamen und dauernd von einer Ebene zur anderen wechseln konnten. Doch kann man nicht daran zweifeln, daß sich dieses Adjektiv von einem fränkischen Wort ableitet, dem im modernen Deutsch das Wort »ledig« im Sinne von frei und rein entspricht. Schon im 13. Jahrhundert gaben Schreiber im Rheinland »homme lige« mit *ledichman* wieder, waren sich also dieser Parallelität bewußt. Wie dem im übrigen aber auch sei: Das Problem der Herkunft und Entstehung des Wortes ist eigentlich nebensächlich, da der Sinn des Eigenschaftswortes selbst, so wie es im mittelalterlichen Französisch gebraucht wurde, keineswegs dunkel ist. Wiederum sahen die rheinischen Notare richtig, wenn sie es in diesem Fall lateinisch mit *absolutus* wiedergaben. Noch heute wäre im Französischen die Übersetzung mit *absolu* am exaktesten*. Von der Residenzpflicht gewisser Geistlicher an ihren Kirchen sagte man z. B., sie sei »persönlich und unbedingt«. Öfter noch bezeichnete man auf diese Art die Ausübung eines Rechts. Auf dem Markt von Auxerre war das Gewicht, ein gräfliches Monopol, »lige du comte«

---

* Anm. d. Übers.: Dies entspricht ziemlich genau dem deutschen Fremdwort absolut« im Sinne von »unbedingt«, »unumschränkt«.

(unbedingtes gräfliches Recht). Wenn eine Witwe durch den Tod ihres Gatten von dessen Gewalt befreit war, so übte sie über ihre eigenen Güter ihre *viduitas ligia*, ihr »unbedingtes Witwenrecht«, aus. Im Hennegau bildete das unmittelbar vom Herrn bewirtschaftete Land im Gegensatz zu den ausgetanen Gütern die *terrae ligiae*. Als sich zwei Klöster in der Ile-de-France eine bisher ungeteilte Grundherrschaft aufteilten, gingen die Hälften jeweils in die *ligeitas* der geistlichen Einrichtungen über, die von nun an der alleinige Besitzer sein sollten. Anders drückte man sich auch nicht aus, wenn diese ausschließliche Gewalt nicht auf Sachen, sondern auf Menschen lastete. Der Abt von Morigny, der nach kanonischem Recht nur seinen Erzbischof über sich hatte, bezeichnete sich als »lige de Monseigneur de Sens«, also ungefähr: »Ledigmann des Kirchenherrn von Sens«*. In vielen Gegenden ist der Hörige, der an seinen Herrn mit den festesten Banden überhaupt geknüpft war, als sein *homo ligius* bezeichnet worden, und in Deutschland gebrauchte man oft im selben Zusammenhang das Wort »ledig«[197]. Als man unter den Treueverhältnissen eines Vasallen zu mehreren Lehnsherren eines herauszufinden versuchte, dessen Ursprünglichkeit eine ganz »unbedingte« Treue sein sollte, um vor allen anderen Versprechen zu gelten, so war es nur natürlich, daß man sich daran gewöhnte, von »ligischer Mannschaft« und »ligischen Herren« zu sprechen, ja auch mit jener bewundernswerten Verachtung für den Doppelsinn, die wir schon bemerkt haben, von *homines ligii*, »ligischen Leuten«, zu sprechen, was nun freilich »Vasallen«, nicht mehr Hörige, bedeutete.

Zu Beginn dieser Entwicklung gibt es noch Treueverpflichtungen ohne eine eigentümliche Terminologie. Der Herr, der das Treueversprechen *(homagium)* eines Vasallen erhält, läßt diesen lediglich schwören, die soeben gelobte Treue allen anderen Verpflichtungen voranzustellen. Aber abgesehen von einigen Gegenden, wo sich der Wortschatz der ligischen Vasallität nur zögernd durchsetzte, verliert sich dieser Abschnitt einer anonymen Entwicklung vor unseren Augen im Nebel der Zeiten, in denen sogar die heiligsten Versprechungen kaum jemals schriftlich niedergelegt worden sind. Denn in weiten Bereichen folgt das Aufkommen des Wortes *ligius* etc. und der Sache fast unmittelbar der allgemeinen Verbreitung mehrfacher Lehnsverhältnisse. Wie es die Zufälligkeit unserer Quellen erlaubt, beobachten wir etwa seit 1046 im Anjou ligische Huldigungen, wenig später auch im Land um Namur und seit der zweiten Hälfte des 11. Jahrhunderts in der Normandie, der Picardie und der Grafschaft

---

* Anm. d. Übers.: Sens ist Erzbischofssitz.

Burgund. Schon 1095 war diese neue Praxis so verbreitet, daß sie die Aufmerksamkeit des Konzils von Clermont erregte. Zur selben Zeit trat die Form der ligischen Huldigung unter einem anderen Zeichen in der Grafschaft Barcelona in Erscheinung, nur daß die Katalanen statt *homo ligius* in reinem Romanisch *soliu* (*homo solidus*, lat.) sagten. Seit dem Ende des 12. Jahrhunderts hatte das System der ligischen Vasallität in etwa die ihm mögliche Ausdehnung erreicht, zumindest in dem Maße, in dem das Wort *ligius* einer lebendigen Wirklichkeit entsprach. Als sich später sein ursprünglicher Sinn, wie wir noch sehen werden, ungemein abgeschwächt hatte, ist der Gebrauch dieser Bezeichnung in den Kanzleien fast zur Mode geworden. Wenn man die Urkunden etwa vor 1250 heranzieht, so vermittelt die Verbreitungskarte der ligischen Vasallität, so unvollständig sie mangels systematischer Erhebungen auch sein mag, doch deutliche Einsichten. Danach waren die eigentliche Heimat dieser neuen Huldigungsform neben Katalonien, das eine Art stark feudalisierte Kolonialmark darstellte, Gallien zwischen Maas und Loire sowie Burgund. Von dort aus drang diese Form in die »importierten« Feudalsysteme Englands, des normannischen Italiens und Syriens ein. Um seinen ursprünglichen Brennpunkt herum verbreitete sich der Brauch südwärts bis ins Languedoc, hier anscheinend recht vereinzelt, und nach Nordosten bis ins Rheingebiet. Weder im rechtsrheinischen Deutschland noch in Norditalien, wo sich die lombardischen »Libri feudorum« an eine Einteilung nach Zeitstufen hielten, ist er je voll durchgedrungen. Diese zweite Welle der Vasallität – man könnte durchaus von einer verstärkten Vasallität sprechen –, kam aus denselben Gegenden wie die erste, aber sie rollte nicht so weit.

»Wie groß auch immer die Zahl der Herren ist, die ein Mann anerkennt«, heißt es um 1115 in einem anglo-normannischen Gewohnheitsrecht, »am meisten verpflichtet ist er demjenigen, dessen Ledigmann er ist.« Und etwas später: »Man muß allen Herren die Treue halten, indem man stets die für den vorhergehenden Herrn bewahrt. Aber die stärkste Treue gehört dem Herrn, dessen Ledigmann man ist.« Ebenso bestimmen in Katalonien die »Usatges« des gräflichen Gerichtshofes: »Der Herr eines Ledigmannes (*home soliu*) verfügt über dessen Hilfe gegen Freund und Feind; niemand darf gegen ihn darüber verfügen[198].« Die ligische Huldigung geht also allen anderen voran, gleichgültig, wann sie erfolgt sind. Sie stellt damit in der Tat einen Rang eigener Art dar. Auf jeden Fall erneuerte dieses »reine« Band in seiner Unversehrtheit die ursprüngliche menschliche Bindung. Wenn ein Vasall getötet wurde, so empfing sein »ligischer« Herr, wenn es anging, das Wergeld. Als unter Philipp II.

August der Kreuzzugszehnte erhoben worden ist, sammelte ein jeder Lehnsherr den Teil ein, der auf die von ihm ausgetanen Lehen entfiel, der ligische Herr jedoch die Abgabe auf die Fahrhabe, die nach mittelalterlicher Auffassung mit der Person des Besitzers besonders verbunden war. In seiner klugen Analyse der vasallitischen Verhältnisse betonte kurz nach dem Tod Ludwigs des Heiligen der Kanonist Wilhelm Durandus mit gutem Grund den »hauptsächlich persönlichen« Charakter der ligischen Lehnshuldigung. Man könnte die Rückkehr zur Urquelle der fränkischen Kommendation nicht besser ausdrücken.

Aber gerade weil die ligische Lehnshuldigung kaum etwas anderes als die Wiederauferstehung der ursprünglichen Lehnshuldigung war, konnte es nicht ausbleiben, daß sie ihrerseits aus denselben Gründen dem Niedergang anheim fiel. Sie mußte ihnen umso leichter eine Beute sein, als außer einer zerbrechlichen, mündlich oder schriftlich erfolgten Übereinkunft sie nichts von den einfachen Lehnshuldigungen unterschied, deren Riten sie ohne Änderungen übernahm. Er war, als hätte die Fähigkeit, neue symbolische Handlungen zu entwickeln, seit dem 9. Jahrhundert plötzlich aufgehört. Viele Ledigleute (*homines ligii*) hatten früh die Investitur mit Land, Herrschaftsrechten und Burgen erhalten. Wie sollte man nun die Gefolgsleute, auf deren Treue man sich vor allem zu stützen gedachte, jenes Lohns oder jener üblichen Machtinstrumente berauben? Das Dazwischentreten des Lehns zog also auch hier die üblichen Folgen nach sich: Der Untergebene entfernte sich von seinem Lehnsoberhaupt; die Dienste lösten sich allmählich von der Person und bezogen sich auf das Land, so daß man dazu überging, vom »ligischen Lehen« (*feudum ligium*) zu sprechen; die ligische Vasallität wurde erblich und, was noch schlimmer war, sie wurde zum Gegenstand des Handels. Die Anhäufung von Lehnsunterwerfungen, eine wahre Leprakrankheit der Vasallität, wirkte sich ebenfalls zerstörerisch aus. Aber bereits seit den letzten Jahren des 11. Jahrhunderts sahen die »Usatges« in der Grafschaft Barcelona eine beunruhigende Ausnahme vor. »Niemand«, so heißt es hier, »darf der *soliu* mehr als eines einzigen Herrn werden, es sei denn, derjenige, dem er auf diese Art zuerst gehuldigt hat, erlaube es ihm.« Ungefähr ein Jahrhundert später war diese Zwischenstufe fast überall überwunden. Seit dieser Zeit geschah es häufig, daß ein einziger Lehnsmann zwei oder mehrere ligische Herren anerkannte. Die so bezeichneten Versprechen gingen nach wie vor allen anderen voran. Untereinander war es dagegen notwendig, daß die Verpflichtungen mit denselben rückwirkenden, beklagenswert ungewissen Mitteln, die bereits zur Einteilung der einfachen Lehnshuldigungen gedient hatten, eine Abstufung erfuhren. Zumindest in der Theorie sollte es gelingen. Praktisch bedeutete das, aufs neue das Tor zum fast notwendigen Lehnsfrevel aufzustoßen. Insgesamt gesehen hatte man nichts anderes als zwei Ebenen der Vasallität geschaffen.

Im übrigen erweckte diese Hierarchisierung bald kaum mehr als nichtige Altertümelei. Denn der Ledigmann sollte sehr rasch zur normalen Bezeichnung für jede Art Lehnsmann werden. Zwei Arten der vasallitischen Bindung hatte man ersonnen, eine stärkere und eine schwächere. Welcher Herr war nun bescheiden genug, sich mit der zweiten zufrieden zu geben? Um 1260 leisteten von achtundvierzig Vasallen des Grafen von Forez in der Gegend von Roanne höchstens vier die einfache Huldigung[199]. Wäre es die Ausnahme gewesen, so hätte die ligische Lehnsverpflichtung einige Wirksamkeit bewahren können; allgemein verbreitet, ist sie jeglichen besonderen Gehaltes entblößt worden. Nichts ist dafür bezeichnender als der Fall der Kapetinger. Sie überredeten die höchsten Barone des Königreichs, sich als ihre Ledigleute zu bekennen, und damit erreichten sie von jenen Territorialfürsten, deren Lage mit der ganzen Hingabe eines Waffengefolgsmanns nicht vereinbar war, nichts anderes als eine nur zu leichte Einwilligung in eine völlig hohle Rechtsformel. Das Ganze war allein auf höherer Ebene eine Wiederbelebung der von den Karolingern gehegten Illusionen, die zu eilfertig geglaubt hatten, die Treue ihrer Amtsträger auf die Lehnshuldigung gründen zu können.

Doch in zwei importierten Feudalsystemen, nämlich dem anglonormannischen Staat nach der Eroberung von 1066 und dem Königreich Jerusalem, ist die Entwicklung durch den Einfluß des jeweils besser gerüsteten Königtums abgelenkt worden. Dort vertraten die Könige die Meinung, daß allein die ligische Treue, d. h. die allen anderen voranging, diejenige war, die ihnen zukam. Sie bemühten sich zunächst nicht ohne Erfolg, sich das Monopol anzueignen, so beschaffene Huldigungen zu empfangen. Aber sie verstanden es gut, ihre Autorität nicht auf ihre eigenen Vasallen zu beschränken. Wer immer ihr Untertan war, der schuldete ihnen Gehorsam, auch wenn er sein Gut nicht unmittelbar von der Krone erhalten hatte. Allmählich gewöhnte man sich also in diesen Ländern daran, die Bezeichnung der »ligischen Vasallität« (*ligesse*) der Treue zum König vorzubehalten, die oft durch einen Eid bekräftigt wurde, der von allen freien Männern, gleichgültig welchen Platz sie in der Feudalgesellschaft einnahmen, gefordert worden ist. Auf diese Weise behielt jene »absolute« Bindung nur dort ein wenig von ihrem ursprünglichen Wert, wo sie vom System der vasallitischen Riten losgelöst war, um als Unterwerfungsakt *sui generis* des öffentlichen Rechts einen Beitrag zur Umgruppierung der

Kräfte im Rahmen des Staatswesens zu leisten. Gegenüber dem alten persönlichen Band, das von tödlichem Verfall betroffen war, lag die Wirkungslosigkeit des Mittels der ligischen Vasallität offen zutage.

6. Kapitel

Vasall und Lehnsherr

1. Hilfe und Schutz

»Dienen« oder, wie man auch sagte, »helfen«; – »schützen«; in diesen sehr einfachen Begriffen faßten die ältesten Texte die gegenseitigen Pflichten des bewaffneten Getreuen und seines Herrn zusammen. Die Bindung wurde niemals stärker empfunden als in den Zeiten, da ihre Auswirkungen so auf die unbestimmteste und folglich umfassendste Weise ausgedrückt wurden. Heißt definieren nicht stets eingrenzen? Es war jedoch unvermeidlich, daß man mit wachsender Eindringlichkeit das Bedürfnis verspürte, die rechtlichen Folgen des Vasallenvertrags zu präzisieren, insbesondere, was die Pflichten des Untergebenen betraf. War einmal die Vasallität aus dem bescheidenen Kreis häuslicher Ergebenheit herausgetreten, hätte es seither kaum ein Vasall mit seiner Würde für vereinbar gehalten, daß man ihn unbefangen wie in den ersten Zeiten als dazu verpflichtet bezeichnete, »dem Herrn bei allen Aufgaben, die ihm aufgetragen sein werden, zu dienen«[200]? Wie sollte man darüber hinaus von Personen, die von jetzt an meist auf Lehnsgütern eingesetzt waren und fern vom Herrn lebten, weiterhin jene stets bereite Verfügbarkeit erwarten?

Bei dem Bestimmungswerk, das sich allmählich vollzog, spielten die Berufsjuristen nur eine verspätete und alles in allem kaum wirkungsvolle Rolle. Gewiß hat sich seit etwa 1020 der Bischof Fulbert von Chartres, den das kanonische Recht in den Methoden des juristischen Denkens geschult hatte, an einer Analyse des Lehnseides und seiner Auswirkungen versucht. Doch gelang es diesem Versuch kaum, der als Symptom für das Eindringen des gelehrten Rechts in ein Gebiet interessant ist, das ihm bisher ziemlich fremd gewesen war, sich über eine ziemlich hohle Scholastik zu erheben. Der entscheidende Einfluß oblag hier wie sonst dem Gewohnheitsrecht, das von Präzedenzfällen zehrte und sich allmählich durch die Rechtsgelehrsamkeit der Gerichtshöfe, in denen viele Vasallen saßen, herauskristallisierte. Dann entwickelte sich immer häufiger die Gewohnheit, diese Bestimmungen, die vor kurzem rein traditionell waren, in den Vertrag selbst eingehen zu lassen. Besser als die wenigen Worte, von denen die Lehnshuldigung begleitet war, eignete sich der Treueid, den man beliebig verlängern konnte, für das genaue Festlegen von Einzelheiten. Auf diese Weise ersetzte ein abgewogener und umständlicher Vertrag die Unterwerfung des gesamten Menschen. Auf Grund eines Übermaßes an Vorsicht, die viel über die Schwächung der Bindung besagt, verspricht der Vasall gewöhnlich nicht mehr, lediglich zu helfen. Er muß sich weiter verpflichten, nicht zu schaden. In Flandern hatten seit dem Beginn des 12. Jahrhunderts diese Negativklauseln genügend Bedeutung gewonnen, um zu einem Sonderakt Anlaß zu geben: Die nach der Treue geschworene »Sicherheit« ermächtigte wahrscheinlich den Herrn im Falle des Verstoßes zur Beschlagnahme bestimmter Bürgschaften. Es versteht sich von selbst, daß trotzdem die positiven Verpflichtungen lange Zeit die Oberhand behielten.

Die Hauptpflicht war *per definitionem* die Kriegshilfe. Der mit »Hand und Mund« belehnte Mann muß zunächst und vor allem persönlich zu Pferde und in voller Rüstung dienen. Indessen sieht man ihn nur selten allein erscheinen. Außer daß seine eigenen Vasallen, sofern er solche besitzt, sich natürlich unter seinem Banner sammeln, schreiben ihm seine Bequemlichkeit, sein Ansehen, mitunter der Brauch vor, daß ihm mindestens ein oder zwei Knappen folgen. Dagegen gibt es im allgemeinen in seinem Kontingent keine Fußsoldaten. Ihre Rolle im Kampf wird als zu minderwertig erachtet, die Schwierigkeit, ziemlich beträchtliche Menschenmassen zu ernähren, ist zu groß, als daß der Heerführer sich mit dem bäuerlichen Fußvolk begnügen könnte, das ihm seine eigenen Ländereien oder die der Kirchen lieferten, zu deren Beschützer er sich offiziell aufgeworfen hat. Häufig ist der Vasall auch gezwungen, in der herrschaftlichen Burg Wache zu halten; das geschah entweder nur während der Feindseligkeiten oder, da eine Festung nicht ohne Wachen bleiben sollte, die ganze Zeit über abwechselnd mit seinen Vasallengenossen. Hat er selbst ein festes Haus, so wird er es seinem Herrn öffnen müssen.

Allmählich führten die Rang- und Machtunterschiede, die Herausbildung notwendigerweise voneinander abweichender Traditionen, die Sonderverträge und die rechtskräftig gewordenen Mißbräuche zahllose Varianten in diese Verpflichtungen ein. Das geschah letzten Endes fast immer, um die von ihnen verursachte Belastung zu erleichtern.

Ein ernstes Problem entstand aus der Abstufung der Lehnshuldigung. Gleichzeitig Untertan und Herr, verfügte so mancher Vasall selbst über Vasallen. Die Pflicht, die ihm gebot, seinem Herrn mit all seinen Kräften zu helfen, hätte es ihm anscheinend zum Gesetz gemacht, sich, umgeben von der gesamten Schar seiner Abhängigen, beim herrschaftlichen Heer einzufinden. Das Gewohnheitsrecht ermächtigte ihn jedoch bereits früh dazu, nur eine ein für allemal festgesetzte und bei weitem geringere Schar an Dienern mitzubringen, als die Anzahl derer, die er bei seinen eigenen Kriegen einsetzen konnte. Nehmen wir zum Beispiel gegen Ende des 11. Jahrhunderts den Bischof von Bayeux. Mehr als eine Hundertschaft an Rittern schuldet ihm den Waffendienst. Aber er ist nur genötigt, dem Herzog, seinem unmittelbaren Herrn, zwanzig zu stellen. Schlimmer noch: Wenn der Herzog im Namen des Königs, von dem er die Normandie als Lehen innehatte, die Hilfe des Prälaten verlange, soll sich die Zahl auf dieser höheren Stufe auf zehn verringern. Diese Verdünnung der Militärverpflichtung nach oben, gegen die die englische Monarchie der Plantagenêts im 12. Jahrhundert ohne großen Erfolg anzugehen versuchte, war zweifellos einer der Hauptgründe für die schließliche Wirkungslosigkeit des Vasallensystems als Mittel zur Verteidigung oder Eroberung in den Händen der öffentlichen Gewalten[201].

Vor allem waren die kleinen oder großen Vasallen bestrebt, nicht auf unbestimmte Zeit im Dienst festgehalten zu werden. Um dessen Dauer zu begrenzen, boten weder die Traditionen des karolingischen Staates noch die ursprünglichen Gewohnheiten der Vasallität direkte Präzedenzfälle: Der Untertan wie der Hauskrieger blieben so lange in Waffen, wie es dem König oder Heerführer notwendig erschien. Dagegen hatten die alten germanischen Volksrechte in hohem Maße sich einer Art von Fristmodell bedient, das auf vierzig Tage, oder wie man auf ältere Weise sagte, vierzig Nächte festgesetzt war. Es regelte nicht allein zahlreiche Prozedurfragen. Die fränkische Militärgesetzgebung selbst hatte es als die Grenze der Ruhezeit übernommen, zu der die Aushebungen zwischen zwei Einberufungen berechtigt waren. Diese traditionelle Zahl, die auf natürliche Weise in den Sinn kam, lieferte seit dem Ende des 11. Jahrhunderts die übliche Norm der den Vasallen auferlegten Verpflichtung. War einmal die Frist verstrichen, so stand es ihnen frei, nach Hause zurückzukehren, meist für das laufende Jahr. Sicherlich geschah es ziemlich häufig, daß man sie trotzdem beim Kriegsheer bleiben sah. Gewisse Gewohnheitsrechte versuchten sogar, ihnen diese Verlängerung zu einer Pflicht zu machen. Doch das konnte seitdem nur noch auf Kosten des Herrn geschehen und von ihm beglichen werden. Einst Lohn des bewaffneten *satellites*, erfüllte das Lehen nun nicht mehr seine erste Funktion in dem Maße, so daß man genötigt war, es durch ein anderes Entgelt zu ergänzen.

Nicht allein für den Kampf rief der Herr seine Vasallen zu sich. Im Frieden bildete er aus ihnen seinen »Hof«, den er zu mehr oder weniger regelmäßigen Daten, die gewöhnlich mit den liturgischen Hauptfesten zusammenfielen, unter großem Pomp zusammenrief: Er war abwechselnd Gerichtshof und Rat, dessen politische Moral der Zeit in allen ernsten Situationen dem Herrn die Meinung aufnötigte, schließlich auch Ehrendienst. Vor den Augen aller von einer großen Zahl von Abhängigen umgeben zu erscheinen, von ihnen, die selbst mitunter schon von höherem Range waren, die öffentliche Ableistung einiger jener Ehrerbietungsgesten, etwa Knappen-, Mundschenk- und Tafeldienste zu empfangen, für die eine Epoche, die den augenfälligen Dingen einen hohen Symbolwert beimaß, empfänglich war –, konnte es für einen großen Herrn eine glänzendere Zurschaustellung seines Ansehens noch auch ein angenehmeres Mittel geben, sich dessen selbst bewußt zu werden?

Den Glanz dieser »vollständigen, wunderbaren und großen« Hoftage haben die epischen Dichtungen, zu deren üblichen Szenerie sie gehörten, auf naive Weise übertrieben. Selbst für diejenigen, bei denen die Könige dem Ritus gemäß unter der Krone gingen, ist das Bild zu schmeichelhaft, um so mehr, wenn man sich die bescheidenen Versammlungen um kleine oder mittlere Herren vor Augen führt. Daß jedoch auf diesen Zusammenkünften viele Angelegenheiten behandelt wurden; daß die glänzendsten unter diesen Hoftagen aller Welt einen zeremoniellen Aufwand boten und neben ihrem üblichen Publikum ein gemischtes Volk von Abenteurern, von Possenreißern, ja sogar von Taschendieben anzogen; daß der Herr durch den Brauch wie durch sein wohlverstandenes Interesse gehalten war, dort an seine Männer jene Pferde-, Waffen- und Kleidungsgeschenke zu verteilen, die gleichzeitig das Unterpfand ihrer Treue und das Zeichen der Unterordnung waren; daß schließlich die Anwesenheit der Vasallen (ein jeder, wie der Abt von Saint-Riquier vorschrieb, »nach seiner Macht und seinem Ansehen sorgsam geschmückt«) zu allen Zeiten dort streng gefordert wurde: daran zu zweifeln erlauben uns die besten Quellen nicht. Der Graf muß, so besagen die *Usatges de Barcelona,* wenn er Hof hält: »Recht sprechen...; den Unterdrückten Hilfe gewähren... zur Essenszeit das Mahl mit Trompetenton ankündigen lassen, damit Adlige und Nichtadlige daran teilnehmen können; Mäntel an seine Großen verteilen; den Heerbann ordnen, der Verwüstung in die Länder Spaniens tragen soll; neue Ritter ernennen«. Auf einer niedrigeren Stufe der Gesellschaftshierarchie bekannte sich ein kleiner picardischer Ritter im Jahre 1210 dem Vogt von Amiens als »Ledigmann« und versprach ihm im selben Atemzug die Kriegshilfe auf sechs Wochen und, »wenn ich erwünscht bin, zum Fest zu kommen, das der besagte Viztum veranstalten wird, um dort mit meiner Frau auf meine Kosten acht Tage lang zu bleiben[202]«.

Dieses letzte Beispiel zeigt gemeinsam mit vielen anderen, wie der Heeresdienst auf dieselbe Weise wie der Hofdienst allmählich reglementiert und begrenzt worden ist. Aber es war nicht so, daß die Einstellung der Vasallengruppen angesichts der beiden Verpflichtungen in allen Punkten gleich gewesen wäre. Der Heeresdienst war kaum mehr als eine Verpflichtung. Die Anwesenheit am Hof schloß hingegen sehr viele Vorteile ein: Freigiebigkeit des Herrn, freie Kost und auch Teilhabe am Ausüben der Herrschaft. Die Vasallen versuchten also sehr viel weniger, sich dem zu entziehen. Bis zum Ende der feudalen Ära wirkten diese Zusammenkünfte, die in gewissem Maße ein Gegengewicht zur Entfernung bildeten, die sich ihrerseits aus der Lehenspraxis ergeben hatte, darauf hin, den persönlichen Kontakt zwischen dem Herrn und seinen Männern aufrechtzuerhalten, ohne den es kaum eine menschliche Beziehung gibt.

Dem Vasallen gebot seine Treue, seinem Herrn in allen Dingen »zu helfen«. Mit seinem Schwert, mit seinem Rat: das verstand sich von selbst. Es kam ein Zeitpunkt, als man hinzufügte: auch mit seiner Börse. Keine Einrichtung enthüllt besser als die jener finanziellen Unterstützung die tiefgreifende Einheit des Systems der Abhängigkeiten, auf das sich die Feudalgesellschaft gegründet hatte. Leibeigener, sogenannter »freier« Hintersasse einer Grundherrschaft, Untertan in einem Königreich, schließlich Vasall: Wer auch immer gehorcht, schuldet seinem Herrn und Meister Hilfe in seinen Notlagen. Doch gibt es eine größere als den Geldmangel? Die Bezeichnungen des Beitrags selbst, die der Herr im Bedarfsfall von seinen Männern zu fordern befugt war, sind zumindest im Bereich des feudalen französischen Rechts auf der Stufenleiter von oben nach unten gleich. Man sagte kurz »Hilfe« (aide); oder auch »Steuer« (taille), ein bildhafter Ausdruck, der sich vom Verb »beschneiden« (tailler) herleitet, wortwörtlich: »jemandem ein Stück seiner Substanz nehmen« und infolgedessen: »ihn besteuern«[203]. Trotz dieser grundsätzlichen Ähnlichkeit verfolgte natürlich die Geschichte der Verpflichtung selbst, je nach dem betroffenen Gesellschaftsmilieu, sehr unterschiedliche Richtungen. Uns interessiert im Augenblick allein die Steuer der Vasallen.

In ihren Anfängen bemerken wir gerade eine einfache Praxis außerordentlicher und mehr oder weniger freiwilliger Geschenke. Weder Deutschland noch das lombardische Italien scheinen dieses Stadium jemals überschritten zu haben: Ein bezeichnender Abschnitt des Sachsenspiegels läßt noch einen Vasallen auftreten, »wie er dem Herrn mit seinen Geschenken aufwartet«. In diesen Ländern hatte die Vasallenbindung nicht genügend Kraft, als daß, sobald die wesentlichen Dienste einmal ordnungsgemäß abgeleistet waren, der eine zusätzliche Hilfe wünschende Herr ein einfaches Ansuchen durch einen Befehl ersetzen konnte. Anders stand es damit im französischen Bereich. Dort war die Lage um die letzten Jahre des 11. Jahrhunderts oder die ersten des 12. günstig für die Entwicklung einer feudalen Steuer, der *taille*. Das geschah gerade um jene Zeit, als sich auf einer anderen Gesellschaftsebene ebenfalls die Besteuerung der kleinen Leute ausbreitete und, allgemeiner, als der Geldumlauf nach allen Seiten intensiver und folglich die Notlagen der Herren dringlicher und die Möglichkeiten der Steuerpflichtigen weniger eng wurden. Das Werk des Gewohnheitsrechts führte dahin, daß gleichzeitig die Zahlungen obligatorisch gemacht und als Ausgleich die Anlässe festgelegt worden sind. So lasteten im Jahre 1111 auf einem Lehnsgut im Anjou bereits »die vier ›rechten‹ Steuern: für das Lösegeld des Herrn, wenn er gefangen wird; wenn sein ältester Sohn den Ritterschlag erhält; wenn seine älteste Tochter heiraten wird; wenn er selbst Land zu kaufen hat«[204]. Der letzte Fall, dessen Anwendung zu willkürlich ist, verschwand rasch aus den meisten Gewohnheitsrechten. Dagegen sind die drei ersten fast überall anerkannt worden. Mitunter kamen andere hinzu, insbesondere die Kreuzzugshilfe oder diejenigen, die der Herr erhob, wenn ihn seine Oberen selbst »besteuerten«. So schob sich das Element Geld, das wir schon in Form des *relevium* kennengelernt hatten, allmählich zwischen die alten Beziehungen, die auf Treue und Dienst beruhten.

Dort sollte es noch über einen anderen Umweg eindringen. Notgedrungen kam es zuweilen vor, daß der Kriegsdienst nicht abgeleistet wurde. Der Herr verlangte dann eine Geldbuße oder Entschädigung; manchmal bot sie der Vasall im voraus an. Man nannte das »Dienst«, in Übereinstimmung mit der Gewohnheit der mittelalterlichen Sprachen, die der Ausgleichszahlung gern den Namen der Verpflichtung selbst beilegten, die dadurch getilgt worden ist, oder man bezeichnete sie auch wie in Frankreich als »Heeressteuer« (*taille de l'ost*). Freilich nahm die Praxis dieser Befreiung mit Hilfe von Geld nur gegenüber zwei Arten von Lehen ein großes Ausmaß an: jenen, die in die Hände religiöser Gemeinschaften gefallen waren, die unfähig waren, Waffen zu tragen und jenen, die unmittelbar von der Zentralgewalt abhingen, welche berechtigt war, sich das System der Vasallenaushebung bis hin zur Untauglichkeit zu Gunsten ihres Steuerwesens zunutze zu machen. Für die meisten Lehen wurde die Militärpflicht seit dem 13. Jahrhundert einfach immer weniger zwingend, auch ohne Ersatzsteuer. Selbst die Geldhilfen kamen schließlich häufig außer Gebrauch. Das Leben hatte aufgehört, für gute Diener zu sorgen, ohne daß es ihm statt dessen gelungen wäre, für lange Zeit zu einer einträglichen Einkommensquelle zu werden.

Das Herkommen erlegte dem Herrn gewöhnlich keinerlei mündliche oder schriftliche Verpflichtung auf, die dem Schwur des Vasallen entsprach. Diese Zusagen von oben tauchten erst verspätet auf und blieben stets

Ausnahmen. Es fehlte also der Anlaß, die Verpflichtungen des Herrn genauso eingehend wie die des Untergeordneten zu definieren. Zu solchen Genauigkeiten eignete sich im übrigen eine Schutzpflicht weniger gut als der Dienst. »Gegen jedes Geschöpf, das lebt oder stirbt«, wird der Gefolgsmann von seinem Herrn verteidigt werden. Zunächst und vor allem sein Körper, auch sein Bezirk und ganz besonders seine Lehen. Von diesem Beschützer, der darüber hinaus, wie wir sehen werden, ein Richter geworden ist, erwartet er, daß ihm hinreichend und schnell Gerechtigkeit widerfährt. Man füge die unwägbaren und dennoch kostbaren Vorteile hinzu, welche die Schutzherrschaft eines Mächtigen in einer anarchischen Gesellschaft zu Unrecht oder zu Recht verschaffte. All das war weit davon entfernt, für unwesentlich zu gelten. Nichtsdestoweniger schuldete der Vasall letzten Endes unbestreitbar mehr, als er empfing. Als Lohn für den Dienst hatte das Lehen das Gleichgewicht ursprünglich wiederhergestellt. In dem Maße wie seine ursprüngliche Funktion in Vergessenheit geriet, da es praktisch in ein Erbgut verwandelt war, erschien die Ungleichheit der Pflichten krasser; und lebhafter wurde infolgedessen bei denen, die durch sie benachteiligt waren, der Wunsch, ihre Bürde zu erleichtern.

2. Die Vasallität anstelle der Sippe

Beschränkte man sich aber auf diese Bilanz von Soll und Haben, so erhielte man vom tiefgreifenden Wesen der Bindung nur ein äußerst blutleeres Bild. Als eine Art Ersatz oder Ergänzung der Sippensolidarität, deren Wirksamkeit unzureichend geworden war, hatten die persönlichen Abhängigkeitsbeziehungen ihren Einzug in die Geschichte gehalten. Der Mann, der keinen Herrn hat, wenn seine Verwandtschaft nicht sein Geschick in die Hände nimmt, ist nach dem angelsächsischen Recht des 10. Jahrhunderts ein Gesetzloser[205]. Lange wird der Vasall gegenüber seinem Herrn, der Herr gegenüber seinem Vasallen eine Art zusätzlicher Verwandter bleiben, der bereitwillig nach seinen Pflichten wie seinen Rechten den Blutsverwandten gleichgestellt ist. Wenn ein Brandstifter, so sagt Friedrich Barbarossa in einem seiner Friedensgesetze, Asyl in einer Burg gesucht hat, ist der Herr der Feste gezwungen, den Flüchtling auszuliefern, will er nicht als Komplize gelten, »es sei denn, dieser ist weder sein Herr, noch sein Vasall oder sein Verwandter«. Und es war keineswegs zufällig, wenn das älteste normannische Gewohnheitsrecht bei der Behandlung des Mordes am Vasallen durch den Herrn und am Herrn durch den Vasallen diese Verbrechen bunt durcheinander in ein und demselben Kapitel unter die schrecklichsten innerhalb der Verwandtschaft begangenen Morde einreihte. Aus diesem gleichsam familienhaften Charakter der Vasallenschaft mußten sich in den Rechtsvorschriften wie in den Sitten mehrere dauerhafte Züge ergeben.

Die erste Pflicht des Sippenangehörigen war die Rache, ebenso für den, der den Lehnseid geleistet oder empfangen hatte. Schon eine alte germanische Glosse hatte naiv das lateinische *ultor* – Rächer – mit althochdeutsch *mundporo* – Schirmherr wiedergegeben[206]. Diese Gleichheit zwischen Verwandtschaft und Vasallenbindung, die in der Fehde begann, setzte sich vor dem Richter fort. Niemand, der nicht selbst dem Verbrechen beigewohnt hat, so besagt ein englisches Gewohnheitsrecht des 12. Jahrhunderts, kann sich als Ankläger im Mordfall ausgeben, wenn er nicht der Verwandte des Toten, sein Herr oder sein Vasall ist. Die Pflicht oblag mit gleicher Stärke dem Herrn gegenüber seinem Vasallen, dem Vasallen gegenüber seinem Herrn. Doch ein Gradunterschied zeichnete sich ab, der mit dem Geist dieses Unterwerfungsverhältnisses in Einklang steht. Will man darin dem Lied vom *Beowulf* Glauben schenken, so hätten die Gefährten des getöteten Anführers im alten Germanien teil am Wergeld gehabt. Im normannischen England war das nicht mehr so. Der Herr hatte an der Entschädigung teil, die für den Mord am Vasallen gezahlt wurde; von der, die für den Mord am Herrn zu zahlen war, nahm der Vasall nichts. Der Verlust eines Dieners macht sich bezahlt; der eines Herrn nicht.

Der Sohn des Ritters wurde nur selten im väterlichen Haus aufgezogen. Der Brauch, der respektiert wurde, so lange die Sitten der Feudalzeit einige Macht hatten, verlangte, daß sein Vater ihn noch ganz jung seinem Herrn oder einem seiner Herren anvertraute. Während der Knabe gleichzeitig Pagendienst leistete, erwarb er sich bei diesem Großen Kenntnisse in den Jagd- und Kriegskünsten, später im höfischen Leben: ein historisches Beispiel bietet der junge Arnulf von Guines beim Grafen Philipp von Flandern, aus der Legende kennen wir den kleinen Garnier von Nanteuil, der Karl dem Großen so gut diente:

»Wenn der König in den Wald geht, will das Kind ihn nicht lassen; bald trägt es seinen Bogen, bald hält es ihm den Steigbügel.

Fährt der König auf dem Fluß? Garnier geleitet ihn.

Oder er trägt auch den Habicht, oder den Falken, der den Kranich zu jagen weiß.

Wenn der König schlafen will, ist Garnier an seinem Nachtlager

Und um ihn zu zerstreuen, bringt er ihm Lieder und Musik dar.«

Andere Gesellschaften im mittelalterlichen Europa kannten ähnliche Praktiken, die auch dort das Ziel hatten, durch die Jungen die Bindungen wiederzubeleben, welche die Entfernung unaufhörlich zu schwächen drohte. Aber die »fosterage« in Irland scheint vor allem dazu gedient zu haben, die Bindung des Kindes an den mütterlichen Clan enger zu gestalten, mitunter dazu, das pädagogische Ansehen einer Körperschaft gebildeter Priester zu festigen. Bei den Skandinaviern fiel die Pflicht, die Nachkommenschaft seines Herrn aufzuziehen, dem Getreuen zu, und zwar derart, daß, als Harald von Norwegen vor aller Augen die Abhängigkeit bekunden wollte, in der er den König Aethelstan von England zu halten strebte, er dazu nach dem Bericht der Saga kein besseres Mittel fand, als seinen Sohn diesem Ziehvater wider Willen unerwartet auf die Knie legen zu lassen. Die Originalität der feudalen Welt besteht darin, daß sie die Beziehung von oben nach unten ersonnen hat. Die damit eingegangenen Verpflichtungen zu Rücksicht und Dankbarkeit galten als außerordentlich zwingend. Sein ganzes Leben lang mußte sich der kleine Junge von einst daran erinnern, daß er der »Pflegesohn« (*nourri*) des Herrn war – das Wort wie die Sache datieren in Gallien aus der fränkischen Epoche und fließt noch aus Commynes' Feder[207].

Ganz sicher widersprach die Wirklichkeit hier wie auch sonst häufig dem Ehrenkodex. Wie soll man jedoch einem Brauch jegliche Wirksamkeit absprechen, der – während er dem Herrn eine kostbare Geisel in die Hände gab – bei jeder Vasallengeneration ein wenig von jener Existenz im Schatten des Heerführers aufleben ließ, aus der das früheste Vasallentum das Sicherste seines menschlichen Wertes bezogen hatte?

In einer Gesellschaft, in der das Individuum so wenig sein eigener Herr war, blieb die Eheschließung, die, wie wir bereits wissen, so viele Interessen ins Spiel brachte, sehr weit davon entfernt, als ein Akt persönlichen Wollens zu erscheinen. Die Entscheidung lag vor allem beim Vater. »Er will zu seinen Lebzeiten seinen Sohn eine Frau nehmen sehen; also kauft er ihm die Tochter eines Adligen«: So drückt sich ohne Umschweife das alte französische Alexiuslied aus. Neben dem Vater griffen manchmal, aber vor allem dort, wo es ihn nicht mehr gab, die Verwandten ein, doch auch, wenn die Waise von einem Vasallen stammte, der Herr, ja sogar, wenn es sich um einen Herrn handelte, seine Vasallen. In diesem letzten Falle ging die Regel allerdings niemals über die Tragweite eines einfachen Anstandsbrauchs hinaus; in jeder ernsten Situation mußte ein großer Herr seine Leute zu Rate ziehen, unter anderem in dieser. Vom Herrn zum Vasallen hingegen gestalteten sich die Rechte sehr viel genauer. Die Tradition ging auf die fernsten Ursprünge der Vasallität zurück. »Wenn der Privatkrieger (lat. *bucellarius*) nur eine Tochter zurückläßt«, so lautete im 5. Jahrhundert ein wertgotisches Gesetz, »so wollen wir, daß sie unter der Gewalt des Schirmherrn bleibt, der ihr einen Gatten gleichen Standes besorgt. Wenn sie jedoch sich selbst einen Gatten gegen das Gutdünken des Schirmherrn sucht, so wird sie diesem alle Gaben zurückerstatten müssen, die ihr Vater von ihm empfangen hatte[208].« Die Erblichkeit der Lehen – die in diesem Text im übrigen schon in einer wenig ausgebildeten Form vorhanden ist – lieferte den Herren ein weiteres und sehr mächtiges Motiv, die Verbindungen zu überwachen, die, wenn das Land ein Kunkellehen geworden war, schließlich darauf hinausliefen, daß ihnen ein Getreuer aufgezwungen wurde, der dem ursprünglichen Geschlecht fremd war. Ihre Befugnisse bei der Eheschließung entwickelten sich jedoch vollauf nur in Frankreich und in Lotharingien, der wahren Heimat des Vasallensystems, und in den Gebieten mit importierter Vasallenverfassung. Zweifellos waren die Familien des Ritterstandes dort nicht die einzigen, die solche Einmischungen über sich ergehen lassen mußten; denn zahlreiche andere fanden sich durch andere Verknüpfungen einer Autorität herrschaftlicher Art unterworfen, und selbst die Könige als solche hielten sich manchmal für berechtigt, über die Hand zumindest ihrer weiblichen Untertanen zu verfügen. Aber gegenüber den Vasallen – manchmal gegenüber den Leibeigenen, anderen persönlich Abhängigen – hielt man es annähernd allgemein für rechtens, was gegenüber Untergebenen andersartiger Rangstufen als Machtmißbrauch gegolten hätte. »Wir werden die Witwen und die Mädchen nicht gegen ihren Willen verheiraten«, verspricht der französische König Philipp August den Leuten von Falaise und Caen, »es sei denn, sie haben ganz oder teilweise von uns ein *fief de haubert* inne« (darunter ist ein Militärlehen zu verstehen, das durch den Dienst im Panzerhemd charakterisiert ist)*. Die gute Sitte verlangte, daß sich der Herr mit den Sippenangehörigen ins Einvernehmen setzte: eine Zusammenarbeit, um deren Organisation sich zum Beispiel im 13. Jahrhundert ein Gewohnheitsrecht aus Orléans bemühte und die unter Heinrich I. von England eine merkwürdige königliche Urkunde vorstellte[209]. Wenn der Herr indessen mächtig war, gelang es ihm, alle Rivalen auszustechen. Im England der Plantagenêts entartete diese Einrichtung, die aus Vormundschaftsprinzipien hervorgegangen war, schließlich zu einem widersinnigen Handel. Die Könige und die Barone – vor allem die Könige – verschenkten oder verkauften um die Wette Waisenknaben oder Waisentöchter zur Eheschließung. Oder aber die Witwe, der ein unangenehmer Ehemann drohte, bezahlte mit klingender Münze für die Genehmigung, ihn zurückweisen zu dürfen. Trotz der fortschreitenden Lockerung der Bindung entging die Vasallität offensichtlich keineswegs immer jener anderen Gefahr, deren

---

* Anm. d. Übers.: Vgl. F. L. Ganshof, Was ist Lehnswesen?, 5. Aufl. Darmstadt 1977, S. 129. Gemeint ist *feodum loricae*, nach dem langen Panzerhemd genannt, das zu der vom Vasallen gestellten Ausrüstung gehörte.

Schatten in fast jedem System persönlichen Schutzes lauert: sich in einen Mechanismus zu verwandeln, bei dem der Schwache durch den Starken ausgebeutet wird.

3. Wechselbeziehung und Bruch der Verpflichtung

Der Vasallenvertrag verband zwei Männer, die *per definitionem* nicht auf gleicher Stufe standen. Nichts ist in dieser Beziehung beredter als eine Verfügung des alten normannischen Rechtes: Wenn der Herr, der seinen Vasallen getötet hat, der Vasall, der seinen Herrn getötet hat, einer auch wie der andere mit dem Tode bestraft werden, so ist doch das Verbrechen gegen den Höhergestellten unzweifelhaft das verruchtere, denn es allein zieht das entehrende Hängen nach sich[210]. Doch wie auch immer das Mißverhältnis zwischen den auf der einen und der anderen Seite geforderten Bedingungen ausgesehen haben mag, bildeten sie nichtsdestoweniger ein unauflösliches Ganzes; die Voraussetzung für den Gehorsam des Vasallen war die Genauigkeit, mit der der Herr seine Verpflichtungen einhielt. Diese Wechselbeziehung auf der Grundlage ungleicher Pflichten, die schon im 11. Jahrhundert von Fulbert von Chartres klar herausgestellt und bis zum Ende sehr stark empfunden worden ist, war das wahrhaft unterscheidende Merkmal der europäischen Vasallität. Dadurch war es nicht allein von der antiken Sklaverei geschieden; es unterschied sich auch sehr tiefgreifend von den Formen freier Abhängigkeit, die anderen Gesellschaften eigentümlich waren, wie der Japans, ja sogar, mehr in unserer Nähe, gewissen Gesellschaften an der Grenze der eigentlich feudalen Zone. Die Riten selbst drücken wunschgemäß den Gegensatz aus: dem »Kreuzkuß« der russischen »Dienenden«, dem Handkuß der kastilischen Krieger steht unsere Huldigung gegenüber, die durch den Handgang und den Kuß beider Münder aus dem Lehnsherrn weniger einen einfachen Gebieter machte, der einzig dazu berufen ist, zu empfangen, sondern den Teilhaber eines wirklichen Vertrages. »Ebenso«, schrieb Beaumanoir, »wie der Mann seinem Herrn Treue und Loyalität auf Grund seiner Huldigung schuldet, ebensoviel dessen schuldet der Herr seinem Mann.«

Jedoch schien der feierliche Akt, der den Vertrag geschaffen hatte, eine derartige Macht zu besitzen, daß man sich sogar angesichts der schlimmsten Verstöße schlecht die Möglichkeit vorstellen konnte, seine Wirkungen auszulöschen, ohne auf eine Art Gegenförmlichkeit zurückzugreifen, zumindest in den alten fränkischen Ländern. In Lotharingien und in Nordfrankreich zeichnete sich ein Ritus beim Bruch des Vasallenschwurs ab, in dem vielleicht die Erinnerung an die Gesten wiederauflebte, die in fernen Zeiten dem salischen Franken dazu gedient hatten, sich von seiner Verwandtschaft loszusagen. Während er zugleich seine Absicht erklärte, den »eidbrüchigen« (frz. *félon*) Partner weit von sich zu »verwerfen«, warf gelegentlich der Herr, häufiger der Vasall heftig einen Strohhalm, den er mitunter zerbrochen hatte, oder ein Haar seines Mantels zu Boden. Allein, um ebenso wirksam zu erscheinen wie jene, deren Macht sie vernichten sollte, mußte die Zeremonie nach deren Vorbild die beiden Individuen einander gegenüberstellen. Das war nicht gefahrlos. Daher zog man mehr und mehr dem Werfen des »Strohhalms«, das, bevor es noch das Stadium überschritten hatte, da ein Brauch zur Vorschrift wird, in Vergessenheit geriet, eine einfache Herausforderung (*défi*) – im etymologischen Sinne des Begriffs, das heißt Treueverweigerung – durch Briefe oder einen Herold vor. Die Skrupellosesten, die nicht die Zahlreichsten waren, begnügten sich natürlich damit, die Feindseligkeiten ohne voraufgehende Erklärung einzuleiten.

Doch in der überwältigenden Mehrheit der Fälle verdoppelte sich die personale Bindung durch eine dingliche. War einmal die Vasallität zerbrochen, was sollte dann aus dem Lehen werden? Wenn das Verschulden beim Vasallen lag, gab es keinerlei Schwierigkeit: das Gut ging an den geschädigten Herrn zurück. Das war es, was man die »Lehensverwirkung« (*commise*) nannte. Die »Enterbung« des Herzogs Heinrich der Löwe durch Friedrich Barbarossa, die des Königs Johann Ohneland durch Philipp August sind ihre berühmtesten Beispiele. Wenn die Verantwortlichkeit für den Bruch hingegen beim Herrn zu liegen schien, war das Problem heikler. Ganz sicher verlor das Lehen, die Belohnung für Dienste, die nicht länger geleistet wurden, seine Daseinsberechtigung. Wie aber einen Unschuldigen berauben? Die Hierarchisierung der Gefolgstreue gestattet einen Ausweg aus der Verlegenheit. Die Rechte des unwürdigen Herrn gingen an seinen eigenen Herrn: gleichsam, als schließe sich die Kette über der Leere, nachdem ein Glied gesprungen war. Wenn allerdings das Lehen unmittelbar vom König, dem höchsten Glied, herrührte, war die Lösung aussichtslos. Aber anscheinend räumte man ein, daß gegenüber dem König keinerlei Absage von Dauer sein konnte. Nur Italien sonderte sich ab. War der Vasall Opfer eines herrscherlichen Treubruchs, so sah er dort sein Lehen sich schlicht in ein Allod verwandeln: das ist ein bezeichnender Zug unter vielen anderen für die geringe Geltung der streng feudalen Auffassungen dort unten.

Die karolingische Gesetzgebung hatte die Verstöße festgelegt, die in ihren Augen das Verlassen des Herrn durch den Vasallen rechtfertigten. Nicht alle ihrer Vorschriften verschwanden aus der Erinnerung. Im Lied von

Raoul von Cambrai sagt sich der »Pflegesohn« Bernier trotz vieler Anlässe, die er zum Haß hatte, erst von Raoul los, nachdem er einmal von ihm geschlagen worden war. Nun hatte das karolingische Kapitular verkündet: »Keiner wird seinen Herrn verlassen, nachdem er von ihm den Wert eines Sous empfangen hatte . . ., außer wenn sein Herr ihn mit einem Stock hat schlagen wollen.« Dieses Motiv für den Bruch, das ebenfalls ein wenig später durch einen höfischen Roman im Laufe einer seltsamen Diskussion feudaler Kasuistik beschworen worden ist, wurde noch im 13. Jahrhundert ausdrücklich von verschiedenen französischen Gewohnheitsrechten, zu Beginn des folgenden durch das Parlament des ersten Valois beibehalten[211]. Jedoch überdauerten sogar die festesten unter den Rechtsgeboten von einst in der Feudalzeit nur in eine schwankende Tradition eingefügt. Die Willkür, die aus dieser Verwandlung eines Rechtskodex in ein vages Bündel von Moralgesetzen entstand, hätte durch den Einfluß von Gerichtshöfen bekämpft werden können, die fähig waren, eine Norm der Rechtsprechung festzulegen und sie durchzusetzen. Tatsächlich standen gewisse Gerichte derartigen Debatten im Prinzip offen. Das war zunächst der Gerichtshof des Lehnsherrn, der in Wirklichkeit aus den Vasallen selbst gebildet wurde, die man für die natürlichen Richter in den Prozessen zwischen dem Lehnsherrn, ihrem Gebieter und seinem Gefolgsmann, ihrem Standesgenossen, hielt; dann, auf höherer Stufe, folgte das Gericht des höhergestellten Lehnsherrn, dem der Vorgenannte seinerseits den Treueid geleistet hatte. Gewisse, schon frühzeitig schriftlich niedergelegte Gewohnheitsrechte, wie das aus der Bigorre, bemühten sich darum, ein Verfahren zu entwickeln, dem der Vasall sich beugen mußte, bevor sein »Abschied« legitim wurde[212]. Aber die große Schwäche des Feudalsystems war eben seine Unfähigkeit, ein im Inneren wirklich zusammenhängendes und wirksames Rechtssystem zu errichten. Praktisch beschloß der Einzelne, der Opfer dessen war, was er als eine Beeinträchtigung seiner Rechte betrachtete oder zu betrachten vorgab, den Bruch zu vollziehen, und der Ausgang des Konflikts hing vom Gleichgewicht der Kräfte ab. Das war ungefähr wie eine Ehe, welche die Scheidung einschloß, ohne daß die Gründe dafür im voraus festgelegt würden, noch daß es Richter gäbe, um sie anzuwenden.

7. Kapitel

Das Paradox der Vasallität

1. Die Widersprüche der Zeugnisse

Jenseits der Einzelprobleme, welche die Geschichte der europäischen Vasallität in so großer Zahl aufwirft, beherrscht sie alle ein großes menschliches Problem: Was war in den Taten und den Herzen die wahre Kraft dieses die Gesellschaft fest zusammenfügenden Elements? Nun ist aber der erste Eindruck, den die Quellen davon vermitteln, der eines seltsamen Widerspruchs, vor dem auszuweichen keineswegs angebracht ist. Es ist nicht nötig, die Texte lange auszupressen, um aus ihnen eine rührende Anthologie zum Lobe der Vasallenverfassung zu erhalten. Die Quellen preisen daran zunächst ein sehr teures Band. Das geläufige Synonym für »Vasall« ist »Freund« (lat. *amicus*) und noch häufiger die alte, wahrscheinlich keltische Bezeichnung »dru«, die ungefähr gleichbedeutend ist, deren Sinn jedoch eine größere Feinheit der Auswahl umfaßt; denn wenn sie auch mitunter auf amouröse Verhältnisse anwendbar war, so scheint sie sich im Unterschied zu »ami« niemals auf Verwandtschaftsbeziehungen erstreckt zu haben. Im übrigen war es ein dem Galloromanischen und dem Deutschen gemeinsamer Begriff, in dem die Quellen die Zeiten hindurch vollständig übereinstimmen: »In der letzten Stunde«, sprechen schon 858 die Bischöfe Galliens zu Ludwig dem Deutschen, »wird es weder Frau noch Sohn geben, um dir zu helfen, noch, um dir Hilfe zu bringen, die Gefährtenschaft von *drus* und von Vasallen.« Wie die Zuneigung vom Gefolgsmann zum Herrn aufsteigt, was sich von selbst versteht, so steigt sie vom Herrn zum Gefolgsmann nieder. »Girart hat sich zum Ledigmann Karls des Großen gemacht«, sagt eine Gestalt des französischen Heldenliedes; »von ihm empfängt er nun Freundschaft und Lehnsherrschaft.« Literatur, rufen vielleicht die Historiker, die nur Ohren für die trockene Sprache der Urkunden haben. Doch das ist es nicht! »Der Herr dieses Landes bin ich«, lassen die Mönche von Saint-Serge einen Krautjunker des Anjou sagen; denn Gottfried, der es besaß, »hatte es von mir als Lehen in Freundschaft.« Wie soll man auch folgende Verse aus *Doon de Mayence* zurückweisen, in denen sich mit einer solch unverfälschten Schlichtheit die wahre Vereinigung der Herzen ausdrückt, jene, die sich das Leben des einen ohne den anderen nicht vorstellen kann:

»Wenn mein Herr gemordet ist, will ich getötet werden.
Gehängt? Mit ihm mich hängt.

Dem Feuer übergeben? Ich will verbrannt werden.
Und wenn ertränkt er wurde, so werft mich mit ihm hin[213].«

Ein Band, das im übrigen Ergebenheit ohne Schwäche verlangt wie auch, daß der Gefolgsmann dafür »sowohl das Heiße, wie das Kalte« erduldet. So heißt es im französischen Rolandslied. »Ich werde lieben, was du lieben wirst; ich werde verabscheuen, was du verabscheuen wirst«, schwört der Angelsachse, der sich kommendiert. Und hier folgen weitere Quellen vom Kontinent: »Deine Freunde werden meine Freunde sein; deine Feinde meine Feinde.« Die erste Pflicht des guten Vasallen war natürlich, mit dem Schwert in der Hand für seinen Heerführer sterben zu wissen: das ist ein vor allem beneidenswertes Geschick, denn es ist das des Märtyrers und öffnet das Paradies. Wer spricht so? Die Dichter? Zweifellos. Aber auch die Kirche. Ein Ritter hatte durch Bedrohung veranlaßt seinen Herrn getötet: »Du hättest den Tod für ihn annehmen müssen«, erklärt ein Bischof im Namen des Konzils von Limoges im Jahre 1031, »deine Treue hätte dich zu einem Märtyrer Gottes gemacht[214].«
Schließlich war es ein Band von der Art, das zu verleugnen die schrecklichste Sünde war. Als die Völker Englands Christen geworden waren, schrieb der angelsächsische König Alfred, setzten sie für die meisten Vergehen barmherzige Sühnegelder fest, »außer für den Verrat des Gefolgsmannes an seinem Herrn, da sie nicht wagten, diese Barmherzigkeit auf ein solches Verbrechen auszudehnen ... ebensowenig wie Christus sie jenen zugestanden hatte, die ihn dem Tode überlieferten«. »Keinerlei Erlösung für den Gefolgsmann, der seinen Herrn getötet hat«, wiederholt in einem Abstand von mehr als zwei Jahrhunderten im bereits nach dem Vorbild des Kontinents feudalisierten England das *Gesetze Heinrichs I.* genannte Gewohnheitsrecht; »für ihn der Tod unter den schrecklichsten Qualen«, heißt es dort. Man erzählte im Hennegau, daß ein Ritter, der in einem Kampf den jungen Grafen von Flandern, seinen ligischen Lehnsherrn, getötet hatte, als bußfertiger Sünder den Papst aufgesucht habe, so wie der Tannhäuser der Legende. Der Pontifex befahl, ihm die Hände abzuhauen. Aber da sie nicht im geringsten zitterten, erließ er ihm doch die Strafe unter der Bedingung, sein Leben lang seine Missetat in einem Kloster zu beweisen. »Er ist mein Herr«, wird im 13. Jahrhundert der Sire d'Ybelin sagen, dem man anrät, den Kaiser ermorden zu lassen, der sein schlimmster Feind geworden war; »was er auch tut, wir wahren ihm unsere Treue[215]«.
Diese Bindung empfand man als so mächtig, daß sich ihr Bild auf alle anderen menschlichen Beziehungen übertrug, die älter als sie waren und als ehrwürdiger hätten erscheinen können. Die Vasallität durchdrang auf

diese Weise die Familie. »In den Prozessen der Eltern gegen die Söhne oder der Söhne gegen die Eltern«, entscheidet der gräfliche Gerichtshof von Barcelona, »muß man im Urteil die Eltern behandeln, als seien sie die Herren und die Söhne ihre durch den Handgang kommendierten Gefolgsleute«. Als die provençalische Dichtung die höfische Liebe erfand, geschah es, daß sie die Treue des vollkommen Liebenden auf das Vorbild der Ergebenheit des Vasallen gründete. Das war im übrigen um so leichter, als der Bewunderer tatsächlich häufig einen weniger hohen Rang bekleidete als die Dame seiner Wünsche. Die Gleichsetzung wurde so weit getrieben, daß der Name oder Beiname der Geliebten durch eine seltsame Sprachwendung gern mit dem männlichen Geschlecht versehen wurde, wie es dem Namen eines großen Herrn zukommt: *Bel Senhor,* »mein schöner Herr –«, wir kennen nur unter diesem Pseudonym eine derer, der Bertrand de Born sein flatterhaftes Herz zuwandte. Auf seinem Siegel ließ sich der Ritter mitunter seine in die Hände seiner Dulcinea verschränkte Hände gravieren. Vielleicht hat auch heutzutage, möglicherweise in der Zeit der Frühromantik durch eine antiquarische Mode wiedererweckt, die Erinnerung an diesen Symbolismus, an eine völlig feudale Zärtlichkeit, in den Höflichkeitsregeln überdauert, die uns einen fast einseitigen Gebrauch des ziemlich verblaßten Wortes *hommages** – Huldigung, vorschreiben. Sogar die religiöse Denkweise färbte sich mit diesen erborgten Tönen. Sich dem Teufel verschreiben, hieß, sich zu seinem Vasallen machen; zusammen mit den Liebessiegeln zählen die Szenen der Selbstübergabe an den Bösen zu den besten Darstellungen der Lehnshuldigung, die wir besitzen. Für den Angelsachsen Cynewulf sind die Engel die *thegns*** Gottes; für den Bischof Eberhard von Bamberg ist Christus der Vasall Gottvaters. Doch zweifellos gibt es für die Allgegenwart eines vasallenhaften Empfindens kein beredteres Zeugnis als das Ritual der Frömmigkeit, selbst in allen seinen Wandlungen: die Geste der zusammengelegten Hände, welche die Haltung des antiken Betenden mit ausgestreckten Händen ersetzt und der *commendatio* nachgebildet ist, wurde in der ganzen katholischen Welt zur typischen Gebetsgeste[216]. Vor Gott sah sich der gute Christ im Innern seiner Seele als ein Vasall, der die Knie vor seinem Herrn beugt.

Es war jedoch unmöglich, daß die Vasallenpflicht nicht von Zeit zu Zeit mit anderen Verpflichtungen in Konflikt geriet, zum Beispiel der des Untertan oder des Verwandten. Das geschah fast immer, um über diese Rivalen zu triumphieren, und zwar nicht nur in der Praxis, sondern auch

---

* Anm. d. Übers.: Z. B. in Floskeln wie »mes hommages« – ich empfehle mich etc.
** Anm. d. Übers.: Angelsächsisch, entspricht ungefähr dem Vasallen.

nach dem Recht. Als Hugo Kapet 991 Melun wieder eingenommen hatte, ist der Vizegraf, der die Festung gegen ihn verteidigt hatte, zusammen mit seiner Frau gehängt worden, ohne Zweifel weniger als Rebell gegen seinen König, sondern weil er zugleich durch ein gräßlicheres Verbrechen die Treue gegenüber dem Grafen, seinem direkten Herrn, der im königlichen Feldlager anwesend war, gebrochen hatte. Andererseits verlangte Hugos Umgebung Gnade für die Ritter der Burg: Hatten die Vasallen des Vizegrafen, die sich zu Komplizen der Revolte machten, etwas anderes getan, als, wie der Chronist sagt, ihre »Tugend« zu bekunden? Worunter ihre Treue zur Lehnshuldigung zu verstehen ist, die also den Vorrang vor der Treue zum Staat hatte[217]. Selbst die Blutsbande, die sicherlich als sehr viel geheiligter galten als die des öffentlichen Rechts, traten vor den Pflichten der persönlichen Abhängigkeit zurück. »Man kann«, verkünden in England die Gesetze Alfreds, »die Waffen für seinen zu Unrecht angegriffenen Verwandten ergreifen, allein außer gegen seinen Herrn: das gestatten wir nicht.« In einer berühmten Passage stellt die Angelsächsische Chronik die Mitglieder einer Sippe vor, welche die Blutrache zweier verschiedener Herren, auf die sich ihr Gehorsam verteilt, gegeneinander stellt. Sie nehmen das Geschick hin: »kein Verwandter ist uns teurer als unser Herr«, sagen sie. Eine gewichtige Parole, die ihren Widerhall inmitten des 12. Jahrhunderts und im gesetzesachtenden Italien im Satz aus den *Libri feudorum* findet: »Die Vasallen müssen gegen alle dem Herrn helfen: gegen ihre Brüder, gegen ihre Söhne, gegen ihre Väter[218].«

Doch halt! Denn ein anglo-normannisches Gewohnheitsrecht sorgt sich um Präzisierung: »Gegen die Gebote Gottes und des katholischen Glaubens gibt es keinerlei Befehl, der gültig ist.« Ebenso dachten die Geistlichen. Die ritterliche Meinung forderte eine vollkommenere Entsagung. »Raoul, mein Herr, mag zwar verräterischer sein als Judas; er ist mein Herr«: Über dieses Thema haben die Heldenlieder zahllose Variationen angestimmt, die mitunter auch in den praktischen Abmachungen widerhallen. Wenn der Abt einen Prozeß am Gerichtshof des Königs hat«, sagt ein englischer Lehnsvertrag, »wird der Vasall seine Partei ergreifen, außer gegen den König selbst.« Lassen wir die abschließende Einschränkung beiseite, so brachte sie die außergewöhnliche Achtung zum Ausdruck, den eine aus der Eroberung entstandene Monarchie einzuflößen wußte. Nur der erste Teil der Bestimmung ist in seiner zynischen Offenherzigkeit von allgemeiner Bedeutung: Die Treuepflicht sprach sichtlich zu laut, als daß es gestattet wäre, zu fragen, wo denn das bessere Recht sei. Warum sollte man sich im übrigen auch mit so vielen Bedenken belasten? Was tut es, daß mein Herr Unrecht hat, denkt Renaud von Montauban: »Er ist es, der die Schuld tragen wird.« Wer sich ganz und gar hingibt, entsagt eben dadurch seiner persönlichen Verantwortung[219].

Muß man nicht befürchten, daß in dieser Zusammenstellung, bei der es unumgänglich war, Seite an Seite Zeugnisse unterschiedlichen Ranges und Alters vorzuführen, daß die alten Texte, die Rechtsliteratur, die Dichtung allzu sehr über die lebendigeren oder uns näheren Dinge die Oberhand gewonnen haben? Um diese Zweifel zu besänftigen, wird es genügen, sich am Ende auf Joinville zu berufen, einen völlig nüchternen Beobachter, der unter Philipp dem Schönen schrieb. Ich habe die Passage schon zitiert: Ein Truppenteil hat sich im Kampf besonders ausgezeichnet. Was ist daran verwunderlich? Fast alle Krieger, aus dem es sich zusammensetzte, waren seine Ledigleute, wenn sie nicht der Sippe ihres Feldherrn angehörten.

Aber nun kommt die Kehrseite. Jenes Heldenlied selbst, das die Vasallentugend so hoch schätzt, ist kaum etwas anderes als ein langer Bericht über die Kämpfe, welche die Vasallen gegen ihre Herren anzetteln. Manchmal tadelt der Dichter, häufiger findet er Gefallen an genüßlichen Gewissensfragen. Was er ganz ohne Zweifel weiß, ist, daß die alltägliche Tragödie der Existenz von diesen Revolten zehrt. In dieser Hinsicht spiegeln die Lieder lediglich einen schwachen Abglanz der Wirklichkeit wider: Kämpfe der großen Lehnsträger gegen die Könige; Aufstände der eigenen Gefolgsleute gegen diese hohen Barone; Flucht vor dem Lehnsdienst; Schwäche der Vasallenarmeen, die seit den frühesten Zeiten unfähig waren, die Eindringlinge aufzuhalten. Diese Dinge lassen sich auf jeder Seite des Buches der Feudalgeschichte nachlesen. Eine Urkunde vom Ende des 11. Jahrhunderts zeigt uns die Mönche von Saint-Martin-des-Champs, die damit beschäftigt sind, das Einziehen einer auf einer Mühle lastenden Abgabe für den Fall festzusetzen, daß diese während einer Fehde geplündert würde, die von den beiden Krautjunkern geführt wird, denen der Betrag geschuldet wurde, was der Text in folgenden Worten ausdrückt: »Wenn es geschieht, daß sie gegen ihre Herren oder andere Gefolgsleute Krieg führen[220].« Die Waffen gegen seinen Herrn zu ergreifen, war also von allen Anlässen, Krieg zu führen, der erste, der in den Sinn kam. Diesen angeblichen Verbrechen gegenüber verfuhr das Leben seltsamerweise viel duldamer als die Dichtung. Über Herbert von Vermandois, der Karl den Einfältigen, seinen Herrn und König, so schurkisch verriet, erzählte die Legende, daß er gehenkt den Judastod starb. Aber aus der Geschichte wissen wir, daß er im hohen Alter ein ganz natürliches Ende fand.

Gewiß war es unvermeidlich, daß es schlechte wie gute Vasallen gab, daß man vor allem viele von ihnen nach den Interessen oder der Laune des

Augenblicks zwischen Ergebenheit und Untreue schwanken sah. Genügt es also nicht angesichts so vieler Zeugnisse, die sich gegenseitig zu widerlegen scheinen, mit dem Dichter des *Couronnement de Louis* (Die Krönung Ludwigs) zu wiederholen?:

> Dort schwuren alle den Eid.
> Einer schwor ihn, der ihn tapfer hielt.
> Einer auch, der ihn überhaupt nicht hielt.

Sicher ist die Erklärung in ihrer Unbefangenheit nicht völlig zu verachten. Von Grund aus der Tradition verhaftet, aber von gewaltiger Lebensart und schwankendem Charakter war der Mann der Feudalzeit auf alle Fälle geneigter, die Bestimmungen äußerlich zu achten, als sich ihnen mit Beständigkeit zu beugen. Haben wir nicht schon im Hinblick auf die Blutsbande dieses widersprüchliche Verhalten festgestellt? Dennoch hat es sehr wohl den Anschein, daß in diesem Fall der Knoten des Widerspruchs weiter in der Vergangenheit gesucht werden muß, in der Vasallenverfassung selbst, ihren Wechselfällen und ihren Mannigfaltigkeiten.

2. Die Rechtsbindungen und der menschliche Kontakt

Die früheste Vasallität, die um einen Anführer seine bewaffneten Gefolgsleute scharte, hatte in ihrem Wortschatz selbst etwas wie einen Geruch von selbstgebackenem Brot. Der Herr war »der Alte« (*senior, herr*) oder der Brotgeber (*lord*), die Gefolgsleute seine Gefährten (*gasindi*), seine Kerle (*vassi, thegns, knights*), seine Brotesser (*buccellarii, hlafoetan*). Mit einem Wort, die Treue gründete sich also auf den persönlichen Kontakt und die Unterordnung war von Kameraderie gefärbt.
Aber es sollte dahin kommen, daß sich das Tätigkeitsfeld dieser ursprünglich auf die Hausgemeinschaft beschränkten Bindung über die Maßen vergrößerte, weil man weiterhin den Männern Achtung einflößen wollte, die sich nach einer Probezeit in der Behausung des Herrn daraus entfernt hatten, um ihr Leben fern von ihm zu führen, häufig gerade auf den Ländereien, die er ihnen gegeben hatte, vor allem aber, weil angesichts der wachsenden Anarchie die Großen und mehr noch die Könige glaubten, in dieser so starken Bindung oder in ihrer Nachahmung ein Heilmittel gegen die nachlassende Treue zu finden und umgekehrt viele bedrohte Personen das Mittel, sich einen Beschützer zu verschaffen. Wer immer über einem gewissen gesellschaftlichen Rang dienen wollte oder mußte, wurde einem Waffengefolgsmann gleichgesetzt.

Die so gesuchte Treue war schließlich von jeglichem lebendigen Inhalt entleert. Das geschah durch die Bestrebung, auf diese Weise Personen einer gleichsam häuslichen Treue zu unterwerfen, die den Tisch und das Geschick des Anführers nicht mehr teilten, deren Interessen den seinen häufig entgegenstanden, die manchmal sogar, weit davon entfernt, von seinen Gaben bereichert worden zu sein, gezwungen waren, ihm ihr eigenes väterliches Erbe abzutreten, um es aus seinen Händen mit neuen Bürden belastet zurückzunehmen. Die Abhängigkeit des Menschen vom Menschen war bald nichts weiter als die Folge der Abhängigkeit eines Landbesitzes von einem anderen.

Anstatt die Solitarität zweier Geschlechter zu besiegeln, trug im Gegenteil gerade die Erblichkeit zur Lockerung der Bindung bei, da sie vor allem den Landinteressen verhaftet war. Denn der Erbe brachte den Treueid nur dar, um das Lehen zu bewahren. Das Problem hatte sich sowohl für die bescheidenen Lehen von Handwerkern wie für die ehrenvollen Lehren der Ritterschaft gestellt. Es scheint in beiden Fällen unter ähnlichen Bedingungen gelöst worden zu sein. Der Sohn des Malers oder Zimmermanns trat die Nachfolge des väterlichen Gutes nur dann an, wenn er auch etwas von seiner Kunstfertigkeit geerbt hatte[221]. Ebenso empfing der Sohn des Ritters die Belehnung nur, wenn er sich verpflichtete, die väterlichen Dienste fortzuführen. Aber die Geschicklichkeit eines qualifizierten Handwerkers war eine Tatsache, die viel sicherer feststellbar war, als die Ergebenheit eines Kriegers, die sich allzu leicht versprechen und nicht einhalten ließ. In einer sehr bezeichnenden Präzisierung sieht eine Ordonnanz von 1291, welche die Motive der Ablehnung aufzählt, die gegen die Richter des königlichen Gerichtshofes in Frankreich geltend gemacht werden konnten, den Vasallen eines der Prozeßführenden nur dann als der Parteilichkeit verdächtig an, wenn sein Lehen auf Lebenszeit befristet ist. Von so geringer Kraft erschien also die Bindung, die ererbt worden war[222]!

Das Gefühl der freien Wahl verliert sich an dem Punkt, da man sich daran gewöhnte, daß der Vasall mit dem Lehen die Vasallenpflichten veräußerte und der Herr mit seinen Feldern, seinen Wäldern und seinen Burgen die Ergebenheit seiner Gefolgsleute vergab oder verkaufte. Zweifellos konnte das Lehen grundsätzlich nicht ohne die Genehmigung des Herrn in andere Hände übergehen. Zweifellos forderten die Vasallen ihrerseits gern, daß sie nur mit ihrer Zustimmung abgetreten werden dürften. In diesem Sinne war die offizielle Anerkennung dieses Rechts im Jahre 1037 eine der Gunstbezeugungen, die Kaiser Konrad den italienischen Valvassoren gewährte. Die alltägliche Praxis zauderte jedoch kaum, jene zerbrechlichen Hindernisse umzustoßen. Mit Ausnahme Deutschlands, das, wie wir sehen werden, durch einen außergewöhnlich ausgeprägten Sinn für Rang und Ansehen vor diesem Mißbrauch nahezu bewahrt blieb, zeitigte die Kommerzialisierung der Lehnsverhältnisse neben anderem die absurde Auswirkung, daß sich häufig ein Mächtiger dazu veranlaßt sah, sich zum »mit Hand und Mund« belehnten Gefolgsmann (»homme de bouche et de main«) eines viel Schwächeren zu machen. Soll man etwa glauben, daß der große Graf, der ein Lehen in der Lehensfolge eines kleinen Burgherrn erworben hatte, wirklich jemals den Übergaberitus ernstgenommen hätte, dem sich zu beugen ein nichtiger Brauch ihn zwang? Und endlich, trotz des Rettungsversuchs, den die ligische Vasallität darstellte, vollendete die Vielzahl der eidlichen Bindungen, die selbst eine Folge der Schwächung dieser Bindung war, ihre Aushöhlung bis zur Handlungsunfähigkeit. Aus einem Waffengefährten, dessen Ergebenheit von beständig empfangenen Geschenken und der persönlichen Gegenwart zehrte, war der Vasall zu einer Art Pächter geworden, den es mäßig drängte, seinen Pachtzins an Diensten und Gehorsam abzutragen. Ein Hemmschuh blieb jedoch: die Achtung vor dem Schwur. Er war nicht ohne Einfluß. Doch wenn die Eingebungen des persönlichen Interesses oder der Leidenschaft ihre Stimme zu laut erhoben, so widerstand diese abstrakte Fessel schlecht.

Zumindest war das in eben dem Maße der Fall, wie die Vasallität sich völlig von ihrem ursprünglichen Charakter entfernt hatte. Nun hatte es aber bei dieser Bewegung viele Stufen gegeben. Es wäre ein schwerer Fehler, die so häufig gestörten Beziehungen der großen oder mittleren Barone zu den Königen oder Territorialfürsten, ihren Herren, als Modell für das Vasallenempfinden zu übernehmen. Ohne Zweifel scheinen uns Chroniken und Heldenlieder dazu aufzufordern, weil Dramen auf der höchsten Ebene der politischen Szene, nämlich die aufsehenerregenden Treubrüche dieser Magnaten, vor allem die Blicke der Geschichte wie der Dichtung auf sich zogen. Doch was beweisen sie, außer daß die Karolinger und ihre Nachahmer sich schwer getäuscht hatten, als sie glaubten, ihre höchsten Würdenträger wirksam durch eine Bindung an sich zu ziehen, die einer ganz anderen Sphäre entlehnt war?

Weiter unten auf der gesellschaftlichen Stufenleiter lassen die Quellen Gruppen ahnen, die sich viel enger um besser bekannte und besser bediente Anführer scharten. Das waren zunächst jene nicht behausten Ritter ohne Land, jene *baccalarii* (*vassi non casati*, nichtbehauste Vasallen) der »*mesnie*« (Haushalt des Herrn) – mit anderen Worten, der Hausgemeinschaft –, deren Lage lange Jahrhunderte hindurch und im ganzen Abendland Zug um Zug beständig das Leben der erstrangigen Vasallen wiederholte[223]. Das französische Heldenlied hat sich darin nicht geirrt. Seine großen Aufrührer, ein Ogier, ein Girard, ein Renaud, sind mächtige Lehnsträger. Geht es dagegen darum, einen guten Vasallen zu beschreiben, so haben wir ihn im Bernier aus dem *Raoul von Cambrai* vor uns: Bernier, der trotz des ungerechten Krieges treu ist, den sein Herr gegen seine Verwandtschaft führt, der noch treu ist, nachdem er seine Mutter im Brand hat umkommen sehen, der von diesem »Judas« angezündet worden war und der nun einmal, selbst als eine grausame Schmach ihn am Ende bestimmt hat, den erbärmlichsten der Herren zu verlassen, genauso wie der Dichter niemals zu wissen scheint, ob er recht oder unrecht hatte, die Treue so zu brechen, Bernier, der einfache Knappe, dessen Ergebenheit sich in der Erinnerung an eine nicht empfangene Länderei, sondern an das Pferd und die großzügig zugeteilten Kleider stärkt. Diese ergebenen Diener rekrutierten sich auch aus der zahlreicheren Schar der bescheidenen »Valvassoren«, deren kleine Lehen sich häufig in der Umgebung der Burg sammelten, wo sie einer nach dem anderen die Burghut (lat. *stagium* oder *custodia*) versahen. Gewöhnlich waren sie zu arm, um ihr Land durch mehr als einen Lehnseid oder zumindest durch mehr als eine ligische Lehnshuldigung zu halten[224], zu schwach, um nicht großen Wert auf den Schutz zu legen, den ihnen nur die genaue Erfüllung ihrer Pflichten sichern konnte, zu wenig in die großen Zeitangelegenheiten verwickelt, als daß ihre Interessen wie ihre Empfindungen nicht bereitwillig den Herrn zum Mittelpunkt machten, der sie regelmäßig an seinem Hof zusammenrief, ihre schmalen Einkünfte von den Feldern oder aus den Zinsabgaben durch willkommene Geschenke aufbesserte, ihre Kinder als Zöglinge aufnahm und sie schließlich in den fröhlichen und ertragreichen Krieg führte.

Das waren die Kreise, in denen sich die Vasallentreue trotz unvermeidlicher Ausbrüche von Leidenschaft lange in ihrer Reinheit erhielt und wo auch diese alten Riten, wie wir sehen, durch andere Formen persönlicher Abhängigkeit abgelöst wurden, als sie sich engültig abgenutzt hatten. Sie hatte sich ursprünglich auf die freundschaftliche Gefährtenschaft des häuslichen Herdes und der Fahrten gegründet und wahrte dann, als sie einmal aus diesem häuslichen Kreis herausgetreten war, nur dort ein wenig von ihrem menschlichen Wert, wo der Abstand am geringsten war: In diesem Schicksal findet die europäische Vasallität ihre eigene Ausprägung als Erklärung ihrer offenkundigen Widersprüche.

Drittes Buch

Die Bande der Abhängigkeit in den Unterschichten

1. Kapitel

Die Grundherrschaft

1. Das Herrenland

Die relativ hohe gesellschaftliche Ebene, die durch die militärische Huldigung charakterisiert worden ist, war nicht die einzige, auf der es »Leute« anderer Menschen gab. So befanden sich die Abhängigkeitsverhältnisse auf unterer Ebene im natürlichen Rahmen einer Gruppierung, die, sehr viel älter als die Vasallität, ihren Niedergang lange überleben sollte: die Grundherrschaft (*seigneurie* oder *seigneurie terrienne*). Weder die Anfänge der grundherrlichen Ordnung noch ihre wirtschaftliche Funktion interessieren uns hier, sondern allein ihr Platz in der feudalen Gesellschaft.

Während die Herrschaftsrechte, deren Ursprung die vasallitische Huldigung war, erst spät und durch eine offensichtliche Verkehrung ihres eigentlichen Sinnes, materielle Gewinne ermöglichten, war in der Grundherrschaft der wirtschaftliche Gesichtspunkt vorherrschend. Die Macht des Herrn war hier von Anfang an – wenn auch nicht ausschließlich – dazu bestimmt, ihm durch Abgabe eines Teils der Bodenerträge Einkünfte zu garantieren. Eine Grundherrschaft ist also vor allem »Land«, aber ein von Abhängigen bewohntes Land. Normalerweise teilt sich das so begrenzte Gebiet wiederum in zwei Teile, die wechselseitig eng miteinander verbunden sind: einerseits die »Domäne«, die auch von den französischen Historikern »réserve« genannt wird, deren gesamte Erträge der Grundherr unmittelbar bezieht; andererseits die »Zinsgüter« *(tenures)*, kleine oder mittlere Bauernwirtschaften, die sich in mehr oder weniger stattlicher Zahl um den Herren»hof« scharen. Die Oberhoheit, die der Grundherr über Behausung, Pflug und Garten des Hintersassen ausübt, zeigt sich in seinem Eingreifen bei einer neuen Besetzung der Stelle, was selten kostenlos geschieht, jedesmal beim Wechsel des Besitzers; im Recht, sich im Falle legaler Einziehung oder des Heimfalls das Gut anzueignen; schließlich und besonders in der Entgegennahme von Abgaben und Dienstverpflichtungen. Diese bestanden meist in bäuerlichen Fronarbeiten auf dem Herrenland. So erbrachten wenigstens zu Beginn der Feudalzeit, als diese Arbeitsanforderungen außerordentlich schwer waren, die Zinsgüter nicht nur Abgaben in Getreide oder Geld zusätzlich zu den Einkünften aus dem Boden, der vom Herrn direkt genutzt wurde, sondern sie waren außerdem eine Art Reservoir von Arbeitskräften, ohne daß dieser Boden zum Brachliegen bestimmt gewesen wäre.

Alle Grundherrschaften hatten selbstverständlich nicht dieselben Ausmaße. In dichtbesiedelten Gebieten umfaßten die größten die gesamte Anbaufläche eines Dorfes. Seit dem 9. Jahrhundert war das gewöhnlich wahrscheinlich nicht mehr der Fall. Trotz einiger hin und wieder erfolgreicher Gebietsabrundungen sollte das mit der Zeit in ganz Europa immer seltener werden, was wohl den Auswirkungen der Erbteilungen zu verdanken war, aber auch eine Folge der Lehnsvergabe gewesen ist. Mehr als ein Herr mußte sein Land zerteilen, um seine Vasallen zu belohnen. Weil es außerdem ziemlich häufig vorkam, daß ein Mächtiger durch Schenkung, Verkauf oder infolge einer dieser Einverleibungen von Land, die als Vorgang weiter unten beschrieben werden, in einem ziemlich ausgedehnten Gebiet zerstreute Bauerngüter in seine Abhängigkeit brachte, überschnitten sich sehr viele Grundherrschaften mit der Anbaufläche mehrerer Dörfer auf einmal, ohne mit einem einzigen genau übereinzustimmen. Im 12. Jahrhundert fielen die Grenzen nur noch in den Gebieten mit neuen Rodungen zusammen, wo Grundherrschaften und Dörfer sogleich aus wilder Wurzel gegründet worden waren. Die meisten Bauern hingen also gleichzeitig von zwei ständig auseinanderfallenden Gruppen ab: Die eine bestand aus den Untergebenen desselben Herrn, die andere aus den Mitgliedern ein und derselben Dorfgemeinschaft. So waren die Bauern zwangsweise zwischen einigen Herrschaftsgebieten, auf die sie aufgeteilt waren, durch alle möglichen gemeinschaftlichen Interessenverbindungen, ja durch den Gehorsam gemeinsamer Dienstverpflichtungen der Landarbeit miteinander verbunden, obwohl ihre Häuser dicht beieinander lagen und ihre Felder auf ein und derselben Flur ineinander übergingen. Dieser doppelte Charakter mußte für die Herrschaftsgewalt der Grundherren auf lange Sicht ein gewichtiger Grund ihrer Schwächung sein. Was die Gebiete betrifft, wo Familien patriarchalischen Typs entweder einzeln oder höchstens in winzigen Ansiedlungen zu zweit oder zu dritt lebten, umfaßte die Grundherrschaft in der Regel eine mehr oder weniger große Anzahl solcher kleinen Niederlassungen. Diese Zerrissenheit verlieh ihr zweifellos ein fühlbar lockeres Gefüge.

2. Der Siegeszug der Grundherrschaft

Doch wie weit dehnten nun diese Grundherrschaften ihr Einflußgebiet aus? Und wenn es tatsächlich immer kleine Inseln unabhängigen Grundbesitzes gegeben hat, wie hoch war je nach Zeit und Raum ihr jeweils wechselnder Anteil? Überaus schwierige Fragen, denn allein die Grundherrschaften, zumindest die kirchlichen, besaßen Archive, und die Felder ohne Herren sind auch Felder ohne Geschichte. Wenn dennoch diese oder jene geschichtslosen Felder zufällig im Lichte von Schriftquellen erscheinen, so geschieht das fast immer gewissermaßen im Zustand ihres Verschwindens, in dem Moment, wenn ein Schriftstück ihr endgültiges Aufgehen im Komplex der grundherrlichen Rechte bezeugt. So gilt, daß, je beständiger der freie Besitz war, wir desto mehr Gefahr laufen, nichts über ihn zu erfahren. Um dennoch etwas klarer zu sehen, empfiehlt es sich wenigstens, zwei Formen der Untertänigkeit sorgfältig zu unterscheiden: diejenige, die auf dem Menschen, auf ihm als Person lastete, und diejenige, die ihn nur als Besitzer eines bestimmten Stück Landes erfaßte. Natürlich gab es zwischen beiden Formen enge Verbindungen, so daß oft die eine die andere nach sich zog. Dennoch waren sie in den Unterschichten – im Gegensatz zur Welt der Mannschaft und des Lehens – weit davon entfernt, sich zu vermischen. Behalten wir uns die persönlichen Verhältnisse für ein weiteres Kapitel vor und beginnen wir mit der Abhängigkeit vom Grundbesitz oder der über Grundbesitz vermittelten Abhängigkeit.

In den Ländern, wo die römischen Institutionen, die selbst auf antiken italischen oder keltischen Traditionen fußten, die ländliche Gesellschaft stark geprägt hatten, erschien die Grundherrschaft unter den ersten Karolingern schon in sehr klaren Umrissen. Außerdem lassen sich in den *villae* des fränkischen Galliens oder Italiens leicht Spuren der verschiedenen Urformen entdecken, aus denen sie sich geformt hatte. Von den Zinsgütern oder *mansus*, wie man ihre wichtigsten, durch Unteilbarkeit gekennzeichneten Formen nannte, bezeichnete man einige als *serviles*. Ein solches Attribut erinnerte ebenso wie die schwereren und mit größerer Willkür verhängten Lasten, die ihnen auferlegt waren, an die Zeit, als die Herren sie begründet hatten, indem sie ihren Sklaven, die sie zu ihren Pächtern machten, große Anteile ihrer ehemaligen *latifundia* zuwiesen, die direkt genutzt nur noch wenig rentabel gewesen waren. Diese Bodenaufteilung, an der auch freie Bauern beteiligt gewesen sind, hatte gleichzeitig andere Formen der Bodenleihe hervorgebracht, die ihrerseits unter der Bezeichnung *mansus ingenuiles* bekannt werden sollten, ein Begriff, der die persönlichen Verhältnisse ihrer ersten Besitzer charakterisierte, welche mit Knechtschaft nichts gemein hatten. Allerdings hatte innerhalb der sehr beträchtlichen Masse der so bezeichneten Güter die Mehrzahl einen ganz anderen Ursprung. Nicht auf Kosten einer zu verkleinernden Domäne sind sie ausgegeben worden, sondern sie waren schon immer Bauernwirtschaften, so alt wie der Ackerbau selbst. Die Abgaben und Frondienste, mit denen sie belastet waren, sind anfangs nur das Zeichen der Abhängigkeit ihrer Bewohner von einem Führer im Dorf, im Stamm oder in der Sippe oder von einem anderen der Schutz gewährenden Herren gewesen, die nach und nach zu wirklichen Grundherren geworden sind. Ebenso wie man in Mexiko unlängst Gruppen von selbständigen Bauern als Nachbarn der »Haciendas« finden konnte, gab es noch eine bemerkenswerte Menge ursprünglichen Allodialbesitzes, der von jeglicher grundherrlicher Oberhoheit frei war.

In den eigentlich germanischen Gebieten – in reinster Form war das die sächsische Tiefebene zwischen Rhein und Elbe – traf man auch sehr viele Sklaven, Freigelassene und sogar offenbar freie Pächter an, die sich alle auf dem Land der Mächtigen gegen Abgaben und Dienste niedergelassen hatten. Aber in der Masse der Landbevölkerung unterscheiden sich Grundholde und Allodialbesitzer viel weniger deutlich, weil zunächst die ersten Vorläufer des grundherrschaftlichen Systems aufgetaucht waren. Man war kaum aus dem Zustand herausgetreten, in dem der Anführer eines Dorfes oder eines Dorfteils allmählich zu einem Grundherrn wird und die Gaben, die er herkömmlich empfängt, so wie es Tacitus über den germanischen Anführer berichtete, zu Abgaben zu werden beginnen.

Die Entwicklung beider Merkmale sollte sich während der ersten Phase des Feudalzeitalters in dieselbe Richtung bewegen. Die Ausbreitung der Grundherrschaft nahm gleichmäßig zu. Mehr oder weniger vollständige Zusammenlegung verschiedener Formen von Zinsgütern, Erwerb neuer Machtbefugnisse durch die Grundherrschaften, vor allem der Übergang zahlreicher Allode in die Herrschaft eines Mächtigen: Diese Vorgänge vollzogen sich überall oder fast überall. Zusätzlich war zu beobachten, daß dort, wo anfangs nur ziemlich lockere und verworrene grundherrschaftliche Abhängigkeitsverhältnisse vorlagen, sich diese allmählich normalisierten und wirkliche Grundherrschaften entstanden. Doch hüten wir uns vor der Annahme einer ausschließlich spontanen Entwicklung. Wechselhafte, durch Einwanderung und Eroberung begünstigte Einflüsse spielten dabei eine Rolle. So trugen in Süddeutschland schon in vorkarolingischer Zeit, dann unter den Karolingern auch in Sachsen die aus dem Frankenreich stammenden Bischöfe, Äbte und hohen Adligen zur Verbreitung von Lebensformen ihrer Heimat bei, die vom einheimischen Adel leicht imitiert wurden. Noch eindeutiger war die Situation in England:

Solange dort die angelsächsischen und skandinavischen Traditionen überwogen, blieb das System grundherrlicher Untertänigkeit besonders verworren und ohne bleibende Kraft, Domäne und Zinsgüter waren miteinander nur unvollkommen verbunden. Die Herausbildung eines grundherrschaftlichen Systems von außergewöhnlicher Härte vollzog sich erst nach 1066 unter dem gewaltsamen Eingriff ausländischer Herren.

Im übrigen ist die Anwendung von Gewalt bei diesem Siegeszug der Grundherrschaft keinesfalls bedeutungslos gewesen. Zu Recht klagten die offiziellen Dokumente der Karolinger schon über die Bedrängnis der »Armen« durch die »Mächtigen«. Diese waren im allgemeinen kaum darauf aus, ihren Mann von seinem Grund zu trennen, denn der Boden ohne dazugehörige Arbeitskraft bedeutete wenig. Was sie wünschten, war die Unterwerfung der kleinen Bauern *mit* ihrem Land.

Um dorthin zu gelangen, fanden viele von ihnen in der Verwaltungsstruktur des fränkischen Staates eine wertvolle Waffe. Jeder, der noch nicht in grundherrlicher Abhängigkeit lebte, unterstand grundsätzlich dem König, d. h. in der Praxis seinen Amtsträgern. Der Graf oder seine Vertreter führten diese Leute dem Heerbann zu, präsidierten in den Gerichten, wo über jene geurteilt wurde und erhoben von ihnen die verbleibenden öffentlichen Abgaben. Das alles geschah selbstverständlich im Namen des Königs. Doch war den Abgabepflichtigen selbst der Unterschied klar? Jedenfalls ist es sicher, daß die königlichen Amtsträger von den ihrer Hut unterstellten Freien sehr bald mehr als eine Abgabe oder eine Arbeitsleistung zu eigenem Nutzen forderten. Gern versah man so etwas mit der ehrenhaften Bezeichnung eines Geschenkes oder eines freiwilligen Dienstes. Aber wie ein Kapitular bezeugt, wurde schon bald aus dem Mißbrauch der »Brauch«[225]. In Deutschland, wo sich der Zerfall des alten karolingischen Staatsgefüges lange hinzog, blieben die neuen, aus dieser Usurpation hervorgegangenen Rechte ziemlich häufig dem Amt verbunden; der Graf übte sie in dieser Funktion über Leute aus, deren Besitz nicht in seine Grundherrschaft einverleibt war. Anderswo verschwand schließlich der nun zu Abgaben und Fronarbeit gezwungene Allodialbesitzer von einst auf Grund der Zersplitterung gräflicher Macht, die sich zwischen den Erben des ersten Amtsträgers, den Untertanen des Grafen oder seinen Vasallen ergeben hatte, ganz einfach in der Masse der Grundholden und sein Grundbesitz wurde zum Zinsgut.

Ebensowenig war es notwendig, ein sogenanntes Amt zu bekleiden, um rechtmäßig über einen Teil der öffentlichen Gewalt zu verfügen. Durch die Wirksamkeit der »fränkischen« Immunität, die später untersucht werden soll, war den meisten geistlichen und vielen weltlichen Grundherren zumindest ein Teil der staatlichen Gerichtsbefugnisse übertragen worden; außerdem erhielten sie das Recht, zu ihrem Nutzen bestimmte Einkünfte aus diesen Funktionen zu beziehen. Das galt natürlich nur für die Gebiete, die schon von ihnen abhängig waren oder es in Zukunft werden sollten. Die Immunität stärkte die Macht der Grundherren, aber sie begründete sie nicht, zumindest nicht im Prinzip. Doch die Grundherrschaften bestanden in den seltensten Fällen aus einem Stück, oft waren sie von kleinen Allodialgütern durchsetzt, die für die königlichen Amsträgern äußerst schwer zu erreichen waren. Manchmal, so scheint es, sind sie durch ausdrücklichen königlichen Entscheid der Gerichtsbarkeit und Abgabenhoheit des Immunitätsherrn überlassen worden. Sehr viel häufiger und schon eher fielen sie von selbst diesem unvermeidlichen Assimilationsprozeß zum Opfer.

Allzu häufig herrschte auch die nackte Gewalt. Zu Beginn des 11. Jahrhunderts lebte in Lothringen eine Witwe auf ihrem Allod. Als sie nach dem Tode ihres Mannes schutzlos war, verlangten die Dienstmannen des benachbarten Grundherrn von ihr die Zahlung eines Grundzinses, Zeichen für die Abhängigkeit des Bodens. Der Versuch scheiterte hier, weil sich die Frau in den Schutz eines Klosters begab[226], doch wie viele, die rechtlich nicht besser abgesichert waren, führten zu größerem Erfolg! Das *Domesday Book*, das uns in der englischen Agrargeschichte sozusagen zwei aufeinander folgende Einschnitte vor Augen führt, einen unmittelbar vor der normannischen Eroberung, den anderen acht bis zehn Jahre danach, zeigt, wie in der Zwischenzeit viele kleine unabhängige Güter kurzerhand den angrenzenden Grundherrschaften oder, um es in der Sprache des anglonormannischen Rechts auszudrücken, den *manors*, angegliedert worden sind. Ein deutsches oder französisches *Domesday Book* des 10. Jahrhunderts würde, wenn es existierte, sicher mehr als eine einfache »Angliederung« dieser Art ans Licht bringen.

Andererseits breiteten sich die Grundherrschaften auch und vielleicht vor allem durch einen anderen Vorgang aus, der offensichtlich viel weniger fragwürdig war: durch Vertragsschluß. Der kleine Allodialbesitzer vermachte sein Land – wie wir sehen werden, mitunter samt seiner eigenen Person –, um es dann als Zinsgut wieder in Empfang zu nehmen, genauso wie der Adlige aus seinem Allod ein Lehen machte und aus demselben zugestandenen Motiv, nämlich um für sich einen Beschützer zu finden. Diese Abmachungen erscheinen ausnahmslos als vollständig freiwillige Akte. Waren sie es wirklich, überall und immer? Das Adjektiv »freiwillig« sollte man nur mit großer Vorsicht gebrauchen. Es gibt selbstverständlich sehr viele Möglichkeiten, einem Schwächeren seinen Schutz aufzuzwingen; es reichte, wenn man begänne, ihn unter Druck zu setzen. Hinzu kommt, daß der ursprüngliche Vertrag nicht immer eingehalten worden ist. Als sich die Einwohner von Wohlen (im Alemannischen) einen Edelmann aus der Nähe zum Beschützer nahmen, hatten sie nur die Zahlung eines Grundzinses versprochen; bald wurden sie jedoch den anderen Grundholden desselben Herrn gleichgestellt, zu Fronarbeiten verpflichtet und erhielten die Auflage, den nahen Wald nur noch gegen Abgaben zu nutzen[227]. Wenn einmal der kleine Finger gereicht wurde, konnte schnell die ganze Hand genommen werden. Hüten wir uns dennoch vor der Vorstellung, daß die Lage eines Mannes ohne Herrn durch und durch beneidenswert schien. Ein Bauer des Forez, der ziemlich spät, im Jahre 1280, sein Allod in ein Zinsgut verwandelte, um von den Johannitern von Montbrison, seinen neuen Herren, künftig »beschützt, verteidigt und erhalten« zu werden, »wie es die anderen Leute dieses Hauses sind«, glaubte wohl nicht an ein schlechtes Geschäft[228]. Und doch, diese Zeit war weit weniger unruhig als jene erste Phase des Feudalzeitalters. Manchmal war es ein ganzes Dorf, das sich auf diese Weise geschlossen der Gewalt eines Mächtigen unterstellte. Besonders häufig geschah das in Deutschland, weil es dort zu Beginn der Entwicklung noch eine große Zahl bäuerlicher Gemeinschaften gab, die sich dem grundherrlichen Machtbereich insgesamt entzogen. In Frankreich und Italien, wo die Grundherrschaft ihren Einfluß seit dem 11. Jahrhundert sehr stark ausgebaut hatte, nahm der Vorgang der Landübergabe allgemein einen individuellen Charakter an; sie war jedoch deswegen nicht seltener. Bis zu vierzehn Freie hatten auf solche Weise um 900 ihre Güter zugunsten eines Klosters in Brescia mit Frondiensten belastet[229].

In Wahrheit zeugten die krassesten Gewalthandlungen wie die ganz aufrichtig geschlossenen Verträge von der Existenz ein und derselben Ursache, nämlich der Schwäche der freien Bauern. Wir wollen nicht von einer Tragödie der Wirtschaft sprechen, denn man würde dabei außer Acht lassen, daß die Erfolge der Grundherrschaft nicht allein auf dem Lande lagen. War doch die Bodenleihe mit ihren gewöhnlichen Belastungen bis in die ehemals römischen Städte oder zumindest in eine beträchtliche Zahl derer, die unter der Herrschaft Roms sicher nichts Vergleichbares gekannt hatten, nach dem Beispiel der antiken ländlichen *villae* eingedrungen! Man würde vor allem einen hier vollständig verfehlten Vergleich mit dem Antagonismus anstellen wollen, der in anderen Gesellschaften und Kulturen zwischen den Praktiken des kleinen und des großen Grundbesitzes herrschen konnte. Denn die Grundherrschaft war vor allem eine Zusammenfassung kleiner unfreier Höfe, und der Besitzer eines Allods, der bei Übernahme neuer Verpflichtungen zum Grundholden wurde, änderte nichts an Art und Weise seiner Bewirtschaftung. Er suchte und ertrug einen Herrn nur, weil andere gesellschaftliche Einrichtungen,

Familienbande oder staatliche Macht, unzureichend waren. Bezeichnend ist der Fall der Leute von Wohlen, die vor dem König als Opfer ganz offensichtlicher Willkür Klage führen wollten: Inmitten der Menge einer großen Gerichtsversammlung gelang es ihnen nicht einmal, sich in ihrer derben Sprache verständlich zu machen. Sicher spielte im Zeichen fehlender öffentlicher Gewalt die Bedeutungslosigkeit von Warentausch und Geldumlauf eine Rolle. Sie trug wohl auch zur Schwächung bäuerlicher Widerstandskraft bei, indem sie den ländlichen Produzenten jegliche Rücklagen an Zahlungsmitteln nahm. Aber nur auf solchem indirekten Wege wirkten sich die wirtschaftlichen Bedingungen auf die soziale Krise der Bauernschaft aus. Man sollte in diesem Drama der einfachen Landbevölkerung ein Merkmal desselben Prozesses erkennen, der auf einer höheren Stufe so viele Menschen in die Verstrickungen vasallitischer Unterordnung stürzte.

Es würde ebensogut genügen, sich im Hinblick auf diese Bindungen mit den verschiedenen Erkenntnissen zu beschäftigen, die uns Europa bietet. Das Mittelalter kannte tatsächlich eine weitgehend »vergrundherrlichte«, jedoch nicht »feudalisierte« Gesellschaft, nämlich Sardinien. Es überrascht nicht, wenn sich in diesem Landstrich, der sich lange den großen, den Kontinent beherrschenden Strömungen entzogen hatte, ein der Antike entstammendes System ländlicher Häuptlingsschaften erhalten konnte, das während der Römerzeit vereinheitlicht worden war, ohne daß die Herrschaft der lokalen Adelsfamilien die spezifische Form der fränkischen Kommendierung angenommen hätte. Dagegen findet sich kein Land ohne Grundherrschaft, das nicht gleichzeitig ohne Vasallität existiert hätte. Beweise: die meisten keltischen Gemeinschaften auf den Britischen Inseln, die skandinavische Halbinsel und gerade in der alten *Germania* die flachen Küstengebiete an der Nordsee: Dithmarschen jenseits der Elbmündung, Friesland von der Elbe bis zur Zuidersee. So war die Situation in dieser Gegend wenigstens bis zu dem Augenblick, als sich im 14. und 15. Jahrhundert einige »Häuptlings«-Familien (*hoveling*) über die Masse der freien Bauern erhoben. Ihre Stärke bestand in dem über Generationen angehäuften Grundvermögen, im Unterhalt von bewaffneten Banden und in der von ihnen durchgesetzten Verfügungsgewalt über bestimmte Funktionen des Gerichtswesens. Es gelang diesen lokalen Machthabern ziemlich spät, wirkliche Keimformen der Grundherrschaft zu begründen. Zu diesem Zeitpunkt begann das alte, hauptsächlich auf Blutsbanden beruhende Gerüst der friesischen Gesellschaft zu zerbrechen. Als sich anderswo die Institutionen des Lehnswesens ausbreiteten, waren diesen verschiedenen Gesellschaften am Rande Westeuropas sicherlich weder die Abhängigkeit des kleinen Bauern, war er nun Sklave, Halbfreier oder

Freier, von einem Reicheren, noch die Ergebenheit des Gefährten gegenüber dem Fürsten oder dem Anführer eines Kriegertrupps unbekannt. Hingegen erinnerte dort nichts an die weitverzweigte Hierarchie bäuerlicher Abhängigkeit und militärischer Treueverhältnisse, die wir mit dem Wort »Feudalismus« bezeichnen.

Können wir ihr Nichtvorhandensein allein auf das Fehlen jeglichen fränkischen Einflusses von Bedeutung zurückführen (denn selbst in Friesland zerfiel die vorübergehend von den Karolingern errichtete Verwaltung beizeiten)? Das ist zweifellos ein wichtiges Merkmal, doch interessiert uns vor allem, warum die Gefolgschaft sich nicht zur Vasallität entwickeln konnte. Die beherrschenden Tatsachen überlagerten die Fragen des Einflusses. Dort, wo jeder Freie welcher Art auch immer ein Krieger blieb, der ständig zum Waffendienst einberufen werden konnte, und wo sich keine durch eine wesentlich andere Ausrüstung gekennzeichneten Elitetruppen herausbildeten, entging der Bauer leicht grundherrlicher Abhängigkeit; die Waffengefolgschaften brachten keinen Ritterstand im eigentlichen Sinne hervor, der mit Rechtsnormen *sui generis* versehen gewesen wäre. Da, wo die Menschen auf allen Stufen anderen Halt und andere Unterstützung als den persönlichen Schutz fanden, durchdrangen weder die für die Grundherrschaft typischen Unterordnungsverhältnisse noch die Huldigung mit dem Lehen das gesellschaftliche Leben. Das galt vor allem für die Sippenverbände bei den Friesen, die Bevölkerung von Dithmarschen und die Kelten, auch noch für die Sippenverbände, aber auch die Institutionen des öffentlichen Rechts nach dem gemeingermanischen Vorbild bei den Skandinaviern.

Darüber hinaus ist festzustellen, daß ebenso wie das eigentliche Feudalsystem die grundherrschaftliche Ordnung nur dort zu vollständiger Perfektion gelangen konnte, wo sie ganz und gar übernommen worden ist. Zur Zeit der normannischen Könige ließ England ebensowenig ritterliche Allode zu wie man keine bäuerlichen Allode kannte. Auf dem Kontinent hielt sich das bäuerliche Allod viel länger. In Frankreich war es zwischen Maas und Loire und bis nach Burgund im 12. und 13. Jahrhundert in der Tat äußerst selten geworden; über weite Räume hin war es wohl sogar ganz verschwunden. Allerdings überlebte es in größerer oder geringerer, aber immer nennenswerter Zahl in Südwestfrankreich, in einigen Provinzen des Zentrums, wie im Forez, in der Toscana und besonders in Deutschland, wo Sachsen sein auserwähltes Land war. Das waren dieselben Gegenden, in denen sich in auffälligem Parallelismus Allodialbesitz der Herren erhielt, der aus mehreren Zinsgütern, Domänen und Herrschaftsbefugnissen bestand und der nicht die vasallitische Huldigung erforderte. Die Grundherrschaft war eine viel ältere Erscheinung als die

Institutionen, die wirklich typisch für die erste Phase des Feudalzeitalters waren. Aber ihr Sieg wie ihre teilweisen Fehlschläge zu dieser Zeit lassen sich, darauf deutet alles hin, durch dieselben Ursachen erklären, die die Existenz der Vasallität und des Lehens förderten oder hemmten.

3. Grundherr und Grundholde

Abgesehen von den individuell ausgehandelten Abmachungen, mit denen man sich in die Grundhörigkeit begab, deren Klauseln übrigens in der Regel ungenau waren und schnell in Vergessenheit gerieten, unterlagen die Beziehungen zwischen dem Herrn und seinen pflichtigen Bauern nur den »gewohnheitsmäßigen Pflichten der Grundherrschaft«. So war im Französischen die gängige Bezeichnung für die Abgaben einfach *coutumes* (eigentlich Gewohnheitsrecht, Bräuche) und für die Zinspflichtigen *homme coutumier*, d. h. jemand, der diesem Gewohnheitsrecht unterstand. Seit es Grundherrschaft gibt, ja seit dem Entstehen ihrer Keimformen, wie z. B. schon im Römischen Reich oder im angelsächsischen England, war es diese besondere Tradition, die jede Grundherrschaft als ein Verband von Menschen gegenüber ihren Nachbarländereien abgrenzte. Die Praktiken der Vorfahren, die so das Leben der Gemeinschaft bestimmten, mußten selbst kollektiven Charakter haben. Es bedeutete wenig, daß eine Abgabe von einem Zinsgut schon seit fast undenklichen Zeiten nicht mehr entrichtet worden war – so beschied sinngemäß ein Spruch des Pariser Parlaments unter Ludwig dem Heiligen –, denn wenn die anderen Höfe sie während des fraglichen Zeitraumes regelmäßig entrichtet hatten, blieb sie auch für denjenigen verpflichtend, der sich ihr so lange entzogen hatte. So dachten wenigstens die Juristen[230]. In der Praxis verfuhr man wohl oft weniger streng. Zur Einhaltung dieser traditionellen Vorschriften war im Prinzip jeder verpflichtet, der Herr ebenso wie seine Untergebenen. Doch nichts könnte besser verdeutlichen, wie trügerisch diese vordergründige Ergebenheit gegenüber der Tradition war, denn, obgleich eine gleichsam unveränderliche gewohnheitsrechtliche Norm die Grundherrschaft des 9. Jahrhunderts mit der des 13. Jahrhunderts verband, waren sich beide nicht im geringsten ähnlich.

Dafür ist hier nicht die mündliche Überlieferung verantwortlich zu machen. In der Karolingerzeit hatten viele Grundherren auf Grund einer Erhebung die Nutzungsrechte ihrer Ländereien in Form detaillierter Beschreibungen festhalten lassen, die später »Urbare« oder »Polyptycha« genannt werden sollten. Vielmehr war der Druck der herrschenden sozialen Verhältnisse mächtiger als der Respekt vor der Vergangenheit.

298

Die Sammlung von Rechtssätzen erweiterte sich angesichts der vielfachen Konflikte des täglichen Lebens um immer neue Präzedenzfälle. Eigentlich war ein Gewohnheitsrecht nur dann wirklich bindend, wenn es durch eine unparteiische und allseits geachtete Instanz geschützt wurde. Im fränkischen Staat des 9. Jahrhunderts erreichten die königlichen Gerichte tatsächlich diese Stellung; wenn wir allerdings von ihnen nur Urteile kennen, die durchgehend zu Ungunsten der Zinsbauern entschieden, so liegt das vielleicht einfach daran, daß die geistlichen Archive kaum darum bemüht waren, auch die anderen aufzubewahren. In der Folge bemächtigten sich die Grundherren der Gerichtsbarkeit, und damit war die Möglichkeit verschüttet, weiterhin auf diese Gerichte zurückzugreifen. Die skrupellosesten Grundherren scheuten sich nicht, mit der Tradition zu brechen, wenn diese ihre eigenen oder die ihnen anvertrauten Belange gefährdete. Wie glücklich schätzt sich der Abt Suger (von St. Denis) in seinem Rechenschaftsbericht, weil er es verstanden hatte, den Bauern eines seiner Landgüter aus eigener Macht vorzuschreiben, künftig den seit Menschengedenken beständig in Geld entrichteten Zins durch eine Abgabe zu ersetzen, die in einem bestimmten Verhältnis zur Ernte stand, wovon er sich größeren Gewinn versprechen konnte[231]. Die mißbräuchliche Anwendung von Zwang durch die Herren hatte kaum ein anderes Gegengewicht als die allerdings oft sehr wirksame und bewundernswerte Fähigkeit der ländlichen Massen zur Trägheit und die ebenso spürbare Unordnung in der eigenen Verwaltung.

Nichts war auf den einzelnen Grundherrschaften je nach der Gegend veränderlicher, nichts unterschiedlicher als die Verpflichtungen des einzelnen Zinsbauern in der ersten Phase des Feudalzeitalters. Zu festen Terminen liefert er beim Aufseher des Grundherrn bald ein paar Geldmünzen, bald und immer häufiger Korngarben von seinen Feldern, Hühner aus seinem Geflügelstall oder Waben aus Bienenwachs ab, die er dem häuslichen Bienenstock oder den Beständen des benachbarten Waldes entnommen hatte. An anderen Tagen müht er sich auf den Äckern oder Wiesen der Domäne oder er unternimmt für den Herrn Fuhrdienste und transportiert Fässer mit Wein oder Säcke mit Korn in entferntere Orte seines jeweiligen Aufenthaltes. Im Schweiße seines Angesichts bessert er Mauern oder Gräben der Burg aus. Empfängt der Herr Gäste, dann entfernt der Bauer das Bettzeug von seinem eigenen Lager, um es ihnen zur Verfügung zu stellen. Nahen die großen Jagden, ernährt er die Meute. Bricht schließlich Krieg aus, dann wird er unter dem Banner, das der Dorfälteste entrollt hat, kurzerhand zum Infanteristen oder zum Waffenknecht. Die genaue Untersuchung all dieser Verpflichtungen ist vor allem Aufgabe derjenigen, die die Grundherrschaft als Wirtschafts-»Unternehmen« und

Einkommensquelle analysieren. Hier soll der Schwerpunkt nur auf den Tatbeständen der Entwicklung liegen, die am stärksten auf die eigentlichen menschlichen Bindungen einwirkten.

Die Abhängigkeit der Bauernwirtschaften gegenüber einem gemeinsamen Herrn äußerte sich durch die Entrichtung einer Art Bodenpacht. Hier war es vor allem im ersten Abschnitt der Feudalzeit zu Vereinheitlichungen gekommen. Eine ziemlich große Zahl von Abgaben, die in fränkischer Zeit noch einzeln gezählt worden sind, verschmolzen schließlich zu einer einzigen Grundrente, die in Frankreich, wenn sie in Geld entrichtet wurde, allgemein unter der Bezeichnung *cens* (Zins) bekannt war. Allerdings befanden sich unter den ursprünglichen Abgaben auch solche, die von der grundherrlichen Verwaltung prinzipiell zunächst nur zugunsten des Staates eingezogen worden sind. Das waren Versorgungsleistungen, die der königlichen Armee geschuldet wurden oder Ersatzzahlungen, zu denen sie Anlaß gaben. Ihre Zusammenfassung zu einer Abgabe, von der nur der Grundherr profitierte, ist als der Ausdruck seiner übergeordneten Rechte an Grund und Boden begriffen worden und zeugt mit besonderer Deutlichkeit von der Vorherrschaft, die sich die unmittelbare Herrschaft des kleinen lokalen Machthabers auf Kosten jeglicher Bindung an höhere Gewalten erworben hatte.

Die Frage der Erblichkeit, eines der heikelsten Probleme, die die Institution des militärischen Lehens aufgeworfen hat, steht in der Geschichte der bäuerlichen Zinsgüter kaum zur Diskussion, zumindest nicht während der Ära des Feudalismus. Beinahe überall gab es von Generation zu Generation die Erbfolge auf denselben Feldern. Wie später noch erläutert wird, waren allerdings manchmal Seitenverwandte ausgeschlossen, wenn der Zinsbauer unfreier Herkunft war. Dagegen mußte das Recht der direkten Nachkommen immer eingehalten werden, vorausgesetzt, sie hatten den Familienverband nicht vorzeitig verlassen. Die Regeln der Erbfolge waren durch die alten Gewohnheiten der betreffenden Gegend festgelegt, ohne daß die Grundherren eingegriffen hätten, es sei denn, daß sie zu bestimmten Zeiten und in bestimmten Ländern über die Unteilbarkeit des Gutes zu wachen sich bemühten, die sie für die ordnungsgemäße Erhebung der Abgaben notwendig erachteten. Übrigens schien das Prinzip der Erblichkeit bei den Zinsbauern so selbstverständlich zu sein, daß die Quellen, die es praktisch schon voraussetzen, sich nicht die Mühe machen, es zu erwähnen und nur andeutungsweise davon die Rede ist. Sicher war der Grund dafür, daß dieser uralte Brauch, der bereits für die meisten Bauernwirtschaften existiert hatte, bevor sich die alten Dorfhäuptlingsschaften in Grundherrschaften verwandelten, zunehmend auf diejenigen Hufen ausgedehnt wurde, die erst später aus der Domäne herausgetrennt worden sind. Aber es spielte auch eine Rolle, daß die Grundherren keinerlei Interesse besaßen, mit dieser Gewohnheit zu brechen. In jener Zeit, in der es reichlicher Grund und Boden als menschliche Arbeitskraft gab, in der es überdies die wirtschaftlichen Verhältnisse nicht erlaubten, zu große Reserven mit Hilfe von Lohnarbeitern und im Hause ernährten Arbeitern zu nutzen, war es vorteilhafter, ständig über die Arbeitskraft und das Abgabenreservoir der Abhängigen zu verfügen, die sich selbst verpflegten, anstatt daß man Parzelle um Parzelle aneinanderfügte.

Die typischsten all dieser »Forderungen«* den Bauern gegenüber waren wohl die Monopole, die der Grundherr in sehr unterschiedlichen Formen zu ihrem Nachteil errichtete. Bald behielt er sich zu verschiedenen Jahreszeiten den Verkauf von Wein oder Bier vor, bald beanspruchte er das Recht, als einziger Stiere oder Eber gegen Bezahlung zu liefern, die zum Erhalt der Herden notwendig waren, oder Pferde, die in einigen Gegenden Südfrankreichs zum Ausstampfen des Korns auf dem Dreschboden dienten. Häufiger noch zwang er die Bauern, Getreide nur in seiner Mühle zu mahlen, Brot in seinem Ofen zu backen und den Wein in seiner Presse herzustellen. Das Wort für diese Auflagen ist bezeichnend: Man nannte sie allgemein »Bannrechte«. Sie waren in fränkischer Zeit unbekannt und wurden erst durch die dem Grundherrn zuerkannte Befehlsgewalt begründet, die man mit dem alten germanischen Wort »Bann« bezeichnete. Diese Gewalt war selbstverständlich nicht von jeglicher Autorität eines Anführers zu trennen und war deshalb als Teil der grundherrlichen Gewalt als solcher sehr alt. Aber in den Händen der kleinen örtlichen Machthaber hatte sie deren Rolle als Richter einzigartig gestärkt. Die räumliche Verteilung dieser Bannrechte bietet eine nicht weniger aufschlußreiche Lehre: Frankreich, wo die Schwächung der öffentlichen Gewalt und die Aneignung der Gerichtsbarkeit durch Einzelne am weitesten gediehen war, ist ihr auserwähltes Land gewesen. Außerdem sind die Bannrechte dort besonders von den Grundherren ausgeübt worden, die die höchsten Stufen der Rechtsprechung, die hohe Gerichtsbarkeit, inne hatten. In Deutschland, wo sich übrigens die Bannrechte nicht in diesem Ausmaß entfalteten, schienen sie häufig den direkten Erben der Grafen, diesen Richtern des fränkischen Staates *par excellence*, vorbehalten zu sein. In England sind sie außerdem unvollkommen erst mit der normannischen Eroberung eingeführt worden. Sichtlich nahmen Verbrei-

---

* Anm. d. Übers.: Bloch hat S. 349 »exactions«, was französisch »Erpressung« bedeutet, offensichtlich aber auf den lateinischen Ausdruck »exactiones« anspielt, der die Rechte, d. h. Forderungen eines Grundherrn, Landesherrn usw. gegenüber seinen »Abhängigen« bezeichnet und in zahllosen Urkunden wiederkehrt.

tung und Anziehungskraft der grundherrlichen Befehlsgewalt in dem Maße zu, wie sie auf eine weniger wirksame Gegenwehr des anderen »Bann« stieß, nämlich auf den des Königs oder seiner Vertreter. Die Pfarrkirche hing fast überall vom Grundherrn oder, falls es mehrere im selben Pfarrbezirk gab, von einem von ihnen ab. In den meisten Fällen war sie sicherlich von einem seiner Vorfahren einst auf der Domäne errichtet worden. Doch um eine solche Unterwerfung zu rechtfertigen, war das nicht notwendig, denn damals betrachtete man den Ort des gemeinsamen Gottesdienstes als Sache der Gläubigen. Dort, wo es wie in Friesland keine Grundherrschaft gab, gehörte die Kirche der Gemeinde selbst; im restlichen Europa konnte die Gruppe der Bauern, die keinerlei legale Existenzberechtigung hatte, nur durch ihren Anführer oder einen von ihnen vertreten werden. Dieses Eigenkirchenrecht, wie man vor der Gregorianischen Reform sagte, bzw. Patronatsrecht, wie es später weniger anmaßend hieß, bestand vor allem darin, den Priester zu ernennen oder vorzuschlagen. Aber die Grundherren waren zugleich auch bestrebt, daraus den Anspruch abzuleiten, wenigstens einen Teil der Gemeindeeinkünfte einzubehalten. Von diesen beliefen sich die Sporteln insgesamt kaum auf einen hohen Betrag, ohne doch ganz unbedeutend zu sein. Der Zehnte brachte sehr viel mehr ein. Nachdem er lange Zeit als eine rein moralische Verpflichtung gegolten hatte, ist seine Zahlung im fränkischen Staat von den ersten Karolingern und etwa gleichzeitig in Großbritannien von ihren Nachahmern, den angelsächsischen Königen, ohne Nachsicht allen Gläubigen auferlegt worden. Er bestand im Prinzip aus der Abgabe des zehnten Teils in Naturalien, die ausnahmslos auf allen Einkünften lastete. In Wirklichkeit wurde er dann sehr schnell fast ausschließlich nur noch auf landwirtschaftliche Produkte erhoben. Von einer gleichmäßigen Aneignung durch die Grundherren konnte keine Rede sein. England blieb wegen der späten Entwicklung seines Grundherrschaftssystems davon nahezu verschont. Selbst auf dem Kontinent behielten der Pfarrer, häufig der Bischof, mitunter Teile des Zehnten ein. Außerdem führte die aus der Gregorianischen Kirchenreform geborene religiöse Erneuerung schnell zur »Rückerstattung« vieler Zehntabgaben an den Klerus, d. h. praktisch in den meisten Fällen an die Klöster, zusammen mit einer noch größeren Zahl von Kirchen; viele Zehnten waren vorher in Laienhände gefallen. Die Aneignung dieser Abgabe geistlichen Ursprungs durch höchst weltliche Herren war in der ersten Phase der Feudalzeit ebenfalls eine der auffälligsten wie profitabelsten Erscheinungen gewesen, in denen sich die Erfolge einer Herrschaft zeigten, die entschieden niemandem sonst das Recht zuzugestehen schien, etwas von ihren Untertanen zu verlangen.

Die Geld-»Hilfe« oder »*taille*« der Zinsbauern entstand wie die »*taille*« der Vasallen und auch zur selben Zeit aus der allgemeinen Pflicht, die jedem Untergebenen das Gesetz auferlegte, seinem Herrn Unterstützung zu bringen. Beide traten zuerst gern in der trügerischen Form eines Geschenkes auf, woran bis zuletzt einige der Wörter erinnerten, mit denen man sie bezeichnete: in Frankreich *demande* (Bitte) oder *queste* (Ersuchen), in Deutschland Bede, was »Bitte« bedeutet. Aber man nannte sie auch zutreffender »*toulte*« (von *tolir*, »nehmen«). Obwohl ihre Geschichte später begonnen hatte, wies sie eine gewisse Ähnlichkeit mit der der grundherrlichen Monopole auf. Während diese »Hilfe« in Frankreich sehr verbreitet und in England durch die normannischen Eroberer eingeführt worden war, blieb sie in Deutschland das Vorrecht einer kleineren Gruppe von Grundherren, nämlich derjenigen, die die hohe Gerichtsbarkeit ausübten, die dort weniger zersplittert war als in Frankreich. So ist es eine Tatsache, daß immer der Herr unter den Herren während der Feudalzeit der Richter war. Ebensowenig wie die *taille* der Vasallen durfte sich die *taille* der Bauern dem regulierenden Einfluß durch gewohnheitsmäßigen Gebrauch entziehen. Allerdings waren die Ergebnisse merklich verschieden. Den Abgabepflichtigen fehlte es hier allenthalben an der nötigen Stärke, um eine verbindliche Definition der Erhebungsfälle durchzusetzen, und so wurde ihnen die Steuer, die zunächst eine Ausnahme bedeutet hatte, in immer kürzeren Abständen abverlangt, je mehr sich der Geldumlauf verstärkte. Das verlief im übrigen keineswegs ohne große Unterschiede von Grundherrschaft zu Grundherrschaft. In der Ile-de-France lagen um 1200 Ländereien mit jährlichen oder zweijährlichen Steuererhebungen nebeneinander, während sie auf anderen nur dann und wann stattfanden. Die Rechtslage war fast überall ungewiß. Denn diese jüngste unter den Belastungen war nicht nur zu neu, um sich in das Netz der »guten Gewohnheiten« leicht einzureihen; ihre schlecht festgesetzte Fälligkeit und die unregelmäßige Höhe des jeweils geforderten Betrages beließen ihr einen Anschein von Willkür selbst dort, wo sich der Rhythmus der Erhebung stabilisiert hatte. In Kirchenkreisen bestritten »rechtschaffene Leute« – wie ein Text aus Paris berichtet – ihre Rechtmäßigkeit. Sie war besonders bei den Bauern verhaßt, die sie oft zu erbitterten Aufständen trieb. Die überlieferte Form der Grundherrschaft, die sich halbwegs in einer Zeit brachliegender Geldwirtschaft herausgebildet hatte, paßte sich nicht ohne Reibungen an die Erfordernisse einer neuen Wirtschaft an.

So zahlte der abhängige Bauer Ende des 12. Jahrhunderts den Zehnt, die *taille*, die vielfältigen Bannrechte, alles Abgaben, die z. B. seinem Urahnen im 7. Jahrhundert selbst in Gegenden, wo die Grundherrschaft eine sehr lange Geschichte aufwies, nicht bekannt waren. Es ist unbestreitbar, daß die Zahlungsverpflichtungen viel drückender geworden waren, die zumindest in einigen Ländern durch Erleichterungen bei den Arbeitsverpflichtungen ausgeglichen worden sind. Denn in einer Art der fortgeführten Aufsplitterung, deren Opfer einst das römische *latifundium* gewesen war, machten sich die Grundherren in einem großen Teil Europas daran, weite Bestände ihrer Domäne aufzuteilen, entweder um sie Stück für Stück an ihre früheren Bauern auszugeben oder um aus ihnen neue Zinsgüter herauszulösen, manchmal sogar, um daraus kleine Vasallenlehen zu machen, die bald darauf ihrerseits wieder in bäuerliche Zinsgüter aufgeteilt worden sind. Diese Entwicklung, die vorwiegend durch Ursachen innerhalb der Wirtschaftsordnung hervorgerufen war, deren Analyse hier nicht unternommen werden kann, hatte anscheinend schon im 10. und 11. Jahrhundert in Frankreich und Lotharingien sowie in Italien begonnen. Kurze Zeit darauf erfaßte sie das rechtsrheinische Deutschland, langsamer und nicht ohne eigenwillige Rückschläge England, wo sich die eigentliche grundherrschaftliche Verfassung noch nicht lange durchgesetzt hatte. Wer sich nun für die Verkleinerung der Domäne entschied, entschied sich aber auch notwendigerweise für die Abschaffung oder die Lockerung der Fronarbeit. Da, wo der Hörige unter Karl dem Großen noch mehrere Tage pro Woche arbeiten mußte, sah man ihn in Frankreich zur Zeit Philipp Augusts oder Ludwigs des Heiligen nur noch einige Tage im Jahr auf den Feldern oder Weiden der Domäne arbeiten. Die Entwicklung der neuen »Forderungen« stand nicht nur, gleich in welchem Land, in direktem Verhältnis zur mehr oder weniger fortgeschrittenen Aneignung von Herrschaftsrechten durch die Herren. Sie vollzog sich auch in einem unmittelbaren Verhältnis zur Aufgabe der persönlichen Bodennutzung durch den Grundherrn. Weil der Bauer zugleich über mehr Zeit und mehr Land verfügte, konnte er mehr Abgaben entrichten. Und der Herr versuchte natürlich auf der einen Seite wieder das zu holen, was er auf der anderen verlor. Ohne die Säcke mit dem Korn der Domäne hätte die Mühle des französischen Grundherrn ihre Mühlsteine anhalten müssen, wenn es nicht das Monopol des Mühlenbannes gegeben hätte. Doch dadurch, daß der Grundherr von seinen Untertanen auf diese Weise nicht mehr forderte, daß er sie zwar zu hart besteuerten, aber wirtschaftlich unabhängigen Produzenten machte, daß er sich selbst in einen reinen Empfänger einer Bodenrente verwandelte, ließ er da, wo diese Entwicklung zum vollen Abschluß gelangte, unvermeidlich eine geringe Lockerung im Herrschaftsverhältnis über die Menschen zu. Wie die Geschichte des Lehens, so war auch die Geschichte des bäuerlichen Zinsgutes alles in allem eine Geschichte des Übergangs von einer auf Diensten beruhenden Sozialstruktur zu einem System von Grundrenten.

2. Kapitel

Knechtschaft und Freiheit

1. Der Ausgangspunkt

Der persönliche Status in fränkischer Zeit
Stellen wir uns eine Persönlichkeit im fränkischen Staat, auf den wir uns vorläufig beschränken, zu Beginn des 9. Jahrhunderts vor, die sich angesichts einer Menschenmasse bemüht, die in ihr bestehenden unterschiedlichen Rechtsverhältnisse festzustellen: der hohe Beamte des Königshofes, der in die Provinzen entsandt worden ist; der Prälat, der seine Seelen zählt; der Grundherr, der sich um die Erfassung der Zahl seiner Untertanen kümmert. Diese Situation hat keinen fiktiven Charakter. Wir kennen mehr als einen Versuch dieser Art. Der Eindruck, den diese Vorgänge vermitteln, zeugt von vielen Unsicherheiten und Abweichungen. In ein und derselben Gegend bekommt man fast nie zwei grundherrliche Einkunftsverzeichnisse ähnlichen Datums zu Gesicht, die vergleichbare Kriterien verwenden. Offenbar erschien den Zeitgenossen selbst die Struktur der Gesellschaft, in der sie lebten, in keiner sehr klaren Gestalt. So trafen sehr unterschiedliche Klassifikationssysteme aufeinander. Die einen entliehen ihre Terminologie früheren, selbst wieder voneinander abweichenden Verhältnissen – einmal römischer, ein anderes Mal germanischer Herkunft – und ließen sich nur sehr unvollkommen den gegenwärtigen Zuständen anpassen. Die anderen versuchten, die Wirklichkeit nach besten Kräften wiederzugeben und erfüllten diese Aufgabe ziemlich unbeholfen.

In Wahrheit stellte sich ein erstrangiger Gegensatz in sehr einfachen Begriffen dar: auf der einen Seite die Freien, auf der anderen die Sklaven (lateinisch *servi*). Wenn man einige, die Strenge der Prinzipien abmildernde Faktoren berücksichtigt, die auf die noch vorhandenen Überreste humanitärer Gesetzgebung durch die römischen Kaiser, den Geist des Christentums und die unvermeidlichen Kompromisse des täglichen Lebens zurückzuführen sind, so blieben die *servi* doch rechtlich gesehen die Sache eines Herrn, der über ihren Leib, ihre Arbeit und ihren Besitz vollständig frei verfügte. Daher erscheint der Sklave, ohne eine eigene Persönlichkeit zu besitzen, am Rande der Bevölkerung als Fremdkörper. Er wird nicht zum königlichen Heerbann aufgeboten. Er hat keinen Platz in den Gerichtsversammlungen, kann dort nicht direkt Klage erheben und ist nur dann der Gerichtsbarkeit unterworfen, wenn er auf Grund eines Deliktes gegenüber Dritten der Strafverteidigung durch seinen Herrn ausgesetzt ist. Dafür, daß im übrigen nur die Freien unabhängig von jeglichem Unterschied der Volkszugehörigkeit den *populus Francorum* (Volk der Franken) gebildet haben, ist die Übereinstimmung der Beweis, die sich schließlich zwischen dem Volksnamen und dem Rechtsstatus herstellte: »Freier« oder »Franke«, beide Wörter wurden austauschbar.

Sieht man näher hin, gab diese scheinbar so eindeutige Antithese (Sklave – Freier) nur ein sehr unzureichendes Bild von der tatsächlichen Mannigfaltigkeit der Verhältnisse. Selbst bei den Sklaven, deren Zahl außerdem verhältnismäßig gering war, ergaben sich wesentliche Unterschiede der Existenzbedingungen. Ein gewisser Teil von ihnen, der bald zu niederem Dienst in Haus und Hof, bald zur Feldarbeit herangezogen worden ist, erhielt seine Kost im Haus des Herrn oder auf einem seiner Höfe. Solche Sklaven blieben dazu verdammt, als menschliches Vieh dahinzuvegetieren, das offiziell unter den beweglichen Gütern rangierte. Dagegen besaß der Sklave als Zinsbauer sein eigenes Heim, lebte von den Früchten seiner Arbeit und nichts hinderte ihn, gegebenenfalls den Überschuß seiner Ernte zu eigenem Vorteil zu verkaufen. Er war für seinen Unterhalt nicht mehr direkt von seinem Herrn abhängig, und dessen Arm erreichte ihn nur gelegentlich. Sicherlich blieb er gegenüber dem Eigentümer des Domänen-»Hofes« zu schrecklich schwerem Dienst und Abgabeleistungen verpflichtet. Allerdings waren sie manchmal rechtlich, faktisch immer begrenzt. In der Tat zeugen bestimmte Urbare von der vergeblichen Erwartung, daß der Unfreie »jedesmal dienstbar sein muß, wenn ihm der Befehl dazu gegeben wird«. Praktisch aber wurde das Interesse des Herrn natürlich vom Interesse geleitet, jedem kleinen Bauern die Verfügung über die Arbeitstage zu belassen, die er zur Bewirtschaftung seines *mansus* brauchte: andernfalls wäre selbst die Substanz der Abgaben geschwunden. Indem so der »behauste« Sklave *(servus casatus)* ein Leben führte, das dem der anderen, der sogenannten »freien« Grundholden, mit deren Familien er sich oft durch Heirat verband, stark ähnelte, begann er bereits, sich diesen auch durch ein überaus wichtiges Merkmal in seinem rechtlichen Status anzunähern. Die königlichen Gerichte erkannten an, daß auch die an ihn gerichteten Forderungen durch die gewohnheitsmäßigen Pflichten der Grundherrschaft festgelegt waren. Das war ein Stabilitätsfaktor, der in absolutem Widerspruch zum Begriff der Sklaverei stand, zu der die Willkür des Herrn als ein wesentliches Element gehört.

Wie wir wissen, spielten schließlich einige Sklaven unter den bewaffneten Gefolgsleuten eine Rolle, mit denen sich die Großen umgaben. Das Ansehen des Waffendienstes und das Vertrauen, mit dem man ihnen begegnete, kurz – um es mit den Worten eins Kapitulars auszudrücken –, »die Ehre des Vasallendienstes« sicherten ihnen einen gesellschaftlichen Rang und Handlungsmöglichkeiten zu, die über den Makel der Unfreiheit so erhaben waren, daß es die Könige sogar ausnahmsweise billigten, von ihnen jenen Treueid zu fordern, den grundsätzlich nur die wahren »Franken« leisteten.

Auf seiten der Freien schien das Bild noch farbenreicher zu sein. Die Unterschiede des Reichtums, die beträchtlich waren, verfehlten nicht ihre Wirkung auf die rechtlichen Unterscheidungsmerkmale. Die Person, die trotz hoher Abkunft zu arm war, sich auszurüsten, konnte nicht in die Armee einberufen werden oder sich zumindest nicht aus eigenen Mitteln dorthin begeben. Durfte man einen solchen Menschen noch für ein wahres Mitglied des fränkischen Volkes halten? Wie es ein Kapitular ausdrückt, war er höchstens ein »Freier zweiten Ranges«. Eine andere Verordnung stellt noch schärfer den »Freien« »die Armen« gegenüber[232]. Überhaupt waren die meisten der theoretisch Freien gleichzeitig Untertanen des Königs und Abhängige dieses oder jenes besonderen Herrn, und es waren die fast unzähligen kleinen Unterschiede dieser Unterordnung, die hauptsächlich die Situation des Einzelnen in jedem Fall bestimmten.

Die Grundholden der Grundherrschaften tragen allgemein in den offiziellen, lateinisch abgefaßten Dokumenten die Bezeichnung *coloni*, wenn sie nicht gerade unfreien Standes waren. Tatsächlich stammten viele von ihnen in den ehemals römischen Gebieten des fränkischen Staates mit Sicherheit von Vorfahren ab, die den Rechtsformen des Kolonats unterworfen waren. Aber die Bindung an den Boden, die einst das ausschlaggebende Charakteristikum gewesen ist, war beinahe in Vergessenheit geraten. Einige Jahrhunderte zuvor war im spätrömischen Reich die Vorstellung erwachsen, jeden oder beinahe jeden Menschen an seine ererbte Pflicht und gleichzeitig an seine Steuerquote zu binden: den Soldaten an die Armee, den Handwerker an seinen Beruf, den »Dekurionen« (Ratsherrn) an die Stadtverwaltung, den Bauern an die Scholle, die er nicht verlassen durfte, die aber der Obereigentümer des Bodens ihm auch nicht nehmen konnte. Die Macht einer über weite Räume unumschränkt gebietenden Verwaltung hätte dann beinahe gestattet, diesen Traum zu verwirklichen.

Dagegen besaßen die frühmittelalterlichen Reiche ebenso wie die ihnen nachfolgenden Staaten des Mittelalters nicht genügend Autorität, um den flüchtigen Bauern zu verfolgen oder zu verhindern, daß ein neuer Herr ihn aufnähme. Außerdem hätte der sich unter den Händen unerfahrener Regierungen vollziehende Niedergang der Bodenbesteuerung beinahe jedes Interesse an solchen Bemühungen genommen. Es ist bezeichnend, daß sich im 9. Jahrhundert viele Kolonen auf »unfreien« Hufen (*mansi serviles*) niedergelassen hatten, die früher an Sklaven ausgegeben worden waren, und viele Sklaven auf »freien« Hufen (*mansi ingenuiles*) saßen, die ursprünglich Kolonen zugewiesen waren. Dieses Auseinanderklaffen zwischen dem Wert des Menschen und dem Wert des Bodens, dessen spezifische Pflichten weiterhin an vergangene Zeiten erinnerten, trug nicht allein zur Vermischung der Klassen bei. Es bezeugt, wie wenig nun noch die Kontinuität der Nachfolge auf ein und derselben Erdscholle gewährleistet war.

Genauso war es mit dem abstrakten Begriff des römischen Rechts, das aus dem Kolonen, der nach seinem persönlichen Status ein freier Mann war, einen »Sklaven des Bodens, auf dem er geboren ist«, machte, ihn mit einem Wort zum Abhängigen nicht von einer Einzelperson, sondern von einer Sache erklärte. Welchen Sinn konnte dieser Begriff in einer Zeit behalten, die zu realistisch war, alle sozialen Beziehungen auf den Austausch von Gehorsam gegen Schutz zwischen Wesen aus Fleisch und Blut zurückzuführen? Schon erklärte das Kompendium des römischen Rechts, das zu Beginn des 6. Jahrhunderts für die Bedürfnisse des westgotischen Staates redigiert worden war, da, wo eine kaiserliche Konstitution noch gesagt hatte, »daß der Kolone auf seine heimatliche Scholle zurückgeführt werden solle«: »Er soll seinem Herrn zurückgegeben werden[233].« Ganz sicher bleibt der Kolone des 9. Jahrhunderts wie sein entfernter Vorgänger rechtlich eine freie Person. Er leistet dem Herrscher den Treueid. Er erscheint gelegentlich auf den Gerichtsversammlungen. Dennoch hat er nur seltene und entfernte Kontakte mit den öffentlichen Gewalten. Leistete er Waffendienst, dann unter dem Banner des Herrn, von dem er sein Land empfangen hat. Wird er vor Gericht geladen, so verpflichten ihn die Spielregeln der Immunitäten und mehr noch die Praktiken selbst, die diese Privilegien rechtfertigten, von neuem auf den jeweiligen Grundherrn als gewöhnlichen Richter. Mehr und mehr wird sein Platz in der Gesellschaft, kurz gesagt, durch seine Unterwerfung unter einen anderen Menschen bestimmt. Diese Unterwerfung war tatsächlich so eng, daß man es für natürlich hielt, seinen Familienstand durch das Verbot zu beschränken, außerhalb der eigenen Grundherrschaft zu heiraten; daß seine Verbindung mit einer vollständig freien Frau als »ungleiche Heirat« aufgefaßt wurde; daß das kanonische Recht ihm zunehmend den Eintritt in einen der geistlichen Orden verwehrte, während ihm das weltliche Recht körperliche Züchtigungen auferlegte, die ehemals Sklaven vorbehalten waren; daß schließlich, wenn ihm sein Herr seine Pflichten erließ, dieser Akt gern als Freilassung bezeichnet worden ist. Nicht ohne Grund findet sich später in den galloromanischen Dialekten, ganz im Gegensatz zu so vielen Begriffen aus dem juristischen Vokabular des Lateinischen, keine Ableitung von *colonus*. Das Überleben anderer Wörter, die gleichfalls den persönlichen Stand von Menschen bezeichneten, war selbstverständlich mit vielen Sinnverschiebungen erkauft, was allerdings ebenso das Gefühl oder die Illusion von einer bestimmten Kontinuität beweist. Dagegen verlor sich der Kolone seit der karolingischen Zeit immer mehr in der einförmigen Menge der Abhängigen einer Grundherrschaft, welche die Urkunden unter dem Begriff *mancipia* (der einst im klassischen Latein gleichbedeutend mit »Sklaven« war) zusammenfaßten und welche die Volkssprache noch ungenauer unter der Bezeichnung »Leute« eines Herrn vereinte. Auf der einen Seite den »behausten« Sklaven sehr nahestehend, vermischte sich der Kolone andererseits mit den sogenannten beschützten Freien, wenn diese nicht Krieger waren – manchmal sogar so, daß jede Unterscheidung in der Terminologie verschwand.

Denn wie wir wissen, war die Gewohnheit der Kommendation nicht allein auf die hohen Gesellschaftsschichten beschränkt. Viele Freie von geringer sozialer Stellung suchten sich einen Beschützer, ohne deswegen zu Sklaven werden zu wollen. Wenn sie ihm dann ihr Land übergaben, um es anschließend als verliehenes Gut wieder in Empfang zu nehmen, ist gleichzeitig zwischen zwei Individuen eine Beziehung von eher persönlichem Charakter geknüpft worden, die im übrigen lange Zeit ziemlich unbestimmt blieb. Sobald sie sich dann genauer auszuformen begann, geschah das dadurch, daß sie mehrere Merkmale einer anderen Form der Abhängigkeit annahm, die sehr verbreitet und deshalb dazu vorbestimmt war, allen Banden der Unterwerfung geringgestellter Untertanen zum Vorbild zu dienen: Es handelt sich um den Stand des Freigelassenen »in Gehorsam« (*cum obsequio*).

Unzählige Freilassungen von Sklaven hatte es seit den letzten Jahrhunderten des Römischen Reiches in den Ländern gegeben, die den fränkischen Staat bildeten. In der Karolingerzeit waren jedes Jahr viele weitere Freilassungen gewährt worden. Alle Umstände rieten den Herren zu dieser Politik. Die Veränderungen in der Wirtschaft veranlaßten sie, die großen Arbeitsverbände aufzulösen, die einst zur Bewirtschaftung der nunmehr aufgeteilten *latifundia* gedient hatten. Ebenso wie die Quelle von Reichtum künftig eher in dem Empfang von Abgaben und Dienstleistungen zu liegen schien, als in der direkten Nutzung großer Domänen, fand der Machtwille seinerseits in der ausgedehnten Schutzherrschaft über freie Menschen, die Angehörige des Volkes waren, ein entschieden wirksameres Instrument, als es der Besitz von Menschenvieh je liefern konnte, das jeglicher Rechte beraubt war. Endlich ließ die Sorge um das Seelenheil, die im Zeichen des nahen Todes besonders brennend war, auf die Stimme der Kirche hören, die, wenn sie sich auch nicht gegen die Sklaverei selbst erhob, immerhin die Befreiung des christlichen Sklaven zu einem frommen Werk schlechthin machte. So war in Rom genauso wie bei den Germanen das Erreichen der Freiheit von je her der normale Endpunkt vieler Sklavenschicksale. Nur scheint es gut möglich, daß sich der Rhythmus in den Reichen der Völkerwanderung und des frühen Mittelalters dabei nach und nach beschleunigt hatte.

Aber die Herren zeigten sich offenbar nur so gnädig, weil sie nicht alles fahren lassen mußten. Auf den ersten Blick ist nichts undurchsichtiger als die Rechtspraxis der Freilassungen im fränkischen Staat des 9. Jahrhunderts. Die Überlieferungen der römischen Welt auf der einen, die verschiedenen germanischen Rechte auf der anderen Seite, boten eine Fülle unterschiedlicher Mittel, um den Vorgang abzuschließen und legten den Status seiner Nutznießer in erstaunlich unterschiedlichen Rechtssätzen fest. Hält man sich jedoch an die praktischen Resultate, so stimmten sie darin überein, die Wahl zwischen zwei großen Rechtsakten zu lassen. Entweder war der Freigelassene künftig keiner privaten Autorität mehr unterstellt, es sei denn einer solchen, deren Schutz er später freiwillig in Anspruch nehmen konnte, oder er blieb im Gegenteil in seinem neuen Status zu bestimmten Leistungen verpflichtet, die sich aus der Unterwerfung unter seinen alten oder einen neuen Herrn, zum Beispiel eine Kirche, ergaben, an den der erstere ihn abtreten konnte. Diese Verpflichtungen, die allgemein als von Generation zu Generation vererbbar angesehen worden sind, waren die Voraussetzung für die schließliche Herausbildung einer wirklichen Erbklientel. Der erstgenannte Typ der *manumissio* (Freilassung) – um in der Sprache der Zeit zu reden – war selten, der zweite dagegen sehr häufig, weil er allein den herrschenden Notwendigkeiten entsprach. Der *manumissor* (Freilassende) wollte einen Abhängigen behalten, wenn er schon den Verzicht auf einen Sklaven hinnahm. Der *manumissus* (Freigelassene) selbst, der kaum ohne Beschützer leben konnte, fand so auf den ersten Blick die gewünschte Hilfe. Die vertragliche Unterordnung galt als so bindend, daß die auf die volle Unabhängigkeit ihrer Priester erpichte Kirche diesen kürzlich freigelassenen Leuten die Ordination verweigerte, da sie ihrer Meinung nach trotz der Bezeichnung in zu engen Abhängigkeitsverhältnissen ständen. Gewöhnlich war der Freigelassene gleichzeitig der Grundholde seines Herrn. So war er entweder schon von ihm mit einem Stück Land bedacht (*casatus*, d. h. »behaust«) worden, bevor er das Los der Sklaverei abschüttelte, oder seine Befreiung war mit der Vergabe von Land einhergegangen. Außerdem kamen Pflichten mehr persönlichen Charakters hinzu, die oft die Unterordnung noch verstärkten. So zog der Herr manchmal einen Teil des Erbes ein, wenn jemand gestorben war. Häufiger noch erhob er eine Steuer pro Kopf, die den Freigelassenen von Jahr zu Jahr genauso wie jeden seiner Nachkommen belastete. So wie diese »Kopfsteuer« ein ganz regelmäßiges Einkommen sicherte, dessen Gesamthöhe nicht unbedeutend war, verhinderte sie dank der kurzen Abstände, in denen sie erhoben wurde, daß die Beziehung nicht durch Zahlungsunwilligkeit des Untertanen oder Nachlässigkeit des Herrn Gefahr lief, in Vergessenheit zu geraten. Das Vorbild dafür lieferten bestimmte Formen germanischer Freilassungen. Sie sind bald in fast allen Fällen von *manumissio* nachgeahmt worden, vorausgesetzt, sie schlossen auch »Gehorsam« ein.

Teilhabe an der Erbfolge und am Kopfzins: Beides waren Erscheinungen von Hörigkeit, denen in den Gesellschaftsformen des Mittelalters eine große Zukunft bestimmt war. Zumindest die zweite war schon bald nicht mehr nur auf die kleine Welt der von der Sklaverei befreiten Personen beschränkt. Wie es etliche *manumissio*-Urkunden ausdrücklich vermerken, galten die kleinen Geldbeträge oder etwas Bienenwachs, die jährlich entrichtet worden sind, als Entgelt für den Schutz, der von dem nun zum Beschützer gewandelten Herrn über seinen Sklaven ausgeübt worden ist.

Allerdings waren die Freigelassenen nicht die einzigen sogenannten Freien, die sich freiwillig oder gezwungen in die Schutzherrschaft (*mundeburdium*) eines Mächtigen zu begeben veranlaßt sahen. Seit dem 9. Jahrhundert erschien der Kopfzins, der immer mehr um sich griff, schon als das besondere Zeichen einer ganzen Reihe persönlicher Abhängigkeitsverhältnisse, die über alle Unwägbarkeiten der Terminologie erhaben, gemeinsame Merkmale aufwiesen, nämlich auf seiten des Untergebenen eine ziemlich demütige, im allgemeinen erbliche Untertänigkeit, auf seiten des Schutzherrn eine starke Befehlsgewalt, die Ursache gewinnbringender Abgabenerhebungen war. So begannen sich in dem Chaos noch stark verworrener Beziehungen von Mensch zu Mensch einige Kräfteverhältnisse abzuzeichnen, um die sich die Institutionen der folgenden Epoche nach und nach herauskristallisieren sollten.

2. Die Hörigkeit in Frankreich

Im Frankreich jener Zeit und in Burgund hatte eine Reihe zusammenwirkender Vorgänge in der ersten Phase der Feudalzeit zur Folge, daß das alte System der sozialen Begriffe regelrecht hinweggefegt worden ist. Die Rechtsaufzeichnungen waren in Vergessenheit geraten. Von den Urbaren der fränkischen Zeit existierte eine bestimmte Anzahl nicht mehr, und die restlichen konnten nur noch mühsam in Folge sowohl der Wandlungen im Wortschatz als auch auf Grund der völlig veränderten Markierung vieler Grundstücke herangezogen werden. Schließlich waren die Grundherren samt den Richtern im allgemeinen zu wenig geschult, um sich mit ehemals gültigen Rechtsbegriffen auseinanderzusetzen. In der neuen Ordnung der Gesellschaftsschichten, die sich damals herausbildete, kam dennoch einem, dem sozialen Gemeinschaftsbewußtsein seit Menschengedenken vertrauten Begriff eine bedeutende Rolle zu: dem Gegensatz von Freiheit und Unfreiheit. Allerdings geschah das nur auf Kosten eines tiefen Bedeutungswandels.

Ist es ein Wunder, daß der frühere Inhalt dieses Gegensatzpaares den Menschen nichts mehr zu sagen hatte? Denn in Frankreich gab es fast keine Sklaven im eigentlichen Sinne mehr. Bald waren auch die letzten völlig verschwunden. Die Lebensweise der zinsbäuerlichen Sklaven hatte nichts mehr mit der Sklaverei gemein. Was die kleinen Sklavenhaufen angeht, die einst im Haushalt des Herrn lebten und unterhalten worden sind, so waren die ständig durch das gemeinsame Wirken von Tod und Freilassung geschlagenen Lücken nicht mehr zu schließen. Das religiöse Empfinden verbot in der Tat, christliche Kriegsgefangene in die Sklaverei zu führen. Es blieb wahrlich nur der Sklavenhandel, der durch die Beutezüge in heidnische Länder aufrechterhalten wurde. Aber seine großen Ströme erreichten nicht unsere Gegend oder – wohl weil es hier an genügend zahlungskräftigen Käufern mangelte – durchquerten sie nur, um sich in Richtung des muselmanischen Spanien oder nach dem Orient zu wenden. Überdies ist durch die Schwächung des Staates die antike Unterscheidung zwischen dem im Besitz vollen Rechts befindlichen Freien und dem abseits vom Wirken der öffentlichen Einrichtungen stehenden Sklaven jeglicher konkreter Bedeutung beraubt worden. Trotzdem verzichtete man keineswegs auf die Vorstellung, daß die Gesellschaft aus einerseits freien, andererseits unfreien Personen zusammengesetzt sei. Man behielt für die letztgenannten ihre alte lateinische Bezeichnung *servi* bei, aus der im Französischen *serfs* wurde. Dabei war es die Trennungslinie zwischen beiden Gruppen, die sich unmerklich verschob.

Einen Herrn zu haben, schien überhaupt nicht im Gegensatz zur Freiheit zu stehen. Wer hatte nicht alles einen? Aber man entwickelte den Gedanken, daß es diesen Wert dann nicht mehr gab, wenn die Möglichkeit der Wahl, die man mindestens einmal im Leben haben mußte, nicht mehr bestand. Anders gesagt, jede vererbliche Bindung galt als im Wesen un-

frei. War nicht die unvermeidliche Bindung, die das Kind »schon im Mutterleib« einging, nicht eine der größten Härten der herkömmlichen Sklaverei? Das Gefühl für diesen fast physischen Zwang schlägt sich auf wunderbare Weise in dem Ausdruck »Leibeigener« nieder, der von der Umgangssprache als Synonym zu Unfreier gebildet worden ist. Der Vasall, dessen Treuegefolgschaft sich nicht vererben ließ, war, wie wir gesehen haben, wesenhaft »frei«. Dagegen sah man sich veranlaßt, zusammen mit den wenig zahlreichen Nachfahren der zinsbäuerlichen Sklaven die viel größere Menge derjenigen Abhängigen unter dem Etikett einer »gemeinen Unfreiheit« einzuordnen, deren Ahnen sich selbst samt ihrer Nachkommenschaft mit ihrer eigenen Person dazu verpflichtet hatten: Erben von Freigelassenen oder Armen, die sich kommendiert hatten. Das Gleiche galt in bezeichnender Analogie für die unehelich Geborenen, Fremde oder »Ausländer« (*albani*) und manchmal für Juden. Weil sie keinen natürlichen Rückhalt im Volk oder in der Familie besaßen, waren sie nach alter Rechtsauffassung automatisch der Aufsicht des Herrschers oder des Herrn ihres Wohnortes anvertraut; das Zeitalter des Feudalismus machte aus ihnen Unfreie, die demgemäß Untergebene des Herrn, auf dessen Land sie lebten oder zumindest desjenigen Machthabers waren, der die hohe Gerichtsbarkeit inne hatte. Zur Zeit der Karolinger hatte eine wachsende Zahl von Beschützten den Kopfzins bezahlt, allerdings unter der Bedingung, den Status eines Freien zu behalten oder neu zu erhalten. Denn über den Sklaven stand ein Herr, der ihnen alles nehmen konnte, nicht ein Beschützer, dem man eine Gegenleistung schuldete. Mit der Zeit jedoch erhielt diese ursprünglich als vollkommen ehrenhaft angesehene Verpflichtung einen Anflug von Geringschätzung, schließlich zählte man sie dann seitens der Gerichte zu den charakteristischen Merkmalen der Unfreiheit. Dieser Kopfzins ist auch weiterhin von denselben Familien wie früher gefordert worden, und die Gründe blieben dafür wesentlich dieselben. Nur hatte sich der Stellenwert verändert, den man bei der gewöhnlichen Einschätzung einer solchen Bindung beimaß, deren Ausdruck diese Abgabe schien.
Wie alle semantischen Veränderungen von den Zeitgenossen beinahe unbemerkt, hatte sich diese große Umwälzung der gesellschaftlichen Wertvorstellungen schon gegen Ende der fränkischen Epoche durch einen sehr freien Gebrauch des die Unfreiheit betreffenden Wortschatzes angekündigt, der seither zunehmend zwischen alter und neuer Bedeutung schwankte. Das setzte sich auf lange Zeit fort. Je nach der Gegend und den Geistlichen, die berufen waren, die Urkunden zu verfassen, unterschieden sich die Grenzen der Begriffsverwendung. So behielten in mehreren Provinzen bestimmte Gruppen, Nachkommen einstmals gegen »Gehorsam«

entlassener Sklaven, bis zum Beginn des 12. Jahrhunderts ihre besondere Bezeichnung *culverts* (abgeleitet vom lateinischen *collibertus*, »Freigelassener«) als ein Zeichen ihrer Herkunft. Unter Mißachtung der einstmaligen *manumissio* hielt man sie nunmehr für Menschen, die im neuen Sinne des Wortes ihrer »Freiheit« beraubt waren. Aber man sah sie als eine Bevölkerungsschicht an, die über den einfachen »Unfreien« lag. Dann und wann blieben die Begriffe »Kommendierte« oder »Vogteileute« (der letztere war gleichbedeutend mit »Beschützte«) trotz der faktischen Angleichung an alle anderen Pflichten, die aus der unfreien Existenz herrührten, an manchen Familien lange Zeit haften. Was geschah, wenn sich jemand mit seinen Nachkommen in die Abhängigkeit eines Herrn begab, dem er neben anderen Verpflichtungen den Kopfzins versprach? Bald ist dieser Vorgang als freiwillige Unterwerfung behandelt worden, bald hat man dagegen wie bei der alten fränkischen Kommendationsformel in die Urkunde eine Klausel eingefügt, welche dem Schutzsuchenden die Freiheit erhielt, oder man hütete sich auch bei ihrer Abfassung klugerweis vor dem Gebrauch jeglichen kompromittierenden Ausdrucks. Doch wenn sich eine Sammlung solcher Schriftstücke, wie die des Klosters St. Peter in Gent, über mehrere Jahrhunderte erstreckt, kann man darin unschwer feststellen, daß die unfreien Ausdrucksformen im Laufe der Zeit immer deutlicher zunehmen.

Wie häufig sich im übrigen auch immer Menschen selbständig in Abhängigkeit begeben haben mögen, so hat die beträchtlich hohe Zahl der Fälle im Vergleich zu der geringen Menge der uns vorliegenden Dokumente allgemein etwas Überraschendes und Ergreifendes an sich. Diese Selbstverknechtungen waren selbstverständlich nicht die einzigen, die zur Ausweitung der leibeigenen Bevölkerungsschichten beitrugen. Außerhalb jeder präzisen Abmachung, allein durch die Wechselwirkung von Vorschrift, Gewalt und Wandel der Rechtsauffassung, glitt die Masse der alten oder neuen Untertanen einer Grundherrschaft langsam in diesen Stand ab, der durch einen alten Namen und durch fast gänzlich neue Kennzeichen bestimmt war. Im Dorf Thiais in der Umgebung von Paris, wo man zu Beginn des 9. Jahrhunderts auf 146 Familienoberhäupter nur 11 Sklaven gegenüber 130 *coloni* zählte, und wo außerdem 19 »beschützte« abhängige Personen lebten, die Kopfzins zahlten, bestand fast die gesamte Einwohnerschaft unter Ludwig dem Heiligen aus Personen, deren Status als unfrei bezeichnet wurde.

Bis zum Schluß existierten Einzelpersonen, ja sogar ganze Gemeinschaften fort, von denen man nicht wußte, wo man sie einordnen sollte. Waren die Bauern von Rosny-sous-Bois Leibeigene von St. Genofeva oder nicht? Die Leute von Lagny Knechte ihrer Abtei? Diese Probleme beschäftigten von der Zeit Ludwigs VII. bis zu Philipp III. Päpste und Könige. Zwar waren die Mitglieder verschiedener städtischer Bürgerschaften in Nordfrankreich vom Vater auf den Sohn zur Entrichtung der Kopfsteuer und Befolgung anderer »Gewohnheitsrechte« gezwungen, die man im allgemeinen als widersprüchlich zur Freiheit betrachtete, doch sie weigerten sich trotz allem im 13. Jahrhundert, als Knechte behandelt zu werden. Unsicherheiten und Ausnahmen änderten jedoch nichts am eigentlichen Sachverhalt. Spätestens in der ersten Hälfte des 12. Jahrhunderts – die *colliberti* hatten als eigene Schicht zu existieren aufgehört, und ihr Name war ein reines Synonym für Knecht geworden – hatte sich eine einzige Kategorie niederer, persönlich abhängiger Leute herausgebildet, die durch Geburt an einen Herrn gebunden, also vom »Schandfleck« der Unfreiheit betroffen waren. Das war aber viel mehr als eine simple Frage der Bezeichnung. Bestimmte negative Merkmale, die man herkömmlicherweise nur zusammen mit der Knechtschaft sah, wurden fast zwangsläufig auf diese Unfreien völlig neuer Art angewandt, aber die Neuartigkeit ist nicht sehr deutlich empfunden worden. Solche Merkmale waren das Verbot, einem geistlichen Orden beizutreten, der Entzug des Rechts, als Zeuge gegen Freie aufzutreten (außer wenn ein besonderes Privileg vorlag, das grundsätzlich nur den abhängigen Leuten des Königs gewährt und auf einige Kirchen ausgedehnt worden war) und in sehr allgemeiner Weise eine sehr schmerzlich empfundene Situation der Minderwertigkeit und Verachtung. Andererseits hatte sich ein wirklicher Rechtsstatus herausgebildet, der vor allem durch ein Bündel besonderer Pflichten bestimmt war. Trotz der unendlich verschiedenartigen Anwendungsarten, die sich nach dem jeweiligen Gewohnheitsrecht der Gruppen richteten, glichen sie sich etwa in großen Zügen überall. Das war ein in dieser Gesellschaft ständig bestehender Gegensatz, da sie gleichzeitig zerrissen und doch im wesentlichen einheitlich war. Da gab es den Kopfzins. Da gab es – außer im Falle einer besonderen Genehmigung, die viel kostete – das Verbot, »nach draußen zu heiraten«, d. h. einen Ehevertrag mit einer Person zu schließen, die weder gleichen Standes noch vom selben Grundherrn abhängig war (*formariage*, lat. *forismaritagium*). Da gab es endlich eine Art Erbschaftssteuer. In der Picardie und in Flandern fand sich dieses *mortuarium* in Form einer regelrechten Erbfolgesteuer, wobei der Grundherr beim Tod eines jeden Hörigen entweder eine kleine Summe Geldes oder, häufiger, das beste Einrichtungsstück oder das beste Haustier (Besthaupt) forderte. Anderwo beruhte sie auf der Anerkennung der Familiengemeinschaft: Hinterließ der Verstorbene Söhne (mitunter auch Brüder), die mit ihm an ein und demselben »Herd« gelebt hatten, dann erhielt der Herr nichts; im gegenteiligen Falle zog er alles ein.

So drückend diese Verpflichtungen aber auch erscheinen konnten, so waren sie doch in einem Sinne grundsätzlich von der Sklaverei verschieden, denn sie setzten die Existenz eines wirklichen Eigentums in den Händen des Zahlenden voraus. Als Grundhöriger hatte der Leibeigene genau dieselben Rechte und Pflichten wie jeder andere auch. Sein Besitz war nicht mehr in Frage gestellt, und seine Arbeitskraft gehörte nur ihm, wenn Abgaben und Dienstleistungen einmal festgelegt waren. Wir sollten ihn uns nicht mehr nach dem Bild des schollengebundenen Kolonen vorstellen. Sicher trachteten die Grundherren danach, ihre Bauern für sich zu behalten. Was war der Boden ohne den Menschen wert? Aber es war schwer, die Flucht zu verhindern, weil einerseits die Zersplitterung der Macht mehr denn je allem wirksamen öffentlichen Zwang entgegenstand und weil andererseits noch jungfräulicher Boden im Überfluß vorhanden war; deshalb nützte es nicht sehr viel, den Flüchtigen mit dem Entzug seiner Habe zu bedrohen, denn er war fast immer sicher, andernorts eine neue Bleibe zu finden. Daher versuchte man, dem Verlassen des bäuerlichen Besitzes selbst mit mehr oder weniger Erfolg zuvorzukommen; der besondere Status des Bewirtschaftenden spielte dabei kaum eine Rolle. Wenn sich zwei Personen darüber verständigten, jeweils den Untertanen des anderen die Aufnahme zu verweigern, ist gewöhnlich kein Unterschied zwischen unfreiem oder freiem Status der Betroffenen, die man so am Fortziehen hindern wollte, gemacht worden.

Im übrigen war es keineswegs notwendig, daß das Land im Falle der Unterwerfung demselben Weg wie der Mensch gefolgt wäre. Im Prinip stand dem nichts entgegen, daß der Knecht sogar Allodialbesitz für sich behielt, der einer jeden grundherrlichen Oberherrschaft entzogen war. Tatsächlich gestattete man allgemein in einem solchen Fall – wir kennen dafür Beispiele, die bis ins 13. Jahrhundert reichen –, daß der Bestand, der doch mit den für das Zinsgut charakteristischen Pflichten ganz und gar nichts zu tun hatte, trotzdem nicht ohne die Genehmigung des Herrn der betreffenden Person veräußert werden konnte, ein Vorbehalt, der dem Allodialcharakter praktisch einen ziemlichen Abbruch tat. Viel häufiger kam es vor, daß ein Leibeigener, der ausschließlich Zinsgüter besaß, diese nicht – oder nicht alle – von demjenigen Grundherrn erhalten hatte, an den ihn die seinem Status entsprechenden Bindungen banden, ja sogar, daß er als Leibeigener eines bestimmten Grundherrn auf dem Land eines anderen lebte. Sträubten sich die Menschen der Feudalzeit jemals gegen die Überschneidung von Macht? »Ich übergebe St. Peter in Cluny diesen Hof mit allem, was dazu gehört« – d. h. »Ich trete die vom Boden ausgehenden Rechte ab –, ausgenommen den Bauern, der ihn bestellt, seine Frau, seine Söhne und Töchter, denn sie gehören mir nicht«; so formulierte es gegen Ende des 11. Jahrhunderts eine Urkunde aus Burgund[234]. Von Anfang an war dieser Dualismus Bestandteil der Lage bestimmter Schutzbefohlener. Die Mobilität der Bevölkerung verstärkte ihn allmählich. Er warf natürlich weiterhin schwierige Probleme im Falle einer Teilung auf und mehr als einmal verlor ein Herr schließlich seinen Rechtstitel über das geliehene Land oder über den Boden. Bezeichnenderweise gab es jedoch in einem Punkt beinahe Einmütigkeit, wenn der Bindung des Menschen an den Menschen ein gewisser Vorrang zugebilligt wurde. Man war der Ansicht, daß der Unfreie zumindest im Falle eines Verbrechens, das eine »Blut«-Strafe zur Folge hatte, von niemand anderem als von seinem »Leib«-Herrn gerichtet werden dürfte. Dabei waren die gewöhnlichen juristischen Machtbefugnisse des Letztgenannten ebenso ohne Bedeutung wie der Wohnsitz des Beschuldigten. Kurz gesagt, war der Status des Leibeigenen in keinem Fall durch eine Bindung an Grund und Boden charakterisiert. Sein besonderes Kennzeichen war im Gegenteil, so unmittelbar von einem anderen menschlichen Wesen abhängig zu sein, daß ihn dieses Verhältnis überallhin verfolgte und an seiner Nachkommenschaft haften blieb.

Ebensowenig wie die Unfreien in den meisten Fällen von ehemaligen Sklaven abstammten, stellte ihre Existenz eine einfache, mehr oder weniger »versüßte« Abwandlung der alten Sklaverei oder des römischen Kolonats dar. Unter alten Bezeichnungen verborgen, mit Merkmalen aus verschiedenen vergangenen Epochen behaftet, spiegelte die Institution die Bedürfnisse und die kollektiven Vorstellungen der herrschenden Verhältnisse wider, die sie hervorgebracht hatten. Mit Sicherheit war das Los des Leibeigenen sehr schwer. Hinter der kalten Teilnahmslosigkeit der Texte muß man sich eine in manchen Fällen sogar tragisch harte Umwelt vorstellen. Die Genealogie einer Familie von Unfreien, die im Anjou des 11. Jahrhunderts für die Belange eines Prozesses angefertigt worden war, schließt mit folgendem Wortlaut: »Nive, dem von Vial, seinem Herrn, der Hals abgeschnitten wurde.« Gern trachtete der Herr danach, eine Willkürherrschaft auszuüben, selbst wenn er dabei das Gewohnheitsrecht mißachtete: »Er ist mein von der Fußsohle bis zum Scheitel seines Hauptes«, sagte ein Abt von Vézelay über einen seiner Knechte. Mehr als einmal versuchten Leibeigene ihrerseits, durch List oder Flucht diesem Joch zu entrinnen. Nicht alles ist wohl an der Bemerkung jenes Mönches aus Arras falsch, der uns die Knechte seines Klosters so schildert, daß sie schnell dabei waren, ihre Abhängigkeit zu bestreiten, wenn ihr Leben friedlich verlief, sie dagegen zu betonen, sobald eine drohende

Gefahr sie dazu veranlaßte, sich einen Schutzherrn zu suchen[235]. Schutz und Unterdrückung: Zwischen diesen beiden Polen schwankt jede auf Klientel begründete Herrschaft fast zwangsläufig. Und in einem System dieser Ordnung stellte es gleichsam einen Eckpfeiler dar, wenn sich die Leibeigenschaft gleich zu Beginn herausgebildet hatte.

Aber alle Bauern waren nicht in die Unfreiheit geraten, selbst dann nicht, wenn ihr Grundbesitz in Abhängigkeit gefallen oder verblieben war. Von den Quellen, die während der ganzen Feudalzeit ohne Unterbrechung fließen, werden unter den Hintersassen der Grundherrschaft eng an der Seite der Unfreien Personengruppen hervorgehoben, die ausdrücklich als »Freie« eingestuft sind.

Vor allem dürfen wir uns nicht einfache Bauern vorstellen, die mit dem Obereigentümer des Bodens nur sachlich-kühle Beziehungen wie zwischen Schuldnern und Gläubigern unterhalten. Inmitten eines sozialen Klimas, in dem jedes Verhältnis zwischen einem Geringeren und einem Höherstehenden eine ganz unmittelbare menschliche Farbe annimmt, sind diese Leute gegenüber dem Grundherrn lediglich nicht zu den vielfältigen Abgaben und Diensten verpflichtet, die auf dem Haus oder den Feldern lasten. Sie schulden ihm aber Hilfe und Gehorsam. Sie rechnen mit seinem Schutz. Die Verbundenheit, die sich so einstellt, ist stark genug, damit der Herr das Recht auf eine Entschädigung hat, falls sein abhängiger »Freier« verletzt wird, um sich, was man für rechtmäßig hielt, im umgekehrten Fall, etwa bei einer Blutrache, ja, sogar bei kleineren, gegen ihn gerichteten Repressalien, an die ganze Gruppe seiner Untertanen ohne Unterschied ihres rechtlichen Status halten zu können. Diese Verbundenheit scheint auch genügend Ansehen zu genießen, um offenbar höheren Pflichten voranzugehen. Die Bürger einer Neustadt (*villeneuve*), deren Herren zu je einem Teil Ludwig VI. und der Herr von Montfort waren, sind keine Unfreien gewesen. Ihr Privileg (*charte*) erlaubte ihnen, neutral zu bleiben, falls ihre beiden Herren miteinander in Fehde liegen würden, von denen der eine immerhin gleichzeitig ihr König war[236]. Dennoch bleibt diese Bindung rein zufällig, so sehr sie die Menschen auch erfaßt. Betrachten wir die entsprechenden Wörter wie *vilain* (lat. *villanus*), d. h. Einwohner einer Grundherrschaft (von lateinisch: *villa*), *hôte*, *manant, couchant et levant**, so bemerken wir, daß diese Begriffe, die einfach auf die Idee eines Wohnsitzes anspielen, für alle Hintersassen als solche verwendet worden sind, auch wenn sie unfrei waren. Aber der »freie« Bauer einer Grundherrschaft hatte keinen anderen Namen, weil

---

* Anm. d. Übers.: hôte = Gast; manant von manoir = bleiben, wohnen: »zum Gesinde Gehöriger«; couchant von coucher = übernachten, schlafen; levant von se lever = aufstehen: »unter einem Herren wohnen«.

er ein »Bewohner« im eigentlichen Sinne war. Verkauft, verschenkt oder
verläßt er sein Land, um sich woanders niederzulassen, so bindet ihn
nichts mehr an den Herrn, von dem er dieses Grundstück hielt. Genau
deshalb gilt dieser *vilain*, dieser *manant* als ein mit Freiheit begabter
Mensch, und wenn man hier und da von einer Entstehungsperiode und
von Ungenauigkeiten absieht, gilt er folglich als jemand, der den Be-
schränkungen des Ehe- und Erbrechts entzogen ist, Rechte, die im Gegensatz dazu beim Leibeigenen die Spuren einer rigorosen Unterordnung
hinterlassen, in die die Familie ebenso wie der Einzelne eingebunden
sind.

Wieviel Aufschluß könnte man von einer Verbreitungskarte der bäuerlichen Freiheit und Knechtschaft erwarten? Leider lassen sich nur einige
grobe Schätzungen anstellen. Wir wissen schon, aus welchen Gründen die
Normandie, die durch die Einfälle der Skandinavier umgestaltet worden
ist, auf einer solchen Skizze einen großen weißen Fleck hinterlassen würde.
Hier und da tauchen andere ebenfalls von Leibeigenschaft freie Räume
auf, die nicht so ausgedehnt sind und die sich weniger zur Interpretation
anbieten, wie z. B. das Forez. In den übrigen Landesteilen würden wir
eine ungewöhnlich große Mehrheit von Leibeigenen sehen, aber neben
ihnen eine Streuung freier Bauern von sehr unterschiedlicher Dichte bemerken. Bald erblickt man sie dicht vermischt mit der unfreien Bevölkerung Haus an Haus wohnen und unter derselben grundherrlichen Gewalt
stehen, dann wieder sind es im Gegensatz dazu fast vollständige Dörfer,
die der Knechtschaft entgangen zu sein scheinen. Selbst wenn wir über
die Ursachen in diesem Wechselspiel besser unterrichtet wären, das hier
eine Familie in die erbliche Abhängigkeit stieß, es dort vor dem Ab-
gleiten bewahrte, etwas stünde mit Sicherheit immer noch einer Analyse
entgegen. Das Ringen unendlich schwer zu messender Kräfte und manchmal der reine Zufall bestimmten die Entscheidung, der oft sehr viele
Schwankungen vorausgegangen waren. Ohnehin bildet dieses beständig
bunte Bild der Lebensbedingungen alles in allem vielleicht die eindrucks-
vollste Erscheinung. In einem vollkommenen Feudalregime wäre jeder
Mensch Vasall oder Knecht geworden, ebenso wie jedes Land Lehen in
Adels- oder in Bauernhand gewesen wäre. Aber es ist gut, wenn uns die
Tatsachen daran erinnern, daß eine Gesellschaft keine geometrische Figur
ist.

3. Das deutsche Beispiel

Eine vollständige Untersuchung der europäischen Grundherrschaft im Zeitalter des Feudalismus würde erfordern, daß wir jetzt nach Südfrankreich blicken und dort die Existenz einer Art von bodenabhängiger Leibeigenschaft näher beschreiben, die im Wettbewerb mit der persönlichen Leibeigenschaft den Menschen über den Grundbesitz erreichte und ihn an diesen band; es handelt sich um eine um so merkwürdigere Institution, als ihr Entstehen außerordentlich schwer zu datieren ist. Dann wäre in Italien die Entwicklung eines Begriffes von Unfreiheit nachzuzeichnen, der eng mit dem verwandt ist, was das französische Recht geschaffen hat, aber anscheinend weniger verbreitet ist und dessen Umrisse noch beweglicher sind. Schließlich böte Spanien den erwarteten Kontrast, der Katalonien mit seiner Leibeigenschaft nach französischem Vorbild den Ländern der Reconquista – Asturien, León und Kastilien – gegenüberstellte: Länder, in denen wie auf der ganzen Halbinsel die Sklaverei als Auswirkung des Heiligen Krieges noch bestand, aber in denen bei der einheimischen Bevölkerung die persönlichen Abhängigkeitsverhältnisse auch auf dieser Gesellschaftsebene nicht besonders drückend, folglich auch beinahe ohne den Makel der Unfreiheit blieben. Doch eher als daß wir uns an einen solchen Überblick wagen, der zu lang und mit zu vielen Ungewißheiten behaftet wäre, lohnt es, sich an die beiden besonders reichhaltigen Beispiele historischer Erkenntnis zu halten: Deutschland und England.

Von den deutschen Landschaften wie von einer Einheit zu sprechen, gelänge nur auf sehr künstliche Art und Weise. Die Untersuchung der Kolonisationsgebiete östlich der Elbe fällt kaum in unseren Zeitraum. Aber selbst im Herzen Altdeutschlands ließ ein starker Gegensatz Schwaben, Bayern, Franken und die linksrheinischen Gebiete, wo die Grundherrschaft seit langem verbreitet und fast verwischt war, in Widerspruch zu Sachsen treten, das mit seinen zahlreichen freien Bauern – frei mit ihrem Boden und mit ihrer Person – den Übergang zu Friesland zu bilden schien, das keine Grundherrschaften und folglich auch keine Hörigen kannte. Wenn man sich dennoch auf grundlegende Züge beschränkt, treten bestimmte, rein nationale Kennzeichen klar hervor.

Wie in Frankreich sehen wir die erbliche Untertänigkeit sich auf denselben Wegen weiträumig ausbreiten. Urkunden, die den selbstverantworteten Eintritt in die Knechtschaft fixieren, finden sich in den deutschen Sammlungen ebenso häufig wie in den französischen. Wie in Frankreich neigt der Status dieser Schützlinge jüngeren Datums zur Angleichung an denjenigen der alten Untertanen der Grundherrschaften, und das Modell des so erreichten Zustandes erhielt viele Merkmale der typischen Unterordnung, welche die Freilassung »in Gehorsam« dargestellt hatte, eine Verbindung, die die Sprache hier in besonders deutlicher Weise unterstreichen sollte. Mit dem Wort *laten*, dessen Etymologie die Vorstellung von einer Befreiung hervorruft, hatte man früher im germanischen Recht eine juristisch genau definierte Gesellschaftsschicht bezeichnet, die die Freigelassenen, die noch an ihre früheren Herren durch die Bande einer Art Schutzherrschaft gebunden waren, mit einigen im Lande lebenden Fremden und mitunter mit den Vertretern besiegter Völker vereinte. Unter demselben Begriff* faßte man im Norden Deutschlands, im 12. Jahrhundert, große Gruppen von Abhängigen zusammen, von denen die Nachfahren der einst zu Klienten gewordenen Sklaven mit Sicherheit nur noch eine Minderheit darstellten. Der Kopfzins und die Erbabgaben, meist in Gestalt eines beweglichen Gutes, das für jede Generation erhoben worden ist, das waren die typischen Verpflichtungen der persönlichen Unterordnung, desgleichen das Verbot, außerhalb von Stand und Grundherrschaft zu heiraten (*forismaritagium*). Wie in Frankreich brachte man schließlich jede persönliche Abhängigkeit zunehmend in den Geruch der Knechtschaft, wenn sich ihre Geltung mit der Geburt vererbte, wobei man die Begriffe »Freiheit« und »Unfreiheit« ihres ursprünglichen Sinnes entkleidete. Auf den Ländereien des elsässischen Klosters Mauersmünster (Marmoutier) waren die freien und unfreien Hufen des 9. Jahrhunderts im 12. Jahrhundert zu einer einzigen Kategorie geworden, die man als unfrei (*serviles*) bezeichnet hat. Im Gegensatz zu ihrem Namen wurden die *laten* der Feudalzeit ganz wie ihre Schicksalsgenossen jenseits der Grenze, die französischen *colliberti (culverts)*, nicht mehr als Freie angesehen. So wird paradoxerweise vom Grundherrn gesagt, er lasse diese ehemals Freigelassenen frei, wenn er auf seine Rechte über sie verzichte. Dagegen erkennt man den *Landsassen* überall die »Freiheit« zu, die auch, wieder analog zu Frankreich, *hostes* (Gäste) genannt werden und wirkliche *manants* sind, ohne irgendeine andere Bindung als die aus ihrem Wohnsitz stammenden Verpflichtungen.

Trotzdem brachten einige spezifisch deutsche Verhältnisse Verwirrung in diese Entwicklung. Die ursprüngliche Auffassung von Freiheit hatte sich in Frankreich nur wegen des Verfalls der staatlichen Ordnung, besonders im juristischen Bereich, so grundlegend wandeln können. In Deutschland und dort vor allem im Norden bestanden während der ganzen Feudalzeit

---

* Anm. d. Übers.: Sie werden auch *lazen, lassen, lasin* genannt, weshalb Bloch auf die Etymologie anspielt, wobei er allerdings an die seit fränkischer Zeit erscheinenden Liten oder Leten (lat. *leti, laeti*) denkt, Halbfreie oder Hörige, deren Zusammenhang mit dem sächsischen Laten nicht gesichert ist.

stellenweise öffentliche Gerichtsinstanzen weiter, die dem alten Typ glichen und in Konkurrenz mit den grundherrlichen Gerichtsbarkeiten standen. Wie hätte dabei nicht die mehr oder weniger verschwommene Vorstellung überleben sollen, alle Männer, und nur diese, für frei zu halten, die auf jenen Gerichtsversammlungen zu Gericht saßen und die von ihnen gerichtet worden sind? Dort, wo wie in Sachsen viel bäuerlicher Allodialbesitz existierte, ergab sich ein anderer Grund für Komplikationen. Denn selbst wenn Allodialbesitzer und Zinsbauern gleichermaßen frei von jeder persönlichen und vererbbaren Abhängigkeit waren, konnte das gesellschaftliche Bewußtsein kaum über den Unterschied zwischen beiden hinwegsehen. Die Freiheit des Allodialbesitzers schien vollkommener, weil sie sich auch auf den Boden erstreckte. Er allein hatte also, zumindest, wenn sein Allod eine bestimmte Größe erreichte, das Recht, im Gericht als Richter oder anders, nach der alten fränkischen Terminologie ausgedrückt, als Schöffe (lat. *scabinus*) zu amtieren, er war »schöffenbarfrei«. Endlich wirkten auch ökonomische Tatsachen ein. Ohne ebenso bedeutungslos wie in Frankreich zu sein – denn die Nähe der slawischen Länder schürte ständig die Sklavenjagden und den Sklavenhandel –, spielte die eigentliche Sklaverei im feudalen Deutschland dennoch keine sehr wesentliche Rolle. Trotzdem waren die ehemaligen *servi,* die auf der Domäne untergebracht waren, nicht auch so allgemein wie in Frankreich zu Zinsbauern geworden, weil gerade das vom Herrn selbst bewirtschaftete Land beträchtliche Anbauflächen behielt. Die meisten, das ist wahr, waren auf ihre Weise »behaust« (*casati*) worden, aber nur, um winzige Anwesen zu erhalten. Zu täglichen Fronarbeiten verpflichtet, führten diese »Tagesschalken«, die wirkliche Zwangsarbeiter waren, eine Gattung, die in Frankreich gänzlich unbekannt blieb, ein Leben in völliger Untertänigkeit, die man unweigerlich stärker spüren mußte als irgendein anderer Unfreier.

Weil manche Historiker vergessen haben, daß eine soziale Rangordnung in letzter Instanz nur auf den Vorstellungen beruht, die sich die Menschen von ihr machen und zu der jeder Widerspruch nicht zwangsläufig ausgeschlossen ist, haben sie sich dazu hinreißen lassen, willkürlich in das im feudalen Deutschland gehandhabte Personenrecht eine Klarheit und Regelmäßigkeit hineinzubringen, die ihm völlig fremd war. Die Juristen des Mittelalters waren ihnen ohne größeren Erfolg in diesem Bemühen vorangegangen. Wir müssen ganz klar erkennen, daß die Systeme, die uns die großen Verfasser der das Gewohnheitsrecht aufzeichnenden Rechtsbücher vorführen, wie Eike von Repgow in seinem Sachsenspiegel, nicht nur in sich selbst ziemlich schlecht aufgebaut sind, sondern außerdem der Urkundensprache nur ungenügend entsprechen. Nichts gleicht hier der relativen Einfachheit der französischen Leibeigenschaft. Praktisch waren innerhalb einer jeden Grundherrschaft die in erheblicher Abhängigkeit Lebenden fast niemals in einer einzigen Gruppe, die gleichartigen Pflichten unterlag, zusammengefaßt. Außerdem waren die Trennungslinien zwischen den Gruppen und ihren Begriffssystemen von Grundherrschaft zu Grundherrschaft außerordentlich verschieden. Eines der üblichsten Kriterien stellte der Kopfzins dar, dem noch ein wenig von einer früheren Wertschätzung als einem Zeichen von Schutz ohne Schande anhaftete. So arm waren die Tagesschalken, daß es häufig unumgänglich war, sie sogar von den Erbabgaben zu befreien, den Kopfzins mußten sie schon gar nicht entrichten. Aber er fehlt zugleich in dem herkömmlichen Bündel der insgesamt doch sehr drückenden Pflichten, die auf einem ganzen Teil der unfreien Zinsbauern lasteten. So wurden diejenigen Familien, deren spezifisches Merkmal diese Abgabe, die an eine ehemals freiwillige Unterwerfung erinnerte, wenigstens im allgemeinen auf einem höheren Rang eingestuft als die anderen »Nicht-Freien«, auch wenn sie ebenfalls oft wegen der Erblichkeit der Bindung als »unfrei« angesehen worden sind. Anderswo fuhr man fort, die Abkömmlinge der früheren Schützlinge mit dem alten Begriff *muntmannen* zu bezeichnen, der aus dem germanischen *munt* hervorgegangen war und der von alters her die durch einen Beschützer ausgeübte Herrschaft bedeutet hatte. »Kommendierte« hätte man im romanischen Sprachraum gesagt. Doch während in den Landschaften Frankreichs die »kommendierten«, im übrigen nur wenig zahlreichen Bauern des 12. Jahrhunderts kaum mehr von ihrer Herkunft als den bloßen Namen bewahrten und faktisch in der unfreien Schicht der *servaille* aufgegangen waren, hatten es viele ihrer deutschen Artgenossen verstanden, ihre Existenz als eine besondere Schicht, manchmal sogar ihre ursprüngliche Freiheit, aufrechtzuerhalten. Zwischen diesen verschiedenen Schichten der untertänigen Bevölkerung trug das Verbot, untereinander zu heiraten oder zumindest das Absinken des Status, das jede vertragliche Verbindung mit einem geringer eingestuften Partner rechtlich nach sich zog, zur Aufrechterhaltung fester Schranken bei.

Im übrigen verdankt vielleicht die deutsche Entwicklung schließlich ihre Eigenheiten am klarsten einer zeitlichen Verschiebung. Mit ihren unteilbaren Zinsgütern, die oft in mehrere Rechtskategorien untergliedert waren, und mit ihren vielfältigen Klassifizierungsmöglichkeiten, mit denen sie den Status der Menschen einzuordnen suchte, blieb die deutsche Grundherrschaft um 1200 insgesamt dem karolingischen Typ sehr ähnlich, mit Sicherheit viel mehr als die französische Grundherrschaft zur gleichen Zeit. Aber sie sollte sich ihrerseits in den beiden darauffolgenden Jahrhunderten immer mehr davon entfernen. Vor allem setzte das Verschmelzen der erblich Abhängigen zu einer gemeinsamen Rechtsgruppe gegen Ende des 13. Jahrhunderts ein, das heißt, zwei oder drei Jahrhunderte später als in Frankreich. Auch hier entfaltete sich die neue Terminologie durch Anleihen bei einem Wortschatz, der den Eindruck der Sklaverei erweckte. Die Bezeichnung »Eigenleute« (*homines proprii*), die anfangs in speziellerer Bedeutung für die auf dem Herrenhof lebenden Nicht-Freien wie einfache Gutsknechte verwendet worden ist, weitete sich allmählich auf viele Hintersassen aus, auch wenn sie nur in geringem Maße erblich an den Herrn gebunden waren. Dann gewöhnte man sich daran, den Ausdruck durch das Hinzufügen eines anderen Wortes zu vervollständigen, das in starkem Maße den persönlichen Charakter der Bindung ausdrückte, so daß man häufig in merkwürdiger Parallelität zu einer der verbreitetsten Bezeichnungen für den französischen Unfreien mit wachsender Vorliebe »eigen von dem lîpe«, »leibeigen« sagte. Selbstverständlich führten die zeitlichen und räumlichen Unterschiede zwischen dieser späten Leibeigenschaft, deren Untersuchung nicht zur Erforschung des Feudalzeitalters gehört, und der französischen Leibeigenschaft des 12. Jahrhunderts zu sehr vielen Gegensätzen. Gleichfalls gilt, daß wir hier einmal mehr auf diese eigenartige Erscheinung des Archaismus treffen, eine Verspätung, die das entscheidende Kennzeichen der deutschen Gesellschaft beinahe während der ganzen Feudalzeit zu sein scheint.

4. Die Veränderungen der Leibeigenschaft in England

Die Verhältnisse der englischen Bauern vermitteln um die Mitte des 11. Jahrhunderts nach fast zwei Jahrhunderten Abstand noch immer das unvergängliche Bild der alten karolingischen Urbare. Allerdings ist die Organisation der Grundherrschaft weit weniger straff, aber das System der Abhängigkeitsbeziehungen zwischen den Menschen ist durch eine zumindest ebensolche Vielfalt geprägt. Diese Verwirrung, an die sie nicht gewöhnt waren, war vielen der kontinentalen Geistlichen hinderlich, die Wilhelm der Eroberer beauftragt hatte, sein neues Reich in einem Kataster zu erfassen. Ihre Terminologie war meist dem westfranzösischen Sprachraum entlehnt und paßte sich ziemlich schlecht den Gegebenheiten an. Einige allgemeine Merkmale treten trotz allem klar hervor. Es gibt echte Sklaven (*theows*), von denen einige behaust sind (*casati*), eine eigene Wirtschaft führen. Es gibt Zinsbauern, die mit Abgaben und Dienstleistungen belastet sind, aber die als Freie gelten. Schließlich existieren »Kommendierte«, die einem Schutzherrn unterworfen sind, der keineswegs zwingend mit dem Grundherrn identisch ist, von dem sie ein Zinsgut haben, sofern sie eines besitzen. Bald ist diese Unterordnung eines Menschen unter den anderen noch locker genug, um nach Gutdünken vom Geringeren aufgekündigt zu werden, bald ist sie dagegen unaufkündbar und erblich. Endlich kommen wirkliche bäuerliche Allodialbesitzer vor, ohne so bezeichnet zu werden. Außerdem existierten neben den genannten zwei weitere Unterscheidungskriterien, ohne sich aber unbedingt mit diesen zu decken: Das eine leitet sich aus der unterschiedlichen Größe der Bauernwirtschaft, das andere aus der Abhängigkeit von dieser oder jener entstehenden grundherrlichen Gerichtsbarkeit her.

Die Eroberung durch die Normannen, die eine Erneuerung beinahe der gesamten Grundbesitzerschaft nach sich zog, stürzte dieses System um und vereinfachte es. Wohl blieben, besonders im Norden, sehr viele Spuren der alten Verhältnisse erhalten, wo, wie wir gesehen haben, die bäuerlichen Krieger den Juristen sehr zu schaffen machten, die mit einer ganz anderen Gruppeneinteilung vertraut waren. Doch insgesamt war die Situation etwa ein Jahrhundert nach Hastings derjenigen in Frankreich sehr nahe gekommen. Im Unterschied zu den Hintersassen, die von einem Herrn nur deswegen abhängig sind, weil sie von ihm Haus und Hof empfangen haben, bildete sich eine Schicht von »gebundenen Leuten« (*bondmen*), von »Leuten durch Geburt« (*nativi, niefs*) heraus, die persönlich mit ihrer Nachkommenschaft unterworfen waren und die man deswegen als der »Freiheit« beraubt ansah. Auf ihnen lasteten Verpflichtungen und Unfähigkeitsbestimmungen, deren praktisch immer gleicher Zweck es war und uns schon bekannt ist: Verbot, in einen geistlichen Orden einzutreten und sich einen Ehepartner außerhalb der Grundherrschaft zu wählen (*forismaritagium*); Einziehung des besten beweglichen Inventarstücks bei jedem Todesfall; Kopfzins (aber dieser wurde im Regelfall nach einer in Deutschland punktuell ähnlichen Gewohnheit nur dann erhoben, wenn der Betreffende außerhalb der Ländereien seines Herrn lebte). Hinzugefügt sei eine Verpflichtung, die in seltsamer Weise die guten Sitten schützen soll und deren Entsprechung – so stark war die Gleichförmigkeit dieser Feudalgesellschaft – man im entfernten Katalonien wiederfindet: Die Tochter eines Leibeigenen zahlt eine Buße an ihren Herrn, wenn sie einen Fehltritt begangen hat. Diese Unfreien, die viel zahlreicher waren als die Sklaven von einst, ähnelten jenen weder durch ihre Lebensweise noch durch das Recht, dem sie unterworfen blieben. Bezeichnend war, daß im Unterschied zum *theow* der angelsächsischen Zeit die Familie des Unfreien mit dem Herrn im Falle eines Mordes am Wergeld beteiligt war. Der Zusammenhalt der Sippe, dem Sklaven fremd, war dem Leibeigenen des neuen Zeitalters stets geläufig.

Doch in einem Punkt zeichnete sich ein wirklich markanter Unterschied zu Frankreich ab. Der englische Grundherr konnte viel besser als sein Nachbar vom Kontinent seine Leibeigenen, ja sogar die einfachen Zinsbauern auf seinen Ländereien festhalten. In diesem bemerkenswert vereinheitlichten Land besaß die Königsgewalt genug Macht, um die flüchtigen *niefs* suchen und diejenigen bestrafen zu lassen, die sie aufgenommen hatten. Auch selbst innerhalb der Grundherrschaft verfügte der Herr über eine Institution, um seine Leute unter Kontrolle zu halten, deren Vorformen wohl angelsächsisch waren, aber die die ersten normannischen Könige aus Sorge um eine gute innere Ordnung vereinheitlicht und entwickelt hatten. Man nannte sie *frankpledge*, was so viel wie Bürgschaft – gegenseitige Bürgschaft, wohlgemerkt – der Freien heißen soll. Sie sollte in der Tat ein weitgespanntes Netz von gegenseitiger Unterstützung im Sinne einer derartigen Unterdrückung begründen. Zu diesem Zweck war die Bevölkerung fast überall auf englischem Boden in Abteilungen von zehn aufgeteilt. Jede »Zehnerschaft« (*tithing*) war in ihrer Gesamtheit für das Erscheinen ihrer Mitglieder vor Gericht verantwortlich. In bestimmten Abständen mußte ihr Anführer die Schuldigen oder Beklagten dem Vertreter der öffentlichen Gewalt vorführen, und dieser überzeugte sich dabei, daß niemand diesem so ausgelegten Netz entkam. Ursprünglich waren es alle Freien, die man in dieses System zu integrieren verstand, ausgenommen nur die oberen Gesellschaftsschichten, das Gesinde oder die Krieger, die im Hause ihres Herrn unterhalten wurden und denen dieser folglich als natürlicher Gewährsmann diente, und schließlich die Geistlichen. Dann geschah sehr schnell eine schwerwiegende Wandlung. Man unterwarf nur noch die von einer Grundherrschaft Abhängigen dem *frankpledge*, wobei man alle ohne Ansehen ihres besonderen Status erfaßte. Dadurch wurde selbst der Name der Institution trügerisch, denn von diesen Abhängigen sind viele nicht mehr für frei gehalten worden, was den paradoxen und zugleich beredten Beweis für einen Bedeutungswandel anzeigt, wie er uns schon sehr häufig vorgekommen ist. Andererseits wurde das Recht, diese Art gerichtlicher Heerschau vorzunehmen, immer mehr auf die Grundherren selbst oder zumindest auf viele von ihnen übertragen, weil es unmöglich mit einer zu kleinen Zahl von Beamten auszuüben war. In ihrer Hand sollte es ein wunderbares Gewaltinstrument werden.

Dagegen hatte die normannische Eroberung, die den Grundherrschaften eine so kräftige Struktur verliehen hatte, auch die Errichtung eines ausnehmend gut gerüsteten Königtums begünstigt. Die Art Grenzvereinbarung, die zwischen den beiden Gewalten geschlossen wurde, erklärt die letzte Wandlung, der im mittelalterlichen England die Klassifizierung der gesellschaftlichen Verhältnisse gerade auch bis hin zum Begriff der Freiheit selbst ausgesetzt war. Schon seit Mitte des 12. Jahrhunderts hatten die Instanzen der königlichen Rechtsprechung unter dem Einfluß der normannischen, später der angevinischen Dynastie eine außergewöhnliche Entwicklung durchlaufen. Diese seltene Frühzeitigkeit hatte jedoch ihren Preis. Weil die Richter der Plantagenêts* gezwungen waren, eine Schranke zu respektieren, die in der Folgezeit für die Staaten, die sich wie Frankreich langsamer herausbildeten, nicht so schwer zu überwinden sein sollte, verzichteten sie nach einigem Zögern darauf, sich zwischen den Herrn des *manor* (Grundherrschaft) und seine Leute zu stellen. Letztere waren zwar nicht jeglichen Zugangs zu den königlichen Gerichten beraubt, nur die Prozesse, welche ihre Beziehungen mit ihrem Grundherrn berührten, durften allein vor diesem oder seinem Gericht stattfinden. Doch die so definierten Fälle betrafen diese einfachen Leute in ihren elementarsten Interessen: Höhe der Belastungen, Besitz und Weitergabe ihres Gutes. Überdies war die Zahl der betroffenen Personen beachtlich, denn man zählte zusammen mit den *bondmen* die meisten der einfachen Hintersassen darunter, die man gewöhnlich mit dem aus dem französischen Wortschatz entlehnten Begriff als *villeins* (frz. *vilains*) bezeichnete. So wurde eine neue Kluft innerhalb der englischen Gesellschaft aufgetan, deren praktische Bedeutung für jedermann sichtbar war. Auf der einen Seite standen die wahren Untertanen des Königs, über die sich zu jeder Zeit der schützende Schirm seiner Rechtsprechung erstreckte, auf der anderen stand die bäuerliche Masse, die fast gänzlich der grundherrlichen Willkür ausgeliefert war.

Nun war vermutlich der Gedanke, frei sein hieße vor allem das Recht, vor einem öffentlichen Gericht zu erscheinen, wahrscheinlich niemals ganz verschwunden, während der Sklave zur Strafe fähig nur vor dem Herrn galt. Die Juristen sagten nun subtilerweise, daß der *villein* im Verhältnis zu seinem Herrn, aber nur zu diesem (denn gegenüber Dritten stand ihm nichts bei der Anrufung der ordentlichen Gerichtsbarkeiten im Wege), ein Nicht-Freier war. Die öffentliche Meinung und selbst die Rechtsprechung nahmen eine unbeweglichere und einfachere Haltung ein. Man nimmt gewöhnlich an, daß schon im 13. Jahrhundert diese beiden ehemals wie in Frankreich beinahe entgegengesetzten Wörter *villein* und *serf* (Unfreier) gleichbedeutend waren. Das war eine sehr gewichtige Angleichung, weil sie sich keinesfalls allein auf die Sprache beschränkte, die tatsächlich nur lebendige Kollektivvorstellungen ausdrückte. *Villeinage* galt künftig auch als erblich, und obwohl in der Menge der *villeins* ein bestimmter

---

* Anm. d. Übers.: Gemeint ist die eben erwähnte angevinische Dynastie, die im allgemeinen als das Haus Anjou-Plantagenêt bekannt ist.

Beigeschmack von Minderwertigkeit in der Regel die gesonderte Behandlung von Nachfahren ehemaliger *bondmen* fortleben ließ, die anscheinend immer geringer an Zahl als die französischen Leibeigenen waren, ging man mehr und mehr darzu über, alle Angehörigen der neuen unfreien Klasse den Belastungen und Attributen zu unterwerfen, die früher nur auf die »gebundenen Menschen« gedrückt hatten, wobei die Allmacht der grundherrlichen Gerichte half.

Dennoch definieren wir den *villein* als Menschen, der im Verhältnis zu seinem Herrn nur von diesem zu richten war; dann definieren wir wiederum das verliehene Gut in Händen eines *villein* in dem Maße, wie auf Grund der Beweglichkeit des Grundvermögens die Rechtsstellung des Menschen und die des Bodens immer weniger übereinstimmten als eine Besitzform, die nicht durch die königlichen Gerichte geschützt wurde, was sicher so viel heißt, daß wir die Merkmale einer Klasse von Menschen oder einer Kategorie immobilen Besitzes bestimmen. Dabei haben wir aber ihren Umfang nicht berücksichtigt. Denn es bedurfte außerdem eines Mittels, um diejenigen Personen und Ländereien zu bestimmen, die unter die Wirkung dieser Unfähigkeit fallen mußten, woraus sich alles weitere ableitete. Niemand käme auf die Idee, alle Personen, die einen Herrn hatten oder die allen Grundbesitz in Form der Landleihe inne hatten, unter eine so verachtenswerte Sparte wie die *villeinage* einzuordnen. Es genügte auch nicht einmal, die Ritterlehen auszusondern. Unter den Besitzern von Zinsgütern, die in einer Grundherrschaft vereint waren, befanden sich viele Personen von zu erhabenem Stand, ja viele Bauern, deren Freiheit zu lange und zu sicher bezeugt war, als daß es möglich gewesen wäre, sie einfach in der unfreien Masse aufgehen zu lassen. Die Rechtsprechung griff deshalb auf ein Unterscheidungsmerkmal zurück, das ihr auch diesmal von überliefertem Ideengut oder von Vorurteilen, die fest im gesellschaftlichen Bewußtsein verankert waren, zur Verfügung gestellt worden war. Der Sklave hatte seinem Herrn seine gesamte Arbeitskraft geschuldet. Infolgedessen schien der Umstand ernsthaft die Freiheit anzutasten, daß man einem Grundherrn einen Großteil seiner Zeit zu Diensten sein mußte, vor allem dann, wenn die eingeforderten Pflichten zu den manuellen Tätigkeiten zählten, die ziemlich gering angesehen waren und die man gemeinhin in ganz Europa mit dem charakteristischen Begriff der »unfreien« Tätigkeiten belegte. Die Landvergabe an Hintersassen verpflichtete also gegenüber dem Grundherrn zu schwerer landwirtschaftlicher Fronarbeit, die so schwer war, daß sie mitunter als willkürlich gelten konnte, und zu anderen Diensten, die als wenig ehrenhaft betrachtet worden sind. Die Menschen, die im 13. Jahrhundert im Besitz solcher Ländereien waren, bildeten den Grundstock für die Schicht der Hintersassen. Im Einzelfall war die Unterscheidung häufig mutwillig; es gab Gegenden, die von dieser Art der Hörigkeit ausgespart blieben, doch war das Prinzip gefunden.

Die Frage, vor die das Nebeneinander von einer frühzeitig entwickelten königlichen Gerichtsbarkeit mit einer mächtigen Grundbesitzeraristokratie die Rechtsgelehrten der Plantagenêts gestellt hatte, war wie diese Dinge selbst spezifisch englisch. Das galt auch für die Scheidung der Klassen, die jene zu lösen erlaubten und deren weitreichende Konsequenzen über unsere Zeitspanne hinaus besonders schwerwiegend sein sollten.

Dagegen gehörten gerade die Vorstellungen, die die Rechtslehre ins Werk gesetzt hatte, um einen neuen Begriff der Hörigkeit herauszuarbeiten, zum gemeinsamen Erbe des feudalen Europa. Daß der Hintersasse, selbst wenn er frei war, keinen anderen Richter haben durfte als seinen Herrn, behauptete noch ein französischer Jurist aus der Umgebung Ludwigs des Heiligen, und man weiß außerdem, wie lebendig die Gleichung Freiheit – öffentliche Gerichtsbarkeit in Deutschland blieb. Die Überzeugung, daß andererseits die Verpflichtung auf bestimmte, wenig ehrenhafte und zu harte Dienste gern für ein Kennzeichen von Leibeigenschaft gehalten worden ist, schürte doch um 1200 gewisse Auseinandersetzungen in den Dörfern der Ile-de-France[237], auch wenn diese Vorstellung im Gegensatz zum strengen Recht stand und von den Gerichten bekämpft wurde. Aber die langsame, unmerkliche und sichere Entwicklung des französischen Staates verhinderte, daß sich schließlich eine ebenso klar gezogene Grenze zwischen den Instanzen der königlichen und der grundherrlichen Rechtsprechung herausbildete. Sofern der Begriff der entehrenden Arbeiten in Frankreich bei der Abgrenzung des Adels eine Rolle spielte, konnte er niemals die alten Merkmale der Knechtschaft ersetzen, weil es keinen Grund für eine Neuordnung des Rechtsstatus gab. So zeigt das englische Beispiel mit seltener Deutlichkeit, wie im Schoße einer in vieler Hinsicht sehr einheitlichen Gesellschaft bestimmte Leitgedanken, die sich unter dem Einfluß eines vorhandenen Milieus herauskristallisieren, zur Schaffung eines ganz und gar neuartigen Rechtssystems führen konnten, während andernorts die herrschenden Verhältnisse diese Vorstellungen zu einer gewissermaßen dauernd vorgeburtlichen Existenz verdammten. Auf diese Weise gewinnt das englische Beispiel den Wert eines wahrhaft methodologischen Lehrstücks.

3. Kapitel

Zu neuen Formen der Grundherrschaft

1. Die Verfestigung der Lasten

Die tiefgreifenden Veränderungen, die seit dem 12. Jahrhundert die Beziehungen zwischen Untertan und Grundherr umzugestalten begannen, sollten sich über mehrere Jahrhunderte hinziehen. Es genügt, hier zu verdeutlichen, wie sich die Institution der Grundherrschaft aus dem Feudalwesen entwickelt hat.

Seitdem die karolingischen Urbare außer Gebrauch gekommen waren, weil sie in der Praxis unbrauchbar und immer schwerer verständlich gewesen sind, war das Leben selbst in einigen der größten und am besten verwalteten Grundherrschaften von der Tatsache betroffen, daß nur noch ausschließlich mündliche Vorschriften bekannt waren. Nichts hinderte einen im Grunde genommen daran, Verzeichnisse über Besitz und Rechte nach einem vergleichbaren Modell aufzustellen, die den Bedingungen des Augenblicks besser entsprachen. So verfuhren tatsächlich in Regionen, wo – wie in Lothringen – die Tradition der Karolinger noch besonders lebendig geblieben war, bestimmte Kirchen. Der Gebrauch solcher Verzeichnisse sollte nie ganz verschwinden. Doch schon früh schenkte man einer anderen Art von Schriftstück Aufmerksamkeit, das sich nicht so sehr der Beschreibung von Grund und Boden widmete als daß es auf die Feststellung zwischenmenschlicher Beziehungen Wert legte und den Bedürfnissen einer Zeit genauer zu entsprechen schien, in der die Grundherrschaft vor allem ein Verband unter einheitlicher Herrschaftsgewalt geworden war. Der Grundherr legte die diesem oder jenem Landbesitz eigentümlichen Gewohnheitsrechte mittels einer rechtsgültigen Urkunde fest. Zwar wurden diese Arten kleiner örtlicher Verfassungen grundsätzlich vom Herrn erlassen, doch waren sie gewöhnlich das Ergebnis vorheriger Verhandlungen mit den Untertanen. Auch schien ein solches Abkommen um so notwendiger, als der Text sich in den meisten Fällen durchaus nicht auf die Aufzeichnung der herkömmlichen Praxis beschränkte; in gewissen Punkten wandelte er sie ab. So geschah es auch in der Urkunde, mit der der Abt von St. Arnulf in Metz nach 967 die Dienste der Leute von Morville an der Nied erleichterte und so auch umgekehrt mit dem »Vertrag«, in dem die Mönche von Bèze in Burgund gegen 1100 den Einwohnern recht harte Bedingungen auferlegten, bevor sie den Wiederaufbau eines niedergebrannten Dorfes gestatteten[238]. Aber solche Dokumente blieben bis zum Beginn des 12. Jahrhunderts sehr selten.

Dagegen trugen nach diesem Zeitpunkt verschiedene Gründe dazu bei, solche Abmachungen zu vervielfachen. Bei den Grundherren sorgte ein neuartiger Hang zu juristischer Klarheit für den Sieg der Schriftlichkeit. Bis hinab zu den einfachen Leuten schien dieses Verfahren infolge der Bildungsfortschritte wertvoller denn je. Nicht, daß sie in ihrer überwältigenden Mehrheit imstande waren, selbst zu lesen, aber wenn so viele ländliche Gemeinden Urkunden verlangt und aufbewahrt haben, so mit Sicherheit deshalb, weil sich in ihrer Umgebung Leute fanden, nämlich Geistliche, Kaufleute, Juristen, die gern bereit waren, ihnen diese Dokumente zu erklären.

Vor allem drängten die Veränderungen des gesellschaftlichen Lebens zum Festlegen der Abgaben und zur Minderung ihres Gewichts. In fast ganz Europa vollzog sich eine große Siedlungsbewegung zur Gewinnung von Neuland. Wer die Pioniere auf seine Erde locken wollte, mußte ihnen günstige Bedingungen zusagen. Das, was sie mindetens fordern konnten, war, im voraus zu wissen, von jeglicher Willkür verschont zu sein. Dann setzte sich ein solches Vorbild bald bei den Herren der alten Dörfer in der Umgebung durch, wenn sie nicht sehen wollten, wie ihre Untertanen der Anziehungskraft eines weniger mit Lasten beschwerten Bodens nachgaben. So war es wohl kein Zufall, wenn den beiden gewohnheitsrechtlichen »Verfassungen«, die so vielen anderen gleichartigen Texten als Vorbild dienen sollten, nämlich die Urkunden von Beaumont in den Argonnen (Loi de Beaumont) und von Lorris, am Rande des Waldes von Orléans, von denen die eine einer neugegründeten Ortschaft, die andere dagegen einer sehr alten Gründung verliehen worden ist, wenn also diesen Urkunden die Tatsache gemein war, daß sie am Rande ausgedehnter Waldgebiete entstanden waren und daß schon ihre erste Verkündigung vom rhythmischen Klang der Rodeäxte begleitet war. Es ist nicht weniger bezeichnend, daß in Lothringen das Wort *villeneuve* (Neustadt) bald jede Ortschaft, auch wenn sie schon tausend Jahre alt war, benannte, die eine solche Urkunde erhalten hatte. Das Bild der städtischen Gemeinschaften bot die gleiche Entwicklung. Auch sie waren einer Grundherrschaft unterworfen, und viele von ihnen hatten seit Ende des 11. Jahrhunderts ganz wesentliche Vorteile errungen, die auf Pergament festgehalten worden waren. Die Kunde ihrer Erfolge ermutigte die bäuerlichen Massen und die Anziehungskraft, welche die privilegierten Städte auszuüben drohten, machte die Herren nachdenklich. Schließlich ließ die Steigerung des Warenverkehrs nicht nur die Grundherren auf Änderungen bei der Verteilung der Abgaben hoffen. Denn dadurch, daß jetzt ein wenig Geld bis in die Taschen der Landbevölkerung floß, eröffnete ihr der Warenaustausch neue Möglichkeiten. Weniger arm, folglich weniger ohnmächtig und weniger in ihr Schicksal ergeben, konnten die Bauern künftig entweder kaufen, was ihnen nicht gegeben war oder es in zähem Kampf erringen: denn keineswegs waren alle Zugeständnisse der Grundherren unentgeltlich oder allein aus gutem Willen gewährt worden. So vergrößerte sich überall die Zahl dieser kleinen dörflichen Rechtssatzungen. Man nannte sie in Frankreich *chartes de coutumes* oder *chartes de franchises**. Manchmal waren beide Wörter zusammengefügt. Ohne unbedingt die Abschaffung der Leibeigenschaft zu bedeuten, erinnerte das zweite doch an die verschiedenen Erleichterungen, welche die herkömmlichen Formen der Unfreiheit erfuhren.

Die *charte de coutumes* wurde im hochmittelalterlichen Europa und der folgenden Zeit eine sehr weitverbreitete Institution. Man stößt auf sie in vielen Beispielen im gesamten Königreich Frankreich, in Lotharingien, im Königreich Arelat, im rheinischen Deutschland, in fast ganz Italien einschließlich des Normannenreiches, schließlich in der ganzen Ausdehnung der iberischen Halbinsel. Mit Sicherheit unterscheiden sich die spanischen *poblaciones* oder *fueros* und die italienischen *statuti* nicht nur im Namen von den französischen Urkunden, und selbst diese waren nicht alle nach demselben Muster gefertigt. Große Unterschiede zeichnen sich ebenfalls in der Verteilungsdichte je nach Land oder Provinz ab; andere, nicht weniger markante, in den zeitlichen Abläufen der Bewegung. Die ältesten *poblaciones* in Spanien gehen ebenso wie die Bemühungen der Christen zur Wiederbesiedlung der eroberten Gebiete auf das 10. Jahrhundert zurück. Am Mittelrhein scheinen die ersten westlicheren Vorbildern nachgebildeten Dorffreiungen nicht älter als ungefähr 1300 zu sein.

Trotzdem, so wichtig diese Unterschiede erscheinen mögen, ihre Problematik ist gering neben der Existenz zweier außerordentlich großer weißer Flecken auf der Karte der ländlichen Freiungen, nämlich England einerseits und dem rechtsrheinischen Deutschland andererseits. Zwar hat in beiden Ländern eine recht große Zahl von Gemeinschaften Urkunden von ihren Herren empfangen, aber das waren fast ausschließlich Stadt-

---

* Anm. d. Übers.: Eine gängige Übersetzung dieser Begriffe ins Deutsche ist nicht möglich. Am besten erscheint mir »Rechtssatzung« bzw. »Dorffreiungen«; doch vgl. am Ende dieses Kapitels (S. 333) den Hinweis, den *Bloch* auf Ch. Ed. Perrin gibt.

gemeinden. Zweifellos lebte in fast jeder mittelalterlichen Stadt mit Ausnahme der großen Handelsmetropolen immer ein ländliches Element fort. Die Gemeinschaft besaß ihr Weideland, die Einwohner hatten ihre Felder, die von den ärmsten Besitzern selbst bestellt worden sind. Heute würden wir die meisten dieser deutschen oder englischen Ortschaften, die in dieser Weise privilegiert waren, eher als einfache Flecken denn als Städte bezeichnen. Darüber hinaus ist richtig, daß das Vorhandensein eines Marktes, einer Kaufmannsschicht, einer Handwerkerschaft jedesmal ausschlaggebend dafür war, ob solche Vergünstigungen gewährt wurden, während die Bewegung anderswo allein die Dörfer erfaßt hatte.

Daß England keine Dorffreiungen gekannt hat, ist offensichtlich hinreichend durch die starke Stellung des *manor* – die englische Form der Grundherrschaft – und seine Entwicklung zu erklären, die die grundherrliche Willkür erheblich begünstigte. Die Herren hatten ihre Einkunftsverzeichnisse und die Urteilssammlungen ihrer Gerichte, derer sie sich als »schriftliches Gedächtnis« bedienten. Warum also hätten sie das Bedürfnis nach einer weitergehenden Aufzeichnung der Rechtsbräuche verspüren sollen, da ihnen gerade ihre Wandelbarkeit gestatten sollte, den Besitz von Zinsgütern allmählich auf besondere Weise in Frage zu stellen? Es kam hinzu, daß die Rodungen auf der Insel anscheinend recht wenig intensiv waren und daß andererseits die Grundherren dort wesentlich wirksamere Mittel zur Verfügung hatten, um ihre Untertanen zu halten. So spielte einer der Gründe hier kaum eine Rolle, der auf dem Kontinent am wirksamsten zu Konzessionen geführt hatte.

Nichts Vergleichbares kann man in Deutschland erkennen. Deshalb blieb hier die urkundliche Fixierung der gewohnheitlichen Rechte nur deshalb die Ausnahme, weil man ein anderes Verfahren bei der Festlegung der Verpflichtungen bevorzugt hat: Gemeint ist das *Weistum*, das Ch.-Edmond Perrin im Französischen *»rapport de droits«* zu nennen sehr scharfsinnig vorgeschlagen hat. Weil der Brauch in den deutschen Grundherrschaften erhalten geblieben war, die Hörigen in periodisch tagenden Versammlungen zusammenzurufen, welche auf die Gerichtsversammlungen (*placita generalia*) der Karolinger zurückgingen, las man ihnen bei dieser Gelegenheit einfach die überlieferten Anordnungen vor, denen sie Folge leisten mußten und denen sie offenbar zustimmten, unterworfen zu sein. Das war eine Art gewohnheitsrechtlicher Befragung, die ständig neu durchgeführt worden ist und die in ihrem Wesen stark denjenigen ähnelte, auf deren Grundlage die alten Urbare ihre Ergebnisse verzeichnet hatten. So waren Texte entstanden, denen man von Zeit zu Zeit ohne weiteres irgendwelche Zusätze hinzufügte. Die eigentliche Heimat des Weistums war das rechtsrheinische Deutschland; links des Rheins erstreckte sich eine breite Übergangszone bis in das französischsprachige Gebiet, die es sich mit der *charte de coutumes* teilte. Gewöhnlich war es genauer als diese gestaltet, doch ließen sich Änderungen leichter am Weistum vornehmen. Aber das wesentliche Ergebnis war bei beiden gleich. Obgleich es immer und überall viele Dörfer ohne Weistum oder *charte* gegeben hat und obwohl weder die eine noch die andere Form der Fixierung von Rechtssätzen dort, wo sie existierten, eine übermäßige Kraft besaßen, den Lebensgang anzuhalten, so eröffnete sich tatsächlich unter dem Vorzeichen einer zunehmenden Stabilisierung der Beziehungen zwischen Herren und Untertanen eine neue Phase in der Geschichte der europäischen Grundherrschaft.»Daß kein Zins erhoben werde, wenn es nicht geschrieben steht.« Dieser Satz in einer Urkunde aus dem Roussillon war wie ein Programm für die Mentalität und Struktur der Rechtsbeziehungen, die gleichermaßen von den Normen der ersten Phase der Feudalzeit entfernt waren[239].

2. Der Wandel der menschlichen Beziehungen

Zur gleichen Zeit, in der das Leben innerhalb der Grundherrschaft weniger unwägbar wurde, gestaltete es sich in einigen Punkten von Grund auf um. Allgemeine Einschränkung der Frondienste, an deren Stelle oder an Stelle von Naturalabgaben Geldzahlungen entrichtet worden sind; schließlich fortschreitende Beseitigung alles dessen, was im Pflichtenkanon noch einen zufälligen und unbestimmten Charakter trug: Diese Faktoren finden künftig auf jeder Seite der Urkunden ihren Niederschlag. Vor allem die *taille*, die früher »willkürlich« war, wurde in Frankreich weitestgehend »abonniert«, d. h. sie wurde in eine Steuer umgewandelt, deren Höhe und Zahlungsweise gleichermaßen unveränderlich waren. Ebenso löste oft ein Pauschalbetrag die Versorgungsleistungen ab, die man dem Grundherrn bei seinen natürlich unterschiedlich häufigen Aufenthalten schuldete. Trotz vieler landschaftlicher und örtlicher Schwankungen war es offensichtlich, daß sich der Untergebene immer mehr in einen Steuerpflichtigen verwandelte, dessen Quote von Jahr zu Jahr nur geringen Änderungen unterlag.

Demgegenüber verschwand die Form der Abhängigkeit, in welcher die Unterordnung des Menschen unter den Menschen ihren deutlichsten Ausdruck gefunden hatte, entweder ganz oder sie verlor ihren eigentlichen

Charakter. Wiederholte Freilassungen, die manchmal ganze Dörfer betrafen, verringerten seit dem 13. Jahrhundert die Zahl der Leibeigenen in Frankreich und Italien beträchtlich. Andere Gruppen glitten in die Freiheit einfach durch den Verfall der Leibeigenschaft selbst hinüber. Mehr noch: Dort, wo sie in Frankreich weiter bestand, entfernte sie sich immer mehr von ihrer alten Form. Man faßte sie weniger als eine persönliche Bindung, eher als eine soziale Unterlegenheit auf, die wie eine Art Verunreinigung von der Erde auf den Menschen übertragen werden konnte. Künftig gab es also unfreien Grundbesitz, der den Besitzer zum Hörigen machte, dessen Aufgabe manchmal die Freiheit bedeutete. Selbst das Bündel der typischen Verpflichtungen löste sich in mehr als einer Provinz auf. Neue Maßstäbe tauchten auf. Einst waren unzählige Hintersassen der willkürlich festgesetzten *taille* unterworfen, die Unfreien, die als solche verblieben waren, hatten das Recht auf Zahlung zu regelmäßigen, einmal fixierten Abgaben erhalten. Jetzt bedeutete es wenigstens den Anschein von Leibeigenschaft, wenn man nach Belieben des Grundherrn zahlte. Das waren neue Erscheinungen, die sich dann fast überall durchsetzten. War die englische *villeinage* trotz ihrer so auffällig originellen Merkmale etwas anderes als die Kennzeichnung des Rechtsstatus durch die Unbestimmtheit der Abgaben, wobei hier die Fronarbeit als Charakteristikum genommen worden war, und die Definition von Verpflichtungen, die im wesentlichen an Grundbesitz geknüpft waren? Während noch zu Zeiten, als es keine anderen Unfreien als die *bondmen* (gebundene Leute) gegeben hatte, die »Bindung an den Menschen« als ein Zeichen von Knechtschaft gegolten hatte, war man in Zukunft als Angehöriger des Standes der Hörigen, als *villein* diesem Makel ausgesetzt, und der typische *villein* war zu ungemessenen Dienstleistungen verpflichtet, »wußte am Abend nicht, was er am nächsten Morgen zu tun hatte«. In Deutschland, wo sich die Schicht der Leibeigenen erst sehr spät vereinheitlichte, ging die Entwicklung langsamer voran; dennoch vollzog sie sich mit der Zeit in annähernd ähnlicher Weise.

Die Grundherrschaft als solche kann also keinen Platz im Gefolge der von uns als feudal bezeichneten Institutionen beanspruchen. Sie hatte neben einem stärkeren Staat, seltener werdenden und weniger stabilen Klientelbeziehungen und einem viel ausgedehnteren Geldumlauf bestanden, so wie sie auch noch später bestehen sollte. Dennoch sollte diese alte Form menschlichen Zusammenlebens unter den neuartigen Lebensbedingungen, die seit dem 9. Jahrhundert oder ungefähr zu dieser Zeit auftauchten, ihren Einfluß nicht nur auf einen viel größeren Teil der Bevölkerung ausdehnen, wobei sie ihre inneren Strukturen in besonderer

Weise festigte. Wie die Blutsbande, so unterlag auch die Grundherrschaft durch und durch den Einflüssen der Umgebung. Die Grundherrschaft jener Zeit, in der sich die Vasallität herausbildete und blühte, war vor allem eine Gemeinschaft von Abhängigen, die von ihrem Herrn, an den viele durch ein gleichsam erbliches Schicksal persönlich gebunden waren, abwechselnd beschützt, beherrscht und geknechtet wurden, ohne daß das etwas mit dem Besitz des Bodens oder mit ihrer Behausung zu tun hatte. Als die eigentlich charakteristischen Beziehungen des Feudalismus ihre Kraft verloren, überlebte die Grundherrschaft, aber mit unterschiedlichen Merkmalen, die eher auf Grund und Boden bezogen und eher rein wirtschaftlich waren. So äußert sich eine Form gesellschaftlicher Organisation, die durch eine besondere Färbung der zwischenmenschlichen Beziehungen bestimmt ist, nicht nur in Neuschöpfungen; sie gibt auch von ihrer eigenen Färbung wie durch ein Prisma hindurch das ab, was sie von der Vergangenheit in sich aufnimmt, um es auf die folgenden Epochen zu übertragen.

DIE KLASSEN UND DIE REGIERUNG DER MENSCHEN

Ein Netz von Abhängigkeitsbanden, das mit seinen Fäden die menschliche Gesellschaft in ihren Abstufungen von oben nach unten durchwob, gab Kultur und Gesellschaft des europäischen Feudalismus ein ganz ursprüngliches Gepräge. Wie diese so eigenartige Struktur entstehen und sich entwickeln konnte, unter dem Einfluß welcher Umstände und welcher geistigen Umgebung und mit Hilfe welcher Anleihen in einer ferneren Vergangenheit, all das haben wir uns im vorangegangenen Band nachzuweisen bemüht. Doch war das Schicksal des Einzelnen in den Gesellschaften, mit denen man die Bezeichnung »feudal« traditionell verknüpft, niemals ausschließlich durch diese Beziehungen der direkten Untertänigkeit oder der unmittelbaren Befehlsgewalt geregelt. Auch in diesen Gesellschaften waren die Menschen in Gruppen geteilt, die eine war stufenweise über die andere geschichtet, wobei sie sich nach dem ausgeübten Beruf, dem Grad an Macht oder an Ansehen unterschieden. Außerdem bestanden immer Gewalten von ausgedehnterer Reichweite und unterschiedlicher Natur über dem Staub der zahllosen kleinen Anführer jeder Art. Mit Beginn der zweiten Phase des Feudalzeitalters prägen sich zugleich die Klassen immer fester aus und mit wachsender Stärke sammeln sich Kräfte um einige große Gewalten und Kraftfelder. Dem Studium dieses zweiten Aspekts der Gesellschaftsverfassung müssen wir uns jetzt zuwenden. Danach ist es endlich gestattet, eine Antwort auf die Fragen zu suchen, die von den ersten Schritten der Untersuchung an diese selbst offensichtlich beherrschten. Durch welche grundlegenden Züge, seien sie nun einer Phase der westlichen Entwicklung zugehörig oder nicht, haben diese wenigen Jahrhunderte den Namen verdient, der sie vom Rest unserer Geschichte absondert? Was ist den folgenden Zeitaltern von ihrem Erbe geblieben?

Erstes Buch

Die Klassen

1. Kapitel

Der Adel als real bestehende Klasse

1. Das Verschwinden des alten Geburtsadels

Sowohl für die Geschichtsschreiber, die als erste dem Feudalismus seinen Namen gaben, als auch für die Revolutionäre von 1789, deren Ziel seine Zerstörung war, schienen Adel und Feudalismus untrennbar miteinander verbunden zu sein. Es gibt jedoch kaum eine Ideenverbindung, die so offensichtlich in die Irre geht, wenigstens für den, der nur einigermaßen Wert darauf legt, dem historischen Vokabular etwas Genauigkeit zu bewahren. Sicherlich war die Gesellschaftsordnung in der Epoche des Feudalismus nicht egalitär, aber nicht jede herrschende Klasse kann gleich als Adel definiert werden. Um seinen Namen zu verdienen, hat dieser wohl zwei Bedingungen zu erfüllen: Er muß einmal einen ihm eigenen rechtlichen Status besitzen, der die behauptete Vorrangstellung deutlich macht und absichert, und er muß zum anderen diesen Status durch Vererbung, also durch Geblütsrecht, weitergeben können; die Möglichkeit, den Zutritt zu Gunsten einiger neuer Familien in begrenzter Anzahl und nach genau festgelegten Modalitäten zu öffnen, ist dadurch nicht ausgeschlossen. Mit anderen Worten: Weder faktische Macht noch jene – in der Praxis allerdings oft recht erfolgreiche – Form der Erblichkeit, die sich durch Übertragen großer Vermögen und die Hilfe gut plazierter Eltern für das Kind abspielt, würden allein ausreichend sein; soziale Vorteile und Erblichkeit müssen auch rechtlich anerkannt sein. Wir nennen doch auch heute unser Großbürgertum nicht nur im ironischen Sinne einen Geldadel! Selbst dort, wo die legalen Privilegien wie in unseren modernen Demokratien verschwunden sind, wird das Klassenbewußtsein doch durch die Erinnerung an sie genährt: Zum richtigen Adel gehört nur, wer mehrere Generationen adliger Vorfahren nachweisen kann. In diesem einzig zulässigen Sinne war der Adel im Abendland jedoch erst eine relativ späte Erscheinung. Seine ersten Umrisse zeichneten sich nicht vor dem 12. Jahrhundert ab, und erst im darauffolgenden Jahrhundert, als Lehnswesen und Vasallentum sich bereits im Niedergang befanden, nahm er konkrete Formen an. Die gesamte erste Phase des Feudalzeitalters ebenso wie die unmittelbar vorhergehende Zeit hatten einen Adel dieser Art nicht gekannt.

Dadurch hob er sich von den davorliegenden Kulturepochen ab, deren Erbe er übernommen hatte. Im spätrömischen Reich gab es den senatorischen Adel, auf den unter den ersten Merowingern die wichtigsten Familien der römischen Untertanen des fränkischen Königs noch voller Stolz ihre Genealogien zurückführten, obwohl die früheren rechtlich festgelegten Privilegien erloschen waren. Bei vielen germanischen Stämmen hatte es bestimmte Familien gegeben, die offiziell als »adlig« bezeichnet worden sind: in der Umgangssprache sind sie *edelinge* genannt worden, was im franko-burgundischen Dialekt lange Zeit in der Form *adelenc* weiterlebte und in den lateinischen Texten mit *nobiles* übersetzt wurde. Als Angehörige des Adels genossen sie bestimmte Vorrechte, vor allem ein höheres Wergeld: Sie waren »wertvoller geboren« als die anderen Menschen, wie es einige angelsächsische Quellen ausdrücken. Aller Wahrscheinlichkeit nach entstammten sie den alten Sippen lokaler Anführer, den »Gaufürsten«, von denen Tacitus spricht; die meisten von ihnen hatten dort, wo der Staat eine monarchische Form annahm, ihre politische Macht zu Gunsten der königlichen Dynastie verloren, die ursprünglich aus ihren eigenen Reihen hervorgegangen war. Dennoch bewahrten sie mehr als eine Spur des ursprünglichen Ansehens geheiligter Geschlechter.

Aber diese Klassen- oder Kastenunterscheidungen überlebten die germanischen Reiche der Völkerwanderung nicht. Sicher erloschen von den Familien der *edelinge* viele frühzeitig; gerade ihre herausragende Stellung machte sie zu einer gut sichtbaren und bevorzugten Zielscheibe von Fehden, Ächtungen und Kriegen. Abgesehen von Sachsen waren sie seit der Zeit unmittelbar im Anschluß an die Völkerwanderung wenig zahlreich: nur vier dieser Geschlechter gab es zum Beispiel im 7. Jahrhundert bei den Bayern. Vermutlich hat es bei den Franken zu einer früheren Zeit ebenfalls diesen Geblütsadel gegeben, was jedoch nicht belegbar ist, da er bereits verschwand, bevor die ersten Schriftquellen auftauchen. Auch der senatorische Adel stellte eine zahlenmäßig sehr geringe und sehr anfällige Oligarchie dar. Diese Kasten, deren Stolz auf die Erinnerung an die Größe ihrer Familien in früheren Zeiten gegründet war, erneuerten sich natürlich nicht mehr. In den neu entstandenen Königreichen waren die Ursachen für die Ungleichheit unter den Freien von ganz anderer Art, nämlich der Reichtum mit der Macht in seinem Gefolge und der Dienst für den König. Obwohl beides vom Vater auf den Sohn übergehen konnte

– und dies auch oft geschah –, blieb der Weg dort doch frei für sozialen Aufstieg oder Fall, und beides geschah ebenso schnell wie unerwartet. Durch eine äußerst bezeichnende Einschränkung der Wortbedeutung hatten in England seit dem 9. oder 10. Jahrhundert nur noch die Männer aus der unmittelbaren Umgebung des Königs Anrecht auf die Bezeichnung *aetheling*.

Die Kürze ihrer Genealogien ist das hervorstechendste Merkmal in der Geschichte dieser herrschenden Familien in der ersten Phase der Feudalzeit, zumindest, wenn man sich daran einig ist, nicht nur die phantasievollen Erzählungen des Mittelalters, sondern auch die erfindungsreichen, aber auf recht schwachen Füßen stehenden Vermutungen heutiger Gelehrter über die Weitergabe von Eigennamen zurückzuweisen. Nachdem zum Beispiel die Welfen im Westfrankenreich eine bedeutsame Rolle gespielt hatten, trugen sie von 888 bis 1032 die burgundische Krone; ihr ältester bekannter Vorfahr ist ein bayerischer Graf, dessen Tochter Ludwig der Fromme geheiratet hatte. Das Geschlecht der Grafen von Toulouse taucht erstmals unter Ludwig dem Frommen auf, das der Markgrafen von Ivrea, die später Könige von Italien werden sollten, unter Karl dem Kahlen, das der Liudolfinger, Herzöge von Sachsen, dann Könige des Ostfränkischen Reiches und Kaiser, unter Ludwig dem Deutschen. Die Bourbonen, die von den Kapetingern abstammen, sind heute wahrscheinlich die älteste Dynastie Europas. Doch was wissen wir schon von der Herkunft ihres Ahnherrn Roberts des Tapferen, der, als er 866 getötet worden ist, bereits zu den Großen Galliens zählte? Eben gerade den Namen seines Vaters und daß in seinen Adern vielleicht sächsisches Blut floß[240]. Vor dem magischen Datum des Jahres 800 herrscht undurchdringliche Finsternis. Immerhin handelt es sich hierbei um besonders alte Geschlechter, deren Herkunft sich mehr oder weniger von Sippen ableiten läßt, die meist aus Austrasien oder aus den Gebieten östlich des Rheins stammten und denen die ersten Karolinger die wichtigsten Kommandostellen im gesamten Reich übertragen hatten. In Norditalien beherrschten die Attoniden im 11. Jahrhundert weite Gebiete des Berglandes und der Tiefebene. Sie stammten von einem gewissen Siegfried ab, der größere Besitzungen in der Grafschaft Lucca hatte und kurz vor dem Jahre 950 starb; darüber hinaus läßt sich nichts Greifbares mehr finden. Die Mitte des 10. Jahrhunderts ist zugleich der Zeitpunkt, an dem ebenso plötzlich die schwäbischen Zähringer, die Babenberger, die eigentlichen Gründer Österreichs, und die Herren von Amboise auftauchen. Ginge man zu bescheideneren Adelsfamilien über, so würden wir den Faden in einer noch viel früheren Zeit verlieren.

Nun kann man sich aber nicht damit begnügen, nur die schlechte Quellenlage zu beklagen. Sicherlich könnten noch einige Stammtafeln mehr aufgestellt werden, wenn die Urkunden des 9. und 10. Jahrhunderts nicht so spärlich wären. Erstaunlich ist jedoch, daß wir diese Zufallsdokumente überhaupt benötigen. Die Liudolfinger, die Attoniden, die Herren von Amboise und andere hatten zur Zeit ihrer höchsten Machtentfaltung ihre eigenen Geschichtsschreiber. Wie kommt es, daß diese Schreiber nichts von den Vorfahren ihrer Herren gewußt haben oder uns nichts über sie mitteilen wollten? Die Stammbäume isländischer Bauern, die über Jahrhunderte von Mund zu Mund weitergegeben wurden, sind uns in der Tat sehr viel besser bekannt als die unseres mittelalterlichen Hochadels. In seinen Kreisen interessierte man sich für die Generationenabfolge offensichtlich erst zu einem Zeitpunkt, der meist noch gar nicht so lange zurücklag, zu dem es einer ihrer Familien gelang, erstmalig eine wirklich herausragende Stellung zu erringen. Sicherlich sprechen recht gute Gründe für die Annahme, daß die Geschichte des Geschlechts vor diesem angenommenen Datum wenig glanzvoll war: sei es, daß sie in der Tat in recht niedrigen Verhältnissen beginnt – so hatte anscheinend das berühmte normannische Adelshaus der Bellêmes als Ahnherrn einen einfachen Armbrustschützen Ludwigs des Überseeischen[241] – sei es, und das ist häufiger der Fall, daß sie lange Zeit in der Menge der kleinen Grundherren halb verborgen blieb. Über die Probleme, die sich auf diese Grundherren als soziale Gruppe durch ihre Herkunft stellen, wird noch zu reden sein. Aber dennoch ist der Hauptgrund für das so merkwürdig anmutende Schweigen allem Anschein nach der, daß diese Mächtigen keine Adelsklasse im vollen Sinn des Wortes bildeten. Wer heute an Adel denkt, denkt an lange Ahnenreihen. In diesem Fall bedeuteten Ahnenreihen nichts, weil es keinen Adel gab.

2. Die verschiedenen Bedeutungen des Wortes »adlig« in der ersten Phase der Feudalzeit

Das soll jedoch nicht bedeuten, daß sich das Wort »adlig« (lateinisch *nobilis*) nicht häufig in den Quellen des 9. bis 11. Jahrhunderts finden läßt. Aber es beschränkt sich darauf, ohne jede präzise rechtliche Bedeutung eine tatsächliche oder angenommene Vorrangstellung nach sich fast ständig ändernden Kriterien zu kennzeichnen. Es enthält eigentlich immer die Idee einer Besserstellung durch Geburt, aber auch die gewisser Glücksumstände. Das kann man zum Beispiel daran erkennen, wie Paulus Diaconus, der sich gewöhnlich sehr viel eindeutiger ausdrückt, bei der

Auslegung einer Stelle der Ordensregel des heiligen Benedikt im 8. Jahrhundert zwischen diesen beiden Interpretationen hin und her schwankt und schließlich völlig durcheinander gerät[242]. Noch zu wenig festgelegt für eine genauere Definition, entsprach dieser Wortegebrauch jedoch wenigstens einem sehr weitgefaßten Rahmen, dessen Veränderungen selbst für uns aufschlußreich sind.

In jener Zeit, in der so viele hinnehmen mußten, ihren Landbesitz von einem Grundherrn zu halten, schien das einzige Mittel, dieser Unterwerfung zu entgehen, ein Hinweis auf die Überlegenheit zu sein. Man sollte sich also nicht darüber wundern, wenn bereits der Besitz eines Allods, auch wenn es nur ein einfaches bäuerliches Anwesen war, mitunter als ausreichend für den Anspruch auf die Bezeichnung *edel* oder *noble* (adlig) angesehen worden ist. Es ist übrigens bemerkenswert, daß in den meisten Texten, in denen diese kleinen Allodialbesitzer oder Freisassen vorkommen und sich mit dieser Benennung schmücken, sie recht bald wieder darauf verzichten müssen, indem sie Lehnsabhängige oder Hörige eines Mächtigeren werden. Wenn man diese Art »Adlige«, die in Wirklichkeit recht einfache und bescheidene Leute waren, seit dem Ende des 11. Jahrhunderts kaum noch antrifft, so war es nicht nur der einzige Grund, daß sich zu der Zeit eine bestimmte Vorstellung, ein Bild vom Adel nach verschiedenen Denkrichtungen herauskristallisiert hat. Die soziale Gruppe selbst war in einem großen Teil des Abendlandes fast völlig verschwunden, sie war ausgelöscht worden.

Unzählige Sklaven hatten in der fränkischen Zeit ihre Freiheit erhalten. Natürlich erkannten die Familien, die seit jeher vom Makel der Unfreiheit ausgenommen waren, diese Eindringlinge nur widerwillig als gleichberechtigt an. Die Römer hatten einst dem »Freien«, der ein ehemaliger freigelassener Sklave oder dessen unmittelbarer Nachkomme sein konnte, den *ingenuus* (Freigeborenen) gegenübergestellt, aber mit dem schlechter werdenden Latein waren diese beiden Wörter fast gleichbedeutend geworden. Eine Rasse ohne jeden Makel, war denn das nicht wirklicher Adel, in dem etwas unbestimmten Sinn, der diesem Wort gewöhnlich zu eigen ist? »Adlig sein heißt, niemanden unter seine Vorfahren zählen, der in Knechtschaft lebte«, so drückte es noch zu Beginn des 11. Jahrhunderts eine italienische Glosse aus und systematisiert damit eine Ansicht, deren Spuren an anderen Stellen immer wieder anzutreffen sind[243]. Doch auch diese Verwendung des Begriffs überlebte die Umschichtungen innerhalb der Sozialstrukturen nicht. Die meisten Nachkommen freigelassener Sklaven wurden, wie wir sahen, sehr schnell wieder Unfreie, Hörige.

Dennoch lassen sich selbst in den niederen Schichten einzelne Personen finden, die zwar in Bezug auf ihr Land von einem Grundherrn abhängig sind, die sich aber trotzdem eine gewisse persönliche »Freiheit« zu wahren wußten. Es war unvermeidbar, daß dieser so selten gewordenen Eigenschaft bald eine besondere Anerkennung zukam, die nicht weit entfernt war von dem, was in dieser Zeit unter »Adel« verstanden worden ist. Und wirklich findet man in einigen Texten da und dort Stellen, die diese Gleichwertigkeit anerkennen. Aber das konnte nicht ohne Einschränkungen bleiben. Sollte denn die Vielzahl sogenannter Freier, von denen viele als Zinsbauern schweren und erniedrigenden Frondiensten unterworfen waren, Adlige sein? Dieser Gedanke widersprach zu sehr den Wertvorstellungen über den sozialen Rang, um allgemeine Anerkennung zu finden. Die Sinnverwandtschaft und Gleichsetzung von »adlig« und »frei«, die sich zeitweilig abgezeichnet hatte, sollte weiterbestehende Spuren nur in dem Bereich hinterlassen, in dem der Wortschatz eine spezielle Form der Unterordnung zu kennzeichnen hatte, nämlich bei der vasallitischen Waffengefolgschaft. Im Unterschied zu den meisten Unfreien, ob Bauern oder Hausgesinde, vererbten sich die Treueleistungen der Vasallen keineswegs, und ihre Dienste waren in hohem Maße mit der spitzfindigen Bedeutung von Freiheit vereinbar: Unter den »Leuten« des Lehnsherrn waren sie seine »freien Leute« schlechthin, ihre Lehen hatten, abgehoben von den anderen, Anrecht auf die Bezeichnung »Freilehen« (*franc-fief*). Und da sie in der bunt zusammengewürfelten Mannschaft ihres Anführers durch ihre Rolle als Waffengefährten und Ratgeber eine Art Aristokratie bildeten, hoben sie sich von den vielen anderen bald durch den wohlklingenden Namen des Adels ab. Die kleine Kirche, die die Mönche von Saint-Riquier in der Mitte des 11. Jahrhunderts dem Gottesdienst der von ihrer Abtei unterhaltenen Vasallen vorbehalten hatten, trug den Namen »Adelskapelle«, im Gegensatz zu der des »gemeinen Volkes«, in der die ebenfalls zum Kloster gehörenden Handwerker und kleinen Amtsträger die Messe hörten. Indem Ludwig der Fromme die Hintersassen der Abtei Kempten von der Heerfolge befreite, nahm er dabei ausdrücklich die »adligsten Personen« aus, die das Kloster mit den »Benefizien« versehen hatte[244]. Von allen Bedeutungen des Wortes »adlig« sollte dieser hier, die dazu tendierte, die Begriffe Vasallität und Adel miteinander zu vermengen, die größte Zukunft beschieden sein.

Auf einer höheren Ebene schließlich konnte das so vielfältig verwendbare Wort dazu dienen, innerhalb der Zahl derjenigen, die frei von demütigender Abhängigkeit waren und deren Vorfahren nicht in Knechtschaft gelebt hatten, die mächtigsten, ältesten und angesehensten Familien gesondert herauszustellen. »Gibt es denn im Königreich keinen Adel mehr?« fragten, wie es ein Chronist bezeugt, die »Großen« des Westfrankenreiches, als Karl der Einfältige dazu übergegangen war, sich nur noch auf den Rat seines Günstlings Hagano zu stützen[245]. Nun war der soziale Status dieses Emporkömmlings, so gewöhnlich seine Herkunft im Vergleich zu den großen gräflichen Familien auch war, sicherlich nicht geringer als der jener kriegerischen Gefolgsleute des Klosters Saint-Riquier, für die die *capella nobilium* reserviert war. Aber beschwor dann die Benennung »adlig« nicht nur eine relative Vorrangstellung? Es ist bezeichnend, daß sie gern in der Steigerungsform *nobilior*, »adliger« sein als der Nachbar, angewandt worden ist.

Im Laufe der frühen Feudalzeit verschwand jedoch der erwähnte Gebrauch des Wortes für die bescheideneren Gruppen, und man ging dazu über, es mehr und mehr nur der Schicht der Mächtigen vorzubehalten, denen der Verfall der Staatsgewalt und das immer stärker zur Geltung kommende System der Schutzverhältnisse erlaubt hatten, in der Gesellschaft eine ständig wachsende Vorherrschaft zu erlangen. Das geschah noch in einem sehr lockeren Sinne, fern einer deutlichen Standes- oder Kastenbildung, aber auch nicht ohne einen starken Anklang an die Vorherrschaft eines auf diese Art bestimmten Standes. Sicherlich schwebte den Gliedern einer Friedenseinung das Bild einer als kraftvoll empfundenen hierarchischen Ordnung vor, als sie im Jahre 1023 schworen, »adlige Frauen« nicht zu überfallen; von den anderen war nicht die Rede[246]. Kurzum, wenn auch der Adel als rechtlich definierte Klasse unbekannt blieb, so kann man doch von diesem Zeitpunkt an, auf Kosten einer leichten Simplifizierung der Terminologie, mit vollem Recht von einer Gesellschaftsklasse der Adligen sprechen und in besonderem Maße vielleicht von einer bestimmten adligen Lebensweise. Denn diese Gruppe grenzte sich in erster Linie durch die Herkunft ihres Vermögens, die Ausübung militärischer Befehlsgewalt und ihre Sitten ab.

3. Die Adelsklasse – eine Grundherrenklasse

Hat man diese herrschende Klasse nicht manchmal mit einer Klasse von Grundbesitzern gleichgesetzt? Das ist richtig, wenn man damit meint, daß ihre Angehörigen die Einkünfte aus einer Herrschaft über Grund und Boden bezogen. Welche anderen Quellen hätten im übrigen zur Verfügung stehen können? Man muß hinzufügen, daß die Einnahmen aus

Wegezöllen, Abgaben für Marktrechte oder Zunftgebühren dort, wo es möglich war, sie zu erheben, sicherlich nicht verschmäht worden sind. Der charakteristische Zug lag jedoch in der Form der Ausbeutung. Wenn der Adlige von den Erträgen der Felder oder in geringerem Maße von den Einkünften der Läden und Werkstätten lebte, dann immer dank der Arbeit anderer. Er war mit anderen Worten vor allem ein Grundherr, oder aber, da nicht jeder, dessen Lebensart als typisch adlig angesehen werden kann, das Glück hatte, Grundherrschaften zu besitzen – man denke etwa an die im Herrenhaus unterhaltenen Vasallen oder an die nachgeborenen Söhne, denen oftmals nichts als ein kriegerisches Nomadentum übrigblieb –, so war doch jeder ein Grundherr, der sich eben durch diese Art der Einnahmen in die obere Schicht der Gesellschaft einreihte.

Hier taucht ein Problem auf, das noch unklar ist unter all den Fragen, die die Entstehungsgeschichte unserer Kultur und Gesellschaft stellt. Von diesen grundherrschaftlichen Sippen stammten zweifellos eine gewisse Anzahl von Abenteurern ab, die mit nichts angefangen hatten und schließlich als Waffengefährten ihres Herrn auf Kosten seines Besitzes Lehen erhielten und seine Vasallen wurden. Andere hatten vielleicht als Vorfahren einige jener reichen Bauern, denen es gelang, von den Einkünften mehrerer abhängiger Höfe zu leben, wie es sich in einigen Dokumenten des 10. Jahrhunderts abzeichnet. Doch das war sicherlich nicht der Regelfall. Die Grundherrschaft war in einem großen Teil des Abendlandes mit ihren zu Beginn noch recht unentwickelten Formen eine sehr alte Einrichtung. Wie sie sich auch immer vermischt und zusammengesetzt haben mag, vom Alter her gesehen ist die Klasse der Grundherren nicht jünger. Wer kann sagen, wie viele dieser Personen, denen die Hörigen der Feudalzeit Abgaben schuldeten und Frondienste leisten mußten, in ihre Stammbäume jene mysteriösen Namensgeber vieler unserer Dörfer hätten aufnehmen können, wenn sie es gewußt hätten – Brennos von Bernay, Cornelius von Cornigliano, Gundolf von Gundolfsheim, Aelfred von Alversham – oder einige dieser örtlichen germanischen Anführer, die sich durch die »Geschenke« der Bauern bereichert haben, wie Tacitus uns überliefert hat? Hier tappen wir völlig im Dunkeln. Aber es ist möglich, daß wir mit diesem Grundgegensatz zwischen den Häuptern der Grundherrschaften und der Masse der Hintersassen eine der ältesten Scheidelinien unserer Gesellschaftsordnungen berühren.

4. Der Kriegerberuf

Wenn der Besitz von Grundherrschaften das Zeichen der Adelswürde schlechthin war und zusammen mit der Anhäufung von Geld und Edelsteinen die einzige Art der Vermögensanlage, die mit einem herausgehobenen Rang vereinbar schien, so vor allem wegen der Machtfülle der militärischen Befehlsgewalt, die sich der Adel über andere anmaßte. Gab es jemals einen sichereren Grund für gesellschaftliches Ansehen als sagen zu können: »Ich will«? Aber gerade die Bestimmung zum Kriegsdienst verbot dem Adel auch jede direkte Teilnahme am Wirtschaftsleben. Er sollte Körper und Seele nur seiner eigentlichen Funktion widmen: Soldat zu sein. Dieser letzte Punkt ist äußerst wichtig, denn er erklärt die Stellung der militärischen Vasallen bei der Herausbildung der mittelalterlichen Aristokratie, die ja nicht nur aus ihnen bestand. Wie hätte man die Besitzer lehnsfreier Güter ausschließen können, die ihren Lebensstil übrigens recht bald dem der lehnspflichtigen Vasallen angeglichen hatten und manchmal sogar mächtiger waren als diese? Die Gruppe der Vasallen bildete jedoch das Grundelement des Adels. Die Veränderungen im angelsächsischen Wortschatz zeigen auch hier wieder sehr schön den Übergang vom alten Begriff des Adels als eines geheiligten Geschlechtes zum neuen Begriff des Adels, der durch eine bestimmte Lebensart definiert war. Dort, wo die alten Rechtstexte *eorl* und *ceorl* einander gegenübergestellt hatten – adlig im germanischen Sinne des Wortes und einfacher Freier –, ersetzten die jüngeren Texte, indem sie den zweiten Begriff dieses Gegensatzpaares beibehielten, den ersten durch Wörter wie *thegn, thegnborn, gesithcund:* Gefährte oder Vasall – vor allem Kronvasall – oder als Vasall geborener.

Sicherlich war der Vasall nicht der einzige, der die Macht, die Pflicht oder sogar das Vergnügen hatte, zu kämpfen. Wie hätte das auch sein können in dieser frühen Feudalzeit, in der die Gesellschaft von oben nach unten von einer Vorliebe für die Gewalt oder die Furcht vor ihr geprägt war? Die Gesetze, die versuchen sollten, das Waffentragen für die unteren Klassen einzuschränken oder zu verbieten, tauchten nicht vor der zweiten Hälfte des 12. Jahrhunderts auf; sie fielen zugleich mit einer zunehmenden rechtlich abgesicherten Hierarchisierung der Gesellschaft wie mit einer relativen Befriedung der kriegerischen Wirren zusammen. Der Händler reiste »mit dem Schwert auf dem Sattel« umher, wie es in einem Gesetz Friedrich Barbarossas heißt; in sein Kontor zurückgekehrt, behielt er diese Gewohnheiten bei, die er im Laufe eines Lebens voller Abenteuer angenommen hatte, das der Handel damals darstellte. Man kann ruhig sagen, daß viele Bürger in jener Zeit der turbulenten Wiedergeburt des Städtewesens im »Umgang mit der Waffe sehr geübt waren«, wie es Giselbert von Mons für die Einwohner von Sint Truiden zeigt. Der Typ des ängstlichen, waffenfeindlichen Kaufmanns ist – falls er nicht sowieso in den Bereich der Legende gehört – erst in der Zeit stabiler Handelsverhältnisse zu finden, die dem damaligen Nomadentum der reisenden Händler, der »Staubfüße«, entgegenstehen; er erscheint frühestens im 13. Jahrhundert. Die Rekrutierung der mittelalterlichen Heere, so klein sie auch waren, beschränkte sich im übrigen niemals allein auf den Adel. Der Grundherr hob sein Fußvolk unter seinen Bauern aus. Und wenn ihre militärischen Verpflichtungen seit dem 12. Jahrundert immer seltener werden, wenn besonders die recht häufige Beschränkung jener Pflicht auf die Dauer eines einzigen Tages zur Folge hatte, diese Bauerntruppen nur noch bei einfachen Aktionen zur Aufrechterhaltung der Ordnung im örtlichen Bereich einzusetzen, so spielten sich solche Veränderungen gerade in der Zeit ab, als der Lehnsdienst selbst an Bedeutung verlor. Der Platz der bäuerlichen Lanzenträger oder Bogenschützen wurde also nicht von den Vasallen übernommen. Sie wurden einfach nicht mehr benötigt, da man sich zunehmend auf Söldner stützte, die auch zugleich die zutage tretenden Unzulänglichkeiten der aus lehnspflichtigen Vasallen bestehenden Reiterei wettmachen konnten. Aber dennoch blieb das Charakteristische des »Adligen« der frühen Feudalzeit, ob Vasall oder dort, wo es ihn noch gab, Besitzer eines Allods, gegenüber diesen bei Gelegenheit angeheuerten Landsknechten ein besser ausgerüsteter und besser ausgebildeter, eben ein Berufskrieger zu sein.

Er kämpfte zu Pferde oder, falls er zufällig bei einer Kampfhandlung absitzen mußte, bewegte er sich zumindest nur auf dem Pferde reitend vorwärts. Hinzu kommt, daß er eine vollständige Ausrüstung zur Verfügung hatte: für den Angriff Lanze, Schwert und alle möglichen anderen Waffen, zur Verteidigung den Helm und dann eine ganz oder zum Teil aus Metall gefertigte Bekleidung, die den Körper bedeckte, schließlich am Arm den runden oder dreieckigen Schild. Nicht nur das Pferd machte eigentlich den Ritter zu einem solchen. Er war auch auf seinen niedriger gestellten Begleiter angewiesen, den Knappen, der die Tiere zu versorgen und die Ersatzausrüstung während des Marsches zu tragen hatte. Manchmal gab es in den Armeen sogar neben der schwerfälligen ritterlichen Kavallerie leichter ausgerüstete Reiter, die man gewöhnlich *servientes* (lat. Dienende; franz. *sergents*) nannte. Was die oberste Gruppe der Kämpfenden charakterisierte, war die Verbindung von Pferd und kompletter Ausrüstung.

Ihre ständige Verbesserung seit der fränkischen Zeit, die sie zugleich kostspieliger und schwieriger zu handhaben machte, hatte den Zugang zu dieser Gruppe der Kriegführenden immer stärker abgeschlossen, da man nur noch in den Krieg ziehen konnte, wenn man gut ausgebildet, reich war oder in der Gefolgschaft eines Reichen stand. Als Folge der Einführung des Steigbügels konnte man ungefähr im 10. Jahrhundert die kurze Lanze von einst, die wohl wie ein Wurfspieß gehandhabt wurde, durch die lange und schwere moderne Lanze ersetzen, die im Zweikampf unter der Achselhöhle getragen wurde und in der Ruhestellung auf den Steigbügel gestützt werden konnte. Der Helm wurde durch einen Nasenschutz, später durch das Visier, vervollständigt. Das alte Schutzkleid der Brünne schließlich, das aus einer Verknüpfung von Leder- oder Stoffteilen bestand, auf denen man Ringe oder Eisenplättchen befestigt hatte, ist durch das Panzerhemd verdrängt worden, das vielleicht von den Arabern übernommen worden war; da es völlig aus aneinandergereihten und miteinander verknüpften Metallteilchen bestand, war seine Herstellung recht problematisch, vor allem, da man es nicht einführen durfte. Nach und nach ging im übrigen das Klassenmonopol, das sich zunächst aus einfach praktischen Notwendigkeiten ergeben hatte, in eine rechtliche Fixierung über. Kurz nach der Zeit um 970 verboten die Mönche von Beaulieu ihren grundherrschaftlichen Amtsträgern, die sie sich in einer klug ausgedachten Unterlegenheit zu belassen bemühten, das Tragen von Schwert und Schild; die Mönche von Sankt Gallen warfen zur gleichen Zeit den Gutsaufsehern vor, zu gute Waffen zu besitzen[247].

Stellen wir uns einmal eine Armee dieser Zeit in ihrer so wesentlichen Zweiteilung vor: Auf der einen Seite das Fußvolk, das sowohl für den Angriff wie für die Verteidigung schlecht ausgerüstet ist, für den Sturmangriff wie für die Flucht zu langsam und durch lange Fußmärsche querfeldein oder über schlechte Wege schnell erschöpft war. Auf der anderen Seite gut ausgerüstete Soldaten, die auf ihren Schlachtpferden sitzend von oben auf die armen Teufel herabschauen, die sich »recht garstig«, wie es in einem höfischen Roman heißt, durch Staub und Schlamm schleppen. Sie dagegen sind stolz darauf, reaktionsschnell, überlegen und wirkungsvoll zu handeln und zu kämpfen: nur sie lohnen die Mühe, gezählt zu werden, wenn man die Stärke einer Armee berechnet, wie der Biograph des Cid meint[248]. In einer Gesellschaft, in der der Krieg eine alltägliche Erscheinung war, gab es wohl keinen wirkungsvolleren Kontrast. Da »Ritter« fast gleichbedeutend mit Vasall geworden war, wurde er auch mit den Adligen schlechthin gleichgesetzt. Im Gegenzug verwendet so mancher Text den verächtlichen Begriff *pedones,* »Fußvolk« – oder sollte man besser sagen: Landser – als fast rechtlich festgelegten Terminus für das niedere Volk. Bei den Franken, sagt der arabische Emir Usâma, »haben nur die Reiter eine Vorrangstellung; sie sind die einzigen, die wirklich zählen. Sie allein erteilen Rat, nur sie sprechen Recht[249]«.

Wie sollte auch in einer Gesellschaft, die allen Grund hatte, die Gewalt in ihrer ursprünglichen Form sehr hoch einzuschätzen, der Kämpfende par excellence nicht auch derjenige sein, der am meisten gefürchtet, begehrt und geachtet wurde? Eine damals sehr verbreitete Gesellschaftstheorie sah die menschliche Gemeinschaft in drei »Stände« unterteilt: in die Betenden, die Kämpfenden und die Arbeitenden. Nach einhelliger Meinung erhob sich der zweite Stand weit über den dritten. Das mittelalterliche Epos geht aber noch weiter: Der Soldat trug kaum Bedenken, seinen Auftrag sogar für höherwertiger als den des Beters zu halten. Ein wesentlicher Bestandteil jedes Klassenbewußtseins ist der Stolz; der der »Adligen« der frühen Feudalzeit war vor allem ein kriegerischer Stolz.

Für sie war das Kriegführen auch nicht nur eine gelegentliche Pflichterfüllung gegenüber dem Lehnsherrn, dem König, der Sippe, es war weit mehr – ein Lebenszweck!

2. Kapitel

Das adlige Leben

1. Der Krieg

»Sehr mag ich die lustige Osterzeit, die die Blumen und Blätter sprießen läßt; und ich liebe es, der Freude der Vögel zuzuhören, die ihr Tirilieren im Gehölz erklingen lassen. Aber mir gefällt es auch, wenn ich auf den Wiesen Zelte und gehißte Flaggen erblicke, und mein Jubel ist groß, wenn ich bewaffnete Ritter auf ihren Pferden in Schlachtordnung aufgestellt sehe; und es gefällt mir, wenn das Volk mit dem Vieh vor den schnellen Reitern flieht, in deren Gefolge eine große Schar bewaffneter Männer kommt. Und mein Herz schlägt schneller vor Freude, wenn ich feste Burgen belagert und die Palisaden zerbrochen und zerstört sehe und das Heer am Ufer, umgeben von Wassergräben, mit einem starken Geflecht von Latten... Waffen, Schwerter, Helme in Hülle und Fülle, die Schilde werden durchstoßen und zerstückelt sein, sobald der Kampf beginnt und viele Vasallen werden niedergestreckt sein, ihre Pferde und die der Verwundeten irren dann umher. Und wenn die Schlacht tobt, darf keiner mehr, der aus vornehmem Geschlechte stammt, an etwas anderes denken, als daran, Köpfe zu spalten und Glieder abzuschlagen, denn besser ist es zu sterben als besiegt weiterzuleben. Ich sage Euch, weder am Essen, Trinken noch Schlafen finde ich soviel Gefallen wie daran, den Schrei: ›Auf sie!‹ zu hören, der von beiden Seiten ertönt, das Wiehern reiterloser Pferde und die Rufe: ›Zu Hilfe, zu Hilfe‹, oder daran, jenseits der Gräben hoch oder niedrig sterbend auf das Gras sinken zu sehen und schließlich die Toten zu erblicken, die in ihren Leibern noch die Schäfte der Lanzen mit den daran befestigten Wimpeln stecken haben.« So sang in der zweiten Hälfte des 12. Jahrhunderts ein Troubadour, den man wahrscheinlich mit dem Landedelmann Bertrand de Born, der aus dem Périgord stammte, identifizieren muß[250]. Die genaue Schilderung der visuellen Eindrücke und der Schwung, die sich gegenüber der Seichtheit der sonstigen, mehr auf Harmonie bedachten Poesie abheben, deuten auf ein weit über dem Mittelmaß stehendes Talent. Die Denkart dagegen ist nicht außergewöhnlich, wie viele andere Texte aus dem gleichen Milieu beweisen, wo sie sich zwar weniger temperamentvoll, aber mit gleicher Unbefangenheit ausdrückt. In dem »fröhlichen und munteren« Krieg, wie es in unseren Tagen jemand ausdrücken sollte, der ihn nicht näher zu erleben brauchte, liebte der Adlige vor allem die Entfaltung der physischen Kraft eines schönen Tieres, die er durch ständiges Training von früher Kindheit an erworben und bewahrt hatte, ganz nach dem karolingischem Sprichwort, daß »derjenige, der bis zu seinem zwölften Lebensjahr nur auf der Schulbank gesessen hat, ohne jemals auf einem Pferde geritten zu sein, nur noch zu einem Priester taugt«, wie es ein deutscher Dichter ausgedrückt hat[251]. Die endlosen Berichte über einzigartige Schlachten, von denen das Heldengedicht voll ist, sind beredte psychologische Dokumente. Der heutige Leser, der von ihrer Monotonie tödlich gelangweilt ist, kann nur mit großer Mühe glauben, daß die Zuhörer der damaligen Zeit ein offensichtlich großes Vergnügen daran fanden; es ist die Haltung eines Stubenhockers, der die Sportnachrichten hört. In der Dichtung wie in den Chroniken legte der Autor besonderen Wert auf die Herausstellung der körperlichen Qualitäten des tapferen Ritters: er ist »starkknochig«, hat einen »starken Gliederbau«, der Körper ist »wohlgeformt« und übersät mit ehrenvoll erworbenen Narben, mit breiten Schultern versehen, breit sind auch – wie es sich für einen Ritter gehört – Gesäß und Beine. Und da diese strotzende Kraft nur durch gutes Essen erhalten werden kann, zeichnet den Recken ein gehöriger Appetit aus. In dem alten französischen Wilhelmslied (*Chanson de Guillaume*) mit seinen so barbarischen Anklängen berichtet die Burgfrau Guiburg ihrem Gatten, nachdem sie seinen jungen Neffen Girart an der großen Tafel des Schlosses bewirtet hatte:

>Mein Gott, mein Ritter, der ist wirklich von Eurem Stamm, der so auf einen Schlag eine große Schweinekeule verschlingt und in zwei Zügen einen ganzen Schoppen Wein hinunterstürzt, er wird seinen Nachbarn schwere Kämpfe liefern können[252].«

Es erübrigt sich wohl zu sagen, daß allein ein geschmeidger und muskulöser Körper nicht ausreicht, um einen idealen Ritter abzugeben: viel Mut muß selbstverständlich auch dazugehören. Und weil nicht zuletzt der Krieg Gelegenheit bietet, diese Tugend unter Beweis zu stellen, ruft er solchen Jubel bei diesen Männern hervor, für die Kühnheit und Todesverachtung in gewisser Weise eine Art Berufsethos ist. Ganz sicher schließt diese Tapferkeit nicht immer kopflose Panik aus, wie man sie etwa bei den Überfällen der Wikinger gesehen hat, noch die Zuhilfenahme primitiver Kriegslisten. Daß jedoch die Ritterklasse wirklich zu kämpfen wußte, darin stimmt die Geschichte mit der Legende überein. Das unzweifelbare Heldentum rührte von vielen, einander ergänzenden und abwechselnden Gründen her: simple physische Entspannung eines gesunden Körpers; Mut der Verzweiflung – sogar der »weise« Olivier des Rolandliedes, zu Tode bedrängt, wehrt sich nur mit fürchterlichen Schlägen, um »seine Seele so teuer wie möglich zu verkaufen« –; tiefe Ergebenheit gegenüber dem Anführer oder, wie im Falle des heiligen Krieges, Aufopferung für eine Sache; persönliche oder kollektive Ruhmessucht; eine fatalistische Hinnahme des unabwendbaren Schicksals, wofür die Literatur keine ergreifenderen Beispiele zu bieten hat als einige der letzten Verse des Nibelungenliedes; Hoffnung schließlich auf Belohnung und Vergeltung in einer anderen Welt, nicht nur jenen sicher, die für ihren Gott starben, sondern auch denen, die für ihren Herrn das Leben ließen.

Daran gewöhnt, die Gefahr nicht zu fürchten, fand der Ritter im Krieg noch einen anderen Reiz, nämlich ein Mittel gegen die Langeweile. Denn für diese Männer, deren Bildung und Kultur lange Zeit unterentwickelt war und die mit Ausnahme einiger Angehöriger des Hochadels und ihrer Umgebung kaum mit schwierigen Verwaltungsaufgaben belastet waren, versank das tägliche Leben leicht in ein graues Einerlei. So entstand ein wahrer Hunger nach Zerstreuung und Abwechslung, der, wenn der Heimatboden ihm nicht genügend Nahrung bot, in der Ferne gestillt werden mußte. Wilhelm der Eroberer, der darauf bedacht war, daß seine Vasallen ihre Pflichten genau erfüllten, sagte über einen von ihnen, dem er sein Lehen zur Strafe dafür abnahm, daß er es gewagt hatte, sich ohne seine Erlaubnis dem Kreuzzug gegen Spanien anzuschließen: »Ich glaube kaum, daß man einen besseren Ritter für den Waffendienst finden kann, aber er ist unbeständig, verschwenderisch und verbringt seine Zeit damit, durch die Gegend zu ziehen[253].« Auf wieviel andere hätten die gleichen Worte nicht ebenfalls zutreffen können? Diese Neigung zum unstetigen Herumziehen war sicherlich besonders bei den Franzosen verbreitet. Das lag wohl daran, daß ihr Heimatland ihnen nicht, wie das zur Hälfte maurische Spanien oder – in geringerem Maße – das Deutsche Reich mit seiner Grenze zu den Slawen, die Möglichkeit zu Eroberungen oder Raubzügen in der näheren Umgebung bot. Auch die Pflichten und Vergnügungen großer Heerfahrten der Kaiser wie im Reich gab es nicht. Es kam hinzu, daß das Rittertum in Frankreich wahrscheinlich zahlreicher als anderswo war, daher ziemlich beengt lebte. Von allen französischen Provinzen hatte die Normandie die meisten verwegenen Abenteurer aufzuweisen; schon Otto von Freising sprach von dem »sehr unruhigen Volk der Normannen«. Das mag ein Erbe des Wikingerblutes sein, ist aber wohl doch eher Folge eines relativen Friedens, für den die Herzöge in diesem bemerkenswert zentralisierten Gebiet schon recht früh gesorgt hatten; man mußte sich also die gewünschte Kampferfahrung woanders suchen. Flandern, in dem die politischen Verhältnisse ähnlich lagen, steuerte dieser kriegerischen Wanderbewegung ein fast gleichstarkes Kontingent bei.

Diese herumziehenden Ritter – das ist ein zeitgenössischer Ausdruck[254] – halfen dem christlichen Spanien, den Norden der iberischen Halbinsel dem Islam wieder abzunehmen, schufen in Süditalien die normannischen Staaten, ließen sich auf dem Weg in den Orient schon vor dem ersten Kreuzzug von Byzanz als Söldner anheuern und fanden schließlich in der Eroberung und Verteidigung der heiligen Stätten in Jerusalem ihre bevorzugte Tätigkeit. Bot der Heilige Krieg, ob in Spanien oder Syrien, nicht die Vorzüge eines Abenteuerlebens, gepaart mit der Überzeugung, ein gutes Werk zu leisten? »Es ist nicht mehr nötig, ein hartes Leben in strengster Ordnung zu führen ...« singt ein Troubadour, »was kann man besseres verlangen, als durch die Taten, mit denen man Ehre erwirbt, gleichzeitig der Hölle zu entkommen[255]?« Diese Wanderungsbewegungen trugen dazu bei, die Verbindungen zwischen den verschiedenen Teilen der damals bekannten Welt aufrechtzuerhalten, die durch weite Entfernungen und scharfe Gegensätze voneinander getrennt waren. Außerhalb ihrer eigenen Grenzen verbreiteten sie die westliche Kultur, vor allem die französische. So ließ gewiß das Schicksal jenes »frankenstämmigen« Hervé die Phantasie umherschweifen, der 1057 von einem Emir gefangen genommen wurde, als er ein Unternehmen an den Ufern des Wan-Sees anführte. Gleichzeitig ersparte dieser Aderlaß innerhalb der unruhigsten

Bevölkerungsgruppen des Abendlandes der westlichen Zivilisation, an ständigen Fehdezügen zu ersticken und zugrunde zu gehen. Die Chronisten wußten sehr wohl, daß immer nach dem Aufbruch zu einem Kreuzzug die Heimat ein wenig Ruhe fand, etwas Luft bekam[256].

In den Krieg zu ziehen, war für den Ritter nicht nur eine mitunter rechtlich festgelegte Verpflichtung, oft ein Vergnügen, sondern konnte ihm auch durch seinen Ehrenkodex aufgezwungen sein. So entstand im 12. Jahrhundert im französischen Périgord eine blutige Fehde, weil ein Ritter an einem seiner adligen Nachbarn den schwerfälligen Schritt eines Schmiedes feststellte und ihm das auch noch frei ins Gesicht sagte[257]. Aber außerdem und wohl in erster Linie war der Krieg eine Einkommensquelle, der adlige Erwerbszweig par excellence.

Weiter oben wurden die lyrischen Auslassungen des Bertrand de Born zitiert. Er selbst machte kein Geheimnis aus dem eigentlichen und weniger ruhmreichen Grunde, der ihn davon abhielt, »Vergnügen am Frieden zu finden«. »Warum wünsche ich wohl«, sagt er an einer Stelle, »daß die Reichen sich gegenseitig hassen? Weil ein reicher Mann im Kriege sehr viel edelmütiger, großzügiger und freigiebiger ist als im Frieden.« Noch unverhohlener äußert er sich beim Ausbruch der Feindseligkeiten: »Wir werden unsere Freude haben, denn die großen Herren werden uns brauchen ... und wenn sie wollen, daß wir bei ihnen bleiben, um ihnen zu helfen, werden sie uns *barbarins* (Geld aus Limoges) geben müssen.« Aber die Kampfesfreude hat noch einen anderen Grund: »Trompeten und Trommeln, Fahnen und Wimpel, Standarten, Schimmel und Rappen werden wir bald zu sehen bekommen! Und es wird eine gute Zeit für uns sein: den Wucherern werden wir ihren Besitz abnehmen und auf den Straßen wird tagsüber kein Lasttier mehr sicher sein, auch der Bürger wird sich fürchten müssen und der Kaufmann, der nach Frankreich kommt; aber der wird reich werden, der sich beherzt das Seine nimmt.« Der Dichter gehört der Gruppe von Besitzern kleiner Lehensgüter an, den *vavassores*, wie sie sich in Frankreich selber nennen, deren Leben im elterlichen Gutshaus nicht gerade sehr lustig war und meist auch nicht sehr leicht. Der Krieg schuf hier Abhilfe, indem er die Annehmlichkeiten großer Herren ermöglichte und reiche Beute sicherte.

Selbst gegenüber den Vasallen, die durch die striktesten Lehensverpflichtungen an ihn gebunden waren, sparte der Hochadlige zunächst aus Sorge um seinen Ruf, dann natürlich aus eigenem wohlverstandenen Interesse nicht an Freigiebigkeit. Wollte man seine Lehensleute über einen längeren Zeitraum als üblich beisammenhalten, sie in entferntere Gegenden führen oder sie öfter in Anspruch nehmen, als es durch das sich ständig verschärfende Gewohnheitsrecht geregelt war, so blieb ihm nichts anderes übrig, als noch freigiebiger zu sein. Da schließlich das Heeresaufgebot der eigenen Vasallen zunehmend unzureichender wurde, gab es bald keine Armee mehr, die auf jene große Anzahl herumziehender Kriegsleute verzichten konnte, die vom großen Abenteuer angelockt wurden, vorausgesetzt, daß es neben der Aussicht auf viele Waffengänge auch die auf entsprechenden Gewinn gab. Zynisch bot der bereits mehrfach zitierte Bertrand dem Grafen von Poitiers seine Dienste an: »Ich kann Euch helfen, denn ich habe bereits den Schild zur Hand und den Helm auf dem Kopf ... Doch wie sollte ich ohne Geld in den Kampf ziehen[258]?«

Die Erlaubnis, Beute machen zu dürfen, war jedoch sicher das Wertvollste an den Gaben des Lehnsherrn. Das war auch der hauptsächlichste Profit, den der Ritter bei den kleineren lokalen Kriegen oder Fehden, die er auf eigene Faust unternahm, erwartete. Übrigens war es eine doppelte Beute, nämlich Menschen und Sachen. Sicher verboten die christlichen Gesetze, Gefangene als Sklaven zu nehmen, höchstens verschleppte man manchmal einige Bauern und Handwerker. Dagegen war die Forderung eines Lösegeldes gang und gäbe. Ein kluger und harter Herrscher wie Wilhelm der Eroberer behielt seine gefangenen Feinde bis zu deren Tod in seinem Gewahrsam; die Mehrheit seiner Krieger war jedoch nicht so weitblickend. Die allgemein übliche Praxis des Freikaufs der Gefangenen hatte manchmal grausamere Folgen als die antike Versklavung der Kriegsgefangenen. Nach Beendigung der Schlacht, erzählt ein Dichter, der hier sicherlich die von ihm erlebte Wirklichkeit wiedergibt, massakrierten Girard von Roussillon und seine Leute die namenlose Masse der Gefangenen und Verletzten und sparten nur die »Burgherren« aus, die allein in der Lage waren, sich durch klingende Münze freizukaufen[259]. Das Plündern war traditionell eine derart regelmäßige und gewohnte Einnahmequelle, daß es die Rechtstexte der Zeit, als man mit der Schrift bereits auf vertrautem Fuße stand, in aller Seelenruhe erwähnten: Die Volksrechte und die militärischen Verpflichtungsverträge des 13. Jahrhunderts spiegeln das vom Anfang bis zum Ende des Mittelalters wider. Schwere Wagen, die dazu dienten, die Beute wegzuschleppen, folgten den Heeren. Das Schlimmste war, daß sich von den recht schlichten Seelen im Laufe der Zeit fast unbemerkt beinahe legitime Formen dieser Gewalttätigkeiten entwickelt hatten – notwendige und unvermeidliche Beschlagnahmungen und Requirierungen durch die Armeen, denen ein geordneter Nachschub unbekannt war, Repressalien gegenüber dem Feind oder den eigenen Untertanen bis hin zur brutalen und schäbigen Wegelagerei: Auf der Straße wurden Kaufleute ausgeplündert, aus den Hühnerhöfen das Federvieh gestohlen, aus den Ställen Schafe und Käse, wie es etwa zu

Beginn des 13. Jahrhunderts ein katalanischer Krautjunker tat, der darauf versessen war, die Mönche des Klosters Canigou in seiner Nachbarschaft zu plagen. Selbst diejenigen, die sonst über dem Durchschnitt standen, unterwarfen sich diesen merkwürdigen Bräuchen. Wilhelm Marschall war sicherlich ein tapferer Ritter, doch als er jung und ohne Landbesitz Frankreich von Turnier zu Turnier ziehend durchreiste, nahm er einem Mönch, den er auf seinem Weg getroffen hatte und der mit der Tochter eines Adligen durchgebrannt war und zu allem Überfluß auch noch treuherzig seine Absicht erzählte, sein Geld durch Wucher zu vermehren, unter dem Vorwand der Bestrafung für solch finstere Pläne die gesamte Habe des armen Schluckers ohne irgendein Bedenken ab. Einer seiner Begleiter machte ihm sogar noch Vorwürfe, weil er nicht auch noch das Pferd des Mönchs hatte mitgehen lassen[260].

Solche brutalen Sitten setzten natürlich eine ungeheure Verachtung gegenüber dem Leben und dem menschlichen Leiden voraus. In den Kriegen der Feudalzeit war man nicht gerade zart besaitet; in ihnen waren Praktiken üblich, die uns heute alles andere als ritterlich erscheinen, etwa die häufigen Massaker oder die Verstümmelungen ganzer Besatzungen, die »zu lange« Widerstand geleistet hatten, was manchmal sogar unter Mißachtung gemachter Versprechungen geschah. Dazu gehörte auch, daß ganze Landstriche des Feindes sozusagen als natürliche Begleiterscheinung verwüstet worden sind. Hier und da protestierten ein Dichter wie Huon von Bordeaux oder später ein frommer König wie Ludwig der Heilige gegen die Zerstörungen durch die Feldzüge, die die Ursache für das ungeheure Leiden Unschuldiger war. Die französischen wie die deutschen Heldenlieder, treue Spiegelbilder ihrer Zeit, sind erfüllt mit Schilderungen von Landschaften, die ringsum »rauchen«. »Es gibt keinen wahren Krieg ohne Feuer und Blut« kommentierte der stets freimütige Bertrand de Born[261].

In zwei verschiedenen Texten, die sich in der Aussage verblüffend ähneln, zeigen sowohl der Dichter des »Girard von Rousillon« wie der anonyme Biograph Kaiser Heinrichs IV., was die Einkehr des Friedens für die »armen Ritter« bedeutete: Furcht vor der Verachtung der Großen, die nicht mehr auf sie angewiesen sind; Angst vor der Begehrlichkeit der Wucherer; das schwere Ackerpferd, das das heißblütige Schlachtpferd ersetzt, Eisensporen statt goldener Sporen, mit einem Wort: wirtschaftlicher Niedergang und Prestigeverlust[262]. Für den Händler und den Bauern dagegen kehrten mit dem Frieden wieder die Möglichkeiten zurück, in Ruhe zu arbeiten und sich anständig zu ernähren, kurz: zu leben. Geben wir noch einmal dem klugen *trouvère* des »Girard von Rousillon« das Wort. Geächtet und voller Reue, irrte er mit seiner Frau durchs Land. Die Herzogin hält es für klug, Kaufleuten, die sie treffen und die den Verbannten zu erkennen glauben, davon zu überzeugen, daß Girard tot sei und längst unter der Erde liege. »Gott sei gepriesen« antworteten die Händler, »denn er überzog ständig das Land mit Krieg und wir haben durch ihn viel Unheil erfahren.« Bei diesen Worten verfinstert sich Girards Miene; hätte er sein Schwert zur Hand gehabt, hätte er »mindestens einen von ihnen getötet«. Diese wahre Begebenheit macht den Gegensatz in der Weltanschauung der beiden Klassen deutlich und zeigt eine doppelte Trennwand, die zwischen ihnen besteht. Der Ritter verachtete im Bewußtsein seines Mutes und seiner Geschicklichkeit das Volk, dem das Waffentragen fremd war. Für ihn waren es die *imbelles* (lat. *imbellis* = unkriegerisch), die Bauerntölpel, die wie die Hirsche vor den Waffen davonliefen; später waren es die Stadtbürger, deren wirtschaftliche Macht um so hassenswerter erschien, als sie mit Mitteln erworben wurde, die ihm zugleich rätselhaft wie das genaue Gegenteil seiner eigenen Aktivitäten waren. Wenn der Hang zum Blutvergießen auch überall vorhanden war – mehr als ein Abt kam durch den Haß des gesamten Klosters zu Tode –, so sonderte doch die Auffassung vom Krieg, der als täglicher Broterwerb ebenso notwendig war wie als Gelegenheit, sich Ehre und Ruhm zu erwerben, die kleine Gruppe des »Adels« von der übrigen Bevölkerung ab.

2. Der Adlige zu Hause

Dieser so sehr geliebte Krieg hatte aber auch seine ruhigen Zeiten, in denen nichts geschah. Die Klasse der Ritter unterschied sich von den anderen Gesellschaftsgruppen gerade dann durch eine ihr eigene adlige Lebensart.

Jenes Leben darf man sich nicht unbedingt gleich in einer ländlichen Umgebung vorstellen. In Italien, in der Provence und im Languedoc bestand das Erbe uralter mittelmeerischer Kulturen fort, deren Strukturen von der römischen Herrschaft systematisiert worden waren. Traditionell scharten sich in diesem Gebiet kleine Volksgruppen um einen Flecken oder um eine Stadt herum, die zugleich Hauptort, Markt und religiöser Mittelpunkt war und folglich auch der gewöhnliche Wohnsitz der Mächtigen. Stets haben sie jene alten städtischen Zentren belästigt und an allen ihren Umwälzungen teilgenommen. Im 13. Jahrhundert galt dieser städtische Charakter als eine Besonderheit des südländischen Adels. Im Gegensatz zu Italien, bemerkte der in Parma geborene Franziskaner Salimbene, der Frankreich zur Zeit des heiligen Königs Ludwig besuchte, seien die französischen Städte nur von Bürgern bewohnt, während die Ritter auf ihren Landbesitzungen wohnten. Wenn dieser Gegensatz im großen und ganzen auch zu der Zeit vorzufinden war, in der jener wakkere Ordensbruder schrieb, so traf er jedoch nicht in gleichem Maße für die frühe Phase der Feudalzeit zu. Sicherlich beherbergten die reinen Handelsstädte, die vor allem in den Niederlanden und im rechtsrheinischen Deutschland seit dem 10. oder 11. Jahrhundert überall gegründet wurden – Gent, Brügge, Soest, Lübeck und viele andere – innerhalb ihrer Mauern als herrschende Kaste nur durch den Handel reich gewordene Kaufleute. Wenn dort der Statthalter irgendeines fürstlichen Stadtherrn seinen Sitz hatte, befand sich höchstens eine kleine Mannschaft nicht mit Land ausgestatteter Vasallen in der Stadt, die sich meist regelmäßig in der Erfüllung ihrer Dienstpflicht ablösten. Dagegen scheinen in den ehemals römischen Städten wie etwa Reims oder Tournai Ritter durchaus längere Zeit gelebt zu haben, von denen sicherlich viele zum Gefolge des Bischofs oder einiger Äbte gehörten. Nur nach und nach und in der Folge der Herausbildung eines größeren Klassengegensatzes entfremdeten sich die Ritter außerhalb Italiens oder Südfrankreichs fast völlig vom Leben der städtischen Bevölkerung. Wenn der Adlige sicherlich auch nicht völlig darauf verzichtet hat, in der Stadt präsent zu sein, so erscheint er dort doch nur noch gelegentlich zur Ausübung bestimmter Funktionen oder um sich zu vergnügen. Alles mögliche trug im übrigen dazu bei, ihn aufs Land zu treiben: die ständig zunehmende Gewohnheit, die Vasallen mit Lehen zu entlohnen, die zum größten Teil aus ländlichen Grundherrschaften bestanden, – das Nachlassen der feudalen Dienstpflichten, das bei der nunmehr mit Landlehen ausgestatteten Waffengefolgschaft die Tendenz begünstigte, für sich allein zu leben, fern den Höfen des Königs, des Hochadels, der Bischöfe und der Stadtherrn, – bis hin schließlich zum Gefallen am freien Landleben, das ihrer Sportbegeisterung entsprach. Die Geschichte ist doch ergreifend, die ein deutscher Mönch von einem Grafensohn erzählt, der von seiner Familie für den geistlichen Stand bestimmt und erstmals den harten Regeln des Klosters unterworfen, noch am ersten Tag auf den höchsten Turm der Abtei stieg, um »wenigstens seine heimatlose Seele am Anblick der Berge und Felder zu ergötzen, die es ihm künftig nicht mehr vergönnt sein würde zu durchstreifen[263]«. Der Druck der Stadtbürger, die wenig dafür übrig hatten, in ihrer Gemeinschaft Personen zu dulden, die ihrer Beschäftigung und ihren Interessen gleichgültig gegenüberstanden, beschleunigte diese Bewegung noch.

Wenn auch das Bild eines von jeher ländlichen Adels etwas berichtigt werden mußte, so ist dennoch richtig, daß seit der Zeit, in der es Ritter gibt, die meisten von ihnen und in wachsender Anzahl im Norden, aber selbst auch viele im mediterranen Gebiet, als gewöhnlichen Wohnsitz ein Herrenhaus auf dem Lande hatten; dieses Gebäude befand sich meist in einer Ortschaft oder in seiner unmittelbaren Nähe. Manchmal gab es sogar mehrere davon im gleichen Ort. Dieser Herrensitz hob sich deutlich von den ihn umgebenden Hütten – wie übrigens in den Städten von den Behausungen der niederen Schichten – nicht nur durch den besseren Bau, sondern vor allem fast immer durch die Verteidigungsanlagen ab.

Die Sorge der Reichen, ihre Bleibe vor einem Angriff zu schützen, ist begreiflicherweise natürlich genauso alt wie die Streitigkeiten selbst. Ein Zeugnis sind die befestigten *villae,* deren Auftauchen in den Landschaften Galliens seit dem 4. Jahrhundert den Niedergang des von Rom garantierten Friedens, der *pax Romana,* beweist. Die Fortentwicklung dieser befestigten Herrensitze läßt sich hier und dort bis in die fränkische Epoche hinein verfolgen. Dennoch waren lange Zeit die meisten dieser von reichen Besitzern bewohnten »Höfe« bis hin zu den königlichen Palästen nicht mit ständig bestehenden Verteidigungsanlagen versehen. Erst durch die Einfälle der Normannen und der Ungarn sah man sich veranlaßt, überall von der Adria bis hin zu den Ebenen Nordenglands die Stadtmauern neu zu errichten oder auszubessern, und zusammen mit ihnen entstanden auf dem Lande die befestigten Herrensitze (*fertés*), deren Schatten für so lange Zeit auf den Feldern Europas liegen sollten. Nicht lange danach nahmen die inneren Kriege rasch zu. Die Rolle der großen Machthaber, der Könige oder Fürsten, bei dieser Entwicklung, die die Burgen emporschießen ließ, und ihre Bemühungen, den Burgneubau unter Kontrolle zu halten, wird uns später noch beschäftigen. Zunächst soll uns das nicht aufhalten, denn die befestigten Sitze dieser kleinen Herren, die über das ganze Land verteilt waren, sind fast immer ohne die Erlaubnis der übergeordneten Macht entstanden. Sie entsprachen ganz einfach einem Bedürfnis, das empfunden und spontan befriedigt wurde. Der Verfasser einer Heiligengeschichte hat das sehr genau wiedergegeben, noch dazu mit Worten, die von jeder Sympathie frei sind: »Für diese Leute, die ständig Fehden austragen und mit Blutvergießen beschäftigt sind, bedeutet es Schutz vor dem Feind, über ihresgleichen zu triumphieren und die ihnen Untergebenen zu unterdrücken[264]«, also mit einem Wort, sich schützen und über andere herrschen.

Diese Gebäude hatten meist eine sehr einfache Grundform; die am weitesten verbreitete war lange Zeit zumindest außerhalb der Mittelmeerländer der Holzturm. In einer recht sonderbaren Passage der »Wunder des Heiligen Benedikt« wird gegen Ende des 11. Jahrhunderts die noch sehr unvollkommene Aufteilung eines solchen Turms beschrieben: Im ersten Stock ein großer Raum, »in dem der hohe Herr... mit den Angehörigen seines Haushalts wohnt, sich unterhält, ißt und schläft«; im Erdgeschoß befindet sich das Vorratslager[265]. Normalerweise war dicht um das Gebäude herum ein Graben ausgehoben, etwas entfernt davon gab es manchmal eine Befestigung, die aus einem Pfostenzaun auf einem Erdwall bestand, der wiederum von einem Graben umgeben war. Diese Anordnung erlaubte den Schutz verschiedener Wirtschaftsgebäude und der Küche, die es ratsam machte, sie wegen der Brandgefahr abseits zu errichten. Ein solcher Wall schuf auch Platz als Zufluchtsort für die Hörigen und er verhinderte, daß der Turm unmittelbar angegriffen werden konnte und erschwerte den Gebrauch der wirksamsten Angriffswaffe, des Feuers. Aber andererseits benötigte man dadurch zur Verteidigung eine größere Anzahl von Bewaffneten, die die meisten Ritter nicht unterhalten konnten. Turm und Umwallung befanden sich sehr häufig auf einem kleinen Erdhügel, einer Motte, der entweder natürlich oder jedenfalls teilweise von Menschenhand aufgeworfen war. Ist es schließlich nicht wichtig gewesen, dem Angriff ein steiles Hindernis entgegenzusetzen und gleichzeitig die Umgebung besser überwachen zu können? Es waren die hohen Herren, die als erste den Stein zu Hilfe nahmen. Diese reichen »Bauherren« fanden ihr Vergnügen daran, aus »Kalk, Sand und zugehauenem Stein... Torbögen, Erker, Türme... Fensterwölbungen und Wendeltreppen« zu bauen, berichtet uns Bertrand de Born. Aber der Stein setzte sich nur langsam durch, bei den Gebäuden des kleinen oder mittleren Rittertums erst im Laufe des 12. oder gar 13. Jahrhunderts. Vor der Urbarmachung großer Landstriche schien die Ausbeutung der Wälder einfacher und billiger gewesen zu sein als die der Steinbrüche; und während die Maurerarbeiten ausgebildete Arbeitskräfte erforderten, so waren die zu Frondiensten verpflichteten abhängigen Bauern, die fast alle zugleich ein wenig Zimmerleute und Holzfäller waren, ständig und bequem verfügbar.

Sicherlich fand der Bauer in der kleinen Feste seiner Herrschaft manchmal Schutz und Zuflucht, in den Augen der Zeitgenossen war sie jedoch vor allem – und mit gutem Grund – ein gefährliches Schlupfloch. Die Kräfte, die den Frieden wünschten und aufrecht zu erhalten hatten, die Städte, die für einen freien Handel sichere Verkehrsverbindungen brauchten, die Könige und Fürsten, sie alle kannten nur eine Sorge: die unzähligen befestigten Türme zu beseitigen, mit denen so viele örtliche

»Tyrannen« das flache Land übersät hatten. Und was man auch immer über die Romane der Schriftstellerin Ann Radcliffe gesagt hat, nicht nur in ihnen haben die Burgen, ob große oder kleine, ihre finsteren Verliese. Lambert von Ardres, der den im 12. Jahrhundert wieder erbauten Turm von Tournehem beschreibt, achtet darauf, nicht die Kerkerlöcher zu vergessen, »in denen die Gefangenen, von Unrat umgeben und von Ungeziefer geplagt, in der Finsternis ihr Brot von Gram essen«.

Wie schon aus der ganzen Anlage seiner Behausung deutlich hervorgeht, lebt der Ritter in einem ständigen Alarmzustand. Der Türmer, eine dem Heldenepos wie der Lyrik sehr vertraute Person, bewacht jede Nacht seinen Turm. Weiter unten, in den zwei oder drei Räumen der engen Festung, leben die ständigen Bewohner, eine kleine Welt für sich; hinzu kommen Gäste, die auf der Vorbeifahrt eingekehrt sind; alles drängt sich in einem ständigen Durcheinander, eine Folge des Platzmangels, aber auch von Gewohnheiten, die damals selbst bei den Vornehmeren anzutreffen waren und für jede Existenz eines militärischen Führers notwendig schienen. Der hohe Adlige konnte buchstäblich nur von seinem Gefolge umgeben leben, seinen Reisigen, dem Gesinde, den nicht behausten Vasallen, jüngeren Adligen, die bei ihm Kostgänger waren; sie alle bewachten, bedienten, unterhielten ihn, und wenn die Stunde des Schlafes gekommen war, schützten sie ihn weiter durch ihre Anwesenheit, selbst im Ehebett. »Es ist nicht schicklich, daß ein Herr alleine ißt«, lehrte man in England im 13. Jahrhundert[266]. Im großen Saal befanden sich lange Tische, und die Sitzgelegenheiten waren fast ausschließlich Bänke, die von einer Wand zur anderen reichten. Unter der Treppe hatten die Armen ihr Lager. Dort starben auch zwei berühmte Büßer: der aus der Legende bekannte heilige Alexis und der historische Graf Simon von Crépy. All diese Sitten, die jegliche ungestörte Privatsphäre ausschlossen, waren in jener Zeit allgemein üblich; selbst die Mönche hatten Schlafsäle und keine Zellen. So manche Flucht aus diesem Dasein, um allein zu leben, etwa als Eremit, als Einsiedler oder Herumreisender, wird durch diese Lebensgewohnheiten erklärt. Für den Adel entstand daraus eine Art Kultur, deren Bewußtsein weniger durch das Lesen von Büchern und zurückgezogene Studien weitervermittelt wurde, als vielmehr durch lautes Vorlesen, rhythmisches Vortragen und menschliche Kontakte schlechthin.

3. Beschäftigung und Zerstreuung

Obwohl durch seine Bleibe gewöhnlich Landbewohner, hatte der Adlige doch nichts von einem Landwirt an sich. Eine Hacke in die Hand zu nehmen oder einen Pflug anzufassen, wäre für ihn Zeichen der Erniedrigung gewesen, wie bei jenem bekannten armen Ritter, über den es eine umfangreiche Anekdotensammlung gibt. Und wenn es ihm auch mitunter gefiel, den Feldarbeitern zuzusehen oder auf seinen Ländereien die reifende Ernte zu betrachten, so scheint er sich doch normalerweise nicht selbst um die Landbestellung gekümmert zu haben[267]. Wenn Handbücher mit Ratschlägen für die Gutsverwaltung geschrieben wurden, dann nicht für den Herrn, sondern für seine Verwalter; der Typ des Landjunkers taucht erst sehr viel später, nach der Preisrevolution des 16. Jahrhunderts, auf. Obwohl ein Großteil seiner Macht daher rührt, daß er Gerichtsherr der von ihm abhängigen Bauern ist, übt der Dorfherr dieses Recht im allgemeinen nicht persönlich aus, sondern überträgt es seinen Bütteln, die selber aus der Bauernschicht stammen. Dennoch ist die Rechtsprechung zweifellos eine der wenigen friedlichen Tätigkeiten, die der Ritter ausübt. Aber das geschieht meist nur im Rahmen seiner Klasse: sei es, daß er Prozesse seiner eigenen Vasallen entscheidet, oder aber, daß er als Richter über seine Standesgenossen zu Gericht sitzt, wohin er von seinem Lehnsherrn berufen worden ist, sei es, daß er dort, wo es noch wie in England oder Deutschland öffentliche Gerichte gibt, seinen Platz im Gericht der Grafschaft oder Centene einnimmt. Das reichte aus, um aus einer vom Recht beeinflußten Denkungsart eine Kulturform entstehen zu lassen, die am frühesten im Rittertum verbreitet war.

Die eigentlichen Zerstreuungen des Adels waren von kriegerischen Neigungen geprägt.
An erster Stelle stand die Jagd: Sie war, wie schon erwähnt, nicht nur ein Spiel, denn die Menschen unserer Breitengrade lebten noch nicht wie wir im Schoß einer durch die Ausrottung wilder Tiere völlig befriedeten Natur. Auf der anderen Seite spielte das Waidenwerk in einer Zeit, in der das Hausvieh nur ungenügend ernährt und schlecht ausgesucht war und nur dürftige Fleischerzeugnisse lieferte, in der Versorgung mit Fleisch, vor allem bei den Reichen, eine entscheidende Rolle. Da die Jagd deshalb eine fast notwendige Beschäftigung blieb, war sie genau genommen auch kein Klassenvorrecht. Das Beispiel der Bigorre*, wo seit Beginn des 12. Jahrhunderts den Bauern das Jagen verboten war, scheint eine Aus-

---

* Anm. d. Übers.: Landschaft im äußersten Südwesten Frankreichs.

nahme gewesen zu sein[268]. Überall jedoch versuchten Könige, Fürsten und Grundherren, jeder in seinem Machtbereich, die Verfolgung des Wildes in einigen bestimmten reservierten Gebieten für sich allein in Beschlag zu nehmen: das Großwild in den »Forsten« (der Ausdruck bezeichnete ursprünglich jede abgesonderte Fläche, gleich, ob sie bewaldet war oder nicht), Hasen und Wildkaninchen in den »offenen Gehegen«. Die rechtliche Begründung dieser Ansprüche war zweifelhaft; allem Anschein nach war es meist nur das Recht des Stärkeren, Herrenrecht, und es war eigentlich nur natürlich, daß in einem eroberten Land wie England unter den normannischen Königen die Errichtung königlicher Forsten – manchmal auf Kosten des Ackerlandes – und deren Schutz die merkwürdigsten Erscheinungen des Machtmißbrauchs hervorriefen. Ähnliche Ausschreitungen in anderen Ländern zeigen, wie stark diese Neigungen waren, die man nun sehr wohl klassenspezifisch nennen kann. Das gilt auch für die den Hörigen aufgezwungenen Lasten wie die Verpflichtung, die Hundemeute des Grundherrn unterzubringen und zu versorgen und Unterstände im Wald während der Jagdzeit zu bauen. Die Mönche von St. Gallen, die ihre Meier oder Gutsverwalter beschuldigten, sich den Adelsrang anmaßen zu wollen, warfen ihnen vor allem vor, Hunde für die Hasenjagd abzurichten, ja, schlimmer noch, für die Jagd auf Wölfe, Bären und Wildschweine!

Um diesen Sport voll auskosten und in seinen attraktivsten Spielarten ausüben zu können, besonders die Jagd mit Windhunden oder mit Falken, die man wie so viele Errungenschaften des Abendlandes von den Reitervölkern der asiatischen Steppe übernommen hatte, benötigte man Geld, Muße und abhängige Hilfskräfte. Von mehr als einem Ritter hätte man wohl das gleiche sagen können, wie es der Hauschronist von einem Grafen von Guines berichtet, daß er sich nämlich »mehr aus dem Flügelschlag eines Habichts machte als aus den Predigten eines Priesters«, oder aber die naiven und charmanten Worte wiederholen können, die ein fahrender Sänger einer seiner Figuren in den Mund legt, die von dem ermordeten Helden sagte, um den herum eine aufgebrachte Menge brüllte und schrie: »Er war ein wirklicher Edelmann, denn seine Hunde liebten ihn heiß[269].« Da die Jagd diesen kriegerischen Soldaten die Natur näherbrachte, gesellte sich zu ihrer Mentalität ein Wesenszug, der ohne sie sicher nicht vorhanden gewesen wäre. Hätten die aus dem Ritterstand stammenden Dichter, denen die französische Lyrik und der deutsche Minnesang soviel zu verdanken hat, die richtigen Noten gefunden, um die Morgenröte oder die Wonnen des Monats Mai zu besingen, wenn sie nicht, die in der Tradition ihrer sozialen Gruppe aufgewachsen waren, in das »Wissen um Wald und Wasser« eingeführt worden wären?

Und dann die Turniere! Man hielt sie im Mittelalter gerne für etwas sehr Neues und führte sogar den Namen ihres angeblichen Erfinders, eines Gottfried von Preuilly an, der im Jahre 1066 gestorben sein sollte. In Wirklichkeit läßt sich die Tradition dieser Schaukämpfe jedoch bis in sehr frühe Zeiten verfolgen; bezeugt werden sie im Jahre 895, als das Konzil von Tribur die »heidnischen Spiele« erwähnt, die mitunter einen tödlichen Ausgang nahmen. Der Brauch lebte im Volke fort und kam bei verschiedenen Festen zum Ausdruck, die mehr ins Christentum übernommen worden sind, als daß sie christlicher Natur waren, wie etwa bei jenen »heidnischen Spielen« – die Wiederholung des Ausdrucks ist bezeichnend –, bei denen 1077 der Sohn eines Schuhmachers aus Vendôme tödlich verletzt wurde, während er seine Kräfte mit anderen jungen Leuten maß[270]. Die Wettkämpfe unter der Jugend tragen fast überall einen stark folkloristischen Zug. In den Armeen dienten Kriegsdarstellungen übrigens zu allen Zeiten der Ausbildung und dem Amüsement der Truppe. Während der bekannten Begegnung, die die »Straßburger Eide« berühmt machten, veranstalteten Karl der Kahle und Ludwig der Deutsche zu ihrer Unterhaltung ein solches Schauspiel und waren sich nicht zu schade, daran persönlich teilzunehmen. Die Originalität der Feudalzeit bestand darin, aus diesen Turnieren, die entweder militärisch oder volkstümlich waren, eine relativ gut geregelte Scheinschlacht zu machen, die meist mit einem Preis dotiert und vor allem berittenen und mit ritterlichen Waffen ausgerüsteten Wettkämpfern vorbehalten war; aus den Turnieren war die Vergnügung einer Klasse, ja deren am meisten geschätzte Belustigung überhaupt geworden.

Da diese Zusammenkünfte, deren Organisation ziemlich hohe Kosten verursachte, gewöhnlich während der großen »Hoftage« abgehalten worden sind, die von Zeit zu Zeit an den Höfen des Hochadels oder der Könige stattfanden, zogen die Liebhaber dieser Kampfspiele von Turnier zu Turnier durch die halbe Welt. Nicht immer nur waren es mittellose Ritter, die sich manchmal in »Gesellschaften« zusammenschlossen, sondern auch einige sehr mächtige hohe Herren wie Balduin IV., Graf des Hennegaus, oder unter den englischen Fürsten der »junge König« Heinrich, der jedoch nicht gerade zu den besten Kämpfern zählte. Wie bei unseren Sportwettkämpfen heute schlossen sich die Ritter nach Heimatprovinzen zu Gruppen zusammen: Es gab einen großen Skandal, als sich bei Gournay die Ritter aus dem Hennegau der Mannschaft aus dem eigentlichen Frankreich statt der flämischen oder der aus der Grafschaft Vermandois anschlossen, die sonst jedenfalls auf diesem Gebiet ihre üblichen Verbündeten waren. Zweifellos haben diese Spiel- und Kampfgemeinschaften dazu beigetragen, den Zusammenhalt des jeweiligen Provinzadels zu fördern, vor allem, da es sich notfalls nicht immer um ein reines Spiel handelte; die Verletzungen, ja sogar die tödlichen Verletzungen, waren nicht selten, wenn das Spiel »ausartete«, um mit dem Dichter des »Raoul von Cambrai« zu sprechen. Deshalb förderten klug beratene Herrscher keineswegs diese Spiele, bei denen sie viele ihrer Vasallen verloren. Heinrich II. Plantagenêt hatte sie sogar aller Form nach in England verboten. Aus den gleichen Gründen und wegen der Verbindung dieser Spiele mit den Volksfesten, die das »Heidentum« förderten, verfolgte sie die Kirche unerbittlich, was sogar so weit gehen konnte, daß sie dem Ritter, der hierbei den Tod gefunden hatte, die Bestattung in geweihter Erde verwehrte, selbst, wenn er noch Zeit zur Reue hatte. Daß trotz all dieser politisch und religiös motivierten Verbote die Turniere nicht auszurotten waren, zeigt, wie sehr sie einem tiefen Bedürfnis entsprachen.

In Wirklichkeit war diese Leidenschaft wie auch der richtige Krieg oft mit Eigeninteressen verbunden. Da sich der Sieger häufig der Ausrüstung und Pferde des Besiegten bemächtigte, manchmal sogar seiner Person, um sie nur gegen ein Lösegeld wieder freizulassen, konnten Kraft und Geschicklichkeit sich tatsächlich auszahlen. Mehr als einer dieser »Turnierritter« machte buchstäblich aus seiner Kampferfahrung einen äußerst lukrativen Beruf. Hier wird deutlich, wie sehr die Neigung des Adels zum Waffendienst seinen »Jubel« und das Gewinnstreben untrennbar miteinander verbunden hatten[271].

4. Die Lebensregeln

Es ist nur natürlich, daß eine Klasse, die sich derart deutlich durch Lebensart und soziale Überlegenheit abhob, sich schließlich einen spezifischen Kodex von Verhaltensregeln gab. Aber diese Normen setzten sich, um sich gleichzeitig immer mehr zu verfeinern, erst in der zweiten Phase der Feudalzeit durch, die jedenfalls durch einen Prozeß der Bewußtwerdung gekennzeichnet ist.

Der Ausdruck, der ungefähr seit dem Jahr 1100 häufig dazu benutzt wird, die ganze Palette adliger Eigenschaften schlechthin zu benennen, ist bezeichnend: »höfisch« (franz. *courtois* von *cour*), was von »Hof« abgeleitet wird. Und in der Tat entstanden diese Regeln, als der Hochadel oder die Könige ihre Leute um sich versammelten und einen zeitlich begrenzten oder ständigen Hof abhielten. Die Isolierung des einzelnen Ritters in seinem befestigten »Turm« hätte das keineswegs zugelassen, denn menschliche Kontakte und Wetteifer gehörten dazu. Und deshalb ging dieser Fortschritt der moralischen Sensibilität zugleich mit der Herausbildung großer Fürstentümer oder Monarchien und der Rückkehr zu einem Leben im gesellschaftlichen Rahmen einher. In dem Maße wie »höfisch« oder *courtois* seinem Ursprung entsprechend immer stärker eine reine Allerweltsbedeutung bekam, bevorzugte man in der französischen Sprache die mit einer höheren Bedeutung versehene Bezeichnung *prudhomme*. Es sei ein so großer und so schöner Name, der bei seiner bloßen Aussprache »den Mund erfüllt«, versicherte der heilige König Ludwig, der damit im Angesicht mönchischer Ideale die Rechte der Ideale seines Jahrhunderts zu beanspruchen beabsichtigte. Auch hier ist die Entwicklung der Wortbedeutung außerordentlich lehrreich, denn *prudhomme* ist in Wirklichkeit nichts anderes als das Wort *preux*, das von seiner ersten reichlich vagen Bedeutung wie »nützlich« oder »hervorragend« schließlich zu einem Adjektiv in kriegerischem Sinn wie »kühn, tapfer« wurde. Die Entwicklung der beiden Begriffe wich voneinander ab. Während *preux* seine traditionelle Bedeutung beibehielt, entwickelte sich der Sinn von *prudhomme* weiter, was verständlich ist, wenn man bedenkt, daß Mut und Kraft allein nicht mehr ausreichten, um einen vollkommenen Ritter abzugeben. »Es ist ein großer Unterschied zwischen einem *homme preux* und einem *prudhomme*«, soll der französische König Philipp August einmal gesagt haben, der den letzten sehr viel höher einschätzte[272]. So spitzfindig die Verfolgung dieser Wortgeschichte auch scheinen mag, sie ist, wenn man ihr auf den Grund geht, ein wertvolles Zeugnis für die Entwicklung, die das ritterliche Idealbild durchgemacht hat.

Ob es sich um einfache Anstandsregeln oder mehr moralische Gebote handelte, um *courtoisie* im engeren Sinne oder um *prudhommie,* die neuen Verhaltensnormen sind unbestreitbar an den Höfen Frankreichs oder an denen jener Länder, die von der Maas durchflossen werden und die durch Sprache und Sitten völlig französisch geprägt waren, entstanden. Seit dem 11. Jahrhundert sind jene aus Frankreich kommenden Bräuche in Italien nachgeahmt worden[273]. In den beiden anschließenden Jahrhunderten verstärkten sich diese Einflüsse noch, wie der Wortschatz der deutschen Ritter beweist, der voller »welscher« Wörter steckt, Bezeichnungen für Waffen, Kleidungsstücke, Verhaltensweisen, die gewöhnlich aus dem Hennegau, aus Brabant oder Flandern stammen. »Höflich« ist nur die wortgetreue Nachahmung von *courtois*. Diese Lehnwörter waren nicht allein durch die Literatur weitergegeben worden. Viele junge deutsche Adlige schlossen sich dem Gefolge eines französischen Fürsten an, um neben der Sprache auch die Anstandsregeln zu erlernen. Wolfram von Eschenbach nennt Frankreich geradezu »das Land des rechten Rittertums«. In Wirklichkeit war diese Ausstrahlung einer bestimmten Form der Adelskultur nur e i n Aspekt eines Einflusses, den die gesamte französische Kultur in ihrer Gesamtheit damals auf Europa, und hier selbstverständlich vor allem auf die oberen Klassen, ausgeübt hat. Es handelte sich um die Verbreitung eines Kunst- und Literaturstils, um das Ansehen erst der Schulen von Chartres, dann der von Paris und den fast internationalen Gebrauch der Sprache. Sicherlich ist es nicht unmöglich, einige Gründe dafür zu entdecken: die weiten Streifzüge, die von einer äußerst abenteuerlustigen Ritterschaft durch das ganze Abendland unternommen worden sind, der relative Wohlstand, der in diesem Land sehr viel eher herrschte als zum Beispiel in Deutschland (aber keineswegs eher als in Italien) und vor allem durch den Fortschritt im Handelsaustausch bewirkt worden war, die sehr frühe und scharfe Abgrenzung der Ritterklasse von der Masse der *imbelles*, der zum Kriegsdienst Untauglichen und schließlich trotz vieler örtlicher Kriege keine vergleichbare Zerrissenheit wie die, die im Römisch-Deutschen Reich durch die große Auseinandersetzung zwischen Kaisern und Päpsten hervorgerufen worden war. Auch wenn man das alles einräumt, muß man sich dennoch fragen, ob es bei unserem heutigen Kenntnisstand über den Menschen nicht vergebliche Mühe ist, etwas erklären zu wollen, was in den Bereich des Unerklärbaren gehört, nämlich die einer Kultur eigene Farbe und ihre magnetischen Anziehungskräfte.

»Über diesen Tag«, sagte der Graf von Soissons während der Schlacht von Mansurah, »werden wir später noch in den Frauengemächern sprechen[274].« Diese Worte, deren Entsprechung man vergeblich in den Heldenepen suchen würde und die viel eher so mancher Romanheld hätte aussprechen können, weisen schon im 12. Jahrhundert auf eine Gesellschaft hin, in der ein gewisser Weltsinn und mit ihm der Einfluß der Frauen auftaucht. Die Adelsfrau ist niemals in ihren Gemächern eingeschlossen gewesen. Wenn sie zusammen mit ihren Dienerinnen den Haushalt führte, konnte es auch vorkommen, daß sie sich um die Geschicke des Lehnsgutes kümmern mußte, und zwar oft unter sehr schweren Bedingungen. Doch war es dem 12. Jahrhundert vorbehalten, den Typ der gebildeten großen Dame zu schaffen, die einen Salon abhält. Das ist ein tiefgreifender Wandel, wenn man an die außerordentliche Flegelhaftigkeit denkt, die die alten Dichter des Heldenepos ihre Helden gegenüber Frauen hatten einnehmen lassen, selbst wenn es Königinnen waren; das ging bis zu den schlimmsten Beleidigungen, die die Furie mit Schlägen und Tritten zurück gab. Man glaubt das grobe Gelächter der Zuhörer zu vernehmen. Das höfische Publikum war für diese plumpen Späße zwar nicht unempfänglich geworden, aber es gestattete sie, wie etwa in den *fabliaux* (Fabelgedichten), nur noch auf Kosten von Bauers- oder Bürgerfrauen, denn die *courtoisie* war in besonderem Maße eine Klassenangelegenheit. Die Gemächer der adligen Damen und allgemeiner noch der Hof sind künftig der Ort, wo der Ritter sich hervortun und seine Rivalen ausstechen will, indem er seine Heldentaten rühmt, seine guten Umgangsformen unter Beweis stellt und auch sein literarisches Talent zeigt.

Wir haben gesehen, daß der Adel niemals völlig ungebildet, geschweige denn unempfänglich für Literatur war, die jedoch mehr gehört als gelesen wurde. Aber ein großer Schritt nach vorn war vollbracht, als die Ritter selbst Literaten wurden. Es ist bezeichnend, daß die Literaturform, der sie sich bis zum 13. Jahrhundert ausschließlich widmeten, die Lyrik war. Der älteste Troubadour, den wir kennen – man muß hinzufügen, daß er sicherlich nicht der erste war –, zählte zu den mächtigsten Fürsten des französischen Königreichs: es ist Wilhelm IX. von Aquitanien, der im Jahre 1127 gestorben ist. Unter den provenzalischen Minnesängern, die nach ihm kamen, ebenso wie ein wenig später unter den lyrischen Dichtern des Nordens, die denen des Südens nacheiferten, war der hohe, mittlere und niedere Ritteradel zahlreich vertreten. Daneben gab es natürlich die Spielleute von Beruf, die auf Kosten der Großen lebten. Diese kurzen und künstlerisch allgemein sehr hochstehenden Werke, was manchmal bis zu einem bewußten Hermetismus ging, dem berühmten *trobar clus*, eigneten sich hervorragend dazu, bei Zusammenkünften des Adels vorgetragen zu werden. Diese Klasse, die sich derartig an dem Wissen ergötzte, einen so verfeinerten Genuß auskosten zu können, daß er die Masse der Landbevölkerung davon ausschloß, war sich ihrer Überlegenheit um so deutlicher bewußt, als das Vergnügen in der Tat oft sehr lebhaft und unverfälscht war. Eng angelehnt an den Zauber des Wortes, übte die Empfindung für Musik eine nicht geringere Herrschaft aus, denn die poetischen Darbietungen sind gewöhnlich von Gesang oder Instrumenten begleitet worden. Auf seinem Sterbebett wollte Wilhelm Marschall, der einst ein so rauhbeiniger Haudegen gewesen war, von seinen Töchtern nicht eher Abschied nehmen, als bis diese ihn zum letzten Mal »den süßen Ton« einiger Weisen (*rotrouenges*)* hätten vernehmen lassen, obwohl er große Lust verspürte, selber zu singen, was er jedoch nicht wagte. Und die burgundischen Helden des Nibelungenliedes fallen in

---

* Anm. d. Übers.: Es handelt sich um ein von *trouvères* verfaßtes Lied mit Refrain.

ihren letzten irdischen Schlaf, während sie in stiller Nacht Volkers Leier lauschen.

Gegenüber den fleischlichen Genüssen scheint die allgemeine Haltung der Ritterklasse recht freizügig und realistisch gewesen zu sein, wie es in dieser gesamten Epoche überhaupt üblich war. Die Kirche erlegte ihren Gliedern ein asketisches Leben auf, und den Laien gebot sie, die sexuelle Vereinigung auf Ehe und Zeugung zu beschränken. Aber ihre eigenen Lehren befolgte sie nur äußerst mangelhaft, vor allem die Weltgeistlichkeit, bei der die gregorianischen Reformen kaum selbst die Bischöfe geläutert hatte. Man hat sich doch voller Verehrung und Bewunderung Geschichten von frommen Personen, Pfarrern, sogar Äbten erzählt, die »so hieß es«, unberührt von der Fleischeslust gestorben sein sollen! Das Beispiel des Klerus beweist, wie sehr die Keuschheit dem allgemeinen Empfinden widerstrebte; auch war die Geistlichkeit sicherlich nicht besonders geeignet, den Gläubigen als Vorbild zu dienen. Tatsächlich jedoch ist das Heldenepos ziemlich züchtig und sittsam, läßt man einmal solche gewollt scherzhafte Episode beiseite, wie etwa die männlichen Prahlereien Oliviers in der *Pèlerinage de Charlemagne* (Pilgerfahrt Karls des Großen). Das lag daran, daß man der Beschreibung von Lustbarkeiten, die in der Tat nichts Episches an sich hatten, keine große Bedeutung beimaß. Selbst in den weniger zurückhaltenden Erzählungen der höfischen Epoche wird die Sinnlichkeit gern als etwas dargestellt, was eher zu den Frauen als zu den Helden gehört. Hier und da jedoch lüftet sich ein Teil des Schleiers wie etwa in dem alten Lied von *Girard von Roussillon,* wo ein Vasall, der beauftragt ist, einem Boten Gastfreundschaft zu gewähren, diesem ein schönes Mädchen für die Nacht verschafft. Und sicherlich war nicht alles pure Erfindung, was über die »frevelhaften« Treffen erzählt wurde, deren Schauplatz, will man den Romanen Glauben schenken, die Burgen und Schlösser so häufig waren[275]. Die Zeugnisse der Geschichte sind noch viel deutlicher. Die Ehe des Adligen war, wie man weiß, oft eine ungezwungene Angelegenheit: In den Herrenhäusern wimmelte es von Bastarden. Diese Sitten scheinen durch das Aufkommen der *courtoisie* auf den ersten Blick nicht besonders verändert worden zu sein. In einigen seiner Lieder besingt Wilhelm von Aquitanien die Sinneslust auf ziemlich ungehobelte Art und Weise, die von mehr als einem der nach ihm kommenden Dichter nachgeahmt werden sollte. Dennoch taucht schon bei Wilhelm, hier wahrscheinlich Erbe einer Tradition, deren Anfänge uns unbekannt sind, eine andere Auffassung von Liebe auf: Es ist die »höfische« Liebe, die sicher eine der seltsamsten Schöpfungen des ritterlichen Moralkodex war. Kann man Dulcinea von Don Quichottes trennen?

Die charakteristischen Eigenheiten der höfischen Liebe lassen sich leicht zusammenfassen. Sie hat nichts mit der Ehe zu tun, ja, sie widerspricht offen ihren Regeln, da die Geliebte fast immer eine verheiratete Frau ist und der Geliebte niemals der Ehemann. Sie wendet sich oft an eine Dame mit höherem gesellschaftlichem Rang, weist jedenfalls ständig einen starken Zug der Ergebenheit des Mannes gegenüber der Frau auf. Sie wird als verzehrende Leidenschaft dargestellt, der man ständig unterworfen ist, oft begleitet von der Eifersucht und genährt von all ihren Wirrungen, deren stereotyper Ablauf jedoch schon recht früh einem gewissen Ritual unterworfen war. Sie entbehrt auch nicht einer gewissen Sophisterei. Schließlich ist sie, wie der Troubadour Jaufroi Rudel in einem Gedicht sagt, das entgegen seinem eigentlichen Sinn interpretiert die berühmte Legende von der »Princesse Lointaine« (Die ferne Prinzessin) entstehen ließ, mit Vorliebe eine Leidenschaft »aus der Entfernung«. Sicherlich verweigert sie sich nicht prinzipiell dem fleischlichen Genuß, und falls sie etwa – nach dem Wort des Andreas Cappellanus, der den Gegenstand theoretisch behandelt hat – auf die »letzte Erfüllung« verzichten muß, so verschmähte sie doch keineswegs die kleinere Münze der oberflächlichen Freuden. Aber die Nichterfüllung und die Hindernisse zerstören sie nicht, sondern schmücken sie mit einer poetischen Melancholie. Aber erweist sich die so sehnlich gewünschte Erfüllung tatsächlich als unmöglich? Die Empfindung besteht zumindest als Gefühlsansporn und als eine schmerzliche »Freude«.

Das ist das Bild von der Liebe, das uns die Dichter zeichnen, denn wir kennen die höfische Liebe nur aus der Literatur. Deshalb fällt es auch schwer, den Anteil zeitgebundener Modeerscheinungen oder den der Phantasie zu erkennen und herauszuarbeiten. Obwohl man in gewisser Weise versuchte, die fleischliche Liebe vom Gefühl zu trennen, hinderte es doch nicht daran, sie ihrerseits ständig recht brutal zu befriedigen. Aber man weiß ja sehr gut, daß sich bei der Mehrzahl der Menschen die Lauterkeit der Gefühle auf mehreren Ebenen zeigt. Es ist jedenfalls unbestreitbar, daß eine solche Auffassung der Liebesbeziehungen, in der wir viele uns heute vertraute Momente entdecken, in der Zeit, in der sie entstand, eine originelle Kombination mehrerer Elemente war. Sie verdankte nur wenig der antiken Liebeskunst, wenig auch den immer etwas zweideutigen Traktaten, die die römisch-griechische Kultur der Analyse der Männerfreundschaften gewidmet hat, obwohl sie ihnen vielleicht etwas näher steht. Besonders die Unterordnung des Liebhabers stellte eine neue Haltung dar. Wir haben schon gesehen, daß sie sich gern der Worte bediente, die sonst bei der Huldigung der Vasallen gegenüber ihrem

Lehnsherrn verwandt worden sind. Diese Übertragung war nicht nur
verbaler Art. Die Gleichsetzung von Lehnsherrn und Geliebtem entsprach
der Ausrichtung einer kollektiven Moralauffassung, die ganz charakteristisch für die Feudalgesellschaft war.

Obwohl man mitunter etwas anderes behauptet hat, verdankte dieser
Liebesritus dem religösen Gedankengut noch sehr viel weniger[276]. Läßt
man einige oberflächliche Ähnlichkeiten in der Form unberücksichtigt, die
höchstens Zeichen einer Anpassung an die Umwelt sind, wird man sogar
erkennen, daß er ihm direkt entgegengesetzt war, ohne daß man sich im
übrigen wohl dieses Gegensatzes bewußt war. Aus der kreatürlichen Liebe
hat man schließlich eine der Kardinaltugenden gemacht, ohne Zweifel die
Freude an sich! Vor allem, selbst wenn auf die körperliche Erfüllung
verzichtet worden ist, verklärte doch die höfische Liebe keineswegs Regungen bis zu der Meinung hin, damit die Existenz anzufüllen, Regungen, die im Prinzip ihren Ursprung in der fleischlichen Begierde haben,
deren Rechtmäßigkeit die christliche Lehre allein in den Bindungen der
Ehe gestattet (die von der höfischen Liebe tief verachtet worden ist), um
sie als Rechtfertigung zur Fortpflanzung des Menschengeschlechtes vorzu-
bringen, woran die höfische Liebe wohl kaum dachte, um sie schließlich in
jeder Weise als einen weniger wichtigen Teil der moralischen Erfahrung
abzutun. Den eigentlich christlichen Widerhall des sexuellen Lebens dieser Zeit wird man jedenfalls vergeblich in der ritterlichen Lyrik zu finden
hoffen. Er findet sich frei von jeder Bloßstellung in jener frommen und
klerikalen *Queste du Saint Graal* (Suche nach dem heiligen Gral) wieder, in der Adam und Eva vor ihrer körperlichen Vereinigung unter dem
Baum der Erkenntnis, um »Abel den Gerechten« zu zeugen, den Herrgott bitten, pechschwarze Nacht hereinbrechen zu lassen, damit ihr Scham-
gefühl nicht verletzt wird.

Vielleicht kann der Gegensatz zweier Sittenlehren auch den Schlüssel zu
einem Rätsel liefern, das der Ursprung dieser »Liebesvernünftelei« der
Sozialgeographie stellt. Wie die Lyrik selbst, die sie uns überliefert hat,
entstand sie seit dem Ende des 11. Jahrhunderts in den höfischen Kreisen
Südfrankreichs. Was sich ein wenig später im Norden ebenfalls in der
Lyrik oder durch die Vermittlung von Romanen wiederfindet, um dann
später in den deutschen Minnesang einzufließen, war nur ein Abglanz
davon. Man sollte in diesem Fall nun nicht unsinnigerweise der proven-
zialischen Kultur des Languedoc irgendeine Überlegenheit zugestehen.
Auf künstlerischem, intellektuellen wie auch ökonomischen Sektor wäre
ein solcher Anspruch in gleicher Weise unhaltbar, oder aber man müßte

das Heldenepos der französischen Form, die gotische Kunst, die ersten Bemühungen der Philosophie in den Schulen zwischen Maas und Loire, die Messen und Märkte der Champagne und die Emsigkeit der flandrischen Städte völlig verleugnen. Dagegen ist es unbestreitbar, daß im Süden Frankreichs die Kirche besonders zu Beginn der Feudalzeit weniger reich, weniger entwickelt und weniger rege als in den nördlichen Provinzen war. Keines der großen Werke der Kirchenliteratur, keine der großen monastischen Reformbewegungen sind von dort gekommen. Diese relative Schwäche der kirchlichen Zentren kann allein den außerordentlichen Erfolg erklären, den die im Grunde internationalen Ketzerbewegungen von der Provence bis hin in die Gegend um Toulouse erfochten hatten. Daraus resultiert sicherlich auch, daß der Einfluß der Geistlichen auf die oberen Klassen der Laien weniger stark war, so daß diese eine eher rein weltliche Moral freier entwickeln konnten. Daß übrigens diese Regeln ritterlicher Liebe in der Folgezeit sich so leicht und schnell verbreitet haben, bestätigt nur, wie sehr sie den gewandelten Bedürfnissen einer neuen Klasse entsprachen. Sie halfen ihr, sich ihrer selbst bewußt zu werden. Nicht so zu lieben wie die Allgemeinheit, hieß das nicht, sich anders zu fühlen?

Daß der Ritter Beute oder Lösegelder sorgfältig einkalkulierte, daß er auf sein eigenes Land zurückgekehrt, die Bauern über die Maßen »besteuerte«, erregte aber kaum Anstoß. Bereicherung ist legitim, jedenfalls unter der einen Bedingung, daß das Geld schnell und großzügig wieder ausgegeben wird. »Ich kann Euch garantieren«, erklärt ein Troubador, dem man seine Raubzüge vorwirft, »daß das, was ich genommen habe, zum Ausgeben bestimmt ist und nicht als Schatz gehortet zu werden[277].« Es ist sicherlich berechtigt, mit einigem Mißtrauen der Eindringlichkeit zu begegnen, mit der die fahrenden Spielleute, professionelle Schmarotzer, die Freizügigkeit, »Herrin und Königin, die alle Tugenden überstrahlt«, preisend über jede andere Pflicht stellen. Zweifellos fehlte es unter den kleinen und mittleren Grundherren und noch weiter vielleicht auch beim Hochadel nicht an Geizigen, oder besser an Umsichtigen, die dazu neigten, in ihren Truhen die so seltenen Münzen oder die Edelsteine anzuhäufen, statt sie auszugeben, und es ist um nichts weniger wahr, daß der Adlige, der sein ebenso schnell erworbenes wie wieder verlorenes Vermögen mit vollen Händen ausgab, damit seine Überlegenheit gegenüber den anderen Klassen zu beweisen glaubte, die weniger Zutrauen in die Zukunft hatten oder sie mit größerer Sorgfalt prüften. Nicht immer waren Großzügigkeit und Luxus die einzigen Formen, bei denen diese gepriesene Verschwendungssucht Halt machte. Ein Chronist hat uns einen einmaligen Wettstreit im Vergeuden überliefert, der sich einmal während eines »Hoftags« abspielte, der im Limousin abgehalten worden war. Ein Ritter sät kleine Silbermünzen auf einem vorher gepflügtem Landstück aus, ein anderer verwendet in der Küche Wachskerzen zum Kochen, ein dritter befiehlt »aus Prahlerei«, dreißig seiner Pferde lebendigen Leibes zu verbrennen[278]. Was hätte ein Kaufmann von einem solchen Prestigewettstreit aus Verschwendungssucht gehalten, der uns unvermeidlich an die Berichte einiger Ethnographen erinnert? Auch hier wird durch den unterschiedlichen »Ehrbegriff« wieder die Kluft deutlich, die sich zwischen den verschiedenen Gruppen der Gesellschaft auftat.

Der Adel, der durch seine Macht, durch die Art seines Vermögens und seine Lebensführung, sogar seine Moralauffassung derart abgehoben war, hatte sich als soziale Klasse gegen Mitte des 12. Jahrhunderts so weit entwickelt, um sich nun als rechtlich abgesicherte und erbliche Klasse völlig zu konsolidieren. Der anscheinend immer häufigere Gebrauch des Wortes *gentilhomme* (»Edelmann«) – das heißt: einem edlen Geschlecht (*gent*) entstammend – zur Bezeichnung der Adligen, zeigt die zunehmende Bedeutung an, die den Eigenschaften des Blutes zugemessen wurde. In einem besonderen Ritus, dem des Ritterschlags, findet diese Idee ihren Höhepunkt.

3. Kapitel

Das Rittertum

1. Der Ritterschlag

Seit der zweiten Hälfte des 11. Jahrhunderts lassen sich in immer zahlreicheren Texten hier und da Hinweise auf eine Zeremonie finden, deren Zweck es ist, wie sie sagen, »einen Ritter zu machen«. Das Ritual besteht aus mehreren Teilen. Dem kaum den Knabenalter entwachsenen Anwärter überreicht ein älterer Ritter zunächst die Waffen, die seinen zukünftigen Stand kennzeichnen. Vor allem gürtet er ihn mit dem Schwert. Dann wird dem Jungen von seinem Mentor fast immer mit der flachen Hand ein kräftiger Schlag auf den Nacken oder die Wange versetzt, der sogenannte Hand- oder Nackenschlag. Ist darin eine erste Kraftprobe oder eher, wie es seit dem Mittelalter einige etwas zu spät kommende Interpreten gemeint haben, eine Art Gedächtnisstütze zu sehen, die nach

375

Raimundus Lullus den jungen Ritter sein ganzes Leben lang an sein »Gelöbnis« erinnern soll? Tatsächlich zeigen die Gedichte gern den Helden, der sich bemüht, unter dieser kräftigen Ohrfeige nicht zu schwanken, der einzigen übrigens, bemerkt ein Chronist, die ein Ritter jemals erhalten darf, ohne sie zu erwidern[279]. Wir wissen andererseits, daß die Backpfeife in den Rechtsgebräuchen der Zeit häufig dazu diente, Zeugen wichtiger Rechtsakte sich an diese erinnern zu lassen – fürwahr mehr noch als die Teilnehmer selbst. Von dieser Geste, die ursprünglich für genauso wichtig gehalten worden ist wie die gesamte Zeremonie, leitet sich der gewöhnliche Ausdruck »zum Ritter schlagen« her, das französische *adoubement* (von einem alten germanischen Wort mit der Bedeutung »schlagen«). Der ursprüngliche Sinn war, so scheint es, ganz anderer Art und sehr viel weniger rational. Der so durch die Hand des Schlagenden mit dem Körper des Geschlagenen hergestellte Kontakt übermittelte von dem einen zum anderen eine Art »Einwirken«, genauso wie jene andere Ohrfeige, die der Bischof dem Geistlichen versetzt, den er zum Priester weiht. Sportliche Veranstaltungen beendeten häufig das Fest. Der frischgebackene Ritter schwingt sich auf sein Pferd und durchbohrt oder schlägt eine Reihe an einem Pfahl befestigter Waffen, die »Zielscheibe«, herunter.

Nach Herkunft und Natur ähnelt der »Ritterschlag« sichtbar jenen Einführungsriten, für die sich in primitiven Gesellschaften, aber auch in der antiken Welt so viele Beispiele finden lassen: Praktiken, die unter verschiedenen Formen doch alle das gemeinsame Ziel haben, aus dem Jüngling ein vollwertiges Mitglied seiner Gruppe zu machen, aus der er wegen seines Alters bisher ausgeschlossen war. Bei den Germanen spiegelten sie eine kriegerische Gesellschaft wider. Unbeschadet anderer Gebräuche – etwa das Scheren der Haare, das später in England mitunter zusammen mit dem Ritterschlag einherging –, bestanden diese Handlungen hauptsächlich in der Übergabe der Waffen, die Tacitus beschrieben hat, und deren Fortbestehen in der Völkerwanderungszeit durch einige andere Texte belegt ist. Zweifellos ist das Ritterritual eine Fortsetzung des germanischen Rituals. Aber wie sich die Umwelt gewandelt hatte, so hatte sich zugleich auch die menschliche Bedeutung dieser Handlung gewandelt.

Bei den Germanen waren alle freien Männer zugleich Krieger, folglich gab es unter ihnen keinen, der nicht auf diese Waffenüberreichung Anspruch gehabt hätte, zumindest dort, wo die Überlieferung des Volkes sie erforderte, da wir nicht wissen, ob diese Praxis überall verbreitet war. Ein Charakteristikum der Feudalgesellschaft war dagegen bekanntlich die

Herausbildung einer kleinen Gruppe von Berufskriegern, die vor allem aus den militärischen Vasallen und ihren Anführern bestand. Auf diese Soldaten im eigentlichen Sinn mußte sich natürlich die Anwendung dieses alten Brauchs beschränken. Beim Übergang auf sie lief das Ritual jedoch Gefahr, seine gesellschaftliche Grundlage zu verlieren, so wenig festgelegt sie auch war. Einst hatte es als Aufnahmeritus in das Volk gedient; nun bestand aber das Volk im alten Sinne – die kleine Gemeinschaft der Freien – nicht mehr. Es diente also nunmehr als Ritus zur Aufnahme in eine bestimmte Klasse. Aber diese Klasse besaß noch keine festen Umrisse. So geschah es, daß der Brauch an einigen Orten verschwand, wie es bei den Angelsachsen der Fall gewesen zu sein scheint. Aber in den Gebieten, in denen fränkisches Recht galt, bestand er fort, ohne jedoch dabei über längere Zeit ein allgemeiner, geschweige denn ein irgendwie obligatorischer Brauch gewesen zu sein.

Dann machte sich in dem Maße, wie sich im Rittertum ein klares Bewußtsein über die Unterschiede zur »waffenlosen« Masse herausbildete und die Ritter über diese erhob, das starke Bedürfnis bemerkbar, durch einen formalen Akt die Aufnahme in die so definierte Gemeinschaft vorzunehmen, sei es, daß ein Jüngling von »edler« Geburt als neues Mitglied im Kreise der Erwachsenen bestätigt wurde, oder, was sehr viel seltener geschah, daß es sich um einen glücklichen Aufsteiger handelte, dessen kürzlich erworbene Macht, seine Kraft oder seine Geschicklichkeit ihn den Angehörigen der alten Sippen gleichstellte. Seit dem Ende des 11. Jahrhunderts in der Normandie von dem Sohn eines mächtigen Vasallen zu sagen, »er ist kein Ritter«, bedeutete, daß er noch Kind oder Knabe war[280]. Sicherlich entsprach der Wunsch, jeden Wandel eines rechtlichen Status wie eines Vertrages derart durch eine mit den Augen wahrnehmbare Geste zu kennzeichnen, einigen charakteristischen Tendenzen der mittelalterlichen Gesellschaft, was auch das oft so pittoreske Ritual der Aufnahme in eine Handwerkerzunft beweist. Um diesen Formalismus festzulegen, mußte aber noch hinzukommen, daß der Standeswechsel auch als solcher klar wahrgenommen worden ist. Deshalb stellte sich das allgemeine Aufkommen des Ritterschlags wirklich als ein Anzeichen einer tiefgreifenden Wandlung des Rittertums dar.

Während der ersten Phase der Feudalzeit war das, was wir über den Begriff des Ritters gehört haben, vor allem sowohl ein tatsächlicher Zustand als auch eine Rechtsbindung, die aber rein persönlich war. Man nannte sich Ritter, weil man mit voller Rüstung zu Pferde kämpfte. Man nannte sich jemandes Ritter, weil man von dieser Person ein Lehen erhalten hatte, das dazu verpflichtete, ihr derart bewaffnet zu dienen. Doch nunmehr reichen weder der Besitz eines Lehens noch das notwendigerweise etwas schwammige Kriterium eines bestimmten Lebensstils aus, um diese Bezeichnung zu verdienen. Außerdem brauchte man jetzt eine Art der Weihe. Dieser Wandel war gegen Mitte des 12. Jahrhunderts abgeschlossen. Eine Redewendung, die schon vor 1100 in Gebrauch war, hilft die Tragweite dieses Vorgangs zu erfassen. Man »macht« einen Ritter nicht nur, man »weiht« oder »ordiniert« einen solchen. So drückt sich beispielsweise 1098 der Graf von Ponthieu aus, als er sich anschickte, dem zukünftigen König Ludwig VI. die Waffen zu überreichen[281]. Die Gesamtheit der so durch den Ritterschlag Geweihten bildet einen »Stand« oder »Orden«, einen *ordo,* wie es auf Lateinisch heißt. Es sind Wörter der Gelehrten, Wörter der Kirche, doch hört man sie von Anfang an auch im Munde der Laien. Nirgends wird damit – jedenfalls nicht mit seiner frühen Verwendung – eine Gleichstellung mit den heiligen Orden beabsichtigt. In dem Wortschatz, den die christlichen Autoren der römischen Antike entliehen hatten, bedeutete *ordo* sowohl im geistlichen wie im weltlichen Bereich eine Unterteilung der Gesellschaft, aber eine Untergliederung mit genau geregelten Abgrenzungen, die ganz der göttlichen Absicht entsprach. Es war eine wirkliche Institution, nicht mehr allein eine bloße Realität.

Doch in dieser Gesellschaft, die so sehr unter dem Zeichen des Übernatürlichen zu leben gewöhnt war, konnte es nicht ausbleiben, daß der zunächst rein weltliche Ritus der Waffenübergabe das Gepräge einer geweihten Handlung bekam. Zwei Bräuche, beide uralt, dienten der Kirche als Ansatzpunkte für ihr Eingreifen.

Zunächst die Segnung des Schwertes, die ursprünglich eigentlich keine besondere Verbindung zum Ritterschlag hatte. Alle Dinge, deren der Mensch sich bediente, schienen zunächst einmal den Schutz vor den Machenschaften des Bösen zu verdienen. Der Bauer ließ seine Felder segnen, sein Vieh, seine Brunnen, der Frischvermählte sein Hochzeitsbett, der Pilger seinen Wanderstab und der Soldat tat natürlich das Gleiche für die zu seiner Tätigkeit gehörenden Geräte. Schon das alte lombardische Recht kannte den Eid auf die »geweihten Waffen«[282]! Aber mehr als alles andere schienen die Waffen, deren sich der junge Ritter zum ersten Mal bemächtigte, eine solche Weihehandlung herauszufordern. Das wesentliche Moment war ein Berührungsritus. Der zukünftige Ritter legte sein Schwert einen kurzen Augenblick auf den Altar. Gebete begleiteten diese Geste oder folgten ihr; sie waren ursprünglich vom üblichen Ablauf der

Segnung beeinflußt, erhielten jedoch recht bald eine Form, die für diese Investitur besonders geeignet war. Als solche erscheinen sie schon kurz nach 950 in einem im Kloster Sankt Alban in Mainz redigierten Pontifikale. Diese Sammlung, die zweifellos zu einem guten Teil auf Entlehnungen aus älteren Quellen beruht, verbreitete sich rasch in ganz Deutschland, Nordfrankreich, England und selbst bis nach Rom, wo sie dank des Einflusses, den der ottonische Hof ausübte, Fuß faßte. Sie machte das Vorbild der Segnung des »neu gegürteten Schwertes« weit und breit bekannt. Dabei müssen wir natürlich berücksichtigen, daß die Weihe innerhalb der gesamten Feierlichkeit nur eine Art Einleitung darstellte. Der Akt des Ritterschlags lief dann nach besonderen Regeln ab.

Aber auch dabei konnte die Kirche ihre Rolle spielen. Die Aufgabe, dem Jüngling seine Waffen zu überreichen, kam ursprünglich nur einer zum Ritter geschlagenen Person zu, dem Vater etwa oder dem Lehnsherrn. Aber es kam auch vor, daß ein hoher Geistlicher damit beauftragt wurde. Schon 846 hatte der Papst Sergius dem Karolinger Ludwig II. das Wehrgehänge überreicht. Ebenso ließ Wilhelm der Eroberer später einen seiner Söhne durch den Erzbischof von Canterbury zum Ritter schlagen. Zweifellos kam dieses Ehrenamt weniger dem Priester als vielmehr dem Kirchenfürsten zu, dem Herrn einer Vielzahl von Vasallen. Doch konnten ein Papst oder ein Bischof kaum darauf verzichten, sich mit allem kirchlichen Pomp zu umgeben. Dadurch war die Liturgie geradezu berufen, der gesamten Zeremonie völlig ihren Stempel aufzudrücken.

Dieser Vorgang war bis zum 11. Jahrhundert abgeschlossen. Ein Pontifikale aus Besançon, das zu dieser Zeit verfaßt worden war, enthielt nur zwei Schwertsegnungen, die beide sehr einfach gehalten waren. Aber aus der zweiten geht sehr klar hervor, daß der die Messe abhaltende Priester selbst die Waffen zu überreichen hatte. Um jedoch ein wirklich kirchliches Ritual des Ritterschlages zu finden, muß man sich vor allem weiter im Norden umsehen, in den Gebieten zwischen Seine und Maas, die die wahre Wiege der meisten eigentlich feudalen Institutionen waren. Unser ältestes Zeugnis ist hier ein Pontifikale der Reimser Kirchenprovinz, das zu Beginn des Jahrhunderts von einem Geistlichen zusammengestellt worden war, der dabei hauptsächlich die örtlichen Gebräuche berücksichtigte, obwohl er durchaus von der Mainzer Sammlung beeinflußt ist. Die Liturgie umfaßt neben der Weihe des Schwertes, der »Schwertleite«, die das rheinische Original wiedergibt, Gebete mit gleichem Inhalt, die auf andere Waffen oder Insignien zu übertragen sind, auf Banner, Lanzen und Schilde, mit der einzigen Ausnahme der Sporen, deren Überreichung stets einem Nichtkleriker vorbehalten blieb. Anschließend erfolgt eine Segnung des künftigen Ritters selbst und endlich die ausdrückliche Erwähnung, daß das Schwert vom Bischof persönlich umgelegt wird. Dann erscheint das Zeremoniell nach einer Pause von etwa zweihundert Jahren in voller Entwicklung wiederum in Frankreich im Pontifikale des Bischofs von Mende, Wilhelm Durandus, das um 1295 redigiert worden ist und dessen wesentliche Bestandteile jedoch wahrscheinlich aus der Regierungszeit des heiligen Königs Ludwig stammen. Hier ist die Rolle des weihenden Bischofs bis an die äußerste Grenze vorgestoßen. Er umgürtet nicht nur mit dem Schwert, er erteilt auch den Handschlag; er »versieht« den Bewerber »mit der ritterlichen Würde«, heißt es im Text. Dieses aus Frankreich stammende Schema, das im 14. Jahrhundert in das römische Pontifikale eingeflossen ist, sollte zum offiziellen Ritus der gesamten Christenheit werden. Was die übrigen Praktiken betrifft, etwa das Reinigungsbad, das von den Katechumenen übernommen worden ist, und die Waffenwache, so scheinen sie nicht vor dem 12. Jahrhundert eingeführt und stets Ausnahmen gewesen zu sein. Auch schien die Waffenwache nicht nur frommen Meditationen gewidmet zu sein, sondern, will man einem Gedicht Beaumanoirs Glauben schenken, so kam es auch vor, daß man sich recht profan zum Klang der Leier die Zeit vertrieb[283].

Doch täuschen wir uns nicht: keine dieser religiösen Handlungen war jemals für den Gesamtablauf unerläßlich; oft genug hatten im übrigen die Umstände ihre Ausführung verhindert. Denn zu allen Zeiten sind Ritter auf dem Schlachtfeld, entweder vor oder nach dem Kampf, geschlagen worden. Zum Beweis sei der Ritterschlag angeführt, den Bayard nach der Sitte des ausgehenden Mittelalters seinem König mit dem Schwert nach der Schlacht von Marignano gab*. 1213 hatte Simon von Montfort den Ritterschlag seines Sohnes, den zwei Bischöfe unter Absingen des *Veni Creator* zum Ritter für die Sache des Christentums weihten, mit großem religiösen Glanz umgeben, der eines Kreuzfahrerhelden würdig gewesen wäre. Der Mönch Peter von Vaux-de-Cernay, der dieser Zeremonie beiwohnte, stieß angesichts der Feierlichkeiten den charakteristischen Ruf aus: »Oh, welch neue Mode des Rittertums! Eine bisher beispiellose Mode!« Bescheidener war die Weihe des Schwertes als solche nach dem Zeugnis Johannes' von Salisbury[284] allgemein nicht gegen Mitte des 12. Jahrhunderts und scheint doch damals sehr verbreitet gewesen zu sein. Mit einem Wort, die Kirche hatte versucht, den alten Brauch der Waffenüberreichung in ein »Sakrament« zu verwandeln, – die-

---

* Anm. d. Übers.: 1515, als Franz I. von Frankreich Mailand eroberte.

ses Wort, dem man in Schriften der Geistlichen begegnet, hatte nichts
Schockierendes an sich in einer Zeit, in der die Theologie noch weit von
scholastischer Strenge entfernt war und man ständig unter diesem Begriff
gern jede Art von Weihehandlung zusammenfaßte. Obwohl ihr Erfolg
nicht vollkommen war, hatte sie sich aber zumindest hier einen größeren,
dort einen kleineren Teil gesichert. Ihre Bemühungen, die sehr deutlich
zeigen, welche Bedeutung sie den Ordinationsriten beimaß, haben in starkem Maße dazu beigetragen, das Bewußtsein zu verstärken, daß das Rittertum eine Gemeinschaft der »Geweihten« war. Und da jede christliche Einrichtung die Bestätigung durch einen Heiligenkalender brauchte,
kam ihr die Hagiographie zu Hilfe. »Als man bei der Messe die Episteln
des Heiligen Paulus vorlas«, erzählt ein Liturgiker, »blieben die Ritter
zu seinen Ehren aufrecht stehen, denn er war selbst ein Ritter[285].«

2. Der ritterliche Ehrenkodex

Nachdem nun einmal das religiöse Element in Erscheinung getreten war,
beschränkte es seine Wirkung nicht nur darauf, das Gruppenbewußtsein
innerhalb der ritterlichen Welt zu stärken, es übte zugleich auch einen
starken Einfluß auf die Moralgesetze der Gruppe aus. Bevor der künftige
Ritter sein Schwert vom Altar nahm, wurde von ihm gewöhnlich ein
Schwur verlangt, der seine Verpflichtungen genau festlegte[286]. Alle zum
Ritter Geschlagenen leisteten ihn nicht, da sie nicht alle ihre Waffen segnen ließen. Aber die geistlichen Schriftsteller stimmten gern mit Johannes
von Salisbury überein, daß durch eine Art Quasivertrag auch jene, denen
der Schwur nicht über die Lippen gekommen war, sich ihm »stillschweigend« allein dadurch unterwarfen, daß sie die Ritterschaft angenommen
hatten. Allmählich drangen die so formulierten Regeln auch in andere
Texte ein: Zuerst in die oftmals sehr schönen Gebete, die den Ablauf der
Zeremonie deutlich hervorhoben, später mit unvermeidlichen Abänderun-
gen in verschiedene weltliche Schriften. Eine von ihnen stellt kurz nach
1180 eine berühmte Passage des *Perceval* des Chrétien von Troyes dar.
Im folgenden Jahrhundert sind es dann einige Seiten im Prosaroman
Lancelot, im deutschen Minnesang ist es ein Stück des »Meissner«,
schließlich und vor allem das kleine didaktische Gedicht aus Frankreich
mit dem Titel *L'Ordene de Chevalerie* (Der Ritterstand). Dieses kleine
Werk hatte einen großen Erfolg. Es ist bald in einen Zyklus italienischer
Sonnette umgeschrieben worden, Raimundus Lullus hat es in Katalonien
imitiert, und so öffnete es den Weg für eine umfangreiche Literatur, die
während der letzten Jahrhunderte des Mittelalters die symbolische Exe-

gese des Ritterschlags bis zum Überfluß betreiben sollte und durch viele Übertreibungen nicht nur die Dekadenz einer Einrichtung erkennen ließ, die vom Rechtsstatus zur Etikette abgesunken war, sondern die Aushöhlung des Ideals selbst, das man sich so sehr herauszustellen bemühte.

Doch in seiner Blütezeit ist dieses Ideal nicht so ohne Leben gewesen. Es überlagerte die Verhaltensregeln von früher, die sich durch die Spontaneität des entstehenden Klassenbewußtseins herausgebildet hatten. Das ist der Treuekodex der Vasallen – der Übergang erscheint deutlich gegen Ende des 11. Jahrhunderts im »*Liber de vita christiana*« (Buch vom christlichen Leben) des Bischofs Bonizo von Sutri, für den der Ritter sichtlich vor allem noch ein mit einem Lehen ausgestatteter Vasall ist –, es ist vor allem ein Klassenkodex des Adels, des »höfischen« Adels. Für diese weltliche Moral borgten sich die neuen Gebote Prinzipien aus dem religiösen Ideengut, die sich am besten mit ihm vereinbaren ließen: Freigiebigkeit, Streben nach Ruhm (»*los*«, Lob), Verachtung des Müßiggangs, des Leidens und des Todes – der deutsche Dichter Thomasin schreibt dazu: »Der will nicht das Ritterhandwerk ergreifen, der nur in Ruhe leben will[287].« Aber dabei gab man diesen Normen selbst einen christlichen Anstrich und, mehr noch, man säuberte die traditionellen Werte von den von Natur aus weltlichen Elementen, die immer einen großen Platz eingenommen hatten und ihn in der Praxis auch weiterhin behalten sollten. Es sind jene Überbleibsel, die den Lippen so vieler Rigoristen vom Heiligen Anselm bis hin zum Heiligen Bernhard Anlaß für ein Wortspiel gegeben hatten, in dem die ganze Verachtung des Geistlichen für das Irdische lag: *non militia, sed malitia* (Nicht Rittertum, sondern Schurkerei)[288]. »Rittertum gleich Bösartigkeit«: welcher Autor hätte es seither noch wagen können, diese Gleichung zu wiederholen, nachdem die Kirche sich endgültig die ritterlichen Tugenden zu eigen gemacht hatte? Schließlich kamen zu den derart gereinigten Regeln noch andere hinzu, die von ausschließlich geistlichen Vorstellungen geprägt waren.

Geistliche und Laien waren sich darin einig, daß man vom Ritter jene Frömmigkeit zu fordern habe, ohne die man nach Einschätzung König Philipp Augusts kein richtiger *prudhomme* sein konnte. Er muß »alle Tage« oder wenigstens »gern« zur Messe gehen, und er muß am Freitag fasten. Dennoch bleibt dieser christliche Held von Natur aus ein Krieger. Denn von der Segnung der Waffen erwartete man doch vor allem, daß sie dadurch wirksamer würden! Die Gebete drücken diesen Glauben deutlich aus. Aber der Ritter hat das so geweihte Schwert vor allem dazu erhalten, um es für die gerechte Sache einzusetzen, wobei niemand daran denkt, zu verbieten, daß es notfalls gegen eigene Feinde oder gegen die des Herrn gezogen wird. Schon die alten Segenssprüche des ausgehenden 10. Jahrhunderts betonen besonders diesen Aspekt, den die späteren Liturgien noch sehr viel weiter führen. So schlich sich eine Unterscheidung von äußerster Wichtigkeit in das alte Ideal vom Krieger um des Krieges willen oder wegen der persönlichen Bereicherung ein. Der zum Ritter Geschlagene soll mit seiner Klinge die Heilige Kirche verteidigen, besonders gegen die Heiden. Er soll die Witwen, die Waisen und die Armen schützen sowie die Übeltäter verfolgen. Diesen allgemeinen Vorschriften fügen die weltlichen Texte gerne einige speziellere Empfehlungen hinzu, die das Verhalten während des Kampfes betreffen, etwa: den wehrlosen Besiegten nicht zu töten –, bei den Gerichtssitzungen und im politischen Leben nicht an falschen Urteilen mitzuwirken und nicht an Verrat teilzunehmen –, wenn man all das nicht verhindern kann, fügt der *Ordene de Chevalerie* bescheiden hinzu, soll man seinen Platz räumen; schließlich die Dinge des täglichen Lebens: Einer Dame soll man keine schlechten Ratschläge geben; seinem Nächsten soll man,»wenn es möglich ist«, aus Schwierigkeiten helfen.

Es überrascht kaum, wenn schließlich die Wirklichkeit, die aus List, Tücke und Gewalt besteht, weit davon entfernt war, diesen Absichten zu entsprechen. Andererseits ist man geneigt, entweder unter dem Gesichtspunkt einer Moral mit »sozialen« Absichten oder einer eher rein christlichen Wertvorstellung eine derartige Liste der ritterlichen Tugenden als etwas zu kurz anzusehen. Das aber hieße, dort richten zu wollen, wo der Historiker nur die Pflicht hat, zu verstehen. Es ist viel wichtiger festzustellen, daß die ritterliche Tugendliste dort, wo sie von den Theoretikern oder Liturikern der Kirche in die Hände weltlicher Autoren gekommen ist, die die Dinge vereinfachten, oftmals einen sehr beunruhigenden geringen Umfang erhielt. »Der höchste Orden, den Gott geschaffen und eingesetzt hat, ist der Ritterorden«, sagt Chrétien von Troyes mit der ihm eigenen Breite*. Aber man muß zugeben, daß nach dieser wohlklingenden Einleitung die Lehren, die sein tapferer Ritter dem Jüngling erteilt, der von ihm die Waffen erhalten hat, merkwürdig erscheinen. Vielleicht repräsentiert Chrétien in Wahrheit eher die *courtoisie* der großen Fürstenhöfe des 12. Jahrhunderts als die *prudhommie,* die von religiösen Ideen durchdrungen war, wie man sie im folgenden Jahrhundert in der Umgebung

---

* Anm. d. Übers.: *ordre* hat im französischen die Doppelbedeutung »religiöser Orden« und »gesellschaftlicher Stand« (im Sinne der mittelalterlichen Stände).

Ludwigs IX. erkennen konnte. Es ist sicherlich kein Zufall, wenn die Zeit und das Milieu, indem dieser heilige Ritter lebte, jenes Gebet entstehen ließ, das von Wilhelm Durandus in sein *Pontifikale* aufgenommen worden ist und das uns eine liturgische Interpretation dieser von den Bildhauern aus Stein gemeißelten Ritter am Portal der Kathedrale von Chartres oder an der rückwärtigen Fassade der Kathedrale von Reims bietet: »Heiligster Herrgott, allmächtiger Vater, Du, der Du den Gebrauch des Schwertes auf Erden erlaubt hast, um die Arglist der Bösen zu bezwingen und die Gerechtigkeit zu verteidigen, der Du zum Schutz des Volkes den Ritterstand eingesetzt hast..., hilf Deinem Knecht und wende sein Herz zum Guten, damit er dieses Schwert hier oder irgendein anderes niemals gebraucht, um jemand Unrecht zu tun, sondern daß er sich seiner stets bedient, um Recht und Gerechtigkeit zu verteidigen.«

Dadurch, daß die Kirche ihm so eine ideale Aufgabe zuwies, legitimierte sie vollends die Existenz dieses kriegerischen »Ordens«, der als eine notwendige Untergliederung einer wohl geordneten Gesellschaft verstanden wurde und sich immer mehr mit jener Gemeinschaft der Ritter identifizierte, die den Ritterschlag erhalten hatten: »O Gott, der Du nach dem Sündenfall in der gesamten Natur die Menschheit in drei Stände unterteilt hast«, liest man in einem der Gebete der Liturgie aus Besançon. Das hieß aber auch zugleich, dieser Klasse eine Rechtfertigung für ihre gesellschaftliche Überlegenheit zu liefern, die faktisch schon seit langem bestand. Denn in dem sehr orthodoxen *Ordene de Chevalerie* heißt es, den Rittern komme vor allen anderen Menschen, die Geistlichen ausgenommen, die meiste Ehre zu. Der Roman *Lancelot* hat es noch unverblümter ausgedrückt; nachdem er dargestellt hatte, weshalb es die Ritter gibt, nämlich um »die Schwachen und Friedfertigen zu schützen«, fährt er im Gleichnis einer Bildersprache fort, die dieser gesamten Literatur eigen ist, um zu zeigen, wie die Pferde, die sie besteigen, das Symbol des »Volkes« sind, das sie in »gerechter Unterordnung« lenken. »Denn über dem Volk muß der Ritter stehen. Und ebenso wie man aufs Pferd steigt und derjenige, der darauf sitzt, es dorthin lenkt, wohin er will, so muß der Ritter das Volk nach seinem Willen lenken.« Einige Zeit später scheint es nicht mehr die christliche Lehre zu verletzten, wenn Raimundus Lullus im Einklang mit der »gerechten Ordnung« erklärt, daß der Ritter sein »Wohlbefinden« den Dingen zu verdanken hat, die ihm »Mühe und Anstrengungen« seiner Leute verschaffen[289]. Das ist Ausdruck einer adligen Geisteshaltung, die, als es an der Zeit war, in hervorragender Weise das Aufkommen eines Adels im striktesten Sinne begünstigt hat.

4. Kapitel

Die Umwandlung des Adels zu einer rechtlich definierten Gruppe

1. Die Erblichkeit des Ritterschlages und die Adelserhebung

Der um 1119 für die Verteidigung der Niederlassungen im Heiligen Land gegründete Templerorden bestand aus zwei Gruppen von Kämpfenden, die sich nach Kleidung, Waffen und Rang unterschieden: oben die »Ritter«, darunter die einfachen »Waffenknechte« – weiße Mäntel gegen braune Mäntel. Es gibt schon vom Prinzip her keinen Zweifel, daß der Gegensatz dem Unterschied in der sozialen Herkunft der Mitglieder entsprach. Dennoch erwähnt die 1130 abgefaßte älteste Regel in dieser Hinsicht keine genaue Bestimmung. Die Zulassung zu dem einen oder anderen Grad hing offensichtlich von einem de facto bestehenden Rang ab, der durch eine Art öffentliche Meinung festgestellt wurde. Etwas mehr als ein Jahrhundert später geht dagegen die zweite Regel mit ganz juristischer Strenge vor. Um die Genehmigung zum Tragen des weißen Mantels zu erhalten, ist es zunächst notwendig, daß der Anwärter bereits vor seinem Eintritt in den Orden zum Ritter geschlagen worden war. Aber noch nicht einmal das reichte aus. Er mußte außerdem »Sohn eines Ritters oder väterlicherseits ritterbürtig« sein, mit anderen Worten, wie es an anderer Stelle gesagt wird, er mußte ein »Edelmann«, ein *gentilhomme* sein. Denn, so steht es im Text genauer, nur unter dieser Bedingung »darf und kann« man die Ritterschaft erhalten. Doch es geht noch weiter: Sollte es vorkommen, daß ein neues Mitglied seine ritterliche Abstammung verschweigt und sich den Waffenknechten zugesellt, so würde er bei Bekanntwerden der Wahrheit in Ketten gelegt werden[290]. Selbst bei diesen Mönchsoldaten in der Mitte des 13. Jahrhunderts galt der Stolz der Kaste, der jede freiwillige Erniedrigung für ein Verbrechen hält, und zählte mehr als die christliche Demut. Zwei Daten sind es, 1130 und etwa 1250, doch was ist in der Zwischenzeit geschehen? Nichts Geringeres als die Umwandlung des Rechtes auf den Ritterschlag in ein erbliches Vorrecht.

In den Ländern, in denen die gesetzgeberischen Traditionen nicht völlig verlorengegangen waren oder wieder zum Leben erweckt worden sind, hatten Verordnungen das neue Recht präzisiert. 1152 wurde dem »Bauernvolk« in einem Landfrieden Friedrich Barbarossas das Tragen von Lanze und Schwert, den ritterlichen Waffen, untersagt und gleichzeitig als »rechtmäßiger Ritter« nur denjenigen anerkannt, dessen Vorfahren ebenfalls Ritter waren. Eine andere Friedensordnung aus dem Jahre 1186 verbietet ausdrücklich, daß sich Bauernsöhne zu Rittern schlagen lassen. Schon 1140 verordnete König Roger II. von Sizilien ebenso wie 1234 König Jakob I. von Aragón und 1294 Graf Karl II. von der Provence, daß zur Ritterschaft niemand anderes als die Nachfahren von Ritter zuzulassen seien. In Frankreich gab es damals kaum Gesetze, aber die Rechtsprechung des Hofgerichts unter dem Heiligen Ludwig ist förmlich, ebenso wie die nach den Gewohnheitsrechten. Außer durch besonderen Gnadenerlaß des Königs konnte kein Ritterschlag gültig sein, wenn der Vater des zum Ritter Geschlagenen oder seine Vorfahren in männlicher Linie nicht schon Ritter waren (vielleicht schon zu dieser Zeit, auf jeden Fall etwas später, gestehen jedoch die landschaftlichen Gewohnheitsrechte zumindest in einem Teil der Champagne zu, daß dieser »Adel« über den »Mutterleib« weitergegeben werden kann). Der gleiche Gedanke scheint auch allerdings weniger klar hinter einer Passage des großen kastilischen Gesetzeswerkes, den *Siete Partidas*, zu stehen, die König Alfons der Weise gegen 1260 niederschreiben ließ. Die fast genaue zeitliche Übereinstimmung und der exakte Gleichklang dieser verschiedenen Texte untereinander und auch mit den Regeln des international verbreiteten Templerordens ist höchst bemerkenswert. Wenigstens auf dem Kontinent, denn England muß, wie wir noch sehen werden, gesondert betrachtet werden, verlief die Entwicklung der oberen Klassen in einem gleichförmigen Rhythmus[291].

Zweifellos hatten Herrscher und Gerichte kaum das Gefühl einer Neuerung, als sie diese Schranken ausdrücklich errichteten. Schon immer war die große Mehrheit derjenigen, die zum Ritter geschlagen worden waren, aus den Reihen der Nachfahren von Rittern gekommen. Wie Raimundus Lullus sagen sollte, schien in den Augen einer exklusiven Gruppenmeinung allein die Geburt als »Garant für die Aufrechterhaltung der alten ritterlichen Ehre« dafür zu befähigen, den Lebensstil einzuhalten, zu dem die Überreichung der Waffen verpflichtete. »Mein Gott, wie übel wird der wackere Krieger belohnt werden, der aus einem Bauernsohn einen Ritter macht!«, ruft um 1160 der Dichter des »Girard von Roussillon« aus[292]. Dennoch beweist der Tadel gegenüber solchen Eindringlingen, daß sie keine Ausnahmen waren. Kein Gesetz, kein Gewohnheitsrecht machte sie unwirksam. Sie schienen sogar zeitweise für die Rekrutierung der Heere beinahe notwendig, denn wegen desselben Klassenvorurteils konnte man sich schlecht vorstellen, daß das Recht, zu Pferde zu kämpfen und von Kopf bis Fuß ausgerüstet zu sein, vom Ritterschlag zu trennen sei. Noch 1302, am Vorabend der Schlacht von Courtrai, gaben die flämischen Fürsten, die darauf bedacht waren, sich eine Kavallerie zu schaffen, einigen reichen Bürgern den Ritterschlag, die sich dank ihres Reichtums ein Reittier und die notwendige Ausrüstung besorgen konnten[293]. Der Tag, an dem das, was lange Zeit im Grunde nur ein erblicher, für viele Verstöße anfälliger Beruf war, zu einem legalen und strikten Privileg wurde, war ein sehr bedeutendes Datum, auch wenn die Zeitgenossen sich selbst nicht im klaren darüber waren. Tiefgreifende soziale Veränderungen, die sich an der Grenze zur ritterlichen Welt abspielten, hatten sicherlich beträchtlich dazu beigetragen, solche drakonischen Maßnahmen zu veranlassen.

Im 12. Jahrhundert war eine neue Macht entstanden: das städtische Patriziat. In diesen reichen Kaufleuten, die danach trachteten, Grundherrschaften zu erwerben und von denen viele weder für sich selbst noch für ihre Söhne das Ritterschwert verschmäht hätten, konnte der alte kriegerische Adel sowohl ihrer Mentalität wie ihrer Lebensart nach nur Fremdkörper sehen. Hinzu kam, daß sie schon wegen ihrer Zahl, die sehr viel höher lag als die der aufgestiegenen Karrieresoldaten oder der grundherrschaftlichen Amtsleute, aus denen sich bisher fast ausschließlich neben den »Wohlgeborenen« die Anwärter auf den Ritterschlag rekrutierten, sehr viel größere Befürchtungen erweckten. Durch Otto von Freising kennen wir die Reaktionen der deutschen Adligen auf den Ritterschlag, von dem sie meinten, in Oberitalien sei er zu leichtfertig auf »Leute von Handel und Gewerbe« verteilt worden; und Beaumanoir hat für Frankreich deutlich gezeigt, wie das Empordrängen der neuen Schichten, die eifrig bestrebt waren, ihr angehäuftes Kapital in den Kauf von Ländereien zu investieren, den König veranlaßte, notwendige Maßnahmen zu ergreifen, damit der Kauf eines Lehen nicht jeden Neureichen einem Ritterbürtigen gleichstellte. Immer dann, wenn eine Klasse sich bedroht fühlt, versucht sie sich abzuschließen.

Dennoch müssen wir uns vor der Annahme hüten, daß es ein prinzipiell unüberwindbares Hindernis gab. Eine Klasse von Mächtigen kann sich nicht völlig in eine erbliche Kaste verwandeln, ohne damit verurteilt zu sein, die neuen Mächte von Positionen auszuschließen, deren Entstehung ein ehernes Gesetz jeder menschlichen Gesellschaft ist, und sich dabei als soziale Kraft einer fatalen Auszehrung preiszugeben. Die juristische Meinung am Ende der Feudalzeit ist weniger darauf gerichtet, Neuaufnahmen völlig zu verbieten, als sie vielmehr einer strengen Kontrolle zu unterwerfen. Einst stand es jedem Ritter frei, aus einem anderen ebenfalls einen Ritter zu machen. So dachten auch noch die drei Personen, die Beaumanoir am Ende des 13. Jahrhunderts auf die Bühne bringt. Sie selbst gehörten zum Ritterstand, doch fehlte ihnen ein vierter Komparse von gleicher Würde, dessen Gegenwart nach dem Gewohnheitsrecht bei einem Verfahrensvorgang erforderlich war. Daran sollte es nicht liegen; sie schnappten sich auf dem Weg einen Bauern und erteilten ihm den Ritterschlag: »Du sollst Ritter sein!« Zu jenem Zeitpunkt war das aber ein Rückschritt gegenüber dem Recht, das sich weiterentwickelt hatte, und eine schwere Geldbuße war die verdiente Strafe für dieses unzeitgemäße Verhalten. Denn künftig bestand die Fähigkeit des zum Ritter Geschlagenen, einem anderen die »Weihe« zu erteilen, nicht mehr im vollen Umfang, sondern nur noch, wenn dieser Anwärter schon einem ritterlichen Geschlecht angehörte. Selbst wenn das nicht der Fall war, blieb der Ritterschlag trotzdem tatsächlich möglich, jedoch nur unter der Bedingung, daß eine besondere Genehmigung der Macht vorlag, die nach damaliger Auffassung allein die außerordentliche Möglichkeit besaß, die Anwendung der Regeln des Gewohnheitsrechts aufzuheben, derjenigen des Königs, der der einzige war, der, wie Beaumanoir schreibt, »Gesetzesneuerungen« (novelletés), in Kraft setzen konnte.

Wir haben bereits gesehen, daß die Rechtsprechung des Hofgerichts in Frankreich schon seit dem Heiligen Ludwig so verfuhr. In der Umgebung der Kapetinger bürgerte es sich bald ein, diese Genehmigung in der Form von »Kanzleibriefen« zu erteilen, die fast von Anbeginn als als Adelsbriefe bezeichnet worden sind, denn wenn man zum Ritterschlag zugelassen worden ist, hieß das nicht, daß man dem »Adel« von Geburt gleichgestellt war? Die ersten Beispiele der uns überlieferten Dokumente, denen eine große Zukunft bestimmt sein sollte, stammen aus der Zeit Philipps III. oder Philipps IV. Manchmal nahm der König sein Recht in Anspruch, um jemanden nach uraltem Brauch wegen besonderer Tapferkeit auf dem Schlachtfeld zu belohnen, so, wie es Philipp der Schöne zu Gunsten eines Fleischers nach der Schlacht von Mons-en-Pevèle tat[294]. Meistens dienten sie jedoch dazu, langjährige Dienste oder eine herausragende soziale Stellung anzuerkennen. Durch diesen Akt sollte nicht nur ein neuer Ritter geschaffen werden. Da das Recht auf den Ritterschlag sich von Generation zu Generation vererbte, entstand dadurch zugleich ein neues Rittergeschlecht. Die Gesetzgebung und die Praxis in Sizilien richteten sich nach den gleichen Grundsätzen, ebenfalls in Spanien. Im Reich sahen zwar die Konstitutionen Barbarossas nichts Gleichartiges vor, aber wir wissen aus anderen Quellen, daß der Kaiser für sich das Recht in Anspruch nahm, aus einfachen Soldaten Ritter zu machen[295]. Er sah sich also persönlich nicht an die scheinbar unumstößlichen Verbote seiner eigenen Gesetze gebunden. Auch verfehlte das sizilianische Vorbild seit der

Regierungszeit seines Nachfolgers nicht, Einfluß auf die Herrscher auszuüben, die für mehr als ein halbes Jahrhundert beide Kronen vereinigen sollten. Seit Konrad IV., der 1250 selbständig zu regieren begann, können wir beobachten, wie die deutschen Herrscher durch besondere Urkunden Personen, die von Geburt nicht dazu befähigt waren, erlaubten, die ritterlichen Waffen zu erhalten.

Natürlich gelang es den Monarchien nur mühsam, dieses alleinige Vorrecht zur Geltung zu bringen. Roger II. von Sizilien selbst machte zu Gunsten des Abtes von La Cava eine Ausnahme. In Frankreich hielten Adel und Geistlichkeit der *sénéchaussée** Beaucaire noch 1298 an dem Recht fest – mit welchem Erfolg, wissen wir nicht –, Ritter frei aus der Bürgerschaft auswählen zu können[296]. Vor allem von seiten der hohen Lehnsträger gab es lebhaften Widerstand: Unter Philipp III. mußte das königliche Gericht gegen die Grafen von Flandern und Nevers ein Verfahren eröffnen, die beschuldigt wurden, nach eigenem Gutdünken »Hintersassen« zu Rittern geschlagen zu haben, die in Wirklichkeit sehr reiche Leute waren. Später eroberten sich während der Wirren unter den Königen aus dem Hause Valois die auf Leibgedinge gesetzten Fürsten unter weniger großen Schwierigkeiten dieses Privileg. Es ist nicht verwunderlich, daß sich schließlich gerade im Deutschen Reich die Befugnis, Aufsteigern auf diese Weise den Zutritt zum Rittertum zu ermöglichen, auf die meisten Hände verteilte, z. B. auf Territorialfürsten wie schon 1281 auf den Bischof von Straßburg[297], ja, in Italien sogar auf Stadtkommunen, wie seit 1260 in Florenz. Aber dabei handelte es sich um nichts anderes als um die Aufteilung und Zerstückelung der königlichen Hoheitsrechte, der Regalien. Der Grundsatz, daß allein dem Herrscher das Recht zukomme, das Überwinden der Standesbarrieren zu sanktionieren, blieb bestehen. Schwerwiegender war der Fall jener Eindringlinge, die in zweifellos beträchtlicher Anzahl ihre faktisch bestehende soziale Situation ausnutzten, um sich auf nicht legale Weise in den Ritterstand einzuschleichen. Da der Adel in hohem Maße eine Klasse war, die sich durch Macht und einen bestimmten Lebensstil auszeichnete, verwehrte die öffentliche Meinung trotz bestehender Gesetze dem Besitzer eines militärischen Lehens, dem Herrn einer ländlichen Grundherrschaft, dem in seiner Rüstung alt gewordenen Soldaten, welcher Abstammung er auch immer war, kaum den Adel und folglich die Befähigung zum Ritterschlag. Schließlich dachte nach einigen Generationen niemand mehr daran, der Familie ih-

---

* Anm. d. Übers.: Seit dem 13. Jahrhundert neben den *bailliages* Bezeichnung für einen Oberbezirk des Krongutes.

ren Titel streitig zu machen, der ihr im Laufe der Zeit durch langjährigen Gebrauch und Gewohnheit zugefallen war; und die einzige Hoffnung, die der Obrigkeit am Ende blieb, bestand darin, wenn man den Mißbrauch gebilligt hatte, denjenigen, die daraus ihren Nutzen zogen, einige Summen abzuverlangen. Nichtsdestoweniger ist es wahr, daß die Umwandlung der tatsächlichen Erblichkeit in eine juristisch abgesicherte Erblichkeit, die eine lange und eigenständige Vorbereitungszeit durchlaufen hatte, nur durch eine Festigung der monarchischen und fürstlichen Macht möglich geworden war, die allein imstande blieb, für eine festere gesellschaftliche Ordnung zu sorgen und zugleich den unvermeidbaren und nützlichen Übergang von einem Stand zum anderen zu regeln, indem sie ihn durch Gesetze bestätigte. Wäre nicht der oberste Gerichtshof des Landes, das Pariser Parlament, gewesen, oder hätte es an der notwendigen Macht zur Ausführung seiner Urteile gefehlt, so hätte es im französischen Königreich keinen kleinen Adligen gegeben, der nicht den Ritterschlag nach seinem Belieben erteilt hätte.

Es gab kaum eine Einrichtung, die sich unter den Händen der ewig geldbedürftigen Regierung nicht mehr oder weniger in eine ständig anzuzapfende Geldquelle verwandelte. Die Genehmigungen, den Ritterschlag zu erhalten, entgingen diesem allgemeinen Schicksal nicht, ebenso wie die anderen Bestallungsbriefe der Kanzleien, jene königlichen Urkunden, die von ganz wenigen Ausnahmen abgesehen, nie umsonst ergingen. Manchmal zahlte man auch, um seine Herkunft nicht nachweisen zu müssen[298]. Aber Philipp der Schöne scheint der erste Herrscher gewesen zu sein, der ganz offen das Rittertum zum Handelsgegenstand machte. 1302 wurden nach der Niederlage von Courtrai königliche Kommissare in die Provinzen entsandt, die beauftragt waren, zum Kauf von Adelsbriefen zu ermuntern und gleichzeitig königlichen Leibeigenen ihre Freiheit zu verkaufen. Dennoch kann man nicht sagen, daß ein solches Verfahren von diesem Zeitpunkt an allgemein üblich war, weder in Frankreich noch im übrigen Europa, oder daß es viel eingebracht hätte. Aus dem Verkauf dieser Adelstitel, den *savonettes à vilains* (Toilettenseife für Bauern), sollte es den Königen später gelingen, eine regelmäßige Einnahme für ihre Staatskasse zu machen, und die reichen Steuerpflichtigen sollten erkennen, wie sie durch eine einmalig gezahlte Summe den Steuern entgehen konnten, von denen der Adel ja befreit war. Aber bis zur Mitte des 14. Jahrhunderts blieben das Steuerprivileg des Adels ebenso wie die vom Staat erhobenen Steuern selbst noch sehr umstritten, und das Standesbewußtsein, das in den Ritterkreisen, denen sich die Fürsten selbst zugehörig fühlten, sehr stark ausgebildet war, hätte es sicher kaum zugelassen, diese Gefälligkeiten zu vermehren, was als ein Angriff auf die »Reinheit des Blutes« aufgefaßt worden wäre. Wenn sich auch die Gruppe der Ritterbürtigen nicht völlig abgeschlossen hatte, so war die Tür doch nur einen Spalt weit geöffnet – ihre Schwelle war jedenfalls wesentlich schwerer zu überschreiten, als sie es vorher war und später wieder sein sollte. Daher erklärt sich auch die gewaltsame Reaktion gegen den Adel, die sich zumindest in Frankreich im 14. Jahrhundert erhob. Kann man sich deutlichere Belege für eine starke Klassenbildung und ihre Exklusivität als die heftigen Angriffe vorstellen, deren Zielscheibe sie war? »Aufstand der Nichtadligen gegen den Adel«, dieses zur Zeit der Erhebung, der »Jacquerie«, fast offiziell gewordene Wort ist ebenso aufschlußreich wie eine Liste der Kämpfenden. Etienne Marcel, ein reicher Bürger und der erste Magistrat der ersten der privilegierten Städte, stellte sich ausdrücklich als Feind gegen die Adligen. Unter Ludwig XI. oder Ludwig XIV. hätte er selber zu ihnen gehört. In der Tat war die Zeit von 1250 bis ungefähr 1400 auf dem Kontinent die Epoche, in der die sozialen Schichten am stärksten abgestuft worden sind.

2. Die Ritterbürtigen als privilegierte Klasse

Für sich allein hätte die Beschränkung des Ritterschlags auf die Mitglieder der Familien, die schon dem Rittertum angehörten, oder auf die Nutznießer besonderer Vergünstigungen nicht ausgereicht, um einen wirklichen Adel zu schaffen. Denn noch waren alle Privilegien, von denen die Adelsideologie verlangte, daß sie an eine reine Geburt gebunden waren, abhängig von einem Ritual, das man vollziehen konnte oder auch nicht. Es handelte sich nur um das Prestige. Die vorherrschende Situation, daß man darin übereinstimmte, diejenigen als Ritter anzuerkennen, die zugleich als »geweihte« Krieger und als Vasallen mit den wichtigsten Aufgaben auf den Schlachtfeldern und in den Räten betraut waren, zeigte mehr und mehr das Bestreben, sich zu einer rechtlich genau fixierten Norm zu entwickeln. Vom Ende des 11. Jahrhunderts bis in die ersten Jahre des 13. Jahrhunderts hallt das gesamte feudale Europa von diesen Regeln wider. Um in den Genuß ihrer Vorteile zu kommen, mußte man zunächst wirksam seinen Verpflichtungen als Vasall nachkommen, denn »er soll Waffen und Pferde besitzen, um, wenn er nicht durch sein Alter daran gehindert ist, dem Heeresaufgebot Folge zu leisten und der Reiterei anzugehören sowie an den Gerichtssitzungen und den Hoftagen teilzunehmen«, wie es in der Sammlung katalanischer Gewohnheitsrechte heißt. Vorher mußte er jedoch den Ritterschlag empfangen haben. Die allgemeine Abschwächung der Vasallendienste zeigte allmählich die Wirkung, daß man auf der ersten Bedingung nicht mehr bestand. Neuere Texte übergehen sie stillschweigend. Hingegen blieb die zweite lange lebendig. Noch 1238 gibt das Familienstatut der Ganerben der Burg La Garde-Guérin im Gévaudan dem Jüngeren das Vorrecht gegenüber dem Älteren, wenn jener die Ritterwürde erhalten hatte und der andere nicht. Kam es also, wie auch immer vor, daß es ein Rittersohn ausschlug, sich der Zeremonie des Ritterschlags zu unterwerfen? Ist er zu lange einfacher Schildknappe geblieben, gemäß dem Ausdruck, den man in Anspielung auf die traditionelle Rolle des jungen Adligen bei den älteren Rittern diesem gab und den man gewöhnlich zur Bezeichnung jener Warteposition verwandt hat? Hatte er einmal das Alter überschritten, in dem eine solche Nachlässigkeit nicht mehr zulässig erschien – 25 Jahre in Flandern und im Hennegau, 30 Jahre in Katalonien –, so wurde er rücksichtslos unter die »Bauern« zurückgestuft[299].

Aber das Gefühl für die Würde der Abkunft war zu mächtig geworden, als daß diese Zumutung auf ewig beibehalten werden konnte. In verschiedenen Etappen ist sie verschwunden. 1235 erkennt man in der Provence und auch ungefähr um dieselbe Zeit in der Normandie dem Sohn allein und ohne jede Verpflichtung zum Ritterschlag die gleichen Vorrechte zu, wie sie der Vater in seiner Stellung genossen hatte. Was ist, wenn nun dieser nicht zum Ritter geschlagene Sohn seinerseits einen Sohn hat? Dieser müßte, so präzisiert der provenzalische Text, persönlich die Ritterschaft erhalten, will er in den Genuß der Privilegien kommen. Noch beredter sind mehrere königliche Freibriefe in Deutschland, die den Bewohnern von Oppenheim zugestanden werden: Dieselben Rechte werden 1226 den Rittern, seit 1269 »den Rittern und Söhnen von Rittern«, 1275 »den Rittern, ihren Söhnen und ihren Enkeln« verliehen[300]. Doch warum hat man sich die Mühe gemacht, die verschiedenen Generationen aufzuzählen? Natürlich blieb die feierliche Waffenverleihung eine Standespflicht, auf die ein junger Adliger nicht verzichten konnte, ohne etwas an Ansehen zu verlieren. Man wundert sich ein wenig über den merkwürdigen Aberglauben innerhalb des Geschlechtes der Grafen der Provence aus dem Hause Barcelona, die diese Zeremonie so weit wie möglich hinausschoben, weil sie als Vorzeichen für einen baldigen Tod galt[301]. Da der erfolgte Ritterschlag die Anschaffung einer vollständigen Ausrüstung zu gewährleisten schien, die Voraussetzung für den Kriegsdienst war, bemühten sich die französischen Könige von Philipp August bis zu Philipp dem Schönen, ihn ihren Untertanen aus Ritterfamilien aufzuzwingen. Sie hatten dabei jedoch kaum Erfolg. Weil es der königlichen Verwaltung nicht einmal gelang, aus den Einnahmen der deswegen verhängten Geld-

strafen oder dem Verkauf von Dispensen eine für den Fiskus lohnende
Quelle zu machen, mußte sie sich schließlich damit zufriedengeben, ein-
fach das Vorhandensein der Waffenausrüstung vorzuschreiben, sobald ein
Krieg am Horizont heraufzog.

In den letzten Jahren des 13. Jahrhunderts hatte sich diese Entwicklung
fast überall durchgesetzt. Ein Adliger erwirbt künftig seinen Stand nicht
mehr durch die alten Initiationsriten, die zu rein formellen Handlungen
verkümmert sind und die um so weniger befolgt werden – jedenfalls von
der Mehrheit –, als sie gewöhnlich hohe Kosten verursachen, sondern es
ist jetzt der ererbte Rechtsanspruch, ob man ihn nun ausnutzt oder nicht,
das Vorrecht dieses Ritus auszuüben. Beaumanoir schreibt, daß man jeden
einen »Edelmann« (*gentilhomme*) nenne, der aus ritterlichem Geschlecht
stamme. Und kurz nach 1284 wird in der ältesten Erlaubnis zum Ritterschlag, die von der Kanzlei des französischen Königs einem Manne gewährt worden ist, der keinem ritterlichen Geschlecht entstammte, ohne
jegliche Bedingung dessen gesamter Nachkommenschaft mit einem Feder-
strich das Recht erteilt, in den Genuß »der Privilegien, Rechte und Freiheiten« zu kommen, »deren sich gewöhnlich die Adligen erfreuten, die
den beiden Linien der Vorfahren folgten[302]«.

3. Das Recht der Adligen

Die Adelsrechte, die – soweit es die biologischen Unterschiede zwischen
den beiden Geschlechtern zuließen – für die »Edelfrau« wie für den
»Edelmann« gleich waren, unterschieden sich in ihren einzelnen Bestimmungen jedoch erheblich je nach der Gegend. Sie hatten sich andererseits
in einem langen Prozeß herausgebildet und unterlagen im Laufe der Zeit
beträchtlichen Veränderungen. Hier soll nur auf einige charakteristische
Züge hingewiesen werden, so wie sie sich im Laufe des 13. Jahrhunderts
herausgebildet hatten.

Traditionell stellten die Lehensbindungen die den oberen Ständen eigentümliche Form der Abhängigkeit dar, aber auch hier wie anderswo wandelte sich der faktische Zustand in ein rechtlich fixiertes Monopol. Einst
galt man als Adliger, weil man Vasall war. Künftig war es durch eine
regelrechte Umkehrung in der Reihenfolge der Begriffe prinzipiell unmöglich, Vasall zu sein (mit anderen Worten, ein militärisches Lehen
oder ein »Frei«-Lehen zu besitzen), wenn man nicht schon von Geburt
her zum Adel zählte. Das ist in der Mitte des 13. Jahrhunderts eine fast

überall anerkannte Tatsache. Aber der Anstieg der bürgerlichen Vermögen sowie der Geldmangel, unter dem die alten Familien so häufig litten, gestattete nicht, diese Regel in ihrer ganzen Strenge einzuhalten. Weit davon entfernt, in der Praxis befolgt zu werden, was die Tür für viele Adelsusurpationen öffnete, mußte sogar das Recht Ausnahmen einräumen. Manchmal galten sie ganz allgemein, etwa zu Gunsten von Personen mit einer adligen Mutter und einem nichtadligen Vater[303], meist jedoch für spezielle Fälle. Die letztgenannten sollten wieder einmal mehr dem Gewinnstreben der Monarchien dienen, die allein in der Lage waren, solche Risse innerhalb der sozialen Ordnung zu legitimieren und die ihre Gunstbeweise keineswegs umsonst zu verteilen pflegten. Da das Lehen meist eine Grundherrschaft war, bestand durch diese Standesverschiebung die Tendenz, daß die Befehlsgewalt über die abhängigen Bauern sich von der Adelsqualität löste. Aber umfaßte es die Unterwerfung der Untervasallen? Wenn sie Edelleute (gentilhommes) waren, so verweigerten sie normalerweise dem nichtadligen Aufsteiger die Huldigung; er mußte sich ohne einen Akt der Lehnsgefolgschaft zu empfangen, mit den Aufgaben und den aufzubringenden Diensten zufrieden geben. Man sträubte sich sogar dagegen, daß er als Lehnsträger seinerseits diesen Ritus gegenüber seinem höhergestellten Lehnsherrn ausführen konnte. Man reduzierte die Zeremonie auf einen Treueschwur oder man unterließ wenigstens den Kuß, der zu sehr auf eine gleichrangige Stellung hingedeutet hätte. Sogar in der Art, den ihm zustehenden Gehorsam zu fordern oder vertraglich festzulegen, gab es für den Mann von geringer Geburt verbotene Formen.

Für die militärischen Vasallen galt seit langem ein Recht, das sich von den sonst allgemein gültigen Regeln unterschied. Für sie waren andere Gerichte zuständig als für die übrigen Abhängigen, ihre Lehen vererbten sich nicht wie die anderen Besitztümer, selbst ihr Familienrecht trug das Zeichen ihres Standes. Als aus den Inhabern militärischer Lehen schließlich der Adel hervorgegangen war, strebte all das, was als Gewohnheitsrecht an die Ausübung einer Funktion gebunden war, dahin, zum Gewohnheitsrecht einer Gruppe von Familien zu werden. Die Änderung einer Bezeichnung ist in diesem Zusammenhang sehr aufschlußreich: wenn man früher von einer »Lehnsvormundschaft« (bail féodal) gesprochen hatte – die Einrichtung wurde oben definiert[304] –, so sprach man nun in Frankreich von einer »Adelsobhutschaft«, der garde noble. Wie es ganz natürlich für eine Klasse war, die ihre Besonderheit aus dem Abglanz uralter Institutionen herleitete, pflegte auch das Privatrecht des Adels gern einen archaischen Zug.

Eine Reihe anderer Eigenheiten zeigten noch sehr viel deutlicher sowohl die gesellschaftliche Vormachtstellung dieser Klasse wie auch ihren Charakter als einen Stand von Kämpfern. Ging es darum, die Reinheit des Blutes zu gewährleisten? Es gab sicher kein wirksameres Mittel als das Verbot jeglicher Mißheirat. Darauf griff man jedoch nur in einer »importierten« Feudalgesellschaft – auf Zypern – und im stark hierarchisch gegliederten Deutschland zurück. In diesem letztgenannten Land, das sich durch eine sehr hochentwickelte Abstufung selbst innerhalb des Adels auszeichnete, was wir später noch sehen werden, war es nur die oberste Adelsschicht, die sich derart abkapselte, während die niedere Ritterschaft, die aus ehemaligen grundherrschaftlichen Amsträgern hervorgegangen war, ausgeschlossen blieb. Anderswo wirkte die Erinnerung an die alte Gleichheit aller freien Menschen bei der Wahl des Ehepartners im Recht, wenn nicht sogar in der Praxis, fort. Dagegen gab es überall einige große religiöse Gemeinschaften, die bisher ihren aristokratischen Geist nur durch die Ablehnung von Anwärtern aus Familien unfreier Herkunft gezeigt hatten, und die nun beschlossen, nur noch Adlige aufzunehmen[305]. Man kann auch überall feststellen, hier früher, dort später, daß der Adlige einen besonderen persönlichen Schutz gegenüber dem Nichtadligen genießt, daß er ferner einem besonderen Strafrecht unterworfen ist, das gewöhnlich höhere Strafen vorsieht als es diejenigen für den Rest des Volkes waren, daß der Rückgriff auf die Fehde, die als untrennbar vom Waffentragen angesehen worden ist, ihm vorbehalten bleibt, daß die Gesetze zur Einschränkung des Luxus ihm eine gesonderte Stellung zuweisen. Die Bedeutung, die dem Geschlecht, der Sippe als Träger der Privilegien beigemessen worden ist, drückte sich darin aus, daß aus den alten persönlichen Erkennungszeichen, die auf den Schild des Ritters gemalt oder auf sein Siegel graviert waren, die Wappen wurden, die manchmal mit dem Lehen weitergegeben, meist jedoch auch ohne den Besitz von Generation zu Generation vererbt wurden. Zuerst in den Königs- und Fürstendynastien entstanden, in denen der Stolz auf die Abstammung besonders stark war, ist dieser Gebrauch der Kontinuitätssymbole bald von weniger bedeutenden Geschlechtern übernommen worden und blieb künftig das Privileg der Familien, deren Adel unbestreitbar war. Schließlich war es, ohne daß die Befreiung von den Steuern schon genauestens festgelegt war, die militärische Verpflichtung, die von der alten Vasallenpflicht zur Aufgabe des Adels schlechthin geworden war und schon jetzt zur Folge hatte, daß der Adlige von den sonst für alle geltenden finanziellen Verpflichtungen freigestellt wurde, die seiner Ansicht nach durch das Kriegshandwerk ersetzt worden sind.

Wie stark auch immer die Rechte waren, die durch Geburt erlangt worden sind, so waren sie jedoch nicht derart, daß man sie nicht verlieren konnte, wenn man ganz bestimmten Beschäftigungen nachging, die als unvereinbar mit der herausgehobenen Würde angesehen wurden. Sicherlich war der Begriff des Adelsverlustes noch nicht in allen Einzelheiten entwickelt. Das Verbot, Handel zu treiben, scheint dem Adel zunächst vor allem von einigen städtischen Rechtssätzen aufgezwungen worden zu sein, die damit viel eher im Auge hatten, das Quasimonopol des handeltreibenden Bürgertums zu schützen als dem gegnerischen Kastenstolz zu dienen. Aber einstimmig galten die Feldarbeiten als unvereinbar mit der Ehre des Waffentragens. Selbst mit seinem eigenen Einverständnis, so entschied das Pariser Parlament, dürfe ein Ritter nicht, wenn er ein abhängiges Bauerngut erworben habe, die ländlichen Hand- und Spanndienste ausführen. »Pflügen, hacken, Holz oder Mist auf dem Rücken eines Esels transportieren«, das sind Handlungen, die nach einer provenzalischen Verordnung sofort die Aberkennung der ritterlichen Vorrechte zur Folge haben. In der Provence war es auch, wo man eine adlige Dame folgendermaßen charakterisierte: »Sie steht weder am Herd noch geht sie ins Waschhaus oder zur Mühle[306].« Der Adel definierte sich nicht mehr länger nach seiner Funktion, bewaffneter Gefolgsmann zu sein, er verstand sich auch nicht mehr als eine Klasse von Geweihten, er blieb jedoch immer eine Klasse mit einem bestimmten Lebensstil und sollte das auch weiterhin bleiben.

4. Der Ausnahmefall England

In England, wo die Vasallenverfassung und das Rittertum von außen übernommen worden war, folgte die Entwicklung zum faktisch bestehenden Adel zunächst ungefähr den gleichen Leitlinien wie auf dem Festland. Aber seit dem 13. Jahrhundert schlug sie eine deutlich andere Richtung ein.

Die normannischen und dann die angevinischen Könige Englands, sehr mächtige Herren eines Inselreiches, das sie vornehmlich dazu bestimmt sahen, ihnen die Mittel zur Verfügung zu stellen, um ihre ausgesprochen imperialen Absichten zu unterstützen, richteten ihre Aufmerksamkeit vor allem darauf, den Bereich der militärischen Verpflichtung auf ein Maximum auszudehnen. Zu diesem Zweck bedienten sie sich gleichzeitig zweier Prinzipien, die aus verschiedenen Zeiten stammten: der Massenaushebung aller freien Männer und der Inanspruchnahme der besonderen Dienste ihrer Vasallen. Schon 1180 und 1181 zwang Heinrich II. seine Untertanen, zuerst auf seinen festländischen Besitzungen, dann auch in England, sich mit den Waffen auszurüsten, die ihrem Stand entsprachen. Die englische *assize** führte unter anderem jene Waffen auf, die der Inhaber eines Ritterlehens besitzen mußte, erwähnte den Ritterschlag jedoch nicht. Dennoch wissen wir, daß dieser Akt als sichere Garantie dafür angesehen wurde, daß eine Ausrüstung vorhanden war. Zwischen 1224 und 1234 hielt es Heinrich III. für angeraten, jeden Besitzer eines solchen Lehens zu verpflichten, sich dieser Zeremonie ohne Zögern zu unterziehen, wenigstens – so lautet die Einschränkung einer späteren Vorschrift –, wenn die Huldigung für das Lehen direkt dem König zu leisten war.

Bis hierher gab es tatsächlich bei diesen Maßnahmen nichts, was sich wesentlich von der kapetingischen Gesetzgebung dieser Zeit unterschieden hätte. Wie kam es trotzdem dazu, daß sich die englische Regierung mit ihrer starken Verwaltungstradition nicht darüber klar wurde, daß das alte System des Lehnsdienstes zu zunehmender Wirkungslosigkeit verurteilt war? Viele Lehen waren zerstückelt worden, andere schlüpften bei den ständig wiederholten und immer unvollständigen Bestandsaufnahmen der lehnsabhängigen Ländereien durch die Maschen, was dazu führte, daß ihre Anzahl schließlich sehr begrenzt war. War es da nicht vernünftiger, die Dienstpflichten entschlossen festzulegen und sich in der Folge mit einer viel greifbareren Tatsache zu versehen, nämlich dem Grundbesitz, welcher Natur auch immer er war? Das war im übrigen auch das Prinzip, das sich Heinrich II. 1180 auf seine festländischen Besitzungen auszuweiten bemühte, wo die Lehnsverfassung auch nicht annähernd so durchorganisiert war wie in England oder im normannischen Herzogtum. Nach 1254 ging man auf der Insel genauso vor, indem man veränderliche wirtschaftliche Kriterien heranzog, deren Einzelheiten hier nicht von Bedeutung sind. Aber dort, wo sich Heinrich II. auf das Problem der Bewaffnung beschränkt hatte, forderte er künftig von allen freien Besitzern einer bestimmten Größe freien Landes ganz nach bestehendem Brauch den Ritterschlag. Diese Maßnahmen hat man zweifellos um so lieber ergriffen, als das zu erwartende Nichtbefolgen der Vorschrift der königlichen Schatzkammer sehr willkommene Strafgebühren versprach.

Dennoch bestand selbst in England kein gut funktionierender Staatsapparat, der die Einhaltung dieser Maßnahmen gewährleisten konnte. Wahr-

---

* Anm. d. Übers.: Gemeint ist offensichtlich die *Assize* (= Statut) *of Arms* Heinrichs II. aus dem Jahre 1181.

scheinlich waren sie bereits am Ende jenes Jahrhunderts, sicherlich jedoch im folgenden Jahrhundert fast völlig undurchführbar geworden, so daß man auf ihre Ausführung verzichten mußte. Und da sie in zunehmendem Maße unregelmäßiger angewandt worden sind, wurden diese ritterlichen Zeremonien schließlich wie auf dem Festland als Überbleibsel archaischer Gebräuche abgelehnt. Aber die königliche Politik, zu der als unvermeidbare Folgerung das Fehlen jeden Versuches kam, den Handel mit den Lehnsgütern zu unterbinden, hatte eine Bewegung ins Rollen gebracht, die sehr schwerwiegende Folgen hatte. In England konnte der Ritterschlag, der sich in eine reine Angelegenheit des Lehnszinses verwandelt hatte, nicht als Kern für die Bildung einer auf Erblichkeit beruhenden Klasse dienen. Tatsächlich sollte sie dort niemals entstehen. Im französischen oder deutschen Sinn des Wortes kannte das mittelalterliche England keinen Adel, das heißt, daß sich unter den Freien keine wesentlich höhere Gruppe herausbildete, für die ein besonderes Recht galt, das durch Vererbung weitergegeben wurde. Offensichtlich eine erstaunlich egalitäre Gesellschaftsstruktur! Wenn man jedoch den Dingen auf den Grund geht, so beruhte sie lediglich auf einer einzigartig festen hierarchischen Grenze, die nur weiter unten in der Gesellschaft lag. Zur gleichen Zeit, wo überall sonst die Kaste der Adligen sich über eine immer größer werdende Menge von Menschen erhob, die als »frei« bezeichnet worden ist, wurde dagegen in England der Begriff der Knechtschaft so weit ausgelegt, daß die Mehrheit der bäuerlichen Bevölkerung von diesem Makel betroffen war. Auf englischem Boden unterschied sich der einfache *freeman* rechtlich kaum vom Edelmann; aber die *freemen* selbst stellten eine Oligarchie dar.

Das soll im übrigen nicht heißen, daß jenseits des Ärmelkanals nicht eine ebenso mächtige Aristokratie existierte wie im restlichen Europa, die vielleicht sogar noch mächtiger war, da das Bauernland in stärkerem Maße von ihrer Gnade abhing. Diese Klasse bestand aus Besitzern von Grundherrschaften, aus Soldaten und Heerführern, aus königlichen Amtsträgern und den Vertretern der Grafschaften am Hofe: Sie umfaßte all diejenigen, deren Lebensstil sich erheblich und ganz bewußt von der Masse der übrigen Freien unterschied. An ihrer Spitze befand sich der enge Kreis der Grafen und »Barone«. Zu Gunsten dieser oberen Gruppe bildeten sich während des 13. Jahrhunderts faktisch sehr genau beachtete Privilegien heraus, die jedoch fast ausschließlich politischer und protokollarischer Art waren. Da sie vor allem an das Lehen gebunden waren, das Titel, Ehre und Würde verlieh, gingen sie nur auf den Erstgeborenen über. Kurzum, die Klasse der Edelleute blieb insgesamt in England eher

»sozial« als »rechtlich« bestimmt, und obwohl natürlich Macht und materielle Vorteile sich in der Regel vererbten, obwohl wie auf dem Festland der Mythos des Blutes sehr stark empfunden wurde, so war diese Gemeinschaft zu schlecht abgegrenzt, um nicht nach allen Seiten offen zu bleiben. Der Landbesitz hatte im 13. Jahrhundert zur Erteilung des Ritterschlags ausgereicht, ja, er hatte tatsächlich dazu verpflichtet. Ungefähr anderthalb Jahrhunderte später berechtigte er, immer noch nach der charakteristischen Norm des »freien« Besitzes begrenzt, offiziell dazu, innerhalb der Grafschaften die Abgeordneten der »Commons of the Land« zu wählen. Und wenn man von diesen Deputierten, die unter dem bezeichnenden Namen der »Grafschaftsritter« bekannt waren und die ursprünglich tatsächlich zu denjenigen gehören sollten, die den Ritterschlag erhalten hatten, im Prinzip weiterhin bis zum Ende des Mittelalters verlangte, daß sie einen Nachweis für ihr ererbtes Familienwappen bringen konnten, so schien es doch in der Praxis so zu sein, daß jede reiche Familie mit ausreichendem gesellschaftlichem Ansehen keine großen Schwierigkeiten hatte, sich den Gebrauch solcher Wappen anerkennen zu lassen[307]. Adelsbriefe gab es bei den Engländern zu dieser Zeit nicht (die Schaffung von baronets unter der stets unter Geldmangel leidenden Dynastie der Stuarts war nur eine sehr späte Nachahmung französischer Bräuche); sie waren ganz einfach nicht nötig, da die Umstände sie überflüssig machten.

Sich derart den verändernden Realitäten angepaßt zu haben, die die wahre Macht über die Menschen begründen, der Erstarrung entgangen zu sein, die auf die Klassen lauert, die sich zu sehr abgeschlossen haben und vom Geburtsrecht zu sehr abhängen, daraus bezog die englische Aristokratie zweifellos im Laufe der Zeit die stärkste Kraft.

5. Kapitel

Die Klassenunterschiede innerhalb des Adels

1. Die Abstufungen der Macht und des Ranges

Trotz der gemeinsamen Würde des militärischen Standes und der Lebensart war die Gruppe der de facto, dann der de iure Adligen stets sehr weit entfernt davon, eine Gesellschaft von Gleichen zu bilden. Tiefe Unterschiede des Vermögens, der Macht und folglich des Ansehens begründeten eine wirkliche Hierarchie unter ihnen, die zunächst mehr oder weniger unbeholfen durch die allgemeine Überzeugung, später durch das Gewohnheitsrecht oder das Gesetz ausgedrückt worden ist. Zu der Zeit, als die Vasallenverpflichtungen noch ihre ganze Stärke bewahrten, suchte man das Prinzip dieser Entwicklung gerade in der Abstufung der Huldigung selbst. Am Fuße der Stufenleiter gab es zunächst den »Valvassoren«, der, Vasall vieler Vasallen (*vassus vassorum*), selbst nicht der Herr irgendeines anderen Kriegers war; das traf mindestens zu, wenn das Wort, das dem ganzen romanischen Bereich gemeinsam war, in seinem eigentlichen Sinn benutzt worden ist. Nicht zu befehlen oder nur über Bauernlümmel Befehlsgewalt zu haben, das bedeutete, daß man allein auf eine mäßige Achtung Anspruch hatte. In der Praxis fiel diese juristische Lage fast immer mit einem sehr bescheidenen Vermögen und dem entbehrungsreichen Leben eines kleinen Landadligen zusammen. Man vergleiche das Bild des Vaters der Heldin im »Erec« des Chrétien von Troyes: »sehr arm war sein Hof« – oder im Lied von »Gaydon« das Bild vom großherzigen Valvassoren mit der bäuerischen Rüstung. Außerhalb der Dichtung bleiben das armselige Haus, dem ein Robert Guiskard auf der Jagd nach Schwertstreichen und Kriegsbeute entweicht, die Betteleien eines Bertrand de Born, oder aber jene Ritter, die, wie uns verschiedene Stücke eines provenzalischen Urkundenbuches zeigen, nur mit einer ganzen Hufe als Lehen ausgestattet waren, d. h. mit der Entsprechung eines bäuerlichen Besitztums. Ab und zu sprach man auch fast im selben Sinne von »Edelknappen«, buchstäblich vom »jungen Mann«. Denn das war die normale Stellung vieler junger Männer, die noch nicht belehnt oder die noch unzureichend ausgestattet waren. Es kam aber vor, daß sich diese Verhältnisse sehr in die Länge zogen[308].

Sobald ein Adliger Anführer anderer Adliger wurde, nahm seine Würde zu. Nachdem sie die verschiedenen Entschädigungen für einen geschlagenen, gefangen genommenen oder auf jede Weise mißhandelten Ritter aufgezählt hatten, berichten die *Usatges de Barcelona* (Gewohnheitsrecht von Barcelona): »Wenn er aber selbst zwei andere Ritter auf seinem Lehnsbesitz eingesetzt hat und einen weiteren in seinem Haus unterhält, wird die Vergleichssumme verdoppelt[309].« Wenn unser Mann eine umfassende Schar dieser bewaffneten Getreuen versammelt, dann ist er Bannerherr. Wenn man in die Höhe blickt und feststellt, daß keine andere Stufe ihn vom König oder Territorialfürsten trennt, dem er unmittelbar huldigt, wird man ihn auch obersten Lehnsmann, *captal* oder Baron nennen.

Den germanischen Sprachen entliehen, hatte dieses letztere Wort zunächst die ursprüngliche Bedeutung »Mann« zu Gunsten von »Vasall« aufgegeben. Denn wenn man einem Herren Treue schwor, war das nicht die Anerkennung, sein »Mann« zu sein? Später gewöhnte man sich daran, es insbesondere auf die wichtigsten Vasallen der großen Herren anzuwenden. In dieser Bedeutung drückte es, bezogen auf die anderen Getreuen derselben Gruppe, nur eine ganz relative Überlegenheit aus. Der Bischof von Chester oder der Herr von Bellême hatten ihre Barone ganz wie die Könige. Die wichtigsten Lehnsträger der Monarchien hießen aber als Mächtige unter den Mächtigen in der Umgangssprache ganz einfach Barone.

Der Ausdruck »Pair«, der von Anfang an einen genaueren juristischeren Inhalt hatte, gehörte eigentlich zum Wortschatz der gerichtlichen Institutionen, war aber fast gleichbedeutend mit »Baron«, und in der Tat wird er in bestimmten Texten als dessen genaue Entsprechung verwandt. Eines der am meisten gehüteten Privilegien des Vasallen bestand darin, am Hofe seines Herrn nur von dessen anderen Vasallen gerichtet zu werden. Da die Gleichheit der Ähnlichkeit des Bandes entsprang, entschied so der »Pair« über das Schicksal des »Pairs«. Die Männer, die ihre Lehen unmittelbar vom selben Herrn besaßen, unterschieden sich aber sehr wohl hinsichtlich ihrer Macht und ihres Ansehens. Konnte man es mit dem Argument einer angeblichen Gleichheit der Unterwerfung zulassen, daß der kleinste Adlige den vermögenden Bannerherrn zwang, sich seinen Urteilen zu beugen? Einmal mehr stießen die Folgen eines Rechtszustandes auf das Gefühl für handgreiflichere Realitäten. So entstand früh an vielen Orten die Gewohnheit, den ersten unter den Getreuen das Recht vorzubehalten, Verfahren beizuwohnen, die ihre wirklich Ranggleichen betrafen; ebenso erhielten sie das Recht, ihre Ratschläge in schwerwiegenden Angelegenheiten anzubieten. Auf diese Weise beschränkte sich besonders der Kreis der Pairs oft unter Zuhilfenahme einer traditionellen oder mystischen Zahl, etwa der Sieben wie die Schöffen in den öffentlichen Gerichten der Karolingerzeit oder der Zwölf wie bei den Aposteln. Solche Gruppierungen gab es sowohl in mittelgroßen Grundherrschaften wie z. B. derjenigen der Mönche von Mont-Saint-Michel, als auch in großen Fürstentümern wie in Flandern, und das Heldenlied stellt sich die fränkischen Pairs in apostolischer Zahl um Karl den Großen geschart vor.

Aber auch andere Namen, die sich damit begnügten, ihre Macht und ihren Reichtum zu betonen, waren im Munde der Chronisten und der

Dichter, wenn diese die Gestalten der großen Adligen beschworen. »Magnaten«, »poestatz«, »demeines« schienen ihnen den Ritterhaufen von sehr weit oben zu beherrschen. Denn die Ranggegensätze waren innerhalb des Adels selbst in der Tat sehr schroff. Wenn ein Ritter einem anderen Ritter Unrecht angetan hat, erklären die katalonischen Gewohnheitsrechte, kann man vom Schuldigen persönlich keinen Sühneeid fordern, falls er höher steht als das Opfer[310]. Im »Cid« halten die Schwiegersöhne des Helden, die einer gräflichen Linie entstammen, ihre Hochzeit mit den Töchtern eines einfachen Getreuen für eine Mesalliance: »Wir sollten sie nicht einmal als Konkubinen nehmen, es sei denn, man bitte uns darum. Sie waren uns nicht ebenbürtig, in unseren Armen zu schlafen.« Umgekehrt hat der Bericht des »armen picardischen Ritters« Robert von Clary über den vierten Kreuzzug uns das bittere Echo des lange vom »gemeinen Ritter« auf »die hohen Männer«, »die reichen Männer« und »die Barone« gehegten Grolls bewahrt.

Dem 13. Jahrhundert, einem Zeitalter der Klarheit und der Hierarchie, blieb der Versuch vorbehalten, aus den bisher eher lebhaft empfundenen als genau definierten Unterscheidungen ein streng entworfenes System zu machen. Bei den Juristen ging das nicht ohne ein gewisses Übermaß an geometrischem Sinn zu, der sich nur schlecht den Tatsachen anpassen ließ, die viel geschmeidiger geblieben waren, und die Entwicklung in einzelnen Ländern war sehr wenig gleichartig. Wie gewöhnlich werden wir uns hier auf die charakteristischsten Beispiele beschränken.

In England, wo es der Adel verstanden hatte, aus dem alten feudalen »Hof«-dienst ein Herrschaftsinstrument zu bilden, bezeichnete das Wort »Baron« weiterhin die wichtigsten Lehnsträger des Königs, die kraft eines tatsächlichen Monopols, das sich allmählich in eine ausschließlich erbliche Würde verwandelte, zu seinem »Großen Rat« einberufen worden sind. Diese Personen schmückten sich ebenfalls gern mit dem Namen »Pairs des Landes«, und es gelang ihnen schließlich, den Gebrauch dieser Bezeichnung offiziell durchzusetzen[311].

Dagegen wichen die beiden Ausdrücke in Frankreich stark voneinander ab. Hier hatte man auch weiter von Valvassoren und Baronen gesprochen, meistens aber tat man es, um einen einfachen Unterschied des Vermögens und des Ansehens auszudrücken. Die Schwächung des Lehnsbandes nahm den Kriterien, die aus der Schichtung der Lehnshuldigungen gewonnen waren, jede Bedeutung. Um aber eine klarere Grenze zwischen beiden Rängen ziehen zu können, kamen die Fachkundigen darauf, das Prinzip dieser Unterscheidung in der Abstufung der Gerichtsgewalt zu suchen, so daß die Ausübung der hohen Gerichtsbarkeit die Barone kennzeichnete, während das Lehn des Valvassoren auf die niedere oder mittlere Gerichtsbarkeit reduziert war. In diesem Sinne, den die Umgangssprache übrigens nie vorbehaltlos übernahm, gab es eine Vielzahl Barone im Lande, dagegen sehr wenige Pairs von Frankreich. Unterstützt durch den Einfluß sagenhafter Epen, die die Zahl 12 bevorzugten, gelang es nämlich den sechs wichtigsten Vasallen des Kapetingerkönigs im Wettstreit mit den sechs mächtigsten Bischöfen oder Erzbischöfen, deren Kirchen unmittelbar vom König abhingen, sich das ausschließliche Recht auf diesen Titel anzueignen. Sie hatten aber viel weniger Erfolg in ihren Bestrebungen, daraus praktische Vorrechte abzuleiten: Selbst ihr Recht, nur von ihresgleichen gerichtet zu werden, mußte als Einschränkung die Gegenwart von Amtsträgern der Krone im Gericht hinnehmen. Sie waren zu wenig zahlreich, ihre Interessen als große Territorialfürsten waren denen des hohen Adels in seiner Gesamtheit zu fremd und lagen zu weit außerhalb des Königreiches selbst, als daß es ihnen möglich gewesen wäre, einen Vorrang im Reich der politischen Realitäten einzuführen, ein Vorrang, der doch dazu verurteilt war, ganz ein solcher der Etikette zu bleiben. Da drei von den sechs ursprünglichen Laienpairswürden im Laufe des Jahrhunderts erloschen, begannen die Könige seit 1297 als Folge des Heimfalls der Lehen an die königliche Domäne, die jenen als Basis gedient hatten, aus eigener Machtvollkommenheit neue Pairswürden zu schaffen[312]. Dem Zeitalter der spontanen Adelsbildungen folgte dasjenige, in dem künftig der Staat die Macht besitzen sollte, die Ränge auf der sozialen Stufenleiter von oben nach unten festzusetzen und zu verändern.

Das ist zugleich auch die Lehre, die uns die Geschichte der Ehrentitel in Frankreich aufdrängt. Von jeher standen die Grafen zusammen mit den Herzögen oder Markgrafen (Marquis), ein jeder als Oberhaupt mehrerer Grafschaften, im ersten Glied der Magnaten; ihnen zur Seite standen die Mitglieder ihrer Linien, Geschlechter, die man im Süden *comtors* nannte. Diese Bezeichnungen, die der fränkischen Fachsprache entstammten, drückten aber ursprünglich eine wohldefinierte Art der Herrschaft aus und sind ausschließlich in Verbindung mit den Erben der großen Ehrenämter der Karolingerzeit gebraucht worden, die einst öffentliche Ämter und jetzt Lehen waren. Falls jedoch früh einige widerrechtliche Inbesitznahmen stattgefunden hatten, so hatten sie zunächst die Natur der Macht selbst betroffen; das Wort war nachträglich der Sache gefolgt. Wir werden aber sehen, wie das Bündel der gräflichen Rechte allmählich in einem solchen Grade zerteilt worden ist, daß es um jeden spezifischen Inhalt gebracht wurde. Die Inhaber der verschiedenen Grafschaften mögen zahlreiche Rechte, die sie in der Tat von ihren Vorfahren geerbt hatten, die

Amtsträger gewesen waren, weiter besessen haben. Da sich aber die Liste dieser Rechte von einer Grafschaft zur anderen stark unterschied, und da die Grafen nur selten das absolute Monopol darauf hatten, führte man ihre Ausübung nicht mehr auf die Vorstellung von einer gräflichen Amtsgewalt allumfassenden Charakters zurück. Kurzum, der Name blieb schließlich nur in jedem besonderen Fall als Zeichen von viel Macht und Ansehen erhalten. Es gab also keinen gültigen Grund mehr, den Gebrauch des Grafentitels auf die Nachfolger von Provinzstatthaltern einer sehr weit entfernten Zeit zu beschränken. Spätestens seit 1338 begannen die Könige, Grafen zu »schaffen«[313]. So nahm eine förmliche Klassifikation ihren Anfang, die, zwar sprachlich archaisierend, aber einen neuen Geist atmete und die in der Folgezeit immer komplizierter werden sollte.

Wir sollten im übrigen beachten, daß diese Stufen der Ehre und bisweilen des Vorrechts die Einheit des Klassenbewußtseins im französischen Adel nicht sehr tief verwundeten. Wenn im Gegensatz zu England, wo es kein Recht des Adels gab, das sich von demjenigen der Freien unterschieden hätte, sich das Frankreich des 13. Jahrhunderts als eine Gesellschaft vorstellen konnte, die nach Rangordnungen eingeteilt war – zumindest war es dieses spezifische Recht, das in seinen wesentlichen Zügen allen gemeinsam gewesen ist, die für die Ritterwürde befähigt waren –, so schlug die Entwicklung in Deutschland eine ganz andere Richtung ein.

Am Ausgangspunkt fällt eine dem deutschen Feudalismus eigentümliche Norm auf. Es scheint, als ob man schon früh meinte, daß niemand auf einer bestimmten gesellschaftlichen Stufe bei Strafe des Rangverlustes ein Lehen von jemanden erhalten konnte, der als ihm untergeordnet galt. Mit anderen Worten, während anderswo die Abstufung der Lehen die Ränge festlegte, sollte sich deren Verteilung hier entsprechend einer schon vorhandenen Klassenunterscheidung ausformen. Obwohl die Praxis sie nicht immer strikt befolgte, drückte diese strenge »Heerschildordnung« sehr kraftvoll den Geist einer Gesellschaft aus, die sich zumindest weigerte, die nur mit einigem Widerwillen akzeptierten Vasallenbande einem fest verwurzelten hierarchischen Gefühl in die Quere kommen zu lassen. Die einzelnen Ränge des Adels mußten noch festgesetzt werden. Man einigte sich, diejenigen, die die ersten genannt worden sind, die Fürsten, an die Spitze des Laienadels zu stellen. Die lateinischen Texte übersetzen Fürsten mit *principes,* und im Französischen hat sich die Gewohnheit eingebürgert, *princes* zu sagen. Es ist hier wieder charakteristisch, daß das Kriterium anfänglich nicht bei den eigentlich feudalen

Beziehungen gesucht worden ist. Denn im ursprünglichen Gebrauch verstand man unter diesem Namen alle Titelinhaber von Grafengewalt, selbst dann, wenn sie durchaus nicht zu den unmittelbaren Vasallen des Königs gehörten, weil sie die Belehnung von einem Herzog oder einem Bischof erhalten hatten. In diesem Kaiserreich, in dem das karolingische Gepräge so lebendig geblieben war, galt der Graf immer als jemand, der sein Amt im Namen des Königtums ausübte, gleichgültig, welcher Herr ihn mit seiner Würde belehnt hatte. Alle so bezeichneten Fürsten hatten ihren Sitz auf den großen Reichsversammlungen, die die Könige wählten.

Doch gegen Mitte des 12. Jahrhunderts führten gleichzeitig die wachsende Macht der großen Territorialherren und das immer spürbarere Eindringen eines wahrhaft feudalen Geistes in die deutschen Institutionen zu einer sehr deutlichen Verschiebung der Grenzen zwischen den Rängen. Durch eine in zweierlei Hinsicht bedeutsame Einschränkung war es künftig üblich, den Fürstentitel auf die unmittelbaren Lehnsträger des Königs zu begrenzen, und zwar gerade auf diejenigen unter ihnen, die ihre Herrschaft über mehrere Grafschaften ausdehnten. Zugleich sind allein diese Magnaten ersten Ranges zusammen mit ihren geistlichen Amtsbrüdern zur Kür (Wahl) des Herrschers mindestens bis zu dem Zeitpunkt zugelassen worden, als sehr schnell danach eine zweite Spaltung über ihnen eine noch engere Gruppe von erblichen Kurfürsten sich ausbilden ließ. Die neue Klasse der Laienfürsten, einschließlich der Kurfürsten, bildete endgültig nach dem König und den Kirchenfürsten, nämlich den Bischöfen und den großen Äbten, die unmittelbar vom Königtum abhingen, die dritte Stufe des »Heerschildes«. Tatsächlich ging die Ungleichheit auch in Deutschland nicht so weit, daß nicht lange noch eine Art innere Einheit des Adels namentlich durch das Recht zur Mischehe weiterbestand. Das gilt allerdings nur, wenn man von einer letzten Stufe der Ritterschaft absieht, die zumindest in ihrer Eigenschaft als eine rechtliche Gruppe, wenn nicht als gesellschaftliche Klasse, für die Schichtung der Ränge in der damaligen deutschen Gesellschaft überaus charakteristisch war, nämlich die Ministerialität oder die unfreie Ritterschaft.

2. Dienstmänner (Ministeriale) und unfreie Ritter

Ein Mächtiger lebt nicht ohne Diener und befiehlt nicht ohne Untergeordnete. Auch die bescheidenste Grundherrschaft auf dem Lande brauchte einen Vertreter des Herrn, der die Gutswirtschaft leitete, die Frondienste einforderte und ihre Ausführung überwachte, die Abgaben erhob und über Ruhe und Ordnung unter den Untergebenen wachte. Häufig verfügte dieser *maire*, dieser *bayle*, dieser »Bauermeister«, dieser *reeve* wiederum über Gehilfen. Nun könnte man es in der Tat verstehen, wenn so einfache Ämter ohne weiteres von den Hintersassen reihum ausgeübt würden, sogar, daß sie dazu bestimmt würden, aus ihren eigenen Reihen die vorläufigen Inhaber der Ämter zu bezeichnen, wie es in England sehr häufig vorkam. Auf dem Kontinent dagegen waren diese Aufgaben, die auch dort von Bauern ausgeführt worden sind, was in der Natur der Sache lag, nichtsdestoweniger fast immer wirkliche dauerhafte Ämter, die entlohnt wurden und ausschließlich der Ernennung durch den Herrn unterlagen. Andererseits versammelten der bescheidene Landadelige wie auch der Baron gerade in ihren Häusern eine kleine Welt für sich von Knechten, von Hofhandwerkern und Amtsträgern, die die Menschen oder die Wirtschaft zu leiten halfen. Selbstverständlich war die Größe dieser Schar äußerst abhängig vom Vermögen oder vom Rang des Adligen. Die Sprache unterschied nur schlecht zwischen diesen verschiedenen Arten des Dienens, sobald sie nicht im ehrwürdigen Verzeichnis der Ritterpflichten standen. Für Handwerker, Angehörige des Hausgesindes, Boten, Gutsverwalter, Leuteaufseher in der unmittelbaren Umgebung des Herrn, für sie alle gab es dieselbe Bezeichnung. In der internationalen Sprache, dem Latein der Urkunden, hießen sie gemeinhin *ministeriales,* auf französisch *sergents* und auf deutsch »Dienstmänner«[314].

Wie gewöhnlich boten sich zwei Formen an, um diese verschiedenen Dienste zu entlohnen: entweder der Unterhalt durch den Herrn oder die Leihe von Land, was in diesem Fall Lehn genannt worden ist, weil es mit Arbeitsleistungen belastet war. Tatsächlich stellte sich die Frage für die Dienstmänner auf dem Lande kaum, welche Möglichkeit sie wählen sollten. Da sie Bauern waren und durch ihre Tätigkeiten selbst ihrem viel weniger seßhaften Herrn fernstanden, waren sie *per definitionem* Hintersassen; ihre »Lehen« unterschieden sich zumindest ursprünglich kaum von den umgebenden Zinsgütern außer durch einige Abgaben- und Frondienstbefreiungen, die eine natürliche Gegenleistung für die auf dem Mann lastenden besonderen Verpflichtungen waren. Ein bestimmter Prozentsatz der Abgaben, deren Erhebung ihnen oblag, vervollständigte ihren Lohn. Das Unterhalt-System war sicher den Lebensbedingungen sowohl der Hofhandwerker wie auch der im Haushalt Dienenden viel angemessener; trotzdem wiederholte sich die Entwicklung, die zur Belehnung (»Behausung«) so vieler Vasallen geführt hatte, auf der niedrigeren Stufe der Dienerschaft. Auch zahlreiche Ministeriale gerade dieses Typs sind schon früh belehnt worden, was sie übrigens keineswegs davon abhielt, weiterhin einen beträchtlichen Teil ihrer Einkünfte in der herkömmlichen Verteilung von Lebensmitteln und Kleidungsstücken zu suchen.

Von den Dienstmännern aller Formen waren viele rechtlich gesehen unfreien Standes. Diese Tradition ging sehr weit zurück: Zu allen Zeiten sind Sklaven im Hause ihres Herrn mit Vertrauensposten betraut worden, und es ist bekannt, daß es in der fränkischen Zeit mehr als einem auf diese Weise gelang, sich in die Reihen der ursprünglichen Vasallenschaft einzuschleichen. Aber vor allem in dem Maße, in dem sich die Beziehungen der persönlichen und der erblichen Untertänigkeit entwickelten, die künftig als Dienstbarkeit bezeichnet werden sollten, vertraute der Herr, was ganz nahe lag, den Abhängigen dieser Gruppe bevorzugt die Dienste an, die er nicht ausschließlich seinen Vasallen vorbehielt. Schienen sie denn nicht in höherem Maße als die freien Männer wegen ihrer niedrigen Stellung, der festen Bindung an den Herrn und der Unmöglichkeit, das Joch je abzuschütteln, prompten und strikten Gehorsam zu gewährleisten? Wenn auch die unfreien Ministerialen nie die Gesamtheit der Ministerialen darstellten, denn wir weisen noch einmal darauf hin, daß die Gesellschaft nichts von einem Lehrsatz an sich hatte, so sollte ihre wachsende Bedeutung in der ersten Phase der Feudalzeit doch keinem Zweifel unterliegen.

Über jemanden, der erst als Kürschner bei den Mönchen von St. Peter in Chartres beschäftigt war und es sodann schaffte, Aufseher ihres Kellers zu werden, vermerkt die zeitgenössische Quelle: Er hatte höher »aufsteigen wollen«. Ein in seiner Naivität höchst aufschlußreiches Wort! Obwohl sie durch die Vorstellung einer Art gemeinsamen Dienstes vereint waren, was die gemeinsame Bezeichnung auch ausdrückte, und obwohl sie außerdem zum größten Teil mit demselben »Makel« der Unfreiheit behaftet waren, bildeten die Dienstmänner nichtsdestoweniger eine nicht nur bunt zusammengewürfelte, sondern auch eine immer mehr nach Rängen gegliederte Gruppe. Die Dienste waren zu unterschiedlich, um nicht starke Ungleichheiten der Lebensweise und des äußeren Ansehens nach sich zu ziehen. Ohne Zweifel war das bei vergleichbaren Aufgaben erreichte Niveau eines Mannes in jedem einzelnen Fall stark von den besonderen Gewohnheiten seiner Gruppe, den ihm gebotenen Chancen und seiner Geschicklichkeit abhängig. Jedoch brachten im allgemeinen drei Elemente einerseits die meisten »Dorfvorsteher« und andererseits die wichtigsten Amtsträger am Hofe weit über die armen Schlucker empor, nämlich die Inhaber von kleinen ländlichen Dienstgütern, die eigentlichen

Diener und die Hofhandwerker. Diese drei Elemente waren: das Vermögen, die Teilnahme an der Herrschaftsausübung und das Waffentragen.

War der »Meier«, der Aufseher des Herrn, ein Bauer? Sicher zumindest am Beginn und manchmal bis zum Ende; er war aber von Anfang an ein reicher Bauer, den seine Tätigkeiten immer reicher machten. Denn die zulässigen Gewinne waren schon beträchtlich und diejenigen, die aus einfachem Mißbrauch herrührten, zweifellos noch höher. In diesen Zeiten, in denen die einzig wirksame Herrschaft die ortsnahe war, mußten sich Rechtsanmaßungen am Fuße der gesellschaftlichen Stufenleiter, im bescheidenen dörflichen Rahmen, wiederholen, da sie ja aus so vielen hohen königlichen Amtsträgern praktisch Herrscher von eigenen Gnaden gemacht hatten. Schon Karl der Große bekundete ein berechtigtes Mißtrauen gegenüber den *maiores* (Meier) seiner *villae* (Güter), denn er empfahl es zu vermeiden, sie unter den zu mächtigen Männern auszuwählen. Auch wenn es tatsächlich vereinzelt einigen Habsüchtigen (*rapaces*) gelang, die Autorität ihres Herrn völlig durch ihre eigene zu ersetzen, blieben so offensichtliche Anmaßungen doch immer Ausnahmen. Aber wie viele Erzeugnisse wurden dafür ungebührlich den herrschaftlichen Speichern und Truhen vorenthalten? Ein den Ministerialen überlassenes Gut ist ein verlorenes Gut, lehrt der weise Suger von St. Denis. Was dieser kleine Dorftyrann den Hörigen nicht alles an Abgaben und Fronen zu seinem alleinigen Vorteil abnötigt! Hennen sind aus den Hühnerhöfen der Hörigen genommen worden, Weinfässer sind aus ihren Kellern, Speckseiten aus ihren Vorratsgewölben gefordert worden, ihren Frauen hat man Webarbeiten auferlegt. Ursprünglich waren das alles häufig nur Geschenke, die aber kaum ausgeschlagen werden konnten und die die Gewohnheit meist recht schnell in Pflichten verwandelt hatte. Und was noch wichtiger ist: Dieser von Geburt bäuerische Mensch war in seiner Welt ein Herr! Sicher gebietet er grundsätzlich nur im Namen eines Mächtigeren, aber er gebietet eben. Noch wichtiger: er ist Richter. Er allein führt den Vorsitz in den bäuerlichen Gerichtsversammlungen und hat ab und zu bei schweren Fällen seinen Sitz neben dem Abt oder dem Baron. Zu seinen Befugnissen gehört es auch, in umstrittenen Fällen die Flurgrenzen zu ziehen – welches mehr Respekt einflößende Amt gab es für Bauernseelen? Endlich ist er derjenige, der in der Stunde der Gefahr an der Spitze des Truppenaufgebotes der Hörigen reitet. Dem tödlich verwundeten Herzog Garin hat der Dichter keinen besseren Diener zur Seite zu stellen gewußt als einen treuen *maire*, einen Aufseher.

Gewiß war der soziale Aufstieg unendlich fein gestaffelt. Wie sollte man aber die Lehren so vieler Urkunden und Klosterchroniken in Zweifel ziehen, die alle gleichermaßen von Schwaben bis ins Limousin von Klagen widerhallen, wie das gleichzeitige Zeugnis selbst der *fabliaux* (Fabelgedichte)? Aus diesen Quellen entsteht ein Bild, dessen grelle Farben vielleicht nicht immer, aber doch häufig der Wahrheit entsprachen, nämlich, wenn man so will, das Bild des glücklichen Güteraufsehers. Er ist nicht nur sehr wohlhabend, sondern sein Vermögen an sich hat mit dem eines Bauern nichts mehr gemeinsam. Er besitzt Zehnten und Mühlen, auf seinen eigenen Ländereien hat er Hintersassen, mitunter sogar Vasallen eingesetzt, seine Bleibe ist ein festes Haus, er kleidet sich »wie ein Edelmann«, in seinen Ställen hat er Kriegspferde und in seinem Hundezwinger Jagdhunde, endlich trägt er ein Schwert, ein Schild und eine Lanze.

Die wichtigsten Dienstmänner, die im Umkreis der Barone gleichsam den Generalstab der Ministerialen bildeten, waren auch durch ihre Lehen und durch die Geschenke, die sie unaufhörlich bekamen, reiche Leute; sie stiegen zu noch höheren Würden durch die unmittelbare Nähe zu ihrem Herrn empor, durch die wichtigen Aufträge, die ihnen dieser unweigerlich anvertrauen mußte und durch ihre militärische Rolle als Geleitreiter, ja, sogar als Anführer kleiner Truppen. Bei dem Herrn von Talmont waren sie z. B. jene »nicht-adligen Ritter«, die eine Urkunde aus dem 11. Jahrhundert an der Seite von »adligen Rittern« erwähnt. Sie hatten ihren Sitz in den Gerichtsversammlungen und in den Räten, sie dienten als Zeugen bei den bedeutendsten Rechtsgeschäften. All das gab es wirklich, mitunter sogar bei Leuten, von denen man mit Bestimmtheit hätte erwarten können, daß ihre bescheidenen Tätigkeiten sie in der niederen Dienerschaft festhalten würden. Da sieht man aber die »Küchendienstmänner« der Mönche zu Arras an Urteilen teilnehmen, und der Schlosser der Mönche von St. Trond (St. Truiden), der gleichzeitig ihr Glaser und ihr Bader war, bemüht sich, sein Hintersassengut in ein »freies Ritterlehn« umzuwandeln. Das alles war aber noch mehr und viel allgemeiner bei denjenigen der Fall, die man die Diensthäupter nennen kann: dem Seneschall (Haushofmeister), der grundsätzlich mit der Versorgung beauftragt war, dem Marschall, dem die Betreuung der Ställe oblag, dem Kellermeister (Mundschenken) und dem Kammerherrn.

Ursprünglich war die Mehrzahl dieser im Hause des Herrn zu verrichtenden Dienste von Vasallen ausgeführt worden, die meist unbelehnt waren. Bis zum Schluß blieb die Grenze zwischen den Befugnissen, die den Vasallen vorbehalten waren, und denen, die ihnen entglitten, sehr fließend. Aber in dem Maße, wie sich die Vasallität, die an Ehre und Ansehen gewonnen hatte, weiter von ihrem ursprünglichen Charakter entfernte und außerdem das sich weiter verbreitende Lehnswesen die alte Gruppe der bewaffneten Gefolgschaft im Hause des Herrn auseinandersprengte, gewöhnten sich die Herren aller Ränge daran, die Ämter in ihrer unmittelbaren Umgebung bevorzugt Abhängigen von niedrigerer Geburt anzuvertrauen, die in ihrer direkten Nähe weilten und als gefügiger galten. 1135 schreibt eine Urkunde Kaiser Lothars für das Michaelskloster in Lüneburg vor, daß der Abt nur noch den Ministerialen der Kirche *beneficia* gewähren und damit aufhören soll, sie an freie Männer zu geben. In dieser Gesellschaft, die in ihren Anfängen von der Vasallentreue so viel erwartet hatte, waren die Fortschritte der Ministerialität an den Höfen der Herren ein Anzeichen der Ernüchterung. Zwischen den beiden Dienstarten und den beiden Klassen von Dienenden entstand so ein Konkurrenzverhältnis, dessen Widerhall uns die epische oder die höfische Literatur erhalten hat. Man muß hören, mit welchen Worten der Dichter Wace einem seiner Helden dazu gratuliert, daß er nie anderen als »Edelmännern« die »Geschäfte seines Hauses« anvertraut habe. In einem anderen Gedicht aber finden wir ein Bild, das ebenfalls entstanden war, um dem Publikum der Burgen zu gefallen, da der Held sich am Ende als Verräter entpuppen wird, das aber ebenso sicher einer vertrauten Wirklichkeit entnommen ist: »Man sah dort einen Baron, den Girard für den treuesten seiner Männer hielt. Er war sein Höriger und für manche Burg sein Seneschall.«[315]

Alles trug dazu bei, diese ersten unter den Ministerialen zu einer mit deutlichen und beständigen Zügen gezeichneten und zumindest nach unten scharf abgegrenzten sozialen Gruppe zu machen. Zunächst spielt die Erblichkeit eine Rolle, denn trotz gegenteiliger Bemühungen besonders von seiten der Kirchen war die Mehrheit der Ministerialenlehen rechtlich gesehen häufig, in Wirklichkeit fast immer, schnell von einer Generation auf die nächste übertragbar geworden. Der Sohn folgte gleichzeitig im Grundbesitz und im Amt nach. Dann war der Brauch des gegenseitigen Einheiratens wichtig, den man seit dem 12. Jahrhundert in den Verträgen über den Tausch von Hörigen, die zwischen zwei verschiedenen Herren abgeschlossen wurden, sehr leicht verfolgen kann. Der Sohn oder die Tochter eines grundherrlichen Aufsehers (Meier, *maior*) mußte, mangels ebenbürtigen Gatten im eigenen Dorf, im Bereich der benachbarten Grundherrschaft einen solchen suchen. Gibt es einen beredteren Beweis für das Vorhandensein eines Klassenbewußtseins als diesen Willen, nur innerhalb seines Kreises zu heiraten?

Jedoch litt diese scheinbar so fest gegründete Gruppe an einem merkwürdigen inneren Widerspruch. Viele Züge brachten sie in die Nähe des »Adels« der Vasallen, nämlich die Herrschaft, die Lebensgewohnheiten, die Art des Vermögens und der militärische Beruf. Letzterer hatte auf dem Gebiet der juristischen Formalitäten natürlich zu Folgen geführt: einerseits die Lehnshuldigung »mit Mund und Händen«. Dieser für die bewaffnete Gefolgschaft charakteristische Ritus war offensichtlich vielen der wichtigsten Ministerialenlehen auferlegt, wenn es auch für alle keineswegs die Regel war. Andererseits gab es den ritterlichen Initiationsritus. Unter den grundherrlichen Aufsehern und den Bediensteten des Hofes befand sich mehr als einer, der den Ritterschlag erhalten hatte. Aber diese Ritter, diese Mächtigen, diese Leute, die ganz dem adligen Leben verhaftet waren, sind in ihrer Mehrzahl zugleich Hörige gewesen und waren als solche dem Recht der toten Hand und dem Verbot, außerhalb der Grundherrschaft zu heiraten (*forismaritagium*), von immer sehr kostspieligen Ausnahmefällen abgesehen, unterworfen. Als Hörige waren sie vom Zutritt zu den heiligen Orden ausgeschlossen, es sei denn, man befreite sie von diesem Verbot; des Rechtes, gegen freie Männer vor Gericht als Zeugen aufzutreten, waren sie beraubt und vor allem waren sie mit dem demütigenden Makel einer jeder freien Wahl entzogenen Unterordnung behaftet. Mit einem Wort, ihre Rechtslage stand in krassem Widerspruch zu ihrer tatsächlichen Lage. Schließlich wich von Land zu Land die Entwicklung stark voneinander ab, als es darum ging, Lösungen für diesen Konflikt zu finden.

Doch in England spielten die Ministerialen zu allen Zeiten, selbst als bloßes Element der Gesellschaft, immer eine unbedeutende Rolle. Die ländlichen Ministerialen waren bekanntlich im allgemeinen keine Spezialisten. Die Hofbediensteten kamen in der Regel nicht aus der zu niedrigen und nach Zahl zu seltenen Gruppe der *bondmen*; später konnte keine Rede davon sein, daß die Hofbediensteten zu den Hintersassen gezählt wurden, da sie *per definitionem* von den Ackerfronen ausgenommen waren. Folglich entzogen sie sich zum größten Teil sowohl der alten wie der neuen Form der Dienstbarkeit. Als freie Männer standen sie einfach im Genuß des gemeinen Rechts der freien Männer; wenn sie – falls das geschah – den Ritterschlag erhalten hatten, genossen sie auch das den Rittern eigene Ansehen. Die Rechtslehre begnügte sich damit, eigene Normen für die Ministerialenlehen aufzustellen und sie von den ausschließlich militärischen Lehen zu unterscheiden; insbesondere befleißigte man sich bei den ersten, eine immer deutlichere Grenzlinie zwischen den »größten« und ehrenvollsten, die eben dadurch zur Lehnshuldigung verpflichtet wa-

411

ren, und den »kleinen« zu ziehen, die fast den »freien« Bauernstellen gleichgestellt waren.

In Frankreich kam es zu einer Spaltung. Die weniger mächtigen oder erfolgreichen grundherrlichen Aufseher (frz. *maires*, lat. *maiores*) blieben einfach reiche Bauern, mitunter sind sie zu Domänenpächtern und Pächtern herrschaftlicher Rechte geworden, manchmal auch allmählich von jeglicher Verwaltungsaufgabe entbunden worden. Denn sobald die wirtschaftlichen Bedingungen wieder die Rückkehr zum Geldlohn erlaubt hatten, kauften viele Herren die Ämter zurück, um in Zukunft die Verwaltung ihrer Ländereien wirklichen Amtsträgern mittels Besoldung anzuvertrauen. Von den Hofbediensteten, die bei Baronen dienten, nahm eine gewisse Anzahl endgültig ihren Platz im städtischen Patriziat ein, da sie schon lange an der Verwaltung von städtischem Besitz ihrer Herren beteiligt waren. Dagegen gelang es vielen anderen zusammen mit den am besten gestellten bäuerlichen Ministerialen in dem Augenblick in den Adel einzudringen, als dieser sich zur Rechtsgruppe ausbildete. Das Vorspiel zu jener Verschmelzung zeichnete sich schon früh ab, insbesondere in der Form von immer häufiger vorkommenden Heiraten zwischen Ministerialen und Familien ritterlicher Vasallen. Im Mißgeschick des von Geburt hörigen Ritters, der diesen Makel in Vergessenheit zu bringen suchte, nur um schließlich wieder unter die harte Hand seines Herrn zu geraten, fanden die Chronisten und die Anekdotenerzähler im 12. Jahrhundert ein bekanntes Thema.

Die Hörigkeit bildete in der Tat die einzige Schranke, die sich einer durch so viele gemeinsame Züge vorbereiteten Gleichstellung entgegenstellen konnte. In einem gewissen Sinne mochte dieses Hindernis seit dem 13. Jahrhundert unüberwindlicher denn je erscheinen. Denn von da an beschloß die Rechtswissenschaft durch einen bedeutsamen Bruch mit einem uralten Brauch, den Ritterschlag als mit der Hörigkeit unvereinbar zu betrachten. So stark und heftig war das hierarchische Gefühl geworden! Es war aber auch die Zeit jener großen Bewegung, die allenthalben Befreiungen bewirkte. Da die Ministerialen mit Geld besser versehen waren als das Gros der Hörigen, waren sie überall die ersten, die ihre Freiheit erkauften. Von jetzt an stand also nichts mehr im Wege, daß diejenigen von ihnen, die dem Ritterleben am nächsten standen und häufig schon mit dem Ritterschlag versehene Vorfahren besaßen, ohne weiteres Zugang zum Stand der durch Geburt zum Rittertum Berechtigten erhielten, da sich das Recht den Tatsachen anpaßte, und da sie von jedem Makel befreit in diesen Stand aufrückten, hat sie dort auch nichts mit einer besonderen Note ausgezeichnet. Sie sollten den Stamm für einen guten Teil des kleinen Landadels bilden, auf den sie nicht immer beschränkt blieben. Die Herzöge von Saulx-Tavannes, die gegen Ende des Ancien Régime zu den höchsten Vertretern des Schwertadels zählten, stammten von einem »Vogt« (*prévôt, praepositus*) des Herrn von Saulx ab, der 1284 freigelassen worden war[316].

In Deutschland gewann die Gruppe der an Höfen lebenden Dienstmänner zusammen mit einigen ländlichen Ministerialen schon früh eine außergewöhnliche Bedeutung. In der deutschen Gesellschaft hatte das Vasallenverhältnis zweifelsohne niemals einen so entscheidenden Platz eingenommen wie in Nordfrankreich und in Lotharingen. Das Fehlen jeglichen Bemühens um Wiederbegründung dessen, was anderenorts die ligische Vasallität war, liefert den handgreiflichen Beweis dafür, daß die Vasallenbindung in Deutschland schnell verfallen war und daß man sich kaum um Abhilfe bemüht hatte. Mehr als in jedem anderen Land erschien es also dort wünschenswert, die Ämter in den Herrenhäusern unfreien Abhängigen anzuvertrauen. Seit dem Anfang des 11. Jahrhunderts waren diese »Hörigen, die nach Ritterweise lebten«, wie sich ein alemannischer Text ausdrückt, so zahlreich in der Umgebung der wichtigen Magnaten und der Geist der Solidarität, der ihre unruhigen kleinen Gemeinschaften belebte, war so lebendig, daß beim Aufzeichnen und Festsetzen ihrer Privilegien eine ganze Reihe von Gruppengewohnheitsrechten entstanden, die bald niedergeschrieben worden sind und die ganz dazu angetan waren, zu einem Gewohnheitsrecht der Klasse zu verschmelzen. Ihr Schicksal erschien in einem solchen Grade beneidenswert, daß im folgenden Jahrhundert mehr als ein freier Mann ehrenwerten Standes in die Hörigkeit eintrat, um Zutritt zur Ministerialität zu erhalten. Sie spielten eine herausragende Rolle bei Feldzügen. Sie besetzten die Richterstühle, denn nach einem Beschluß des Hoftages waren sie berechtigt, die fürstlichen Gerichte zu bilden, wenn ihnen nur mindestens zwei »Adlige« zur Seite saßen. In den Räten der Großen nahmen sie einen solchen Platz ein, daß die einzige Bedingung bei der lehnsweisen Veräußerung eines Fürstentums durch den Kaiser zusammen mit der Zustimmung des Fürsten selbst eben die Einwilligung seiner Ministerialen war; diese Bedingung wird in einem Reichsspruch des Jahres 1216 niedergelegt. Bisweilen nahmen die Ministerialen in geistlichen Herrschaften an der Wahl des Bischofs oder des Abtes teil, und wenn sich dieser fortbegab, tyrannisierten sie die Mönche.

In der ersten Reihe standen die Dienstmänner des Herrschers. Denn die hohen Hofämter, welche die Kapetinger Angehörigen der Vasallengeschlechter anvertrauten, haben ihre deutschen Nachbarn einfachen Ministerialen überlassen, die unfrei geboren waren. Zwar hatte Philipp I. von Frankreich sicher einen Unfreien als Kammerherrn genommen[317], das Amt war aber ziemlich bescheiden, und dieser Fall blieb anscheinend eine Ausnahme. Als Seneschall hatte der französische König mitunter einen hohen Baron und als Marschälle regelmäßig kleine Adlige aus der Gegend zwischen Loire und Somme. In Deutschland, wo die Dynastiewechsel und, wie wir sehen werden, gewisse Eigentümlichkeiten in der Struktur des Staates die Könige in der Tat daran hinderten, sich jemals eine Art Ile-de-France als Reservoir für einen treuen und stabilen Adel zu schaffen, gab es normalerweise nur aus unfreiem Stand ausgesuchte kaiserliche Seneschälle und Marschälle. Gewiß zeigten sich beim Adel Widerstände, die sich wie üblich in der höfischen Literatur widerspiegelten und die anscheinend der Ursprung gewisser Aufstände waren. Trotz alledem bildeten die Ministerialen bis zum Ende die gewöhnliche Umgebung der Salier und der Staufer. Ihnen oblagen die Ausbildung der jungen Prinzen, die Hut der wichtigsten Burgen, ab und zu, zumindest in Italien, weitgehend das Ausüben der Herrschaft und schließlich auch die Pflege der reinsten Tradition kaiserlicher Politik. In der Geschichte Barbarossas und seiner ersten Nachfolger erheben sich nur wenige Gestalten so hoch wie die grobe Gestalt des Seneschalls Markward von Anweiler, der als Regent von Sizilien starb. Er war erst 1197 für frei erklärt worden, an dem Tag, als sein Herr ihn mit dem Herzogtum Ravenna und der Markgrafschaft Ancona belehnt hatte.

Selbstverständlich führten Macht und Lebensweise diese Emporkömmlinge nirgendwo näher als in Deutschland an die Welt der Vasallen heran. Jedoch rückten sie hier keineswegs beinahe unmerklich in den Adel vasallitischen Ursprungs ein. Dafür waren sie zu zahlreich, und ihr Klassencharakter war durch die eigentümlichen Gewohnheiten, die sie beherrschten, schon zu alt und zu ausgeprägt; auch war in Deutschland der alten Vorstellung von Freiheit im öffentlichen Recht noch zuviel Gewicht beigemessen und schließlich hatte die deutsche juristische Meinung eine zu große Vorliebe für hierarchische Unterscheidungen. Die Ritterschaft ist den Unfreien nicht verboten worden, aber die unfreien Ritter bildeten innerhalb der allgemeinen Klasse der Adligen eine besondere Stufe, nämlich die niedrigste; ab und zu sind diese unfreien Ritter zu allem Überfluß auch noch spitzfindig in zwei rangverschiedene Klassen eingeteilt worden. Und kein anderes Problem brachte sowohl die Theoretiker wie die Rechtswissenschaft in größere Verlegenheit, als den genauen Rang im Verhältnis zu den gewöhnlichen freien Leuten zu bestimmen, der diesen so mächtigen und doch mit einem solchen Makel belasteten zuzuschreiben geboten war. Denn obwohl Bürger und einfache Bauern sehr vielen Dingen fremd gegenüberstanden, die das Ansehen der Ministerialen begründeten, waren sie ihnen dennoch nach allem kraft ihrer reinen Geburt überlegen. Insbesondere war es eine bedeutsame Schwierigkeit, wenn es darum ging, die Gerichte zu besetzen. »Daß kein Mann unfreien Standes künftig über euch als Richter gesetzt werde«, dieses Versprechen ist noch in dem Privileg nachzulesen, das Rudolf von Habsburg den Bauern der Schweizer Urkantone zugestanden hatte[318].

Doch eines Tages vollzog sich wie in Frankreich das Unvermeidliche, aber der üblichen Verschiebung zwischen der Entwicklung in den beiden Ländern entsprechend mit hundert bis hundertfünfzig Jahren Verspätung. Diejenigen der Dienstmännerfamilien, die am wenigsten Glück hatten, waren reiche Bauern geblieben oder waren in das städtische Bürgertum übergetreten. Diejenigen, die die Ritterwürde erreicht hatten, waren von nun an nicht mehr durch irgendein besonderes Merkmal, zumindest vom ursprünglich freien Rittertum, unterschieden, wohl aber vom höchsten Adel, denn das deutsche Adelsrecht blieb bis zum Ende dem Kastengeist treu. Auch hier hatte die Rechtstradition schließlich angesichts der Tatsachen die Flagge gestrichen, und das ist zweifelsohne die wichtigste Lehre, die uns die Geschichte der Ministerialität gibt.

6. Kapitel

Der Klerus und die arbeitenden Klassen

1. Die geistliche Gesellschaft in der feudalen Welt

In der Feudalzeit war die Grenze zwischen den Geistlichen und den Laien nicht die deutliche und feste Linie, welche die katholische Reformbewegung in der Zeit des Konzils von Trient zu ziehen bemüht war. Ein ganzes Volk von »Tonsurträgern«, deren Status unvollkommen definiert blieb, bildete im Grenzbereich zwischen den beiden Gruppen einen Rand von unbestimmter Farbe. Nichtsdestoweniger stellte die Geistlichkeit eine im hohen Grade rechtliche Gruppe dar, denn sie zeichnete sich in ihrer Gesamtheit durch ein ganz besonderes Recht und durch Privilegien auf dem Gebiet der Rechtsprechung aus, die sie eifersüchtig verteidigte. Andererseits hatte die Geistlichkeit nichts von einer sozialen Klasse an sich. In ihren Reihen lebten Menschentypen nebeneinander, die sich nach Lebensart, Macht und Ansehen unendlich voneinander unterschieden.

Zunächst gab es die große Schar der Mönche, die alle »Söhne des Heiligen Bernhard« waren, in Wirklichkeit aber waren sie den immer verschiedenen Ausgestaltungen der ursprünglichen Benediktinerregel unterworfen. Es war eine aufgeteilte und mit nervösem Leben erfüllte Welt, die ununterbrochen zwischen der reinen Askese und den handfesten Alltagssorgen hin und hergerissen worden ist, welche die Verwaltung eines gewaltigen Vermögens oder sogar die so gewöhnliche Mühe ums tägliche Brot erzwang. Wir dürfen uns im übrigen diese Welt nicht so vorstellen, als sei sie durch unüberwindliche Schranken vom Laienvolk getrennt. Die Regeln selbst, die vom unversöhnlichsten Geist der Absonderung beseelt waren, mußten sich schließlich immer dem notwendigen Handeln beugen. Mönche sorgen in den Kirchspielen für die Seelen, Klöster öffnen ihre Schulen Schülern, die nie die Kutte anziehen werden. Besonders seit der Gregorianischen Reform sind die Klöster eine Pflanzstätte für Bischöfe oder Päpste.

Ganz am unteren Ende der Weltgeistlichkeit führen die Inhaber von Landpfarren, die nur mäßig gebildet waren und magere Einkünfte bezogen, ein Leben, das sich alles in allem sehr wenig von dem ihrer Schäflein, den Pfarrkindern, unterscheidet. Vor Gregor VII. waren sie fast alle verheiratet. Selbst nach dem Durchzug des großen asketischen Sturms, der, wie ein Klostertext sagt, von diesem »Lehrer unmöglicher Dinge«[319] entfesselt worden war, sollte die »Pfarrersfrau«, die tatsächliche und manchmal auch rechtliche Lebensgefährtin des Priesters, noch lange zu den vertrauten Personen des Dorflebens zählen, und zwar so häufig, daß man das Wort Klasse in diesem Fall in seiner genauesten Bedeutung verstehen könnte: Im England Thomas Beckets scheinen die Priesterdynastien weder viel seltener gewesen zu sein als in unseren Tagen die Popengeschlechter in den griechisch-orthodoxen Ländern noch im allgemeinen weniger ehrenwert[320]. Auf den höheren Stufen finden wir dann das wohlhabendere und feinere Milieu der Stadtpfarrer, der im Schatten der Kathedrale lebenden Domherren und der Geistlichen oder Würdenträger an den Bischofssitzen.

An der Spitze erheben sich schließlich die Prälaten, die sozusagen die Verbindung zwischen den beiden Hierarchien, der geistlichen und der weltlichen, herstellen: Äbte, Bischöfe und Erzbischöfe. Wegen ihres Vermögens, ihrer Macht und ihrer Bestimmung zur Herrschaftsausübung standen diese großen Kirchenherren auf derselben Stufe wie die höchsten, das Schwert führenden Adligen.

Nun ist aber das einzige Problem, mit dem wir uns hier zu beschäftigen brauchen, ein soziales. Diese Gesamtheit der Gottesdiener, deren Auftrag die Erbschaft einer schon alten Tradition war und die grundsätzlich gegenüber allen weltlichen Belangen unbeteiligt blieb, mußte trotzdem ihren Platz in der für die Feudalgesellschaft charakteristischen Struktur finden. Bis zu welchem Punkt erlag sie nun selbst dem Einfluß dieser Feudalgesellschaft, während sie ihrerseits auf die sie umgebenden Institutionen zurückwirkte? Mit anderen Worten, da die Historiker sich daran gewöhnt haben, von der »Feudalisierung« der Kirche zu sprechen, welchen konkreten Sinn sollen wir dieser Formel beimessen?

Es war den Geistlichen nicht möglich, sich ihren Lebensunterhalt in einer unmittelbar produktiven Arbeit zu suchen, da sie durch die Pflichten, die mit der Liturgie oder der Askese zusammenhingen, durch die Seelsorge oder durch Studien davon abgehalten wurden. Die Erneuerer des Mönchstums versuchten wiederholt, die Mönche dazu zu bewegen, sich nur von den Feldfrüchten zu ernähren, die sie mit ihren Händen angebaut hätten. Der Versuch stieß aber immer auf dieselbe fundamentale Schwierigkeit: Die Zeit, die für diese zu materiellen Arbeiten aufgewendet worden ist, war der Meditation oder dem Gottesdienst entzogen. Es war sattsam bekannt, daß nicht an ein System mit Lohnarbeit zu denken war. Also mußten der Mönch und der Priester, ähnlich dem Ritter, von dem Raimundus Lullus spricht[321], von der »Mühsal« anderer Menschen leben. Selbst der Landpfarrer bezog den größten Teil seiner mageren Einkünfte von dem Teil der Sporteln oder des Zehnten, dessen Genuß ihm der Dorfherr gnädig überlassen hatte, auch wenn er es sicher nicht für unter seiner Würde hielt, gelegentlich den Pflug oder den Spaten in die Hand zu nehmen. Das Patrimonium, die Güter der großen Kirchen oder vielmehr das Patrimonium der »Heiligen«, denn das war damals die geläufige Vorstellung, die weit davon entfernt war, nur eine einfache juristische Fiktion darzustellen, das Patrimonium also war im wesentlichen grundherrschaftlicher Natur. Es ist durch die angesammelten Almosen der Gläubigen gebildet und durch Käufe vermehrt worden, bei denen übrigens der Nutzen der Gebete, die zu Gunsten der Seele des Verkäufers versprochen worden waren, häufig einen Bestandteil des Preises ausmachten. Gewaltige Vermögen bildeten sich auf diese Weise in den Händen kirchlicher Gemeinschaften oder von Prälaten, was soweit ging, daß sie bisweilen zu gleichsam fürstlichen Zusammenballungen von Ländereien und verschiedenen Rechten anwuchsen, deren Rolle bei der Errichtung der Territorialherrschaften wir später erkennen werden. Nun bedeutete Grundherrschaft aber nicht nur grundherrliche Einkünfte, sondern auch das Ausüben von Herrschaft. Die Häupter der Geistlichkeit hatten also zahlreiche Laienabhängige jeglichen Standes unter ihrem Befehl, angefangen bei den militärischen Vasallen, die für den Schutz so großer Besitzungen unverzichtbar waren, bis zu den Hintersassen und den »Kommendierten« der niedrigsten Stufe.

Besonders diese letzten kamen in Scharen zu den Kirchen. War es wirklich so, daß das Leben »unter dem Krummstab« eher als das unter dem Schwerte als ein beneidenswertes Los erschien? Der Streit darüber geht weit zurück: Seit dem 12. Jahrhundert wurde dem Abt von Cluny, der die Milde der Klosterherrschaft eifrig rühmte, der Kritiker Abälard entgegengehalten[322]. In dem Maße wie es statthaft ist, vom individuellen Faktor zu abstrahieren, lief der Streit schließlich auf die Frage hinaus, ob ein genauer Herr, wie die Geistlichen es im allgemeinen waren, besser sei als ein unordentlicher. Das ist in der Tat ein unlösbares Problem, zwei Dinge sind aber gewiß: Das so gut wie ununterbrochene Fortbestehen, das den geistlichen Einrichtungen eigen war, und die sie umgebende Achtung machten sie für die kleinen Leute zu besonders begehrten Beschützern. Andererseits war es so, daß derjenige, der sich einem Heiligen schenkte, nicht nur eine Versicherung gegen die Gefahren der Welt abschloß, sondern sich darüber hinaus auch die nicht weniger kostbaren Vorteile eines frommen Werks verschaffte. Diesen doppelten Nutzen brachten die in den Klöstern verfaßten Urkunden sehr gern zum Ausdruck, indem sie versicherten, daß, wer zum Kirchenhörigen wurde, in Wirklichkeit zu wahrer Freiheit gelangte. Das hieß, zugleich an den Freiheiten einer privilegierten Körperschaft in dieser Welt teilzunehmen und in der anderen, sich »der ewigen Freiheit, die in Christo ist«[323] zu vergewissern, ohne daß man immer sehr deutlich zwischen den beiden Vorstellungen unterschieden hätte. Gab es doch dankbare Pilger, die von ihrem ersten Herrn die Erlaubnis erbaten, sich mit ihren Nachkommen den Vertretern des mächtigen Fürsprechers zu unterwerfen, der sie geheilt hatte[324]. So zählten die Gotteshäuser zu den wirksamsten Anziehungspunkten bei der Herausbildung eines Netzes der persönlichen Untertänigkeit, das für die Zeit so charakteristisch war.

Doch indem sich die Kirche der Feudalzeit auf diese Weise in eine große menschliche Macht verwandelte, setzte sie sich zwei Gefahren aus, der die Zeitgenossen sich voll bewußt waren. Die erste war das zu leichte Vergessen ihrer eigentlichen Berufung. »Welch eine schöne Sache wäre es, Erzbischof von Reims zu sein, wenn man keine Messe singen müßte« – diese Äußerung schrieb die Öffentlichkeit dem Erzbischof Manasses zu, der

1080 von den päpstlichen Legaten abgesetzt worden ist. Ob sie nun der Wahrheit entspricht oder verleumderisch ist, die Anekdote spiegelt sinnbildlich die Zeit in der Geschichte des französischen Episkopats wider, in der es mit der Besetzung der Ämter am schlimmsten bestellt war. Nach der Gregorianischen Reform wäre ihr Zynismus als zu unwahrscheinlich erschienen. Der Typus des Kriegerprälaten aber – dieser »guten Ritter des Klerus«, von denen ein deutscher Bischof sprach – findet sich durch alle Zeiten. Andererseits bereiteten der Anblick so vieler von den Geistlichen angehäufter Reichtümer und der Groll im Herzen der verarmten Erben, den die Erinnerung an so viele gute Besitzungen, die vor kurzem von ihren Vorfahren an Mönche abgetreten worden waren, welche geschickt mit den Schrecken der Hölle spielten, sie bereiten zusammen mit der Verachtung des Kriegers für ein nach seinem Geschmack zu abgeschirmtes Leben den Nährboden für den Typus des elementaren Antiklerikalismus im Laienadel, der in bedeutenden Teilen der Heldenlieder einen so brutalen Ausdruck hinterlassen hat[325]. Obgleich sich diese Gefühle sehr wohl mit der Rückkehr zu einem freigiebigen Almosenspenden in den Stunden der Reue oder der Todesangst vertrugen, stützten sie doch zugleich mehr als eine politische Haltung und mehr als eine im eigentlichen Sinne religiöse Bewegung.

In einer Welt, die dazu neigte, alle Bande von Mensch zu Mensch in der Gestalt des am stärksten bindenden zu begreifen, war es beinahe schicksalhaft, wie vasallitische Praktiken selbst im Innern der geistlichen Gesellschaft die viel älteren und ganz wesensverschiedenen Beziehungen der Unterordnung durchdrangen. Es kam vor, daß der Bischof die Lehnshuldigung der Würdenträger seines Kapitels oder der Äbte seiner Diözese forderte und daß mit den dicksten Pfründen versehene Kanoniker sie von ihren weniger gut bedachten Amtsbrüdern ebenso verlangten wie Pfarrer sie dem Oberhaupt der religiösen Gemeinschaft leisten mußten, von der ihre Pfarrkirchen abhingen[326]. Die Einführung solcher Sitten in das geistliche Reich, die auch offenkundig der Welt entliehen waren, mußte Proteste von Rigoristen hervorrufen. Aber das Übel verschlimmerte sich noch, wenn die Hände des Priesters, die durch das bei der Ordination und der Berührung mit der Eucharistie geweihte Öl geheiligt waren, zum Unterwerfungsakt gerade in die Hände von Laien gelegt werden sollten. Dieses Problem ist von einem umfassenderen nicht zu trennen, gewiß eines der beängstigendsten, das sich jemals der Kirche gestellt hat, nämlich das der Ernennung zu den verschiedenen Ämtern der geistlichen Hierarchie.

419

Es war nicht die Feudalzeit, die darauf verfiel, den weltlichen Mächten die Verantwortung für die Wahl der Seelsorger zu übertragen. Was die Dorfpfarreien betrifft, über welche die Herren fast frei verfügten, ging dieser Brauch auf die Ursprünge des Pfarrsystems selbst zurück. Und wenn es sich um Bischöfe oder Äbte handelte? Das einzige Verfahren, das mit der kanonischen Regel übereinstimmte, war unbestritten die Wahl: Bischöfe durch den Klerus und das Stadtvolk, Äbte durch die Mönche. Seit den letzten Tagen der Römerherrschaft scheuten die Kaiser aber nicht davor zurück, den Wählern in den Städten ihren Willen aufzuzwingen, mitunter sogar die Bischöfe unmittelbar zu ernennen. Die Herrscher der germanischen Reiche der Völkerwanderungszeit und des frühen Mittelalters ahmten diese beiden Beispiele nach, insbesondere das letzte, und zwar viel stärker als vorher. Was die Klöster betraf, war es so, daß diejenigen, die nicht auch unmittelbar vom König abhingen, häufig ihre Äbte aus den Händen des Stifters jenes Hauses oder seinen Erben empfingen. Natürlich konnte es keine ernstzunehmende Regierung dulden, die Verteilung von Ämtern außerhalb ihrer Kontrolle zu lassen, Ämter, die neben einer schweren religiösen Verantwortung (für die kein Interesse aufzubringen kein um das Wohl seines Volkes besorgter Herrscher das Recht hatte) einen so hohen Anteil an eigentlich weltlicher Gewalt mit sich brachten. Da die Vorstellung, es käme den Königen zu, die Bischöfe zu »designieren«, durch die karolingische Praxis bestärkt worden war, ist sie am Ende zum Grundsatz geworden. Im 10. und zu Anfang des 11. Jahrhunderts bringen das Päpste und Prälaten übereinstimmend zum Ausdruck[327].

Jedoch sollten hier wie auch anderenorts die Institutionen und die aus der Vergangenheit übernommenen Gebräuche der Wirkung eines neuen gesellschaftlichen Klimas unterliegen.

In der Zeit des Feudalismus vollzog sich jede Übergabe von Eigentum, sei es von Boden, Recht oder Ämtern, durch die Überreichung eines Gegenstandes, von dem man meinte, daß er, von Hand zu Hand gehend, den verliehenen Wert darstellte. Der Geistliche, der von einem Laien zur Leitung eines Kirchspiels, einer Diözese oder eines Klosters berufen worden ist, erhielt also von diesem Verleiher (lat. *collator*) eine »Investitur« in den gewöhnlichen Formen. Besonders beim Bischof war das gewählte Symbol seit den ersten Karolingern ganz natürlich ein Krummstab[328], dem man später den Hirtenring hinzufügte. Selbstverständlich befreite diese Überreichung der Insignien durch ein weltliches Oberhaupt keineswegs von der liturgischen Weihe. In diesem Sinne vermochte die Verleihung keinen Bischof zu schaffen. Man würde sich aber schwer täuschen, wenn man dächte, die Rolle des weltlichen Oberhaupts beschränkte sich darauf, die Übergabe der mit der neuen Würde des Prälaten verbundenen Güter an denselben anzuzeigen. Ohne daß jemand das Bedürfnis empfunden hätte, zwischen zwei untrennbaren Teilen zu unterscheiden, sind dabei sowohl das Recht auf die Ausübung des Amtes als auch das Recht auf Einkünfte gleichzeitig verliehen worden. Außerdem fügte diese Zeremonie an und für sich einer schon seit langem offenkundig bestehenden Tatsache fast nichts hinzu, wenn sie auch ziemlich grob den entscheidenden Anteil unterstrich, den sich die weltlichen Mächte bei den Ernennungen zuschrieben. Mit einem anderen Gestus, der mit einer viel tieferen menschlichen Bedeutung behaftet war, verhielt es sich anders.

Von dem Geistlichen, dem er gerade ein geistliches Amt anvertraut hatte, erwartete der örtliche Machthaber oder Herrscher als Gegenleistung zuverlässige Treue. Seit der Bildung der karolingischen Vasallenschaft war es aber so, daß zumindest in den höheren Schichten keine Verpflichtung dieser Art als wirklich zwingend erschien, wenn sie nicht entsprechend den von der fränkischen Kommendation entwickelten Formen eingegangen worden war. Die Könige und die Fürsten gewöhnten sich daran, den Bischöfen oder Äbten, die sie ernannt hatten, deshalb einen Lehnseid abzuverlangen, und die Dorfherren verfuhren mit ihren Pfarrern manchmal genauso. Nun war aber die Lehnshuldigung eigentlich ein Unterwerfungsakt, außerdem ein Ritus, der sehr geachtet worden ist. Darin hat sich nicht allein die Unterordnung der Vertreter der geistlichen Macht unter diejenigen der Laienmacht augenfällig gezeigt, sondern sie hat sich auch verstärkt, da ja die Vereinigung der beiden formalen Akte, der Lehnshuldigung und der Investitur, eine gefährliche Angleichung des Prälatenamtes an das Vasallenlehen begünstigte.

Da es im wesentlichen ein (dem König) zukommendes Hoheitsattribut war, konnte das Recht, die Bischöfe und die Äbte der großen Klöster zu ernennen, der Zersplitterung der königlichen Rechte, die ein Merkmal der Feudalgesellschaften war, im allgemeinen kaum entgehen. Diese Zerstückelung gab es aber nicht überall im gleichen Umfang, weswegen wir wiederum äußerst unterschiedliche Auswirkungen auf die Ergänzung der Geistlichen vorfinden. Wo wie in Frankreich, besonders im Süden und in der Mitte des Landes, viele Bistümer unter die Kontrolle der hohen und selbst der mittleren Adligen fielen, fanden die schlimmsten Mißbräuche ihren bevorzugten Nährboden: von der Erbfolge vom Vater auf den Sohn bis zum anerkannten Verkauf des Bistums, ein bemerkenswerter Gegensatz zu Deutschland, wo die Könige es verstanden, Herren fast aller Bischofssitze zu bleiben. Sie ließen sich bei ihrer Wahl gewiß nicht von ausschließlich geistlichen Beweggründen leiten. Denn brauchten sie nicht vor allem Prälaten, die herrschen, ja sogar kämpfen konnten? Bruno von Toul, der unter den Namen Leo IX. ein sehr heiliger Papst werden sollte, verdankte seinen Bischofssitz vor allem den Eigenschaften, die er als Truppenführer an den Tag gelegt hatte. Armen Kirchen gibt der Herrscher bevorzugt reiche Bischöfe. Er selbst verschmäht nicht die Geschenke, die zu geben die Neuinvestierten im Laufe der Zeit durch Gewohnheit verpflichtet sind, sei der Gegenstand der Investitur nun ein militärisches Lehen oder eine kirchliche Würde. Doch insgesamt unterliegt es keinem Zweifel, daß der Reichsepiskopat unter den Sachsen und dem ersten Salier hinsichtlich Bildung und moralischer Haltung den der Nachbarländer weit überflügelte. Da die Kirche nun einmal einer Laienmacht gehorchen mußte, war es für sie offensichtlich besser, von einer höhergestellten Macht abhängig zu sein, von der eben gerade dadurch mehr Weitsicht zu erwarten war.

Dann kam der Impuls der Gregorianischen Bewegung. Die Wechselfälle müssen hier nicht nachgezeichnet werden, die mit diesem leidenschaftlichen Versuch verbunden waren, die übernatürlichen Kräfte dem Zugriff der Welt zu entreißen und die weltlichen Mächte auf die bescheiden untergeordnete Rolle von einfachen Helfern zu reduzieren, die für das große Heilswerk angeworben waren. Eine abschließende Bilanz läßt sich in einige wenige Worte zusammenfassen, wenn man von den vielen nationalen Zwischentönen absieht.

Die hauptsächlichen Bemühungen der Reformer wandten sich nicht dem Pfarrsystem zu. An der Rechtsordnung der Pfarren wurden eigentlich nur wenige Dinge verändert. Ein gewinnender Ausdruck, nämlich »Patronat«, ersetzte endgültig die brutale Bezeichnung »Eigentum«*, und die Pfarrerwahlen unterlagen einer etwas genaueren Kontrolle durch die bischöfliche Autorität. Diese bescheidenen Neuerungen wogen nicht sehr schwer angesichts der Tatsache, daß die (weltlichen) Herren praktisch das Ernennungsrecht behalten hatten. Der einzige neue Zug von einiger Tragweite gehörte eher dem Bereich der Tatsachen als demjenigen des Rechts an: Als Geschenk oder durch Kauf war eine große Anzahl von Dorfkirchen aus Laienhand in die Hand kirchlicher Einrichtungen, vor allem von Klöstern, übergegangen. Die Herrschaft weltlicher Herren bestand weiter, gerade mindestens zugunsten von Herren, die zur Wehrmann-

---

* Anm. d. Übers.: Gemeint ist die sog. »Eigenkirche«.

schaft der Kirche zählten. Es erwies sich einmal mehr, daß im Gesellschaftsgerüst des Feudalismus die Grundherrschaft, die für sich gesehen älter als die anderen Bestandteile war, doch eines der widerstandsfähigsten Elemente derselben bildete.

Was die hohen Würden der Kirche anbelangt, so hatte man die anstößigsten Formen der Unterwerfung unter die weltliche Macht beseitigt. Es gab keine Klöster mehr, die sich lokale Machthaber offen »aneigneten«, keine »Schwertbarone« mehr, die sich zu Äbten oder »Erzäbten« so vieler frommer Häuser aufwarfen und keine Investituren mit den der geistlichen Gewalt eigenen Insignien mehr, da das Zepter Bischofsstab und Ring ersetzte und die Kirchenrechtler stellten den Grundsatz auf, daß die so verstandene Zeremonie es zum alleinigen Gegenstand hat, den Genuß von materiellen Rechten zu verleihen, die mit der Ausübung einer unabhängig übertragenen religiösen Tätigkeit verbunden sind. Die Wahl wird allgemein als die Regel anerkannt, und die Laien werden, selbst als einfache Wähler, von jeder ordentlichen Teilnahme an der Bischofswahl endgültig ausgeschlossen; der Bischof wird künftig infolge einer Entwicklung, die das ganze 12. Jahrhundert andauert, von einem Kollegium bestimmt, das nur auf die Domherren der Kathedrale beschränkt blieb. Das war ein neuer Zug, der dem ursprünglichen Gesetz absolut widersprach und mehr als alles andere etwas über die wachsende Spaltung zwischen der Geistlichkeit und der weltlichen Menge aussagte.

Jedoch funktionierte das auf Wahlen begründete Prinzip nur schwer, weil man sich schlecht damit abfinden konnte, ganz einfach die Stimmen zu zählen. Die Entscheidung schien nicht der einfachen Mehrheit zuzukommen, sondern, entsprechend der traditionellen Formel, der Fraktion, die zugleich »die zahlreichste und die tüchtigste« war. Welche Minderheit konnte nun der Versuchung widerstehen, ihrem dem Gesetz der Zahl nach erfolgreichen Gegnern die weniger meßbare dieser beiden Eigenschaften abzusprechen? Daher die häufige Anfechtung der Wahlen, die das Eingreifen höhergestellter Autoritäten begünstigten, mit Sicherheit das der Päpste, aber auch der Könige. Hinzu kommt noch, daß niemand Illusionen über die vorgefaßten Meinungen sehr eingeschränkter Wahlkollegien hegen konnte, die häufig gegenüber dem Einfluß der am wenigsten vertretbaren lokalen Interessen sehr fügsam waren. Die klügsten Kirchenrechtler leugneten nicht, daß eine in einem größeren Rahmen ausgeübte Kontrolle sehr wohltuend sein würde. Hier traten das Oberhaupt der Kirche und Oberhäupter der Staaten wieder miteinander in Konkurrenz. In der Tat wurden die kleinen Fische unter den Adligen im größten Teil des Westens zu Gunsten einer allgemeinen Umgruppierung der politischen Kräfte und zum Vorteil der Könige oder einiger besonders mächtiger Fürsten allmählich ausgeschaltet. Die Herrscher aber, die auf diese Weise als die einzigen Herren des Feldes übrigblieben, sind eben dadurch in eine noch bessere Lage versetzt worden, um die verschiedenen Druckmittel, über die sie verfügten, gegenüber den kirchlichen Körperschaften wirkungsvoll einzusetzen. Eines dieser Einschüchterungsverfahren, die Gegenwart des Souveräns bei den Wahlen, war durch das 1122 zwischen dem Papst und dem Kaiser geschlossene Wormser Konkordat als rechtmäßig anerkannt worden. Diejenigen Könige, die sich ihrer Stärke am sichersten waren, zögerten nicht, manchmal von der direkten Ernennung Gebrauch zu machen. Die Geschichte der zweiten Phase des Feudalzeitalters wie die der folgenden Jahrhunderte hallte vom Lärm der zahllosen Streitigkeiten wider, die sich von einem Ende der abendländischen Christenheit bis zum anderen bei den Ernennungen von Bischöfen oder Äbten erhoben hatten. Alles in allem hatte die Gregorianische Reform jedoch ihre Unfähigkeit bewiesen, den großen weltlichen Mächten diesen Schalthebel der Macht zu entreißen, den das Recht auf oder mindestens die Kontrolle über die Wahl der wichtigsten Würdenträger der Kirche darstellte, wobei dieser Schalthebel für die Existenz der weltlichen Mächte in der Tat fast unverzichtbar war.

Der Bischof oder der Abt der neuen Zeit blieb gegenüber seinem König oder Fürsten an Treuepflichten gebunden, deren rechtmäßige Macht niemand leugnen konnte, da der Geistliche mit ausgedehnten Grundherrschaften ausgestattet war, die ihrem Besitzer die gewöhnlichen Verpflichtungen eines jeden hohen Barons gegenüber dem König oder dem Fürsten auferlegten, ja, sogar die Verpflichtung zu außergewöhnlich wichtigen Diensten mit sich brachten, denn wie wir später sehen werden, galt der geistliche Grundbesitz durch ein besonders enges Band mit dem königlichen Land verbunden. Die Reformer beschränkten sich darauf, für die Treuepflichten einen der herausragenden Würde des Geistlichen angemessenen Ausdruck zu fordern. Der Prälat darf gut und gern den Treueeid ablegen, aber eine Lehnshuldigung gibt es für ihn nicht. So lautete die sehr logische und sehr klare Lehre, die Konzilien, Päpste und Theologen seit dem Ende des 11. Jahrhunderts um die Wette entwickelten. Die Praxis wich von ihr lange Zeit ab, jedoch gewann sie allmählich an Boden, und gegen Mitte des 13. Jahrhunderts hatte sie sich fast überall siegreich durchgesetzt, bis auf eine, jedoch gewichtige Ausnahme. Als das erwählte Land des Lehnswesens hatte Frankreich in diesem Punkt hartnäckig die traditionellen Verfahren respektvoll beibehalten und von einigen besonderen Privilegien abgesehen, sollte es bis zum 16. Jahrhundert an ihnen festhalten. Daß ein Sankt Ludwig, der einen seiner Bischöfe zur Ordnung rief und sich nicht gescheut haben soll, ihm zu sagen: »Ihr seid mein Mann, von Euren Händen« –, es gibt kaum ein beredteres Zeugnis für die außergewöhnliche Zähigkeit, welche die charakteristischsten Vorstellungen des Feudalismus bewiesen, selbst wenn sie sich auf eine Gesellschaft geistlicher Natur erstreckten[329].

2. Bürger und Bauern

Die von den Rittern inspirierte Literatur gab vor, unter der Ebene der Adligen und Geistlichen nur ein gleichförmiges Volk von groben Bauern oder Gemeinen wahrzunehmen. In Wirklichkeit war diese riesige Menge von einer großen Zahl einschneidender sozialer Trennungslinien durchzogen. Das traf gerade für die Bauern im genauen und eingeschränkten Sinne des Wortes zu. Nicht nur, daß in ihren Reihen die verschiedenen Grade der Untertänigkeit schillernde juristische Grenzen gegenüber dem Herrn schufen, die allmählich auf den Gegensatz von »Unfreiheit« und »Freiheit« gebracht worden sind, sondern neben dieser unterschiedlichen Rechtslage teilten auch, ohne mit ihr zusammenzufallen, erhebliche wirtschaftliche Ungleichheiten die kleinen ländlichen Gemeinden. Um nur den einfachsten und am frühesten geäußerten Gegensatz zu nennen: Welcher Hüfner (Vollbauer), der stolz auf seine Zugtiere war, hätte die armen Leute seines Dorfes als seinesgleichen gelten lassen, die nichts als ihre Muskeln besaßen, um ihre dürftigen Landstückchen zu bebauen?

Vor allen Dingen hatte es neben der bäuerlichen Bevölkerung und den Gruppen, die sich den ehrenhaften Herrschaftsaufgaben widmeten, immer isolierte Elemente von Händlern und Handwerkern gegeben. Aus diesen Keimen ließ die wirtschaftliche Revolution der zweiten Phase des Feudalzeitalters die mächtige und wohl unterschiedene Masse der städtischen Klassen hervorgehen, die um zahllose neue Elemente angewachsen war. Das Studium von Gesellschaften, die so unzweideutig beruflichen Charakters sind, könnte ohne eine vertiefte Untersuchung ihrer Wirtschaftsweise nicht unternommen werden. Hier soll es genügen, ihren Platz vor dem Hintergrund des Feudalismus schnell kenntlich zu machen.

Keine der im feudalen Europa gesprochenen Sprachen verfügte über Ausdrücke, die es erlaubt hätten, die Stadt in ihrer Eigenschaft als bewohnten Ort vom Dorf klar zu unterscheiden. *Ville*, *town* und »Stadt« ließen sich unterschiedslos auf beide Typen von Zusammenschlüssen anwenden. »Burg« bezeichnete jede befestigte Fläche, *civitas* war den Hauptorten der

Diözesen oder im weiteren Sinne einigen anderen Zentren von außergewöhnlicher Bedeutung vorbehalten. Dagegen stellt sich seit dem 11. Jahrhundert die Bezeichnung *bourgeois* – »Bürger«, die ursprünglich französisch war, aber schnell international gebräuchlich wurde, in einen unzweideutigen Gegensatz zu den Wörtern Ritter, Geistlicher und Bauer. Wenn auch die Siedlung an sich anonym bleibt, besitzen die Menschen, die darin wohnen, oder zumindest die aktivsten und die durch ihre Händler- oder Handwerkertätigkeiten am eigentümlichsten städtischen Elemente dieser Bevölkerung also, von nun an ihren eigenen Platz im Wortschatz der gesellschaftlichen Begriffe. Instinktiv hatte man sehr genau erfaßt, daß die Stadt sich vor allem als der Wohnplatz eines besonderen Menschenschlages auszeichnete.

Es wäre gewiß nur zu leicht, den Gegensatz stark zu betonen. Mit dem Ritter hat der Bürger der frühen städtischen Zeit das kriegerische Gemüt und den Umstand, daß er üblicherweise Waffen trug, gemeinsam. Noch lange sieht man ihn wie einen Bauern sich bald um die Bestellung der Felder kümmern, deren Furchen sich manchmal selbst bis auf das Gebiet innerhalb der Umwallung erstreckten, bald seine Herden auf die außerhalb der Stadtmauern gelegenen Gemeindeweiden treiben, die eifersüchtig bewacht worden sind. Wenn er reich geworden ist, will er seinerseits wiederum Landbesitz erwerben. Andererseits wäre bekanntlich nichts verkehrter als die idealisierende Vorstellung von einer Ritterklasse, die getrennt von jeder Sorge um ihr Vermögen gelebt hätte. Für den Bürger aber sind die Tätigkeiten, die ihn scheinbar den anderen Klassen annähern, in Wirklichkeit nebensächlich, und am häufigsten erscheinen sie wie die verspäteten Zeugen veralteter Lebensformen, die allmählich abgestreift worden sind.

Der Bürger lebt seinem Wesen nach vom Handel. Er bezieht seinen Unterhalt von der Spanne zwischen Kauf- und Verkaufspreis oder von der zwischen dem geliehenen Kapitel und dem Wert der Zurückzahlung. Und weil, sobald es sich nicht um den einfachen Lohn eines Arbeiters oder Trägers handelt, die Rechtmäßigkeit dieses Vermittlungsprofits von den Theologen geleugnet wird und die ritterlichen Kreise die Natur dieses Verdienstes nur schlecht verstehen, steht sein Verhaltenscodex in krassem Gegensatz zu den ihn umgebenden moralischen Vorstellungen. Weil ihm daran gelegen ist, mit dem Boden Spekulationsgeschäfte zu machen, sind ihm die herrschaftlichen Fesseln an seinen Liegenschaften unerträglich. Weil er seine Geschäfte schnell tätigen muß und weil diese im Zuge ihrer Entwicklung unaufhörlich immer neue juristische Fragen aufwerfen, erbittern ihn die Schwierigkeiten, die Trägheit und die Altertümlichkeit der herkömmlichen Rechtsprechung. Die Vielfalt der sich in die Herrschaft über die Stadt selbst teilenden Gewalten stört ihn als ein empfindliches Hindernis einer guten Ordnung der Geschäftsbeziehungen und als eine Beleidigung seiner Klassensolidarität. Die verschiedenen Immunitäten, derer sich seine geistlichen oder das Schwert führenden Nachbarn erfreuen, erscheinen ihm für sein Gewinnstreben als ebenso hinderlich. Auf den Straßen, auf denen er unermüdlich unterwegs ist, verabscheut er gleichermaßen die Erpressungen der Zöllner und die Burgen, von denen aus die Raubritter über die Karawanen herfallen. Mit einem Wort: Fast alles stört und hemmt ihn an den Institutionen, die von einer Welt geschaffen worden sind, in der er zunächst noch einen sehr bescheidenen Platz einnahm. Die Stadt, von deren Errichtung der Bürger träumt, wird in der Feudalgesellschaft ein Fremdkörper bleiben, da sie mit Freiheiten ausgestattet ist, die entweder mit Gewalt errungen oder gegen klingende Münze erlangt waren und sie sowohl im Hinblick auf ihre wirtschaftliche Expansion als auch zugleich für die notwendigen Vergeltungsmaßnahmen als eine gut gewappnete und wohl geordnete Körperschaft erscheint.

Zugegebenermaßen sollte die kollektive Unabhängigkeit, die das Ideal so vieler eifrig bemühter Gemeinwesen war, schließlich nur selten die veränderlichen Stufen einer insgesamt ziemlich bescheidenen Verwaltungsautonomie übersteigen. Um aber den unintelligenten Einschränkungen und Zwängen lokaler Tyranneien zu entrinnen, bot sich den Städten ein anderes Mittel an, das sich in der Praxis häufig als das sicherste erwies, obwohl es vielleicht nur als ein letzter Ausweg erschien, nämlich ihre Zuflucht bei den mächtigen königlichen oder territorialfürstlichen Regierungen zu suchen, die über die Ordnung weiter Räume wachten und die gerade durch die Sorge um ihre eigenen Finanzen ein Interesse, das sie immer besser verstehen lernten, am Gedeihen von reichen Steuerzahlern hatten. Die sich anbahnende Stärke des Bürgertums nahm dadurch noch und vielleicht auch wirkungsvoller die Gestalt eines für die Feudalverfassung zerstörerischen Elements an, indem sie einen ihrer charakteristischen Züge, die Zersplitterung der Herrschaftsgewalten, angriff.

Ein unter allen besonders bedeutsamer Vorgang bezeichnete allgemein den Eintritt der neuen Stadtgemeinde in die Geschichte, sei es nun unter dem Zeichen des Aufruhrs oder als ein friedlich zustande gekommenes Gebilde: gemeint ist der gegenseitige Eid der Städter. Bis dahin hatte es nur isolierte Individuen gegeben, von nun an entstand ein kollektives Wesen. Es war die so geschaffene Schwurgemeinde, die man in Frankreich in eigentlicher Bedeutung *commune* nannte. Kein Wort war je mit mehr

Leidenschaften beladen! Als Feldgeschrei der Bürger am Tage des Auf-
standes und als Hilferuf des bedrängten Bürgers weckte es bei den ehemals allein herrschenden Klassen einen lange andauernden, haßerfüllten
Widerhall. Warum wurde »diesem neuen und abscheulichen Namen« wie
Guibert von Nogent sagte, soviel Feindseligkeit entgegengebracht? Ohne
Zweifel trugen viele Gefühle dazu bei: Unruhe bei den Mächtigen darüber, daß ihre Überlegenheit, ihre Einkünfte und ihr Ansehen unmittelbar bedroht waren; Befürchtungen, die den führenden Männern der Kirche nicht ohne Grund die Bestrebungen von Gruppen einflößten, welche
die geistlichen »Freiheiten« sehr wenig achteten, wenn sie ihnen im
Wege standen; Groll oder Feindschaft beim Ritter für den Handels-
mann; tugendhafte Entrüstung im Herzen des Geistlichen, hervorgerufen
durch die Kühnheit dieser »Wucherer«, dieser »Profitmacher«, deren
Gewinne aus unsauberen Quellen zu fließen schienen[330]. Es gab jedoch
noch mehr und noch tiefere Gründe für diese Haltung.

In der Feudalgesellschaft hatte der Beistands- und »Freundschaftseid«
von Anfang an eine Hauptrolle im ganzen System gespielt. Er war aber
eine Verpflichtung von unten nach oben, die einen Untertanen an einen
Höhergestellten band. Das Eigentümliche am kommunalen Eid, dem der
städtischen Schwurgemeinde, war, daß er Gleiche verband. Gewiß kann
dieser Zug nicht als völlig neu gelten. Solcherart waren schon, wie wir
sehen werden, die Eide, welche die Mitbrüder jener beliebten »Gilden«,
die Karl der Große verbot, »einer dem anderen« leisteten. So waren auch
die Eide, die später die Mitglieder der Friedenseinungen schwuren, deren
Erbe die Stadtkommunen in mehr als einer Hinsicht antreten sollten, und
so waren auch noch diejenigen Eide, durch die sich die Händler verbanden, die sich in den kleinen Gesellschaften zusammenfanden, welche auch
»Gilden« genannt worden sind. Diese Gesellschaften, die einfach für die
Bedürfnisse des Handels und ihrer Unternehmungen gebildet waren, hatten nichtsdestoweniger vor den ersten Autonomiebestrebungen der Städte
eine der ältesten bürgerlichen Solidaritätsbekundungen geboten. Jedoch
hatte die Praxis dieser gegenseitigen Treueerklärungen vor der kommunalen Bewegung nie einen ähnlichen Umfang angenommen noch eine
vergleichbare Stärke enthüllt. Die überall hervorbrechenden »Verschwö-
rungen« waren wahrhaftig, dem Wort eines Kanzelredners zufolge, wie
so viele »mit Dornen verflochtene Reisigbündel«[331]. Dort, in der Kom-
mune, war der eigentliche revolutionäre Nährboden, der einer nach Rangordnungen eingeteilten Welt heftig zuwider war. Gewiß hatten diese
frühen städtischen Gruppen nichts Demokratisches an sich. Die »Groß-
bürger«, welche die wirklichen Gründer dieser Gruppen waren und de-

nen die »Kleinbürger« häufig nicht ohne Widerstreben folgten, waren für die armen Leute oft sehr harte Herren und unbarmherzige Gläubiger. Aber dadurch, daß sie das mit Schutz vergoltene Gehorsamsversprechen durch das Versprechen der gegenseitigen Hilfe ersetzten, führten sie in das soziale Leben Europas ein neues Element ein, das dem Geist, den man feudal nennen darf, zutiefst fremd war.

Zweites Buch

Die Regierung der Menschen

1. Kapitel

Die Rechtsprechung

1. Grundzüge des Rechtswesens

Wie wurden die Menschen gerichtet? Für ein Gesellschaftssystem gibt es
kaum einen besseren Prüfstein als diese Frage. Wir wollen sie also an
das Europa etwa um das Jahr Tausend stellen. Bereits bei der ersten
Untersuchung treten einige Züge deutlich hervor, die sich bis hin in juristische Details bemerkbar machen. Hier ist zuerst die erstaunliche Aufsplitterung der rechtsprechenden Gewalten zu nennen, aber auch ihre Ver-
worrenheit, schließlich ihre geringe Wirksamkeit. Zahllose Instanzen
wurden gleichzeitig angerufen, um die schwersten Streitfälle zu entscheiden. Theoretisch legten zwar bestimmte Regeln die Verteilung der Kompetenzen fest, aber nicht ohne die Tür für ständige Unsicherheit offen zu
lassen. Die grundherrlichen Akten enthalten in der uns überlieferten Form
übergenug Urkunden, die sich auf Auseinandersetzungen zwischen konkurrierenden Gerichten beziehen. Da sie nicht wußten, vor welcher Obrigkeit sie ihren Streitfall austragen sollten, kamen die Kläger in ihrer Verzweiflung oft überein, selbst Schiedsrichter zu bestimmen, oder sie zogen
dem Gerichtsbeschluß einen freundschaftlichen Vergleich vor: Es stand
ihnen frei, sich in der Folge nicht daran zu halten. Das Gericht, das sich
seiner Rechte und seiner Macht nicht sicher war, verzichtete oft darauf,
im voraus oder hinterher die Zustimmung der Parteien zu seinem Schiedsspruch zu fordern. Hatte man eine günstige Entscheidung erlangt? Um sie
auszuführen, gab es häufig kein anderes Mittel, als sich mit dem störri-
schen Widersacher abzufinden. Mit einem Wort: Man muß sich jetzt oder
nie daran erinnern, daß die Unordnung auf ihre Art ein historisches
Faktum von großer Bedeutung darstellen kann, ein Faktum jedoch, das
eine Erklärung verlangt. Offensichtlich ist es hier durch das Miteinander
zweier einander widersprechender Prinzipien bedingt, die sich ständig
überschnitten, weil sie ihren Ursprung verschiedenen Traditionen verdankten und darüber hinaus eine mehr oder weniger geschickte Anpassung an die Bedürfnisse einer äußerst mobilen Gesellschaft verlangten.
Aber dieses Faktum ist auch auf die konkreten Bedingungen zurückzu-

führen, unter denen bei den damaligen Lebensumständen die Rechtsprechung ausgeübt worden ist.

In dieser Gesellschaft, die die Abhängigkeiten vervielfacht hatte, besaß jeder Obere – und es gab weiß Gott viele – den Wunsch, Richter zu sein, weil allein das Recht zu richten es ermöglichte, die Untergebenen wirksam an ihre Pflichten zu binden, und weil es das sicherste Mittel war, sie gleichzeitig zu beschützen und zu beherrschen, wenn man vermied, daß sie den Sprüchen fremder Gerichte gehorchten. Außerdem war dieses Recht äußerst lukrativ. Es betraf nicht allein die Erhebung von Straf- und Gerichtsgebühren wie die nutzbringenden Einnahmen aus Konfiskationen; mehr als alles andere begünstigte es den Wandel von Gebräuchen zu Verpflichtungen, von denen die Herren dann außerordentlich profitierten. Es war sicher kein Zufall, wenn das Wort *iustitia* manchmal eine so weite Auslegung erfuhr, daß es die Gesamtheit der Gerechtsame des Grundherrn bezeichnete. In Wahrheit war es in vieler Hinsicht Ausdruck einer Notwendigkeit, die im Leben nahezu jeder Gruppe auftaucht: Ist nicht selbst heutzutage jeder Unternehmer in seinem Unternehmen, jeder Truppenkommandant auf seine Weise ein Richter? Aber seine Befugnisse beschränken sich in dieser Hinsicht auf einen Bereich genau festgelegter Aktivitäten. Wenn er richtet, darf er den Arbeiter und Soldaten nur als solchen richten. Der Führer der Feudalzeit hatte höhere Ansprüche, weil die Bande der Unterwerfung danach strebten, den Menschen als Ganzes zu umfassen.

Rechtsprechung war im übrigen in der Epoche des Feudalismus keine besonders komplizierte Aufgabe. Zweifellos war dazu einige Rechtskenntnis erforderlich. Dort, wo es noch schriftliche Gesetzesvorschriften gab, lief dieses Wissen darauf hinaus, entweder die Regeln halbwegs auswendig zu kennen oder sich die Regeln vorlesen zu lassen, die oft zahlreich und ausführlich waren, aber zu starr, um eine selbständige Auslegung zuzulassen. Hatte dagegen der mündlich überlieferte Brauch den Gesetzestext verdrängt, genügte es, mit dieser diffusen Tradition einigermaßen vertraut zu sein. Schließlich war es Sitte, die vorgeschriebenen Gesten und die notwendigen Worte zu kennen, die die Prozedur in ein formalistisches Korsett preßten: alles in allem eine Sache des Gedächtnisses und der Übung. Die Mittel der Beweisführung waren rudimentär entwickelt und leicht anzuwenden. Der Gebrauch der Zeugenaussage war nicht besonders häufig und beschränkte sich auf die Aufnahme von Aussagen, anstatt sie zu prüfen. Den Inhalt eines authentischen Schreibens zu Protokoll zu nehmen – der Fall kam übrigens selten vor –, einer der Parteien oder den

Mitgeschworenen den Eid abzunehmen, das Ergebnis eines Gottesurteils oder eines gerichtlichen Zweikampfes festzustellen – dieser letztere hat sich auf Kosten anderer Formen des Gottesurteils immer mehr ausgebreitet –, für solche und ähnliche Aufgaben brauchte es kaum technische Vorbereitungen. Die Prozesse selbst bezogen sich auf nur wenige Sachverhalte ohne besondere Feinheiten. Die Blutarmut des Handelslebens reduzierte das Kapitel über Vertragsstreitigkeiten auf ein Minimum. Als sich in einigen speziellen Bereichen von neuem eine aktivere Tauschwirtschaft entwickelte, gingen die Händlergruppen bald dazu über, diese Streitigkeiten unter sich zu regeln, zuerst durch inoffizielle Schiedsgerichte, später auf dem Weg einer eigenen Gerichtsbarkeit, da das gemeine Recht wie die gewöhnlichen Gerichte sich in solchen Fällen als unfähig erwiesen hatten. Das Besitzrecht – d. h. der durch lange Gewohnheit sanktionierte Besitz –, die Gewalt über Sachen und Menschen: Das war der ständige Gegenstand nahezu aller Streitfälle, Verbrechen und Vergehen selbstverständlich eingeschlossen. Aber hier war der Handlungsspielraum der Gerichte in der Praxis durch die Privatrache stark eingeschränkt. Kein dem Verstand zuwiderlaufendes Hindernis stellte sich letzten Endes dem in den Weg, der sich zum Richter erheben wollte, wenn er über die gewünschte Macht verfügte oder sie an ihn delegiert worden war.

Neben den gewöhnlichen Tribunalen bestand jedoch ein System besonderer Gerichte, nämlich die der Kirche. Wohlgemerkt, der Kirche in der Ausübung ihres eigenen Auftrags. Denn die richterlichen Befugnisse, die Bischöfe und Klöster gegenüber den von ihnen Abhängigen mit dem gleichen Recht wie so viele Schwertträger besaßen, fielen natürlich nicht in den Bereich der eigentlichen kirchlichen Rechtsprechung. Diese verfügte über ein doppeltes Tätigkeitsfeld. Zuerst erstreckte sie sich auf alle Personen, die das heilige Zeichen trugen: Priester und Mönche. Darüber hinaus hatte sie sich bestimmter Delikte und Handlungen nahezu vollständig bemächtigt, deren Natur man als religiös ansah, auch wenn sie von weltlichen Personen begangen worden sind: angefangen bei der Ketzerei bis zum Schwur oder der Heirat. Ihre Entwicklung in der Feudalzeit offenbart nicht nur die Schwäche der großen weltlichen Mächte – die karolingische Monarchie hatte ihrem Klerus in diesem Punkt viel weniger Unabhängigkeit zugestanden –, sie belegt auch die in der Geistlichkeit vorhandene Tendenz, die Kluft zwischen der kleinen Gemeinschaft der Diener Gottes und der Menge der weltlich lebenden Menschen immer mehr zu verbreitern. Auch hier rief das Kompetenzproblem heftige Abgrenzungsstreitigkeiten hervor, die vor allem von dem Moment an erbittert geführt wurden, als sich angesichts der Übergriffe der geistlichen Macht Regierungen, die als solche zu bezeichnen sind, dagegen erhoben. Aber gerade weil die Rechtsprechung der Kirche ebenso wie ihr Recht innerhalb der Institutionen, die den Feudalismus kennzeichnen, tatsächlich einen Staat im Staate bildeten, entspricht es der Realität, wenn wir uns mit wenigen Worten ihrer Bedeutung und ihrer Rolle erinnern, um in Zukunft darüber hinwegzusehen.

2. Die Zersplitterung der Rechtsprechung

Ebenso wie das Personenrecht ist auch das System der Rechtsprechung im noch ungesitteten Europa vom traditionellen Gegensatz zwischen Freien und Sklaven beherrscht worden. Die ersten sind im Prinzip von Gerichten abgeurteilt worden, die ihrerseits aus anderen Freien bestanden. Die Verhandlungen wurden von einem Vertreter des Königs geleitet. Bei Streit unter Angehörigen der zweiten Gruppe kam dem Herrn sowohl die Entscheidungs- als auch die Strafgewalt zu, die jedoch zu ausschließlich von seiner Laune abhingen und daher nicht eigentlich als Rechtsprechung bezeichnet werden können. Es gab Ausnahmen, bei denen Sklaven einem öffentlichen Gericht übergeben worden sind, sei es, daß der Besitzer spontan zu diesem Mittel gegriffen hatte, um seine Verantwortung abzusichern, sei es selbst, daß das Gesetz aus Interesse an Ruhe und Ordnung ihn in bestimmten Fällen dazu verpflichtete. Aber auch dann wurde ihr Schicksal in die Hände Höherstehender gelegt, nicht in die von Gleichen. Nichts ist klarer als ein solcher scharfer Gegensatz. Jedoch bald mußte er dem unaufhaltsamen Druck des Lebens weichen.

In der Praxis zeigte sich allerdings die bekannte Tendenz, die Kluft zwischen den beiden juristischen Kategorien allmählich zu schließen. Viele Sklaven waren mit dem gleichen Besitztitel wie zahlreiche Freie zu Zinspflichtigen geworden. Viele Freie lebten unter der Macht eines Herrn und erhielten ihre Felder von ihm. Es lag nahe, daß der Herr schließlich seine Strafgewalt auf die Gesamtheit dieser kleinen Leute verschiedener Herkunft ausdehnte, die durch die Bande einer gemeinsamen Unterwerfung geeint waren. Wie hätte er sich nicht zum Richter bei Streitigkeiten innerhalb dieser Gruppe aufwerfen sollen? Seit Ende der Römerzeit ist zu beobachten, wie diese Privatjustiz der »Mächtigen«, manchmal mit eigenen Gefängnissen ausgestattet, außerhalb des Gesetzes aufkommt. Lobt nicht der Biograph des heiligen Cäsarius von Arles, der 542 starb, seinen Helden, weil er seinen Untergebenen niemals mehr als

39 Stockhiebe verabreichen ließ, zumindest nicht auf einmal? Er führte weiter aus, daß er diese Milde nicht nur gegenüber seinen Sklaven zeigte, sondern auch »den ihm zum Gehorsam verpflichteten Freien«. Es blieb den Barbarenreichen vorbehalten, diese de facto bestehende Situation auch rechtlich zu verankern.

Als solche war sie von Anfang an einer der wichtigsten Bestandteile und bald die wahre Existenzberechtigung der fränkischen »Immunität«, die in Gallien bereits seit sehr langer Zeit bestand und sich dank der Anstrengungen der Karolinger über ihr gesamtes großes Reich ausdehnen sollte. Das Wort bezeichnet die Vereinigung zweier Privilegien: Befreiung von bestimmten Steuererhebungen, Verbot für die königlichen Amtsträger, aus welchem Grund auch immer das »immune« Territorium zu betreten. Daraus ergab sich auch fast notwendigerweise die Übertragung bestimmter juristischer Rechte über die Bewohner auf den Herrn.

Es scheint in der Tat, daß sich die ausdrückliche Bewilligung dieser Immunitätsrechte in Form eines Rechtsanspruchs auf die Kirchen beschränkte. Die seltenen Ausnahmen, die man hier anführen könnte, stammen nicht nur aus späterer Zeit; sie werden außerdem eindeutig durch ganz ungewöhnliche Umstände gerechtfertigt. Mehr als das ohnehin immer verdächtige Schweigen der Chroniken überzeugt das Schweigen der von der fränkischen Kanzlei verwandten Formeln: Man würde dort vergeblich ein Schriftstück suchen, das als Modell dieses Typs zu Gunsten von Laien aufgefaßt werden könnte. In der Praxis war jedoch eine große Zahl von Laien auf anderem Weg zu denselben Vorteilen gelangt. Traditionellerweise wurden die königlichen Güter auch als »immun« klassifiziert. Darunter ist zu verstehen, daß sie direkt zu Gunsten des Fürsten genutzt und von einer speziellen Verwalterschaft verwaltet worden sind. Sie unterlagen nicht der Autorität der gewöhnlichen Amtsträger. Dem Grafen und seinen Untergebenen war es verboten, in der Immunität etwas einzunehmen oder sie überhaupt zu betreten. Wenn aber der König als Belohnung für geleistete oder zu leistende Dienste eines seiner Güter abtrat, behielt dieses damit das frühere Ausnahmerecht. Auch wenn es nur provisorisch gewährt war, gehörte dieses *beneficium* zumindest theoretisch nicht auch weiterhin zu den königlichen Ländereien?
Die Mächtigen, deren Vermögen zum großen Teil auf diese Schenkungen zurückgingen, besaßen auf vielen ihrer Lehnsgüter legale Privilegien, die denen der kirchlichen Immunitätsträger genau glichen. Es war ihnen zweifellos in vielen Fällen gelungen, diesen Vorteil, wenn auch weniger recht-

mäßig, auf ihre ererbten Besitztümer auszudehnen, auf denen sie seit sehr langer Zeit als Herren regierten.

Die Herrscher gewährten derartige Konzessionen aus verschiedenen, aber gleichfalls durch ihre Herrschaft bedingten Gründen. Es gab sie während der gesamten ersten Feudalzeit, und sie sind noch viel später von den Kanzleien mit inzwischen leer gewordenen Formeln übernommen worden. Ging es um die Kirchen? Sie mit Gunstbezeugungen zu überhäufen, war eine fromme Pflicht, die sehr bald mit der Pflicht, gut zu regieren, zusammenfiel: Auf diesem Weg rief der Fürst auf seine Völker den Tau himmlischen Segens herab. Was die Magnaten und Vasallen betraf, so schien diese Großzügigkeit ihnen gegenüber der notwendige Preis für eine brüchige Loyalität zu sein. Lag hier nicht ein schweres Hindernis, das den Handlungsspielraum der königlichen Beauftragten sehr stark einschränkte? Sie bewiesen gegenüber den Bevölkerungsteilen, die sich ihrem Herrn gegenüber nicht besonders folgsam zeigten, Härte, lieferten jedoch durch ihr Verhalten nur allzu oft Anlaß zu Mißtrauen. Auf ihnen wie auch auf den Führern kleiner Gruppen, auf die sich die Masse der Untertanen verteilte, ruhte die ihnen von der Monarchie zugewiesene Aufgabe, Ordnung und Gehorsam zu gewährleisten. Indem die Monarchie die Autorität dieser Verantwortlichen stärkte, verfolgte sie auch die Absicht, ihr eigenes Ordnungssystem zu sichern. Die private Gerichtsbarkeit hatte sich nur deshalb lange Zeit so ausbreiten können, weil sie aus der Ausübung von Gewalt entstanden war und allein durch Gewalt begrenzt wurde. Durch die Legalisierung ist sie mit einem Schlag in ihre gerechten Schranken verwiesen worden. Dieses Problem, das in der karolingischen Immunität deutlich spürbar wird, war mit einer allgemeinen Reform des Gerichtswesens verbunden, die von Karl dem Großen begonnen worden war und die in der Folgezeit die gesamte Entwicklung schwer belasten sollte.

Im Staat der Merowinger war der juristische Grundbezirk ein Gebiet von mittelmäßiger Ausdehnung: Seine Größenordnung entsprach den kleinsten napoleonischen Arrondissements – selbstverständlich unter Berücksichtigung der zahllosen lokalen Varianten. Man bezeichnete ihn im allgemeinen mit romanischen oder germanischen Namen, welche »die Hundert« (Hundertschaft, Centene) bedeuten: eine Bezeichnung reichlich mysteriöser Herkunft, die auf alte Institutionen der germanischen Völker und vielleicht auf ein Zahlensystem zurückgeht, das sich von unserem unterscheidet (der ursprüngliche Sinn des Wortes, das wir im modernen

435

Deutsch *Hundert* schreiben, war wahrscheinlich Hundertzwanzig). In den Ländern romanischer Sprache sagte man auch »voirie« oder »viguerie« (lateinisch: *vicaria*). Wenn der Graf durch die verschiedenen Centenen reiste, die seiner Gewalt unterstellt waren, rief er alle freien Männer am Ort zusammen, wo er Gericht hielt. Dort wurden die Urteile durch eine kleine Gruppe Richtender gefällt, die in der Versammlung ausgewählt waren; die Rolle des königlichen Amtsträgers beschränkt sich darauf, zunächst den Beratungen vorzustehen und anschließend die Beschlüsse zu vollstrecken.

Der Erfahrung nach schien dieses System mit einem doppelten Nachteil behaftet: es verpflichtete die Einwohner zu allzu häufigem Erscheinen. Auch der Graf konnte eine so schwere Amtspflicht kaum korrekt erfüllen. Karl der Große ersetzte es durch zwei sich überlagernde Arten der Rechtsprechungen, von denen jede innerhalb ihrer Sphäre Gültigkeit besaß. Der Graf besuchte auch weiterhin regelmäßig seine Centenen, um dort Gericht zu halten. Dort mußte wie in der Vergangenheit, die gesamte Bevölkerung erscheinen. Aber dieses Plenum unter Vorsitz des Grafen fand nur noch dreimal im Jahr statt: Eine eingeschränkte regelmäßige Abfolge, die eine Begrenzung der Kompetenzen ermöglichte, denn vor dieses »Grafending« (Vollgericht) werden von nun an nur diejenigen Prozesse gebracht, die die wichtigsten Fälle betreffen: die *causae maiores* (schwere Verbrechen). Was die *causae minores* angeht, so blieben sie für Sitzungen vorgesehen, die zugleich häufiger und begrenzter waren und bei denen nur die Richtenden erscheinen mußten. Ihre Leitung ist einem einfachen Untergebenen des Grafen anvertraut, seinem Stellvertreter im Bezirk, dem »Centenar« oder Aufseher.

Trotz der schrecklichen Ungenauigkeit unserer Quellen wird man kaum daran zweifeln, daß unter Karl dem Großen der Umfang der den Immunitätsherren verliehenen richterlichen Gewalt auf ihren Besitztümern mit den *causae minores* zusammenfiel. Mit anderen Worten, der so privilegierte Grundherr übte bei sich zu Hause die Funktion des Centenars aus. Wenn es sich aber im Gegensatz dazu um eine *causa maior* handelte? Die Immunität widersetzt sich jedem Versuch des Grafen, auf exemtem Boden den Angeklagten, den Verteidiger oder die Mitgeschworenen selbst zu bestimmen, aber es oblag der eigenen Verantwortung des Herrn, die erforderlichen Personen dem gräflichen Gericht zu benennen.

Die Unterscheidung zwischen *causae maiores* und *minores* sollte eine lange Nachwirkung zeitigen. Während der gesamten Feudalzeit und noch viel später beobachtete man in der Tat ihren Nachhall unter der neuartigen Bezeichnung »hohe« und »niedere« Gerichtsbarkeit. Dieser fundamentale Gegensatz, den alle Länder – und nur diese – aufweisen, die karolingischem Einfluß unterlagen, bedeutete auch weiterhin den Gegensatz zweier Kompetenzen, die auf ein und demselben Gebiet nicht notwendig in einer Hand vereint waren. Aber weder die Grenzen der stufenweise geordneten Befugnisse noch ihre Verteilung blieben in der Folge so, wie sie ursprünglich festgelegt worden waren.

Bei Verbrechen hatte die Karolingerzeit nach einigem Zögern im Fall der *causae maiores* ein weiteres, aus der Natur der Strafe hergeleitetes Kriterium festgelegt: Allein das Grafengericht konnte das Todesurteil aussprechen oder seine Umwandlung in Sklaverei verkünden. Dieses sehr klare Prinzip blieb über die Zeiten hinweg erhalten. Tatsächlich ließ die Veränderung des Freiheitsbegriffs bald die als Bestrafung erscheinende Versklavung verschwinden (die Fälle, in denen der Mörder eines Unfreien die gleichen Bindungen zu dem Herrn des Opfers eingeht, gehören in eine ganz andere Rubrik, die des Schadenersatzes). Der über die hohe Gerichtsbarkeit verfügende Gerichtsherr blieb jedoch immer der normale Richter der »Blutfälle«, womit solche gemeint sind, die die höchste Strafe nach sich ziehen. Das neue Faktum bestand darin, daß diese »Klagen an das Schwert«, wie das normannische Recht sagt, nicht mehr länger ein Privileg der hohen Gerichte darstellten. Es gibt kaum ein erstaunlicheres Phänomen zu Beginn der ersten Feudalzeit als die Tatsache, daß die Menge der kleinen »Führer« das Recht besaß, die Todesstrafe auszusprechen, noch ein Phänomen, das weiter verbreitet war, obwohl es zweifellos in Frankreich besonders ausgeprägt schien, und das für das Schicksal der menschlichen Gemeinschaften entscheidendere Bedeutung gehabt hätte. Was war geschehen? Allem Anschein nach können weder die Zersplitterung bestimmter gräflicher Rechte, ob erblich oder durch Schenkung erworben, noch die eindeutige und klare Usurpation ein solches Anschwellen ausreichend erklären. Ohnehin gibt es verschiedene Anzeichen für eine tatsächliche Verschiebung der Gerichtsverhältnisse. Alle großen Kirchen üben von jetzt an entweder selbst oder durch Vertreter die Blutgerichtsbarkeit aus. Diese Entwicklung, die sich über ältere Gesetze hinwegsetzt, ist als natürliche Folge der Immunität anzusehen. Man spricht mitunter von der »Centene« oder der »Vikarie«: Das bedeutet die nahezu offizielle Anerkennung dessen, daß dieses Recht in den Bereich von Gerichten zweiten Ranges gehörte. Mit anderen Worten: Die ehemals von den Karolingern errichtete Schranke war in diesem Punkt gefallen. Zweifellos handelt es sich keineswegs um eine unerklärliche Entwicklung.

Allerdings sollten wir uns nicht darüber täuschen, daß Todesurteile, die ehemals den Grafengerichten vorbehalten waren – ebenso wie auf noch höherer Ebene dem königlichen Gericht oder den von den *missi* einberufenen Gerichten –, in der fränkischen Zeit nicht sehr häufig ergingen. Allein Verbrechen, die im Sinne der öffentlichen Ordnung als besonders verabscheuungswürdig galten, wurden mit solchen Strafen belegt. Sehr viel häufiger beschränkte sich die Rolle des Richters darauf, einen Vergleich vorzuschlagen oder festzusetzen sowie die Zahlung einer dem gesetzlichen (Bußen-)Tarif entsprechenden Entschädigung vorzuschreiben, von der die mit juristischen Vollmachten ausgestattete Obrigkeit einen Teil erhielt. Aber in der Zeit, als die Staatsgewalt versagte, folgten einander ständig Blutfehden und Gewalttätigkeiten. Eine Reaktion auf das alte System der Unterdrückung, dessen nicht zu bezweifelnde Unwirksamkeit durch die Fakten selbst bewiesen scheint, ließ nicht lange auf sich warten. Sie war eng mit der Friedensbewegung verbunden. Eine besonders charakteristische Ausprägung fand sie in der völlig neuen Haltung, die einflußreiche kirchliche Kreise einnahmen. Vor nicht langer Zeit hatten sie aus Abscheu vor Blutvergießen und den langen Querelen die Praxis der Geldbußen begünstigt. Von nun an forderten sie mit Nachdruck, dieses allzu leichte Freikaufen durch Leibesstrafen zu ersetzen, die ihrer Meinung nach einzig und allein dazu angetan waren, die Übeltäter abzuschrecken. Zu jener Zeit – ungefähr im 10. Jahrhundert – begann der europäische Strafkodex diese Form extremer Härte anzunehmen, deren Stempel bis zu den humanitären Bemühungen der jüngsten Zeit sichtbar blieb. Es war ein erschreckender Gestaltwandel, der anfangs von dem Wunsch getragen war, den Menschen gerade dieses Leiden zu ersparen, obwohl er auf die Dauer die Gleichgültigkeit gegenüber menschlichem Leiden aufrecht erhielt.

Jedoch bei allen Kriminalsachen, gleich welcher Schwere, bei denen der Scharfrichter nicht eingriff, blieben die niederen Gerichte, ob es sich nun um solche der Centenen oder der Immunität handelte, immer zuständig. Als die Geldbußen allmählich vor den eigentlichen Strafen zurückwichen, blieben die Richter dieselben. Einzig die Art der Urteile änderte sich, und die Grafen behielten nicht mehr das Monopol auf die Todesstrafe. Der Übergang ist im übrigen durch zwei Grundzüge der vorangehenden Ordnung erleichtert worden. Stets hatten die Gerichte des Centenars das Recht besessen, Leibesstrafen über die bei handhafter Tat ergriffenen Schuldigen zu verhängen. So scheint es die Sorge um die öffentliche Ordnung verlangt zu haben. Der gleiche Gedanke bewog diese Gerichte, sich nicht an die früher festgelegte Einschränkung zu halten. Die Immunitätsherren hatten immer über Leben und Tod ihrer Sklaven verfügt. Wo verliefen von nun an die Grenzen zur Hörigkeit unter den Abhängigen? Sieht man von den Verbrechen ab, gehörten zwei Kategorien von Verfahren in die Zuständigkeit der Grafengerichte: Jene, die den Status – Sklave oder Freier – einer der betroffenen Parteien oder den Besitz von Sklaven ins Spiel brachten, und weiter jene, die sich auf den Besitz von Allodien bezogen. Dieses zweifache Erbe sollte nicht unangefochten auf die viel zahlreicheren Inhaber der hohen Gerichtsbarkeit der folgenden Epoche übergehen. Die die Allodien betreffenden Rechtsstreitigkeiten, die im übrigen immer seltener wurden, blieben oft das Monopol der wahren Erben der gräflichen Rechte, so in Laon, wo bis zum 12. Jahrhundert der Bischof der Graf war[332]. Was die sich auf die Leibeigenschaft oder die Sklaverei beziehenden Fragen betraf, so führten das gleichsame Verschwinden der Haussklaverei ebenso wie die Entstehung einer neuen Auffassung von Freiheit dazu, daß sie in den zahlreichen Debatten über das Erbgut im allgemeinen oder über die Abhängigkeit des Menschen untergingen. Es handelte sich um eine Art von Streitfällen, die niemals zu den *causae maiores* gehört hatten. Man hätte glauben können, daß den nach oben und unten ihrer Aufgaben so entblößten hohen Gerichten eigentlich nur die Rolle einer reinen Strafjustiz verblieb. Das »zivile« Recht im heutigen Sinne fand jedoch dort über Verfahrensfragen wieder Eingang. In der Feudalzeit wurde eine große Zahl der Streitigkeiten jeglicher Art durch Duell entschieden. Auf Grund einer natürlichen Gedankenverbindung setzte man, zweifellos nicht immer, aber sehr häufig, voraus, daß sich diese Art der geharnischten Beweisführung nur vor den »Blutgerichten« abspielen könne.

Jeder Inhaber der Hochgerichtsbarkeit besaß in der Feudalzeit auf den Ländereien, die ihm direkt unterstanden, gleichermaßen die niedere Gerichtsbarkeit. Aber das Gegenteil traf keinesfalls zu oder sollte sich später nur für bestimmte Gebiete in dieser Weise herausbilden, so, um Beaumanoir zu glauben, in der Gegend von Beauvais im 12. Jahrhundert und nur im Sinne einer Entwicklung. Andererseits war es lange Zeit kein Ausnahmefall, daß die Leute, die bei Prozessen niederen Ranges der Rechtsprechung des Herrn unterstanden, auf dessen Boden sie lebten, dagegen ihre schwersten Fälle vor ein benachbartes Gericht trugen. Wie auch immer die Verteilung der gerichtlichen Befugnisse aussah, so hatte sie doch niemals die Überlagerung der in verschiedenen Händen befindlichen Kompetenzen beseitigt, doch war auf der ganzen Linie damit ein Herabsinken um eine Stufe verbunden. Das sah tatsächlich so aus, daß die Nachfolger der Vikare oder Centenare und die Immunitätsherren sowie sicherlich eine große Zahl einfacher Machtträger, die jeder Gerechtsame dafür entbehrten, den Grafen, von den Allodien abgesehen, das Monopol, über die *causae maiores* zu entscheiden, entrissen, um auf diese Weise zu Inhabern der Hochgerichtsbarkeit zu werden, während man sie ihrerseits zugleich das Monopol der *causae minores* zu Gunsten der Masse der Grundherren verlieren sieht. Von jetzt an verfügt jeder, der einer kleinen Gruppe einfacher Abhängiger vorsteht, jeder, der die Abgaben einer kleinen Gruppe von Landgütern empfängt, zumindest über die niedere Gerichtsbarkeit. Mit dieser hatten sich im übrigen allmählich eine ganze Reihe von Elementen verschiedenen Alters und verschiedener Art gemischt.

Sie umfaßte zuerst das Gericht über alle Streitfälle, bei denen sich der Herr selbst und seine Hintersassen direkt gegenüber standen, vor allem wenn es sich um die Abgaben handelte, mit denen die letzteren belastet waren. Es ist überflüssig, hier auf das Erbe der offiziellen Rechtsordnung zu verweisen. Die eigentliche Quelle dieses Rechts lag in dem Bild, das man sich von den Vollmachten des Anführers machte. Dieses Bild war schon sehr alt und läßt eine sehr lebendige Entwicklung erkennen. Besser gesagt, ging es um die Vorstellung von einer Person gleich welcher Art, die sich in der Lage sah, von einem anderen Mann die Erfüllung einer Verpflichtung zu verlangen, die je nach seiner niederen Stellung abgestuft war.

Im Frankreich des 12. Jahrhunderts gibt der Besitzer eines bescheidenen Lehngutes dieses einem Bauern in Pacht und läßt sich seinerseits von seinem eigenen Herrn für den Fall, daß jener die Summe zu zahlen versäumt, »die Ausübung der Gerichtsbarkeit allein in dieser Sache und in keiner anderen« bestätigen[333]. Von der Rechtsprechung im eigentlichen Sinne bis zur persönlichen Ausübung durch den Gläubiger – die seither sehr häufig praktiziert und oft auch gesetzlich anerkannt wurde – waren die Übergänge nicht immer deutlich spürbar und im Bewußtsein der Öffentlichkeit unterschieden sich beide Begriffe zweifellos sehr wenig. Diese auf den Zinszahlungen beruhende Rechtsprechung – die »Grund- und Bodenrechtssprechung« (justice foncière) der französischen Juristen der nachfolgenden Zeit – stellte dennoch nicht die gesamte niedere Gerichtsbarkeit dar. Im Niedergerichtsherrn fanden die auf seinem Boden lebenden Menschen normalerweise auch den Richter über alle zivilen Sachen, die, vorbehaltlich des Rückgriffs auf den gerichtlichen Zweikampf, unter ihnen selbst anfallen konnten, ebenso wie über alle ihre kleinen und mittleren Delikte: Er versah dabei eine Funktion, in der sich das Vermächtnis der *causae minores* und das Recht der Entscheidung und Bestrafung

(Zwing und Bann) mischten, das von den Herren faktisch seit langem gehandhabt worden ist.

Hohe und niedere Gerichtsbarkeit waren beide gleichermaßen an den Boden gebunden. Wer innerhalb ihres Bezirkes wohnte, war ihnen unterworfen, wer außerhalb lebte, entging ihnen. Aber in dieser Gesellschaft, in der die Bande von Mensch zu Mensch so stark waren, bestand eine ständige Konkurrenz zwischen dem territorialen und dem personellen Prinzip. Jedem, der sein *mundeburdium* (Schutzherrschaft) auf einen Schwächeren als er selbst es war, ausdehnte, oblag in fränkischer Zeit zugleich das Recht und die Pflicht, seinen Schützling zum Gericht zu begleiten, ihn dort zu verteidigen und für ihn zu bürgen. Der Schritt von dort bis zur Forderung, das Urteil selbst zu sprechen, war leicht getan. Das galt für alle Ränge der abgestuften Ordnung.

Niedrige Stellung und Abhängigkeit waren unter den persönlich Abhängigen bei denjenigen am stärksten ausgeprägt, die auf Grund des erblichen Charakters ihrer Bindung bereits gewohnheitsmäßig als Unfreie betrachtet worden sind. Nach einer allgemein gültigen Regel kam für sie kein anderer Richter in Betracht – wenigstens keine anderen Blutrichter – als ihre eigenen »Leibherren«. Das galt sogar, wenn sie nicht auf seinem Grund lebten oder wenn dieser Herr über seine anderen Hintersassen keine hohe Gerichtsbarkeit ausübte. Oft versuchte man, ähnliche Grundsätze auf andere Personengruppen einfacher Untergebener anzuwenden, die – wenn sie auch nicht vom Vater auf den Sohn an den Herrn gebunden waren – dennoch in sehr enger Abhängigkeit zu seiner Person standen, zum Beispiel auf die Diener und Dienerinnen und sogar auf die Händler, die die Kirchenfürsten in den Städten mit Käufen und Verkäufen beauftragten. Diese Forderungen, die in der Praxis schwer durchzusetzen waren, stellten eine ständige Quelle der Ungewißheit und der Konflikte dar.

In dem Maße, wie die neue Sklaverei tatsächlich den Charakter der alten bewahrte, konnte die ausschließliche Gerichtsgewalt des Herrn über seine Hörigen als natürliche Fortsetzung des alten Rechts zu strafen gelten. Diesen Gedanken scheint übrigens ein deutscher Text aus dem 12. Jahrhundert zum Ausdruck zu bringen[334]. Dagegen unterstanden die militärischen Vasallen, da sie freie Männer waren, in karolingischer Zeit nur dem öffentlichen Gericht; das war zumindest die Rechtslage. Wie kann man daran zweifeln, daß der Herr nicht tatsächlich bemüht war, die Schwierigkeiten zu regeln, die die Eintracht seiner Getreuen gefährden konnten? Oder daß Personen, die durch die *satellites* (Abhängige) eines Mächtigen Schaden erlitten, sich wegen der Wiedergutmachung des Übels an diesen selbst wandten, um sicherzugehen? Diese Praktiken lassen seit dem 10. Jahrhundert eine regelrechte Gerichtsbarkeit entstehen. Im übrigen ist der Gestaltwandel, der bisweilen fast unmerklich eintrat, durch den Verlauf begünstigt worden, den die allgemeine Entwicklung der Gewalt innerhalb der öffentlichen Rechtsprechung genommen hatte. Zunächst als *honores* verliehen, fielen die meisten dieser Gerichte später als erbliche Lehen in die Hände von Magnaten, die sie mit ihren Getreuen besetzten. In manchen Fürstentümern kann man deutlich verfolgen, wie sich das so zusammengesetzte Grafengericht nach und nach in einen wirklichen feudalen Gerichtshof verwandelte, bei dem vor allem der Vasall die Prozesse der anderen Vasallen entschied.

3. Gericht der Standesgenossen oder Gericht des Herrn?

Der freie Mann wurde durch eine Versammlung von freien Männern gerichtet, der Sklave von seinem Herrn gestraft, von ihm allein: Diese Teilung konnte die Umwälzungen der Gesellschaftsordnung kaum überstehen, besonders dann nicht, als so viele ehemals freie Menschen in die Hörigkeit abgesunken waren, die innerhalb ihrer neuen Bindung zahlreiche Züge ihres ursprünglichen Status bewahrten. Das Recht, von »ihren Standesgenossen« gerichtet zu werden, wurde Personen von nur wenig höherem Rang niemals abgesprochen. Das erklärt sich im übrigen aus der Einführung hierarchischer Unterschiede, die – wie man gesehen hat – nicht ohne grobe Eingriffe in das alte Prinzip des Gerichtsstandes vor Gleichen verlief, der ganz einfach aus einer gemeinsamen Freiheit entsprungen war. Außerdem dehnte das Gewohnheitsrecht an vielen Orten eine Praxis der Rechtsprechung auf die Gesamtheit der Abhängigen bis zu den Leibeigenen hin aus, daß der Angeklagte, wenn auch nicht immer durch völlig Gleichgestellte, dann zumindest doch von Kollegien gerichtet wurde, die aus Untertanen desselben Herrn zusammengesetzt waren. In den Gebieten zwischen Seine und Loire wurde die Hochgerichtsbarkeit auch weiterhin gewöhnlich in den »Vollgerichten« (*placita generalia*) ausgeübt, bei denen sämtliche Bewohner des Gebietes anwesend sein mußten. Was die Richtenden betraf, so wurden sie noch häufig entsprechend strenger karolingischer Tradition von dem Inhaber der Gerichtsherrschaft auf Lebenszeit ernannt. Es handelte sich um die Schöffen, oder, da die Feudalisierung der Funktionen auch hier eingetreten war, blieb die Pflicht, zu Gericht zu sitzen, schließlich erblich an bestimmte Lehen gebunden. Im übrigen scheinen sich der Herr oder sein Vertreter damit begnügt zu haben, sich ein wenig aufs Geratewohl mit den vornehmsten Würdenträgern zu umgeben, mit den »guten Leuten« des Ortes. Über diese Verschiedenheit hinaus bleibt eine zentrale Tatsache bestehen. Es mag bequem sein, von königlicher oder grundherrlicher Justiz zu sprechen, aber es ist nur dann berechtigt, wenn man nicht vergißt, daß der König oder der hohe Adlige fast niemals persönlich zu Gericht saßen und das gleiche auch für viele Grundherren und Dorfherren galt. Vom jeweiligen Herrn einberufen, tagte es häufig unter seinem Vorsitz und war sein Gericht, das Recht »sprach« oder »fand«, mit anderen Worten, es brachte die Gesetzesvorschriften in Erinnerung und fügte sie seinem Urteil ein. »Das Gericht fällt das Urteil, nicht der Herr«, versichert wörtlich ein englischer Text[335]. Es wäre jedoch ebenso unklug, die Garantien, die den Angeklagten damit gegeben waren, überzubewerten wie auch sie völlig zu leugnen. »Schnell, schnell, beeilt euch, mir ein Urteil zu fällen«: so sprach der ungeduldige Heinrich Plantagenêt, der von seinen Getreuen Thomas Beckets Verurteilung forderte[336]. Diese Worte kennzeichnen in kurzer Form recht gut sowohl die Grenzen, die die von Fall zu Fall unendlich wandelbare Macht einer hochgestellten Person der Unparteilichkeit der Richter auferlegt hat, wie auch den Umstand, daß selbst der gewalttätigste Tyrann doch nicht ohne ein Richterkollegium auskommen konnte.

Aber der Gedanke, daß die Unfreien und auf dem Weg einer natürlichen Angleichung auch die ranguntersten Abhängigen keinen anderen Richter anerkennen sollten als ihren Herrn, war im Bewußtsein so tief verankert, daß er nicht ohne weiteres in Vergessenheit geraten konnte. In den früher romanisierten Gebieten fand er außerdem eine Stütze in dem, was von den Römern geprägt war und auch überlebte, oder in Erinnerungen an die römische Verfassung und Organisation. Die Magistrate waren dort den zu Richtenden gegenüber höher-, nicht gleichgestellt. Mehr als einmal äußerte sich der Widerstreit gegensätzlicher Prinzipien, zwischen denen man wählen mußte, in der Verschiedenartigkeit der Gewohnheiten. Je nach Gegend oder selbst Dörfern sind die Bauern bald von Richterkollegien, bald vom Herrn oder seinem Amtswalter allein gerichtet worden. Das letztere Verfahren scheint ursprünglich nicht sehr häufig gewesen zu sein. Aber in der zweiten Periode der Feudalzeit verlief die Entwicklung eindeutig zu seinen Gunsten. Es gab den *Court baron*, der aus persönlich freien Landbesitzern einer Grundherrschaft gebildet war, die über das Schicksal anderer ebenso gestellter Personen entschieden, und den *customary court,* in dem der Hintersasse, der von jetzt an nicht mehr als Freier angesehen worden ist, sich den Sprüchen des Seneschalls beugte: So wirkt sich die folgenschwere Unterscheidung aus, die sich die englischen Juristen im 12. Jahrhundert in die bis dahin recht einfache Rechtsordnung der englischen Grundherrschaft einzuführen bemühten. Ungeachtet einer noch weit verbreiteten Praxis will die von Beaumanoir vertretene Lehre auch in Frankreich in der Rechtsprechung durch die Standesgenossen das Monopol der Adligen sehen. Die Hierarchisierung, die eines der Kennzeichen der Epoche war, unterwarf ihren Zielen selbst die Gerichtsherrschaft.

4. Am Rande der Zersplitterung: ältere Relikte und neue Elemente

So zersplittert und von der Grundherrschaft zersetzt die Rechtsprechung auch war, so wäre doch die Vorstellung völlig falsch, in der feudalen Welt hätten keine alten Formen der Rechtsprechung, die aus den Volksrechten oder dem öffentlichen Recht stammten, überlebt. Aber ihre Widerstandskraft, die nirgendwo zu übersehen war, schwankte beträchtlich in den jeweiligen Ländern. Deshalb ist es an dieser Stelle angebracht, den Akzent stärker als es bisher geschehen konnte, auf die nationalen Gegensätze zu legen.

Trotz nicht zu leugnender Eigenarten wies die englische Entwicklung sichtbare Analogien zu derjenigen des fränkischen Staates auf. Dort finden wir noch an der Basis der Gerichtsordnung die Hundertschaften mit ihrem aus freien Richtern bestehenden Gericht. Dann begannen sich ungefähr im 10. Jahrhundert über die Hundertschaften die Grafschaften zu entwickeln, die in der Landessprache *shire* genannt worden sind. Im Süden entsprachen ihnen noch lebendige ethnische Gliederungen, frühere Königreiche, die später allmählich in größeren Monarchien aufgingen – wie Kent oder Sussex –, oder wohl Gruppen, die sich im Schoße eines Volkes spontan gebildet hatten, das auf dem Wege zu dauerhafter Siedlung war, wie Suffolk und Norfolk, »Nordvolk« und »Südvolk«, die die beiden Hälften des ursprünglichen Ost-Anglien darstellten. Dagegen waren sie in der Mitte und im Norden von Anfang an nur Verwaltungs- und Militärbezirke, die erst später willkürlich zum Zeitpunkt des Kampfes gegen die Dänen mit einer Zitadelle als Mittelpunkt geschaffen worden waren. Deshalb tragen die meisten Bezirke in diesem Teil des Landes in der Regel einfach den Namen des Hauptortes. Das *shire* besaß auch weiterhin sein Gericht aus freien Männern. Aber die Verteilung der Kompetenzen war hier viel weniger klar als im karolingischen Reich geordnet.

Trotz einiger Versuche, dem gräflichen Gericht das Richten über bestimmte, gegen den Landfrieden besonders verstoßende Verbrechen vorzubehalten, scheint es vor allem dort eingegriffen zu haben, wo sich die niederen Gerichte als ohnmächtig erwiesen hatten. Das erklärt, weshalb die Scheidung zwischen hoher und niederer Gerichtsbarkeit dem englischen System immer fremd geblieben ist.

Wie auf dem Kontinent sahen sich die öffentlichen Gerichtshöfe in Konkurrenz mit der Rechtsprechung der großen Herren. Bereits in früher Zeit hören wir in den Quellen von Gerichtssitzungen des Herrn in seinem Hause, seiner *hall*. Später legalisierten die Könige diesen de facto bestehenden Zustand. Seit dem 10. Jahrhundert gewährten sie die Erlaubnis zu richten, bekannt als Recht auf *sake* and *soke* (*sake*, das dem deutschen Substantiv *Sache* entspricht, bedeutet »Fall« oder »Prozeß«; *soke*, das man zum deutschen Verb *suchen* stellen muß, bezeichnet das »Suchen« des Richters, das heißt die »Zuflucht« zu seinen Urteilen). Diese Erlaubnis bezieht sich bald auf ein geschenktes Stück Land, bald auf eine Personengruppe. Die so verliehenen Machtbefugnisse fielen ungefähr, wie man weiß, mit der sehr weitreichenden Kompetenz der angelsächsischen Hundertschaft zusammen, was ihr von Anfang an einen größeren Handlungsspielraum verschaffte, als ihn grundsätzlich die karolingische Immunität umfaßte. Sie entsprach jedoch ungefähr den Rechten, die sich die Immunitätsherren im 10. Jahrhundert aneignen konnten. Ihre Auswirkungen auf die gesellschaftlichen Bindungen schienen so bedeutsam, daß der persönlich freie Grundholde aus seiner Unterwerfung unter das Gericht des Herrn seinen gewöhnlichen Namen erhielt, *sokeman*, eigentlich »der ein Gericht sucht, der Gerichtsinsasse« (*suitor*). Mitunter empfingen bestimmte Kirchen oder bestimmte große Grundherren als Schenkung für alle Zeit das Recht, das Hundertschaftsgericht zu halten, und man ging so weit, bestimmten Klöstern, wenn auch nur einer sehr kleinen Zahl, die Befugnis zu übertragen, alle Verbrechen zu richten, auch wenn das Urteilen gewöhnlich dem König vorbehalten war.

So bedeutsam diese Zugeständnisse auch waren, zerstörten sie doch niemals vollständig die alte kollegial verfaßte Rechtsprechung des Volksrechts. Selbst dort, wo sich das Hundertschaftsgericht in Händen eines Adligen befand, trat es weiter wie in der Zeit zusammen, als noch ein Vertreter des Königs den Vorsitz führte. Schließlich funktionierten auch die Grafschaftsgerichte ohne Unterbrechung nach dem alten Schema. Zweifellos erschienen die Großen des Landes, die zu hoch gestellt waren, um sich seinen Sprüchen zu unterwerfen, und die Bauern, auch die freien, die unter grundherrliche Gerichtsbarkeit geraten waren, nicht mehr vor diesen Versammlungen. Sonst mußten sich allein die kleinen Leute aus den Dörfern dort durch den Priester, den Amtsträger des Herrn und vier Männer vertreten lassen. Aber alle, die eine Mittelstellung an Macht und Freiheit einnahmen, waren verpflichtet, dort zu erscheinen. Eingezwängt zwischen die grundherrlichen Gerichte und – seit der normannischen Eroberung – die ihren Einfluß ausdehnende königliche Gerichtsbarkeit, nahm die Bedeutung der alten Gerichte für die Rechtsprechung ständig ab. Sie ließ sich dennoch nicht ganz übersehen. Vor allem geschah es hauptsächlich im Rahmen der Grafschaft, aber auch in dem beschränkteren der Hundertschaft, daß die lebendigsten Elemente des Volkes den Brauch bewahrt hatten, sich zu versammeln, um die Gewohnheiten des territorialen Personenverbandes festzulegen, in seinem Namen auf alle möglichen Untersuchungen zu antworten, sogar, wenn nötig, die Verantwortung für gemeinschaftliche Verfehlungen zu übernehmen, und zwar bis zu dem Tag, an dem sämtliche zusammengerufenen Vertreter der Grafschaftsgerichte den ältesten Kern dessen bildeten, was später zum Unterhaus (House of Commons) werden sollte. Gewiß stand die Wiege des englischen parlamentarischen Systems nicht in den »Wäldern Germaniens«. Es erhielt seine stärkste Prägung in der feudalen Welt, der es entsprossen war. Doch seine besondere Färbung, die es so deutlich vom »Staaten«-System des Kontinents schied, und noch allgemeiner die Zusammenarbeit der wohlhabenden, die Macht tragenden Klassen, die seit dem Mittelalter ein Charakteristikum der politischen Struktur Englands ist, lassen den Ursprung des parlamentarischen Systems deutlich in der Versammlung freier Männer erkennen, die auf englischem Boden fest verankert war und den alten Gewohnheiten der barbarischen Zeiten entsprach.

Abgesehen von der unendlichen Vielfalt der lokalen oder regionalen Gebräuche bestimmten zwei wichtige Faktoren die Entwicklung der deutschen Gerichtsverfassung. Da das »Lehnsrecht« vom »Landrecht« geschieden blieb, entwickelten sich die Gerichte der Vasallen Seite an Seite mit der alten Rechtsprechung, ohne sie sich einzugliedern. Andererseits bewahrten die alten Grafschafts- oder Hundertschaftsgerichte – trotz einer Kompetenzverteilung, die auf sehr unbefriedigende Weise festgelegt war – ein noch weit ausgedehnteres Tätigkeitsfeld, was sich daraus erklärt, daß eine stark gestaffelte soziale Hierarchie weiter bestand und vor allem die Idee lange weiterlebte, Freiheit zu genießen bedeute, ohne Zwischenglied von der öffentlichen Macht abhängig zu sein. Das traf besonders auf den Schwäbischen Jura und auf Sachsen zu, Landstriche, in denen es zahlreiche Allodien und nur eine unvollständig ausgebildete

Grundherrschaft gab. Bald entstand jedoch die Gewohnheit, von den Richtern oder Schöffen generell ein gewisses Vermögen an Grundbesitz zu fordern. Manchmal sah man sogar ihr Amt, entsprechend einer damals fast allgemeinen Tendenz, als erblich an, was so weit ging, daß die Achtung vor dem alten Grundsatz, den freien Mann dem Gericht aus freien Männern zu unterwerfen, oft am Ende in einer Zusammensetzung der Gerichte einmündete, die stärker als anderswo oligarchisch geprägt waren.

Frankreich war ohne Zweifel zusammen mit dem nördlichen Italien das Land der feudalen Gerichtsbarkeit par excellence. Das karolingische System hatte dort vor allem im Norden tiefe Spuren hinterlassen. Aber sie berührten lediglich die Hierarchisierung der grundherrlichen Gerichte, ob es sich nun um hohe oder niedere handelte, und ihre innere Verfassung. Die Gerichtsversammlungen der Hundertschaften oder »Vikarie« verschwanden schnell und endgültig. Es ist charakteristisch, daß der Bereich, in dem ein Herr die hohe Gerichtsbarkeit besaß, in der Regel die Bezeichnung Kastellanei erhielt, so, als ob das allgemeine Bewußtsein die Herkunft des Rechtes, Gericht zu halten, nur noch am Besitz eines festen Hauses erkennen würde, das zugleich Ursprung und Symbol der tatsächlichen Macht war. Das heißt jedoch nicht, daß von den alten Grafengerichten nichts erhalten geblieben wäre. In den großen Territorialfürstentümern wußte sich der Fürst mitunter, zumindest in weiten Bereichen, das Monopol über die Blutgerichtsbarkeit vorzubehalten, zum Beispiel in Flandern, in der Normandie, in Béarn. Wie wir gesehen haben, richtete der Graf häufig über Allodien. Er entschied die Prozesse, in denen die nur unvollkommen in die feudale Hierarchie eingegliederten Kirchen als Parteien fungierten. Im Prinzip hatte er auch die Gerichtsbarkeit über Märkte und öffentliche Straßen inne, wenn sie nicht vergeben oder usurpiert war. Dort zeigte sich schon zumindest im Keim ein wirksames Mittel gegen die Aufsplitterung der Gerichtsbarkeit.

Das war es nicht allein. In ganz Europa strebten zwei starke Kräfte danach, die Aufsplitterung der Gerichtsbarkeit zu begrenzen und ihr entgegenzuwirken. Die eine wie die andere zeigten über lange Zeit nur geringen Erfolg, aber beiden sollte eine große Zukunft beschieden sein.

Zuerst sind die Königreiche zu erwähnen. Daß der König seinem Wesen nach der oberste Gerichtsherr seiner Völker war, darin stimmten alle überein. Man mußte aus diesem Prinzip nur praktische Konsequenzen ziehen. Hier betraf das Problem die Ebene des Handelns und der tatsächlichen Macht. Das Gericht der Kapetinger hatte im 11. Jahrhundert nur die Aufgabe, diejenigen zu richten, die unmittelbar vom Fürsten abhängig waren, wie auch seine Kirchen, oder, was höchst selten geschah und weniger wirksam blieb, als Vasallengericht zu dienen, vor dem die großen Lehnsmänner der Krone ihren Gerichtsstand hatten. Dagegen zog das Gericht des deutschen Königs, das nach karolingischem Vorbild ausgerichtet war, eine große Zahl bedeutender Fälle an sich. Aber selbst wenn sie einigermaßen aktiv waren, zeigten sich diese an die Person des Souveräns gebundenen Gerichte offensichtlich unfähig, die Masse der Untertanen zu erreichen. Es reichte nicht einmal wie in Deutschland aus, daß jede andere Form der Gerichtsbarkeit dort erlosch, wo der König auf seinen Rundreisen erschien. Die Macht der Monarchie konnte nur dann ein entscheidendes Element im System der Rechtsprechung werden, wenn sie ihre Fangarme quer über das ganze Reich ausstreckte und sich dabei auf ein Netz von reisenden Richtern oder ständigen Vertretern stützte. Das wurde zu einer Zeit erreicht, als sich eine allgemeine Neugruppierung der Kräfte vollzog, die das Ende des zweiten Abschnitts der Feudalzeit kennzeichnete: zuerst unter den anglo-normannischen und anglo-angevinischen Herrschern und später und viel langsamer unter den Kapetingern. Die einen wie die anderen, aber vor allem die letzteren, sollten später im Vasallensystem selbst eine wertvolle Unterstützung finden, denn der Feudalismus, dem es gelungen war, das Recht des Richtens auf so viele Hände zu verteilen, lieferte durch die Praxis der Appelation gleichzeitig ein Heilmittel gegen die Zersplitterung.

Man verstand zu jener Zeit nicht, daß ein einmal entschiedener Prozeß mit den gleichen Parteien vor anderen Richtern von neuem aufgerollt werden konnte. Mit anderen Worten: Der tatsächliche, in gutem Glauben begangene Irrtum ließ sich nicht wieder gutmachen. Nahm jedoch einer der Kläger an, daß das Gericht mit Absicht falsch geurteilt hatte, oder erhob er gar den Vorwurf, es habe sich, was noch schlimmer war, geweigert, ein Urteil zu fällen, so hinderte ihn nichts, die Mitglieder vor einer noch höheren Autorität weiter zu verfolgen. Wenn der Kläger bei diesem Unternehmen, das sich völlig von dem vorigen unterschied, den Prozeß gewann, erhielten die schlechten Richter im allgemeinen eine Strafe, und ihr Urteilsspruch wurde in jedem Fall revidiert. Die so verstandene Berufung, die wir heute Kontrolle des Richters nennen würden, gab es seit der Zeit der Barbarenstaaten, aber sie konnte damals nur vor der einzigen Gerichtsinstanz eingelegt werden, die sich über dem Gericht der Freien erhob, nämlich vor dem königlichen Gericht. Das bedeutet, daß dieser Fall in der Praxis selten vorkam und mit Schwierigkeiten verbunden war. Die Lehnsherrschaft eröffnete neue Möglichkeiten. Jeder Vasall hatte von jetzt an seinen Lehnsherrn als zuständigen Richter. Rechtsverweigerung war nun ein Verbrechen wie jedes andere auch. Man wandte daher auch ganz natürlich die allgemeine Regel an, und die Berufung stieg so von Stufe zu Stufe die Lehnspyramide empor. Dieses Verfahren erforderte großes Geschick, und es war vor allem gefährlich: denn der Beweis wurde gewöhnlich durch das Duell erbracht. Zumindest war das feudale Gericht, an das man sich von jetzt an zu wenden hatte, wesentlich leichter zugänglich als dasjenige eines allzu fernen Königs; gelangte man jedoch schließlich zum Herrscher, so geschah es allmählich. Die Berufungen wurden in der Rechtspraxis der oberen Klassen immer weniger zur Ausnahme. Weil das Vasallen- und Lehnssystem eine Rangordnung der Abhängigkeiten einschloß und zwischen den einander übergeordneten Führern eine Reihe von direkten Berührungen herstellte, ermöglichte es ein neues Element der Einheit in das Gerichtswesen wiedereinzuführen, das zu bewahren sich die Monarchien als unfähig erwiesen hatten, weil sie für die Mehrheit der als Untertanen angesehenen Bevölkerung unerreichbar waren.

2. Kapitel

Die traditionellen Mächte:
Die Königreiche und das Kaiserreich

1. Geographische Verteilung der Königreiche

Über dem Staub der Grundherrschaften, der Familien- oder Dorfgemeinschaften und der Vasallengruppen erhoben sich im feudalen Europa verschiedene Gewalten, die wegen ihrer ausgedehnten Grenzen lange Zeit eine stark eingeschränkte Aktionsfähigkeit in Kauf nehmen mußten, deren Bestimmung es dennoch war, in dieser zerstückelten Gesellschaft bestimmte Grundsätze der Ordnung und der Einheit aufrechtzuerhalten. An der Spitze bezogen das Kaiserreich und die Königreiche ihre Kraft und ihre Ansprüche aus einer langen Vergangenheit. Weiter unten standen stufenweise Herrschaftsformen jüngeren Datums in fast unmerklicher Abstufung übereinander, die vom Territorialfürstentum bis zur Herrschaft eines einfachen Barons oder zu einer Burggrafschaft reichten. Es empfiehlt sich, zuerst die geschichtsträchtigen Mächte zu betrachten.

Der Westen war nach dem Untergang des römischen Imperiums in Königreiche zerteilt, die von germanischen Dynastien regiert wurden. Von diesen »barbarischen« Monarchien stammten mehr oder weniger direkt fast alle Monarchien des feudalen Europa ab. Die Herkunft war besonders deutlich im angelsächsischen England, das sich noch um die erste Hälfte des 11. Jahrhunderts in fünf oder sechs Staaten aufteilte, die, wenn auch in geringerer Zahl, die wahren Nachfolger der einst von den Eindringlingen gegründeten Herrschaften waren. Wir sahen bereits, wie die skandinavischen Einfälle schließlich allein Wessex bestehen ließen, das um die Überreste seiner Nachbarstaaten vergrößert war. Der Herrscher von Wessex nahm im 10. Jahrhundert die Gewohnheit an, sich entweder König von ganz Britannien oder – was häufiger vorkam und länger beibehalten wurde – König der Angeln oder Engländer zu nennen. An den Grenzen dieses *regnum Anglorum* bestand jedoch zur Zeit der normannischen Eroberungen noch ein keltischer Randbereich fort. Die walisischen Bretonen teilten sich in mehrere kleine Fürstentümer auf. In Richtung Norden hatte ein Geschlecht von schottischen, eigentlich irischen Häuptlingen ein ausgedehntes Königreich gegründet, das sich nach und nach die anderen keltischen Stämme des Hochlandes und die germanischen oder germanisierten Völkerschaften von Lothian unterwarf. Von den Siegern entlieh es seinen Landesnamen: Schottland.

Auf der iberischen Halbinsel hatten sich einige vornehme Goten, die nach der muselmanischen Invasion nach Asturien geflüchtet waren, einen König genommen. Nachdem der so entstandene Staat mehrfach unter die Erben des Gründers aufgeteilt worden war, sich dann aber durch die Reconquista stark vergrößert hatte, wurde die Hauptstadt zu Beginn des 10. Jahrhunderts nach León auf die Hochebene im Süden der Berge verlegt. Im Laufe desselben Jahrhunderts ist gegen Osten hin, in Kastilien, ein Militärbezirk begründet worden, der anfangs von den Königreichen Asturien und León abhängig gewesen war, sich nach und nach unabhängig machte und dessen Herrscher 1035 den Königstitel annahm. Dann führte 100 Jahre später eine ähnliche Spaltung zur Geburt Portugals im Westen. Indessen lebten die Basken der Zentralpyrenäen, die man die Navarresen nannte, abseits in ihren Tälern. Sie gründeten schließlich auch ein Königreich, das um das Jahr 900 klar in Erscheinung trat und von dem sich 1037 eine andere kleine Monarchie löste, die nach dem Wildbach, der die Gegend durchfloß, »Aragón« hieß. Wir fügen noch nördlich des Ebrounterlaufs eine von den Franken geschaffene »Mark« hinzu, die unter den Namen Grafschaft Barcelona bis in die Zeit des Heiligen Ludwig rechtlich als Lehen des französischen Königs betrachtet worden ist. Das waren die politischen Gebilde, aus denen »Spanien« hervorging, deren Grenzen äußerst schwankend und allen Wechselfällen der Teilungen, Eroberungen und Heiratspolitik ausgesetzt waren.

Im Norden der Pyrenäen war eines der Barbarenreiche, das der Franken, von den Karolingern unverhältnismäßig vergrößert worden. Die Absetzung Karls des Dicken im November 887, auf die bald sein Tod am 13. Januar des nächsten Jahres folgte, unterstrich das Scheitern des letzten Einigungsversuchs. Es war nicht einer Laune zuzuschreiben, wenn der neue König des Ostreichs, Arnulf, keinen Eifer zeigte, zugleich die Herrschaft über den Westen anzunehmen, die ihm der Erzbischof von Reims anbot. Offensichtlich schien das Erbe Karls des Großen zu schwer. Die Teilung folgte in großen Zügen den Linien, die durch die erste Teilung, die von Verdun im Jahre 843, festgelegt worden waren. Das Königreich Ludwigs des Deutschen bestand zu diesem Zeitpunkt aus der Vereinigung der drei linksrheinischen Diözesen Mainz, Worms und Speyer mit den weiten, unlängst von den beiden fränkischen Dynastien unterworfenen germanischen Gebieten östlich des Flusses. 888 ist es zugunsten des einzig Überlebenden der Nachkommen Ludwigs, Arnulfs von Kärnten, neu begründet worden. Was wir auf Grund eines Anachronismus, der keine Gefahr in sich birgt, wenn man sich seiner bewußt ist, schon jetzt »Deutschland« nennen können, war das »Ostfränkische Reich«.

Im alten Königreich Karls des Kahlen, dem »Westfränkischen Reich« – kurz gesagt dem heutigen Frankreich – wurden nahezu gleichzeitig zwei große Herren zu Königen ausgerufen: ein italienischer Herzog, wenn auch aus fränkischer Familie, Wido von Spoleto, und Odo, ein neustrischer Graf wahrscheinlich sächsischen Ursprungs. Letzterer, der über eine viel größere Anhängerschaft verfügte und den der Krieg gegen die Normannen berühmt gemacht hatte, trug ohne Mühe den Sieg davon. Die Grenze entsprach auch hier ungefähr der Grenze von Verdun. Sie wurde durch ein Aneinanderreihen von Grafschaftsgrenzen gebildet, überquerte mehrmals die Schelde und erreichte die Maas ein wenig stromabwärts vor ihrem Zusammenfluß mit der Semois. Danach verlief sie beinahe parallel zum Fluß, einige Meilen vom linken Ufer entfernt. Dann erreichte sie die Saône unterhalb von Port-sur-Saône und folgte eine ziemlich lange Strecke ihrem Lauf, den sie erst auf der Höhe von Chalon verließ, um einen Bogen nach Osten zu machen. Schließlich gab sie im Süden des Mâconnais die Saône-Rhône-Linie auf, um der Nachbarmacht alle Grenzgrafschaften auf dem westlichen Ufer zu überlassen; den Strom erreichte sie erst wieder am Delta, um bis zum Meer der Kleinen Rhône zu folgen.

Es blieb der Zwischenstreifen, der sich nördlich der Alpen zwischen die Staaten Ludwigs des Deutschen und die Karls des Kahlen schob, sich dann weiter auf der italienischen Halbinsel bis nach Rom erstreckte und 843 das uneinheitliche Reich Lothars bildete. Nachkommen dieses Fürsten gab es in der männlichen Linie nicht mehr. Sein Erbe sollte schließlich vollständig dem Ostfränkischen Reich eingefügt werden, wenn es auch nur Teil für Teil geschah.

Als Nachfolger des ehemaligen Langobardenreiches erstreckte sich das Königreich Italien, abgesehen vom byzantinischen Venedig, auf den Norden und die Mitte der Halbinsel. Fast ein Jahrhundert lang erlebte es ein höchst bewegtes Schicksal. Mehrere Herrscherhäuser stritten sich um die Krone: Im Süden die Herzöge von Spoleto und vor allem im Norden die Herren jener Alpenpässe, von denen aus es so einfach und so verführerisch war, in die Ebene hinunterzustürmen, nämlich der Markgraf von Friaul oder von Ivrea, die Könige von Burgund, die die Übergänge über die Penninischen Alpen kontrollierten, die Könige oder Grafen der Provence, die Herzöge von Bayern. Mehrere dieser Anwärter ließen sich darüber hinaus vom Papst zum Kaiser krönen, denn seit der ersten Reichsteilung unter Ludwig dem Frommen schien der Besitz Italiens auf Grund der mit ihm verbundenen Schutz- und Herrschaftsbefugnisse gegenüber Rom und der Römischen Kirche zugleich die notwendige Voraussetzung für diese mit hohem Ansehen verbundene Würde und das beste Anrecht für denjenigen zu sein, der sich darum bewarb. Gleichzeitig zählten gerade auch die Herrscher des Ostfränkischen Reiches im Gegensatz zu den Königen des Westfränkischen Reiches, die ihre entfernte Lage davor bewahrte, italienische oder kaiserliche Ambitionen zu hegen, zu den engeren Nachbarn des schönen verlassenen Königreichs. Bereits 894 und 896 war Arnulf im festen Vertrauen auf seine karolingische Herkunft nach Italien hinabgezogen, hatte sich dort als König anerkennen lassen und die Kaiserkrone erhalten. 951 schlug einer seiner Nachfolger, Otto I., ein Sachse, dessen Großvater vielleicht Arnulf einst »über Berg« begleitet hatte, den gleichen Weg ein. Er wurde zum König der Lombarden in der alten Hauptstadt Pavia ausgerufen, kehrte dann, da er sich inzwischen anderen Aufgaben widmen mußte, zehn Jahre später zurück, unterwarf das Land gründlicher und stieß schließlich bis nach Rom vor, wo der Papst ihn zum »Imperator Augustus« (Kaiser) krönte (2. Februar 962). Von jetzt an hatte Italien, von kurzen Krisenzeiten abgesehen, bis weit in die Neuzeit hinein keinen anderen rechtmäßigen Monarchen als den Deutschlands.

888 stand eine sehr hohe Persönlichkeit bayerischen Ursprungs, der Welfe Rudolf, an der Spitze des großen Militärbezirks, den die Karolinger im Lauf der vorangegangenen Jahre zwischen dem Jura und den Alpen errichtet hatten und den man gewöhnlich das Transjuranische Herzogtum nannte: Das war eine Schlüsselstellung, weil sie einige der hauptsächlichsten Verbindungswege des Reiches beherrschte. Auch Rudolf suchte im trüben Wasser nach einer Krone zu fischen und wählte um jener Hoffnung willen das »Niemandsland«, das im Zwischenraum zwischen den »Frankreichen« im Westen und im Osten die Länder bildeten, die später mit Recht als »d'Entre Deux« (Zwischen beiden) bezeichnet werden sollten. Daß sich Rudolf in Toul krönen ließ, kennzeichnet die Richtung seiner Absichten zur Genüge. Doch so weit von seinem eigenen Herzogtum entfernt, fehlte es ihm an Getreuen. Von Arnulf geschlagen, mußte er sich – wenngleich er den königlichen Titel behielt – damit zufrieden geben, den größten Teil der Kirchenprovinz Besançon mit Transjuranien zu verbinden.

Im Norden dieses Gebiets blieb deshalb ein ganzes Stück des von Lothar hinterlassenen Erbes frei. Es war der Landstrich, den man mangels einer geeigneten geographischen Bezeichnung gern mit dem Namen eines Fürsten bezeichnete, der, Sohn und gleichen Namens wie der erste Lothar, dort einige Zeit geherrscht hatte, nämlich »Lotharingen«: ein ausgedehntes Gebiet, das im Westen auf die Grenzen des Westfränkischen Reiches stieß, so wie sie zuvor festgelegt worden waren, im Osten auf den Lauf des Rheins, von dem sich die Grenze nur auf einer Länge von ungefähr 200 km entfernte, um dem Ostfränkischen Reich seine drei Diözesen am linken Ufer zu überlassen. Es waren Länder, in denen große Abteien und reiche Bistümer lagen, mit schönen Flüssen, auf denen die Schiffe der Kaufleute verkehrten – und es war auch eine ehrwürdige Gegend, weil dort die Wiege des karolingischen Hauses gestanden und das Herz des großen Reiches selbst geschlagen hatte. Die lebendigen Erinnerungen, die die legitime Dynastie dort hinterlassen hatte, hinderten wahrscheinlich jedes eingesessene Königtum daran, zur Macht zu gelangen. Da es jedoch weder dort noch anderswo an Ehrgeizigen mangelte, bestand ihr Spiel darin, die angrenzenden Monarchien gegeneinander auszuspielen. Anfangs war Lotharingen dem Namen nach Arnulf untertan, der 888 der einzige unter den für die Krone in Frage kommenden Nachkommen Karls des Großen gewesen ist, in der folgenden Zeit war es sehr ungehorsam gegenüber dem Teilkönig, den Arnulf ihm in der Person eines seiner Bastarde frühzeitig gegeben hatte, und es blieb lange Zeit Streitobjekt unter den benachbarten Fürsten, nachdem 911 der deutsche Zweig der

Karolinger ausgestorben war. Obwohl in ihren Adern fremdes Blut floß, betrachteten sich die Könige des Ostfränkischen Reichs als Arnulfs Erben. Aber warum haben die Herrscher des Westfränkischen Reiches, zumindest als sie dem karolingischen Geschlecht angehörten, was von 898 bis 923, dann von 936 bis 987 der Fall war, nicht über die Maas und den Rhein hinweg Ansprüche auf das Erbe ihrer Vorfahren geltend gemacht? Denn offensichtlich war das Ostfränkische Reich der stärkere Teil: In dem Maße wie die Kapetinger 987 ihrerseits im gegnerischen Reich den Platz des früheren Geschlechts eingenommen hatten, verzichteten sie ganz natürlich darauf, ein Ziel weiterzuverfolgen, das ihren eigenen Familientraditionen fremd war und für das sie im übrigen in ihrer Umgebung nicht mehr die Unterstützung einer bereitwilligen Gefolgschaft gefunden hätten. Für lange Jahrhunderte ist Lothringen dem politischen Gebilde Deutschland eingefügt worden – das heißt sogar für immer, wenn man an seinen nordöstlichen Teil denkt, Aachen, Köln, Trier und Koblenz.

An den Zugängen zu Transjuranien hatten das Lyonnais, das Viennois, die Provence und die Alpendiözesen etwa zwei Jahre lang keinen König anerkannt. In diesen Gebieten hatten sich jedoch die Erinnerung und die Gefolgschaft einer ehrgeizigen Persönlichkeit mit Namen Boso erhalten, der es bereits vor 887 verstanden hatte, unter Mißachtung der rechtmäßigen Ansprüche der Karolinger sich ein unabhängiges Königreich zurechtzuzimmern. Seinem Sohn Ludwig, der überdies von seiner Mutter her vom Kaiser Lothar abstammte, gelang es schließlich, sich gegen Ende 890 in Valence krönen zu lassen. Aber das so gegründete Königtum sollte nur von kurzer Dauer sein. Weder Ludwig, dessen Augen 905 in Verona ausgestochen worden waren, noch sein Verwandter Hugo von Arles, der nach dieser Tragödie lange Zeit im Namen des unglücklichen Blinden regierte, scheinen jemals in ihren Gebieten zwischen der Rhône und den Bergen etwas anderes gesehen zu haben als eine bequeme Ausgangsbasis für die verführerische Eroberung Italiens, weshalb nach Ludwigs Tod im Jahre 928 Hugo, der in der Lombardei zum König ausgerufen worden war, die Welfen beinahe ohne Widerstand ihre Herrschaft bis zum Meer ausdehnen ließ. Ungefähr seit der Mitte des 10. Jahrhunderts dehnte sich das Königreich Burgund, wie man allgemein den von Rudolf gegründeten Staat nannte, von Basel bis zum Mittelmeer aus. Doch von diesem Augenblick an spielten seine schwachen Monarchen den deutschen Königen oder Kaisern gegenüber nur noch die Rolle sehr bescheidener Schützlinge. Nicht ohne zahlreiche innere Widerstände und Winkelzüge erkannte der letzte des Geschlechts, der 1032 starb, den deutschen Herrscher als seinen Nachfolger an. Im Unterschied zu Lothringen, aber wie Italien, ist das so verstandene »Burgund«, das man vorzugsweise seit dem 13. Jahrhundert unter dem Namen Königreich Arelat kannte, nicht im früheren Ostfränkischen Reich aufgegangen. Man sah in ihnen eher die Verbindung dreier verschiedener Reiche, die unauflösbar in derselben Hand vereinigt waren.

So erlebte die Feudalzeit, wie sich die ersten Linien einer politischen Landkarte Europas abzeichneten, von der bestimmte Züge noch bis in unsere Zeit durchscheinen. Sie erlebte auch den Streit über die Probleme der Grenzgebiete, um derentwillen bis heute ebensoviel Tinte wie Blut vergossen worden ist. Aber alles in allem betrachtet war der hervorstechendste Zug dieser Geographie der Reiche, deren Gebietsgrenzen ständig in Bewegung waren, die erstaunliche Stabilität der Anzahl der Reiche selbst. Wenn im ehemaligen Karolingerreich eine Menge von Herrschaften entstand, die nahezu unabhängig waren und die sich unablässig wieder zerstörten, so wagte es doch keiner unter den mächtigsten dieser lokalen »Tyrannen« seit Rudolf und Ludwig dem Blinden, sich den Königstitel zuzulegen oder zu leugnen, rechtmäßiger Untertan oder Vasall eines Königs zu sein. Das ist ein sprechender Beweis für die Kraft der monarchischen Tradition, die viel älter als der Feudalismus war und die ihn lange Zeit überleben sollte.

2. Herkommen und Wesen der königlichen Macht

Die Könige des alten Germanien ließen ihre Genealogie gern bis zu den Göttern zurückreichen. Selbst den »Asen oder Halbgöttern« ähnlich, wie Jordanes sagt, war ihre Person daher dank dieses Erbe mit der mystischen Kraft ausgestattet, von der ihre Völker den Sieg in der Schlacht erwarteten und im Frieden die Fruchtbarkeit der Felder. Auch die römischen Kaiser waren von einem göttlichen Nimbus umgeben. Aus diesem zweifachen Erbe und vor allem aus dem ersten leitete das Königtum der Feudalzeit seinen heiligen Charakter ab. Das Christentum hatte ihn sanktioniert, indem es der Bibel einen alten hebräischen oder syrischen Antrittsritus entlehnte. In den Nachfolgestaaten des Karolingerreiches, in England und in Asturien, empfingen die Könige bei der Thronbesteigung von den Prälaten nicht nur die traditionellen Insignien ihrer Würde, vor allem die Krone, mit der sie sich später feierlich schmückten, wenn sie an hohen Festtagen Hof hielten, bei den »gekrönten Hoftagen« (*curia Coronata*), die eine Urkunde Ludwigs VI. von Frankreich erwähnt;[337] außerdem salbte ein Bischof, ein neuer Samuel, diese neuen Davide an verschiedenen Stellen ihres Körpers mit einem geweihten Öl: eine Geste, deren umfassende Bedeutung in der katholischen Liturgie darin besteht, einen Menschen oder einen Gegenstand von der profanen in eine geweihte Sphäre hinüberzuleiten. Bei dieser Zeremonie handelte es sich in der Tat um ein zweischneidiges Schwert. »Derjenige, der segnet, steht höher als der, der gesegnet wird«: so hatte Paulus gesprochen. Mußte man nicht auf den höheren Wert der geistlichen Gewalt schließen, wenn Priester den König weihten? Das war in der Tat fast von Anfang an der Eindruck nicht nur e i n e s kirchlichen Schriftstellers. Das Bewußtsein der Drohung, mit der eine solche Interpretation belastet war, erklärt zweifellos, daß es mehrere unter den ersten Herrschern des Ostfränkischen Reiches unterließen oder es ablehnten, sich salben zu lassen. Ihre Nachfolger gelangten jedoch bald zu einer Sinnesänderung. Wie hätten sie es auch ertragen können, ihren Rivalen im Westen dieses Vorrecht des wundertätigen Charisma zu überlassen? Die kirchliche Zeremonie der Verleihung der Insignien – Ring, Schwert, Standarte, schließlich Krone – ist mehr oder minder zögernd auch in verschiedenen Fürstentümern nachgeahmt worden: in Aquitanien, in der Normandie und in den Herzogtümern Burgund oder der Bretagne. Dagegen ist es bezeichnend, daß kein großer Lehnsträger, so mächtig er auch gewesen sein mochte, es jemals wagte, seine Ansprüche bis in die Sphäre des Heiligen im eigentlichen Wortsinn zu erheben, d. h. bis zur Salbung. Außerhalb des Kreises der Priester sah man »Gottesgesalbte« nur unter den Königen.

Dieses übernatürliche Gepräge, das durch die Salbung eher bestärkt als hervorgerufen worden ist, konnte seine lebendige Wirkung auf ein Zeitalter nicht verfehlen, das gewohnt war, das tägliche Leben ständig mit Einflüssen aus dem Jenseits zu vermischen. Sicherlich wäre ein wahrhaftes Priester-Königtum mit der alles beherrschenden Religion unvereinbar gewesen. Die Befugnisse eines katholischen Priesters unterliegen einer strengen Definition: Er und nur er allein kann aus Brot und Wein Fleisch und Blut Christi machen. Die Könige waren unfähig, das Heilige Opfer darzubringen, da sie die Weihe nicht erhalten hatten und sind demzufolge im strengen Sinne keine Priester. Aber noch weniger waren sie reine Laien. Es ist schwer, die der Logik in sich selbst widersprechenden Erscheinungen klar zu definieren. Man vermittelt eine ungefähre Vorstellung davon, wenn man sagt, daß die Könige, ohne mit dem Gewand des priesterlichen Amtes angetan zu sein, nach dem Worte eines Geschichtsschreibers aus dem 11. Jahrhundert an diesem Amt »teilhatten«. Hieraus resultiert jenes unendlich folgenschwere Ergebnis, daß sie bei ihren Bemühungen, die Kirche zu regieren, glaubten, als Mitglieder der Kirche zu handeln, und als solche angesehen worden sind. Zumindest war das die allgemeine Auffassung. In den kirchlichen Kreisen blieb sie nicht unwidersprochen. Die gregorianischen Reformer griffen sie im 11. Jahrhundert mit großer Härte und höchstem Scharfsinn an. Sie traten für jene Scheidung in die geistliche und die weltliche Sphäre ein, in der eine der vom Christentum bewirkten großen Neuerungen zu sehen Rousseau und Renan uns lehrten. Sie trennten im übrigen die beiden Mächte allein deswegen so streng, um die Herrscher über die Leiber vor den Herrschern über die Seele zu demütigen: Der »Mond«, der nichts als Widerschein ist, steht unter der »Sonne«, Quell allen Lichts. Aber ihre Erfolge blieben in diesem Punkt bescheiden. Viele Jahrhunderte sollten vergehen, bevor das Königtum in den Augen der Völker auf seine Rolle als einfache menschliche Macht beschränkt worden ist.

Im Denken der Massen äußerte sich der heilige Charakter nicht allein in dem zu abstrakten Begriff eines Rechts, die Kirche zu regieren. Um das Königtum im allgemeinen oder die verschiedenen Königreiche im besonderen bildete sich ein ganzer Kreis von Legenden und abergläubischen Vorstellungen. Er entfaltete sich tatsächlich erst zu der Zeit in ganzer Fülle, als sich die meisten Bestandteile der monarchischen Macht ungefähr im 12. und 13. Jahrhundert gefestigt hatten. Aber ihr Ursprung ging auf die erste Feudalzeit zurück. Seit dem Ende des 9. Jahrhunderts behaupteten die Erzbischöfe von Reims, den Verwahrungsort eines wundertätigen Öles zu hüten, das Chlodwig einst von einer Taube von der Höhe des Himmels gebracht worden war: Ein bewundernswürdiges Privileg, das es diesen Prälaten mit einem Schlag ermöglichte, in Frankreich das Monopol der Krönung zu beanspruchen, und ihre Könige in die Lage versetzte, zu erklären und zu glauben, sie seien vom Himmel selbst geweiht. Von den Königen von Frankreich glaubte man, zumindest seit Philipp I., wahrscheinlich seit Robert dem Frommen, von den englischen Königen wahrscheinlich seit Heinrich I., daß sie bestimmte Krankheiten durch Handauflegen heilen könnten. Obwohl Kaiser Heinrich IV. exkommuniziert war, durchquerte er 1081 die Toscana. Die Bauern, die sich an seinem Wege versammelt hatten, wollten unbedingt seine Kleider berühren, da sie überzeugt waren, sich auf diese Weise eine glückliche Ernte zu sichern[338].

Um die Wirksamkeit dieses Bildes in Zweifel zu ziehen, stellen wir der wunderbaren Aura, die so die Person der Könige umgab, das geringe Maß an Respekt gegenüber, das man zu oft der monarchischen Autorität entgegenbrachte. Das wäre jedoch eine falsche Fragestellung, denn schauen wir ein wenig näher hin: Könige, denen man nur ungenügend gehorchte, die von ihren Lehnsträgern bekämpft und verhöhnt wurden, sogar ihre Gefangenen waren – dafür gibt es in der Tat zahllose Beispiele. Doch Könige, die von der Hand ihrer Untertanen eines gewaltsamen Todes starben, sehe ich in der Zeit, die uns hier beschäftigt, Irrtümer vorbehalten, genau drei: In England war Eduard der Bekenner Opfer einer Palastrevolution, die zu Gunsten seines eigenen Bruders angezettelt worden war; in Frankreich ist der Usurpator Robert I. im Kampf von einem Anhänger des legitimen Königs getötet worden, und in dem von dynastischen Kämpfen erschütterten Italien Berengar I. Angesichts der in der islamischen Welt üblichen Blutbäder muß man zugeben, daß das im Vergleich zu der Liste von Morden wenig ist, die im Westen an den großen Vasallen unter verschiedenen Kronen begangen worden sind, auch wenn man den üblichen Gewohnheiten in einer Epoche der Gewalt Rechnung trägt.

Diese Erscheinungen, in denen das Magische das Religiöse überlagerte, waren im Bereich der übernatürlichen Kräfte lediglich Ausdruck der politischen Sendung, die den Königen zugeschrieben wurde: diejenige des »Volksführers«, *thiudans*, wie das alte germanische Wort lautete. In dem die feudale Welt charakterisierenden Gewimmel von Herrschaften stellte das Königtum, wie Guizot richtig schreibt, eine Macht *sui generis* (eigener Art) dar. Es stand grundsätzlich nicht nur über allen anderen Kräften, sondern war auch noch von einer wahrhaft anderen Ordnung. Bezeichnend ist das Folgende: Während die übrigen Gewalten in der Mehrzahl bloße Zusammenballungen verschiedener Rechte waren, deren verworrene Lage jeden Versuch, die Ausdehnung eines dieser großen oder kleinen Lehen mittels linearer Grenzen auf der Karte zu umreißen, zum Scheitern verurteilt hat, gab es dagegen unter den Monarchien das, was man mit Recht Grenzen nennen kann. Gewiß darf man sie auch dort nicht als genau mit der Schnur gezogene Linien ansehen. Die noch sehr lockere Besitznahme des Bodens machte sie nicht erforderlich. Reichte nicht das öde Dickicht des Argonnerwaldes im Grenzgebiet der Maas aus, um Frankreich vom Kaiserreich zu trennen? Aber zumindest schien eine Stadt oder ein Dorf, so umstritten die Zugehörigkeit mitunter auch war, nur einem der aneinandergrenzenden Königreiche rechtmäßig angehören zu dürfen, während man dort sehr wohl irgendeinen Potentaten z. B. die hohe Gerichtsbarkeit ausüben sah, einen anderen Leibeigene besitzen, einen dritten Zinse mit der darauf ruhenden Rechtsprechung, einen vierten den Zehnten erheben. Mit anderen Worten, für ein Landstück wie für einen Mann mehrere Herren zu haben, war fast normal, mehrere Könige zu haben, war unmöglich.

Weit entfernt von Europa, in Japan, geschah es, daß ein System personen- und gebietsbezogener Unterordnungen, das ganz unserer Feudalherrschaft entsprach, sich nach und nach gegenüber einer Monarchie herausbildete, die wie im Westen viel älteren Ursprungs war. Aber dort existierten die beiden Institutionen nebeneinander, ohne sich zu durchdringen. Im Land der aufgehenden Sonne blieb der Kaiser der rechtmäßige Herrscher des ganzen Volkes. Wie unsere Könige war er eine geheiligte Person, stand aber der Gottheit viel näher als sie. Unter seiner Oberherrschaft reichte die Hierarchie der Vasallen bis zum Shogun, ihrem obersten Führer. Die Folge war, daß der Shogun über viele Jahrhunderte hinweg die ganze Macht an sich riß. Dagegen nahmen die europäischen Monarchien, die älter als das Vasallensystem und ihrer Natur nach ihm fremd waren, dennoch ihren Platz an seiner Spitze ein. Sie wußten es zu vermeiden, selbst in das Geflecht der Abhängigkeiten verwickelt zu werden. Was geschah, wenn ein Landstück, das vorher der Lehnsfolge eines Privatmannes oder einer Kirche unterworfen war, durch die Zufälligkeit des Erbganges an die königliche Domäne fiel? Die allgemein anerkannte Regel war, daß, wenn der König verschiedene Verpflichtungen übernahm, er dennoch von jeder Lehnspflicht befreit war, denn er konnte sich nicht zum Getreuen eines seiner Untertanen erklären. Dagegen hatte ihn niemals etwas daran gehindert, unter seinen Untertanen, die als solche alle seine Schützlinge waren, bestimmte bevorrechtigte Personen auszuwählen, um sie nach dem Ritus des Lehnseides seinem besonderen Schutz zu unterstellen.

Wie wir sahen, gehörten seit dem 9. Jahrhundert neben einer Menge kleiner »Satelliten« sämtliche großen Herren und hohen Würdenträger, die bald zu regionalen Herrschern wurden, zu der Schar dieser dem König »Ergebenen«, so daß der Monarch, der Herrscher des ganzen Volkes, darüber hinaus auf einer Stufenfolge der Oberlehnsherr einer beachtlichen Menge von Vasallen und durch sie sogar über eine noch größere Anzahl von niederen Abhängigen war. In den Ländern, deren besonders strenge Lehnsordnung das Allod ausschloß – wie England nach der normannischen Eroberung –, gab es keinen armen, auf der Leiter der Untertänigkeit noch so niedrig stehenden Schlucker, der nicht auf der obersten Sprosse den König erblickte, wenn er die Augen erhob. Übrigens reißt die Kette, bevor sie so weit nach oben reicht, mitunter ab. Die Feudalisierung der Königreiche war ihnen jedoch mit Sicherheit in allen Fällen dienlich. Dort, wo der König nicht mehr als Oberhaupt des Staates zu regieren vermochte, konnte er wenigstens die Waffen des Lehnsrechts zu seinen Gunsten einsetzen, getragen von dem Gefühl, das von der damals lebendigsten der menschlichen Bindungen ausging. Kämpft der Held im »Rolandslied« für seinen Herrscher, kämpft er für seinen Herrn, dem er den Lehnseid geschworen hat? Sicherlich weiß er es selbst nicht. Aber er kämpft nur deshalb mit so großer Selbstverleugnung für seinen Herrscher, weil dieser gleichzeitig sein Lehnsherr ist. Später, als Philipp August dem Papst das Recht, über den Besitz eines ketzerischen Grafen zu verfügen, abspricht, sagt er noch mit großer Selbstverständlichkeit: »Diese Grafschaft wird von mir als Lehen gehalten«, nicht: »Sie gehört zu meinem Königreich«. In diesem Sinne sollte sich die Politik der Karolinger, die davon geträumt hatten, ihre Herrschaft auf die Vasallität zu bauen, auf lange Sicht nicht so vergeblich erweisen, wie ihre ersten Fehlschläge es gern glauben machten. Während der ersten Feudalzeit hatten sich zahlreiche Faktoren, die wir schon bemerkt haben und auf die wir erneut zurückkommen müssen, verschworen, um den tatsächlichen Wirkungsbereich der königlichen Macht auf ein Mindestmaß zu reduzieren. Aber das Königtum verfügte zumindest über zwei starke verborgene Kräfte, die in der Lage waren, sich unter dem Einfluß günstigerer Bedingungen zu entfalten: das unversehrte Erbe seines alten Prestiges und die Wiederverjüngung, die ihm seine Anpassung an das neue gesellschaftliche System verschaffte.

3. Die Übertragung der königlichen Macht; dynastische Probleme

Doch wie ist die mit einem Gemisch von Traditionen beladene monarchische Würde weitergegeben worden? Durch Vererbung, durch Wahl? Wir neigen heute dazu, die beiden Begriffe für unvereinbar zu halten. Daß sie während der Feudalzeit nicht in gleichem Maße unvereinbar erschienen, lehren uns übereinstimmend zahllose Texte. »Wir haben die einmütige Wahl des Volkes und der Fürsten und die erbliche Nachfolge des ungeteilten Reiches erlangt«, so drückt sich 1003 der deutsche König Heinrich II. aus. Und in Frankreich schreibt der ausgezeichnete Kirchenrechtler, der Ivo von Chartes war: »Jener ist rechtmäßig zum König gekrönt worden, dem das Königtum durch Erbrecht zufiel und der von den Bischöfen und Großen einstimmig bezeichnet worden ist[339].« Das bedeutete, daß man keines der beiden Prinzipien als absolut auffaßte. Es ist richtig, daß die reine Wahl ihre Anhänger unter den Geistlichen fand. Sie ist weniger als die Ausübung einer freien Zustimmung als die Unterwerfung unter eine Art innerer Offenbarung, die den rechten Führer finden ließ, verstanden worden. Die Geistlichkeit lehnte den gleichsam heidnischen Gedanken einer geheiligten, einem Geschlecht innewohnenden Kraft ab und neigte außerdem dazu, den legitimen Ursprung jeder Macht in dem Modus der Ernennung zu sehen, den die Kirche für sich selbst als einzig mit ihrem Gesetz vereinbar beanspruchte: Mußte nicht der Abt von seinen Mönchen, der Bischof vom Klerus und vom Volk der Kathedralstadt gewählt werden? Diese Theologen trafen sich in jenem Punkt mit einem Bemühen der großen Lehnsträger, die nichts sehnlicher wünschten, als daß die Monarchie in ihre Abhängigkeit fiele. Die allgemein verbreitete Meinung sah jedoch ganz anders aus, da sie durch eine Welt von Anschauungen, die das Mittelalter vor allem von den Germanen empfangen hatte, geprägt worden war. Man glaubte an die Vererbung der Berufung nicht eines Individuums, sondern eines Geschlechtes, dem man allein die Fähigkeit zutraute, tüchtige Anführer hervorzubringen.

Die logische Folgerung wäre zweifellos die gemeinsame Machtausübung durch alle Söhne des verstorbenen Königs oder die Teilung des Königreichs unter ihnen gewesen. Diese Praktiken waren bekanntlich der Welt der Barbaren vertraut. Sie sind manchmal fälschlich als Beweis für die angebliche Umwandlung zu einem erblichen Königtum interpretiert worden, während sie doch genau das Gegenteil zum Ausdruck brachten, nämlich, daß alle Nachkommen an demselben dynastischen Vorrecht teil hatten. Die angelsächsischen und spanischen Staaten behielten diese Sitten noch bis weit in die Feudalzeit hinein bei. Dennoch erschienen sie für das Wohl der Völker gefährlich. Sie standen jenem Begriff einer unteilbaren Monarchie entgegen, auf den ein Heinrich II. (von England) ganz bewußt den Akzent legte und der einem trotz aller Wirren noch erhaltenen starken Staatsgefühl entsprach. Eine andere Lösung, die im übrigen mehr oder weniger immer parallel zu der erstgenannten mitgespielt hatte, gewann die Oberhand. Aus der auserwählten Familie und allein aus ihr – mitunter, wenn die männliche Linie erloschen war, aus den verwandten Familien – bestimmten die wichtigsten Persönlichkeiten des Königreichs als die natürlichen Vertreter des gesamten Untertanenverbandes den neuen König. »Der Brauch der Franken«, schrieb 893 Erzbischof Fulko von Reims sehr treffend, »sah immer beim Tode des Königs vor, aus dem königlichen Geschlecht einen anderen zu wählen[340].«

Die so verstandene kollektive Erbfolge mußte im übrigen beinahe zwangsläufig auf die individuelle Erbfolge in direkter Linie hinauslaufen. Hatten die Söhne des letzten Königs nicht am Vorrang seines Blutes starken Anteil? Aber eine andere Gewohnheit war hier der entscheidende Faktor, den die Kirche auch in ihren eigenen Reihen als ein nützliches Korrektiv gegenüber den Zufällen der Wahlen betrachtete. Häufig ließ der Abt zu seinen Lebzeiten von seinen Mönchen die Person anerkennen, die er selbst zu seinem Nachfolger bestimmte. So verfuhren besonders die ersten Oberhäupter des großen Klosters Cluny. Auf dieselbe Art und Weise erreichte der König oder Fürst von seinen Getreuen, daß bereits zu seinen Lebzeiten einer seiner Söhne an seiner Würde teilhatte und gerade, wenn es sich um einen König handelte, unverzüglich gekrönt worden ist. In der Feudalzeit war das in der Tat der allgemeine Brauch, zu dem sich die Dogen von Venedig oder die »Konsuln« von Gaeta gemeinsam mit den Monarchien Westeuropas vereinten. Wenn es aber noch mehrere Söhne gab? Wie sollte man unter ihnen den glücklichen Nutznießer dieser vorweggenommenen Wahl auswählen? Ebensowenig wie das Lehnsrecht band sich das monarchische Recht ohne weiteres an die Erstgeburt. Gern stellte man den Erstgeborenen häufig die Rechte des »purpurgeborenen« Kindes gegenüber, d. h. es ist geboren worden, als sein Vater schon König war; oder eher persönliche Gründe gaben den Ausschlag. Dennoch setzte sich das Vorrecht der Erstgeburt in Frankreich fast von Anfang an trotz einiger entgegengesetzter Versuche durch, da es eine angemessene Fiktion darstellte, die im übrigen allmählich nach dem Beispiel gerade des Lehensrechtes durchdrang. In Deutschland, das dem Geist der alten germanischen Sitten treuer geblieben war, ist es nie ohne Vorbehalt anerkannt worden. Noch in der Mitte des 12. Jahrhunderts sollte sich Friedrich Barbarossa seinen zweiten Sohn zum Nachfolger geben.

Hierin ist übrigens das Zeichen tiefgreifender Unterschiede zu sehen, denn die monarchischen Bräuche entwickelten sich in den verschiedenen europäischen Staaten in sehr unterschiedliche Richtungen als Bestandteile derselben Begriffe, in denen sich das Prinzip der Wahl mit dem dynastischen Recht verband. Es genügt, an dieser Stelle zwei besonders typische Beobachtungen festzuhalten, die wir einerseits am Beispiel Frankreichs und andererseits an dem Deutschlands machen können.

Die Geschichte des Westfränkischen Reiches wurde 888 durch einen scharfen Bruch mit der dynastischen Tradition eröffnet. In der Person des Königs Odo hatten die Großen im wahren Sinne des Wortes einen neuen Mann gewählt. Von den Nachkommen Karls des Kahlen blieb damals nur ein Kind von acht Jahren übrig, das auf Grund seiner Jugend bereits zweimal bei der Thronfolge übergangen worden war. Kaum hatte jedoch dieser Knabe, der auch Karl hieß und dem eine mitleidlose Geschichtsschreibung später den Zunamen »der Einfältige« verlieh, das Alter von 12 Jahren erreicht und war damit nach salfränkischem Recht großjährig geworden, als er in Reims am 28. Januar 893 zum König gekrönt worden ist. Der Krieg zwischen den beiden Königen dauerte lange Zeit, aber kurz vor seinem Tod, der am 1. Januar 898 eintrat, scheint Odo entsprechend einer Übereinkunft, die er wenige Monate zuvor geschlossen hatte, seine Anhänger aufgefordert zu haben, sich bei seinem Hinscheiden dem Karolinger anzuschließen. Erst nach 24 Jahren fand dieser einen Rivalen. Gereizt durch die Gunst, die Karl einem kleinen Ritter bezeugte, begannen einige der höchsten Würdenträger des Landes, die von Natur zum Ungehorsam neigten, nach einem neuen König Ausschau zu halten. Da Odo keinen Sohn hinterließ, hatte sein Bruder Robert seine Familienrechte und seine Gefolgschaft geerbt. Er war der von den Rebellen Gewählte (29. Juni 922). Diese Familie schien halb geweiht, weil sie schon einmal mit der Krone in Berührung gekommen war. Als Robert dann im folgenden Jahr auf dem Schlachtfeld getötet worden ist, wurde sein Schwiegersohn, Herzog Rudolf von Burgund, seinerseits gesalbt und der Hinterhalt, in den Karl wenig später geriet, machte ihn für sein ganzes Leben zum Gefangenen eines der Hauptrebellen und sicherte dem Usurpator den Sieg. Doch gab dann Rudolfs Tod, der ebenfalls ohne männliche Nachkommen starb, das Signal für eine regelrechte Restauration. Der Sohn Karls des Einfältigen, Ludwig IV., wurde aus England zurückgerufen, wohin er sich geflüchtet hatte (Juni 939). Sein eigener Sohn, dann sein Enkel, folgten ihm ohne Schwierigkeiten, so daß gegen Ende des 10. Jahrhunderts alles auf eine endgültige Wiederherstellung der Legitimität hinzuführen schien.

Um sie in Frage zu stellen, war ein Jagdunfall notwendig, dem der junge König Ludwig V. zum Opfer fiel. Die Reichsversammlung von Noyon rief am 1. Juni 987 den Enkel des Königs Robert, Hugo Kapet, zum König aus. Aber es gab noch einen Sohn Ludwigs, Karl, den der deutsche Kaiser zum Herzog von Niederlothringen gemacht hatte. Er zögerte nicht, sein Erbe mit Waffengewalt zu fordern, und zweifellos sahen sehr viele Menschen in Hugo nur einen »Interimskönig«, wie Gerbert sagt. Ein glücklicher Handstreich entschied anders. Vom Bischof von Laon in verräterischer Absicht in die Irre geführt, wurde Karl am Palmsonntag des Jahres 991 in dieser Stadt gefangen genommen. Wie sein Großvater Karl der Einfältige sollte auch er in Gefangenschaft sterben. Bis zu dem Tag, an dem Frankreich keinen König mehr anerkannte, gab es von jetzt an nur noch das Geschlecht der Kapetinger.

Aus dieser langen, durch einen Zufall beendeten Tragödie ist es sicherlich zu erklären, daß das Gefühl für Legitimität während einer beträchtlichen Zeit einige Stärke bewahrte. Mehr noch als die aquitanischen Urkunden, die unter Rudolf, dann unter Hugo Kapet durch ihre Datierungsangaben den Willen kundtun, die Usurpatoren nicht anzuerkennen – die Gebiete südlich der Loire hatten immer eine Randexistenz geführt, und der Adel war dort von jeher den aus Burgund oder dem eigentlichen Frankreich stammenden Führern feindlich gesonnen –, mehr noch als die abgekartete oder eigensüchtige Entrüstung gewisser Chroniken sprechen die Fakten hier eine klare Sprache. Es ist anzunehmen, daß die Erfahrungen eines Odo, Robert und Rudolf nicht besonders nachahmenswert schienen, da so viele Jahre vergingen, bis sie erneuert worden sind. Keinerlei Skrupel hinderten den Sohn Roberts, Hugo den Großen, daran, Ludwig IV. fast ein Jahr lang gefangen zu halten. Das Seltsame ist, daß er diesen für ihn so günstigen Umstand nicht ausnutzte, um sich selbst zum König zu machen. Wenn auch durch einen völlig unerwarteten Todesfall ausgelöst, war das Geschehen von 987 nicht «vor allem ein kirchliches Ereignis», was man auch dazu sagen mag. Wenn auch der Erzbischof Adalbero von Reims unbestreitbar die Hauptrolle spielte, stand die Kirche doch nicht geschlossen hinter ihm. Allem Anschein nach lassen sich die Fäden der Intrige bis hin zum kaiserlichen Hof in Deutschland verfolgen, mit dem der Prälat und sein Ratgeber Gerbert sowohl durch persönliche Interessen als auch durch politische Überzeugung verbunden waren. Denn in den Augen dieser gelehrten Geistlichen war Kaisertum gleichbedeutend mit Einheit der Christenheit. In den französischen Karolingern fürchtete das sächsische Herrscherhaus, das damals über Deutschland und Italien herrschte, noch das Blut Karls des Großen, dessen kaiserliches Erbe sie errungen hatten, ohne jedoch von ihm abzustammen. Insbesondere erhofften sie sich von einem Wechsel der Dynastie rechtmäßig den friedlichen Besitz jenes Lothringen, das die Karolinger, die sich dort zu Hause fühlten, ihnen immer streitig gemacht hatten. Der Erfolg wurde ihnen durch das Gleichgewicht der Kräfte in Frankreich selbst leicht gemacht. Nicht nur, daß sich Karl von Lothringen veranlaßt sah, außerhalb seines Heimatlandes sein Glück zu suchen, weil er dort kaum Getreue hatte, allgemeiner gesagt, wurde die karolingische Sache ein Opfer der Unfähigkeit der letzten Könige, denen es nicht gelang, eine ausreichende Anzahl von Ländereien oder Kirchen unter ihrer direkten Herrschaft zu bewahren, um sich damit die erbliche Unterstützung einer zahlreichen Gefolgschaft von Vasallen zu sichern, die durch das Versprechen neuer Belohnungen ständig in Atem zu halten waren. In diesem Sinn stellte der Triumph der Kapetinger den Sieg einer jungen Macht über die traditionelle Gewalt eines nahezu reinen Königtums dar – den Sieg eines Territorialfürsten, der Herr und Verleiher zahlreicher Lehen war.

Das Erstaunliche ist übrigens weniger ihr erster Erfolg als die Beilegung aller dynastischen Kämpfe seit 991. Die karolingische Linie war mit Karl von Lothringen nicht erloschen. Er hinterließ Söhne, welche – die einen früher, ein anderer später – der Gefangenschaft entgingen. Allem Anschein nach haben sie zu keiner Zeit etwas unternommen. Dasselbe gilt trotz ihres Ungestüms für die Grafen von Vermandois, deren von einem Sohn Karls des Großen abstammendes Haus erst in der zweiten Hälfte des 11. Jahrhunderts sein Ende nehmen sollte. Vielleicht zögerte man auf Grund einer Art Loyalitätsschwund, die Rechte des Blutes auf diese Seitenlinien auszudehnen, die nach allgemeiner Auffassung damals von der Erbfolge ausgeschlossen gewesen wären, wenn es sich um ein Lehen gehandelt hätte. Dieses Argument scheint 987 gegen Karl verwandt worden zu sein, obwohl es zu diesem Zeitpunkt und im Munde seiner Gegner verdächtig ist. Legt das nicht doch in gewisser Weise Zeugnis für den Verzicht des Zweigs der Vermandois schon 888 ab? Wer weiß zudem, welches Schicksal die Kapetinger ohne jenen denkwürdigen Zufall ereilt hätte, ein Schicksal, das von 987 bis 1316 jeden Vater einen Sohn als Nachfolger finden ließ? Vor allem hätte die Achtung vor der karolingischen Legitimität, die von den Ansprüchen der Großen überschattet worden ist, andererseits der Unterstützung beraubt war, die ihr eine starke Gruppe von persönlichen Getreuen verschafft hätte, nur in jenen klerikalen Kreisen gedeihen können, die damals allein, oder nahezu allein, gewöhnlich über einen geistigen Horizont verfügten, der weit genug war, um über die kleinen Intrigen des Tages hinauszusehen. Das entscheidende Moment war wohl, daß die aktivsten und intelligentesten Kirchenführer, ein Adalbero oder ein Gerbert, wegen ihrer engen Verbundenheit mit der Idee des Kaisertums glaubten, die Dynastie Karls des Großen den gegenwärtigen Trägern dieser Idee opfern zu müssen.

Denn wie soll man erklären, daß, von den letzten Nachkommen der Karolinger einmal abgesehen, die Kapetinger nie einen Konkurrenten sich gegen sie erheben sahen? Die Wahl verschwand nicht, noch lange nicht. Man vergleiche das schon oben angeführte Zeugnis des Ivo von Chartres. Es bezieht sich auf Ludwig VI., der 1108 gekrönt worden ist. Ein Reichstag trat feierlich zusammen und rief einen König aus. Am Tag der Krönung bat der Prälat die Anwesenden um ihre Zustimmung, bevor er die Salbung vornahm, nur fiel die angebliche Wahl unweigerlich auf den Sohn des vorangegangenen Herrschers, am häufigsten noch zu seinen Lebzeiten, dank der in der Praxis geübten Verbindung beider Ideen. Es kam vor, daß dieser oder jener der großen Lehnsträger wenig Eifer zeigte, die Huldigung zu leisten. Aufstände waren häufig, aber es gab keinen

Gegenkönig. Es ist von Bedeutung, daß die neue Dynastie, wie es schon Pippin und seine Nachfolger mit Bezug auf die Merowinger getan hatten, ohne weiteres ihre Bereitschaft bekundete, an die Tradition desjenigen Geschlechts anzuknüpfen, das sie verdrängt hatte. Die Könige sprechen von den Karolingern wie von ihren Vorgängern. Schon zu früher Zeit scheinen sie sich zu rühmen, über ihre Frauen von ihnen abzustammen. Das mag richtig sein, da wahrscheinlich etwas vom Blut Karls des Großen in den Adern der Gattin Hugo Kapets floß. Spätestens seit der Zeit Ludwigs VI. kann man feststellen, wie die Umgebung der Herrscherfamilie die Legende des großen Kaisers zu ihren Gunsten zu verwenden suchte, die sich damals mit dem Epos in Frankreich ausbreitete, zu dessen Wirkung man vielleicht sogar beizutragen suchte. Aus diesem Erbe schöpften die Kapetinger vor allem das hohe Ansehen des geheiligten Königtums. Sie zögerten keineswegs, aus ihrem eigenen Vermächtnis ein besonders ergreifendes Wunder hinzuzufügen: das der Heilung. Die Achtung vor der Salbung verhinderte zwar keine Aufstände, beugte aber Usurpationen vor. Mit einem Wort, das Gefühl für das geheimnisvolle Vorrecht, das der römischen Welt ein wenig fremd, dem Westen jedoch aus vergangenen primitiven Zeiten von Germanien überliefert war und das sich mit einem auserwählten Geschlecht zu verbinden schien, wies noch soviel zähe Kraft auf, daß auf den Ruinen der alten sehr schnell eine ganz neue Legitimität an dem Tag entstand, als sich zugleich der Zufall männlicher Geburten wie auch das Vorhandensein zahlreicher Getreuer im Umkreis des Königshauses günstig auswirkten.

In Deutschland zeigt die Geschichte der königlichen Erbfolge in ihren Anfängen viel einfachere Züge. Als die karolingische Dynastie 911 in ihrem deutschen Zweig erlosch, fiel die Wahl der Magnaten auf einen großen fränkischen Herrn, der mit dem ausgestorbenen Geschlecht durch Heirat verbunden war: Konrad I. Man bezeigte ihm zwar wenig Gehorsam, es erhob sich jedoch auch niemals ein anderer Thronbewerber gegen ihn. Konrad bezeichnete den Herzog von Sachsen, Heinrich, als Herrscher nach seinem Tode, der trotz des Herzogs von Bayern, der als Mitbewerber auftrat, gewählt und ohne große Schwierigkeiten anerkannt wurde. Während sich das Westreich in langen dynastischen Streitereien verzehrte, folgten von nun an die Herrscher dieser sächsischen Familie während einer Zeit von mehr als hundert Jahren vom Vater auf den Sohn oder selbst vom Vetter auf den Vetter (919-1024). Die Wahl, die weiter regelmäßig stattfand, schien die Erblichkeit nur zu festigen. Doch machen wir nun einen Sprung von ungefähr anderthalb Jahrhunderten durch die Zeiten. Der Gegensatz besteht zwischen beiden Nationen weiter, aber er hat sich umgekehrt. In Europa wird es von nun an zu den Gemeinplätzen des politischen Denkens gehören, der Erbmonarchie in Frankreich Deutschland gegenüberzustellen, wo – sagen wir – die Monarchie auf der Wahl beruhte.

Drei wichtige Gründe, die im gleichen Sinne wirkten, hatten so die deutsche Entwicklung vom ursprünglichen Lauf abgelenkt. Der physiologische Zufall, der sich für die Kapetinger so günstig ausgewirkt hatte, wendete sich hier zum Schaden der dynastischen Kontinuität: Nacheinander sanken ohne männliche Nachkommen oder Blutsverwandte der Fünfte der sächsischen Könige, dann der vierte König aus dem »salischen«, d. h. fränkischen Geschlecht, das an seine Stelle getreten war, ins Grab. Andererseits schien das deutsche Königtum seit Otto I. mit der kaiserlichen Würde verbunden zu sein. Wenn nun aber das Königtum mit seiner grundgermanischen Tradition auf der Idee der erblichen Berufung wenn nicht des Einzelnen, doch zumindest des Geschlechts beruhte, so hatte die römische Tradition im Gegensatz dazu niemals die Vorrechte des Blutes voll anerkannt. Sie bestand von Beginn des Kaiserreichs an und nährte eine historische oder pseudohistorische Literatur, die seit Ende des 11. Jahrhunderts immer besser bekannt war. »Das Heer macht den Kaiser«, wiederholte man gern, und der Hochadel war natürlich allzu bereit, die Rolle jener Legionen zu übernehmen oder auch des »Senats« – wie er noch zu sagen beliebte. Schließlich führte der heftige Kampf, der zur Zeit der gregorianischen Bewegung zwischen den deutschen Herrschern und dem soeben unter ihrer Obhut reformierten Papsttum ausbrach, dazu, daß die Päpste das Wahlprinzip, das im übrigen den Vorstellungen der Kirche so sehr entsprach, gegen den feindlichen Monarchen richteten, den man abzusetzen wünschte. Der erste Gegenkönig, den Deutschland seit 888 kennenlernte, ist am 15. März 1077 in Gegenwart der päpstlichen Legaten gegen den Salier Heinrich IV. gewählt worden. Er sollte bei weitem nicht der letzte bleiben, und wenn es sicher nicht genau ist, zu behaupten, diese Versammlung habe sich ausdrücklich zu Gunsten des immerwährenden Wahlprinzips in der Monarchie ausgesprochen, so beweisen die Gerüchte, die zu jener Zeit in den Klöstern die Runde machten, zumindest eine zutreffende Vorahnung des Kommenden. Aber gerade die Schärfe des Streits, der die deutschen Könige und die Kurie entzweite, erklärt sich vor allem daraus, daß diese Könige auch Kaiser waren. Während die Päpste den anderen Herrschern nur die Unterdrückung der eigenen Kirchen zum Vorwurf machen konnten, fanden sie in den Nachfolgern eines Augustus und eines Karls des Großen Mitbewerber um die Herrschaft über Rom, den Apostolischen Stuhl und die Christenheit.

4. Das Kaiserreich

Der Zusammenbruch des karolingischen Staates hatte zur Folge, daß die beiden allchristlichen Institutionen lokalen Parteiungen ausgeliefert worden sind: das Papsttum den Clans der römischen Aristokratie, das Kaisertum den Parteien, die sich unaufhörlich im italienischen Adel bildeten und wieder auflösten. Denn wie wir bereits gesehen haben, schien der Kaisertitel mit dem Besitz des Königreichs Italien verbunden zu sein. Er erhielt erst wieder einige Bedeutung, nachdem sich nach 962 deutsche Herrscher seiner bemächtigt hatten, deren Ansprüche sich auf eine für die damalige Zeit beachtliche Macht stützen konnten.

Im übrigen haben sich die beiden Titel, der königliche und der kaiserliche, niemals vermischt. Während der Periode, die zwischen Ludwig dem Frommen und Otto I. lag, hatte sich das doppelte, zugleich römische und päpstliche Wesen des westlichen Kaisertums gefestigt. Um sich Kaiser zu nennen, konnte es folglich nicht ausreichen, in Deutschland anerkannt und gekrönt worden zu sein. Es war absolut notwendig, in Rom selbst aus den Händen des Papstes durch eine zweite Salbung und die Investitur mit den eigentlichen kaiserlichen Insignien eine besondere Weihe erhalten zu haben. Das Neue daran ist, daß von nun an der von den deutschen Großen Gewählte als der einzige rechtmäßige Kandidat für diesen kaiserlichen Ritus gilt. Wie es gegen Ende des 13. Jahrhunderts ein Mönch aus dem Elsaß beschreiben sollte: »Welchen Fürsten Deutschland auch immer als Führer gewählt haben mag, das reiche Rom beugt vor ihm das Haupt und nimmt ihn als seinen Herrn an.« Bald glaubte man sogar, dieser Monarch trete schon bei seiner Thronbesteigung, gerade dadurch bedingt und ohne weiteres nicht nur die Regierung des Ostfränkischen Reiches und Lotharingens, sondern auch aller kaiserlichen Gebiete an: nämlich Italiens und des späteren Königreichs Burgund. Anders ausgedrückt, da der Gewählte nach dem Wort Gregors VII. der »künftige Kaiser« ist, herrscht er bereits im Kaiserreich. Dieser Zustand der Erwartung ist seit dem Ende des 11. Jahrhunderts durch die Bezeichnung »Römischer König« ausgedrückt worden, ein Titel, den der deutsche Herrscher nach seiner Wahl in der Nähe des Rheins von nun an trug, um ihn allein an dem Tag gegen einen noch schöneren Titel einzutauschen, an dem er endlich die klassische *expeditio romana*, den traditionellen *Römerzug*, unternommen hatte und sich an den Ufern des Tiber die Krone der Cäsaren aufsetzen konnte, wenn ihn nicht die Umstände daran hinderten, diese lange und schwierige Reise zu unternehmen, und ihn sein ganzes Leben lang dazu verdammten, nichts als der König eines Kaiserreiches zu sein.

Nehmen wir an, daß es ihm in der Tat glückte, Kaiser zu werden, was im übrigen bis auf Konrad III. (1138-1152), dem das nicht gelang, das Schicksal aller Monarchen sein sollte, die berufen waren, über Deutschland zu herrschen. Was also machte die Bedeutung dieses begehrten Titels aus? Zweifellos drückte er eine Oberherrschaft über die große Masse der Könige aus, die »Kleinkönige« (reguli), wie man im 12. Jahrhundert am kaiserlichen Hof zu sagen beliebte. Daraus erklärt sich mitunter die Beobachtung, daß sich verschiedene Herrscher außerhalb der Grenzen des früheren karolingischen Reiches mit diesem Titel schmückten und auf diese Weise sowohl ihre eigene Unabhängigkeit gegenüber jeglicher sozusagen universalen Monarchie betonten als auch ihre Vorherrschaft über die Königreiche oder ehemals benachbarten Königreiche betonen wollten, wie in England einige Könige von Mercia oder Wessex und noch häufiger in Spanien die Könige von León. In Wirklichkeit waren es schlicht Plagiate. Es gab im Westen keinen authentischen Kaiser außer dem Kaiser »der Römer« gemäß der Formel, die die ottonische Kanzlei gegenüber Byzanz seit 982 wieder aufgenommen hatte. Die Erinnerung an die Cäsaren, vor allem die christlichen Cäsaren, lieferte in der Tat die Speise, von der sich der Mythos des Kaisertums nährte. War Rom zur selben Zeit nicht allein »Haupt der Welt«, sondern ebenso die apostolische Stadt, die durch das kostbare Blut der Märtyrer »erneuert« worden ist? Mit den Reminiszenzen an die römische Universalität und diese durch die Berufung auf weniger ferne Zeiten verstärkend, mischte sich das Bild Karls des Großen, der, wie es ein imperialem Gedankengut anhängender Bischof ausdrückte, ebenfalls »Welteroberer« war[341]. Otto III., der auf seinem Siegel die Devise »Erneuerung des römischen Reiches« führte – die übrigens schon von Karl dem Großen selbst verwandt worden war –, ließ andererseits in Aachen das Grab des großen Karolingers suchen, das Generationen, die der Geschichte gleichgültiger gegenüberstanden, vernachlässigt hatten. Während er den ruhmreichen Gebeinen diesmal ein ihrem Ansehen würdiges Grabmal errichten ließ, entnahm er zu seinem eigenen Gebrauch ein Juwel und einige Reste vom Gewand des Leichnams, als seien es Reliquien. Diese gleichartigen Gesten drückten beredt die Treue zu einer doppelten und unauflöslichen Tradition aus.

Gewiß handelte es sich dabei zumindest am Anfang vor allem um Ideen des Klerus. Es ist gar nicht sicher, ob ziemlich ungebildete Kriegsleute wie ein Otto I. oder ein Konrad II. ihnen gegenüber jemals völliges Verständnis zeigten. Aber die Geistlichen, die die Könige umgaben und berieten und sie manchmal auch erzogen hatten, blieben auf ihr Handeln nicht ohne Einfluß. Weil Otto III. jung, gebildet und mystisch veranlagt war, auch im Purpur geboren und von seiner Mutter, einer byzantinischen Prinzessin, erzogen worden ist, kostete er den Rausch des kaiserlichen Traumes bis zur Neige aus. »Römer, Sieger (*triumphator*) über die Sachsen, Sieger über die Italiener, Knecht der Apostel, durch Gottes Geschenk Kaiser der Welt«. Der Notar, der im Kopf einer seiner Urkunden diese Titulatur entrollte, muß gewiß im voraus der Zustimmung seines Herrn sicher gewesen sein. Wie ein Refrain fließen die Ausdrücke »Lenker der Welt«, »Herr der Herren der Welt« wenig mehr als ein Jahrhundert später wieder aus der Feder des offiziellen Historiographen des ersten Saliers[342].

Allein, diese Ideologie war bei näherer Betrachtung ein Gewebe aus Widersprüchen. Nichts war beim ersten Anschein verführerischer, sich wie Otto I. als Nachfolger des großen Konstantin behandeln zu lassen. Aber die falsche Konstantinische Schenkung, der die Kurie den Namen dessen beigelegt hatte, der den Frieden mit der Kirche gemacht und mit der er angeblich dem Papst Italien, das heißt den ganzen Westen überlassen hatte, war für die kaiserliche Macht so störend, daß man in der Umgebung Ottos III. die Authentizität in Frage zu stellen begann. Das parteiliche Denken hatte den kritischen Sinn wachgerufen. Weil sich die deutschen Könige seit Otto I. mit Vorliebe in Aachen krönen ließen, zeigten sie, daß sie sich für die legitimen Erben Karls des Großen hielten. Dennoch hatte die Erinnerung an den grausamen Krieg, den dieser Eroberer in jenem Sachsen geführt hatte, aus dem die herrschende Dynastie hervorgegangen war, dort lang anhaltenden Groll hinterlassen, wie uns die Geschichtsschreiber berichten. War das Römische Reich wirklich noch lebendig? Unter den Geistlichen ist die Ansicht von seinem Weiterbestehen gern vertreten worden, weil man ohnehin nach der üblichen Interpretation der Apokalypse in ihm das letzte der vier Reiche vor dem Weltuntergang zu sehen genötigt war. Andere Schriftsteller zweifelten indessen an diesem Fortbestand, nach ihrem Willen hätte mit der Teilung von Verdun etwas ganz Neues in der Geschichte begonnen. Schließlich fühlten sich diese Sachsen, Franken, Bayern oder Schwaben, mochten sie nun Kaiser oder große Herren des Reiches sein, die in die Fußtapfen der alten Römer treten wollten, gegenüber den Römern ihrer Tage tatsächlich als Fremde und Sieger. Weder liebten noch schätzten sie diese und sind von ihnen leidenschaftlich gehaßt worden. Das führte auf beiden Seiten zu schlimmen Ausschreitungen. Der Fall Ottos III., der mit ganzem Herzen Römer war, stellte eine Ausnahme dar, und seine Herrschaft endete mit der Tragödie eines zerronnenen Traums. Er starb fern von Rom, von wo ihn ein Aufstand vertrieben hatte, während man ihn unter den

Deutschen beschuldigte, er habe um Italiens willen »sein Geburtsland, die herrliche Germania« vernachlässigt.

Was nun die Ansprüche auf die Universalmonarchie angeht, so entbehrten sie offensichtlich jeder materiellen Basis auf seiten der Herrscher, die – um nicht von ernsteren Schwierigkeiten zu sprechen – durch einen Aufstand der Römer oder der Leute von Tivoli, durch eine Burg, die an einer Durchgangsstraße von einem rebellischen Herrn besetzt gehalten wurde, sogar durch die Widerwilligkeit ihrer eigenen Truppen nur zu oft daran gehindert worden sind, ihre eigenen Staaten wirksam zu regieren. Bis zur Zeit Friedrich Barbarossas, der 1152 den Thron bestieg, scheinen sich diese Ansprüche tatsächlich in Kanzleiformeln erschöpft zu haben. Es ist nicht zu erkennen, daß sie im Lauf der zahlreichen Interventionen der ersten sächsischen Kaiser im Westfränkischen Reich jemals geltend gemacht worden sind, oder zumindest suchten sich diese weitgehenden Ansprüche dann nur auf Umwegen zu äußern. Da der salische oder sächsische Kaiser oberster Herr Roms, folglich »Vogt« (*advocatus*) des Heiligen Petrus, das heißt sein Verteidiger war, vor allem Erbe traditioneller Rechte, die die römischen Kaiser und die ersten Karolinger über das Papsttum ausgeübt hatten, schließlich Hüter des christlichen Glaubens überall dort, wohin sich seine wirkliche oder beanspruchte Herrschaft erstreckte, hatte er in seinen eigenen Augen keine höhere oder enger mit seiner Würde verknüpfte Mission, als die römische Kirche zu schützen, zu reformieren und zu leiten. Wie es ein Bischof von Vercelli ausdrückt: »Im Schutz der Macht des Cäsar wäscht der Papst die Welt von ihren Sünden rein[343].« Genauer genommen glaubt sich dieser »Cäsar« mit dem Recht ausgestattet, den höchsten Priester zu ernennen oder doch wenigstens zu fordern, daß er nur mit seiner Zustimmung bezeichnet wird. »Aus Liebe zum heiligen Petrus haben wir unseren Lehrer, den Herrn Silvester, zum Papst gewählt, und mit Gottes Willen haben wir ihn als Papst ordiniert und eingesetzt«. So spricht Otto III. in einer seiner Urkunden. Dadurch, daß der Papst nicht nur Bischof von Rom war, sondern auch und vor allem oberster Herr der Universalkirche – *universalis papa*, diesen Ausdruck wiederholt das dem Heiligen Stuhl von Otto dem Großen gewährte Privileg zweimal –, beanspruchte der Kaiser auf diese Weise eine Art Kontrollrecht über die gesamte Christenheit, das, wenn es einmal praktiziert worden wäre, aus ihm mehr als einen König gemacht hätte. Dadurch ist auch ein Keim unvermeidlicher Zwietracht zwischen der geistlichen und der weltlichen Sphäre in das Kaiserreich gebracht worden, ein wahrer Todeskeim.

3. Kapitel

Von den territorialen Fürstenherrschaften zu den Burgbezirken

1. Die territorialen Fürstenherrschaften

Im Westen gab es eine langanhaltende Tendenz der großen Staaten, sich in politische Gebilde niederer Ordnung aufzuspalten. Fast im gleichen Maße wie der Ehrgeiz der Heerführer hatte auch die Unwilligkeit der städtischen Aristokratien, die manchmal in regionalen Vereinigungen zusammengeschlossen waren, die Einheit des spätrömischen Reiches bedroht. In manchen Teilen des feudalen Europa waren noch einige dieser kleinen oligarchischen *Romaniae* am Leben. Eine von ihnen war die »Gemeinde der Venezianer«, eine Vereinigung von Ortschaften, die von Flüchtlingen des Festlandes, der Terra Ferma, in den Lagunen gegründet worden waren und deren kollektiver Name sich auf die Ursprungsprovinz bezog und erst später für die Siedlung am Hügel des Rialto verwendet wurde – unser Venedig –, die nach und nach zum Rang einer Hauptstadt aufstieg. Andere solche Relikte waren in Süditalien Neapel und Gaeta. In Sardinien hatten die Dynastien einheimischer Führer die Insel in »Judikaturen« aufgeteilt. An anderer Stelle hemmte die Begründung der frühmittelalterlichen Königreiche diese Zersplitterung, jedoch nicht ohne dem unausweichlichen Druck der lokalen Kräfte mehr als eine Konzession gewähren zu müssen. Merowingische Könige mußten bald dem Adel dieser oder jener Grafschaft das Recht zugestehen, sich den Grafen zu wählen, oder den Großen aus Burgund, sich ihren eigenen Hausmeier selbst zu bestimmen. So kann das Bild entstehen, als ob die Entstehung provinzieller Mächte, die sich auf dem ganzen Kontinent zur Zeit des Zusammenbruchs des karolingischen Reiches herausbildeten und ganz entsprechend wenig später bei den Angelsachsen wiederkehren, eine einfache Kehrtwendung zu früheren Zuständen bedeutete. Aber der Einfluß der sehr starken öffentlichen Institutionen der unmittelbar vorausgehenden Epoche verlieh der Entwicklung einen besonderen Zug.

Im gesamten Frankenreich treffen wir regelmäßig auf eine Anhäufung von Grafschaften, die die Grundlage von Territorialfürstentümern gewesen sind. Da mit anderen Worten der karolingische Graf ein echter Beamter war, können wir die Nutznießer der neuen Gewalten ohne allzu anachronistisch zu werden, mit einer Art von Oberpräfekten vergleichen, von denen jeder gleichzeitig mehrere Departements als militärischer Befehlshaber unter seiner Verwaltung vereinigt hätte. Karl der Große hatte es sich, so sagt man, zum Gesetz gemacht, einem Grafen nie mehrere Bezirke zugleich anzuvertrauen. Wir wissen nicht genau, ob diese weise Vorsichtsmaßnahme zu seinen Lebzeiten immer eingehalten wurde. Sicher ist, daß sie unter seinen Nachfolgern und besonders nach dem Tod Ludwigs des Frommen ganz und gar verschwand. Sie widersprach nicht nur dem Machthunger der Magnaten. Die Umstände selbst machten ihre Anwendung schwierig. Die Einfälle und Raubzüge wie die Streitigkeiten der rivalisierenden Könige, die den Krieg bis ins Herz der fränkischen Monarchie getragen hatten, führten zur Errichtung ausgedehnter Militärbezirke, die vergleichbar mit denen waren, die zu allen Zeiten an den Reichsgrenzen bestanden hatten und sich jetzt fast überall durchsetzten. Manchmal nahmen sie ihren Ausgang bei einer der Rundreisen zum Zweck der Kontrolle, die Karl der Große eingeführt hatte, und der vorübergehend eingesetzte Aufseher, der *missus*, wandelte sich in einen ständigen Statthalter, so wie es zwischen Seine und Loire auf Robert den Tapferen oder weiter im Süden auf die Vorfahren der Grafen von Toulouse zutraf.

Zu den Konzessionen, die den Grafschaften gewährt worden sind, gesellten sich gewöhnlich diejenigen an die großen königlichen Klöster. Nachdem ein großer Herr ihr Beschützer, ja sogar ihr »Laienabt« geworden war, zog er aus ihnen umfangreichen Gewinn an Gütern und Menschen. Oft gewann er zu seinem Besitz, den er bereits in der Provinz hatte, neue Lehen oder neue Allode hinzu. Dort verschaffte er sich eine bedeutsame Gefolgschaft – besonders, wenn er den Lehnseid der königlichen Vasallen widerrechtlich erzwang. Da er seine Herrschaft über alle die Gebiete, die ihm rechtlich unterstellt waren, nicht direkt ausüben konnte und gezwungen war, in einigen von ihnen entweder Grafen von niederem Rang oder einfache Vizegrafen (wörtlich: vom Grafen delegierte) einzusetzen oder zu dulden, so band er doch wenigstens diese Untergebenen durch die Bande des Lehnseides an sich. Um diejenigen zu bezeichnen, die mehrere Grafschaften in ihrer Hand vereint hatten, gab es keine genauen Regelungen. Man benannte sie oder sie nannten sich selbst nahezu unterschiedslos »Erzgrafen«, »Hauptgrafen«, »Markgrafen« – letzteres bedeutet Vorsteher einer Mark, analog zu den Grenzbezirken, die das Vorbild für die Bezirke im Innern des Landes lieferten –, schließlich »Herzöge« (*duces*), was eine Anleihe an die merowingische und römische Terminologie bedeutet. Aber die letzte Bezeichnung wurde nur dort verwandt, wo eine alte regionale ethnische Einheit zur Unterstützung der neuen Gewalt diente. Allmählich ließ die Mode hier den einen, dort den anderen der miteinander konkurrierenden Titel triumphieren, oder wie auch in Toulouse und in Flandern, wo sich schließlich der einfache Titel »Graf« durchsetzte.

Es versteht sich von selbst, daß die Zusammenballungen von Macht und Gewalt erst in dem Moment eine wirkliche Stabilität gewannen, als sich bekanntlich schon sehr früh im Westfrankenreich, deutlich später im Deutschen Reich, die Erblichkeit der »Ehrenämter« allgemein durchsetzte. Bis dahin konnten ein plötzlicher Tod, die wechselnden Absichten eines Königs, der jemand unvermutet seine Autorität sehr wirksam spüren zu lassen in der Lage war, die Feindlichkeit mächtiger oder verschlagener Nachbarn jederzeit das Gebäude zum Einsturz bringen. Im Norden Frankreichs wurden zumindest zwei Versuche von zwei verschiedenen Geschlechtern unternommen, Grafschaften zu vereinigen, bevor die »Markgrafen von Flandern« schließlich von ihrer Stadtburg in Brügge aus das Werk zu einem guten Ende führen sollten. Mit einem Wort: Erfolg oder Scheitern hingen sehr stark vom Zufall ab, doch erklärt sein Spiel nicht alles.

Die Gründer dieser Fürstentümer waren sicher keine besonders guten Geographen. Sie leisteten nur da nützliche Arbeit, wo sich die Geographie ihren Absichten nicht in den Weg stellte. Das geschah dort, wo sie Gebiete zusammenflicken konnten, zwischen denen es bereits bequeme und seit langem zahlreiche Verbindungen gab, dort, wo es ihnen gegeben war, sich jener Durchgangsstellen zu bemächtigen, deren Bedeutung uns bereits die Untersuchung der Monarchien gezeigt hat. Sie stellten gleichzeitig entscheidende militärische Positionen dar und waren durch die dort zu entrichtenden Abgaben ansehnliche Einnahmequellen. Hätte das durch zahlreiche ungünstige Umstände bedrohte Fürstentum Burgund überleben und gedeihen können, wenn die Herzöge nicht von Autun bis zum Tal der Ouche die Straßen in der Hand gehabt hätten, die Frankreich über das rauhe, einsame Hochland hinweg mit dem Rhônebecken verbanden? »Er brannte darauf, die Stadtburg von Dijon zu besitzen«, sagt der Mönch Richer von einem Anwärter, »weil er glaubte, daß er von dem Tag an, wenn er diesen Platz innehätte, den besten Teil Burgunds seinem Gesetz unterwerfen könnte.« Die Gebieter im Appenin, die Herren von Canossa, zögerten nicht, ihre Macht von der Höhe des Gebirges auf die benachbarten Ebenen, zum Arno und zum Po hin, auszudehnen.

Häufig war diese Arbeit auch durch alte Gewohnheiten vorbereitet, die im öffentlichen Leben eine Rolle spielten. Nicht ohne Grund tauchten alte Nationalitätsbezeichnungen wieder im Titel zahlreicher neuer Adeliger auf. Dort, wo die so benannte Gruppe sehr umfangreich war, blieb davon letztlich nicht mehr als ein Etikett übrig, das ziemlich willkürlich einem Bruchstück aufgedrückt worden ist.

Von den großen traditionellen Unterteilungen des fränkischen Staates, die mehr als einmal eigene Königreiche gebildet hatten, war Austrasien fast vollständig in Lothringen aufgegangen. Dagegen war um 900 die Erinnerung an die drei restlichen Teilreiche – Aquitanien, Burgund und schließlich Neustrien, kurz jene Gebiete, für die sich im Laufe der Zeit der Name Frankreich eingebürgert hatte – noch nicht aus dem Gedächtnis der Menschen verschwunden. Verschiedene Personen, die an der Spitze ausgedehnter regionaler Herrschaften standen, nannten sich daher Herzöge der Aquitanier, der Burgunder oder der Franken. Die Vereinigung dieser drei Fürstentümer schien sich so gut mit der Ausdehnung des gesamten Königreichs zu decken, daß sich der König mitunter selbst »König der Franken, der Aquitanier und der Burgunder« nannte und daß der Robertiner Hugo der Große, der die Herrschaft über das Ganze anstrebte, daher kein sichereres Mittel sah, als zu diesem Zweck das Herzogtum Franzien, in dem er die Nachfolge seines Vaters angetreten hatte, mit der Belehnung über zwei weitere zu verbinden. Eine Konzentration, die zu großartig war, um von langer Dauer sein zu können[344]!
Aber als die Herzöge von Franzien später zu den kapetingischen Königen geworden waren, übten sie lediglich über die Grafschaften eine wahre Herrschaft aus, die sie direkt in der Hand hatten und die um 987 ungefähr auf sechs bis acht Bezirke um Paris und Orléans reduziert waren. Die Grafschaften an der unteren Loire hatten sich ihre eigenen Vizegrafen unrechtmäßig angeeignet. In die Bezeichnung für das alte Gebiet der Burgunder teilten sich in der Feudalzeit das Königreich der Rudolfinger (Welfen), ein großes Lehen, das diese Könige inne hatten, die Freigrafschaft Burgund (französisch: Franche Comté), und ein französisches Herzogtum. Das letzte, das sich von der Saône bis in die Gebiete um Autun und Avallon erstreckte, war weit davon entfernt, alle Landschaften zu umfassen – wie z. B. die um Sens und um Troyes –, von denen man in Westfrankreich weiterhin sagte, sie lägen »in Burgund«. Das Königreich Aquitanien hatte sich nach Norden bis zur Loire ausgedehnt, und das Schwergewicht des Herzogtums, das ihm nachfolgte, blieb lange Zeit in der Nähe des Flusses. Herzog Wilhelm der Fromme stellte nämlich 910 von Bourges aus die Schenkungsurkunde für Cluny aus. Da sich jedoch mehrere rivalisierende Häuser diesen Titel streitig machten, übte desjenige, das ihn bewahrte, zunächst tatsächliche Rechte allein über die Ebenen von Poitiers und den Westen des Zentralmassivs aus. Um 1060

machte es ihm dann eine glückliche Erbschaft möglich, dem väterlichen Erbe das zwischen Bordeaux und den Pyrenäen von einer Familie einheimischer Dynasten gegründete Fürstentum anzugliedern, die sich Herzöge der Basken oder Gaskonen nannten, da diese Gegend vor kurzem zum Teil von Eroberern euskarischer (baskischer) Sprache besetzt worden war. Der aus dieser Verschmelzung hervorgegangene Feudalstaat war sicher ansehnlich. Er ließ jedoch weite Streifen des ursprünglichen Aquitaniens außerhalb seines Machtbereichs bestehen.

An anderen Stellen war die ethnische Basis deutlicher zu erkennen. Wir wollen jede sogenannte rassische Betrachtungsweise beiseite lassen und darunter die Existenz einer Gruppe in Form eines Substrats verstehen, die eine gewisse traditionelle kulturelle Einheit aufweist. Unter manch widrigen Umständen war das bretonische Herzogtum der Erbe des »Königreichs«, das keltische Anführer auf der armorikanischen Halbinsel gegründet hatten, die sich die Wirren im karolingischen Reich zunutze machten und ganz wie die schottischen Könige im fernen Norden dabei die Länder keltischer Bevölkerung mit ihren anderssprachigen Grenzgebieten vereinten. Hier waren es die alten romanischen Marken von Rennes und Nantes (Bretonische Mark). Die Normandie verdankte ihre Existenz den skandinavischen »Piraten«. In England diente die alte Landesgliederung der Insel, die von der Ansiedlung verschiedener germanischer Völker herrührte, als ungefährer Rahmen für die großen Herrschaften, die die Könige üblicherweise seit dem 10. Jahrhundert zugunsten einiger Magnaten bildeten. Doch nirgends sollte diese Erscheinung stärker als in den deutschen Herzogtümern hervortreten.

Bei ihrer Entstehung begegnen wir den gleichen Gegebenheiten wie im Westfrankenreich oder Italien: Vereinigung mehrerer Grafschaften unter einem militärischen Oberbefehl, anfängliche Unbestimmtheit der Ämterbezeichnung. Letztere verfestigte sich hier jedoch schneller und viel einheitlicher. In einem bemerkenswert kurzen Zeitraum – ungefähr von 905 bis 915 –, entstehen die Herzogtümer Alemannien oder Schwaben, Bayern, Sachsen und Franken (die auf dem linken Rheinufer gelegenen Diözesen und Gebiete fränkischer Kolonisation am unteren Main), ohne Lothringen einzubeziehen, wo der Herzog nur der rangniedere Nachfolger eines Königs war. Die Namen sind bezeichnend. Unter der nur prinzipiell vorhandenen Einheit eines sehr jungen Staates bestanden in »Ostfranken«, das nicht wie die alte *Romania* zum großen Schmelztiegel der Völkerwanderung geworden war, die alten Einteilungen in germanische Stämme weiter. Denn je nach Stammeszugehörigkeit geschart sah man die hohen Adligen zur Königswahl erscheinen – oder fernbleiben. Durch die Anwendung schriftlich aufgezeichneten Gewohnheitsrechts lebendig, das jedem Volk und faktisch seinem Territorium zu eigen war, nährte sich das Sonderbewußtsein von einer noch nahen Vergangenheit. Alemannien, Bayern, Sachsen waren erst in der zweiten Hälfte des 8. Jahrhunderts nach und nach dem karolingischen Staat einverleibt worden und sogar der Herzogstitel, den die Feudalfürsten wieder aufnahmen, war eine Neuauflage desjenigen, den die Erbfürsten der beiden erstgenannten Länder, unterbrochen nur während einer fränkischen Vorherrschaft, lange Zeit getragen hatten. Als Gegensatz dazu halte man sich das völlig negative Bild vor Augen, das Thüringen bietet. Da es keine unabhängige und nationale Existenz kannte, seit das einheimische Königtum unterlegen war, konnte sich dort seit 534 keine dauerhafte Herzogsmacht mehr durchsetzen.

Der Herzog galt so sehr als Anführer eines Volkes, viel mehr als ein einfacher Verwalter eines Aushebungsbezirks, daß sich der Adel des Herzogtums gern den Anschein gab, ihn zu wählen und sich in Bayern gelegentlich von den Königen das Recht bestätigen ließ, bei seiner Ernennung zumindest durch seine Zustimmung mitzuwirken. Dennoch war die Tradition des Karolingerreiches in Deutschland noch zu lebendig, als daß die Könige darauf verzichten konnten, die mit so hohen Regierungsfunktionen betrauten Personen zu behandeln, als seien sie in erster Linie ihre Delegierten. Wie wir schon sahen, haben sie sich lange Zeit geweigert, die Erblichkeit ihrer Ämter anzuerkennen.

Der Charakter einer öffentlichen Funktion, den die herzogliche Macht in Verbindung mit dem Bewußtsein einer ethnischen Gruppe bewahrt hatte, machte aus dem deutschen Herzogtum im 10. Jahrhundert etwas ganz anderes, als es die französischen Fürstentümer waren, etwas, wenn man so will, viel weniger Feudales, das folglich sehr symptomatisch für ein Land war, das noch nicht im selben Maße wie Frankreich dahin gelangt war, keine andere wirksame Form des Befehlens oder Gehorchens unter den Mächtigen anzuerkennen als die vasallitische Beziehung. In Frankreich verfügte der Herzog, der Marquis oder der »Erzgraf« sehr bald trotz der Anstrengungen der ersten Herzöge von Franzien, Aquitanien oder Burgund nur dort über wirkliche Macht in den Grafschaften, über die sie persönlich verfügten oder die sie als Lehen erhalten hatten, während der deutsche Herzog oberster Gebieter über ein viel größeres Gebiet blieb, wenn er auch seine Macht den eigenen *honores* verdankte. Es konnte vorkommen, daß manche Grafen, deren Bezirke von den Grenzen des herzoglichen Territoriums umschlossen wurden, dem König direkt durch den Lehnseid verpflichtet waren. Trotzdem waren sie auch dem Herzog in gewissem Umfang untergeordnet. Wenn ich noch einmal einen offensichtlich anachronistischen Vergleich zu ziehen wage, sind sie mit einem Unterpräfekten in Frankreich vergleichbar, der von der Zentralregierung ernannt wird und dennoch dem Präfekten unterstellt bleibt. Der Herzog ruft zu seinen Hoftagen alle Großen des Herzogtums zusammen, er bietet den Heerbann auf, ist für die Friedenswahrung verantwortlich und übt das Recht der Gerichtsbarkeit aus, das keineswegs wirkungslos ist, auch wenn seine Umrisse unklar bleiben.

Dennoch wurden diese großen »ethnischen« Herzogtümer, die »Stammesherzogtümer« der deutschen Historiker, von oben durch das Königtum bedroht, dessen Macht sie deutlich einschränkten, von unten durch alle die immer stärker werdenden Kräfte der Zersplitterung in einer Gesellschaft, die sich von ihren Ursprüngen wie der Erinnerung an die früheren Völker immer weiter entfernte und auf eine fortschreitende Feudalisierung hinstrebte. Mitunter sind sie schlicht und einfach wie im Falle Frankens seit 939 beseitigt, im häufigsten Fall von den Königen zerstückelt und jeglicher Gewalt gegenüber den großen Kirchen und den Grafschaften, die mit ihnen verbunden waren, beraubt worden, so daß sie zunehmend ihren früheren Charakter verloren. Nachdem der Herzogstitel von Niederlothringen oder *Lothier** 1106 an das Haus Löwen übergegangen war, versuchte 85 Jahre später der Träger dieser Würde seine Rechte auf das ganze frühere Gebiet geltend zu machen. Vom kaiserlichen Hof erhielt er die Antwort, es sei nach Herkommen hinreichend festgelegt, daß »er Herzogsgewalt nur in den Grafschaften besäße, die er selbst innehabe oder die von ihm gehalten würden«. Das ist die Übersetzung eines zeitgenössischen Chronisten, der davon spricht, daß die Herzöge dieses Geschlechts »die Gerichtsbarkeit niemals außerhalb der Grenzen ihres eigenen Besitzes ausgeübt hätten«[345]. Die neue Tendenz der Entwicklung läßt sich nicht besser ausdrücken. Von den Herzogtümern der ersten Art blieben einige Titel und manchmal auch mehr als ein Titel übrig. Aber die wenigen so beschriebenen Fürstentümer unterschieden sich kaum noch von der Menge der »territorialen« Gewalten, die die wachsende Schwäche der Monarchie ausnutzten und sich im Deutschland des ausgehenden 12. Jahrhunderts und vor allem im 13. Jahrhundert mit solcher Stärke herausbildeten, daß sie schließlich zur Entstehung der Bundesstaaten führten, deren letzte wir noch kennengelernt haben**. Es waren politische Orga-

---

* Anm. d. Übers.: »Lothier« ist die wallonische Bezeichnung für Lothringen.
** Anm. d. Übers.: Bloch bezieht sich auf die Bundesstaaten des Wilhelminischen Reiches und der Weimarer Republik.

nisationen, die dem französischen Typ näherstanden, da auch sie im Grunde nichts anderes waren als Anhäufungen gräflicher Rechte und anderer Gewalten unterschiedlicher Natur. Durch eine dieser Entwicklungsverschiebungen, die uns bereits geläufig sind, begab sich Deutschland nach einer Zwischenzeit von etwa zwei Jahrhunderten auf genau denselben Weg, den sein Nachbar im Westen bereits wieder zu verlassen schien.

2. Grafschaften und Burgbezirke

Nachdem die Grafschaften früher oder später in den Staaten erblich geworden waren, die aus dem karolingischen Reich hervorgingen, sind nicht alle von den großen Fürstentümern beseitigt worden. Einige führten noch lange Zeit eine eigene Existenz weiter, so auch bis 1110 das von seinen angevinischen und normannischen Nachbarn stets bedrohte Maine. Aber das Hin und Her der Teilungen, die Begründung zahlreicher Immunitäten, die widerrechtlichen Besitzaneignungen führten schließlich zur Zerstückelung der gräflichen Rechte. Zwischen den legitimen Erben der fränkischen Amtsträger und den einfachen »Mächtigen«, die glücklich oder geschickt genug gewesen waren, in ihrer Hand eine große Zahl von Herrschaften und Gerechtsamen zu vereinen, verringerten sich die Unterschiede mehr und mehr auf Besitz oder Fehlen des Grafentitels, der wiederum manchmal von bestimmten Laienvertretern der Kirchen mit Beschlag belegt worden war, wie den »Vögten« von Saint-Riquier, die zu Grafen von Ponthieu geworden waren. In Deutschland sind sogar einige reiche Inhaber von Freilehen dahin gelangt. Der Gedanke des öffentlichen Amtes wich immer mehr vor der nackten Realität der Macht zurück.

Bei der Gründung und Festigung dieser nach Rang und Titel verschiedenen Herrschaften ist ein gemeinsamer Zug festzustellen, nämlich die Rolle, die die Burgen als Kristallisationspunkte spielten. »Er war mächtig wie ein Mann, der über feste, von starken Wachen geschützte Burgen verfügte«, sagt Ordericus Vitalis vom Herren von Montfort. Lassen wir hier das Bild der einfachen befestigten Häuser beiseite, mit denen sich bekanntlich die Masse der Ritter begnügte. Die Festungen der Magnaten waren in der Tat kleine befestigte Lager. Ein Turm war vorhanden, der gleichzeitig als Wohnung des Herrn und letzte Zufluchtsstätte zur Verteidigung diente. Aber um ihn herum begrenzten ein oder mehrere Wälle und Mauern einen ziemlich großen Raum, in dem sich Gebäude gruppierten, die entweder der Unterbringung der Truppen, der Diener und der

Handwerker dienten oder für die Lagerung der Abgaben und Vorräte bestimmt waren. So sieht seit dem 10. Jahrhundert die Grafenburg (*castrum*) von Warcq-sur-Meuse aus, so noch zwei Jahrhunderte später die *castra* von Brügge und Ardres, die sicher viel vollkommener gebaut, aber in den Hauptlinien ihrer Anlage nahezu gleich geblieben sind. Die ersten dieser Zitadellen waren zur Zeit der Normannen- und Ungarn-einfälle von den Königen oder von den Häuptern der großen Militär-bezirke errichtet worden. In der Folgezeit verschwand der Gedanke nie-mals ganz, daß das Befestigungsrecht seinem Wesen nach ein Attribut der öffentlichen Gewalt sei. Von Geschlecht zu Geschlecht bezeichnete man die ohne Erlaubnis des Königs oder des Fürsten gebauten Burgen als illegitim oder – nach einem anglonormannischen Ausdruck als »unehe-lich«. Die tatsächliche Bedeutung dieser Vorschrift hing jedoch davon ab, ein wie großes Interesse die Herrschaft an ihrer Anwendung hatte, und allein die Festigung der monarchischen und territorialen Kräfte konnte ihr wieder seit dem 12. Jahrhundert einen konkreten Sinn verleihen. Noch schwerer wog der Umstand, daß die Könige und Fürsten unfähig waren, die Errichtung neuer Festungen zu verhindern und es ihnen kaum besser gelang, die Kontrolle über jene zu bewahren, die sie der Obhut ihrer Getreuen als Lehen überlassen hatten, nachdem sie von ihnen selbst ge-baut worden waren. Man sieht, wie sich gegen die Herzöge oder die großen Grafen ihre eigenen Burgherren wenden, auch sie Amtsträger oder Vasallen, die darauf brannten, selbst Dynasten zu werden.

Aber diese Burgen waren nicht nur für den Herrn und manchmal für seine Untertanen eine sichere Zuflucht; sie stellten überdies für das ganze umliegende Land einen Verwaltungshauptort und das Zentrum eines Net-zes von Abhängigkeiten dar. Die Bauern leisteten dort Frondienst beim Bau von Befestigungen und lieferten dort ihre Abgaben ab. Die Vasallen aus der Umgebung stellten die Wachtposten, und häufig sagte man, sie hielten bei der Burg selbst die Lehen, so wie in Berry beim »Dicken Turm« von Issoudun. Von dort wurde die Gerichtsbarkeit ausgeübt, von dort gingen alle spürbaren Bezeugungen an Macht aus, derart, daß viele Grafen in Deutschland vom Ende des 11. Jahrhunderts an dazu über-gingen, in ihrem Titel den Namen des Bezirks oder Gaus durch den ihrer stärksten Erbburg zu ersetzen, weil sie ihre Befehlsgewalt nicht mehr über die Gesamtheit eines unwiderruflich zerteilten Distrikts ausüben konnten. Der Brauch dieser Namensgebung dehnte sich mitunter auf höhere Wür-denträger aus: So nannte Friedrich I. den Herzog von Schwaben »Herzog von Staufen«[346]. In Frankreich entstand etwa um die gleiche Zeit der Brauch, ein Gebiet mit hoher Gerichtsbarkeit als *châtellenie* (Burggrafschaft) zu bezeichnen, aber außergewöhnlicher erscheint das Schicksal einer aquitanischen Burg, der von Bourbon–l'Archambault. Obwohl ihre Besitzer nicht den Rang von Grafen besaßen, ist ihr die Entstehung eines Territorialfürstentums zu verdanken, dessen Name in dem einer französischen Provinz weiterlebt – das Bourbonnais – wie im Geschlechtsnamen einer hochberühmten Familie. Die Türme und Mauern, die sichtbaren Quellen der Macht, dienten ihr als Fassade wie auch als Rechtfertigung.

3. Die geistlichen Herrschaften

Nach merowingischer und römischer Tradition hatten die Karolinger die Teilnahme des Bischofs an der weltlichen Verwaltung der Diözese immer für normal und wünschenswert gehalten, aber das geschah in der Eigenschaft eines Mitarbeiters oder gelegentlich als Aufseher über den königlichen Repräsentanten, mit anderen Worten den Grafen. Die Monarchien in der ersten Phase der Feudalzeit gingen noch weiter. Es kam vor, daß sie aus dem Bischof gleichzeitig den Grafen machten.

Die Entwicklung vollzog sich in zwei Abschnitten. Mehr noch als der Rest der Diözese schien die Stadt, in der sich die Kathedralkirche erhob, des besonderen Schutzes und der Macht ihres Oberhirten unterstellt zu sein. Während der Graf bei tausend Gelegenheiten das Land bereiste, residierte der Bischof vorzugsweise in seiner Stadt (*civitas*). Jedoch bei Gefahr, wenn seine Leute mithalfen, die Mauern zu besetzen, die oft auf seine Kosten gebaut oder repariert worden waren, und die Speicher geöffnet wurden, um die Belagerten zu ernähren, sah er sich häufig gezwungen, das Kommando selbst zu übernehmen. Wenn man ihm über jene städtische Festung und ihre unmittelbare Umgebung die gräfliche Gewalt verlieh, die gewöhnlich mit anderen Rechten verbunden war wie der Münzprägung oder selbst dem Besitz der Festungsmauer, sanktionierten die Könige damit einen bestehenden Zustand, der für die Verteidigung als günstig galt. Das war der Fall in Langres seit 887, in Bergamo sicher im Jahre 904, in Toul 927, in Speyer 946 – um nur für jedes Land die ältesten verfügbaren Beispiele zu nennen. Der Graf behielt die Regierung der umliegenden Gebiete bei. Diese Teilung sollte manchmal von Dauer sein. Jahrhundertelang hatte die Stadt Tournai ihren Bischof und ihr Kathedralkapitel zum Grafen, während der Graf von Flandern Graf des umliegenden Gebiets war. An anderen Orten zog man es schließlich vor, dem Bischof das ganze Territorium zu übertragen. So folgte dem Überlassen der Grafschaft Langres nach einer Zwischenzeit von 60 Jahren das Überlassen der Grafschaft *in* Langres. Nachdem sich einmal der Brauch durchgesetzt hatte, ganze Grafschaften zu verschenken, gewöhnte man sich daran, Etappen zu überspringen. Ohne jemals allem Anschein nach Grafen von Reims allein gewesen zu sein, wurden die Erzbischöfe 940 Grafen von Reims und des Reimser Landes.

Die Gründe, die die Könige zu diesen Konzessionen veranlaßten, liegen auf der Hand. Sie rechneten auf zwei Tafeln, dem Himmel und der Erde. Dort oben applaudierten gewiß die Heiligen, wenn sie sahen, daß ihre Diener gleichzeitig mit gewinnbringenden Einkommen ausgestattet und von lästigen Nachbarn befreit waren. Auf Erden bedeutete die Übertragung der Grafschaft auf den Bischof, die Herrschaft in sicher geltende Hände zu legen. Beim Prälaten bestand kaum die Gefahr, daß er sein Amt in erblichen Besitz umwandeln würde, denn für seine Ernennung benötigte er die Zustimmung des Königs, auch wenn sie nicht einfach von ihm selbst ausgesprochen wurde. Schließlich banden ihn seine Bildung und seine Interessen eher an die monarchische Partei, so daß er in der allgemeinen Unordnung der Feudalstaaten alles in allem die Gewähr bot, der am wenigsten ungehorsame Amtsträger zu sein. Es ist bezeichnend, daß die ersten Grafschaften, die die deutschen Könige dem Episkopat übertrugen, bestimmte Alpenbezirke gewesen sind, die weit entfernt von den Kathedralsitzen lagen und deren Verlust die kaiserliche Politik wegen der damit verbundenen Sperrung der Alpenpässe schwer getroffen hätte.

Dennoch entwickelte sich die Institution als Teil von Bedürfnissen, die überall gleich waren, in den einzelnen Ländern in ganz verschiedener Richtung.

Im französischen Königreich waren viele Bistümer seit dem 10. Jahrhundert unter die Abhängigkeit von Territorialfürsten geraten, ja sogar einfacher Grafen. Das Ergebnis war, daß eine ziemlich kleine Zahl von Bischöfen, die sich vor allem in Franzien und im (Herzogtum) Burgund konzentrierten, selbst gräfliche Rechte erhielten. Zumindest zwei von ihnen schienen einen Moment lang in Reims und Langres wirkliche Fürstentümer zu bilden, indem sie mit dem Hauptbezirk, den sie selbst regierten, eine Verbindung von Vasallengrafschaften schufen. In den Kriegen des 10. Jahrhunderts gab es kaum eine militärische Kraft, die häufiger und mit mehr Achtung erwähnt worden wäre als die »Ritter der Kirche zu Reims«. Eingezwängt zwischen benachbarten weltlichen Fürstentümern, häufig Opfer der Untreue ihrer eigenen Lehnsträger, scheinen diese ausgedehnten kirchlichen Herrschaftsbereiche schnell dahingesiecht zu sein. Seit dem 11. Jahrhundert haben die Bischof-Grafen jeder Art gegen die feindlichen Kräfte kein anderes Hilfsmittel mehr als eine immer engere Bindung an das Königtum.

Der fränkischen Tradition treu, scheinen die deutschen Herrscher lange gezögert zu haben, bevor sie an die alte Grafschaftsverfassung rührten. Dennoch bemerken wir gegen Ende des 10. Jahrhunderts, daß ganze Grafschaften zugunsten der Bischöfe, sogar ganze Gruppen von Grafschaften, zunehmend schneller und häufiger übertragen werden, so daß auf Grund der Immunitätsprivilegien und Konzessionen verschiedener Art, die mit diesen Schenkungen verknüpft waren, sich innerhalb weniger Jahre bedeutende territoriale Kirchenherrschaften ausbildeten. Offensichtlich hatten sich die Könige, wenn auch widerstrebend, mit dem Gedanken befreundet, daß es im Kampf gegen die Anhäufung lokaler Macht durch aufsässige Magnaten und vor allem durch die Herzöge keine bessere Waffe gab als die weltliche Gewalt der Prälaten. Es ist bemerkenswert, daß die kirchlichen Territorien vor allem dort zahlreich und stark waren, wo die Herzogtümer entweder wie in Franken von der Landkarte gelöscht waren, oder, wie im früheren niederrheinischen Lothringen oder in Westsachsen, jeder wirksamen Herrschaft über einen Teil ihres alten Wirkungsbereichs beraubt worden waren. Die Ereignisse sollten jedoch am Ende diese Überlegungen widerlegen. Der lange Streit der Päpste und Kaiser und der zumindest teilweise Triumph der Kirchenreform ließen die deutschen Bischöfe sich seit dem 12. Jahrhundert immer weniger als Amtsträger der Monarchie fühlen, bestenfalls als ihre Vasallen. Hier endete das geistliche Fürstentum damit, daß es einen Platz unter den Elementen der Aufspaltung des Nationalstaates einnahm.

Im lombardischen Italien und – wenn auch nur in geringerem Maß – in der Toscana folgte die kaiserliche Politik zuerst denselben Linien wie in Deutschland. Jedenfalls häuften sich die Grafschaften in den Händen ein und derselben Kirche dort viel seltener, und die Entwicklung führte zu ganz anderen Ergebnissen. Hinter dem Bischof-Grafen erhob sich sehr bald eine neue Macht: die Stadtgemeinde, eine in vieler Hinsicht rivalisierende Macht, die es jedoch verstand, die von den ehemaligen Stadtherren geschmiedeten Waffen für ihre eigenen Ziele zu verwenden. Dadurch, daß sie häufig als Erben des Bischofs auftraten oder unter seinem Namen Schutz suchten, festigten die großen oligarchischen Republiken der lombardischen Städte seit dem 12. Jahrhundert ihre Unabhängigkeit und dehnten ihre Herrschaft über das flache Land aus.

Es wäre ein Übermaß an juristischer Spitzfindigkeit, wenn man in jedem Lande eine allzu strenge Unterscheidung zwischen einer Kirche vornähme, die über Grafschaften verfügte und einer solchen, die jeder Übertragung dieser Art entbehrte, dennoch genügend Immunitätsherrschaften, genügend Vasallen, Bauern und Einwohner, die ihrer Gerichtsbarkeit unterworfen sind, besaß, um wohl mit dem gleichen Recht eine echte Territorialmacht darzustellen. Überall war der Boden des Westens von den Grenzen dieser großen kirchlichen »Freiheiten« durchfurcht. Häufig markierten Kreuzlinien die Umrisse, die nach einem Wort Sugers den »Säulen des Herkules« glichen und für Laien unüberschreitbar waren[347]. Zumindest grundsätzlich sind sie unüberschreitbar gewesen, doch sah die Praxis ziemlich verschieden aus. Der Laienadel wußte eine der bevorzugten Speisen für seinen Hunger nach Reichtum und Macht im Erbe der Heiligen und Armen durch das Auftragen von Lehen zu finden, die man irgend jemand unter Drohungen entrissen oder durch die Gutwilligkeit zu leichtgläubiger Freunde erlangt hatte. Mitunter geschah das auch ganz einfach durch brutalen Raub. Schließlich gelangte man zumindest innerhalb der Grenzen des ehemaligen karolingischen Staates über den Umweg der Vogtei zum Ziel[348].

Bevor die erste karolingische Gesetzgebung die Verfassung der Immunitäten regelte, schien es notwendig, jede geistliche Immunität mit einem Laienvertreter zu versehen, der zugleich die Aufgabe hatte, innerhalb der Herrschaft selbst die Gerichtsversammlungen, zu denen man befugt war, abzuhalten, wie auch diejenigen geladenen Untertanen vor das Grafengericht zu bringen, die nicht mehr von den Amtsträgern des Königs auf dem exemten Gebiet, das ihm von nun an nicht mehr unterstand, verfolgt werden konnten. Die Begründung dieser Institution entsprach einem doppelten Zweck, der in doppelter Form gerade den Grundzügen einer Politik entgegenkam, die sich ihrer Ziele sehr stark bewußt war, nämlich einerseits zu vermeiden, daß die Geistlichen und besonders die Mönche durch weltliche Verpflichtungen von den Pflichten ihres Standes abgehalten würden, andererseits als Preis für die offizielle Anerkennung, die man der grundherrlichen Rechtssprechung zollte, jene in ein geregeltes und kontrolliertes System klar definierter Rechtspflege einzubinden. Nicht nur mußte also jede Kirche, die mit Immunität begabt war, ihren »Vogt« (advocatus) oder ihre Vögte vorweisen, sondern auch die Wahl dieses »Mittlers« ist von der öffentlichen Gewalt streng überwacht worden. Kurzum, der karolingische Vogt, ob er nun im Dienst des Bischofs oder des Klosters stand, spielte ihnen gegenüber dennoch die Rolle einer Art von Repräsentanten der Monarchie.

Der Einsturz des von Karl dem Großen errichteten Verwaltungsapparates hatte nicht das Verschwinden der ganzen Institution zur Folge. Sie erlebte jedoch einen tiefgreifenden Wandel. Von Anfang an ist der Vogt zweifellos durch die Bewilligung einer »Wohltat« entlohnt worden, die aus dem Besitz der Kirche genommen wurde. Als der Begriff einer öffentlichen Funktion sich angesichts des Triumphes der Bindungen persönlicher Abhängigkeit verwischte, betrachtete man den Vogt im allgemeinen nicht mehr an den König gebunden, dem er keinen Lehnseid leistete, sondern sah in ihm lediglich den Vasallen des Bischofs oder der Mönche. Ihre Wahl entschied von nun an frei über seine Ernennung, zumindest bis zu dem sehr bald eintretenden Zeitpunkt, als sein Lehen wie die anderen, trotz einiger rechtlicher Vorbehalte, praktisch erblich geworden war.

Zur selben Zeit hatte die Bedeutung des Vogtes sichtlich zugenommen. Zunächst war es in erster Linie seine Rolle als Richter. Seit die Immunitäten die Blutfälle an sich gezogen hatten, handhabe der Vogt, anstatt die Verbrecher vor das Grafengericht zu bringen, selbst die furchtgebietende Waffe der hohen Gerichtsbarkeit. Er war jedoch nicht allein Richter. Angesichts der Unruhen in ihrer Umgebung brauchten die Kirchen Kriegsführer, um die Männer unter dem Banner des Heiligen in die Schlacht zu führen. Da der Staat nicht mehr länger eine wirksame Schutzmacht darstellte, brauchten sie Verteidiger in ihrer Nähe, die den Bestand ihrer ständig bedrohten Güter sicherten. Sie glaubten, sowohl die einen wie die anderen in den Laienvertretern zu finden, die ihnen durch die Gesetzgebung des großen Kaisers zugewiesen worden waren. Und diese Berufskrieger bemühten sich vermutlich selbst, ihre Dienste anzubieten bzw. aufzudrängen und Aufgaben zu unternehmen, die Ruhm und Gewinn versprachen. Daraus resultierte eine wirkliche Schwerpunktverlagerung dieses Amtes. Wenn die Quellen sich bemühen, den Charakter der Vogtei zu definieren und das vom Vogt geforderte Entgelt zu rechtfertigen, legen sie den Akzent mehr und mehr auf den Schutzgedanken. Parallel dazu veränderte sich die Herkunft. Der karolingische Vogt war insgesamt ein recht bescheidener Amtsträger gewesen. Im 10. Jahrhundert verschmähten es die ersten unter den »Mächtigen« und selbst die Angehörigen gräflicher Geschlechter nicht mehr, sich um einen Titel zu bemühen, der ihnen früher als unter ihrer Würde erschienen wäre.

Doch die Zersplitterung, die damals so vielen Rechten schicksalhaft widerfuhr, verschonte auch dieses eine nicht. Die karolingische Gesetzgebung scheint für die Großgrundherrschaften, die über weite Räume begütert waren, einen Vogt je Grafschaft vorgesehen zu haben. Aber bald vervielfältigte sich ihre Zahl. In Deutschland und in Lotharingen, wo die Institutionen von ihrem ursprünglichen Charakter am wenigsten verloren hatten, blieben die örtlichen Vögte, die häufig auch Untervögte (*subadvocati*) genannt worden sind, im Prinzip die Beauftragten und gewöhnlich die Vasallen entweder des Obervogtes der Kirche oder des einen oder anderen der zwei bis drei Obervögte, unter denen die Kirche ihren Besitz aufgeteilt hatte. Wie zu erwarten war, ist die Zerstückelung in Frankreich noch weiter vorangetrieben worden, so daß es dort letztlich kaum Grundbesitz oder Besitzanhäufungen von einiger Bedeutung gab, die nicht ihren besonderen »Schutzherrn« hatten, welche sich aus den mittleren Potentaten der Umgebung rekrutierten. Doch auch dort überragte die gewöhnlich höhergestellte Person, der der Schutz des Bistums oder des Klosters oblag, an Einkünften und Macht das Fußvolk der kleinen lokalen Schutzherren. Es kam übrigens auch vor, daß dieser Magnat zugleich Vogt der religiösen Gemeinschaft und »Besitzer« war – d. h. vor allem, daß er den Abt bestimmte –, ja sogar, daß er selbst, wenn auch als Laie, den Titel eines Abtes annahm – eine Begriffsverwirrung, die sehr bezeichnend für ein Zeitalter war, das sich eher der Macht der Tatsachen als juristischen Feinheiten erschloß.

Der Vogt verfügte oft nicht nur über sehr umfangreichen Lehnsbesitz, der an sein Amt gebunden war. Das Amt selbst gestattete ihm, seine Herrschaftsrechte auf die Ländereien der Kirche auszudehnen und reichliche Abgaben von dort zu empfangen. In Deutschland blieb er mehr als anderenorts, wo er ganz zum Schirmvogt wurde, Richter. Indem sich mancher deutsche Vogt auf den alten Grundsatz berief, der der Geistlichkeit verbot, Blut zu vergießen, gelang es ihm fast völlig, sich das Monopol bei der Ausübung der hohen Gerichtsbarkeit in geistlichen Herrschaften zu sichern. Die relative Macht der Monarchie und ihre Treue gegenüber der karolingischen Tradition trugen dazu bei, diese Übergriffe zu erleichtern. Wenn die Könige auch darauf hatten verzichten müssen, die Vögte zu ernennen, so konnten sie ihnen weiterhin zumindest theoretisch den »Bann« verleihen, d. h. das Recht des Gebietens und Verbietens. Mit welchem Recht konnten die Geistlichen die hohe Gerichtsbarkeit ausüben, wenn ihnen die Gewalt nicht übertragen war, die direkt vom Herrscher auf seinen Vasallen überging? Es gelang ihnen nur mit Mühe, das Recht auf Bestrafung derjenigen ihrer Untertanen zu bewahren, die mit ihnen durch sehr enge Bande verbunden waren, nämlich ihre Diener und ihre Leibeigenen. In Frankreich, wo alle Bande zwischen der königlichen Gewalt und den Vögten zerschnitten waren, folgte die Aufteilung der Rechtsprechung noch stärker wechselnden Tendenzen; und diese Unordnung diente zweifellos mehr als die deutsche Ordnung den kirchlichen Interessen. Welche »Forderungen« (*exactiones*) sind nun – um mit den Urkunden zu sprechen – im Gegenzug den kirchlichen Hintersassen allenthalben von ihren echten oder angeblichen »Verteidigern« auferlegt worden? Sogar in Frankreich, wo die Vogtei in die Hände zahlloser kleiner Landtyrannen gefallen war, die auf ihren Anteil an der Beute besonders gierig waren, schien dieser Schutz vielleicht nicht immer ganz so unwirksam, wie uns die geistliche Geschichtsschreibung glauben machen will. Obwohl sie allem Anschein nach in einer Abtei verfaßt worden ist, erklärt eine Urkunde Ludwigs VI. die Vogtei für »äußerst notwendig und in jeder Weise nützlich«[349]. Aber sie wurde ohne Zweifel sehr teuer erkauft: Hilfsdienste in verschiedener Form, von der ländlichen Fronarbeit bis zur Bereitstellung von Quartieren, vom Kriegsdienst bis hin zu Festungsarbeiten; Abgaben an Hafer, Wein, Hühnern, Geld, die auf die Felder erhoben wurden, und noch häufiger, denn es ging vor allem um die Verteidigung des Dorfes, auf Hütten. Die Liste dessen, was der Erfindungsreichtum der Vögte aus den Bauern herauszupressen wußte, deren direkte Herren sie gar nicht waren, wäre endlos. In Wahrheit verschlangen sie sie, wie Suger schreibt, »mit vollem Mund«[350].

Das 10. Jahrhundert, die erste Hälfte des 11. Jahrhunderts, war das goldene Zeitalter der Vogtei. Das trifft natürlich auf den Kontinent zu, denn in England gab es diese Institution nie, da ihm das karolingische Vorbild fremd war. Dann ging die durch die Gregorianische Reform neu belebte Kirche zur Offensive über. Durch Übereinkünfte, Gerichtsentscheide, Rückkäufe, auch dank frei gewährter unentgeltlicher Zugeständnisse, die der Reue oder der Frömmigkeit entsprangen, gelang es ihr nach und nach, die Vögte auf die Ausübung streng festgelegter und zunehmend eingeschränkter Rechte zu verpflichten. Zweifellos hatte die Kirche ihnen weite Teile ihres ehemaligen Besitzes überlassen müssen. Zweifellos dehnten die Vögte beständig auf mehr als eine ihrer Ländereien die eigene Rechtsprechung und die Abgabenerhebung aus, deren Ursprung jedoch immer weniger verstanden worden ist. Andererseits hatten die Bauern nicht immer großen Nutzen aus der geduldigen Arbeit ihrer geistlichen Herren gezogen. Denn die an die Kirche zurückgelangte Rente wurde auch weiterhin eingezogen, nur daß sie von nun an dem bischöflichen oder dem klösterlichen Grundherrn gezahlt worden ist, anstatt einen benachbarten Junker reich zu machen. Aber nachdem die Kirche diesen unvermeidlichen Opfern einmal zugestimmt hatte, entging ihre Herrengewalt einer der heimtückischsten Gefahren, die sie je bedroht hatte.

Da jedoch die kleinen und mittleren Dynasten gezwungen waren, auf die Ausbeutung von Quellen zu verzichten, die ihnen früher fast uneingeschränkt offengestanden hatten und ohne die kein Rittergeschlecht in der Vergangenheit seine ursprüngliche Mittelmäßigkeit hätte überwinden können, bezahlten vor allem sie die Kosten der Reform. Die örtlichen Vögte waren gegen Ende der zweiten Phase der Feudalzeit nahezu harmlos geworden. Die Hochvogteien existierten weiter. Die Könige und die höchsten Adligen waren zu allen Zeiten die Inhaber dieses Rangs, und schon begannen die Monarchien, über alle Kirchen ihrer Staaten einen allumfassenden »Schutz« zu beanspruchen. Wenn also Bischöfe, Kapitel oder Klöster es gewagt hatten, die lästigen Dienste so vieler kleiner Verteidiger zurückzuweisen, so geschah das darum, weil sie zur Garantie ihrer Sicherheit in Zukunft auf die wirksamere Unterstützung der großen monarchischen oder fürstlichen Regierungen rechnen konnten. Aber unter welchem Namen diese Schutzherrschaft auch auftrat, sie mußte immer mit äußerst drückenden Verpflichtungen und Geldzuwendungen erkauft werden, deren Last ständig zunahm. »Es gehört sich, daß die Kirchen reich sind«, läßt ein Urkundenfälscher des 12. Jahrhunderts Heinrich II. von Deutschland ganz naiv sagen; »denn je mehr einem anvertraut ist, desto mehr kann man von ihm fordern[351].« Im Prinzip unveräußerlich, von ihrem Wesen her gerade vor der Gefahr aufeinander folgender Teilungen geschützt, blieben die geistlichen Herrschaften in einer sich wandelnden Welt von Anbeginn ein Element von beachtlicher Stabilität. Sie sollten später ein um so kostbareres Instrument in der Hand der großen Mächte darstellen, als es zu einer allgemeinen Neuordnung der Kräfte kam.

4. Kapitel

Das Chaos und der Kampf gegen das Chaos

1. Die Grenzen der öffentlichen Gewalt

Wir sprechen gern von Feudalstaaten. Gewiß war dieser Begriff dem geistigen Rüstzeug der mittelalterlichen Gelehrten nicht fremd. Die Quellen verwenden manchmal das alte Wort *res publica* (Staat). Die politische Moral erkennt neben den Pflichten, die dem unmittelbaren Herrn geschuldet waren, diejenigen an, die dieser höheren Autorität gegenüber geboten waren. Der Ritter, sagt Bonizo von Sutri, soll »sein Leben nicht schonen, um das seines Herrn zu verteidigen und für die Sache des Gemeinwesens bis zu seinem Tod kämpfen[352]«. Aber das hier beschworene Bild war von dem heutigen gänzlich verschieden. Damals war seine Bedeutung wesentlich begrenzter.

Die Liste der Tätigkeiten, die unserer Meinung nach von der Idee des Staates nicht zu trennen sind und die die Feudalstaaten dennoch eindeutig nicht kannten, wäre lang. Das Unterrichtswesen unterstand der Kirche, ebenso die Armenpflege, die mit der Barmherzigkeit zusammenfiel. Die öffentlichen Arbeiten blieben der Initiative der Nutzungsberechtigten oder kleinen Lokalgewalten überlassen. Das bedeutete einen fühlbaren Bruch vor allem mit der römischen Tradition, sogar mit der Karls des Großen. Die Herrscher begannen erst wieder im 12. Jahrhundert, sich derartige Sorgen zu machen, was zu dieser Zeit noch weniger in den Monarchien als in einigen frühzeitig entwickelten Fürstentümern geschah wie z. B. im Anjou eines Heinrich Plantagenêt, der die Loiredeiche erbaute, oder wie in Flandern der Graf Philipp vom Elsaß, dem einige Kanäle zu verdanken sind. Man mußte noch das folgende Jahrhundert abwarten, um zu erleben, daß Könige und Fürsten bei der Festsetzung der Preise eingriffen, wie es die Karolinger getan hatten und vorsichtig eine Wirtschaftspolitik skizzierten. Seit der zweiten Phase der Feudalzeit waren die Verfechter einer den Wohlstand bezweckenden Gesetzgebung fast ausschließlich Gewalten mit einem viel geringeren Wirkungsbereich, die ihrer Natur nach dem Feudalismus im engeren Sinn fremd waren: die Städte, die beinahe seit ihrer Begründung als autonome Gemeinwesen mit Schulen, Krankenhäusern und Regulierungen des Wirtschaftslebens befaßt waren.

Der König oder hohe Adlige haben in der Tat drei fundamentale Pflichten und fast ausschließlich nur diese zu beachten: Durch fromme Stiftungen und durch den Schutz, den sie dem wahren Glauben angedeihen lassen, sorgen sie für das Seelenheil ihres Volkes; sie verteidigen es gegen äußere Feinde – eine Schutzfunktion, zu der, wenn möglich die vom Streben nach Ehre ebenso wie vom Streben nach Macht geleitete Eroberung hinzutritt; schließlich lassen sie Gerechtigkeit und inneren Frieden walten. Da ihm sein Auftrag vor allem vorschreibt, die Eindringlinge und Bösewichte abzuwehren, führt, straft und unterdrückt der König oder hohe Adlige mehr, als daß er verwaltet. Die so verstandene Aufgabe war gewiß schon ziemlich schwer.

Denn ein allen Gewalten gemeinsamer Zug besteht, wenn nicht gerade in ihrer Schwäche, so doch zumindest in ihrem stark wechselnden Durchsetzungsvermögen. Dieser Makel erscheint immer dort am deutlichsten, wo Ehrgeiz und Absichten größer und der Handlungsspielraum weiter sind. Wenn sich 1127 ein Herzog der Bretagne unfähig zeigt, eines seiner Klöster gegen die eigenen Ritter zu verteidigen, verrät er auf diese Weise nur die Schwäche eines mittleren Territorialfürsten. Jedoch unter den Herrschern, deren Macht die Chronisten am höchsten preisen, könnte man nicht einen einzigen finden, der nicht lange Jahre damit zugebracht hätte, Erhebungen niederzuschlagen. Das kleinste Sandkorn genügte manchmal, um die Maschine zum Stehen zu bringen. Ein kleiner rebellischer Graf, der sich in seinem Schlupfwinkel verschanzt hatte, und schon wird Kaiser Heinrich II. drei Monate lang aufgehalten[353]. Wir haben bereits die Hauptgründe aufgeführt, die das mangelnde Durchhaltevermögen erklären: Die Langsamkeit und die Beschwernis der Verbindungen, das Fehlen von Geldreserven, die Notwendigkeit eines direkten Kontaktes zu den Menschen, um wahre Autorität ausüben zu können. 1157 sagt Otto von Freising, der dadurch seinen Helden Friedrich Barbarossa in naiver Weise loben will: »Er kehrte in das Land nördlich der Alpen zurück: durch seine Gegenwart wurde der Friede bei den Franken wiederhergestellt« – das heißt bei den Deutschen –, »der den Italienern während seiner Abwesenheit versagt war.« Dazu kam natürlich der zähe Konkurrenzkampf um die persönlichen Bindungen. Mitten im 13. Jahrhundert erkennt noch ein französisches Gewohnheitsrecht den gültigen Fall an, daß der lehnspflichtige Vasall eines hohen Adligen rechtmäßig gegen den König Krieg führen kann, indem er sich der Sache seines Herrn annimmt[354].

Die besten Köpfe hatten eine klare Vorstellung von der Dauerhaftigkeit des Staates. Konrad II. von Deutschland wird von seinem Kaplan dieses Wort in den Mund gelegt: »Wenn der König stirbt, bleibt das Reich bestehen, wie das Schiff bleibt, dessen Steuermann gefallen ist.« Aber die Einwohner von Pavia, an die sich diese Mahnung richtete, standen der öffentlichen Meinung zweifellos viel näher, wenn sie sich dagegen wehrten, daß man ihnen die Zerstörung der Kaiserpfalz anlastete, denn – so sagten sie – es sei während des Interregnums, der Zwischenherrschaft, geschehen. »Wir haben unserem Kaiser gedient, so lange er lebte; nachdem er tot war, hatten wir keinen König mehr.« Die klugen Leute versäumten nicht, sich von dem neuen Herrscher ihre Privilegien bestätigen zu lassen, die sein Vorgänger gewährt hatte, und englische Mönche scheuten nicht davor zurück, mitten im 12. Jahrhundert am königlichen Hof die Meinung zu vertreten, daß ein Edikt entgegen altem Brauch nur zu

Lebzeiten seines Urhebers in Kraft sein sollte[355]. Mit anderen Worten, man unterschied von der abstrakten Idee der Macht kaum das konkrete Bild des Anführers. Die Könige selbst hatten Mühe, über ein eng begrenztes Familiendenken hinauszugelangen. Man beachte, mit welchen Worten der französische König Philipp August, der zum Kreuzzug aufbrach, die Verwendung des Schatzes, der unverzichtbaren Basis jeder monarchischen Macht, für den Fall regelte, daß er auf der Reise ins Heilige Land stirbt. Überlebt ihn sein Sohn, würde nur die Hälfte als Almosen verteilt; dagegen sollte, wenn das Kind vor dem Vater stirbt, der ganze Schatz verteilt werden.

Wir sollten uns jedoch weder rechtlich noch faktisch eine Herrschaft des persönlichen Absolutismus vorstellen. Nach dem ungeschriebenen Gesetz des weisen Herrschers konnte kein Anführer, wer er auch sein mochte, eine schwere Entscheidung treffen, ohne Rat eingeholt zu haben. Gewiß nicht vom Volk, denn niemand dachte daran, daß es direkt oder in seinen Gewählten zu befragen war. Hatte es nicht nach göttlicher Vorsehung als natürliche Vertreter die Mächtigen und die Reichen? Der König oder der Fürst würden also um den Rat ihrer höchsten Untertanen und besonderen Getreuen nachsuchen, kurzum, seines Hofs in der vasallenhaften Bedeutung des Wortes. Nie vergessen die stolzesten Monarchen, in ihren Urkunden an diese notwendige Befragung zu erinnern. Kaiser Otto I. bekennt, daß ein Gesetz, dessen Bekanntmachung auf einer bestimmten Versammlung vorgesehen war, dort nicht »wegen der Abwesenheit einiger Grafen« verkündet werden konnte[356]. Die mehr oder weniger strikte Anwendung dieser Regel hing von dem Gleichgewicht der Kräfte ab. Aber es wäre unklug gewesen, sie so offen zu verletzen. Denn die einzigen Verfügungen, die zu befolgen Untertanen von etwas höherem Rang sich wirklich verpflichtet fühlten, waren diejenigen, die zumindest in ihrer Gegenwart, wenn schon nicht immer mit ihrer Zustimmung gegeben worden waren. In dieser Unfähigkeit, politische Bindungen anders als unter Bedingungen des einander Gegenüberstehens zu begreifen, erkennen wir einmal mehr eine der tiefen Ursachen der feudalen Zersplitterung.

2. Die Gewalttätigkeit und die Friedenssehnsucht

Ein Bild der feudalen Gesellschaft wäre vor allem in seinen Anfängen dazu verdammt, einen nur sehr unscharfen Eindruck von der Wirklichkeit zu vermitteln, wenn es lediglich um die Darstellung von Verfassungseinrichtungen bemüht wäre und außer Acht ließe, daß der Mensch damals in einem Zustand beständiger und schmerzlicher Unsicherheit lebte. Es war nicht wie heute die Angst vor einer schrecklichen Gefahr, bei der es sich jedoch um eine kollektive Gefahr handelt, die nicht ständig zu spüren ist, wie sie eine Welt bewaffneter Nationen in sich birgt. Ebensowenig handelte es sich um die Furcht vor Wirtschaftsmächten – zumindest nicht in erster Linie –, die den kleinen Mann oder den vom Unglück Verfolgten zermalmen. Die täglich vorhandene Drohung lastete auf dem Schicksal eines jeden einzelnen. Sie richtete sich gegen den Besitz und darüber hinaus gegen die leibliche Existenz. Der Krieg, der Mord, der Machtmißbrauch, schließlich gibt es kaum eine Seite in unserer Analyse, auf die nicht ihrer aller Schatten fällt. Einige Worte sollen hier nun genügen, um die Ursachen dafür aufzuzählen, daß die Gewalt tatsächlich zum Kennzeichen einer Epoche und eines sozialen Systems wurde.

»Wenn nach dem Untergang des Römerreichs der Franken den erhabenen Thron verschiedene Könige besteigen, wird sich jeder Mann nur noch auf sein Schwert verlassen...«: So sprach in prophetischem Ton um die Mitte des 9. Jahrhunderts ein Geistlicher aus Ravenna, der das Zerrinnen des großen karolingischen Traums vom Kaiserreich erlebt und beklagt hatte[357]. Die Zeitgenossen waren sich dessen also deutlich bewußt: Das Fehlen der Staatsmacht, die in weitem Maße eine Folge der nicht zu unterdrückenden Gewöhnung an das Chaos war, hatte wiederum die Entstehung des Übels begünstigt. Gleichzeitig arbeiteten die Einfälle der fremden Völker, die überall Mord und Plünderungen nach sich zogen, sehr wirkungsvoll daran, die alten Machtstrukturen zu zerbrechen. Aber die Gewalt war auch tief in der Gesellschaftsstruktur und der Mentalität verwurzelt.

Sie spielte in der Wirtschaft eine Rolle. In einer Zeit, in der der Warenaustausch selten und schwierig blieb, waren Beute und Unterdrückung ein sicheres Mittel, zu Reichtum zu gelangen. Eine ganze Herren- und Kriegerklasse lebte hauptsächlich davon, und ein Mönch konnte einen kleinen Herrn kühl in einer Urkunde sagen lassen: Ich gebe Dir dieses Stück Land, »frei von jeglicher Abgabe, jeder Eintreibung oder Steuer, frei von jeder Fron... und von all jenen Dingen, die die Ritter den Armen gewöhnlich mit Gewalt abnötigen[358]«.

Die Gewalt spielte auch im Rechtsleben auf Grund des gewohnheitsrechtlichen Prinzips eine Rolle, das langfristig dazu führte, fast jede unrechtmäßige Besitznahme zu legitimieren. In der Folge geschah das auch wegen der fest verwurzelten Tradition, die dem einzelnen oder der kleinen Gruppe das Recht zuerkennt oder sogar die Pflicht auferlegt, über sich selbst Recht zu sprechen. Die »Familienfehde«, die für eine Unzahl blutiger Dramen verantwortlich war, ist nicht die einzige Form persön-

licher Vollstreckungen gewesen, die die öffentliche Ordnung ständig gefährdeten. Wenn die Friedensgerichte es dem Opfer einer materiellen
Einbuße, einer realen oder fiktiven, untersagten, sich unmittelbar dadurch zu entschädigen, daß es sich einen Teil der Güter dessen aneignete,
der den Schaden verursacht hat, so konnten sie auf diese Weise einen der
häufigsten Anlässe für Zwistigkeiten ausschalten.

Gewalt war nicht zuletzt auch ein Bestandteil der Sitten. Weil die Menschen ihre spontanen Regungen kaum unterdrücken konnten, auf den Anblick des Leidens wenig sensibel reagierten, von geringer Achtung dem
Leben gegenüber erfüllt waren, in dem sie nur ein Übergangsstadium
angesichts der Ewigkeit sahen, waren sie überdies darauf sehr bedacht,
ihre Ehre in der fast animalischen Entfaltung physischer Kraft zu suchen.
Der Bischof Burchard von Worms schreibt um 1024: »Täglich werden
Morde nach Art wilder Tiere unter den Hintersassen des Heiligen Petrus
begangen. Man geht im Rausch, aus Stolz oder wegen Nichtigkeiten aufeinander los. Im Laufe eines Jahres sind 35 vollkommen unschuldige
Leibeigene von St. Peter von anderen Leibeigenen der Kirche getötet
worden und weit davon entfernt zu bereuen, rühmen sich die Mörder
ihrer Verbrechen.« Fast ein Jahrhundert später glaubte eine englische
Chronik, die den Frieden preist, den Wilhelm der Eroberer in seinem
Reich wiederhergestellt hat, die Fülle dieses Friedens am besten durch
zwei Charakterzüge ausdrücken zu können: In Zukunft kann kein Mann
einen anderen zu Tode bringen, gleich welches Unrecht ihm jener angetan
hat. Jeder kann ohne Gefahr mit goldgefülltem Gürtel durch England
reisen[359]. Hier wird auf naive Weise die doppelte Wurzel der häufigsten Verbrechen aufgedeckt: Die Rache, die im Denken der Zeit moralisch
gerechtfertigt war, aber auch das ganz offen zutage tretende Räuberwesen.

Dennoch litten alle Menschen letztlich unter dieser Brutalität, und die
Anführer waren sich mehr als die Menge des Unheils bewußt, das sie
nach sich zog. So erhebt sich aus den Tiefen dieser unruhigen Zeit mit der
ganzen Kraft des Strebens nach der kostbarsten und unerreichbarsten der
»Gottesgaben« ein langer Friedensruf. Für einen König und für einen
Fürsten gibt es kein schöneres Lob, als den Titel »der Friedliebende«. Das
Wort muß in seinem vollen Sinn verstanden werden, nämlich nicht, daß
er dem Frieden zustimmt, sondern daß er ihn durchsetzt. »Friede soll im
Reich sein«: so betet man an den Krönungstagen. »Gesegnet seien die
Friedensstifter«, rief der Heilige Ludwig aus. Diese allen Gewalten ge-
meinsame Sorge drückt sich manchmal in Worten von ergreifender Rein-
heit aus. Den gleichen König Knut, von dem ein Hofdichter gesagt hatte:
»Du warst sehr jung, o Fürst, als schon die Häuser der Menschen in

493

Flammen standen, je weiter Dein Weg Dich führte«, höre man in seinen weisen Gesetzen sprechen: »Wir wollen, daß jeder Mann über zwölf Jahre schwört, keinen Raub zu begehen und sich nicht zum Komplizen eines Räubers zu machen[360].« Aber gerade weil die großen weltlichen Mächte ohnmächtig waren, hat sich offensichtlich am Rande der regulären Gewalten und auf Anstoß der Kirche ein spontanes Streben nach der Errichtung der so sehr ersehnten Ordnung entwickelt.

3. Landfriede und Gottesfriede[361]

Die Friedenseinungen nahmen ihren Anfang in Bischofsversammlungen. Unter den Geistlichen ist das Gefühl für menschliche Solidarität aus der Vorstellung vom Bild einer Christenheit als dem mystischen Leib Christi gespeist worden. »Kein Christ soll einen anderen Christen töten«, sagen 1054 die Bischöfe der Provinz Narbonne, »denn einen Christen töten heißt ohne Zweifel das Blut Christi vergießen.« In der Praxis wußte sich die Kirche besonders verletzbar. Schließlich sah sie es als ihre eigentümliche Aufgabe an, mit ihren eigenen Mitgliedern alle Schwachen zu schützen, jene *miserabiles personae* (erbarmungswürdigen Menschen), zu deren Vormund sie das kanonische Recht bestimmte.

Doch trotz des ökumenischen Charakters der Mutterinstitution und trotz der erst spät vom Reformpapsttum gewährten Unterstützung, war diese Bewegung in ihren Anfängen sehr spezifisch französisch und ganz besonders aquitanisch. Sie scheint um 989 in der Nähe von Poitiers auf dem Konzil von Charroux entstanden zu sein, worauf von der spanischen Mark bis hin zum Berry oder zur Rhône bald zahlreiche Synoden folgen sollten. Allein in Burgund und im Norden des Königreichs breitete sie sich erst im zweiten Jahrzehnt des 11. Jahrhunderts aus. Einige Prälaten aus dem Königreich Arelat und der Abt von Cluny waren 1040 und 1041 anscheinend ohne großen Erfolg um die Bischöfe Italiens bemüht[362]. Lothringen und Deutschland sind erst gegen Ende des Jahrhunderts von ihr erfaßt worden, England nie. Die Unterschiede der politischen Struktur erklären leicht die Besonderheiten dieser Entwicklung. Als die Bischöfe von Soissons und Beauvais 1023 eine Friedenseinung eingegangen waren und ihren Amtsbruder aus Cambrai aufforderten, sich ihnen anzuschließen, verweigerte sich dieser Prälat, der wie sie Suffragan des Erzbistums Reims war, das zwar in Frankreich lag, während er Untertan des Kaiserreiches war. Es wäre »unpassend«, sagte er, daß sich ein Bischof in die Angelegenheiten der Könige einmischte. Im Kaiserreich war der Staatsgedanke besonders beim Reichsepiskopat noch recht lebendig, und der Staat selbst schien dort nicht völlig unfähig, seine Aufgabe zu erfüllen. Das galt auch für Kastilien und León, wo es erst 1124 einer Erbfolgekrise bedurfte, die die Monarchie beträchtlich schwächte, um die Durchführung von Konzilsentscheidungen nach dem Vorbild »der Römer und der Franken« durch den großen Erzbischof von Compostela, Diego Gelmirez, zu ermöglichen. Dagegen sprang in Frankreich die Ohnmacht der Monarchie auf Schritt und Tritt ins Auge, aber nirgends stärker als in den anarchischen Ländern des Südens und der Mitte, die von jeher an eine nahezu unabhängige Existenz gewöhnt waren. Dort war es zudem nicht gelungen, ein festgefügtes Fürstentum zu begründen, wie es z. B. Flandern und die Normandie darstellten. Deshalb mußte man sich entweder selbst helfen oder im Chaos untergehen.

An eine Unterdrückung jeglicher Gewalt war nicht zu denken. Zumindest konnte man hoffen, sie einzuschränken. Man versuchte es zuerst damit, daß man bestimmte Personen oder Objekte einem besonderen Schutz unterstellte, was man mit der eigentümlichen Bezeichnung »Gottesfriede« versah. Die Liste des Konzils von Charroux ist noch sehr schlicht. Es war verboten, gewaltsam in Kirchen einzudringen oder sie zu plündern, den Bauern ihr Vieh wegzunehmen, einen unbewaffneten Priester zu schlagen. Dann hat man die Liste erweitert und Einzelheiten näher bestimmt. Die Kaufleute sind unter die ihrem Wesen nach Schutzberechtigten aufgenommen worden. Anscheinend geschah das zum ersten Mal 990 auf der Synode von Le Puy. Immer ausführlicher wurde das Verzeichnis der verbotenen Handlungen, z. B. eine Mühle zerstören, Rebstöcke ausreißen, einen Mann auf seinem Weg von oder zur Kirche angreifen. Doch sind noch bestimmte Ausnahmen vorgesehen. Einige scheinen durch Kriegsnot bedingt zu sein. Der Eid von Beauvais aus dem Jahr 1023 gestattet, die Tiere der Bauern zu töten, wenn es zur eigenen Ernährung oder der des Gefolges geschieht. Andere erklären sich aus der Rücksicht auf Zwänge, ja sogar Gewalttätigkeit, die damals untrennbar mit der Ausübung von jeder Art von Befehlsgewalt verbunden war. »Ich werde die Hintersassen nicht ausplündern«, versprechen 1025 die in Anse an der Saône versammelten Herren. »Ich werde ihre Tiere nicht töten, es sei denn auf meinem eigenen Land.« Andere Ausnahmen waren schließlich auf Grund allgemein anerkannter juristischer und moralischer Traditionen unvermeidlich geworden. Entweder ausdrücklich oder durch Übergehen bleibt nach einem Mord fast immer das Recht auf Fehde gewahrt. Um zu verhindern, daß die Unschuldigen und die Kleinen in den Streit der Mächtigen mit hineingezogen werden, um Rache zu verhüten, wenn sie mit den Worten des Konzils von

Narbonne keine andere Berechtigung hat als den Streit um ein Stück Land oder eine Geldschuld, vor allem, um dem Räuberwesen einen Riegel vorzuschieben – solche und ähnliche Absichten erschienen schon reichlich anspruchsvoll.

Aber wenn es Lebewesen und Dinge gab, die besondere Achtung verdienten, gab es nicht auch Tage, an denen keine Gewalt erlaubt war? Schon ein karolingisches Kapitular verbot, die Fehde an Sonntagen auszuüben. Diese Vorschrift ist anscheinend zum ersten Mal 1027 von einer bescheidenen Diözesansynode, die im Roussillon »auf der Wiese von Toulonges« zusammengetreten war, wieder aufgegriffen worden. Es war nicht nötig, daß das obskure Kapitular direkt bekannt gewesen wäre, aber der Gedanke war lebendig und der Erlaß, den man regelmäßig mit solchen anderer Art verband, hatte raschen Erfolg. Im übrigen regte sich schon bald Widerstand gegen die Regelung, die nur einen einzigen Ruhetag vorsah. Parallel zum sonntäglichen »Bann« erscheint diesmal im Norden, 1023 in Beauvais, das österliche »Tabu«. Der »Gottesfriede« – so nannte man diesen periodischen Waffenstillstand – wurde allmählich ausgedehnt, gleichzeitig auf die großen Feste und die drei Wochentage, von Mittwochabend an gerechnet die, die dem Sonntag vorausgehen und als Vorbereitungszeit galten, so daß am Ende für den Krieg weniger Zeit als für den Frieden vorgesehen war. Da hier prinzipiell eigentlich keine Ausnahme gestattet war, hätte es kein heilsameres Gesetz geben können, wenn die Regelungen nicht in den meisten Fällen tote Buchstaben gewesen wären, weil sie zuviel verlangten.

Die allerersten Konzilien, wie das von Charroux, hatten sich damit begnügt, Vorschriften in banalster Form durch das Festsetzen religiöser Strafen zu erlassen. Aber der Bischof Vitus von Le Puy, der um 990 seine Diözesanen, Ritter und Hintersassen, auf einer Wiese versammelt hatte, »bat sie, sich durch einen Eid zu verpflichten, den Frieden einzuhalten, den Besitz der Kirchen und der Armen nicht anzutasten, zurückzuerstatten, was sie genommen hatten ... Sie weigerten sich«. Daraufhin ließ der Prälat im Schutz der Nacht Truppen kommen, die er heimlich zusammengezogen hatte. »Am Morgen unternahm er es, die Widerspenstigen zu zwingen, den Frieden zu beschwören und Geiseln zu stellen, was mit Gottes Hilfe geschah[363].« Das war nach lokaler Tradition der Ursprung der ersten »Friedenseinung«, die man schwerlich freiwillig nennen kann. Andere folgten, und bald gab es kaum mehr eine Versammlung, die nicht damit befaßt war, die Gewalttätigkeit einzuschränken und die nicht auf diese Weise mit einem großen gemeinsamen Versöhnungs- und Wohlverhaltensschwur zu Ende gegangen wäre. Gleichzeitig wurden die durch Konzilsbeschlüsse veranlaßten Gelöbnisse immer präziser. Manchmal waren sie von Geiselnahmen begleitet. In diesen Schwureinungen, die sich bei ihrem Friedenswerk darum bemühten, das gesamte Volk teilnehmen zu lassen, das natürlich vor allem durch seine kleinen oder großen Führer vertreten war, lag das eigentliche Neue der Friedensbewegung.

Es blieb die Aufgabe, diejenigen zu zwingen oder zu strafen, die nicht geschworen hatten oder die es getan hatten und ihren Verpflichtungen trotzdem nicht nachgekommen waren. Denn von geistlichen Strafen konnte man offensichtlich keine anhaltende Wirkung erwarten. Die weltlichen Strafen, die die Versammlungen sich besonders in Form von Entschädigungen für die Opfer und von Geldstrafen einzuführen bemühten, konnten nur dann einiges Gewicht haben, wenn sich eine Autorität fand, die sie auch durchzusetzen fähig war.

Man scheint sich zunächst auf die bestehenden Gewalten verlassen zu haben. Die Verletzung des Friedens blieb der Rechtsprechung des »Landesherrn« unterworfen, der regelrecht durch Eid verpflichtet war und dessen Verantwortung ebenfalls, wie es das Konzil von Poitiers im Jahre 1000 gezeigt hatte, durch Geiselnahme wachgehalten werden konnte. Aber hieß das nicht, zu einem System zurückzukehren, das sich als unfähig erwiesen hatte? Die Schwureinungen, deren ursprünglicher Zweck es war, die Menschen allein durch ein umfassendes Tugendversprechen zu binden, tendierten in einer nahezu schicksalhaften Entwicklung dazu, sich in Ausführungsorgane zu verwandeln. Manchmal mögen sie, zumindest im Languedoc, besondere Richter dazu bestimmt haben, neben der gewöhnlichen Rechtsprechung Vergehen gegen die Friedensordnung zu strafen. Es steht jedenfalls außer Zweifel, daß viele von ihnen wahre Milizen aufstellten, was insgesamt einer einfachen Festlegung des alten Prinzips gleichkam, das der bedrohten Gemeinschaft das Recht zuerkannte, gegen Räuber vorzugehen. Das geschah zu Anfang noch mit dem sichtbaren Bemühen, die bestehenden Autoritäten zu achten. Die Kräfte, denen das Konzil von Poitiers die Aufgabe übertrug, die Schuldigen zur Sinnesänderung zu bewegen, wenn es dem eigenen Herrn damit nicht gelungen war, zum Ziele zu kommen, sind diejenigen anderer Herren, die durch den gemeinsamen Eid gebunden waren. Aber bald bildeten sich Vereinigungen eines neuen Typs, die den herkömmlichen Rahmen entschlossen sprengten. Der Zufall bewahrte uns mit einer Quelle die Erinnerung an die Einung, die der Erzbischof Haimo von Bourges 1038 zustande gebracht hatte. Der Eid wurde allen Diözesanen, die älter als 15 Jahre waren, durch die Einschaltung ihrer Pfarrer abverlangt. Diese entfalteten das Banner ihrer Kirche und schritten an der Spitze des Gemeindeaufgebots. Mehr als eine Burg ist von dieser Volksarmee bis zu dem Tag zerstört und verbrannt worden, an dem sie sich von dem Herrn von Déols an den Ufern des Cher abschlachten ließ, weil sie schlecht bewaffnet und wie man berichtet, gezwungen war, ihre Reiterei auf Eselsrücken aufsitzen zu lassen.

Zusammenschlüsse dieser Art mußten also notwendigerweise heftige Feindseligkeiten hervorrufen, die nicht nur auf jene Kreise beschränkt waren, die ein unmittelbares Interesse am Andauern der Wirren hatten. Denn es läßt sich nicht bestreiten, daß hier ein der Hierarchie entgegengesetztes Element sichtbar wurde: Nicht nur, weil die Einungen dem plündernden Herrn Leibeigene gegenüberstellten, sondern auch, vielleicht vor allem, weil sie die Menschen aufforderten, sich selbst zu verteidigen, anstatt von den regulären Gewalten Schutz zu erwarten. Die Zeit war nicht so fern, als Karl der Große in den guten Tagen der Karolinger die »Gilden« oder »Bruderschaften« verboten hatte, auch wenn diese sich gegen das Banditentum wandten. Die ohne Zweifel in jenen Vereinigungen weiterlebenden germanisch-heidnischen Auffassung sind nicht der einzige Grund für dieses Verbot gewesen. Ein Staat, der sich zugleich auf die Vorstellung vom öffentlichen Amt und auf die Beziehungen der persönlichen Unterordnung zu gründen suchte, die er der monarchischen Ordnung nutzbar machte, konnte es nicht ertragen, daß die Aufsicht über die öffentliche Ordnung in die Hände von Gruppen geriet, die dafür keinen Auftrag besaßen und die den Kapitularien zufolge hauptsächlich schon aus Bauern bestanden. Die Adligen und die Herren der Feudalzeit waren nicht weniger eifersüchtig um ihre Rechte besorgt. Ihre Reaktionen zeigen sich besonders plastisch in einer Episode, die sich in Aquitanien zutrug und die wie das letzte Aufflackern einer fast zweihundert Jahre alten Bewegung wirkt.

1182 gründete ein Zimmermann aus Le Puy, der eine Vision gehabt hatte, eine Friedensbruderschaft, die sich schnell in allen Gebieten des Languedoc, im Berry und bis in das Land um Auxerre ausbreitete. Ihr Emblem bestand aus einer weißen Kappe mit einer Art Schärpe, deren vorderes Band über die Brust hing und das Muttergottesbild mit der Inschrift zeigte: »Lamm Gottes, das Du die Sünde der Welt hinwegnimmst, gib uns Frieden.« Man erzählte, daß die Heilige Jungfrau selbst dem Handwerker erschienen sei und ihm das Zeichen mit der Inschrift überreicht habe. Jede Fehde war in der Gruppe ausdrücklich untersagt. Hatte eines ihrer Mitglieder einen Mord begangen und gehörte der Bruder des Toten selbst zu den *Kapuzenleuten,* soll er dem Mörder den Friedenskuß geben, ihn mit nach Hause nehmen und als Beweis des Vergessens ihm zu essen geben. Diese Friedfertigen, wie sie sich gern nannten, hatten nichts Tolstoihaftes an sich. Sie führten einen harten, aber siegreichen Kampf gegen das Räuberunwesen. Doch erregten diese spontanen Aktionen mit der Zeit Besorgnis in herrschaftlichen Kreisen. In einer bezeichnenden Kehrtwendung überschüttet der gleiche Mönch 1183 in Auxerre die guten Diener der Ordnung mit Lob, um dann ein Jahr später die unbelehrbare »Sekte« mit Schmutz zu bewerfen. Nach dem Wort eines anderen Chronisten beschuldigte man sie, »den Untergang der Institutionen, die uns nach dem Willen Gottes führen, und des Amtes der Mächtigen dieser Erde zu betreiben«. Es kommt hinzu, daß die unkontrollierbaren Eingebungen eines erleuchteten Laien und daher eines vermeintlich Unwissenden wie des Zimmermanns Durand oder der Jungfrau von Orléans in den Augen der Glaubenshüter immer und nicht ohne Grund eine Bedrohung der Orthodoxie darstellten. Von der vereinten Kriegsmacht der Adligen, Bischöfe und Banditen vernichtet, endeten die »Geschworenen« von Le Puy samt ihren Verbündeten genauso elend wie im vorangegangenen Jahrhundert die Milizen aus dem Berry.

Diese Katastrophen waren nur ein, wenn auch besonders beredtes, Symptom von allgemeinerer Bedeutung für das Scheitern der Friedensbewegung. Weil sie nicht in der Lage waren, eine funktionierende öffentliche Ordnung und eine gerechte Justiz aus einem Guß zu schaffen, ohne die kein Friede denkbar war, gelang es weder jemals den Konzilien noch den Einungen, die Unruhen für längere Zeit zu unterdrücken. »Das Menschengeschlecht«, schrieb Radolf Glaber, »läßt sich mit einem Hund vergleichen, der zu seinem Erbrochenen zurückkehrt. Das Versprechen war gegeben worden. Es wurde nicht gehalten.« Aber der große zerronnene Traum sollte in anderer Umgebung und in verschiedenen Formen tiefe Spuren hinterlassen.

Die französische kommunale (eidgenossenschaftliche) Bewegung begann um 1070 mit Strafexpeditionen in Le Mans, die unter wehenden Kirchenfahnen gegen die Burgen der Raubherren zu Felde zogen. Sogar das Wort »heilige Institutionen«, mit dem die junge Gemeinschaft von Le Mans ihre Erlasse bezeichnete, hat für den Historiker der »Friedensbewegung« einen vertrauten Klang. Gewiß gab es andere Bedürfnisse von sehr unterschiedlicher Natur, die die Bürger veranlaßten, sich zusammenzuschließen. Doch soll man nicht vergessen, daß die Unterdrückung oder Befriedigung der Blutrache unter ihren Mitgliedern und nach außen der Kampf gegen das Banditenwesen von Anfang an die Hauptargumente für die Rechtfertigung der städtischen (Schwur-)»Freundschaft« lieferten, – denn diesen schönen Namen legten sich manche Gruppen gern zu. Vor allem soll man sich erinnern, daß Friedenseinung und städtische Einung durch ein Merkmal verbunden sind, das in beiden enthalten ist und dessen revolutionären Akzent wir bereits erkannten: der Schwur der Gleichen. Aber im Unterschied zu den großen Vereinigungen, die unter dem Schutz der Konzilien und der Prälaten geschaffen worden sind, beschränkte sich die Stadtgemeinde darauf, Männer in einer einzigen Stadt zu versammeln, die durch eine starke Klassensolidarität verbunden und schon an ein enges Beieinander gewöhnt waren. Diese Zusammenballung war eine der wichtigsten Ursachen ihrer Kraft.

Doch auch gerade die Könige und die Fürsten strebten aus Berufung oder zum eigenen Vorteil nach der inneren Ordnung. Sie mußten sich möglichst bald diese Bewegung, die ohne ihr Zutun entstanden war, zunutze machen und sich ihrerseits, jeder in seinem Bereich, zu großen »Friedensfreunden« entsprechend dem Titel, den sich 1226 ein Graf der Provence ausdrücklich zulegte, erklären[364]. Es macht ganz den Eindruck, als ob schon der Erzbischof Haimo davon geträumt hätte, aus den berühmten Milizen des Berry zu seinem eigenen Nutzen das Instrument einer wahren landschaftlichen Souveränität zu machen. In Katalonien haben die Grafen, die sich zuerst darauf beschränkt hatten, an den Synoden teilzunehmen, deren Entscheidungen bald in ihre eigenen Erlasse übernommen, nicht ohne diese Anleihen in der Art zu verwenden, daß sich der Kirchenfriede nach und nach in den Fürstenfrieden verwandelte. Im Languedoc und vor allem in den Diözesen des Zentralmassivs hatten die Fortschritte im Geldumlauf während des 12. Jahrhunderts dazu beigetragen, die Friedenseinigungen mit regelmäßigen Einnahmen zu versehen. Unter dem Namen »Friedensgemeine« oder *pezade* wurde ein Unterstützungsgeld erhoben, das zugleich zur Entschädigung von Opfern der Unruhen und zum Besolden der Feldzüge bestimmt war. Die Gelder sind über die Pfarrgemeinden eingezogen worden. Der Bischof verwaltete die Kasse. Aber diese Mittel sind ihrer ursprünglichen Bestimmung sehr bald entfremdet worden. Die großen Herren – vor allem die Grafen von Toulouse, Herren oder Lehnsherren über zahlreiche Grafschaften – zwangen die Bischöfe, die Einkünfte mit ihnen zu teilen. Die Bischöfe selbst vergaßen ihre ursprüngliche Bestimmung. Das dauerhafteste Ergebnis dieser großen Anstrengungen zur Selbstverteidigung bestand schließlich darin, zu einem beachtlich frühen Entstehen einer territorialen Steuer beizutragen, denn die »pezade« sollte solange wie das Ancien Régime bestehen.

Mit Ausnahme Roberts des Frommen, der große Versammlungen einberief, auf denen er den Frieden schwören ließ, scheinen sich die Kapetinger kaum um Einrichtungen gekümmert zu haben, in denen sie vielleicht einen Angriff auf ihr eigenes Amt als Gerichtsherren sahen. Im direkten Dienst des Königs treten die Truppenkontingente der Gemeinden unter Ludwig VI. zum Sturm auf die festen Häuser der adligen Herren an. Der feierliche Friede, den sein Nachfolger 1155 für zehn Jahre verkündete, trägt alle Merkmale eines Aktes monarchischer Autorität in sich, so spürbar auch der Einfluß der üblichen Konzilsentscheidungen ist. Dagegen hielten es die Fürsten in den stärksten Fürstentümern Nordfrankreichs, der Normandie und Flanderns, zunächst für nützlich, sich dem Werk der beschworenen Friedenseinungen anzuschließen. Schon 1030 verband sich Balduin von Flandern mit dem Bischof von Noyon-Tournai, um ein umfangreiches kollektives Gelöbnis zu bewirken. 1047 verkündete vielleicht unter dem Einfluß flämischer Texte ein Konzil in Caen den Gottesfrieden. Aber es gab keine bewaffneten Vereinigungen. Sie wären nicht geduldet worden und hätten keine Berechtigung gehabt. Dann traten sehr bald der Graf oder der Herzog, der in der Normandie durch bestimmte, dem skandinavischen Recht eigene Traditionen als Gesetzgeber, Richter und Ordnungshüter unterstützt wurde, an die Stelle der Kirche.

Die längste Wirkung und zugleich die seltsamsten Abwandlungen erfuhr die Friedensbewegung im Deutschen Reich. Wir kennen bereits die Vorbehalte, auf die sie anfangs stieß. Auch hier wurden die Menschen seit Beginn des 11. Jahrhunderts im Verlauf großer Versammlungen zur allgemeinen Versöhnung und zur Abkehr von jeder Gewalt aufgerufen. Aber das geschah auf den königlichen Hoftagen oder durch königliche Erlasse. Zumindest blieben die Dinge bis zu dem großen Streit zwischen Heinrich IV. und Gregor VII. auf diesem Stand. Zum ersten Mal ist dann 1082 in Lüttich vom Bischof im Beisein der Adligen der Diözese ein Gottesfriede verkündet worden. Ort und Zeitpunkt verdienen gleichermaßen Beachtung. Mehr als das eigentliche Deutschland öffnete sich Lothringen den aus dem Westen kommenden Einflüssen. Andererseits waren kaum fünf Jahre vergangen, seitdem sich der erste Gegenkönig gegen Heinrich IV. erhoben hatte. Denn dieser Akt, der auf Initiative eines Bischofs zustande gekommen war, der der königlichen Partei angehörte, richtete sich jedoch keinesfalls gegen die Monarchie. Heinrich bestätigte den Frieden, aber vom fernsten Italien aus. In den Teilen Deutschlands, in denen die kaiserliche Autorität nicht mehr anerkannt worden ist, spürten die Adligen die Notwendigkeit, gegen die Unordnung zu kämpfen. Die Kirche und die örtlichen Obrigkeiten strebten sichtbar danach, die Aufgabe der Könige zu übernehmen.

Die Monarchie war in Deutschland jedoch noch zu stark, um diese Waffe aufzugeben. Nach seiner Rückkehr aus Italien begann Heinrich IV. seinerseits, Gesetze gegen die Gewalttaten zu erlassen, und jahrhundertelang verkündeten von nun an Kaiser und Könige von Zeit zu Zeit umfangreiche Friedensgesetze, die bald für diese oder jene Landschaft oder, und das war häufiger der Fall, für das ganze Reich galten. Das bedeutete nicht nur die bloße Rückkehr zu früheren Praktiken. Ausgehend von Lothringen, hatte der Einfluß der französischen Friedensbewegung die sehr allgemein gehaltenen früheren Vorschriften durch einen Riesenaufwand an immer genaueren Regeln in einem solchen Ausmaß ersetzt, daß die Gewohnheit entstand, mehr und mehr Vorschriften jeder Art in diese Texte einzufügen, die mit ihren ursprünglichen Zielen nur noch in einem losen Zusammenhang standen. »Die Friedensbriefe«, sagt eine schwäbische Chronik mit Recht zu Beginn des 13. Jahrhunderts, »sind die einzigen Gesetze, die die Deutschen anwenden[365].« Die widersprüchlichste Folge dieser bedeutenden Initiativen, die die Konzilien und die Schwureinungen unternahmen, war nicht, daß sie zum Entstehen einer landesherrlichen Steuer im Languedoc beitrugen, sondern daß sie in Deutschland die Wiederaufnahme der monarchischen Gesetzgebung begünstigte.

Auch das England des 10. und 11. Jahrhunderts hatte auf seine Weise seine Einungen und »Friedensgilden«. Die Statuten der Londoner Gilde, die zwischen 930 und 940 schriftlich niedergelegt worden sind, bleiben ein außergewöhnliches Dokument der Unsicherheit und der Gewalttätigkeit. Eine schnell reagierende Justiz, die Verfolger auf die Spur von Viehdieben hetzte –, kann man sich dabei nicht vorstellen, unter den Pionieren des Wilden Westens in den heroischen Zeiten der »Frontier« zu sein? Aber hier war es die ganz weltlich eingestellte öffentliche Ordnung einer rauhen Gemeinschaft, ein volkstümlicher Strafkodex, dessen blutige Strenge, von der eine Textergänzung Zeugnis ablegt, die Könige und Bischöfe erschrecken mußte. Das germanische Recht hatte unter der Bezeichnung der Gilden Vereinigungen freier Männer verstanden, die sich außerhalb der Verwandtschaftsbande zusammengeschlossen hatten und gewissermaßen dazu bestimmt waren, diese zu ersetzen. Das geschah hauptsächlich durch einen Schwur, regelmäßige Trinkgelage, die in heidnischer Zeit von religiösen Trankopfern begleitet waren, manchmal durch eine gemeinsame Kasse, vor allem jedoch durch die Verpflichtung zu gegenseitiger Hilfe »In der Freundschaft wie in der Rache bleiben wir vereint, was auch kommen mag«, sagen die Londoner Statuten. In England, wo die Bezeichnungen der persönlichen Abhängigkeit viel später alle Lebensbereiche als auf dem Kontinent erfaßten, wurden diese Gruppen, weit davon entfernt wie im Karolingerreich mit Verboten belegt zu werden, von den Königen bereitwillig anerkannt, die sich von ihnen Unterstützung bei der Aufrechterhaltung der Ordnung erhofften. Wurden hier die Sippe oder der adlige Herr (Lord) ihrer Verantwortung nicht gerecht? An ihre Stelle trat die Verantwortugn der Gilde für ihre Mitglieder. Als sich nach der normannischen Eroberung ein sehr starkes Königtum durchgesetzt hatte, nahm es die angelsächsische Tradition der wechselseitigen Absicherung wieder auf. Aber das geschah, um daraus schließlich unter dem Namen *frankpledge*, dessen Geschichte wir bereits skizziert haben,[366] eines der Räder im Getriebe des neuen grundherrlichen Systems zu machen. Im urpsünglichen Werdegang der englischen Gesellschaft, die von einem Herrschaftssystem, in dem das kollektive Handeln des freien Mannes noch nicht vollständig der Macht des Führers gewichen war, direkt in eine starke und strenge Monarchie überging, hatten die Friedensinstitutionen französischen Typs keinen Platz gefunden.

Selbst auf dem Kontinent war es den Königreichen und Territorialfürstentümern vorbehalten, durch die unerläßliche Neuordnung der Kräfte schließlich jenen Bestrebungen Gestalt zu verleihen, deren innige Sehnsucht die Konzilien und Einungen bewiesen hatten.

5. Kapitel

Auf dem Wege zur Wiederbegründung von Staaten: Die Entwicklung in einzelnen Ländern

1. Gründe für die Neuverteilung der Kräfte

Im Verlauf der zweiten Phase der Feudalzeit beginnt sich überall die Macht über die Menschen in Form größerer Organismen zu konzentrieren, während sie bisher bis aufs äußerste aufgespalten war: Sicher handelte es sich keineswegs um neue Gebilde, aber Fähigkeiten und Umfang ihres Handelns haben eine Erneuerung durchgemacht. Die sichtbaren Ausnahmen wie Deutschland verschwinden in dem Moment, in dem man den Staat nicht mehr ausschließlich in den Farben des Königtums betrachtet. Eine so weit verbreitete Erscheinung kann nur Ursachen haben, die für den gesamten Westen gültig sind. Um sie aufzuzählen, müßte es eigentlich genügen, die Liste der Kräfte, die früher zur Zersplitterung der Macht geführt hatten, in umgekehrter Weise noch einmal durchzugehen.

Das Ende der Invasionen fremder Völker hatte die königlichen und fürstlichen Gewalten von einer Aufgabe befreit, bei der sie bisher ihre Kräfte verbraucht hatten. Gleichzeitig ist mit ihrem Ende der unerhörte demographische Aufschwung ermöglicht worden, den die Welle der Rodungen seit der Mitte des 11. Jahrhunderts anzeigt. Die höhere Bevölkerungsdichte machte nicht nur die Aufrechterhaltung der Ordnung einfacher. Sie begünstigte auch die Wiedergeburt der Städte, des Handwerks und des Warenaustauschs. Auf Grund des nun umfangreicheren und regeren Geldumlaufs erschien die Steuer wieder und mit ihr auch das bezahlte Beamtentum und die besoldeten Armeen, die die uneffektive Ordnung der erblichen Vertragsdienste ablösten.

Sicher profitierten gerade auch der kleine oder mittlere Grundherr von den Veränderungen der Wirtschaft. Bekanntlich erhielt er seine Abgaben. Aber der König oder der Fürst besaßen fast immer mehr Ländereien und mehr Vasallen als irgendeine andere Person. Darüber hinaus bot ihm der besondere Charakter seiner Autorität vielfältige Gelegenheit, Steuern vor allem von den Kirchen und den Städten zu erheben. Die täglichen Einnahmen des französischen Königs Philipp August erreichten bei seinem Tod eine Größenordnung von ungefähr der Hälfte der jährlich angegebenen Einnahmen, über die etwas später eine klösterliche Grundherrschaft verfügte, die ohne zu den reichsten zu zählen, dennoch in einer besonders blühenden Provinz über ausgedehnte Besitztümer verfügte[367]. So hatte der Staat seitdem diesen für seine Vorherrschaft so wesentlichen Bestandteil zu erwerben begonnen. Es war ein Vermögen, das sich in seinem Umfang nicht mit dem irgendeiner privaten Person oder einer Körperschaft vergleichen ließ.

Die Veränderungen der Mentalität gingen in die gleiche Richtung. Die kulturelle »Renaissance« hatte seit dem Ende des 11. Jahrhunderts eine größere Bereitschaft erzeugt, die immer von Natur aus etwas abstrakt gebliebene Unterordnung des Individuums unter die öffentliche Gewalt als gesellschaftliche Bindung zu begreifen. Sie hatte auch die Erinnerung an die großen gesitteten und monarchisch regierten Staaten der Vergangenheit geweckt: an das Römische Reich, von dessen erhabener Größe unter absoluten Herrschern seine Geschichtsbücher und Gesetzeswerke erzählten; an das Karolingerreich, das durch Legendenkult verherrlicht wurde. Zweifellos gab es im Verhältnis zur Masse nur eine Handvoll Leute, die hinreichend gebildet waren, um sich solchen Einflüssen zu erschließen, aber für sich betrachtet war diese Elite wesentlich zahlreicher geworden. Vor allem hatte die Bildung in den Kreisen der Laien neben dem hohen Adel auch den Ritterstand erreicht. Diese Edelmänner mit bescheidenem Vermögen waren lange vor dem Bürgertum dazu bestimmt, den Generalstab der erneuerten Monarchien zu bilden, im England Heinrich Plantagenêts, im Frankreich Philipp Augusts und des Heiligen Ludwig. In einer Zeit, als jeder Verwalter gleichzeitig Kriegsherr sein mußte, waren diese Adligen nützlicher als der Klerus und weniger als jener geneigt, der Anziehungskraft von Interessen zu erliegen, die den weltlichen Gewalten fremd waren. Schließlich waren sie seit langer Zeit mit der Rechtspraxis vertraut. Gewohnheit, Neigung und die Möglichkeit, von der Schriftlichkeit Gebrauch zu machen, erlaubten es den Staaten, sich Verwaltungsarchive anzulegen, ohne die keine wirklich kontinuierliche Macht denkbar ist. Verzeichnisse der auf den Lehen lastenden Verpflichtungen, periodische Buchführung, Register der aus- und eingehenden Schriftstücke: zahllose Memoranden entstehen seit der Mitte des 12. Jahrhunderts im anglonormannischen Staat und im gleichfalls normannischen Königreich Sizilien, gegen Ende desselben und im Laufe des folgenden Jahrhunderts auch im Königreich Frankreich und in der Mehrzahl seiner großen Fürstentümer. Ihr Erscheinen war ein Warnzeichen dafür, daß sich am Horizont eine neue Macht erhob oder zumindest eine Macht, die bisher den großen Kirchen und der päpstlichen Kurie vorbehalten war: die Bürokratie.

Wie universell diese Entwicklung auch in ihren Grundzügen war, so folgte sie doch in den einzelnen Ländern recht verschiedenen Linien. Man wird sich hier darauf in aller Kürze beschränken müssen, drei Staatstypen beispielhaft zu betrachten.

2. Eine neue Monarchie: Die Kapetinger

Die karolingische Monarchie hatte ihre im übrigen ganz relative Kraft der Glanzzeit aus der Anwendung einiger allgemeiner Prinzipien bezogen, nämlich dem von allen Untertanen geforderten Militärdienst; dem Vorrang des königlichen Gerichts; der Unterordnung der Grafen, die damals wirkliche Beamte waren; einem Netz von königlichen Vasallen, das sich überall ausbreitete und der Herrschaft über die Kirche. Was blieb von alledem dem französischen Königtum gegen Ende des 10. Jahrhunderts? In Wahrheit fast nichts. Sicher leistete eine ziemlich große Zahl mittlerer und kleinerer Ritter dem König auch weiterhin den direkten Eid, vor allem, seit die robertinischen Herzöge die Krone erlangt und ihr die eigenen Getreuen zugeführt hatten. Aber von nun an sind sie fast ausschließlich in jenem begrenzten Gebiet Nordfrankreichs anzutreffen, wo die Dynastie selbst gräfliche Rechte ausübte. Anderswo verfügte sie – abgesehen von den großen Herren – kaum mehr über Aftervasallen. Das war ein schwerwiegender Nachteil in einer Zeit, als der örtliche Herr der einzige war, dem man sich moralisch verpflichtet fühlte. Die Grafen oder diejenigen, die mehrere Grafschaften zusammengebracht hatten und die auf diese Weise zum Zwischenglied so vieler Vasallenketten geworden waren, leugneten keineswegs, ihre Würde vom König erhalten zu haben. Aber das Amt war erblich geworden, das mit Verpflichtungen besonderer Art belastet war. »Ich habe keineswegs gegen den König gehandelt«, läßt ein Zeitgenosse Odo von Blois sagen, der versucht hatte, einem Vasallen Hugo Kapets die Grafenburg von Melun wegzunehmen, »es ist für ihn ohne Bedeutung, ob dieser Mann oder ein anderer das Lehen besitzt[368].« Man beachte, daß das zu einer Zeit geschah, als die Vasallenbeziehung noch bestand. Das wäre etwa so, wenn ein Bauer sagte: »Meine Person ist ohne Bedeutung, vorausgesetzt, der Zins ist entrichtet.« Noch ist dieser Zins in Treue und Diensten wie im vorliegenden Fall häufig recht schlecht bezahlt worden.

Für jede Armee ist der König nach gängigem Brauch auf seine kleinen Vasallen angewiesen, auf die »Ritter« der Kirchen, über die er noch nicht alle Macht verloren hat, und auf das Fußvolk, das in seinen eigenen Dörfern und selbst auf den Kirchenländereien ausgehoben worden ist. Mitunter führen ihm manche Herzöge oder mächtige Grafen ihre Kontingente zu. Doch waren sie eher Verbündete als Untertanen. Unter den Klägern, die ihre Streitfälle ständig vor sein Gericht tragen, sind nahezu ausschließlich immer die gleichen Kreise vertreten: kleine Herren, die durch direkten Lehnseid an ihn gebunden waren, und die königlichen Kirchen. Wenn sich 1023 ein großer Herr wie der Graf von Blois scheinbar dem Urteil seines Gerichts unterwirft, so macht es zur Bedingung, daß ihm zuerst gerade die Lehen überlassen werden, die den Gegenstand des Streites bildeten. Nachdem sie unter die Herrschaft territorialer Dynastien geraten waren, sind mehr als zwei Drittel der Bistümer mit vier vollständigen Kirchenprovinzen (Rouen, Dol, Bordeaux und Narbonne) dem Königtum völlig entzogen worden. Tatsächlich blieben die ihm direkt unterworfenen immer noch zahlreich. Dank einigen dieser Bistümer ist es mit seinem Einfluß in gewissem Maße durch Le Puy bis ins Herz Aquitaniens oder mit Noyon-Tournai sogar inmitten von Ländern unter flämischer Herrschaft vertreten gewesen. Aber die Mehrzahl dieser königlichen Bistümer konzentrierte sich gerade zwischen Loire und der Grenze zum Deutschen Reich. Das Gleiche gilt im Fall der »königlichen« Abteien, von denen viele aus dem Erbe der Robertiner stammen, die sich während ihrer Herzogszeit in zynischer Weise der Klöster bemächtigt hatten. Diese Kirchen sollten in Zukunft eine der stärksten Reserven monarchischer Macht bleiben. Die ersten Kapetinger schienen jedenfalls zu schwach zu sein, als daß ihr eigener Klerus den Privilegien, die sie wie Manna ausschütteten, großen Wert beigemessen hätte. Von Hugo Kapet kennt man aus zehn Herrschaftsjahren ein Dutzend Urkunden. Von seinem deutschen Zeitgenossen Otto III. kennen wir aus weniger als zwanzig Jahren – von denen er die ersten noch nicht volljährig war – mehr als vierhundert Stücke.

Der Gegensatz zwischen dem Niedergang des Königtums im Westfrankenreich und seinem relativen Glanz in dem großen Nachbarstaat verfehlte seinen Eindruck auf die Zeitgenossen keineswegs. In Lothringen sprach man gern von den »undisziplinierten Sitten« der *Kerlinger*, d. h. der Bewohner des ehemaligen Königreichs Karls des Kahlen[369]. Es ist einfacher, den Gegensatz festzustellen, als ihn ganz und gar zu begreifen. Die karolingischen Institutionen waren zu Anfang weder auf der einen noch auf der anderen Seite stärker. Vermutlich muß man die Erklärung in den Grundzügen der Gesellschaftsstruktur suchen. Die beherrschende Kraft der feudalen Zersplitterung ist immer die Macht des örtlichen oder persönlichen Anführers gewesen, der kleineren Gruppen vorstand, die auf diese Weise jeder höheren Autorität entzogen waren. Wenn man jedoch Aquitanien ausnimmt, das traditionsgemäß unfolgsam war, so bestanden die Gebiete, die das eigentliche Herz der französischen Monarchie waren, gerade aus jenen Ländern zwischen Loire und Maas, wo die Grundherrschaft in weit zurückliegende Zeiten reichte und wo die »Kommendation« des einen Mannes an den anderen ihre bevorzugte Heimat gefunden hatte. In einer Gegend, in der die erdrückende Mehrheit des Grundbesitzes entweder Pachtland oder Lehen war und wo der Begriff »frei« frühzeitig nicht auf den Mann ohne Herrn angewandt worden ist, sondern auf denjenigen, dem noch als Privileg das Recht blieb, seinen Herrn zu wählen, dort gab es kaum noch Platz für einen wirklichen Staat.

Doch selbst diese Ruine des alten öffentlichen Rechts sollte schließlich den Zwecken der kapetingischen Monarchie dienen. Gewiß hatte die neue Dynastie nicht die Absicht, jemals mit der karolingischen Tradition zu brechen, aus der sie den besten Teil ihrer moralischen Kraft bezog. Aber sie war notwendigerweise gezwungen, die alten morschen Organe des fränkischen Staates durch neue Machtinstrumente zu ersetzen. Da sie die Grafen als ihre Beauftragten ansahen, konnten sich die vormaligen Könige* nicht vorstellen, irgendein größeres Territorium anders als durch das Zwischenglied dieser Amtsträger zu regieren. Nichts spricht dafür, daß Hugo Kapet irgendeine der unmittelbar in königlicher Hand befind-

---

* Anm. d. Übers.: Gemeint sind die Karolinger.

507

lichen Grafschaften im Erbe der Karolinger vorfand, im Gegenteil, als Abkömmlinge einer Familie, deren Größe auf einer Anhäufung von Grafschaften* beruhte, verfolgten die Kapetinger auf dem Thron dieselbe Politik.

Tatsächlich geschah das nicht ohne Schwanken. Man hat die kapetingischen Könige manchmal mit Bauern verglichen, die geduldig Feld für Feld aneinanderfügten. Das Bild täuscht in doppelter Hinsicht. Es bringt nur sehr unvollkommen die Mentalität der gottgesalbten Könige zum Ausdruck, die darüber hinaus große Schwertkämpfer waren und zu allen Zeiten – wie das Rittertum, mit dem sie durch die gemeinsame Art des Denkens verbunden waren – in gefährlicher Weise vom Glanz und Ansehen des Abenteuers abhängig blieben. Dieses Bild setzt eine Kontinuität ihrer Absichten voraus, die der Historiker bei genauem Hinsehen selten vorfindet. Hätte jener Burchard von Vendôme, den Hugo Kapet zum Grafen von Paris, Corbeil und Melun gemacht hatte, sich nicht jedes direkten anderen Erben entblößt gesehen, abgesehen von einem Sohn, der vor langer Zeit ins Kloster eingetreten war, wäre selbst im Herzen der Ile-de-France ein territoriales Fürstentum entstanden, dessen Lage Anlaß zu größten Befürchtungen gegeben hätte. Noch Heinrich I. sah in einer Urkunde die Verlehnung von Paris als eine keineswegs unwahrscheinliche Möglichkeit vor[370]. Man hatte sichtlich Mühe, sich von den karolingischen Praktiken zu lösen.

Doch wurden seit Beginn des 11. Jahrhunderts von den Königen schrittweise eine Reihe Grafschaften erworben, ohne daß sie dort irgendeinen neuen Grafen einsetzten. Mit anderen Worten, seitdem die Herrscher diese Würdenträger aus gutem Grund nicht länger als ihre Amtsträger betrachteten, zögerten sie immer weniger, sich selbst zu ihren eigenen Grafen zu machen. In den Gebieten, die sie von ihren Vorfahren geerbt oder in jüngster Zeit ihrem Besitz zugefügt hatten und wo der Schutzschirm einer zwischengeschalteten Macht nun entfernt war, sind die einzigen Vertreter der königlichen Gewalt ziemlich unwichtige Personen, die einem ziemlich kleinen Bezirk vorstehen; und wenn zu Beginn einige dieser *prévôts*, deren Mittelmaß sie ungefährlich machte, ihre Ämter anscheinend vom Vater auf den Sohn vererbten, so hatten ihre Herren im 12. Jahrhundert keine große Mühe, sie fast alle in Amtspächter auf

---

* Anm. d. Übers.: Bloch hat S. 586: une accumulation »d'honneurs«, womit lat. honores = öffentliche Ämter in der Karolingerzeit, d. i. Grafschaften, gemeint sind. Vgl. F. L. Ganshof: Was ist das Lehnswesen?, 5. Aufl. Darmstadt 1977, S. 126.

Zeit zu verwandeln. Dann treten seit Philipp August auf einer höheren Stufe der Verwaltungshierarchie wirklich besoldete Beamte in Erscheinung, die *baillis* oder Seneschalle. Weil sich das französische Königtum an die neuen gesellschaftlichen Verhältnisse anpaßte, hatte es seine Macht in bescheidenem Maße auf die direkte Befehlsgewalt über wenig umfangreiche Menschengruppen gestützt und konnte daraus den Hauptnutzen ziehen, als die Umstände eine Neuordnung der Kräfte begünstigten; das geschah zum Vorteil sehr alter Gedanken und Vorstellungen, die das Königtum beständig in sich aufnahm.

Doch war es nicht die einzige Kraft, die davon profitierte. Denn dieselbe Erscheinung zeigte sich in gleicher Weise im Schoße der noch bestehenden großen territorialen Fürstentümer. Zwischen dem Mosaik von Grafschaften in dem Gebiet zwischen Troyes bis hin nach Meaux und Provins, das sich Odo von Blois um 1022 durch eine geschickte Ausnutzung von Familienbeziehungen mit Erfolg angeeignet hatte, und dem »Staat« der Champagne zu Beginn des 13. Jahrhunderts mit seinem Erbfolgerecht, das auf dem Erstgeburtsrecht beruhte und das zukünftige Teilungen ausschloß, mit seinen klar abgegrenzten Verwaltungsbezirken, seinen Beamten und seinen Archiven, bestanden nicht weniger Unterschiede als zwischen dem Königreich Roberts des Frommen und dem Ludwigs VIII. Die auf diese Weise entstandenen Verfassungsstrukturen waren so stark, daß sie sogar durch Eingliederung in die Monarchie nicht zerbrochen werden konnten. Jedenfalls fügten die Könige von Frankreich ihr Reich mehr zusammen, als daß sie es vereinigten. In England gab es die *Magna Charta*, doch in Frankreich gab es 1314/1315 die *Chartae* für die Normannen, die Leute des Languedoc, für die Bretonen, die Burgunder, die Pikarden, die Leute der Champagne, der Auvergne, die Leute der »Basses-Marches« im Westen, die des Berry und die des Nivernais. In England bestand das eine Parlament, in Frankreich die Provinzstände, die immer viel zahlreicher und insgesamt aktiver als die Generalstände waren – in England herrschte das *common law*, das kaum von regionalen Ausnahmen gefärbt ist, in Frankreich das endlose Allerlei der landschaftlichen Gewohnheitsrechte. So viele Gegensätze sollten die nationale Entwicklung Frankreichs schwer belasten. Nachdem das französische Königtum seine ursprüngliche Kraft auf sehr »feudale« Weise aus einer Anhäufung von Grafschaften, Kastellaneien und Rechten über die Kirchen bezogen hatte, scheint es tatsächlich davon für immer geprägt worden zu sein, selbst, nachdem der Staat wiedergeboren war.

3. Eine altertümliche Monarchie: Deutschland

Montesquieu stellte fest, daß »die Erblichkeit der Lehen in Frankreich eher als in Deutschland üblich wurde« und gab als Grund dafür »den phlegmatischen Charakter und, wenn ich sagen darf, den unbeweglichen Geist der deutschen Nation« an[371]. Sicherlich ist das eine gewagte psychologische Deutung, selbst, wenn man sie wie Montesquieu mit einem »vielleicht« abschwächt. Dennoch bleibt ein besonders starker Eindruck bestehen. Sagen wir anstatt »phlegmatischer Charakter« bescheiden »altertümlich«: Dieses Wort drängt sich bei jeder Untersuchung der mittelalterlichen Gesellschaft Deutschlands auf, vergleicht man sie Epoche für Epoche mit derjenigen Frankreichs. Und wie wir gesehen haben, trifft das für Vasallität und Lehen, für Grundherrschaft und Heldengedicht zu – gerade dieses ist mit seinem Sagenstoff und der heidnischen Atmosphäre seines wunderbaren Geschehens so völlig altertümlich. Eine solche Feststellung ist nicht weniger passend für das Wirtschaftsleben, die »städtische Renaissance« hinkt in Deutschland um ein oder zwei Jahrhunderte hinter der Entwicklung in Italien, Frankreich und Flandern hinterher. Jene Beobachtung behält ihren ganzen Wert, sobald man zur Entwicklung des Staates übergeht. Es gibt kaum ein eindeutigeres Beispiel als diese Übereinstimmung zwischen Gesellschaftsstruktur und politischer Struktur, die man hier ein weiteres Mal antrifft. In Deutschland, das viel weniger tief und weniger gleichförmig »feudalisiert« und »von Lehnsherrschaft geprägt« ist als Frankreich, bleibt die Monarchie viel länger als dort dem karolingischen Typus treu.

Der König regiert mit Hilfe der Grafen, die ihr Erbrecht nur langsam festigen konnten und, selbst nachdem es sich einmal durchgesetzt hatte, sind sie weniger als Träger eines Lehens als eines Amtes betrachtet worden. Auch wenn sie keine unmittelbaren Vasallen des Herrschers waren, erhalten sie grundsätzlich wie die Vögte der immunen Kirchen von ihm durch ein besonderes Zugeständnis das Recht, zu befehlen und zu strafen, ihren »Bann«. Gewiß traf die Monarchie auch hier auf die Gegnerschaft der regionalen Fürstengewalten, vor allem in Gestalt der Herzogtümer, deren ursprüngliche Struktur wir bereits erwähnten. Trotz der von den Ottonen vollzogenen Auflösungen oder Teilungen blieben die Herzöge eine gefährliche und unfügsame Macht. Aber die Könige verstanden es, sich gegen sie der Kirche zu bedienen. Denn im Gegensatz zu den Kapetingern gelang es dem deutschen Erben Karls des Großen, Herr über nahezu alle Bistümer des Reiches zu bleiben. Daß Heinrich I. dem Herzog von Bayern die bayerischen Bistümer überlassen mußte, war eine eher den Umständen entspringende Maßnahme, die bald rückgängig gemacht worden ist; die späte Überlassung der Bischofssitze jenseits der Elbe, die Friedrich Barbarossa dem Herzog von Sachsen zugestanden hatte, war nur für ein Missionsgebiet interessant und erwies sich im übrigen wenig dauerhaft. Der Fall der kleinen Alpenbistümer, die zur Investitur wieder an ihren Erzbischof von Salzburg verwiesen waren, stellt eine Ausnahme ohne Bedeutung dar. Die königliche Kapelle ist das Seminar der Prälaten des Reiches. Gerade dieser Personenkreis von Klerikern, der gebildet, ehrgeizig und in Staatsgeschäften erfahren war, sorgt in erster Linie für den Fortbestand der monarchischen Idee. Bistümer und königliche Klöster von der Elbe bis zur Maas, von den Alpen bis zur Nordsee stellten dem Herrscher ihre *servitia* (Dienste) zur Verfügung, nämlich Geld- oder Naturalleistungen, ein dem Fürsten oder seinem Gefolge gewährtes Nachtlager, vor allem aber Militärdienst. Die Kontingente der Kirchen bildeten den ansehnlichsten und festesten Teil der königlichen Armee, aber nicht den einzigen, denn der König fordert ständig die Hilfe aller seiner Untertanen, und wenn das eigentliche Gesamtaufgebot, das »Landesgeschrei« (*clamor patriae*), in Wirklichkeit nur an den Grenzen beim Einfall heidnischer Völker ergeht, so fällt die Verpflichtung, mit ihrer Kavallerie Dienst zu tun, den Herzögen und Grafen des ganzen Königreiches zu und wird in der Tat auch ziemlich gewissenhaft erfüllt.

Dieses traditionelle System ist jedoch niemals vollkommen gehandhabt worden. Gewiß ermöglichte es die großen Vorhaben der *expeditio Romana**. Gerade dadurch, daß es zu weit gesteckte Ziele begünstigte, die selbst anachronistisch gewesen sind, war es schon gefährlich. Denn das Gebälk im Innern des Landes war nicht stark genug, um ein entsprechendes Gewicht auszuhalten. Wie hätte diese Regierung ohne andere Steuereinnahmen als die wenigen finanziellen *servitia* der Kirchen, ohne bezahlte Beamte, ohne ein ständiges Heer, diese Nomadenregierung, die über keine angemessenen Kommunikationsmittel verfügte, sie, die von den Menschen physisch und moralisch als sehr fern empfunden worden ist, wie hätte sie ständig Gehorsam durchsetzen können? Auch nicht die Regierungszeit nur eines Herrschers verlief ohne Aufstände. –
Mit einiger Verspätung und vielerlei Unterschieden erfaßte die Entwicklung hin zur Aufsplitterung der öffentlichen Gewalt in kleine Gruppen unter persönlicher Leitung Deutschland wie Frankreich. Erst einmal entzog die Auflösung der Grafschaften dem Gebäude nach und nach die

---

* Anm. d. Übers.: Es handelt sich um den Zug zur Kaiserkrönung nach Rom, auch »Fahrt über den Berg« genannt.

notwendige Grundlage. Nun hatten sich die deutschen Könige, die doch viel mehr als regionale Fürsten waren, andererseits nichts geschaffen, was dem beschränkten, jedoch auf ein Zentrum ausgerichteten Krongut der robertinischen Grafen entsprach, die zu Königen von Frankreich geworden waren. Selbst das Herzogtum Sachsen, das Heinrich I. besessen hatte, bevor er die Herrschaft antrat, war schließlich dem Königtum entglitten, obwohl seine Ausdehnung dann geringer geworden war. Es handelt sich um eines der ersten Beispiele für eine Gewohnheit, die zunehmend Rechtscharakter annahm. Es gab kein »Ämterlehen«*, das entweder durch Einzug oder Erledigung vorübergehend an die Krone gefallen war und das nicht sofort wieder neu verliehen werden mußte. Dieser für die Herrscher des Römisch-deutschen Kaiserreiches charakteristische Grundsatz wirkte sich vor anderen verhängnisvoll auf seine Weiterentwicklung aus. Auf Frankreich angewandt, hätte er Philipp August daran gehindert, die Normandie einzubehalten, so wie er dreißig Jahre früher der Inbesitznahme der Heinrich dem Löwen durch Friedrich Barbarossa entzogenen Herzogtümer in Deutschland im Weg gestanden hatte. Gewiß blieb es dem 12. Jahrhundert vorbehalten, diesen Grundsatz unter dem Druck des Adels mit seiner ganzen Strenge zu verkünden. Aber ohne jeden Zweifel nahm er seinen Ursprung aus dem Charakter einer öffentlichen Funktion, die in Deutschland eng mit den gräflichen und herzoglichen *honores*, d. h. Herrschaft, verbunden war. Kann sich ein Herrscher ohne Widerspruch zu seinem eigenen Repräsentanten machen? Gewiß war der deutsche König der direkte Herr zahlreicher Dörfer. Er besaß seine eigenen Vasallen, seine Ministerialen, seine Burgen. Doch all das war über riesige Gebiete verstreut. Reichlich spät erkannte Heinrich IV. die Gefahr. Offensichtlich bemühte er sich nach 1070, in Sachsen eine regelrechte Ile-de-France zu schaffen, die ganz mit Burgen gespickt war. Er scheiterte: denn schon kündete sich die große Krise des Kampfes mit den Päpsten an, bei der so viele Keime der Schwäche ans Licht kommen sollten.

Auch hier muß man es wagen, von einem Anachronismus zu sprechen. Wenn aus dem banal erscheinenden Konflikt, der Heinrich IV. und Gregor VII. seit mehreren Jahren gegeneinander aufbrachten, 1076 plötzlich ein unsühnbarer Krieg wurde, so war der Anlaß der Theaterstreich von Worms: die Absetzung des Papstes, die nach Beratung mit einem deut-

---

* Anm. d. Übers.: Bei Bloch S. 590 steht »fief de dignité«, womit die Herrschaftsbefugnisse der Herzöge, Markgrafen, Grafen, Reichsbischöfe und Reichsäbte, die ihnen der König verliehen hat, gemeint sind. Vgl. Ganshof (wie Anm. S. 508), S. 121, 127. Ein spezifischer Ausdruck fehlt im Deutschen.

schen Konzil von einem König verkündet wurde, der selbst noch nicht einmal exkommuniziert worden war. Otto I. hatte einen Papst gestürzt, desgleichen hatte Heinrichs IV. eigener Vater und Vorgänger drei auf einen Schlag abgesetzt. Nur hatte sich die Welt seitdem verändert. Von den Kaisern selbst reformiert, hatte das Papsttum sein moralisches Ansehen zurückgewonnen und durch eine umfassende Bewegung des religiösen Erwachens war es zum höchsten Symbol geistlicher Werte geworden.

Wir haben schon gesehen, wie dieser lange Streit in Deutschland das Erbfolgeprinzip endgültig zerstört hat. Er endete damit, daß er die deutschen Herrscher in das sich ständig verjüngende Wespennest Italien stürzte. Er diente allen Revolten als Kristallisationspunkt. Aber vor allem traf er die Machtbefugnisse über die Kirche bis ins Mark. Das bedeutete nicht, daß die Könige bis zum 13. Jahrhundert ihren Einfluß bei der Ernennung von Bischöfen und Äbten nicht mehr ausgeübt hätten, der zwar je nach Regierung und Zeitpunkt außerordentlich schwankte, doch insgesamt recht beträchtlich blieb. Aber die Prälaten, die von nun an mit dem Zepter, dem Lehnssymbol, eingesetzt wurden, waren nicht mehr länger Träger eines öffentlichen Amtes, sie glichen künftig einfachen Lehensinhabern. Die Entwicklung des religiösen Bewußtseins, das die Idee der bisher mit der Königswürde verbundenen Heilskraft erschütterte, machte außerdem die Geistlichkeit gegenüber Unterwerfungsversuchen, die bei ihr auf ein geschärfteres Empfinden gegenüber dem Vorrang des Übernatürlichen stießen, weniger fügsam. Parallel dazu verwandelten die gesellschaftlichen Veränderungen die Vertreter des Königtums in den Provinzen endgültig in erbliche Herren, die auf dem zerstückelten Krongut saßen, verringerten die Anzahl der im ursprünglichen Sinn des Wortes »freien« Männer, schränkten schließlich den öffentlichen Charakter der Gerichte stark ein, die jetzt zunehmend patrimonialisiert wurden. Gewiß spielt noch Friedrich Barbarossa im 12. Jahrhundert als Monarch eine sehr bedeutende Rolle. Niemals kam die Idee des kaiserlichen Universalreiches, die von einer reicheren und bewußteren Kultur genährt war, stärker als unter seiner Regierung und in seiner Umgebung zum Ausdruck. Aber das schlecht abgestützte und den Kräften der Gegenwart schlecht angeglichene Gebäude ist nun schon der Gnade jeder etwas heftigeren Erschütterung ausgeliefert.

Doch andere Mächte schicken sich an, sich auf den Ruinen sowohl der Monarchie wie auch der alten Stammesherzogtümer zu erheben. Aus den bisher ziemlich lose zusammengehaltenen territorialen Fürstenherrschaften schälen sich allmählich seit der Wende am Ende des 12. Jahrhunderts durchorganisierte, relativ wohlgeordnete Staaten heraus, die der Steuerpflicht unterliegen und mit Ständeversammlungen versehen sind. Was von der Vasallenordnung überlebt hat, kommt jetzt dem Fürsten zugute, und sogar die Kirche gehorcht. Politisch gesprochen, gibt es kein Deutschland mehr, aber wie man in Frankreich sagte, es gibt »Deutschländer«. Einerseits bemerken wir die spezifisch deutsche Verzögerung der Gesellschaftsentwicklung, andererseits sehen wir Verhältnisse entstehen, die in fast ganz Europa verbreitet waren und die eine Konzentration der öffentlichen Gewalt begünstigten. Dieses Aufeinandertreffen zweier Kausalketten bewirkte, daß sich in Deutschland die Neugruppierungen der Kräfte nur um den Preis einer lang anhaltenden Zerstückelung des alten Staates vollzog.

4. Die anglonormannische Monarchie: Veränderungen nach der Eroberung und germanische Kontinuität

Der anglonormannische Staat war aus einer zweifachen Eroberung hervorgegangen, aus der des westlichen Neustrien durch Rollo sowie der Englands durch Wilhelm den Bastard. Diesem Ursprung verdankt er einen viel regelmäßigeren Aufbau, als es derjenige der aus Stücken und Teilen errichteten Fürstentümer und derjenige der mit einer langen und manchmal verworrenen Tradition belasteten Monarchien gewesen ist. Man muß hinzufügen, daß die zweite Eroberung, nämlich die Englands, gerade zu dem Zeitpunkt stattfand, als der Wandel der wirtschaftlichen und geistigen Verhältnisse im ganzen Abendland den Kampf gegen die Zersplitterung zu begünstigen begann. Es ist bezeichnend, daß diese aus einem glücklichen Krieg entstandene Monarchie uns beinahe von Anfang an auf das Schriftwesen gegründet erscheint und auch sehr früh über gebildetes Personal und bürokratische Gewohnheiten verfügte.
In der letzten Zeit seines Bestehens hatte das angelsächsische England die Begründung wirklicher territorialer Fürstentümer in den Händen seiner *earls* (Grafen) erlebt, die nach dem klassischen Bild einer Anhäufung von Grafschaften gebildet waren. Der Eroberungskrieg und die späteren brutal niedergeschlagenen Aufstände hatten die großen einheimischen Führer von der Bildfläche verschwinden lassen. Von dieser Seite konnte jede Gefahr für die Einheit des Staates als gebannt erscheinen. Doch der Gedanke, daß es einem König möglich wäre, sein gesamtes Reich direkt zu regieren, schien dem Denken der Zeit so fremd, daß Wilhelm seinerseits glaubte, entsprechende Herrschaftsbezirke schaffen zu müssen. Zum

Glück für die Monarchie führte gerade die Untreue dieser hohen Barone – mit der einzigen Ausnahme der Grafschaft Chester an der walisischen Grenze und dem geistlichen Fürstentum Durham an der schottischen Grenze – sehr schnell zur Ausschaltung bedrohlicher politischer Gebilde, an deren Spitze die Aufständischen gestanden hatten. Die Könige ernannten weiterhin mitunter Grafen, aber diese Personen beschränkten sich von nun an in den Grafschaften, deren Namen sie trugen, darauf, einen Teil der Gerichtsgebühren zu empfangen. Selbst die Ausübung der Gerichtsherrschaft, die Truppenaushebung, die Einziehung von Steuereinkünften oblagen den unmittelbaren Vertretern des Königs, die auf englisch *sheriffs* hießen. Waren sie Beamte? Ganz und gar nicht. Schon deshalb nicht, weil sie ihr Amt pachteten, indem sie eine feste Summe an das königliche Schatzamt zahlten. In einer Zeit, als die wirtschaftlichen Verhältnisse noch keine feste Besoldung erlaubten, war dieses Pachtsystem die einzige sich anbietende Lösung, wenn man sich nicht für die Belehnung entscheiden wollte. Ein weiterer Grund bestand darin, daß es einer ziemlich großen Zahl von ihnen anfangs gelang, sich das Erbrecht zu sichern. Aber diese bedrohliche Entwicklung ist durch die starke Hand der angevinischen Herrscher plötzlich angehalten worden. Der Tag, an dem Heinrich II. 1172 mit einem Schlag sämtliche Sheriffs des Königreichs absetzte, ihre Amtsführung einer Untersuchung unterzog und nur einige von ihnen wieder einsetzte, machte vor aller Augen deutlich, daß in ganz England der König Herr über diejenigen war, die in seinem Namen befahlen. Weil sich das öffentliche Amt nicht völlig mit dem Leben deckte, wurde England viel früher als irgendein Königreich des Kontinents ein wahrhaft einheitlicher Staat.

Aber es gab in gewisser Weise keinen Staat, der vollkommen feudaler gewesen wäre, doch war das Feudalsystem von einer Art und Weise, daß die Königsmacht daraus schließlich einen Zuwachs ihres Ansehens gewann. War nicht in diesem Land, wo jedes Landstück ein Lehen war, der König der Herr aller Herren? Vor allem wurde das System der militärischen Lehen nirgends methodischer angewandt. Das Hauptproblem der so rekrutierten Heere war bekanntlich, zu erreichen, daß sich die direkten Vasallen des Königs oder des Fürsten von einer ausreichenden Anzahl von Aftervasallen zum Kriegsdienst begleiten ließen, aus denen das Gros der Truppen zwangsläufig bestand. Anstatt nun aber, wie es so häufig andernorts der Fall war, der Willkür eines veränderlichen Rechtsbrauchs oder mehr oder minder schlecht eingehaltenen Einzelabmachungen ausgeliefert zu sein, ist diese Zahl schon im normannischen Herzogtum, dann in weit höherem Maße für jede Baronie in ganz England zumindest als Minimum von der Zentralgewalt endgültig festgelegt worden. Und da das Prinzip galt, daß nahezu jede Verpflichtung zur Leistung durch ihren Gegenwert in Geld ersetzt werden konnte, verlangten die Könige seit den ersten Jahren des 12. Jahrhunderts von ihren Hauptlehnsleuten anstelle von Soldaten gewöhnlich eine Steuer, die im Verhältnis zur Anzahl der Ritter oder, um einen geläufigen Ausdruck zu verwenden, »nach Schilden«, die sie hätten liefern müssen, veranschlagt worden ist.

Aber diese in bewundernswerter Weise abgestimmte feudale Organisation verband sich mit Traditionen, die einer ferneren Vergangenheit entlehnt waren. In dem gesicherten Frieden, der seit der Besetzung der neustrischen Grafschaften durch die »Piratenherzöge« herrschte, erkennen wir das Gesetzesbuch eines im Quartier stehenden Heeres, das den Gesetzen entspricht, die der dänische Historiker Saxo Grammaticus dem legendären Erobererkönig Frode zuschreibt. Hüten wir uns vor allem vor der Gefahr, den Anteil des angelsächsischen Erbes übermäßig zu mindern. Der Treueid, den Wilhelm 1086 allen abverlangte, die in England Macht und Herrschaft besaßen, »gleich welches Herrn die Männer auch waren«, und den seine beiden ersten Nachfolger später erneuern ließen – dieses Versprechen, das höherwertig als alle Vasallenbindungen war und ihnen gegenüber Vorrang hatte –, war letzlich nichts anderes als der alte Untertaneneid, den jedes »barbarische« Königtum kannte und den die Herrscher der Dynastie von Wessex ebenso wie die Karolinger praktiziert hatten. So schwach die angelsächsische Monarchie auch in ihren letzten Jahren erschien, so hatte sie es doch verstanden, als einzige unter den zeitgenössischen Monarchien eine Steuer beizubehalten, die ihren Namen vom *Danegeld* ableitete, da sie zuerst dazu gedient hatte, Lösegeld an die dänischen Eindringlinge zu zahlen, dann, um sie zu bekämpfen. In diesem erstaunlichen Überbleibsel, das eine Geldzirkulation auf der Insel vorauszusetzen schien, die weniger als anderswo an Auszehrung litt, sollten die normannischen Könige ein außerordentlich wirksames Instrument finden. Schließlich begünstigte in England in hohem Maße das Weiterbestehen der früheren Freiengerichte, die auf verschiedene Weise bei der Aufrechterhaltung der Ordnung mitwirkten und eine germanische Institution darstellten, wenn es sich je um eine solche gehandelt hat, den Erhalt, später die Ausdehnung der königlichen Gerichtsbarkeit und Verwaltungsmacht.

Die Stärke dieser vielschichtigen Monarchie war im übrigen nur sehr relativ. Auch dort waren die Elemente der Auflösung am Werke. Es wurde immer schwieriger, Lehnsdienste zu erhalten, weil die königliche Regierung, die sehr wohl auf ihre Hauptlehnsmänner einigen Druck ausüben konnte, nur schwer über sie hinweg die Masse der kleinen Lehensträger erreichte, die häufig aufsässig waren. Die Barone verweigerten fast immer den Gehorsam. Von 1135-1154 schien der Bau zahlloser »Bastardburgen« während der langanhaltenden dynastischen Unruhen in der Regierungszeit König Stephans die nicht aufzuhaltende Welle der Zersplitterungen anzukündigen, wozu auch die Anerkennung der Erblichkeit der Sheriffs zu rechnen ist, die mitunter mehrere Grafschaften unter ihrer Herrschaft vereinten und selbst den Titel eines Grafen trugen. Doch nach dem Wiederaufstieg der Monarchie, den die Regierung Heinrichs II. bezeichnet, konnte man beobachten, daß die Magnaten bei ihren Rebellionen von nun an viel weniger an einer Zerstückelung als an einer Beherrschung des Königreichs interessiert waren. Der Ritterstand fand seinerseits in den Grafschaftsgerichten die Gelegenheit, sich zu Gruppen zusammenzuschließen und Delegierte zu wählen. Das mächtige Eroberkönigtum hatte nicht alle anderen Gewalten vernichtet, aber es hatte sie gezwungen, sich im Rahmen des Staates zu bewegen, auch wenn ihre Handlungen gelegentlich gegen das Königtum gerichtet waren.

5. Die Nationalitäten

In welchem Ausmaß waren oder wurden diese Staaten auch Nationen? Wie jedes Problem der Gruppenpsychologie verlangt auch dieses eine sorgfältige Unterscheidung nicht nur zwischen den Zeitabschnitten, sondern auch zwischen den verschiedenen Formen des Milieus.

Denn das Nationalgefühl konnte eben nicht unter hochgebildeten Menschen entstehen. Alles, was an wirklicher Bildung noch vorhanden war, flüchtete sich bis ins 12. Jahrhundert in eine kleine Gruppe der Geistlichkeit. Aus mancherlei Gründen wandte sich diese *intelligentsia* von Standpunkten ab, die sie gern als Vorurteile betrachtet hätte: vom Gebrauch des Lateins, einer internationalen Sprache, mit den sich aus ihr für die intellektuelle Kommunikation ergebenden Erleichterungen; vor allem von der Pflege der großen Friedensideale, der Frömmigkeit und der Einheit, die auf menschliche Weise im Doppelbild von Christenheit und Kaiserreich Gestalt anzunehmen schienen. Als Aquitanier und früherer Würdenträger der Kirche von Reims, also in doppelter Hinsicht Untertan des Königs von Frankreich, glaubte Gerbert gewiß keine entscheidende Pflicht zu verraten, als er sich zu einer Zeit, in der der Erbe Karls des Großen ein Sachse war, zum »Soldaten im Lager des Caesaren« erklärte[372]. Um die noch dunklen Vorformen der Nationalität zu erforschen, empfiehlt sich die Beschäftigung mit einfacheren und eher ihrer Gegenwart verhafteten Gruppen. Dabei denken wir ohne Zweifel weniger an die Volksmassen, über deren Seelenzustand uns im übrigen kein Dokument etwas zu erahnen gestattet, als vielmehr zugleich an den Ritterstand und an jenen Teil des Klerus, der nur mäßig gebildet war und sich darauf beschränkte, in seinen Schriften die Meinung seiner Umgebung mit schärferen Tönen wiederzugeben.

Als Reaktion auf die romantische Geschichtsschreibung war es bei einigen jüngeren Geschichtsschreibern Mode, den ersten Jahrhunderten des Mittelalters jegliches nationales oder ethnisches Gruppenbewußtsein abzusprechen. Dabei vergaß man, daß solche Gefühle, die sich in naiv-brutaler Form im Gegensatz gegen den Ausländer, den »Außenseiter« äußern, keine große geistige Spitzfindigkeit erfordern. Wir wissen heute, daß sie sich zur Zeit der germanischen Völkerwanderung mit viel größerer Heftigkeit geäußert haben, als es z. B. noch Fustel de Coulanges annahm. Im einzigen großen Beispiel einer Eroberung, das uns die Feudalzeit bietet, dem des normannischen England, zeigt sich die Wirkung dieser Gefühle klar und deutlich. Als es Wilhelms letzter Sohn Heinrich I. in einer ihn selbst charakterisierenden Geste für angemessen hielt, eine Prinzessin aus der alten Dynastie von Wessex zu heiraten – aus der »geraden Linie Englands«, sagte ein Mönch aus Canterbury –, gefielen sich zum Spott die normannischen Ritter darin, das königliche Paar mit sächsischen Spitznamen zu überhäufen. Aber in einem Loblied auf eben diese Heirat schrieb etwa ein halbes Jahrhundert später ein Hagiograph unter der Regierung von Heinrichs und Ediths Enkel: »Jetzt hat England einen König aus englischem Geschlecht. In diesem selben Geschlecht findet es seine Bischöfe, Äbte, Barone und tapferen Ritter, die aus dem einen wie dem anderen Samen hervorgegangen sind[373].« Die Geschichte dieser Assimilation, die zugleich diejenige des englischen Volkstums ist, kann selbst hier in dem allzu beschränkten Rahmen nicht einmal skizziert werden. Abgesehen vom Geschehen der Eroberung müssen wir uns damit begnügen, die Ausbildung nationaler Einheiten innerhalb der Grenzen des ehemaligen Frankenreichs nördlich der Alpen zu erforschen: Wenn man so will, ist es die Geburt des Nationenpaares Frankreich-Deutschland[374].

Die Tradition war hier selbstverständlich die Einheit: eine Tradition, die auf das gesamte Karolingerreich bezogen in der Tat relativ jung und ein wenig künstlich ist. Dagegen ist sie mehrere Jahrhunderte alt und ruht auf einer wahren Kulturgemeinschaft, wenn es sich nur um das alte *regnum francorum* (Frankenreich) handelt. So spürbar auch die Gegensätze der Bräuche oder Sprachen sein mögen, wenn man die tieferen Schichten der Bevölkerung erfaßt, so haben doch ein und dieselbe Aristokratie und ein und derselbe Klerus den Karolingern dabei geholfen, den riesigen Staat von der Elbe bis zum Ozean zu regieren. Diese untereinander verwandten großen Familien hatten noch nach 888 den aus der Aufteilung hervorgegangenen Königreichen und Fürstentümern die lediglich dem Anschein nach nationalen Anführer gestellt. Franken stritten untereinander um die Krone Italiens, ein Bayer hatte sich die Krone von Burgund aufs Haupt gesetzt, Odo, der seiner Herkunft nach vielleicht ein Sachse war, die des Westfrankenreiches. Wie die großen Herren bei diesen Streifzügen, die ihnen bald die Politik der Könige, von denen sie Belohnung erwarteten, bald ihr eigener Ehrgeiz auferlegte, ihre gesamte Anhängerschaft im Gefolge mitnahmen, so hatte auch die Gruppe der Vasallen selbst an diesem, wenn man so sagen darf, überprovinziellen Charakter teil. Mit Recht wurde die schmerzliche Zergliederung des Reiches zwischen 840 und 843 von den Zeitgenossen als Bürgerkrieg empfunden.

Doch lebte unter der Oberfläche dieser Einheit die Erinnerung an ältere Gruppierungen weiter. Es waren diejenigen, die sich im geteilten Europa in gegenseitiger Verachtung oder gegenseitigem Haß als erste wieder festigten. Die Bewohner Neustriens, die vom Stolz erfüllt waren, »dem vornehmsten Gebiet der Welt« anzugehören, sind schnell dabei, die Aquitanier für »treulos« und die Burgunder für »Hasenfüße« zu halten; die Aquitanier wiederum prangern die »Verderbtheit« der Franken an, die Leute von der Mosel den »Betrug« der Schwaben. Die Sachsen, die natürlich tüchtig und furchtlos waren, entwerfen ein finsteres Bild von der Feigheit der Thüringer, den Räubereien der Alemannen und dem Geiz der Bayern. Es wäre nicht schwer, diese Anthologie der Beleidigungen durch weitere Beispiele zu vermehren, die sich in der Literatur vom Ende des 9. Jahrhunderts bis zum Beginn des 11. Jahrhunderts verfolgen lassen[375]. Aus schon bekannten Gründen waren Gegensätze dieser Art in Deutschland besonders zählebig. Weit davon entfernt, den Monarchien zu nützen, bedrohten sie ihre Geschlossenheit. Dem Patriotismus des Mönches Widukind, der in der Zeit Ottos I. eine Chronik verfaßte, fehlte es gewiß weder an Leidenschaft noch an Unnachgiebigkeit. Aber es war ein sächsischer, kein deutscher Patriotismus. Wie sollte man den Übergang von einer solchen Haltung zu einem dem neuen politischen Rahmen angepaßten Nationalitätenbewußtsein finden?

Von einem anonymen Vaterland kann man sich keine klare Vorstellung bilden. Nichts ist aufschlußreicher als die Schwierigkeit, der sich die Menschen lange Zeit ausgesetzt sahen, wenn sie die beiden Hauptstaaten benennen sollten, die aus den Teilungen des *regnum francorum* hervorgegangen waren. Alle beide waren »Frankenreiche«. Aber die Adjektive östlich und westlich, mit denen man sie lange zu unterscheiden sich begnügte, bildeten für das Nationalbewußtsein keine brauchbare Stütze. Was die Bezeichnungen Gallien und Germanien betrifft, die manche Geschichtsschreiber frühzeitig wiederzubeleben versuchten, so konnten damit nur die Gelehrten etwas anfangen. Außerdem entsprachen sie den neuen Grenzen sehr wenig. In Erinnerung daran, daß Cäsar Gallien am Rhein enden ließ, bezeichneten deutsche Chronisten ihre eigenen Provinzen auf dem linken Ufer gern mit diesem Namen. Indem man mitunter unbewußt betonte, daß diese Begrenzungen ursprünglich willkürlich vorgenommen worden sind, klammerte man sich an das Andenken des ersten Herrschers, zu dessen Gunsten das Königreich zugeschnitten worden war: Für ihre Nachbarn, die Lothringer oder die Leute aus dieser Gegend, blieben die Westfranken die Männer Karls des Kahlen (*Kerlinger, Carlenses*), ganz so wie die Lothringer Männer des obskuren Lothar II. blieben. Die deutsche Literatur sollte dieser Terminologie vermutlich deshalb treu bleiben, weil es ihr widerstrebte, dem Volk im Westen das Monopol auf den schlichten Namen Franken oder Franzosen zuzuerkennen – das französische Rolandslied verwendet noch unterschiedslos beide Bezeichnungen –, auf den alle Nachfolgestaaten ein gutes Recht zu haben schienen.

Jedermann weiß, daß sich diese Bedeutungseinschränkung schließlich durchgesetzt hat. Gerade zur Zeit des eben genannten Rolandsliedes hielt sie der lothringische Chronist Sigebert von Gembloux für allgemein anerkannt[376]. Wie vollzog sie sich? Das bleibt das große Rätsel des französischen Nationalnamens. Es ist bisher viel zu wenig untersucht worden. Der Brauch scheint sich zu der Zeit durchgesetzt zu haben, als angesichts des von den Sachsen regierten Königreichs im Osten dasjenige im Westen zur rechtmäßigen fränkischen Dynastie, dem Geschlecht der Karolinger, zurückgekehrt war. Er erfuhr Unterstützung im Königstitel selbst. Im Gegensatz zu seinen Rivalen, die sich in ihren Urkunden ohne weitere Zusätze nur Könige nannten, und um eben mit aller Deutlichkeit auf seine Würde, Erbe Karls des Großen zu sein, hinzuweisen, hatte Karl der Einfältige nach der Eroberung Lothringens den alten Titel *rex francorum* (König der Franken) wieder angenommen. Seine Nachfolger fuhren fort, sich immer regelmäßiger mit diesem Titel zu schmücken, obwohl sie nur noch über das heutige Frankreich regierten und sogar, als sie dem alten

Geschlecht nicht mehr angehörten. Es kommt hinzu, daß das Wort »Franken« in Deutschland gegenüber anderen Stammesgruppen fast unvermeidlich einen partikularistischen Charakter bewahrte: In der Tat diente es dort gewöhnlich dazu, die Bewohner der am Rheinufer und im Maintal gelegenen Bistümer – dem heutigen Franken – zu bezeichnen, und ein Sachse hätte es z. B. kaum zugelassen, so genannt zu werden. Dagegen wurde das Wort auf der anderen Seite der Grenze ohne Schwierigkeiten, wenn nicht auf die gesamte Bevölkerung des Königreichs, so doch zumindest auf die Bewohner des Landes zwischen Loire und Maas angewandt, dessen Bräuche und Institutionen vom fränkischen Erbe so gründlich geprägt erschienen. Schließlich blieb Westfrankreich der Gebrauch dieses Namens um so leichter vorbehalten, als das andere Frankreich im Begriff stand, sich einen ganz verschiedenen Namen zu geben, der einer für alle spürbaren Realität entsprang.

Zwischen »Karls Männern« und denen aus dem Ostreich zeichnete sich ein sehr auffälliger Gegensatz ab. Er bestand – trotz dialektbedingter Unterschiede innerhalb jeder Gruppe – als sprachlicher Gegensatz. Auf der einen Seite standen die »romanischen« Franken, auf der andern die *»thiudisc«* Franken. Mit diesem dem mittelalterlichen Gebrauch entsprechenden Wort übersetze ich das Adjektiv, aus dem das heutige Wort *deutsch* hervorgegangen ist und das die Geistlichen in ihrem mit klassischen Anklängen angefüllten Latein ungeachtet jeder Etymologie mit »teutonisch« (*teutonicus*) wiedergaben. Über seinen Ursprung besteht kein Zweifel. Die *theotisca lingua* (»deutsche« Sprache), von der die Missionare der Karolingerzeit sprachen, war eigentlich nichts anderes, als die Sprache des Volkes (*thiuda*), die im Gegensatz zum Latein der Kirche stand. Vielleicht ist es auch die Sprache der Heiden, der *gentiles,* gewesen. Nun war aber die eher gelehrte als volkstümliche Bezeichnung »germanisch« im Bewußtsein der Allgemeinheit niemals fest verankert. Daher nahm die Benennung, die nun einmal geschaffen worden war, um eine Art des Sprechens zu bezeichnen, sehr schnell den Rang eines Volksnamens an: »das deutsch (*theudisca lingua*) sprechende Volk« kennt schon unter Ludwig dem Frommen der (lateinische) Prolog einer der ältesten in dieser Sprache geschriebenen Dichtungen. Von dort bis zur Bezeichnung eines politischen Gebildes war es nur ein kleiner Schritt. Der Gebrauch hatte sich vermutlich schon durchgesetzt, lange bevor die Geschichtsschreiber es wagten, der Einbürgerung einer Wendung zuzustimmen, die der traditionellen Historiographie so wenig entsprach. Doch schon 920 erwähnen die Salzburger Annalen das Reich der *Theotisci* (oder Teutonen)[377].

521

Vielleicht versetzt dieses semantische Abenteuer jene in Erstaunen, die geneigt sind, im Festhalten an sprachlichen Fakten ein frisches Aufwallen des Nationalbewußtseins zu sehen. Linguistische Argumente im Mund von Politikern sind jedoch nicht neu. So schrieb im 10. Jahrhundert ein lombardischer Bischof, der sich über die historisch wohlbegründeten Ansprüche der Byzantiner auf Apulien entrüstete: »Daß dieses Land zum Königreich Italien gehört, beweist die Sprache seiner Bewohner[378]«. Nicht allein der Gebrauch gemeinsamer Ausdrucksmittel bringt die Menschen einander immer näher und bezeugt die Ähnlichkeit der geistigen Tradition, während er gleichzeitig ständig neue hervorbringt. Für noch ungeschulte Geister gibt es noch deutlichere Tatsachen: Das Gegenüberstellen von Sprachen hielt das Gefühl der Unterschiedlichkeit wach und wird selbst zur Quelle von Gegnerschaften. Ein schwäbischer Mönch vermerkte schon im 9. Jahrhundert, daß die »Lateiner« die germanischen Worte aus Spottlust verdrehten und aus dem Verhöhnen der gegenseitigen Sprachen entstand 920 zwischen den Begleitmannschaften Karls des Einfältigen und Heinrichs I. ein recht blutiger Streit, der der Zusammenkunft der beiden Herrscher ein Ende setzen sollte[379]. Innerhalb des Westreiches bewirkte nun zudem diese merkwürdige, noch wenig geklärte Entwicklung, die im Galloromanischen die Bildung zweier verschiedener Sprachgruppen hervorgerufen hatte, daß die »Provenzalen« oder die Leute des Languedoc, ohne auch nur in geringster Weise über die politische Einheit zu verfügen, jahrhundertelang das deutliche Gefühl hatten, eine Einheit für sich zu bilden. Ebenso treten während des zweiten Kreuzzuges die lothringischen Ritter, die Untertanen des Kaiserreichs waren, den Franzosen näher, deren Sprache sie verstanden und sprachen[380]. Nichts ist absurder, als Sprache und Nationalität zu vermengen. Aber es wäre nicht minder töricht, ihre Rolle beim Herauskristallisieren des Nationalbewußtseins zu leugnen.

Ob es sich nun um Frankreich oder Deutschland handelt –, das Nationalbewußtsein erscheint um das Jahr 1100 sehr deutlich ausgebildet. Die Quellen erlauben nicht, daran zu zweifeln. Während des ersten Kreuzzugs hatte Gottfried von Bouillon, der zu seinem Glück als hoher Adliger Lotharingens beide Sprachen sprach, große Mühe, die, wie wir hören, schon traditionelle Feindseligkeit zwischen französischer und deutscher Ritterschaft zu dämpfen[381]. Das »süße Frankreich« des »Chanson de Roland« (Rolandslied) ist in der Erinnerung aller gegenwärtig: Frankreich, in seinen Grenzen noch etwas unbestimmt, leicht zu verwechseln mit dem Riesenreich Karls des Großen der Sage, dessen Herz aber dessenungeachtet ganz offensichtlich im Kapetingerreich schlug. Zudem gewann der Nationalstolz bei den von Eroberungen berauschten Menschen größere Kraft, da er von der Erinnerung an die Karolinger geradezu vergoldet war, der Gebrauch des Namens Frankreich die Angleichung begünstigte und die Legende ihrerseits dazu beitrug, den Namen festzulegen. Andererseits bezogen die Deutschen großen Stolz aus dem Umstand, das Reichsvolk geblieben zu sein. Die Ergebenheit gegenüber der Monarchie trug dazu bei, diese Gefühle wachzuhalten. Es ist bezeichnend, daß in den epischen Gedichten, die ganz und gar adligen Geist atmen, wie in dem Zyklus »Lorrains« (Die Lothringer), nichts davon zum Ausdruck kommt. Dennoch ist die Vorstellung einer völligen Verwirrung nicht angebracht. Als glühender Patriot war der Mönch Wibert, der unter Ludwig VI. seinem Kreuzzugsbericht den berühmten Titel *Gesta Dei per Francos* gab, nur ein recht lauer Bewunderer der Kapetinger. Die Nationalität nährte sich aus umfassenderen Beiträgen, wie der Sprachgemeinschaft, der Tradition, den mehr oder weniger richtig verstandenen historischen Erinnerungen, einem Gefühl für die Gemeinsamkeit des Schicksals, das einem der sehr zufällig abgesteckte politische Rahmen auferlegt hatte, von denen aber doch insgesamt ein jeder tieferen und älteren Verwandtschaften entsprach.

All das war nicht das Werk des Patriotismus. Im Verlauf dieser zweiten Phase der Feudalzeit, die zugleich durch das Bedürfnis, das die Menschen spürten, sich in größeren Gemeinschaften zu vereinen und durch das klarere Bewußtsein gekennzeichnet war, das die Gesellschaft in jeder Weise von sich selbst gewann, ist dieser Patriotismus schließlich so viel wie der deutliche Ausdruck jener verborgenen Wirklichkeiten gewesen. Schon in einem Gedicht, das etwas später als das *Chanson de Roland* entstand, sagt man, um einen besonders geschätzten Ritter zu loben, »kein Franzose ist mehr wert als er«[382]. Die Epoche, deren tiefgründige Geschichte wir nachzuzeichnen versuchten, sah nicht allein das Entstehen der Staaten. Sie sah auch die Festigung oder Ausbildung der Vaterländer, die noch sehr vielen Wechselfällen ausgesetzt waren.

Drittes Buch

Der Feudalismus als Gesellschaftstyp und sein Wirkungsbereich

1. Kapitel

Der Feudalismus als Gesellschaftstyp

1. Feudalismus oder Feudalismen: Einzahl oder Mehrzahl?

In Montesquieus Augen war die Einführung der »Feudalgesetze« in Europa eine einzigartige Erscheinung, »ein Ereignis, das sich in der Welt nur einmal ereignet hat und das sich vielleicht niemals wieder ereignen wird«. Voltaire, der in die begriffliche Schärfe juristischer Definitionen weniger eingeübt, doch um einen weiteren Horizont bemüht war, hat protestiert: »Der Feudalismus ist kein besonderes Phänomen; es handelt sich um eine sehr alte Form, die noch in drei Vierteln unserer Halbkugel mit unterschiedlicher Organisation fortbesteht[383].« Die Wissenschaft unserer Tage hat sich im allgemeinen auf Voltaires Seite geschlagen. Ägyptische, achäische, chinesische, japanische Feudalsysteme: all diese Wortverbindungen, auf die ich nicht näher eingehe, sind uns künftig vertraut. Immerhin versetzen sie die Historiker des Westens bisweilen in kaum merkliche Unruhe. Denn diese können nicht die Unterschiedlichkeit der Definitionen beiseite schieben, die ein so berühmter Begriff selbst auf seinem Mutterboden erfahren hat. »Das Land ist die Grundlage der Feudalgesellschaft«, hat Benjamin Guérard gesagt. »Der Personenverband«, antwortet Jacques Flach. Sind die außereuropäischen Feudalsysteme, von denen die Universalgeschichte heutzutage geradezu übersät zu sein scheint, mit Guérard zu begreifen oder mit Flach? Angesichts dieses Doppelsinns gibt es kein anderes Mittel, als das Problem bei seinen Wurzeln zu pakken. Weil ganz augenscheinlich so viele Gesellschaften, die durch Raum und Zeit voneinander getrennt waren, die Bezeichnung »feudal« allein auf Grund ihrer wirklichen oder unterstellten Ähnlichkeiten, die sie für uns mit unserem Feudalsystem aufwiesen, empfangen haben, so kommt es vor allem darauf an, die Merkmale dieses gleichsam in den Mittelpunkt eines weiten Beziehungsgeflechtes gesetzten Musterfalles herauszuarbeiten. Doch zunächst sollten wir die offensichtlich verkehrten Anwendungen eines Ausdrucks beseitigen, der zuviel Lärm verursacht hat, um nicht eine Reihe von Abweichungen hinnehmen zu müssen.

Unter den von ihnen Feudalismus getauften Herrschaftssystemen verstanden bekanntlich seine ersten Taufpaten vor allem das, was ihrem Verständnis von einem zentralisierten Staat entgegenstand. Von dort die ganze Zersplitterung der Macht über die Menschen zu würdigen, war es nur ein kurzer Weg, so daß sich das einfache Feststellen einer Tatsache im allgemeinen sofort mit einem Werturteil vermengte. Da die Souveränität eines weithin mächtigen Staates als die Regel verstanden wurde, schien jeder Verstoß gegen dieses Prinzip in das Anormale zu fallen. Allein das würde ausreichen, eine Gewohnheit zu verurteilen, die im übrigen nur ein unerträgliches Chaos hervorbrächte. Mitunter zeigt sich freilich flüchtig eine genauere Vorstellung. Schon 1783 machte ein kleiner Gemeindebeamter, der Hallenaufseher von Valenciennes, »ein Feudalsystem der fetten Grundbesitzer vom Lande«[384] für die Verteuerung der Waren verantwortlich. Wie viele Polemiker haben seitdem den »Feudalismus« der Banken und Industrie verdammt! Mit mehr oder weniger vagen historischen Vorstellungen beladen, scheint das Wort gewissen Schreiberfedern nicht mehr als die Brutalität von Herrschaft zu entlocken, aber oft auch in einer nicht so eindringlichen Art die Vorstellung vom Übergriff wirtschaftlicher Macht auf das öffentliche Lehen. Nun ist es in der Tat richtig, daß die Vermengung des damals hauptsächlich auf Landbesitz gegründeten Vermögens mit der Herrschaft einer der kennzeichnenden Züge des mittelalterlichen Feudalismus gewesen ist. Aber das lag weniger am eigentümlich feudalen Charakter dieser Gesellschaft als daran, daß sie zur selben Zeit auf die Grundherrschaft gegründet war.

Feudalismus, grundherrschaftliches System: Die Verwicklung reicht in diesem Fall viel weiter zurück. Sie zeigte sich zuerst in der Verwendung des Wortes »Vasall«. Das aristokratische Gepräge, das dieser Ausdruck von einer insgesamt zweitrangigen Entwicklung empfangen hatte, war nicht so stark, daß man ihn nicht schon im Mittelalter mitunter auf Sklaven angewandt hätte, die ursprünglich wohl Verwandte der eigentlichen Vasallen gewesen sind und die wegen der persönlichen Natur ihrer Abhängigkeit so genannt wurden; aber auch selbst auf einfache Pächter ist der Ausdruck bezogen worden. Das, was dann lediglich eine Art semantischer Verwirrung war, die häufig vor allem aus den Gegenden bekannt sind, die wie die Gascogne oder León nur unvollständig feudalisiert waren, gelangt in dem Maße, wie das Bewußtsein der ursprünglich vasallitischen Verbindung erlosch, mehr und mehr zu allgemein verbreitetem Gebrauch. »Aller Welt ist bekannt«, schreibt Perreciot 1786, »daß in Frankreich die Untertanen der Herren gemeinhin ihre Vasallen genannt werden[385].« Parallel dazu hat man es sich ohne Rücksicht auf die Etymologie angewöhnt, mit dem Ausdruck »Lehnsrechte« die Lasten zu bezeichnen, die schwer auf dem bäuerlichen Besitz lagen. Wenn die Menschen der Revolution ihre Absicht ankündigten, den Feudalismus zu zerstören, so waren es doch vor allem die Grundherren auf dem Lande, auf die sie sich versteift hatten. Aber hier muß der Historiker wieder auf der Hut sein. Obwohl die Grundherrschaft ein wesentlicher Bestandteil der Feudalgesellschaft ist, war sie selbst darin die ältere, und sie mußte viel dauerhafter sein. Für eine saubere Terminologie ist es wichtig, daß die beiden Begriff klar geschieden bleiben.

Wir wollen nun versuchen, das in großen Zügen zusammenzufassen, was wir von der Geschichte des europäischen Feudalismus im eigentlichen Sinne erfahren haben.

2. Grundzüge des europäischen Feudalismus

Zu Beginn ist es sicher am einfachsten, das zu erklären, was diese Gesellschaft nicht gewesen ist. Obwohl die aus der Verwandtschaft entstandenen Verpflichtungen in ihr eine außerordentlich große Rolle spielten, gründete sie sich nicht völlig auf die Abkunft. Genauer gesagt, entwickelten sich die eigentlich feudalen Bindungen nur deshalb, weil die des Blutes nicht genügten. Obwohl die Idee einer öffentlichen Gewalt weiterbestand, die sich über die Menge der kleinen Mächte erhob, fiel andererseits der Feudalismus mit einer tiefgreifenden Schwäche des Staates, besonders seiner Schutzfunktion, zusammen. Aber die Feudalgesellschaft war nicht nur verschieden sowohl von einer sich auf Sippen und Verwandtschaft gründenden Gesellschaft als auch verschieden von einer Gesellschaft, die von der Kraft des Staates beherrscht war, sondern sie stand in der Nachfolge von Gesellschaftsordnungen, die wie letztere verfaßt waren, und sie war von ihnen geprägt. Die Beziehungen der persönlichen Abhängigkeit, die die Feudalgesellschaft charakterisieren, bewahrten etwas von einer künstlichen Verwandtschaft, die vielfach die ursprüngliche »Gesellschaft« gewesen waren. Zu einer Zeit, als eine Unzahl kleiner Anführer das Herrschaftsrecht ausübten, stellten sie zu einem guten Teil so etwas wie die Beute dar, die man den Rechten (Regalien) einer Zentralgewalt entrissen hatte.

Denn der europäische Feudalismus erweist sich als das Ergebnis einer rücksichtslosen Auflösung älterer Gesellschaften. In der Tat wäre er ohne die großen Umwälzungen, die die germanische Völkerwanderung verursacht hatte, unverständlich. Er hatte zwei Gesellschaften, die ursprünglich auf zwei völlig verschiedenen Stufen der Entwicklung standen, zum Verschmelzen gezwungen und zerbrach den Rahmen der einen wie der anderen, als er an der Oberfläche wieder eine Vielzahl von Denkformen und Arten des sozialen Verhaltens in einer außerordentlich ursprünglichen Weise entstehen ließ. Er bildete sich endgültig im Klima der letzten Einfälle fremder Völker aus. Er schloß eine starke Minderung der sozialen Beziehungen ein, weiter einen zu sehr geschrumpften Münzumlauf, der die Existenz eines besoldeten Beamtentums nicht mehr gestattete, schließlich eine Sinnesart, die dem Greifbaren und Wahrnehmbaren verhaftet war. Als sich diese Voraussetzungen zu wandeln begannen, hatte die Stunde des Feudalismus geschlagen.

Es war eher eine ungleiche denn nach Rängen abgestufte Gesellschaft, eher eine der Führer als eine der Adligen, eher der Unfreien, nicht der Sklaven. Wenn nämlich die Sklaverei keine so unbedeutende Rolle gespielt hätte, dann hätten die Formen der eigentlich feudalen Abhängigkeit notwendigerweise keine Auswirkungen auf die unteren Klassen gehabt. Im allgemeinen Chaos war die Stellung des Abenteurers zu bedeutend, die Erinnerung der Menschen zu schwach, die Beständigkeit der sozialen Ordnung zu wenig gesichert, um eine scharfe Ausbildung förmlicher Kasten zu erlauben.

Dennoch setzte die Feudalordnung die strenge wirtschaftliche Unterwerfung einer großen Zahl niedrig stehender Personen unter einige Mächtige voraus. Die schon herrschaftliche *villa* der römischen Welt und die germanischen Dorfhäuptlinge hatte der Feudalismus aus vergangenen Jahrhunderten übernommen, als er diese Arten der Ausbeutung des Menschen durch den Menschen weiter verbreitete und verfestigte, indem er das Recht auf eine Bodenrente mit dem Recht auf Herrschaft zu einem unentwirrbaren Knäuel verband und aus allem die uns bekannte Grundherrschaft entstehen ließ, was zum Nutzen einer Prälaten- oder Mönchsoligarchie geschah, die beauftragt war, den Himmel gnädig zu stimmen; vor allem aber geschah es zum Nutzen einer Kriegeroligarchie.

In der Tat würde eine auch nur schnell durchgeführte Untersuchung genügen, um im Vergleich sofort zu zeigen, daß man zu den Hauptmerkmalen der Feudalgesellschaften das Quasi-Zusammenfallen zwischen einer Klasse von Führern und einer Klasse von Berufskriegern rechnen müßte, die in der einzig damals wirksamen Weise dienten, nämlich als schwere Panzerreiter. Wir haben gesehen, daß Gesellschaften, in denen eine bewaffnete Bauernschaft weiterbestand, entweder keine Vasallenheere nach der Art des Lehnswesens kannten oder da und dort nur sehr unentwickelte Formen bekannt waren, so z. B. in Skandinavien oder den Königreichen Asturien und León. Vielleicht ist das Beispiel des Byzantinischen Reiches noch bezeichnender, weil die Institutionen dort den Stempel eines viel bewußteren auf Lenkung gerichteten Denkens trugen. Hier schuf seit der antiaristokratischen Reaktion des 7. Jahrhunderts eine Regierung, die die großen Traditionen der römischen Verwaltung bewahrt hatte und die zudem von der Sorge getragen war, sich mit einer starken Armee zu versehen, Lehen, die mit militärischen Verpflichtungen gegenüber dem Staat belastet waren. Es waren schon wirkliche Lehen, aber im Unterschied zum Westen Bauernlehen, die sämtlich aus bescheidenen landwirtschaftlichen Betrieben gebildet waren. Von nun an kannten die Herrscher keine größere Sorge, als diese »Soldatengüter«, wie überhaupt die kleinen Grundbesitzer im allgemeinen, gegenüber dem erpresserischen Aufkauf durch die Reichen und Mächtigen zu schützen. Es kam indessen gegen Ende des 11. Jahrhunderts der Zeitpunkt, als das Reich seinen den freien Landwirten nützlichen Schutz nicht länger aufrechterhalten konnte. Auf Grund der Wirtschaftslage, die die Unabhängigkeit der ständig verschuldeten Bauern immer schwieriger machte, war es überfordert und auch durch inneren Zwist geschwächt. Nicht nur der Fiskus verlor wertvolle Einkünfte; zugleich fiel das Reich der Gnade der Magnaten anheim, die einzigen, die in der Lage waren, die notwendigen Truppen unter ihren Hintersassen auszuheben.

In der Feudalgesellschaft stellte das Verhältnis der Unterordnung unter den nächsten Führer die charakteristische Verbindung zwischen den Menschen dar. Von Stufe zu Stufe verbanden die so geknüpften Bande wie so viele unendlich sich verzweigende Ketten die größten mit den kleinsten. Der Boden selbst galt nur deshalb so wertvoll, weil er die Möglichkeit bot, sich »Leute« zu verschaffen, die man mit ihm, dem Boden, entlohnte. Wir wollen Land – das war es, was die normannischen Herren im wesentlichen sagten, als sie die von ihrem Herzog dargebotenen Geschenke an Juwelen, Waffen und Pferden zurückwiesen. Und untereinander fügten sie hinzu: »So wird es uns möglich sein, zahlreiche Ritter zu unterhalten, und der Herzog wird es nicht mehr können[386].«
Es galt, eine Art Bodenrecht zu schaffen, das der Vergütung der Dienste angemessen war und das solange wie die Verpflichtung selbst dauerte. Aus der Lösung des Problems, die der westeuropäische Feudalismus zu finden wußte, entlehnte er einen seiner eigentümlichsten Züge. Während die Dienstleute in der Umgebung der slawischen Fürsten ihr Besitztum von ihnen weiter als reines Geschenk empfingen, blieb dem fränkischen Va-

sallen nach einigen Schwankungen das Lehen grundsätzlich lediglich auf Lebenszeit überlassen. Denn in den höchsten Klassen, die durch den ehrenvollen Waffendienst ausgezeichnet waren, hatten die Abhängigkeitsbeziehungen am Anfang die Form freiwillig eingegangener Verträge zwischen zwei natürlichen Personen angenommen, die sich Auge in Auge gegenüber standen. Aus dem notwendigen persönlichen Kontakt bezogen diese Verhältnisse immer den besten Teil ihrer moralischen Kraft. Indessen hatten schon frühzeitig verschiedene Faktoren die Reinheit der Verpflichtung getrübt. Dazu gehörte die Erbfolge, die in einer Gesellschaft, in der die Familie eine so starke Stellung einnahm, ganz natürlich war, dann die Praxis der Verlehnung, die von den wirtschaftlichen Bedingungen auferlegt war und dazu führte, eher den Boden mit Diensten als den Mann mit Treueverpflichtungen zu belasten, schließlich und überhaupt die Vielzahl der Vasallenverhältnisse. Die Loyalität des Kommendierten blieb in vielen Fällen ein bedeutender Faktor. Aber wie ein überragendes soziales Bindemittel, das bestimmt war, die verschiedenen Gruppen von oben nach unten zu einen, der Zersplitterung vorzubeugen und der Auflösung zu steuern, zeigte sich diese Loyalität entschieden wirkungslos.

In der Tat hatte es bei der ungeheuren Tragweite, die diesen Banden zukam, von Anfang an etwas künstliches gegeben. Ihre allgemeine Verbreitung beruhte in den feudalen Zeiten auf dem Vermächtnis eines todgeweihten Staates – des Karolingerreiches –, der die Vorstellung gehegt hatte, dem gesellschaftlichen Verfall eine der Einrichtungen entgegenzusetzen, die gerade aus diesem Verfall hervorgegangen waren. Zweifellos war das System der abgestuften Abhängigkeit für sich genommen durchaus in der Lage, den Zusammenhalt des Staates tatsächlich zu bewahren. Ein Zeugnis dafür bietet die anglonormannische Monarchie. Aber dort bedurfte es einer neutralen Autorität, die wie in England weniger durch die Eroberung selbst begünstigt war, als dadurch, daß sie mit neuen materiellen und moralischen Grundlagen zusammenfiel. Im 9. Jahrhundert waren die zur Auflösung drängenden Kräfte zu stark.

Im Gebiet der westlichen Kultur und Gesellschaft zeigt die Feudalismuskarte einige leere Flächen, nämlich die skandinavische Halbinsel, Friesland und Irland. Vielleicht ist die Feststellung noch bedeutender, daß das feudale Europa nicht im selben Grade gänzlich feudalisiert war. Weder lief dieser Prozeß überall gleichzeitig ab, noch war er vor allem irgendwo vollständig abgeschlossen. In keinem Land war die Bevölkerung voll und ganz in die Bande einer persönlichen und erblichen Abhängigkeit geraten. Fast überall bestanden große oder kleine Freigüter (Allode) weiter, obwohl ihre Anzahl je nach der Gegend außerordentlich verschieden war. Der Staatsbegriff verschwand niemals vollständig, und dort, wo er sich die größte Kraft bewahrt hatte, nannten sich die Menschen im alten Sinn des Wortes weiterhin »Freie«, weil sie allein vom Oberhaupt des Volkes oder seinen Beauftragten abhängig waren. Gruppen wehrhafter Bauern erhielten sich in der Normandie, im ehemals dänischen England (dem Gebiet des Danelaw) und in Spanien. Der gegenseitige Eid, der dem Unterordnungseid schroff gegenüberstand, überlebte in den friedewahrenden Einungen und triumphierte in den städtischen Kommunen. Ohne Zweifel ist es jedem System von Menschen geschaffener Einrichtungen bestimmt, nur unvollständig verwirklicht zu werden. So ist in der europäischen Wirtschaft des beginnenden 20. Jahrhunderts, die unbestreitbar unter dem Zeichen des Kapitalismus stand, ein Unternehmen nach dem anderen aus diesem Schema ausgebrochen.

Um nun zu unserer Feudalismuskarte zurückzukehren, so befand sich zwischen Loire und Rhein und in Burgund zu beiden Seiten der Saône ein dunkel getönter Raum, den die normannische Eroberung im 11. Jahrhundert rasch nach England und Süditalien erweitern sollte; ganz um diesen zentralen Kern ist die Färbung fast regelmäßig getönt, während die Rasterpunkte beim Erreichen Sachsens und vor allem Leóns und Kastiliens einen außerordentlich weiten Abstand zeigen. So ungefähr sieht die Feudalismuskarte aus, unter welchem Gesichtspunkt sie man sich auch vorstellen mag: ein Gebiet, das schließlich von weißen Kreisen umgeben auf einer Karte erscheint, die wir uns gerade auszudenken begannen. Es ist nicht schwer, in der sich am deutlichsten abhebenden Zone den Bereich zu erkennen, wo der regulierende karolingische Einfluß am stärksten ausgeprägt war, wo auch die weiter als anderswo fortgeschrittene Mischung romanisierter und germanischer Elemente die Schutzhülle der beiden Gesellschaften sicher am gründlichsten zerstört und die Entwicklung besonders alter Keime der Grundherrschaft wie auch der persönlichen Abhängigkeit gestattet hatte.

3. Ein Schnitt durch die vergleichende Geschichtsbetrachtung

Bäuerliche Hörigkeit; anstelle der im allgemeinen nicht möglichen Besoldung weithin Anwendung des Lehnsdienstes, d. h. eigentlich des Lehens; Vormachtstellung einer Klasse spezialisierter Krieger; Gehorsams- und Schutzbande, die den Menschen an den Menschen binden und innerhalb dieser Kriegerklasse die besonders reine Form der Vasallität einnehmen; Zersplittern der Macht, Erzeugung eines allgemeinen Chaos; jedoch inmitten all dessen das Überleben anderer Formen des Zusammenschlusses, der Familie und des Staates, von denen der letzte während der zweiten Phase der Feudalzeit wieder eine neue Stärke gewinnen sollte – das scheinen wohl die Grundzüge des europäischen Feudalismus zu sein. Wie alle Erscheinungen, die von dieser Wissenschaft des ewigen Wandels, nämlich der Geschichte, enthüllt worden sind, trug die so charakterisierte Sozialstruktur sicher das ursprüngliche Gepräge von Zeit und Umgebung. Ebenso wie indessen die Sippe mütterlicher oder väterlicher Abstammung oder bestimmte ungefähr vergleichbare Formen wirtschaftlicher Unternehmungen sich in ganz verschiedenen Kulturen wiederfinden, so ist es an und für sich nicht unmöglich, daß von der unseren verschiedene Kulturen ein annähernd demjenigen verwandtes Stadium durchlaufen hätten, das wir soeben umschrieben haben. Wenn das so ist, verdienten die Kulturen in dieser Phase die Bezeichnung »feudal«. Aber die Mühe eines so verstandenen Vergleichs übersteigt offensichtlich die Kräfte eines einzelnen Menschen. Ich werde mich also auf ein Beispiel beschränken, das in der Lage ist, zumindest die Idee dessen zu vermitteln, was eine solche durch sicherere Hände geleitete Untersuchung ergeben könnte. Die Aufgabe wird durch die Existenz glänzender Studien erleichtert sein, die schon den Stempel der saubersten Methode des Vergleichs tragen.

Undeutlich bemerken wir in den Tiefen der japanischen Geschichte eine Gesellschaft Blutsverwandter oder solcher, die sich auf gemeinsame Abstammung berufen. Dann wird gegen Ende des 7. Jahrhunderts unserer Zeitrechnung unter chinesischem Einfluß ein Regierungssystem errichtet, das, ganz wie bei uns die Karolinger, sich um eine Art moralischen Schutz über die Untertanen bemüht. Schließlich beginnt ungefähr seit dem 11. Jahrhundert die Periode, die man gewöhnlich die Feudalzeit nennt und deren Anfang offenbar nach einem Schema, das wir nun schon kennen, mit einem gewissen Rückgang des Wirtschaftslebens zusammengefallen zu sein scheint. Auch hier werden wie in Europa dem »Feudalismus« zwei grundverschiedene Gesellschaftsordnungen vorangegangen sein. Wie bei uns hat er den prägenden Stempel der einen wie der anderen bewahrt. Die Monarchie stand bekanntlich entfernter als in Europa der eigentlichen Feudalverfassung gegenüber, weil die Lehenspyramide zu Ende war, bevor sie den Kaiser erreichte und die Monarchie rechtlich als die theoretische Quelle aller Macht überdauerte. Auch dort zeigte sich das Zersplittern der Herrschaftsrechte, das sich von sehr alten Gewohnheiten nährte, als Folge von Übergriffen gegenüber dem Staat.

Über die Bauernschaft hatte sich eine Klasse von Berufskriegern erhoben. Eben in dieser Umgebung entwickelten sich nach dem Modell, das durch die Beziehungen zwischen dem bewaffneten Gefolgsmann und seinem Anführer bestimmt war, Verhältnisse der persönlichen Abhängigkeit, die, wie es scheint, so seit Anbeginn einen viel schärferen Klassencharakter als die europäische »Kommendation« angenommen hatten. Ebenso wie in Europa waren diese Verhältnisse herrschaftlich gestaltet. Aber die japanische Vasallität beruhte viel mehr als die unsere auf einem Akt der Unterordnung und viel weniger auf einem Vertrag. Sie war auch wesentlich strenger, weil sie nicht die Vielzahl von Lehensherren zuließ. Da diese Krieger unterhalten werden mußten, wurde ihnen Land zur Leihe ausgetan, das vielfach unserem Lehen glich. Ganz unserem »aufgetragenen Lehen« (*feudum oblatum*) entsprechend, war die Überlassung mitunter sogar rein fiktiv und betraf in der Tat Ländereien, die ursprünglich zum erblichen Besitz des Empfängers gehört hatten. Diese Krieger waren natürlich immer weniger willens, den Boden zu bestellen, abgesehen jedoch von einigen Ausnahmen, denn auch in Japan hatte es bis zum Ende Sonderfälle kleiner bäuerlicher Vasallen (Valvassoren*) gegeben. Die Vasallen lebten in den meisten Fällen von den Renten, die sie von ihren eigenen Zinspflichtigen bezogen. Sie waren indessen zu zahlreich – offensichtlich gab es viel mehr als in Europa –, um zu ihrem Nutzen die Begründung wirklicher Lehnsherrschaften mit starker Gewalt über die Untertanen zu erlauben. Diese bildeten sich nur in geringem Maße in den Händen des Adels und der Tempel. Noch ziemlich zerstreut und ohne die Möglichkeit der direkten Landnutzung erinnerten sie eher an die sich ausbildenden Grundherrschaften des angelsächsischen England als an die wirklich von der Grundherrschaft geprägten Gebiete Westeuropas. Im übrigen waren die technischen Voraussetzungen auf diesem Boden, wo vorwiegend Reisbau auf bewässerten Feldern betrieben wurde, zu verschieden von der europäischen Praxis, als daß gerade die bäuerliche Untertänigkeit keine eigenständigen Formen angenommen hätte.

Sicher ist diese Skizze zu allgemein und bei der Einschätzung der Gegensätze zwischen beiden Gesellschaften in Einzelheiten ungenügend, aber sie scheint mir doch zumindest einen hinreichend sicheren Schluß zu gestatten. Der Feudalismus war kein »Ereignis, das sich in der Welt nur ein-

---

* Anm. d. Übers.: Der lat. Ausdruck *vavassor*, auf den sich Bloch hier (S. 611) bezieht, ist sehr vieldeutig. Er kann z. B. den Untervasallen, später einen Vasallen meist niederen sozialen Rangs bezeichnen. Vgl. Ganshof (wie Anm. S. 508), S. 129.

mal ereignet hat«. Obwohl durch unvermeidliche und tiefe Unterschiede gekennzeichnet, haben Europa wie Japan dieses Stadium durchlaufen. Haben es auch andere Gesellschaften in gleicher Weise durchschritten? Und wenn es so gewesen ist, welche vielleicht gemeinsamen Gründe spielten dabei eine Rolle? Das liegt noch im Schoß zukünftiger Arbeit. Ich wäre glücklich, wenn dieses Buch den Forschenden Fragen vermittelt, um den Weg für eine Untersuchung zu bereiten, die das vorliegende Werk weit hinter sich läßt.

2. Kapitel

Die Nachwirkungen des europäischen Feudalismus

1. Weiterleben und Wiederaufleben

Seit der Mitte des 13. Jahrhunderts entfernten sich die europäischen Gesellschaften endgültig von der feudalen Grundform. Aber ein soziales System, das nur ein Augenblick einer ständigen Entwicklung im Inneren menschlicher, mit Erinnerungsvermögen ausgestatteter Verbände ist, kann weder völlig noch auf einen Schlag sterben. Der Feudalismus fand seine Fortsetzung.

Die vom Feudalismus geprägte Grundherrschaft überlebte ihn um lange Zeit, wobei sich vieles veränderte, das uns hier nicht berührt. Wenn die Grundherrschaft nicht mehr in ein ganzes Netz von Herrschaftseinrichtungen eingebunden war, die ihr zutiefst verwandt waren, so blieb es selbstverständlich in den Augen der abhängigen Bevölkerung nicht aus, daß sie mehr und mehr unverständlich und folglich verhaßter erschien. Von allen Formen der Abhängigkeit innerhalb des grundherrschaftlichen Systems war die Leibeigenschaft ihrem Wesen nach am ursprünglichsten feudal. Trotzdem hielt sie sich in Frankreich, wo sie sich zutiefst gewandelt hatte und immer mehr auf den Boden als auf Personen bezogen worden ist, bis an den Vorabend der Revolution. Wer erinnerte sich damals daran, daß unter denen, die der Toten Hand untertan waren, sicher jemand gewesen ist, dessen Ahnen sich selbst einem Schutzherrn »ergeben« (kommendiert) hatten? Und wenn diese ferne Erinnerung geläufiger gewesen wäre, hätte sie eine anachronistische Situation erträglicher gemacht?

Abgesehen von England, wo die erste Revolution des 17. Jahrhunderts jeden Unterschied zwischen Ritterlehen und anderen Leiheformen beseitigt hatte, blieben die in den Boden eingegrabenen vasallitischen und feudalen Verpflichtungen erhalten: sei es, daß sie wie in Frankreich ebenso lange wie das grundherrschaftliche System bestanden, oder wie in Preußen, wo man im 18. Jahrhundert zur allgemeinen »Allodifizierung« der Lehen schritt und sie sich kaum weniger lange erhielten. Nur ganz allmählich verzichtete der Staat, der seither allein in der Lage war, das abgestufte System der Abhängigkeiten zu nutzen, darauf, die militärische Kraft zu beanspruchen, die es ihm zur Verfügung stellte. Noch Ludwig XIV. hat wiederholt den Vasallen-»Heerbann« aufgeboten. Aber das war nicht mehr als ein verzweifeltes Unternehmen der Regierung, die Soldaten brauchte, und durch die Spielerei mit Geldbußen und Ausnahmen im Grunde ein einfacher Notbehelf des Fiskus. Von den Eigentümlichkeiten des Lehens behielten seit dem Ende des Mittelalters allein die auf ihm liegenden finanziellen Lasten und die besonderen, die Nachfolge in ihm regelnden Maßnahmen wirklich praktische Bedeutung. Weil es im Haushalt des Herrn keine Vasallität mehr gab, war die Lehnsfolge von nun an einheitlich an den Besitz eines Grundstückes geknüpft. Wie »leer« ihr zeremonieller Aspekt auch in den Augen der vom Rationalismus der neuen Zeiten geprägten Juristen erscheinen mochte[398], so bereitete er einer adligen Klasse Freude, die sich von Natur aus um Etikette kümmerte. Dennoch reichte der Ritus selbst, der früher abgesehen von hin und wieder fließenden Einkünften eine so tiefe menschliche Bedeutung hatte, zu kaum mehr, als die Lehnbarkeit des Gutes festzustellen, das je nach Herkommen eine Quelle von mehr oder weniger gewinnbringenden Einkünften war. Die im wesentlichen strittigen »Lehnssachen« beschäftigten auf diese Weise die Jurisprudenz. Sie versahen eine von Rechtstheoretikern und Rechtspraktikern aufgeschwemmte Literatur mit schönen Dissertationsthemen. Wie sehr indessen das Gebäude wurmstichig war und die Gewinnerträge, die seine Nutznießer erwarteten, im ganzen gering ausfielen, zeigt in Frankreich nichts besser als sein leichter und schneller Einsturz. Das Verschwinden der Grundherrschaft vollzog sich nur um den Preis heftigen Widerstandes und nicht ohne die Vermögensverteilung schwer zu stören, das Verschwinden des Lehens und der Vasallität schien der unvermeidliche und beinahe belanglose Ausgang eines langen Todeskampfes zu sein.

Dennoch hatten in einer Gesellschaft, die vielen Störungen unterworfen blieb, die Bedürfnisse, die die alten kampfgenossenschaftlichen Gewohnheiten, dann die Vasallität hervorgebracht hatten, keineswegs ihre Wirkung verloren. Unter den Gründen, die das Entstehen der im 14. und 15. Jahrhundert in so großer Zahl begründeten Ritterorden begünstigt haben, war zweifellos einer der entscheidensten, daß die Fürsten den Wunsch hegten, sich durch ein besonders enges Band mit einer Gruppe hochgestellter Getreuer zu verbinden. Die Ritter von St. Michael versprachen gemäß den von Ludwig XI. gegebenen Statuten dem König »echte und wahre Liebe« (*bonne et vraye amour*) und ihm in seinen gerechten Kriegen treu zu dienen. Im übrigen war das wie einst zu Zeiten der Karolinger ein ebenso fruchtloses Bemühen, denn auf der ältesten Liste der mit der Ordenskette geehrten Personen nahm der Konnetabel von St. Pol den dritten Platz ein, der seinen Herrn auf gemeine Weise verraten sollte.

Wirksamer – und gefährlicher – war während der Wirren des ausgehenden Mittelalters das Wiedererstehen von Rotten unter dem Kommando nur sich selbst verantwortlicher Söldnerführer, die den vasallitischen *satellites* außerordentlich nahestanden, über deren Räubereien die Geschichtsschreiber der Merowingerzeit geklagt hatten. Häufig drückte sich ihre Abhängigkeit durch das Tragen einer Kleidung aus, die mit den Farben des Kriegsherrn oder seinen Waffen geschmückt war. Dieser Brauch wurde in Flandern von Philip dem Kühnen verurteilt[388], scheint aber besonders im England der letzten Plantagenêt, der Lancaster und York, so sehr verbreitet gewesen zu sein, daß die in der Umgebung der großen Barone entstandenen Vereinigungen die Bezeichnung *liveries* (Uniformierte) erhielten. Sie umfaßten nicht mehr einzig und allein Abenteurer niedriger Herkunft wie die »unbehausten« Vasallen von einst. Ohne Zweifel stellte die *gentry*, der niedere Adel, den größten Teil ihrer Angehörigen. Wenn der Mann in einen Rechtsstreit verwickelt war, deckte ihn der Lord mit seiner Autorität vor Gericht. Obwohl ungesetzlich, war dieses Verfahren der »Vertretung« doch ungewöhnlich zählebig. wie die von den Parlamenten wiederholt erlassenen Verbote bezeugen. Es ahmte beinahe Zug um Zug das antike *mithium* nach, das im fränkischen Gallien der »Mächtige« über seinen Getreuen ausgebreitet hatte. Und wie die Herrscher aus der persönlichen Bindung auch in ihrer neuen Gestalt Nutzen zu ziehen wußten, so hat sich offensichtlich Richard II. bemüht, seine Gefolgsleute gleich so vielen *vassi dominici* über das ganze Königreich zu verteilen. Sie waren am »weißen Herzen« zu erkennen, das ihre Uniform als Wappen zierte[389].

Sogar im Frankreich der ersten Bourbonen ließ sich der Edelmann, der etwas werden wollte, zum Diener eines Großen machen. Spiegelt sich nicht darin das Bild von Verhältnissen, die besonders an die ursprüngliche Vasallität erinnern? Mit einer Wendung, die an die Wucht der alten Feudalsprache gemahnte, sagte man von diesem oder jenem, daß er dem Herrn Fürsten oder Kardinal »gehörte«. In Wahrheit fehlte der

Ritus des Vasalleneides, aber oft war er durch eine schriftliche Abmachung ersetzt. Denn seit Ende des Mittelalters war das »Freundschaftsgelöbnis« an die Stelle der verblaßten Huldigung getreten. Man lese nur den »Brief«, den ein gewisser Kapitän Deslandes am 2. Juni 1658 an Fouquet unterzeichnet hat. »Ich verspreche und gelobe meine Treue meinem Herrn, dem Generalprokurator ... niemals einem anderen als ihm zu gehören, dem ich mich übergebe und dem ich mich mit der größten Ergebenheit verbinde, zu der ich fähig bin; und ich verspreche ihm, überhaupt und ohne Ausnahme gegen jede Person zu dienen und niemand als ihm zu gehorchen noch selbst mit denen irgendwelchen Umgang zu haben, mit denen umzugehen er mir untersagt ... Ich verspreche ihm, mein Leben all dem zu opfern, was ihm beliebt ... ohne einen einzigen davon in der Welt auszunehmen[390].« Man glaubt geradezu, durch die Jahrhunderte den Widerhall der volltönendsten Kommendationsformeln zu vernehmen: »Deine Freunde sollen meine Freunde sein, deine Feinde sollen meine Feinde sein«, sogar, ohne daß der König dabei geschont wurde!

Mit einem Wort, die echte Vasallität konnte eigentlich nur noch als eine Ansammlung sinnentleerter, förmlicher Gesten und juristischer Einrichtungen überleben, die auf immer und ewig verkalkt waren. Der Geist, der sie einst beseelt hatte, erstand ohne Unterlaß aus ihrer Asche. Und sicher würde es kaum Schwierigkeiten bereiten, in Gesellschaften, die der unseren noch näherstehen, beinahe gleichartige Zeugnisse für Empfindungen und Notwendigkeiten wiederzufinden. Aber das waren nicht mehr als vereinzelte Vorgänge, die einer bestimmten Umgebung eigentümlich waren und die im übrigen vom Staate geächtet wurden, sobald sie ihn zu bedrohen schienen. Im Ganzen waren sie nicht in der Lage, sich in einem wohlverbundenen System zu vereinen und ihr Gepräge der Sozialstruktur ganz und gar aufzudrücken.

2. Die Kriegsidee und die Vertragsidee

Das Feudalzeitalter hatte den Gesellschaften, die es überlebten, das Rittertum vererbt, das sich als Adel herauskristallisierte. Aus dieser Herkunft hatte sich die herrschende Klasse den Stolz auf ihren militärischen Auftrag bewahrt, den das Recht zum Tagen eines Schwertes symbolisierte. Sie hing dort mit besonderer Zähigkeit daran, wo sie wie in Frankreich aus ihm die Rechtfertigung für gewinnbringende fiskalische Vorteile bezog. Adlige brauchen keine Steuern zu bezahlen, erklären zwei Knappen aus Varennes-en-Argonne um 1380; denn »auf Grund ihres adligen

Standes sind die Adligen verpflichtet, ihre Leiber und Habe dem Krieg preiszugeben«[391]. Im Ancien Régime beharrte der Adel von alter Herkunft im Gegensatz zum Ämteradel darauf, sich Adel »vom Schwerte« zu nennen. Bis in die Tage unserer gegenwärtigen Gesellschaft, in der es ganz und gar nicht mehr das Monopol einer Klasse oder eines Berufes ist, sich für sein Land töten zu lassen, bleibt das beharrliche Gefühl einer Art moralischen Oberherrschaft, das der Funktion des Berufssoldaten anhaftet und eine Voreingenommenheit darstellt, die anderen Kulturen, wie der chinesischen, völlig fremd ist, bleibt dieses Gefühl wie eine Erinnerung an die Teilung bestehen, die sich gegen Ende des Feudalzeitalters zwischen dem Bauern und dem Ritter vollzogen hatte.

Die Vasallenhuldigung war ein tatsächlicher Vertrag, und zwar ein zweiseitiger Vertrag. Wenn der Herr seinen Verpflichtungen nicht nachkam, verlor er seine Rechte. Dieser Gedanke ist zwangsläufig in den politischen Bereich übertragen worden und sollte einen weitreichenden Einfluß ausüben, weil die vornehmsten Untertanen des Königs gleichzeitig seine Vasallen waren. Auf diesem Boden traf sich der Gedanke übrigens mit den uralten Vorstellungen, die das Oberhaupt eines Volkes in mythischer Weise für das Wohlergehen seiner Untertanen verantwortlich hielten und es im Falle allgemeiner Not der Bestrafung überantworteten. Gerade diese alten Gedankenströme sollten sich hier mit einer anderen Quelle des Denkens vereinigen, die in der Kirche aus dem gregorianischen Widerspruch gegen den Mythos vom übernatürlichen und geheiligten Königtum entstanden war. Die Autoren dieser durch und durch kirchlich gesonnenen Gruppe formulierten mit einer lange Zeit unerreichten Kraft als erste die Vorstellung von einem Vertrag, der den Herrscher an sein Volk bindet, »wie den Schweinehirten an den Herrn, der ihn beschäftigt«, schrieb um 1080 ein elsässischer Mönch. Eine Äußerung, deren Sinn noch klarer wird, sobald man sie zu dem empörten Aufschrei eines allerdings recht gemäßigten Parteigängers der Monarchie in Beziehung setzt: »Ein Gesalbter des Herrn kann doch nicht wie ein Dorfoberer abgesetzt werden!« Aber diese geistlichen Theoretiker versäumten nicht, im Rahmen der Rechtfertigung für die Absetzung, zu der sie den schlechten Fürsten verurteilten, sich auf das allgemein verbürgte Recht des Vasallen zu berufen, vom schlechten Herrn abzufallen[392].

Vor allen Dingen setzten Gruppen der Vasallen unter dem Einfluß von Einrichtungen, die ihre Denkart geprägt hatten, jene Ideen in die Tat um. In diesem Sinne gab es bei zahllosen Erhebungen, die auf den ersten Blick nur wie die Auflösung der Ordnung wirkten, ein fruchtbares Prinzip: »Der Mann kann seinem König und seinem Richter Widerstand leisten, sobald dieser gegen das Recht handelt und sogar helfen, ihm zu wehren... Dadurch verletzt er nicht die Treuepflicht.« So spricht der Sachsenspiegel[393]. Das berühmte »Widerstandsrecht« war im Keim schon in den Straßburger Eiden von 843 und in dem 856 von Karl dem Kahlen mit seinen Großen geschlossenem Vertrag enthalten. Es erscholl im 13. und 14. Jahrhundert von einem Ende der westlichen Welt zum anderen, es sprach aus einer Fülle von Texten, die zumeist teils adliger Reaktion, teils bürgerlichem Egoismus entsprossen waren und dennoch eine große Zukunft haben sollten: 1215 in England die Magna Charta, 1222 in Ungarn die »Goldene Bulle«, die Assisen des Königreichs Jerusalem, die Privilegien (Bedeverträge) des brandenburgischen Adels, 1287 die Einung in Aragón; der brabantische »Brief von Kortenberg«, 1341 das Statut für das Dauphiné, 1356 die Erklärung der Kommunen des Languedoc. Sicher war es kein Zufall, wenn das repräsentative System in der sehr aristokratischen Gestalt des englischen Parlaments, der französischen »États«, der deutschen Stände und der spanischen Cortés in Staaten entstand, die sich gerade aus dem feudalen Stadium lösten, dessen Stempel sie noch trugen. Ebensowenig war es ein Zufall, wenn wie in Japan, wo die Unterwerfung der Vasallen viel einseitiger war und zudem die göttliche Macht des Kaisers außerhalb der Lehenspyramide beließ, sich nichts dergleichen aus einer Verfassungsform entwickelte, die doch in mancher Hinsicht unserem Feudalismus eng verwandt war. Dessen Eigenart besteht für uns in der Betonung, die er auf die Idee einer Übereinkunft gelegt hatte, welche die Mächte zu binden wußte. Dadurch hatte diese Ordnung, so hart sie auch für die Schwachen war, unserer Kultur und Gesellschaft wahrhaftig etwas hinterlassen, mit dem wir noch immer zu leben wünschen.

Nachwort des Übersetzers

Über 40 Jahre sind seit dem Erscheinen der französischen Originalaus-
gabe dieses Buches, »eines der Meisterwerke der zeitgenössischen Geschichtsschreibung«, vergangen. Trotz schwerer Bedenken habe ich es mir
versagt, Anmerkungen und Bibliographie zu überarbeiten und den Versuch zu machen, sie auf den neuesten Forschungsstand zu bringen. Denn
was hätte aus der Fülle der inzwischen erschienenen Literatur berücksichtigt werden müssen und was nicht? Wichtiger schien es mir, dem
deutschsprachigen Leser auch einen Eindruck vom historiographischen
Wert zu vermitteln, den dieses bei uns oft zitierte, aber offensichtlich
kaum gelesene Buch seit seinem Erscheinen gewonnen hat. Auf diese Weise
wird deutlich, welche Quellen und Literatur Bloch eigentlich benutzt hat.
Wenn die Bibliographie zwar nur die bis 1939, also bis Kriegsbeginn
erschienene Literatur verzeichnet, so hat sie wegen der Fülle und kennt-
nisreichen Auswahl ihren Wert behalten, ist als ganze also keineswegs
überholt, zumal die Forschung auf bestimmten Gebieten nach dem Krieg
nicht mehr so intensiv wie davor betrieben worden ist. Ins Auge sprin-
gende Fehler und Versehen in den Anmerkungen und der Bibliographie
habe ich stillschweigend beseitigt, auf eine systematische Suche habe ich
mich nicht begeben, Inkonsequenzen der Zitierweise nur in krassen Fällen
getilgt.

E. B.

1 Histoire de l'ancien gouvernement de la France avec XIV Lettres Historiques sur les Parlemens ou États-Généraux. Den Haag 1727. Der vierte Brief trägt die Überschrift: Détail du l'établissement des Fiefs (1, S. 286) und auf S. 300 liest man diesen Satz: »Je me suis étendu dans l'extrait de cette ordonnance, la croyant propre à donner une idée exacte de l'ancienne féodalité«, (also etwa: »Ich habe mich auszugsweise über diese Verordnung verbreitet, weil ich sie für geeignet hielt, eine genaue Vorstellung vom früheren Feudalismus zu geben«).

2 Wie viele der Franzosen, die ihr Knopfloch heute mit einem roten Band oder einer roten Rose schmücken, wissen wohl, daß es eine der ihrem Orden bei seinem ersten Zusammentreten am 19. Mai 1802 auferlegten Pflichten war, »jede Handlung ... zu bekämpfen, die sich darauf richtet, das Feudalsystem wieder einzuführen«?

3 Phaido 109 b.

4 MG AA XI, S. 362; Widukind MG SSrG, I 19.

5 Jedes historische Werk, das sich auch nur im geringsten an ein relativ breites Publikum wendet, stellt seinen Autor vor ein praktisches Problem höchst verwirrender Art, nämlich das der Belege. Die Gerechtigkeit hätte es wohl erfordert, daß die Titel all der wissenschaftlichen Arbeiten, ohne die es dieses Buch nicht gäbe, immer wieder genannt würden. Doch auf die Gefahr hin, sich dem unvermeidlichen Vorwurf der Undankbarkeit auszusetzen, glaubte ich der Bibliographie am Ende des Buches die Sorge zu überlassen, den Leser auf die Pfade der gelehrten Literatur zu führen. Dagegen habe ich es mir zur Regel gemacht, eine Quelle niemals zu zitieren, ohne jedem ein wenig Kundigen, der weiterarbeiten möchte, ein Mittel an die Hand zu geben, die betreffende Stelle wiederzufinden und die Interpretation zu überprüfen. Wenn der Nachweis fehlt, dann deshalb, weil die Angaben in meinem Text selbst mitgeliefert worden sind und in der angeführten Ausgabe gute Register die Suche hinreichend erleichtern. Im umgekehrten Fall dient eine Anmerkung als Wegweiser.

6 Das ist der Name, dessen Andenken das heutige Dorf La Garde-Freinet bewahrt. Aber die Burg der Sarazenen lag an der Küste und befand sich folglich nicht bei dem im Inneren gelegenen La Garde.

7 Der Name der Ungarn selbst ist vermutlich türkischer Herkunft und zumindest in einem seiner Bestandteile vielleicht auch der der Magyaren, der sich im übrigen ursprünglich nur auf einen Teilstamm bezogen zu haben scheint.

8 Lambert, Vita Heriberti, MG SS IV, S. 741.

9 Flodoard, Annales z. J. 937, MG SS XIII.

10 Leo [VI. Imperator], Tactica, XVIII, 62 = Migne PG 107.

11 K. Schünemann, Die Entstehung des Städtewesens in Südosteuropa, Breslau o. J., S. 18 f.

12 Über die ziemlich unklaren Verhältnisse bei der Erhebung Ungarns zum Königreich vgl. P. E. Schramm, Kaiser, Rom und Renovatio 1, 1929, S. 153 f.

13 Die Geschichte der Völkerkarte des »nicht-feudalen« Europa interessiert uns hier nicht unmittelbar, doch sollten wir darauf hinweisen, daß die ungarische Besiedlung der Donauebene dazu führte, daß der slawische Block in zwei Hälften zerschnitten worden ist.

14 Die Beziehungen dieser skandinavischen Götar mit den Goten, die in der Geschichte der germanischen Völkerwanderung eine so bedeutende Rolle spielen, stellen ein schwieriges Problem dar, über das eine Übereinstimmung unter den Fachwissenschaftlern in weiter Ferne liegt.

15 Die »Normannen«, die die Quellen angelsächsischer Herkunft mitunter erwähnen, sind selbst nach dem Gebrauch der skandinavischen Texte die Norweger, die den Dänen *stricto sensu* gegenübergestellt werden.

16 Asser, De rebus gestis Aelfredi. Asser's Life of king Alfred together with the Annals of Saint Neot (erraneously ascribed to Asser), hrsg. W. H. Stevenson, Oxford 1904, c. 66.

17 H. Shetelig, Les origines des invasions normands, Bergen 1932, S. 10 (=Bergens Museums Ärbog, Historisk-antikvarisk rekke 1).

18 Landnámabók, c. 303, 333, 344, 379.

19 Vor allem zwei Deutungen sind vorgeschlagen worden. Einige Gelehrte leiten das Wort vom skandinavischen *vik*, »Bucht«, ab, andere sehen in ihm einen Abkömmling des gemeingermanischen *wik*, das einen Flecken oder einen Markt bezeichnete. (Vg. deutsch *Weichbild* = Stadtrecht, und eine große Anzahl von Ortsnamen wie Norwich in England oder Braun*schweig*.) Im ersten Fall hätte der Wikinger seinen Namen von den Buchten erhalten, wo er auf der Lauer lag, im zweiten von den Märkten, die er sowohl als friedlicher Händler aufsuchte und die er zugleich plünderte. Bisher ist kein völlig schlagender Beweis für die eine oder andere These geliefert worden.

20 R. Poupardin, Monuments de l'histoire des abbayes de Saint-Philibert, 1905, mit der »Introduction« und G. Tessier, Bibliothèque de l'École des Chartes, 1932, S. 203.

21 King Alfred's old English version of Boethius, ed. W. J. Sedgefield, § XV.

22 O. Montelius, Sverige och Vikingafäderna västernt (Schweden und die Wikingerfahrten nach Westen), in: Antikvarisk Tidskrift 21, 1924, S. 14 (mit weiteren Beispielen).

23 Klaebers Ausgabe (1928) unterrichtet ausreichend über die riesenhafte Literatur zu diesem Gedicht. Der Zeitpunkt ist umstritten, und die sprachlichen Kriterien erweisen sich als außerordentlich schwierig für eine Interpretation. Die im Text vorgetragene Meinung scheint der historischen Wahrscheinlichkeit zu entsprechen, vgl. L. L. Schücking: Wann entstand der Beowulf?, in: Beiträge zur Geschichte der deutschen Sprache 42, 1917. Jüngst hat Ritchie Girvan (Beowulf and the seventh century, 1935) sich bemüht, die Abfassung bis ungefähr auf die Zeit um 700 hinaufzurücken. Aber er erklärt nicht das dem Gegenstand selbst so eigentümliche skandinavische Gepräge.

24 Ch. Petit-Dutaillis, La monarchie (féodale en France et en Angleterre, Xe-XIIIe siècle, 1933, S. 63, hält eine Verbindung zwischen den beiden Eindringlingen für wahrscheinlich, die einen Teilungsvertrag ins Auge gefaßt hätten. Die Hypothese ist zwar scharfsinnig, aber für Beweise kaum empfänglich.

25 Anscheinend zur gleichen Zeit wie die Landschaft Maine, deren Überlassung später widerrufen worden ist.

26 Später behaupteten mehrere grundherrlich-adlige Familien in verschiedenen Gegenden Frankreichs, normannische Häuptlinge zu Ahnen gehabt zu haben, wie die Herren von Vignory und von La Ferté-sur-Aube (M. Chaume, Les origines du duché de Bourgogne, Bd. 1, S. 400, Nr. 4). Ein Gelehrter

(Moranvillé) hat dem Hause Roucy denselben Ursprung zugeschrieben, doch bleiben die Beweise ungewiß (Bibl. École des Chartes 1922).

27 Flodoard, Annales z. J. 924 (mit Bezug auf Rögnvald).

28 Wilhelm von Jumièges, Gesta, ed. Marx, 5, 12, S. 86.

29 Mabillon, AA SS ordinis S. Benedicti, saec. II., Ed. 1733, Bd. 2, S. 214. – Landnámabók, III, 14, 3.

30 Olafssaga, c. 60; deutsch: Die Geschichte von König Olaf dem Heiligen. Snorris Königsbuch (Heimskringla), Bd. 2. Übertragen von F. Niedner, Jena 1922 (= Thule, R. 2, Bd. 15).

31 R. Nordenstreng, Die Züge der Wikinger, deutsch Leipzig 1925, S. 19.

32 Cartulaire de l'abbaye de Saint-Victor de Marseille, ed. Guérard, Nr. LXXVII.

33 Bibliothèque Nationale, Baluze 76, fol. 99 (900 Sept. 14).

34 Annales Bertiniani z. J. 859 (mit der von F. Lot vorgeschlagenen Korrektur, Bibl. École des Chartes 1908, S. 32, Nr. 2); Regino von Prüm z. J. 882; Dudo von St. Quentin 2, 22.

35 King Alfred's West Saxon Version of Gregory's Pastoral Care, ed. Sweet, in: Early English Text Society 45, S. 4.

36 F. Vercauteren, Étude sur les civitates de la Belgique seconde, Brüssel 1934, S. 371, Nr. 1: vgl. für Tournai: Vita S. Amandi 3, 3 (MG Poetae lat. aevi carol. 3, S. 589).

37 Memorie e documenti per servir all'istoria del ducato di Lucca, Bd. 5, 2, Nr. 855.

38 Testament des Königs Aethelwulf, in: Asser's Life of King Alfred, c. 16 (wie Anm. 16).

39 R. Poupardin, Le royaume de Provence sous les Carolingiens, 1901, S. 408 (= Bibl. École des Hautes Etudes, Sc. histor., 131); L. Delisle, Instructions adressées par le Comité des travaux historiques ... Littérature latine, 1890, S. 17; Muratori, Antiquitates, 1738, Bd. 1, col. 22.

40 MG Capit. II, Nr. 273, c. 31. – F. Lot, in: Bibl. Éc. des Chartes, 1915, S. 486. – M. Chaume, Les origines du duché de Bourgogne, II, 2, S. 468 bis 469.

41 J. E. A. Jolliffe, The constitutional history of medieval England, London 1937, S. 102.

42 Olafssaga, c. 20 (wie Anm. 30).

43 Ademar von Chabannes, Chronicon, ed. Chavanon, 3, c. 44 (für das Erlebnis der Vizegräfin); H. Shetelig, Vikingeminner i Vest Europa, Oslo 1933, S. 242, (= Instituttet for sammenlignende Kulturforksning, A, 16) zur Teilnahme normannischer Kontingente in der Schlacht von Clontarf.

44 Ademar a. a. O. 3, c. 27.

45 Vgl. F. Lot, Études critiques sur l'abbaye de Saint-Wandrille, 1913, s. XIII f. und S. L, Nr. 2 (= Bibl. Éc. des Hautes Etudes, Sc. histor., fasc. 204).

46 Die Gesetze Edgars, IV, 2, 1, in: F. Liebermann (Ed.): Die Gesetze der Angelsachsen, Bd. 1-3, Halle 1903-1916.

47 Zum Wort *dreng:* J. Steenstrup, Normandiets Historie under de syv förste Hertuger 911-1066 (mit französ. Zusammenfassung), in: Mémoire de l'Académie royale des sciences et des lettres de Danemark, 7e série, Sect. des Lettres, Bd. 5, Nr. 1, 1925, S. 268. Zur Friedensgesetzgebung vgl. J. Yver, L'interdiction de la guerre privée dans le très ancien droit nor-

mand (Extrait des travaux de la semaine d'histoire du droit normand), Caen 1928. Nützlich ist es noch, den Artikel von Karl von Amira, Die Anfänge des normannischen Rechts, in: HZ 39, 1878, zu lesen (in Hinblick auf J. Steenstrup, Normannerne, Bd. 1-4, Kopenhagen 1876-1882, hier Bd. 1).

48 Entgegen der allgemeinen Ansicht der englischen Gelehrten weigert sich Mr. Jolliffe, wie ich glaube zu Unrecht, im »Pflugland« Nordostenglands eine Folge des von den Wikingereinfällen bewirkten Umbruchs der Verhältnisse zu erkennen; vgl. besonders: The Era of the folk, in: Oxford Essays in medieval history presented to H. E. Salter, 1934.

49 Vgl. Allen Mawer, The redemption of the five boroughs, in: English Historical Review 38, 1923.

50 Montelius (wie Anm. 22), S. 20.

51 E.-H. Duprat, A propos de l'itinéraire maritime: I, Citharista, La Ciotat, in: Mém. de l'Institut Historique de Provence, 9, 1932.

52 MG Epp. IV, S. 42, Nr. 16.

53 Über die langsame Entwicklung des englischen Seewesens vgl. F. Liebermann, Matrosenstellung aus Landgütern der Kirche London um 1000, in: Archiv für das Studium der neueren Sprache, 104, 1900. Die Seeschlacht, die 851 die Kenter lieferten, ist ein isoliertes Ereignis; außerdem hatten an diesem Küstenabschnitt die Beziehungen zu den ganz nahe gelegenen Häfen Galliens sicher ein Seeleben bewahrt, das weniger als anderswo geschrumpft war.

54 Prolegomena, franz. Übers. von Slane, Bd. I, Paris 1925, S. 291. Zu den Mongolen vgl. die klugen Beobachtungen von Grenard in: Annales d'hist. économ., 1931, S. 564; einige Ausdrücke habe ich übernommen.

55 Monuments de l'histoire des abbayes de Saint-Philibert, ed. Poupardin, S. 62.

56 Vgl. z. B. L. Lévy-Bruhl, La mentalité primitive, S. 377.

57 Analecta Bollandiana, 1883, S. 71.

58 Migne PL 131, col. 966.

59 Analecta Bollandiana, 1883, S. 78.

60 Nithard, Historiae, ed. Lauer, 2, c. 8.

61 Lupus von Ferrières, Briefe, ed. Levillain, Bd. 1, Nr. 41.

62 MG Capit. II, Nr. 281, c. 25.

63 Vgl. E. Faral, in: Revue critique 1933, S. 454.

64 Briefe, Migne PL 141, col. 235, Nr. 69.

65 Asser, Life of King Alfred, ed. Stevenson, c. 104 (wie Anm. 16). Glaubt man L. Reverchon, Petite histoire de l'horlogerie, S. 55, so hat Karl V. von Frankreich ein ähnliches System angewandt.

66 Giselbert von Mons, Chronicon Hanoniense, MG SSrG (ed. Pertz, 1869), S. 188 f. (1188).

67 Les Établissements de Saint-Louis, ed. P. Viollet, 3, S. 165, Nr. 8 (= Soc. de l'Hist. de France).

68 Pastoral Care (wie Anm. 35), S. 6.

69 Gunzo Novariensis, Migne PL 136, col. 1286.

70 Ademar von Chabannes, Chronicon, ed. Chavanon, 3, c. 54. Kaiser Heinrich III., der weiter unten erwähnt wird, ließ sich von den Mönchen Handschriften abschreiben, vgl. Codex epistolarum Tegernseensium, MG Epp. sel. 3, Nr. 122.

71 R. Menéndez Pidal, La España del Cid, Madrid 1929, S. 590 und 619.

72 Vgl. O. Höfler, Kultische Geheimbünde der Germanen, Bd. 1, 1934, S. 160.

73 Hrabanus Maurus, De universo libri XXII, Migne PL 111, col. 12.
74 Helmold, Chronica Slavorum, I, 55.
75 Apologeticus, Migne PL 139, col. 472.
76 Tardif, Cartons des rois, Nr. 357. – MG DD O I 366.
77 Wilmart, in: Revue Mabillon 11, 1921.
78 E. Perels, Das Kaisertum Karls des Großen in mittelalterlichen Geschichtsquellen, in: SB d. Preuß. Akad. d. Wiss., phil.-hist. Klasse, 1931.
79 P. Fournier und G. Le Bras, Histoire des collections canoniques, Bd. 2, 1932, S. 338.
80 De civitate Dei 17, 1.
81 Ch. E. Perrin, Recherches sur la seigneurie rurale en Lorraine d'après les plus anciens censiers (IXe-XIIe siècles), Straßburg 1935, S. 684.
82 Huon von Bordeaux, ed. Guessard und Grandmaison, S. 148.
83 Ailred von Rievaulx, Speculum charitatis 2, 17 = Migne PL 195, col. 565.
84 V. 1880-1882. Diese Äußerungen sind um so bemerkenswerter, als das *Chanson* sie in den Mund eines Erzbischofs legt. Offensichtlich hatte sich die gregorianische Reform dort noch nicht bemerkbar gemacht.
85 Es ist nicht unmöglich, daß sich im »Couronnement de Louis« als Ausnahme einige Spuren der Benutzung von Chroniken finden, vgl. Schladko, in: Zs. f. d. französische Sprache 1931, S. 428.
86 Prolog der Thidreksaga, vgl. H. J. Seeger, Westfalens Handel, 1926, S. 4.
87 Petrus Damianus, De perfectione monachorum, Migne PL 145, col. 324.
88 Ders., De elemosina, c. 7 = Migne PL 145, col. 200.
89 Vgl. F. Lot, in: Romania, 1928, S. 375 und über alles Vorangehende die von diesem Gelehrten veröffentlichte Artikelfolge.
90 Lambert von Ardres, Historia comitum Ghisnensium, c. 130, éd. Ménilglaise, S. 311.
91 Miracula Sancti Benedicti, ed. Certain, 8, 36.
92 C. Erdmann, in: Zs. f. deutsches Altertum, 1936, S. 88 und 1937, S. 116.
93 Histoire de Guillaume le Maréchal, ed. P. Meyer, Bd. 1, v. 8444 f.; Philippe von Novara, Mémoires, ed. Ch. Kohler, c. 72, vgl. auch c. 150 f.
94 Nur nebenbei sei bemerkt, daß die Beschäftigung mit dem Verschwinden dieses Namens, was bisher nicht geschehen zu sein scheint, ein schönes Mittel liefern könnte, um die Volkstümlichkeit der Rolandssage zeitlich zu bestimmen.
95 Giraldus Cambrensis, De principis instructione, dist. III, c. 12 (Opera, Rolls Series, Bd. VIII, S. 258).
96 Johannes von Salisbury in: H. Denifle und E. Chatelain (edd.), Chartularium universitatis Parisiensis, Bd. 1, S. 18 f.
97 Guibert von Nogent, De vita sua I, 4, ed. G. Bourgin, S. 12 f.
98 D'Arbois de Jubainville, Histoire des ducs et comtes de Champagne, Bd. 3, S. 189 f.; Chroniques des comtes d'Anjou, ed. Halphen und Poupardin, S. 217-219.
99 Lambert von Ardres (wie Anm. 90), c. 80 f., 88 f.
100 Manegold von Lautenbach, Ad Gebeh. lib., MG Ldl I, S. 311, 420.
101 Wipo, Tetralogus, MG SSrG, ed. Bresslau, 1915, v. 197.
102 Asser's Life of king Alfred (wie Anm. 16), c. 106.
103 Dasselbe zeigt sich in Spanien, wo sich bekanntlich bei den Laien eine gewisse Bildung erhalten hatte und die westgotische Kodifikation beständig abgeschrieben und studiert worden ist.

104 Ranulph von Glanvill, De legibus et consuetudinibus regni Angliae, ed. G. E. Woodbine, New Haven 1932, S. 24 (= Yale Historical Publications, Manuscripts 13).
105 Hinkmar, De ordine palatii, c. 21, MG Capit. II, S. 524 f.; Migne PL 151, col. 356 (1092 Dez. 2); vgl. Tertullian, De virginibus velandis, c. 1.
106 Chronicon Eberspergense, MG SS 20, S. 14; die ganze Stelle ist äußerst merkwürdig.
107 Recueil des Historiens de France, Bd. 6, S. 541; Lambert von Ardres (wie Anm. 90), c. 128.
108 E. de Hinojosa, El regimen señorial y la cuestion agraria en Cataluña, Madrid 1905, S. 250 f.
109 Martène und Durand, Ampl. Collectio, Bd. 1, col. 470 (1065).
110 E. Mabille, Cartulaire de Marmoutier pour le Dunois, 1874, Nr. CLVI und LXXVIII.
111 Revue historique du Droit, 1922, S. 301.
112 Walter Map, De nugis curialium, ed. M. R. James, S. 237.
113 Die Könige von Jerusalem liefern ein Beispiel für eine sehr alte königliche Gesetzgebung, vgl. H. Mitteis: Zum Schuld- und Handelsrecht der Kreuz-fahrerstaaten, in: Beiträge zum Wirtschaftsrecht. Festgabe für E. Heymann, Marburg 1931, S. 229-288; ferner Grandclaude, in: Mélanges Paul Four-nier, 1929. Das gilt auch für die normannischen Könige Siziliens, die aber zum Teil Traditionen fortsetzten, die dem Westen bisher fremd waren.
114 Zumindest in der einzigen Version, die wir besitzen. Ihr ging wahrschein-lich eine lateinische Fassung voraus, die heute verloren ist.
115 Cartulaire de Sainte-Madeleine de Davron: Bibl. Nat. ms. latin 5288, fol. 77 v°. Diese Entsprechung der Wörter »Freund« und »Verwandter« findet sich in den walisischen und irischen Rechtstexten, vgl. R. Thurneysen, in: ZSRG GA 55, 1935, S. 100 f.
116 Joinville, ed. de Wailly, S. 88 (Soc. de l'Histoire de France): Garin der Lothringer, ed. P. Paris, Bd. 1, S. 103. – Robert von Torigny, ed. L. De-lisle, S. 224 f. – Giselbert von Mons, Chronicon Hanoniense, MG SS ed. Pertz, S. 235 und S. 258. – Aethelstan, Gesetze VI, c. 8, 2 (wie Anm. 46).
117 E. de Hinojosa, Das germanische Element im spanischen Rechte, in: ZSRG GA 31, 1910, S. 291, Nr. 2.
118 J. Tardif, Coutumiers de Normandie, Bd. 1, S. 52, c. 61.
119 Le couronnement de Louis, ed. E. Langlois, v. 787-789.
120 R. Davidsohn, Geschichte von Florenz, 1927, Bd. 4, 3, S. 370 und 384 f.
121 Regino von Prüm, De synodalibus causis, ed. Wasserschleben, 1840, II, 5.
122 Hariulf, Vita Arnulfi episcopi, MG SS XV, S. 889; Thomas von Cantimpré (de Cantiprato), Bonum universale de apibus, 2, 1, 15, Den Haag 1902.
123 Radulf Glaber, Historiae, ed. Prou, 1886, II, c. 10 (= Coll. des textes pour servir . . . 1).
124 Im Buch des Vicomte du Motey, Origines de la Normandie et du duché d'Alençon, 1920, findet man darüber einen Bericht von treuherziger Ein-seitigkeit zugunsten der Talvas.
125 F. Cattier, La guerre privé dans le comté de Hainaut, in: Annales de la Faculté de philosophie de Bruxelles, Bd. I, 1889/90, S. 221-223; vgl. für Bayern: W. Schnelbögl, Die innere Entwicklung der bayerischen Landfrie-den des 13. Jahrhunderts, 1932, S. 312.
126 Z. B. in Flandern: Walterus, Vita Caroli, c. 19, MG SS XII, S. 547.

127 G. Espinas, Recueil de documents relatifs à l'histoire du droit municipal, Artois, Bd. 1, S. 236, c. 28. Es ist bezeichnend, daß diese Vorschrift aus der »Keure« von 1469 verschwunden ist, S. 251, c. 4j.

128 Und auch, wie wir noch sehen werden, dem Herrn des Opfers oder seinen Vasallen; aber das geschah durch eine wirkliche Angleichung des Schutzbandes und der persönlichen Abhängigkeit an die Verwandtschaft.

129 Girart von Roussillon, neufrz. Übers. von P. Meyer, S. 104, Nr. 787; Leges Edwardi Confessoris XII, 6 (wie Anm. 46).

130 Établissement de Saint Louis, ed. P. Viollet, im Register.

131 L. Delisle und E. Berger, Recueil des actes de Henri II, Nr. 162, vgl. 194; M. Quantin, Recueil de pièces pour faire suite au cartulaire général de l'Yonne, Nr. 349.

132 Bibl. Nat., ms. latin 4763, fol. 47 r°.

133 Félibien, Histoire de l'abbaye royale de Saint Denys, Belege, Nr. 155; A. Luchaire, Lous VI, Nr. 531.

134 Betrand de Born, ed. Appel, 19, v. 16 f.; C. Porée, Les statuts de la communauté des seigneurs pariers de La Garde-Guerin (1238-1313), in: Bibl. de l'École des Chartes, 1907 und Études historique sur le Gévaudan, 1919.

135 Lex Saxonum, c. LXII, ed. K. A. Eckhardt, Gesetze des Karolingerreiches 3, 1934.

136 Vgl. ein Beispiel (Urteil des Gerichtshofes von Blois), Ch. Métais, Cartulaire de Notre-Dame de Josaphat, Bd. 1, Nr. CIII; vgl. Nr. CII.

137 B. Guérard, Cartulaire de l'abbaye de Saint-Père de Chartres, Bd. 2, S. 278, Nr. XIX.

138 Diese Einschränkung erscheint schon 1055-1070 in einer Notiz des Livre Noir de Saint-Florent de Saumur: Bibl. Nat. nouv. ecquis. lat. 1930, fol. 130 v°.

139 Im übrigen hatte sich in England seit der angelsächsischen Zeit eine bestimmte Gruppe von Landbesitz entwickelt, der nicht besonders häufig war und der unter der Bezeichnung book-land nicht den üblichen Beschränkunkungen unterlag und frei veräußert werden konnte.

140 Miracula St. Ursmari, c. 6, in: MG SS XV, 2, S. 839.

141 Gottfried von Vigeois 1, 25, in: Labbé, Bibliotheca nova, Bd. 2, S. 291.

142 L'histoire de Guillaume le Maréchal, ed. P. Meyer, Bd. 1, v. 339 f.

143 Wilhelm von Tyrus 12, 12. Joinville, ed. de Wailly (Soc. de l'Hist. de France), S. 105-106.

144 Garin der Lothringer, ed. P. Paris, Bd. 2, S. 268.

145 W. O. Farnsworth, Uncle and nephew in the old French chansons de geste: a study in the survival of matriarchy, New York 1913 (= Columbia Univ., Stud. in romance philology and lit.). - Cl. H. Bell, The sister's son in the medieval german epic: a study in the survival of matriliny, 1922 (Univ. of Calif., Publ. in modern philology, Bd. 10, Nr. 2).

146 Polyptychon Irminonis, ed. A. Longnon, 2, 87. Es kam vor, daß der Wunsch, die zweifache Abstammung auf diese Weise zu bezeichnen, seltsamen Un-Sinn hervorbrachte, was z. B. der angelsächsische Name Wigfrith zeigt, der wörtlich »Kriegsfried« bedeutet.

147 Livre Roisin, ed. R. Monier, 1932, § 143-144. – A. Giry, Histoire de la ville de Saint-Omer, Bd. 2, S. 578, c. 791. Das erklärt, weshalb das kanonische Recht das Verbot von Ehen Blutsverwandter bis zum siebenten Grad ausdehnen konnte, ohne allzu anmaßend zu sein.

148 Annales Altahenses maiores z. J. 1037, in: MG SS XX, S. 792. Jehan Masselin, Journal des États Généraux, ed. A. Bernier, S. 582-584.

149 Philipp von Novara, Mémoires, ed. Kohler, S. 17 und 56.

150 C. H. Haskins, Norman Institutions, Cambridge (Mass.) 1918, S. 63. (= Harvard Historical Studies 24).

151 In ziemlichem Widersinn ist »Suzerän« (Lehnsherr) seit den Feudisten des Ancien Régime mitunter in diesem Sinn verwendet worden. Seine eigentliche Bedeutung war sehr unterschiedlich. Angenommen, Paulus hat Petrus Mannschaft geleistet, der sie seinerseits Jacobus geleistet hat: Jacobus – und nicht Petrus – wird der »Oberste Lehnsherr« (seigneur suzerain) oder, kurz gesagt, Paulus' Herr sein (das Wort scheint von einem französischen Adverb *sus* »darüber«, in Analogie zu »Souverain« abgeleitet zu sein). Mit anderen Worten, mein Suzerain ist der Herr meines Herrn, nicht mein unmittelbarer Herr. Im übrigen scheint es sich um einen späten Ausdruck zu handeln (16. Jahrhundert?).

152 L. Mirot, Les Ordonnances de Charles VII relatives à la prestation des hommages, in: Mémoires de la Société pour l'Histoire du droit et des institutions des anciens pays bourguignons, Bd. 2, 1935. – G. Dupont-Ferrier, Les origines et le premier siècle de la Cour du Trésor, 1936, S. 108. – P. Dognon, Les institutions politiques et administratives du pays de Languedoc, 1895, S. 576 (1530).

153 H. Wartmann (Ed.), Urkundenbuch der Abtei Sanct-Gallen, Bd. 1, Nr. 31.

154 Hrabanus Maurus, vgl. Zeitschrift für deutsches Altertum 15, 1872, S. 444.

155 G. Dottin, La langue gauloise, 1920, S. 296.

156 Zumindest in diesem Sinn, doch leitet sich von »ambacte« über Umwege, die hier nicht interessieren, das französische Wort *ambassade*, »Botschaft« her.

157 MG Capit. I, Nr. 64, c. 17.

158 Ibid. I, Nr. 141, c. 27.

159 Thietmar von Merseburg, Chronicon, VII, 30. – Miracula S. Bertini, 2, 8, in: Mabillon, AA SS ord. S. Benedicti III, 1, S. 133 f.

160 Mannschaft leisten als ein Akt der Sühne, worauf wir schon oben hingewiesen haben (S. 165), führt zu seiner Rolle als einem Zeichen der Unterwerfung zurück, das den im allgemeinen herausgehobenen Schichten eigentümlich war. Die von G. Platon in einem ohnehin nicht hinreichend kritischen Artikel (L'hommage comme moyen de contracter des obligations privées, in: Revue générale du droit 26, 1902) angeführten Belege lassen in diesem Ritus außerdem ein Mittel erkennen, verschiedene privatrechtliche Verpflichtungen einzugehen. Es handelte sich um eine abweichende Praxis, die auf wenige Landstriche begrenzt war (Katalonien, vielleicht Kastilien) und spät belegt ist.

161 Die beste Darstellung von linguistischer Seite findet sich bei W. von Wartburg, Französisches etymologisches Wörterbuch, 1922 ff., Bd. 3 (doch ist die Urkunde Karls des Dicken von 884 eine Fälschung).

162 Recueil des chartes de l'Abbaye de Cluny, ed. Bruel und Bernard, Bd. 1, Nr. 24, 39, 50, 54, 68, 84, 103, 236, 243.

163 Cartulaire de Maguelonne, ed. J. Rouquette und A. Villemagne, Nr. 3 (abweichender Text bei C. de Vic und J. Vaissète, Histoire générale de Languedoc, Bd. 5, Nr. 48). Datum: von 893 Januar 23 – 894 Januar 27 oder wahrscheinlicher 898 Januar 1 – Dezember 31. Es ist mir unmöglich, hier

meine Belege für die späteren Beispiele zu zitieren. Die provençalische Form *feu* ist schon am 9. Juni 956 belegt (Histoire générale de Languedoc, Bd. 5, Nr. 100).

164 A. Miraeus, Donationes belgicae 2, 27.

165 Im Heliand (822-840) finden sich die beiden Begriffe, auf die sich das französische *fief* und das deutsche *Lehen* beziehen, merkwürdigerweise in dem Ausdruck *lêhni fehu* = geborgtes Gut, Lehngut (v. 1550) [eigentlich: vergängliches Gut; d. Übers.].

166 Die Beispiele für Dienstlehen (das *fevum sirventale* in Südfrankreich, vgl. de Vic und Vaissète, Histoire générale de Languedoc, Bd. 5, Nr. 1037) sind wohlbekannt, dgl. die für das *feudum presbyterale*. Über Handwerkerlehen siehe M. Bloch, Un problème d'histoire comparée: la ministerialité en France et en Allemagne, in: Revue historique du droit, 1928, S. 54 f.

167 Giselbert von Mons, Chronicon Hanoniense, ed. Pertz, S. 35. – Red Book of the Exchequer, ed. H. Hall, Bd. 1, S. 283.

168 Cartulaire de Saint-Sernin de Toulouse, ed. Douais, Nr. 155.

169 H. Round, Feudal England, London 1907; H. M. Chew, The English ecclesiastical tenants–in–chief and knight – service, especially in the thirteenth and fourteenth century, 1932. – Für Salzburg: MG SS XI, c. 25, S. 46.

170 S. Stephani Lemovic. Cartularium, ed. Font-Réaulx, Nr. XCI und XVIII.

171 Lambert von Ardres, Historia comitum Ghisnensium, ed. Ménilglaise, c. 101.

172 Zumindest in den durch und durch feudalisierten Ländern wie im größeren Teil Frankreich. In Italien war es anders.

173 G.-G. Dept, Les influences anglaise et française dans le comté de Flandre, 1928; W. Kienast, Die deutschen Fürsten im Dienste der Westmächte, Bd. 1, 1924, S. 159; Bd. 2, S. 76, Anm. 2; S. 105, Anm. 2; S.112. – H.-F. Delaborde, Jean de Jainville, Nr. 341.

174 Die beste Darstellung der englischen *drengs* findet sich bei G. Lapsley in: Victoria County History: Durham, Bd. 1, S. 284; vgl. J. E. A. Joliffe, Northumbrian institutions, in: English Historical Review 41, 1926.

175 P. Guidi und E. Pellegrinetti, Inventari del vescovato, della cattedrale e di altre chiese di Lucca, in: Studi e Testi pubblicati per cura degli scrittori della Bibliotheca Vaticana, Bd. 34, 1921, Nr. 1.

176 MG Capit. I, Nr. 88.

177 In der Bulle betr. Terracina 1000 Dezember 26, vgl. K. Jordan, Das Eindringen des Lehnswesens in das Rechtsleben der römischen Kurie, in: Archiv für Urkundenforschung, 1931.

178 Vgl. L. Hüttebräuker, Das Erbe Heinrichs des Löwen, Göttingen 1927 (= Studien und Vorarbeiten zum Historischen Atlas von Niedersachsen, Heft 9).

179 Aethelstan II, 2 (wie Anm. 46). – Unter den 847 von den drei Söhnen Ludwigs des Frommen in Mersen geschlossenen Vereinbarungen macht das der folgende Satz in der Proklamation Karls des Kahlen deutlich: »Volumus etiam ut unusquisque liber homo in nostro regno seniorem, qualem voluerit, in nobis et in nostris fidelibus accipiat.« Aber die Prüfung der in den verschiedenen Reichsteilungslisten enthaltenen analogen Bestimmungen zeigt, daß »volumus« hier »wir gestatten« bedeutet und keineswegs »wir verfügen«.

180 Robert von Torigny, ed. L. Delisle, Bd. 1, S. 320.

181 Zu den asturo-leonesischen Einrichtungen verdanke ich der Liebenswürdigkeit von Herrn P. Bernard, Archivar von Savoyen, nützliche Angaben.

182 E. Lesne, Histoire de la propriété ecclésiastique en France, Lille 1910 bis 1936, Bd. 2, 2, S. 251 f.

183 Pro ecclesiae libertatum defensione, Migne PL 125, col. 1050.

184 MG Epp. V, S. 290, Nr. 20. Lupus von Ferrières, ed. Levillain, Bd. 2, Nr. 122; H. Wartmann (Ed.), Urkundenbuch der Abtei Sanct-Gallen, Bd. 2, Nr. 386.

185 Le couronnement de Louis, ed. E. Langlois, v. 83.

186 Métais, Cartulaire de l'abbaye cardinale de La Trinité de Vendôme, Bd. 1, Nr. LXVI und LXVII.

187 Cantatorium S. Huberti, in: MG SS VII, S. 581 f.

188 Doch waren die Brüder schon frühzeitig Gegenstand besonderer Privilegien – etwa das Gesetz Konrads II. –, die mitunter in Übereinstimmung mit den Vorurteilen bestimmter volksrechtlicher Bestimmungen zugunsten der älteren Generation soweit gingen, ihnen den Vorteil über die Söhne zu verschaffen, vgl. G. Garaud, in: Bullet. Soc. Antiquaires Ouest, 1921.

189 Wolfram von Eschenbach, Parzival 1, 4, 27 – 5, 21.

190 Bestimmte Historiker erklären diese Leistung durch die Gewohnheit, daß die Lehnsherren so ihre Vasallen ursprünglich selbst ausgerüstet hätten; der Harnisch sollte nach dem Tode des Mannes zurückgegeben werden. Aber was war von dem Zeitpunkt an, da der Sohn seinerseits als Vasall angenommen worden ist, der Nutzen einer solchen Wiedereinsetzung? Die hier vorgeschlagene Deutung hat den Vorteil, die offensichtliche Ähnlichkeit zwischen der feudalen Ablösung und den anderen Abgaben verwandter Natur zu berücksichtigen, z. B. dem Recht, bestimmten Zünften beizutreten, wofür dem Herrn in gleicher Weise in der Form der Gegenstände gezahlt worden ist, die dem Beruf des Zahlungspflichtigen entsprachen.

191 Dieselben Überlegungen bewirkten in England 1290 den Lehnsverkauf in der Form der Afterbelehnung. Der Käufer sollte das Gut von nun an unmittelbar vom Herrn seines Verkäufers erhalten.

192 MG Const. 1, Nr. 447, c. 5.

193 H. Mitteis, Lehnrecht und Staatsgewalt, S. 103 und W. Kienast, in: Historische Zeitschrift 141, 1929/30, glauben ältere Beispiele aufgefunden zu haben. Aber das einzige, bei dem sich wirklich eine doppelte Vasallität zeigt, bezieht sich auf die Teilung von Macht und Gewalt zwischen Papst und Kaiser in Rom: Es handelt sich um einen Dualismus der Souveränität, nicht der Beziehung zwischen den Herren und dem Kommendierten. Die St. Galler Urkunde, die weder Ganshof noch Mitteis wiederfinden konnten und die im UB Sanct-Gallen (ed. Wartmann) in Wirklichkeit die Nr. 440 trägt, bezieht sich auf eine Landüberlassung, die mit Abgaben belastet war.

194 Ruodlieb (ed. F. Seiler) 1, v. 3; K. Lehmann, Das langobardische Lehnrecht, 2, 2, 3; W. Lippert, Die deutschen Lehnsbücher, 1903, S. 2.

195 Vita Burchardi (ed. de la Roncière), S. 19, vgl. S. XVII.

196 F. L. Ganshof, Depuis quand a-t-on pu en France être vassal de plusieurs seigneurs?, in: Mélanges Paul Fournier, 1929. – Us. Barcin, c. 25.

197 Zu den Belegen vgl. die in der Bibliographie zitierten Werke. Zu den beiden Klöstern ist zu ergänzen: Arch. Nat., LL 1450 A, fol. 68 r° und v° (1200-1209); zu Morigny: Bibl. Nat. lat. 5648, fol. 110 r° (1224 Dez.); zu den Unfreien: M. Bloch, Rois et Serfs, 1920, S. 23, Nr. 2.

198 Leges Henrici (wie Anm. 46), 43, 6 und 82, 5; 55, 2 und 3; Us. Barcin, c. 36.

199 Chartes du Forez, Nr. 467.

200 MG Epp. V, S. 127, Nr. 34.

201 C. H. Haskins, Norman Institutions, 1918, S. 15; Round, Family Origins, 1930, S. 208; H. M. Chew, The English Ecclesiastical Tenants-in-Chief and Kinght-Service, expecially in the thirteenth and fourteenth century, 1932; Gleason, An Ecclesiastical Barony of the middle ages, 1936; H. Navel, L'Enquête de 1133, 1935, S. 71.

202 Hariulf, Chronicon Centulense (ed. F. Lot), 3, 3, S. 97; Us. Barcin, c. 124; Du Cange, Dissertations sur l'histoire de Saint Louis (ed. Henschel), V, Bd. 7, S. 23.

203 Jedoch waren die Ausdrücke in England durch die Abstufung nach Rängen begrenzt. »Aid« war den Vasallen vorbehalten und »tallage« den bescheideneren Abhängigen.

204 Erstes Cartularium von Saint-Serge (Marchegays Wiedergabe), Arch. Maine-et-Loire, H. fol. 293. Natürlich waren die Anlässe bei Kirchenlehen verschieden. Bei denjenigen, die z. B. vom Bischof von Bayeux rührten, waren es die Reise des Bischofs nach Rom, eine Ausbesserung an der Kathedrale, der Brand des bischöflichen Palastes (Gleason, An Ecclesiastical Barony, S. 50).

205 Vgl. oben S. 258.

206 Steinmeyer und Sievers, Althochdeutsche Glossen 1, S. 268 und 23.

207 Flodoard, Historia Remensis ecclesiae 3, 26, in: MG SS XIII, S. 540; vgl. schon Actus pontificum Cenomannensium, S. 134 f. (616 »nutritura«); Commynes 6, 6 (ed. Mandrot, Bd. 2, S. 50).

208 Codex Euricianus, c. 310. Dagegen ist der von seinen beiden aufeinanderfolgenden Herren verheiratete Vasall, der auf der Synode von Compiègne 757 erwähnt wird, in Übereinstimmung mit dem ursprünglichen Sinn des Wortes ein einfacher Sklave, der uns hier nicht interessiert.

209 Ordonnances, Bd. 12, S. 295; Ét. de Saint Louis 1, c. 67 (wie Anm. 67); F. M. Stenton, The first century of English feudalism (1066-1166), 1932, S. 33 f.

210 Très ancien Coutumier, XXXV, 5.

211 Le Roman de Thèbes, (Der Thebenroman, ed. L. Constans), Bd. 1, v. 8041 f., 8165 f.; Arch. Nat., X 1A, 6 fol. 185; vgl. Olivier-Martin, Histoire de la coutume de la prévôté et vicomté de Paris, Bd. 1, S. 257, Nr. 7.

212 Fourgous und Bezin, Les Fors de Bigorre, Bagnères 1901, c. 6 (= Travaux sur l'histoire du droit meridional, fasc. 1).

213 Girart von Roussillon (wie Anm. 129), S. 100, (ed. Foerster, Romanische Studien, Bd. 5, v. 3054); Erstes Cartularium (wie Anm. 204), fol. 88; Doon de Mayence (Dudo von Mainz, ed. Guessard), S. 276.

214 Zum Beispiel Girart von Roussillon (wie Anm. 129), S. 83; Garin der Lothringer, ed. P. Paris, Bd. 2, S. 88; zum Konzil: Migne PL 142, col. 400.

215 Alfred (wie Anm. 46), Bd. 1, S. 47 (49, 7); Leges Henrici, 75, 1; Giselbert von Mons, ed. Pertz, S. 30; Philipp von Novara (ed. Kohler), S. 20.

216 The Christ of Cynewulf (ed. A. S. Cook), v. 457; Migne PL 193, col. 532 f.; L. Gougaud, Dévotions et pratiques du moyen âge, 1925, S. 20 f.

217 Richer, Historiae, 4, 78; zu anderen Beispielen (bis zum 13. Jahrhundert) vgl. Jolliffe, The constitutional history of medieval England, S. 164.

218 Alfred (wie Anm. 46), XLII, 6; Two of the Saxon chronicles (ed. Plummer),

Bd. 1, S. 48 f. (z. J. 755); K. Lehmann, Das langobardische Lehnsrecht, 1896, Vulgata, II, 28, 4.

219 Leges Henrici, 55, 3; Raoul von Cambrai, v. 1381; Chron. mon. de Abingdon (R. S.), Bd. 2, S. 133 (1100-1135); Renaud von Montauban (ed. Michelant), S. 373, v. 16.

220 J. Depoin, Recueil de Chartes et documents de Saint-Martin-des-Champs, Bd. 1, Nr. 47 und Liber Testamentorum S. Martini, Nr. XVIII.

221 Vgl. z. B. das Lehen des Malers, in: B. de Broussillon (ed.), Cartulaire de l'abbaye de Saint-Aubin d'Angers, Bd. 2, Nr. CCCCVIII.

222 Ch. – V. Langlois, Textes relatifs à l'histoire du Parlement, Nr. CXI, c. 5 b.

223 Den französischen Beispielen ist hinzuzufügen: F. Chalandon, Histoire de la domination normande en Italie et en Sicile, Bd. 2, S. 565; C. G. Homeyer, System des Lehnsrechts der sächsischen Rechtsbücher, in seiner Ausgabe des Sachsenspiegels, Bd. 2, 2, S. 273, 1842; W. Kienast, Die deutschen Fürsten im Dienste der Westmächte bis zum Tode Philipps des Schönen von Frankreich, Bd. 2, 1924, S. 44.

224 Vielleicht hat man das nicht genügend beachtet: die französische Ordonnanz über den Kreuzzugszehnten von 1188 führt das Bild dieser kleinen Vasallen vor Augen und fordert in der Tat, daß sie einen einzigen Lehnsherrn haben.

225 MG Capit. I, Nr. 132, c. 5.

226 A. Lesort, Chroniques et chartes de Saint-Michel, Nr. 33.

227 Acta Murensia, in: Quellen zur Schweizer Geschichte, Bd. 3, 2, S. 68, c. 22.

228 Chartes du Forez antérieurs au XIV siècle, Bd. 4, Nr. 500.

229 Monumenta Historia Patriae, Bd. 13, col. 711.

230 Olim, Bd. 1, S. 661, Nr. III.

231 Suger von St. Denis, De rebus in administratione sua gestis (ed. Lecoy de la Marche), c. 10, S. 167.

232 MG Capit. I, Nr. 162, c. 3; Nr. 50, c. 2.

233 Lex Romana Visigothorum (ed. Haenel), Cod. Theod., V, 10, 1 und Interpretatio.

234 A. Bernard und A. Bruel, Recueil des chartes de ... Cluny, Bd. 4, Nr. 3024.

235 Bibl. de Tours, ms. 2041, Deckblatt; Recueil des Historiens de France, Bd. 12, S. 340; Cartulaire de St. Vaast, S. 177.

236 Coutumes de Montchauvet (ursprünglich um 1101-1137 gewährt), in: Mém. Soc. archéol. Rambouillet, Bd. 21, 1910, S. 301; vgl. auch Ordonnances, Bd. 11, S. 286 (Saint-Germain-des-Bois).

237 Le Conseil de Pierre de Fontaines (ed. A.-J. Marnier), XXI, 8, S. 225; M. Bloch, Les transformations du servage, in: Mélange d'histoire du Moyen Age offerts à M. F. Lot, 1925, S. 55 f.

238 Ch. E. Perrin, Recherches sur la seigneurie rurale en Lorraine d'après les plus anciens censiers, 1935, S. 225 f.; Chronique de l'abbaye de Saint-Bénigne ... (ed. E. Bougaud und J. Garnier), S. 396 f. (z. J. 1088-1119).

239 Urkunde aus Codalet in Conflent (1142), in: B. Alart, Privilèges et titres relatifs aux franchises ... de Roussillon, Bd. 1, S. 40.

240 Zuletzt hat das Problem J. Calmette, in: Annales du Midi, 1928, behandelt.

241 H. Prentout, Les origines de la maison de Bellême, in: Études sur quelques points d'histoire de Normandie, 1926.

242 Bibliotheca Casinensis, Bd. 4, S. 151.

243 MG LL IV, S. 557, col. 2, 1.6.

244 Hariulf, Chronicon Centulense (ed. F. Lot), S. 308, vgl. S. 300; Monumenta boica, Bd. 28, 2, S. 27, Nr. XVII.
245 Richer, Historiae 1, 15.
246 Friedenseid von Beauvais, in: C. Pfister, Études sur le régne de Robert le Pieux, 1885, S. LXI.
247 Deloche, Cartulaire de l'abbaye de Beaulieu, Nr. L; Ekkehard, Casus S. Galli, c. 48.
248 Fritz Meyer, Die Stände... dargestellt nach den altfrz. Artus- und Abenteuerromanen, 1892, S. 114; Poema del mio Cid (ed. Menendez Pidal), v. 918.
249 H. Derenbourg, Ousâma Ibn Mounkidh, Bd. 1, S. 476 (= Publications Ec. Langues Orientales, 2e série, Bd. XII, 1).
250 Ed. Appel, Nr. 40; vgl. z. B. Girart von Vienne (ed. Yeandle), v. 2108 f.
251 Hartmann von Aue, Gregorius, v. 1547-1553.
252 La chançun de Guillelme (Wilhelmslied, ed. Suchier), v. 1055 f.
253 Ordericus Vitalis, Historia ecclesiastica (ed. A. Le Prevost-L. Delisle), Bd. 3, S. 248.
254 Guillaume le Maréchal (ed. P. Meyer), v. 2777 und 2782 (es handelt sich im übrigen um Ritter, die sich auf Turnieren herumtrieben).
255 Pons de Capdeuil, in: Raynouard, Choix, IV, S. 89 und 92.
256 C. Erdmann, Die Entstehung des Kreuzzugsgedankens, 1935, S. 312 f., 274.
257 Geoffroi de Vigeois I, 6, in: Labbe, Bibliotheca, Bd. 2, S. 281.
258 Bertrand de Born (ed. Appel), 10, 2; 35, 2; 37, 3; 28, 3.
259 Guibert von Nogent, De vita sua (ed. Bourgin), I, c. 13, S. 43; Girart von Roussillon (wie Anm. 129), S. 42.
260 Zur Beute vgl. z. B. Codex Euricianus, c. 323; Marlot, Histoire de l'église de Reims, Bd. 3 (Quellen), Nr. LXVII (1127); zu den Wagen: Garin der Lothringer (ed. P. Paris), Bd. 1, S. 195 und 197; zu den Klagen der Mönche von Canigou: Luchaire, La société française au temps de Philippe Auguste, 1909, S. 265.
261 Huon von Bordeaux (ed. F. Guessard), S. 41, v. 1353-54; Ludwig IX., Enseignemens, 23, in: Ch. Langlois, La vie spirituelle, S. 40; Bertrand de Born 26, v. 15.
262 Girart von Roussillon (wie Anm. 129), § 633 und 637; Vita Heinrici IV. imperatoris (ed. W. Eberhard), MG SSrG, c. 8.
263 Ekkehard, Casus S. Galli, c. 43.
264 Vita Johannis ep. Teruanensis, MG SS XIV, 2, S. 1146, c. 12.
265 Mircula S. Benedicti (ed. Certain), VIII, c. 16.
266 Robert Grosseteste, Regulae, in: Walter of Henley's Husbandry (ed. E. Lamond).
267 M. Bloch, Les caractères originaux de l'histoire rurale française, 1931, S. 148.
268 Fors de Bigorre, XIII.
269 Lambert von Ardres, Historia comitum Ghisnensium, c. LXXXVIII; Garin der Lothringer (ed. P. Paris), Bd. 2, S. 244.
270 Ch. Métais, Cartulaire de l'abbaye... de la Trinité de Vendôme, Bd. 1, Nr. CCLXI.
271 Über die Turniere vgl. zu den in der Bibliographie angeführten Arbeiten: G. Waitz, Deutsche Verfg., Bd. 5, 2. A., S. 456; Guillaume le Maréchal (ed. P. Meyer), Bd. 3, S. XXXVI f.; Giselbert von Mons, Chronicon Hanoniense (ed. Pertz), S. 92 f., 96, 102, 109 f., 128 ff., 144; Raoul von Cambrai, v. 547.

272 Joinville, c. CIX.

273 Rangerius, Vita Anselmi, in: MG SS XXX, 2, S. 1252, v. 1451.

274 Joinville, c. CLIX.

275 Girart von Roussillon (wie Anm. 129), S. 257 und 299; vgl. La Mort de
Garin (ed. E. du Méril), S. XL und außerdem die delikat-wollüstige Szene
im Lancelot (ed. Sommer), The vulgate version of the Arthurian romances,
Bd. 3, S. 383.

276 Man hat auch mitunter im Zusammenhang der höfischen Liebe mit der ly-
rischen Dichtung, die ihr als Ausdruck diente, die Frage eines arabischen
Einflusses erwogen. Bis jetzt scheint kein zwingender Beweis beigebracht
zu sein, vgl. außer Al. Jeanry, La poésie lyrique des troubadours, Bd. 2,
S. 366, die Rezension von C. Appel, in: Zs. f. roman. Philologie 52, 1932,
S. 770 (über A. R. Nykl).

277 Albert von Malaspina, in: C. Appel, Provenzalische Chrestomathie, 3. A.,
Nr. 90, v. 19 f.

278 Geoffroi de Vigeois I, 69, in: Labbe, Bibliotheca, Bd. 2, S. 322.

279 Raimundus Lullus, Libro de la orden de Caballeria (ed. J. R. de Luanco,
1901), IV, 11; Lambert von Ardres, Historia comitum Ghisnensium,
c. XCI.

280 Haskins, Norman Institutions, 1918, S. 282, c. 5.

281 Recueil des Historiens de France, Bd. 15, S. 187.

282 Edictum Rothari, c. 359. Die Liturgie des Ritterschlages ist bisher nur unzureichend untersucht worden. In der Bibliographie findet man die Werke
und Sammlungen angegeben, auf die ich mich gestützt habe. So unbeholfen
dieser erste Einteilungsversuch auch sein mag, ist er für mich allein dank
der Hilfe möglich geworden, die mir mein Straßburger Kollege, Abbé Michel
Andrieu, hat angedeihen lassen.

283 Jehan et Blonde (ed. H. Suchier), v. 591 f. (= Oeuvres poétiques de Ph. de
Remi, Bd. 2, v. 5916 f.

284 Policraticus, VI, 10 (ed. Webb, Bd. 2, S. 25).

285 Guilelmus Durandus, Rationale, IV, 16.

286 Peter von Blois, ep. XCIV.

287 Der Welsche Gast (ed. Rückert), v. 7791 f.

288 Anselm, Ep. I, Migne PL 158, col. 1147; St. Bernardus, De laude novae
militiae, 77, c. 2.

289 Raimundus Lullus (wie Anm. 279), I, 9. Die ganze Passage hat eine eigentümliche Würze.

290 Die alte Regel: G. Schnürer, Die ursprüngliche Templerregel, 1903; auf
französisch: H. de Curzon, La régle du Temple (=Soc. de l'hist. de France),
c. 431, 445, 446, 448. Ähnliche Verfügungen bei den Johannitern auf dem
Generalkapitel von 1262 Sept. 19: Delaville Le Roulx, Cartulaire générale,
Bd. 3, S. 47, c. 19.

291 MG Const. I, S. 197, c. 10; S. 451, c. 20; H. Niese, Die Gesetzgebung der
normannischen Dynastie, S. 67; P. de Marca, Marca Hisp., col. 1430, c. 12;
Papon, Histoire générale de Provence, Bd. 3, S. 423; Siete partidas, Part.
II, Bd. 21, 1, 2; für Portugal vgl. E. Prestage, Chivalry, 1928, S. 143; für
Frankreich sind die Belege zu zahlreich um angeführt zu werden, vgl.
Ch. Petit-Dutaillis, L'essor des États d'Occident, S. 22 f.

292 Raimundus Lullus (wie Anm. 279), III, 8; Girart von Roussillon (wie Anm.
129), S. 28 (vgl. ed. Foerster, Roman. Studien, Bd. 5, v. 940 f.).

293 P. Thomas, Textes historiques sur Lille, Bd. 2, 1936, S. 237.

294 Recueil des Historiens de France, Bd. 22, S. 18.

295 Otto von Freising, Gesta Friderici, II, 23, MG SSrG, ed. Simson, 1912.

296 Histoire de Languedoc, 2. A., Bd. 8, col. 1747.

297 Annales Colmarienses, MG SS XVII, S. 208, 1, 15; vgl. S. 224, 1, 31.

298 A. de Barthélemy, De la qualification de chevalier, in: Revue nobiliaire, 1868, S. 123 und ders., Étude sur les lettres d'anoblissement, in: ebd., 1869, S. 205.

299 Usatici Barcin, 9 und 8; Ch. Porée, Etudes historique sur le Gévaudan, 1919 (und Bibl. Éc. des Chartes, 1907), S. 62, c. 1; Friedenseinung für den Hennegau (1200), in: MG SS XXI, S. 619.

300 Summa de legibus, in: Tardif, Bd. 2, XIV, 2; F. Benoit, Recueil des actes des comtes de Provence, Bd. 2, Nr. 246, c; IXa, 275, c; Va, 227, 278 (1235-1238); P. Guilhiermoz, Essai sur les origines de la noblesse en France au moyen âge, 1902, S. 481, Anm. 5.

301 Annales Colonienses maximi, MG SS XVII, S. 845.

302 A. de Barthélemy, Étude (wie Anm. 298), S. 198.

303 Beaumanoir, Bd. 2, § 1434.

304 Vgl. oben S. 247.

305 Die Arbeiten von A. Schulte, Der Adel und die deutsche Kirche im Mittelalter, 2. A. Stuttgart 1922 und von Dom Ursmer Berlière, Le recrutement dans les monastères bénédictins aux XIIIe et XIVe siècles (= Mém. Acad. royale de Belgique in – 8, 2e série, Bd. 18) liefern in dieser Beziehung eine große Zahl von Belegen, aber ihre chronologischen und kritischen Angaben sind unzureichend. Was auch immer Schulte denkt, aus den zitierten Texten folgt, berücksichtigt man den sehr schwankenden Gebrauch der Wörter *nobiles* oder *ignobiles* in alter Zeit, daß das Adelsmonopol im strengen Wortsinn durchaus eine relativ junge Erscheinung war. Die akzeptierte oder nicht akzeptierte Zulassung von Nichtfreien ist ein ganz anderes Problem.

306 Olim, Bd. I, S. 427, Nr. XVII (Lichtmeß, 1255); F. Benoit, Recueil des actes, Auszüge sind oben zitiert, S. 392, Anm. 300; M. Z. Isnard, Livre des privilèges de Manosque, 1894, Nr. XLVII, S. 154.

307 Vgl. E. und A. G. Porritt, The unreformed House of Commons, 2. A. 1909, Bd. 1, S. 122.

308 Für die Provence vgl. F. Kiener, Verfassungsgeschichte der Provence seit der Ostgotenherrschaft bis zur Errichtung der Konsulate (510-1200), 1900, S. 107; zu den »jungen Leuten« (*bacheliers*) vgl. E. F. Jacob, Studies in the period of baronial reform, 1925, S. 127 f. (= Oxford Studies in social and legal history, 8).

309 Usatici Barcin., 6.

310 Ebd. 6.

311 Vgl. F. Tout, Chapters in administrative history, Bd. 3, S. 136 f.

312 Zugunsten des Herzogs der Bretagne: Dom Morice, Histoire de Bretagne Pr., Bd. I, col. 1122. Über die Ansprüche der Pairs vgl. Ch. Petit-Dutaillis, L'essor des Etats d'Occident, S. 266 f.

313 Borelli de Serres, Recherches sur divers services publics, Bd. 3, 1909, S. 276.

314 Da die Belege für diesen Abschnitt leicht in den verschiedenen in der Bibliographie unter dem Titel »Ministeriale und Ministerialität« (S. 586) angeführten Werken zu finden sind (denen man noch K. H. Roth von Schrek-

kenstein, Die Ritterwürde und der Ritterstand, 1886, hinzufügen muß), so versteht man, daß ich die Anmerkungen auf ein unerläßliches Minimum beschränkt habe.

315 Girart von Roussillon (wie Anm. 129), § 620 (ed. Foerster, v. 9139).

316 Sur les routes de l'émigration, Mémoires de la duchesse de Saulx-Tavannes (ed. de Valous), 1934, Einleitung S. 10.

317 Der unfreie Stand dieser Person beruht, wie W. Newman richtig gesehen hat (Le domaine royale sous les premiers Capétiens, 1937, S. 24, Anm. 7) auf der Tatsache, daß der König nach ihrem Tod ihre »tote Hand« (mainmorte) empfing.

318 Quellenwerk zur Entstehung der Schweizerischen Eidgenossenschaft, Nr. 1650.

319 K. Rost, Die Historia Pontificum Romanorum aus Zwettl, 1932, S. 177, Anm. 4.

320 Vgl. besonders Z. N. Brooke, in: Cambridge Historical Journal, Bd. 2, S. 222.

321 Siehe oben S. 384.

322 Migne PL 189, col. 146; Abaelard Opera (ed. V. Cousin), Bd. 1, S. 572.

323 A. Wauters, Les libertés communales. Preuves. Brüssel 1869, S. 83 (1221 April); vgl. M. Bloch, in: Anuario de historia del derecho español, 1933, S. 79 f.

324 L. Raynal, Histoire du Berry, Bd. 1, 1845, S. 477, Nr. XI (1071 April 23 bis 1093 April 22. Saint-Silvain de Levroux).

325 Guibert von Nogent, De vita sua (ed. Bourgin), I, 11, S. 31; Thietmar von Merseburg, Chronicon II, 27, MG SSrG N. S. IX (ed. Holtzmann, 1935), S. 72 f.; einen charakteristischen epischen Text bietet Garin der Lothringer (ed. P. Paris), Bd. 1, S. 2.

326 Man hat den Päpsten des großen gregorianischen Zeitalters die Absicht unterstellt, sich zum Lehnsherrn bestimmter Könige zu machen. Tatsächlich scheint es so, daß sie sich damit begnügt haben, einen Treueid und einen Tribut zu fordern und mitunter auch zu erhalten. Das sind sicher Formen der Unterwerfung, die aber mit dem Lehnswesen im eigentlichen Sinn nichts zu tun haben. Die Lehnshuldigung ist damals allein von einfachen Territorialfürsten gefordert worden wie den Normannenführern in Süditalien und dem Grafen von Substantion im Languedoc. Johann Ohneland hat den Eid in der Tat geleistet, doch geschah das viel später (1213).

327 Jaffé-Wattenbach, Regesta pontificum, Bd. 1, Nr. 3564; Rather von Verona, Migne PL 136, col. 249; Thietmar (wie Anm. 325), I, 26, S. 34 f.

328 Eines der ältesten, oft übersehenen Beispiele bei G. Busson und Ledru, Actus pontificum Cenomannensium, S. 299 (z. J. 832).

329 Joinville, c. CXXXVI.

330 Vgl. die Synode von Paris 1212: Mansi, Concilia, Bd. 22, col. 851, c. 8 (feneratoribus et exactoribus).

331 A. Giry, Documents sur les relations de la royauté avec les villes, 1885, Nr. XX, S. 58.

332 Friedensinstrument von Laon (1126 August 26) bei Warnkönig und Stein, Französische Staats- und Rechtsgeschichte, Bd. 1, Urkundenbuch, S. 31, c. 2.

333 Cartulaire du prieuré de Notre-Dame de Longpont (ed. Marion), Nr. 25.

334 Ortlieb von Zwiefalten, Chronicon, I, c. 9, MG SS X, S. 78.

335 Monumenta Gildhallae Londoniensis (Rolls Series), Bd. 1, S. 66.

336 Roger von Hoveden, Chronica (Rolls Series), Bd. 1, 228.

337 Warnkönig und Stein (wie Anm. 332), S. 34, c. 22.

338 Rangerius, Vita Anselmi, MG SS XXX, 2, S. 1256, v. 4777 f.

339 MG DH II 34; Recueils des Historiens de France, Bd. 15, S. 144, Nr. CXIV.

340 Flodoard, Historia Remensis ecclesiae, MG SS XIII, 4, 5, S. 563.

341 Liutprand, Antapodosis, MG SSrG (ed Becker, 1915), II, c. 26.

342 Wipo, Opera, MG SSrG (ed. Bresslau, 1915), S. 3 und 106.

343 H. Bloch, in: Neues Archiv 1897, S. 115.

344 Man hat mitunter behauptet, daß der Titel des Herzogs von Franzien, den die Robertiner seit Robert I. trugen, eine Art Vizekönigtum über das gesamte Königreich ausdrücke. Es ist möglich, daß bestimmte Zeitgenossen dieser Überzeugung waren, obwohl ich in den Quellen durchaus keinen völlig klaren Beleg finden kann (der von Richer, Historiae, II, 2 verwandte Ausdruck *dux Galliarum* ist nichts als eine schulmeisterliche Übersetzung von *dux Franciae;* II, 39 *omnium Galliarum ducem constituit* spielt auf die Einsetzung Hugos des Großen im Herzogtum Burgund, neben dem Herzogtum Franzien, an). Aber es ist kaum daran zu zweifeln, daß die Bedeutung ursprünglich territorial war. Denn wie könnte man im umgekehrten Sinn die von Hugo versuchte Vereinigung der drei Herzogtümer verstehen? Vielleicht ist die (königliche) Pfalzgrafenwürde wie in Deutschland gleichwertig auf dieselben Linien aufgeteilt worden, und jedes Herzogtum hatte von nun an seinen besonderen Pfalzgrafen. So würde es sich erklären, daß der Graf von Flandern in »Francia«, in Burgund der Graf von Troyes (später »von der Champagne« genannt), in Aquitanien der Graf von Toulouse den Titel eines Pfalzgrafen zugleich beanspruchten. Zum dreigeteilten Königstitel: Rec. des Hist. de France, Bd. 9, S. 578 und 580 (z. J. 933 und 935).

345 Giselbert von Mons (ed. Pertz), S. 223-224 und 58.

346 Monumenta Boica, Bd. 29, 1, Nr. CCCXCI; Württembergisches UB, Bd. 2, Nr. CCCLXXXIII.

347 Suger von St. Denis, Vita Ludovici VI. (ed. Waquet, 1929), S. 228 (= Les classiques de l'histoire de France 11).

348 Es gibt keine ausführliche Untersuchung über die nachkarolingische Vogtei in Frankreich – eine der größten Forschungslücken der mittelalterlichen Geschichte und eine, die am leichtesten zu schließen wäre. In Deutschland ist diese Institution nicht ohne theoretische Überspitzung vor allem in ihrer Beziehung zur Gerichtsverfassung untersucht worden.

349 Mém. Soc. archéol. Eure et Loire, Bd. 10, S. 36, und Gallia christiana, Bd. 8, instr., col. 323.

350 Suger von St. Denis, De rebus (ed. Lecoy de la Marche), S. 168.

351 MG DH II 509 nach Luc. 12, 48.

352 Bonizo von Sutri, Liber de vita christiana (ed. Perels, 1930), VII, 28, S. 248 (= Texte zur Geschichte des römischen und kanonischen Rechts 1).

353 Cartulaire de Redon (ed. de Courson), S. 298, Nr. CCCXLVII, vgl. S. 449; S. Hirsch, Jahrbücher des Deutschen Reiches unter Heinrich II., Bd. 3, S. 174.

354 Et. de Saint Louis, I, 53 (wie Anm. 67).

355 Bigelow, Placita Anglo-Normannica, S. 145.

356 MG Const. I, Nr. 13, S. 28 f.

357 MG SS rer. Langobard. Saec. VI-IX, S. 385, c. 166.

358 Cartulaire de Saint-Aubin d'Angers (ed. B. de Broussillon), Bd. 2, Nr. DCCX, 1138 Sept. 17.

359 MG Const I, S. 643, c. 30; Two of the Saxon Chronicles (ed. Plummer), Bd. 1, S. 220. Es ist hier unmöglich, die Anekdoten zusammenzutragen, doch wäre es eigentlich nötig, um die wahre Farbe der Epoche spüren zu lassen. Heinrich I. von England z. B. war nicht in den Ruf eines wilden Tieres geraten. Doch man bedenke, daß, als der Mann einer seiner Bastardtöchter dem jungen Sohn eines königlichen Kastellans die Augen ausstechen ließ, er nach Ordericus Vitalis seinerseits verfügte, daß seine eigenen Enkeltöchter geblendet und verstümmelt würden.

360 M. Ashdown, English and Norse documents relating to the reign of Ethelred the Unready, 1930, S. 137; Knut, Gesetze (wie Anm. 46), II, 21.

361 Die Werke, die sich mit der Geschichte der Gottesfrieden befassen (besonders L. Huberti: Studien zur Rechtsgeschichte der Gottesfrieden und Landfrieden 1, Die Friedensordnungen in Frankreich, 1892 und G. C. W. Görris, De denkbelden over oorlog en de bemoeeiingen voor vreede in de elfde eeuw [Diss. Leyden], Nimwegen 1912), enthalten zahlreiche, leicht zu findende Belege und man möge sich nicht wundern, im folgenden eine große Zahl von Zitaten ohne Nachweise zu finden.

362 Im Süden der Halbinsel ist der Gottesfrieden von einem französischen Papst (Urban II.) und den normannischen Baronen eingeführt worden, vgl. Jamison, in: Payers of the British School at Rome, 1913, S. 240.

363 De Vic und Vaissète, Histoire générale de Languedoc, Bd. 5, col. 15.

364 R. Busquet, in: Les Bouches-du-Rhone. Encyclopédie départementale. Première partie, Bd. 2, Antiquité et moyen âge, 1924, S. 563.

365 MG SS XXIII, S. 361. Vgl. F. Frensdorff, in: Nachr. von der Kgl. Gesellsch. zu Göttingen, Phil.-hist. Klasse, 1894. Derselbe Wandel hatte in Katalonien und Aragon stattgefunden.

366 Siehe oben S. 326.

367 Die täglichen Einkünfte betrugen nach dem Zeugnis des Conon von Lausanne beim Tode Philipp Augusts 1200 Pariser Pfund (MG SS XXIV, S. 782). Die jährlichen Einkünfte der Abtei Sainte-Geneviève in Paris betrugen 1246 nach einer Schätzung für die Zehnten 1810 Pariser Pfund (Bibl. Sainte-Geneviève, ms. 356, p. 271). Vermutlich ist die erste Zahl zu hoch, die zweite zu niedrig, doch um den eigentlichen Unterschied wieder deutlich zu machen, sollte man hinzufügen, daß zwischen beiden Daten wahrscheinlich ein Preisanstieg stattgefunden hat. Jedenfalls ist es ein beeindruckender Gegensatz.

368 Richer, Historiae, 4, 80.

369 Gesta episcop. Cameracensium, MG SS XVII, S. 466, III, 2; vgl. III, 40, S. 481.

370 Tardif, Cartons des rois, Nr. 264.

371 Esprit des Lois, XXXI, 30.

372 Briefe (Lettres de Gerbert, ed. Havet, Paris 1889), Nr. 12 und 37.

373 M. Bloch, La vie de S. Edouard le Confesseur par Osbert, in: Analecta Bollandia, Bd. 41, 1923, S. 22 u. 38.

374 Außer der Bibliographie (S. 592, unter dem Titel »Die Nationalitäten«) vgl. F. Lot, Les derniers carolingiens, S. 308 f.; Lapotre, L'Europe et le Saint-Siège, 1895, S. 330 f.; F. Kern, Die Anf. d. franz. Ausdehnungspol., 1910, S. 124 f.; M. L. Bulst-Thiele, Kaiserin Agnes, 1933, S. 3, Anm. 3.

375 Abbo von St. Germain, De bello Parisiaco (ed. Pertz), I, v. 618; II, v. 344 und 452; Ademar von Chabannes, Chronicon (ed. Chabanon), S. 151; Gesta episcop. Leodensium, MG SS VII, S. 204, II, 6; Widukind, Res gestae Saxonicae, MG SSrG (ed. Hirsch), I, 9 und 11; II, 3. – Thietmar von Merseburg, Chronicon V, 12 und 19, MG SSrG, N. S. IX (ed. Holtzmann 1935).

376 MG SS VI, S. 339 und 41 f.

377 Prolog zum Heliand (ed. E. Sievers), S. 3. – Eine italienische Urkunde des Jahres 845 unterscheidet zwischen den königlichen Vasallen *Teutisci quam et Langobardi* (Muratori, Ant., Bd. 2, col. 971); Annales Juvavenses maximi, MG SS XXX, 2, S. 738.

378 Liutprand, Relatio de legatione, MG SSrG (ed. Becker, 1915), c. 7.

379 Walafrid Strabo, De exordiis, c. 7, MG Capit. II, S. 481; Richer, Historiae, I, 20.

380 Odo von Deuil, MG SS XXVI, S. 65.

381 Ekkehard von Aura, MG SS VI, S. 218.

382 Girart von Roussillon (wie Anm. 129), § 631; Foerster (Romanische Studien 5), v. 9324.

383 Esprit des Lois, XXX, 1; Voltaire, Fragments sur quelques révolutions dans l'Inde (ed. Garnier), II, Bd. 29, S. 91.

384 G. Lefebvre, Les paysans du Nord, 1924, S. 309.

385 Z.B. E. Lodge, Serfdom in the Pyrenees, in: VSWG 1905, S. 31; Sanchez-Albornoz, Estampas de la vida en León, 2. A., S. 86, Anm. 37; Perreciot, De l'état civil des personnes, Bd. 2, 1786, S. 193, Anm. 9.

386 Dudo von St. Quentin (ed. Lair), Mém. Soc. Antiquaires Normandie, Bd. 23, III, 43-44 (z. J. 933).

387 P. Hévin, Consultations et observations sur la coutume de Bretagne, 1724, S. 343.

388 P. Thomas, Textes historiques sur Lille et le Nord, Bd. 2, 1936, S. 285 (1385 und 1397); vgl. S. 218 (Nr. 68).

389 T. F. Tout, Chapters in the administrative history of medieval England, Bd. 4, 1928, S. 62.

390 Colbert, Lettres (ed. P. Clément), Bd. 2, S. XXX. Ein altes Beispiel für ein Freundschaftsversprechen bei J. Quicherat, Rodrigue de Villandrando, 1879, Dokumente, Nr. XIX.

391 Ch. Aumond, Histoire de la ville de Varennes, 1925, S. 50.

392 Manegold von Lautenbach, MG Ldl I, S. 365; Wenrich von Trier, ebd. S. 289; Paul von Bernried, Vita Gregorii, c. 97, in: Watterich, Romanorum pontificum vitae, Bd. 1, S. 532.

393 Landrecht, III, 78, 2. Der Sinn wird von K. Zeumer, in: ZSRG, GA 35, 1914, S. 68-75, bestritten, voll wiederhergestellt von F. Kern, Gottesgnadentum und Widerstandsrecht im früheren Mittelalter, 1914.

Bibliographie

Das Entstehen von Banden der Abhängigkeit

Hinweise zur Benutzung der Bibliographie

Eine Bibliographie der Feudalgesellschaft würde, wie wir den Gegenstand bei unserer Untersuchung verstanden haben, einen unangemessen großen Platz erfordern, und sie würde die Titel anderer Literaturlisten ganz unnütz verdoppeln, wobei sie diese doch nur in beschränktem Maße wiederholte. Bei den Quellen habe ich mich damit begnügt, die großen Sammlungen aufzunehmen, die von den Gelehrten zusammengebracht worden sind. Allein die wichtigsten Rechtsquellen sind in diesem Band besonders erfaßt worden. Hinsichtlich der Werke von Historikern schien es zu genügen, den Leser, der sich über die gesellschaftlichen Aspekte informieren will, die oben nur am Rande erörtert worden sind, nämlich Mentalität, religiöses Leben, Formen des literarischen Ausdrucks, ihn also ein für allemal zu bitten, sich mit den anderen Bänden der Reihe: »L'Évolution de l'Humanité« zu beschäftigen, wo diese Fragen für sich behandelt sind oder behandelt werden. Eine Ausnahme ist allein bei bestimmten Fragen gemacht worden, die Gegenstand besonderer Aufmerksamkeit gewesen sind und die zweifellos nicht mehr an anderer Stelle aufgegriffen werden, wie etwa der »Schrecken« des Jahres Tausend. Ich war dagegen bemüht, Arbeitsbibliographien zu liefern, die einerseits hinsichtlich der letzten Völkerstürme, andererseits hinsichtlich der Tatsachen der Sozialstruktur viel vollständiger sind. Selbstverständlich sind es nur Auswahlbibliographien. Die Lücken, die Fachleute dort entdecken könnten, sind gewiß unabsichtlich, aber auch solche sind darunter, deren ich mir voll bewußt bin, sei es, daß es mir nicht möglich war, einen bestimmten Titel zu beschaffen und ich es mir versagt habe, ihn aus zweiter Hand zu zitieren, sei es, daß ich ihn zu Rate gezogen habe und er mir nicht nötig erschien, genannt zu werden.

Es ist angebracht hinzuzufügen, daß in dem Band, der diesem hier folgt und der Untersuchung der Klassen und der Herrschaft über die Menschen während der Feudalzeit gewidmet ist, sich eine weitere Bibliographie befindet, die den in jenem zweiten Werk behandelten Fragen vorbehalten ist. Ich nehme mir die Freiheit, im voraus auf die Probleme zu verweisen (S. 582), die dann geprüft werden sollen und die trotzdem schon im vorliegenden Text gestreift werden mußten.

Eine Einteilung ist versucht worden. Sie ist wie alle Einteilungen unvollkommen. Wie dem auch sei, sie schien praktischer als eine durchgehende Aufzählung. Die Übersicht über die Hauptgruppen folgt hier unten. Innerhalb jeder Rubrik wird die je nach den Umständen methodisch, geographisch oder ganz einfach alphabetisch befolgte Ordnung beim Gebrauch hoffentlich kaum Schwierigkeiten bereiten. Die Titel ohne Ortsangabe sind in Paris erschienen.

560

I. Die Überlieferung

1. Die wichtigsten quellenkundlichen Werke[1]

Potthast, A., Bibliotheca historica medii aevi, 2 Bde., Berlin 1875-96.

Manitius, M., Geschichte der lateinischen Literatur des Mittelalters, 3 Bde., München 1911-1931.

Ueberweg, F., Grundriß der Geschichte der Philosophie, Bd. 2, 11. A., Berlin 1928.

Bibliotheca hagiographica latina antiquae et mediae aetatis, 2 Bde., 1 Supplementbd., 1898-1911.

Dahlmann-Waitz, Quellenkunde der deutschen Geschichte, 2 Bde., 9. A., Leipzig 1931-1932.

Jacob, K., Quellenkunde der deutschen Geschichte im Mittelalter, Berlin 1917.

Jansen, M. und L. Schmitz-Kallenberg, Historiographie und Quellen der deutschen Geschichte bis 1500, 2. A., Leipzig 1914.

Vildhaut, H., Handbuch der Quellenkunde zur deutschen Geschichte bis zum Ausgange der Staufer, 2 Bde., 2. A., Werl 1906-1909.

Wattenbach, W., Deutschlands Geschichtsquellen im Mittelalter bis zur Mitte des 13. Jahrhunderts, Bd. 1, 7. A., Berlin 1904; Bd. 2, 6. A., Berlin 1874.

Wattenbach, W. und R. Holtzmann, Deutschlands Geschichtsquellen im Mittelalter. Deutsche Kaiserzeit, Bd. 1, H. 1, Berlin 1938.

Gross, Ch., The sources and literature of English history from the earliest times to about 1485, 2. A., London 1915.

Pirenne, H., Bibliographie de l'histoire de Belgique, 3. A., Brüssel 1931.

Ballester, R., Fuentes narrativas de la historia de España durante la Edad Media, Palma 1912.

Ballester, R., Bibliografía de la historia de España, Gerona 1921.

Molinier, A., Les sources de l'histoire de France des orgines aux guerres d'Italie, 6 Bde., 1901-1906.

Egidi, P., La storia medievale, Rom 1922.

Oesterley, H., Wegweiser durch die Literatur der Urkundenansammlungen, 2 Bde., Berlin 1886.

Stein, H., Bibliographie générale des cartulaires français ou relatifs à l'histoire de France, 1907.

2. Historische Bedeutungslehre und Sprachgeschichte

Arnaldi, F., Latinitatis Italicae medii aevi inde ab A. CDLXXVI usque ad A. MDXXII lexicon imperfectum, in: Archivum latinitatis medii aevi, 10, 1936.

Baxter, J.-H., u. a., Medieval latin world-list from British and Irish sources, Oxford 1934.

Diefenbach, L., Glossarium latino-germanicum mediae et infimae latinitatis, Frankfurt 1857. Novum Glossarium, Frankfurt 1867.

Du Cange, Glossarium mediae et infimae latinitatis, ed. Henschel. 7 Bde., Neudruck Niort 1883-1887.

Habel, E., Mittelateinisches Glossar, Paderborn 1931.

Meyer-Lübke, W., Romanisches Etymologisches Wörterbuch, 3. A., Heidelberg 1935.

561

Kluge, F., Etymologisches Wörterbuch der deutschen Sprache, 11. A., Berlin 1934.

Murray, J. A. H., The Oxford English dictionary, Oxford 1888-1928.

Bloch, O., in Zusammenarbeit mit W. von Wartburg, Dictionnaire étymologique de la langue française, 1932.

Gamillscheg, E., Etymologisches Wörterbuch der französischen Sprache, Heidelberg 1928.

von Wartburg, W., Französisches etymologisches Wörterbuch, 1928 ff.

Brunel, Cl., Le latin des chartes, in: Revue des études latines, 1925.

Heck, Ph., Übersetzungsprobleme im frühen Mittelalter, Tübingen 1931.

Hegel, K., Lateinische Wörter und deutsche Begriffe, in: Neues Archiv der Gesellschaft für ältere deutsche Geschichtskunde, 1893.

Ogle, M. B., Some aspects of medieval latin style, in: Speculum 1926.

Strecker, K., Einführung in das Mittellatein, 3. A., Berlin 1939.

Traube, L., Die lateinische Sprache des Mittelalters, in: Traube, Vorlesungen und Abhandlungen, Bd. 2, München 1911.

Brunel, Cl., Les premiers exemples de l'emploi du provençal, in: Romania 1922.

Merkel, F., Das Aufkommen der deutschen Sprache in den städtischen Kanzleien des ausgehenden Mittelalters, Leipzig 1930 (Beiträge zur Kulturgeschichte des Mittelalters, 45).

Nélis, H., Les plus anciennes chartes en flamand, dans: Mélanges d'histoire offerts à H. Pirenne, Bd. 1, Brüssel 1926.

Obreen, H., Introduction de la langue vulgaire dans les documents diplomatiques en Belgique et dans les Pays-Bas, in: Revue belge de philologie, 1935.

Vancsa, M., Das erste Auftreten der deutschen Sprache in den Urkunden, Leipzig 1895 (Preisschriften gekrönt . . . von der fürstlich Jablonowskischen Gesellschaft, histor-nationalökonom. Section 30).

3. Die Geschichtsschreibung

Balzani, U., Le cronache italiane nel medio evo, 2. A., Mailand 1900.

Gilson, E., Le moyen âge et l'histoire, in: Gilson, L'esprit de la philosophie médiévale, Bd. 2, 1932.

Heisig, K., Die Geschichtsmetaphysik des Rolandliedes und ihre Vorgeschichte, in: Zeitschrift für romanische Philologie, 55, 1935.

Lehmann, P., Das literarische Bild Karls des Großen, vornehmlich im lateinischen Schrifttum des Mittelalters, in: Sitzungsber. der bayerischen Akad., Phil.-hist. Kl., 1934.

Poole, R.-L., Chronicles and annals: a brief outline of their origin and growth, Oxford 1926.

Schmidlin, J., Die geschichtsphilosophische und kirchenpolitische Weltanschauung Ottos von Freising. Ein Beitrag zur mittelalterlichen Geistesgeschichte, Freiburg im Breisgau 1906 (Studien und Darstellungen aus dem Gebiete der Geschichte, hrsg. von H. Grauert, IV, 2-3).

Spörl, J., Grundformen hochmittelalterliche Geschichtsanschauung, München 1935.

4. Literaturgeschichte

Acher, J., Les archaïsmes apparents dans la Chanson de »Raoul de Cambrai«, in: Revue des langues romanes, 1907.

Falk, J., Étude sociale sur les chansons de geste, Nyköbing 1879.

Kalbfleisch, J., Die Realien im altfranzösischen Epos »Raoul de Cambrai«, Gießen 1897 (Wissenschaftliche Beilage zum Jahresbericht des Grh. Realgymnasiums).

Meyer, F., Die Stände, ihr Leben und Treiben, dargestellt nach den altfr. Artus- und Abenteuerromanen, Marburg 1892 (Ausg. und Abh. aus dem Gebiete der roman. Philologie 89).

Tamassia, G., Il diritto nell' epica francese dei secoli XII e XIII, in: Rivista italiana per le scienze giuridiche, Bd. 1, 1886.

II. Formen menschlichen Verhaltens

1. Formen des Denkens und Fühlens – Sitten und Gebräuche – Bildung[2]

Beszard, L., Les larmes dans l'épopée, Halle 1903.

Bilfinger, G., Die mittelalterlichen Horen und die modernen Stunden, Stuttgart 1892.

Dobiache-Roshdesvensky, O., Les poésies des Goliards, 1931.

Dresdner, A., Kultur- und Sittengeschichte der italienischen Geistlichkeit im 10. und 11. Jahrhundert, Breslau 1910.

v. Eicken, H., Geschichte und System der mittelalterlichen Weltanschauung, Stuttgart 1887.

Galbraith, V. H., The literacy of the medieval English kings, in: Proceedings of the British Academy, 1935.

de Ghellinck, J., Le mouvement théologique du XIIe siècle, 1914.

Glory, A. und Th. Ungerer, L'adolescent au cadran solaire de la cethédrale de Strasbourg, in: Archives alsaciennes d'histoire de l'art, 1932.

Haskins, Ch. H., The renaissance of the twelfth century, Cambridge (Mass.) 1927.

Hofmeister, A., Puer, iuvenis, senex: zum Verständnis der mittelalterlichen Altersbezeichnungen, in: Papsttum und Kaisertum ... Forsch. P. Kehr dargebr., 1926.

d'Irsay, St., Histoire des universités françaises et étrangères, Bd. I, 1933.

Jacobus, H., Die Erziehung des Edelfräuleins im alten Frankreich nach Dichtungen des XII., XIII. und XIV. Jahrhunderts, Halle 1908 (Beihefte zur Zeitschr. für romanische Philologie 16).

Limmer, R., Bildungszustände und Bildungsideen des 13. Jahrhunderts, München 1928.

Paré, G., A. Brunet und P. Tremblay, La renaissance du XIIe siècle: les écoles et l'enseignement, 1933 (Publications de l'Institut d'études médiévales d'Ottawa 3).

Rashdall, H., The Universities of Europe in the middle ages. 2. A. bearb. von F. M. Powicke und A. B. Emden, 3 Bde., Oxford 1936.

Sass, J., Zur Kultur- und Sittengeschichte der sächsischen Kaiserzeit, Berlin 1892.

Süssmilch, H., Die lateinische Vagantenpoesie des 12. und 13. Jahrhunderts als Kulturerscheinung, Leipzig 1917 (Beiträge zur Kulturgesch. des Mittelalters und der Renaissance 25).

2. Der »Schrecken« des Jahres Tausend

Burr, G. L., The year 1000, in: American Histor. Review, 1900-1901.

von Eicken, H., Die Legende von der Erwartung des Weltuntergangs und der Wiederkehr Christi im Jahre 1000, in: Forschungen zur deutschen Gesch., Bd. 23, 1883.

Ermini, F., La fine del mondo nell' anno mille e il pensiero di Odone di Cluny, in: Studien zur lateinischen Dichtung des Mittelalters, Ehrengabe für K. Strekker, Dresden 1931 (Schriftenreihe der Histor. Vierteljahrschrift, 1).

Grund, K., Die Anschauungen des Radulfus Glaber in seinen Historien, Greifswald 1910.

Orsi, P., L'anno mille, in: Rivista storica italiana, Bd. 4, 1887.

Plaine, Dom F., Les prétendues terreurs de l'an mille, in: Revue des questions historiques, Bd. 13, 1873.

Wadstein, E., Die eschatologische Ideengruppe: Antichrist-Weltsabbat-Weltende und Weltgericht, Leipzig 1896.

III. Die hauptsächlichsten allgemeinen Darstellungen

1. Europa

Barbagallo, C., Il medio evo, Turin 1935.

Calmette, J., Le monde féodal, o. J. (Clio, 4).

The Cambridge Medieval history, 8 Bde., Cambridge 1911-1936.

Cartellieri, A., Weltgeschichte als Machtgeschichte: 382-911. Die Zeit der Reichsgründungen. – Die Weltstellung des Deutschen Reiches, 911-1047, 2 Bde., München 1927 und 1932.

East, G., An historical geography of Europe, London 1935.

Glotz, G., Histoire générale: Histoire du moyen âge, Bd. 1, Les destinées de l'Empire en Occident, von F. Lot, Chr. Pfister, F. L. Ganshof, 1928-1935 – Bd. 2, L'Europe occidentale de 888 à 1125, von A. Fliche, 1930. Bd. 4, 2, L'essor des États d'Occident, von Ch. Petit-Dutaillis und P. Guinard, 1937.

Haskins, Ch. H., The Normans in European history, Boston 1915.

Pirenne, H., Histoire de l'Europe, des invasions au XVIe siècle, 1936.

Volpe, G., Il medio evo, Florenz 1926.

2. National- und Staatengeschichten[3]

Gebhardt, B., Handbuch der Deutschen Geschichte, Bd. 1, 7. A., Stuttgart 1930.

Jahrbücher der deutschen Geschichte, Berlin 1862 ff.

Hampe, K., Herrschergestalten des deutschen Mittelalters, Leipzig 1927.

Lamprecht, K., Deutsche Geschichte, Bd. 2 und 3, Berlin 1892-1893.

Bühler, J., Deutsche Geschichte. Urzeit, Bauerntum und Aristokratie bis um 1100, Berlin 1934.

Manitius, M., Deutsche Geschichte unter den sächsischen und salischen Kaisern, Stuttgart 1889.

Cartellieri, A., Kaiser Otto II., in: Beiträge zur thüringischen und sächsischen Geschichte, Festschrift für O. Dobenecker, 1929.

Cartellieri, A., Otto III., Kaiser der Römer, in: Judeich-Festschrift, 1929.

Ter Braak, M., Kaiser Otto III., Amsterdam 1928.

Hampe, K., Deutsche Kaisergeschichte in der Zeit der Salier und Staufer, 2. A., Leipzig 1912.

Hunt, W. und R. L. Poole, The political history of England, Bd. 1, To 1066, von Th. Hodgkin, 1920; Bd. 2, 1066-1216, von G. B. Adams, 1905; Bd. 3, 1216-1377, von T. F. Tout, 1905.

Oman, C.-W. C., A history of England, Bd. 1, Before the Norman Conquest, von C. W. Oman, London 1910; Bd. 2, Under the Normans and Angevins, von H. W. C. Davis, 1905.

Ramsay, J. H., The foundations of England, B. C. 55-A. D. 1154, 2 Bde., London 1890. – The Angevin Empire, 1154-1216, 1903. – The dawn of the constitution, 1908.

Hodgkin, R. H., A history of the Anglo-Saxons, 2 Bde., Oxford 1935.

Lees, B. A., Alfred the Great, London 1915.

Plummer, Ch., The life and time of Alfred the Great, Oxford 1902.

Larson, L. M., Canute the Great, New York 1912.

Stenton, F. M., William the Conqueror and the rule of the Normans, London 1908.

Norgate, K., Richard the Lion Heart, London 1924.

Pirenne, H., Histoire de Belgique, Bd. 1, 3. A., Brüssel 1929.

Poupardin, R., Le royaume de Bourgogne (888-1038), 1907 (Biblioth. Éc. Hautes Études, Sc. histor. 163).

Altamira, R., Historia de España y de la civilización española, 2 Bde., 4. A., Barcelona 1928-1929.

Ballesteros y Beretta, A., Historia de España y su influencia en la historia universal, Bd. 2, Barcelona 1920.

Anglès, Folch i Rottès, Ph. Lauer, N. D'Olwer und Puig i Cadafalch, La Catalogne à l'époque romane, Paris 1932 (Université de Paris, Bibliothèque d'art catalan, 2).

Lavisse, E., Histoire de France Bd. 2, 1 (C. Bayet, C. Pfister, A. Kleinclausz); Bd. 2, 2 und 3,1 (A. Luchaire); Bd. 3, 2 (Ch.-V. Langlois), 1901-1903.

von Kalckstein, K., Geschichte des französischen Königtums unter den ersten Kapetingern, 1. Der Kampf der Robertiner und Karolinger, Leipzig 1977.

Fayre, E., Eudes, comte de Paris et roi de France, 1893 (Bibliothèque Éc. Hautes Études, Sc. histor., 99).

Eckel, A., Charles le Simple, 1899 (Bibliothèque Éc. Hautes Études, Sc. histor., 124).

Lauer, Ph., Robert 1er et Raoul de Bourgogne, 1910.

Lauer, Ph., Le règne de Louis IV d'Outre-Mer, 1900 (Bibliothèque Éc. Hautes Études, Sc. histor., 127).

Lot, F., Les derniers Carolingiens, 1891 (Bibliothèque Éc. Hautes Études, Sc. histor., 87).

Lot, F., Études sur le règne de Hugues Capet, 1903 (Bibliothèque Éc. Hautes Études, Sc. histor., 147).

Pfister, C., Études sur le règne de Robert le Pieux, 1885 (Bibliothèque Éc. Hautes Études, Sc. histor., 64).

Fliche, A., Le règne de Philippe 1er, 1912.

Luchaire, A., Louis VI le Gros, 1890.

Cartellieri, A., Philipp II. August, Leipzig 1899-1922.

Petit-Dutaillis, Ch., Étude sur la vie et le règne de Louis VIII, 1894.

Caspar, E., Roger II. (1101-1154) und die Gründung der normannisch-sicilischen Monarchie, Innsbruck 1904.

Chalandon, F., Histoire de la domination normande en Italie et en Sicile, 2 Bde., 1907.

Monti, G. M., Il mezzogiorno d'Italia nel medio evo, Bari 1930.

Pontieri, E., P. S. Leicht u. a., Il regno normanno, Mailand 1932.

Poupardin, R., Le royaume de Provence sous les Carolingiens, 1901 (Biblioth. Éc. Hautes Études, Sc. histor., 131).

Parisot, R., Le royaume de Lorraine sous les Carolingiens (843-923), 1899.

IV. Rechtliche und politische Strukturen

1. Die wichtigsten Rechtsquellen

Capitularia regum Francorum, hrsg. A. Boretius und V. Krause, Hannover 1883 bis 1897 (Mon. Germ. LL in 4°).

Formulae merowingici et Karolini aevi, hrsg. K. Zeumer, Hannover 1886 (Mon. Germ. LL in 4°).

Sachsenspiegel, hrsg. K. A. Eckhardt, Hannover 1933 (Mon. Germ., Fontes iuris germanici, Nova series).

Attenborough, F. L., The laws of the earliest English Kings, Cambridge 1922.

Liebermann, F., Die Gesetze der Angelsachsen, 3 Bde., Halle 1903-1916 (enthält zugleich die Gewohnheitsrechte der normannischen Zeit und einen wertvollen historischen Index)[4].

Robertson, A. J., The laws of the kings of England from Edmund to Henry I., Cambridge 1925.

Bracton, De legibus et consuetudinibus Angliae, hrsg. G. E. Woodbine, 2 Bde., New-Haven (U. S.) 1915-1932 (Yale Hist. Publ. Ms. 3); hrsg. Twiss, 6 Bde., London 1878-83 (Rolls-Series).

Glanvill, R., De legibus et consuetudinibus regni Angliae, hrsg. G. E. Woodbine, New-Haven (U. S.) 1932 (Yale Historical Publications, Ms. 13).

Le Conseil de Pierre de Fontaines, hrsg. A.-J. Marnier, 1886.

Les Établissements de Saint Louis, hrsg. P. Violet, 4 Bde., 1881-1886 (Soc. de l'Hist. de France).

Fourgous, J. und G. de Bezin, Les Fors de Bigorre, Bagnères 1901 (Travaux sur l'histoire du droit méridional, fasc. 1).

Philippe de Beaumanoir, Coutumes de Beauvaisis, hrsg. A. Salmon, 2 Bde., 1899 bis 1900 (Coll. de textes pour servir à l'étude . . . de l'hist.).

Tardif, J., Coutumiers de Normandie, 2 Bde., Rouen 1881-1903.

Muñoz Romero, T., Colección de fueros municipales y cartas pueblas de los reinos de Castilla, León, Corona de Aragón y Navarra, Bd. 1, Madrid 1847.

Usatges de Barcelona, editats amb una introduccio per R. d'Abdal i Vinyals i F. Valls Taberner, Barcelona 1913 (Textes de dret catala, I).

Acher, J., Notes sur le droit savant au moyen âge, in: Nouvelle Revue historique du droit, 1906 (Beitrag zu Ehren von J. de Blanot).

Guilelmus Durandus, Speculum judiciale. (Der zwischen 1271 und 1276 entstandene Text ist mehrfach gedruckt worden).

Lehmann, K., Das langobardische Lehnrecht (Handschriften, Textentwicklung, ältester Text und Vulgattext nebst den capitula extraordinaria), Göttingen 1896.

Seckel, E., Über neuere Editionen juristischer Schriften des Mittelalters, in: Zeitschrift der Savigny-Stiftung, G. A. 21, 1900 (über die Summae feudorum des 13. Jhs.).

2. Die wichtigsten Werke zur Verfassungs- und Rechtsgeschichte

Mayer, E., Mittelalterliche Verfassungsgeschichte: deutsche und französische Geschichte vom 9. bis zum 14. Jahrhundert, 2 Bde., Leipzig 1899.

von Below, G., Der deutsche Staat des Mittelalters, Bd. 1, Leipzig 1914.

von Below, G., Vom Mittelalter zur Neuzeit, Leipzig 1924 (Wissenschaft und Bildung 198).

Brunner, H., Deutsche Rechtsgeschichte, 2 Bde., 2. A., Leipzig 1906 und 1928.

Keutgen, F., Der deutsche Staat des Mittelalters, Jena 1918.

Meyer, W., Das Werk des Kanzlers Gislebert von Mons besonders als verfassungsgeschichtliche Quelle betrachtet, Königsberg 1888.

Schröder,R., Lehrbuch der deutschen Rechtsgeschichte, 6. A., Leipzig 1919 bis 1922.

Waitz, G., Deutsche Verfassungsgeschichte, Bd. 1-6 in 2. A., Berlin 1880-1896; Bd. 7 und 8, Kiel 1876-1878.

Chadwick, H. M., The origin of the English nation, Cambridge 1924.

Chadwick, H. M., Studies in Anglo-Saxon Institutions, Cambridge 1905.

Holdsworth, W. S., A history of English law, 3 Bde., 3. A., London 1923.

Jolliffe, J. E. A., The constitutional history of medieval England, London 1937.

Maitland, F. W., Domesday Book and Beyond, Cambridge 1921.

Pollock, F. und F. W. Maitland, The history of English law before the time of Edward I., 2 Bde., Cambridge 1898.

Pollock, F., The land laws, 3. A., London 1896.

Stubbs, W., Constitutional History of England, 3 Bde., Oxford 1895-1897.

Vinogradoff, P., English society in the eleventh century, Oxford 1908.

da Gama-Barros, H., Historia da administração publica em Portugal nos seculos XII a XV, 2 Bde., Lissabon 1885-1896 (mit vielen Nachrichten auch über León und Kastilien).

Mayer, E., Historia de las instituciones sociales y politicas de España y Portugal durante los siglos a XIV, 2 Bde., Madrid 1925-1926.

Riaza, R. und A. G. Gallo, Manual de historia del derecho español, Madrid 1935.

Sánchez-Albornoz, Cl., Conferencias en la Argentina, in: Anuario de historia del derecho español, 1933.

Sánchez-Albornoz, Cl., La potestad real y los señorios en Asturias, León y Castilla, in: Revista de Archivos, 3. Reihe, 31, 1914.

Besnier, R., La coutume de Normandie. Histoire externe, 1935.

Chénon, E., Histoire générale du droit français public et privé, 2 Bde., 1926 bis 1929.

Esmein, A., Cours élémentaire d'histoire du droit français, 14. A., 1921.

Flach, J., Les origines de l'ancienne France, 4 Bde., 1886-1917.

Fustel de Coulanges, N. D., Histoire des institutions politiques de l'ancienne France, 6 Bde., 1888-1892.

Haskins, Ch. H., Norman institutions, Cambridge (Mass.) 1918 (Harvard Historical Studies, 24).

Kiener, F., Verfassungsgeschichte der Provence seit der Ostgothenherrschaft bis zur Errichtung der Konsulate (510-1200), Leipzig 1900.

Luchaire, A., Manuel des inst. françaises. Periode des Capétiens directs, 1892.

Olivier-Martin, Fr., Histoire de la coutume de la prévôté et vicomté de Paris, 3 Bde., 1922-1930.

Rogé, P., Les anciens fors de Béarn, Toulouse 1907.

Violet, P., Histoire des institutions politiques et administratives de la France, 3 Bde., 1890-1903.

Besta, E., Fonti, legislazione e scienza giuridicha della caduta dell'impero romano al sec. VX°, Mailand 1923 (Storia del diritto italiano . . ., di P. Giudice).

Ficker, J., Forschungen zur Reichs- und Rechtsgeschichte Italiens, 4 Bde., Innsbruck 1868-1874.

Leicht, P. S., Ricerche sul diritto privato nei documenti preirneriani, 2 Bde., Rom 1914-1922.

Mayer, E., Italienische Verfassungsgeschichte von der Gothenzeit zur Zunftherrschaft, 2 Bde., Leipzig 1900.

Salvioli, G., Storia del diritto italiano, 8. A., Turin 1921.

Solmi, A., Storia del diritto italiano, 3. A., Mailand 1930.

Jamison, E., The Norman adiministration of Apulia and Capua, in: Papers of the British School at Rome, 6, 1913.

Niese, H., Die Gesetzgebung der normannischen Dynastie im regnum Siciliae, Halle 1910.

3. Rechtsdenken und Rechtslehre

Chénon, E., Le droit romain à la Curia regis, in: Mélanges Fitting, Bd. 1, Montpellier 1907 (Rezension von J. Acher, in: Rev. générale de droit, 32, 1908).

Besta, E., L'opera d'Irnerio, Turin 1910.

Brie, S., Die Lehre vom Gewohnheitsrecht, I: Geschichtliche Grundlegung, Breslau 1899.

Chiapelli, L., Recherches sur l'état des études de droit romain en Toscane au XIe siècle, in: Nouv. Revue histor. de droit, 1896.

Conrat, M., Die Quellen und Literatur des römischen Rechts im früheren Mittelalter, Leipzig 1891.

Flach, J., Études critiques sur l'histoire du droit romain au moyen âge, 1890.

Fornier, P., L'Église et le droit romain au XIIIe siècle, in: Nouv. Revue historique de droit, 1890.

Garaud, M., Le droit romain dans les chartes poitevines du IXe au XIe siècle, in: Bull. de la Soc. des Antiquaires de l'Ouest, 1925.

Goetz, W., Das Wiederaufleben des römischen Rechts im 12. Jahrhundert, in: Archiv. für Kulturgeschichte, 1912.

Meynial, E., Note sur la formation de la théorie du domaine divisé du XIIe au XIVe siècle, in: Mélanges Fitting, Bd. 2, Montpellier 1908.

Meynial, E., Remarques sur la réaction populaire contre l'invasion du droit romain en France aux XIIe et XIIIe siècles, in: Mélanges Chabaneau, Erlangen 1907.

Olivier-Martin, Fr., Le roi de France et les mauvaises coutumes, in: Zeitschrift der Savigny-Stiftung, G. A. 58, 1938.

Vinogradoff, P., Roman Law in medieval Europe, 2. A., Oxford 1929.

Wehrlé, R., De la coutume dans le droit cononique, 1928.

4. Politische Ideen

Carlyle, R. W. und A. J., A history of medieval political theory in the West., 3 Bde., London 1903-1915.

Dempf, A., Sacrum imperium: Geschichts- und Staatsphilosophie des Mittelalters und der politischen Renaissance, München 1929.

Kern, F., Recht und Verfassung im Mittelalter, in: Historische Zeitschrift, 1919.

V. Die letzten Völkerstürme

1. Allgemeines

Lot, F., Les invasions barbares et le peuplement de l'Europe: introduction à l'intelligence des derniers traités de paix, 2 Bde., 1937.

2. Die Sarazenen in den Alpen und auf der italienischen Halbinsel
(vgl. auch Poupardin, S. 566)

Duprat, E., Les Sarrasins en Provence, in: Les Bouches-du-Rhône. Encyclopédie départementale, 1924.

Latouche, R., Les idées actuelles sur les Sarrasins dans les Alpes, in: Revue de géographie alpine, 1931.

Patrucco, C. E., I Sarraceni nelle Alpi Occidentali, in: Biblioteca della Società storica subalpina, Bd. 32, 1908.

Vehse, O., Das Bündnis gegen die Sarazenen vom Jahre 915, in: Quellen und Forsch. aus italienischen Archiven, Bd. 19, 1927.

3. Die Ungarn

Büdinger, M., Österreichische Geschichte bis zum Ausgange des 13. Jahrhunderts, Bd. 1, Leipzig 1858.

Caro, G., Der Ungarntribut unter Heinrich I., in: Mitteilungen des Instituts für österr. Geschichtsforschung, 20, 1899.

Darko, E., Influences touranniennes sur l'évolution de l'art militaire des Grecs, des Romains et des Byzantins, in: Byzantion, 1935 und 1937.

Jokay, Z., Die ungarische Ortsnamenforschung, in: Zeitschrift für Ortsnamenforschung, 1935.

Kaindl, R. F., Beiträge zur älteren ungarischen Geschichte, Wien 1893.

Lüttich, R., Umgarnzüge in Europa im 10. Jahrhundert, Berlin 1910 (Ebering's Histor. Studien, 74).

Macartney, C. A., The Magyars in the ninth century, Cambridge 1930 (Rezension von G. Moravcsik, in: Byzantinische Zeitschrift, 1933).

Marczali, H., Ungarns Geschichtsquellen im Zeitalter der Arpaden, Berlin 1882.

Marquart, J., Osteuropäische und ostasiatische Streifzüge, Leipzig 1903.

Sauvageot, A., L'origine du peuple hongrois, in: Revue des études hongroises, Bd. 2, 1924.

Schönebaum, H., Die Kenntnis der byzantinischen Geschichtsschreiber von der ältesten Geschichte der Ungarn vor der Landnahme, Berlin 1922.

Sebestyen, Ch. C. S., L'arc et la flèche des Hongrois, in: Nouvelle Revue de Hongrie, Bd. 51, 1934.

Steinacker, H., Über Stand und Aufgabe der ungarischen Verfassungsgeschichte, in: Mitteilungen des Instituts für österr. Geschichtsforschung, Bd. 18, 1907.

Szinnyei, Die Herkunft der Ungarn, ihre Sprache und Urkultur, 2. A., Berlin 1923.

Zichy, E., L'origine du peuple hongrois, in: Revue des études hongroises, Bd. 1, 1923.

4. Die Skandinavier im allgemeinen und ihre Züge

Arbman, H. und M. Stenberger, Vikingar i Västerled, Stockholm 1935.

Bugge, A., The Norse settlements in the British Islands, in: Transactions of the Royal Historical Society, 1921.

Bugge, A., Die Wikinger: Bilder aus der nordischen Vergangenheit, Halle 1906.

Clapham, H. J., The horsing of the Danes, in: English Historical Review, 1910.

Collingwood, W. G., Scandinavian Britain, London 1908.

Curtis, E., The English and Ostmen in Ireland, in: English Historical Review, 1908.

Darlington, R. R., The last phase of Anglo-Saxon history, in: History, 1937.

Falk, H., Altnordisches Seewesen, in: Wörter und Sachen, Bd. 4, 1912.

Garaud, M., Les invasions des Normands en Poitou et leurs conséquences, in: Rev. historique, 180, 1937.

Gosses, I. H., Deensche Heerschappijen in Friesland gedurende den Noormannentijd, in: Mededeelingen der Koninklijke Akademie van Wetenschappen, Afd. Letterkunde, Deel 56, Serie B, 1923.

Hofmeister, A., Ein angeblicher Normannenzug ins Mittelmeer um 825, in: Historische Aufsätze K. Zeumer dargebracht, Weimar 1909.

Jacobsen, L., Les Vikings suivant les inscriptions runiques du Danemark, in: Revue Historique, Bd. 158, 1928.

Joranson, E., The Danegeld in France, Rock-Island 1923 (Augustana Library Publ., 10).

Kendrick, T. D., A history of the Vikings, London 1930.

Lot, F., La grande invasion normande de 856-862, in: Bibliothèque de l'École des Chartes, 1908.

Lot, F., La Loire, l'Aquitaine et la Seine de 862 à 866, in: Bibliothéque de l'École des Chartes, 1915.

Lot, F., Le monastère inconnu pillé par les Normands en 845, in: Bibliothèque de l'École des Chartes, 1909.

Montelius, O., Kulturgeschichte Schwedens von den ältesten Zeiten bis zum elften Jahrhundert, Leipzig 1906.

Montelius, O., Sverige och Vikingafäderna västernt, in: Antikv. Tidsk., 21, 2,

Nordenstreng, R., Die Züge der Wikinger. Deutsch von L. Meyn, Leipzig 1925.

Oman, Ch. W. C., The danish kingdom of York, in: The Archaeological Journal, Bd. 41, 1934.

Olrik, A., Viking Civilization, London 1930.

Paulsen, P., Studien zur Wikingerkultur, Neumünster 1933.

Prentout, H., Étude critique sur Dudon de Saint-Quentin, 1916.

Prentout, H., Essai sur les origines et la formation du duché de Normandie, Caen 1911.

Shetelig, H., Les origines des invasions des Normands (Bergens Museums Årbog, Historisk-antikvarisk rekke, nr. 1).

Shetelig, H., Préhistoire de la Norvège, Oslo 1926 (Instituttet for sammenlig-nende Kulturforskning, Serie A, Bd. 5).

Steenstrup, J., Normandiets Historie under de syv förste Hertuger 911-1066 (mit französ. Zusammenfassung), in: Mémoires de l'Académie royale des sciences et des lettres de Danemark, 7e Série, Sections des Lettres, Bd. 5, Nr. 1, 1925.

Steenstrup, J., Normannerne, 4 Bde., Kopenhagen 1876-1882 (Bd. 1 ist geson-dert übersetzt unter dem Titel: Études préliminaires pour servir à l'histoire des Normands, in: Bullet. Soc. Antiquaires Normandie, Bd. 5 und selbständig 1881).

Van der Linden, Les Normands à Louvain, in: Revue historique, Bd. 124, 1917.

Vogel, W., Die Normannen und das fränkische Reich bis zur Gründung der Normandie (799-911), Heidelberg 1906.

Vogel, W., Handelsverkehr, Städtewesen und Staatenbildung in Nordeuropa im früheren Mittelalter, in: Zeitschrift der Gesellschaft für Erdkunde zu Berlin, 1931.

Vogel, W., Wik-Orte und Wikinger: eine Studie zu den Anfängen des germa-nischen Städtewesens, in: Hansische Geschichtsblätter, 1935.

Wadstein, Le mot viking, in: Mélanges de philologie offerts à M. Johan Vising, 1925.

5. Die Bekehrung des Nordens

Johnson, E. N., Adalbert of Hamburg-Bremen, in: Speculum, 1934.

Maurer, K., Die Bekehrung des norwegischen Stammes zum Christentum, 2 Bde., München 1855-1856.

de Moreau, E., Saint Anschaire, Löwen 1930.

Schmeidler, B., Hamburg-Bremen und Nordwest-Europa vom 9. bis 11. Jahr-hundert, Leipzig 1918.

6. Spuren und Auswirkungen der skandinavischen Einfälle

Anderson, O. S., The English hundred-names, Lund 1934.

Bröndal, V., Le normand et la langue des Vikings, in: Normannia, 1930.

Ekwall, E., How long did the Scandinavian language survive in England?, in: A grammatical miscellany offered to O. Jespersen, Kopenhagen 1930.

Ekwall, E., Scandinavians and Celts in the North-West of England, Lund 1918 (Lunds Universitets Årsskrift, N. F., Afd. 1, Bd. 14).

Ekwall, E., The scandinavian element, in: A. Mawer und F. W. Stenton, In-troduction to the survey of English Place-Names, T. 1, Cambridge 1929.

Ekwall, E., The scandinavian element, in: H. C. Darby, An historical geography of England, Cambridge 1936.

Emanuelli, La colonisation normande dans le département de la Manche, in: Revue de Cherbourg, 1907 ff.

Jespersen, O., Growth and structure of the English language, 7. A., Leipzig 1933.

Joret, Ch., Les noms de lieu d'origine non romane et la colonisation germanique et scandinave en Normandie, in: Congrès du millénaire de la Normandie, Rouen 1912, Bd. 2 und (erweitert) separat 1913.

Lindkvist, Middle English Place-Names of Scandinavian origin, Upsala 1912.

Lot, F., De l'origine et de la signification historique des noms de lieux en ville et en court, in: Romania 1933 (vgl. Marc Bloch, Réflexions d'un historien sur quelques travaux de toponymie, in: Annales d'histoire économique, Bd. 6, 1934).

Mawer, A., Problems of Place-Name study, Cambridge 1929.

Mawer, A., The scandinavian settlements in England as reflected in English Place-Names, in: Acta Philologica Scandinavica, Bd. 7, 1932-1933.

Prentout, H., Le rôle de la Normandie dans l'histoire, in: Rev. historique, Bd. 160, 1929.

Shetelig, H., Vikingeminner i Vest Europa, Oslo 1933 (Instittutet for sammenlignende kulturforskning, A, XVI).

Sion, J., Les paysans de la Normandie orientale, 1908.

Sjögren, A., Le genre des mots d'emprunt norrois en normand, in: Romania, 1928.

Stenton, F. M., The Danes in England, in: History, 1920-1921.

Stenton, F. M., The Danes in England, in: Proceedings of the British Academy, Bd. 13, 1927.

VI. Die Blutsbande

1. Allgemeines, kriminelles Zusammenhalten

Roeder, F., Die Familie bei den Angelsachsen, Bd. 1, Halle 1899 (Studien zur englischen Philologie 4).

Brunner, H., Sippe und Wergeld in den niederdeutschen Rechten, in: Brunner, Abhandlungen zur Rechtsgeschichte, Bd. 1, Weimar 1931 (zuvor in: Zeitschr. der Savigny-Stiftung, G. A. 3, 1882).

Cattier, F., La guerre privée dans le comté de Hainaut, in: Annales de la Faculté de philosophie de Bruxelles, Bd. 1, 1889-1890.

Dubois, P., Les asseurements au XIIIᵉ siècle dans nos villes du Nord, 1900.

Espinas, G., Les guerres familiales dans la commune de Douai aux XIIᵉ et XIIIᵉ siècles, in: Nouv. Revue historique de droit, 1900.

Frauenstädt, P., Blutrache und Todtschlagsühne im deutschen Mittelalter, Leipzig 1881.

de Hinojosa, E., Das germanische Element im spanischen Rechte, in: Zeitschrift der Savigny-Stiftung, G. A. 31, 1910.

His, R., Gelobter und gebotener Friede im deutschen Mittelalter, in: Zeitschrift der Savigny-Stiftung, G. A. 33, 1912.

Petit-Dutaillis, Ch., Documents nouveaux sur les moeurs populaires et le droit de vengeance dans les Pays-Bas au XVᵉ siècle, 1908 (mit einer Bibliographie).

Phillpotts, B. S., Kindred and clan in the middle ages and after: a study in the sociology of the Teutonic races, Cambridge 1913 (Cambridge Archaeological and Ethnological Series).

Valat, G., Poursuite privée et composition pécuniaire dans l'ancienne Bourgogne, Dijon 1907.

Van Kempen, G., De la composition pour homicide d'après la Loi Salique. Son maintien dans les Coutumes de Saint-Omer jusqu'à la fin du XVIᵉ siècle, Saint-Omer 1902.

Wilke, C., Das Friedegebot: ein Beitrag zur Geschichte des deutschen Strafrechts. Heidelberg 1911 (Deutschrechtliche Beiträge, VI, 4).

Yver, J., L'interdiction de la guerre privée dans le très ancien droit normand (Extrait des travaux de la semaine d'histoire du droit normand), Caen 1928.

2. Die Sippe als Wirtschaftsgemeinschaft

Brunner, H., Der Totenteil in germanischen Rechten, in: H. Brunner, Abhandlungen zur Rechtsgeschichte, Bd. 2, Weimar 1937 (zuvor in: Zeitschrift der Savigny-Stiftung, G. A. 19, 1898).

Caillemer, R., Les idées coutumières et la renaissance du droit romain dans le Sud-Est de la France, 1: »Laudatio« des héritiers, in: Essays in legal history, ed. by P. Vinogradoff, Oxford 1913.

Caillemer, R., Le retrait lignager dans le droit provençal, in: Studi giuridici in onore di Carlo Fadda, Bd. 4, Neapel 1906.

Faletti, L., Le retrait lignager en droit coutumier français, Paris 1923.

Formentini, U., Sulle origini e sulla costituzione d'un grande gentilizio feodale, in: Atti della Società ligure di storia patria, Bd. 53, 1926.

Génestal, R., Le retrait lignager en droit normand, in: Travaux de la semaine d'histoire du droit normand . . ., 1923, Caen 1925.

de Laplanche, J., La réserve coutumière dans l'ancien droit français, 1925.

Plucknett, Th. F. T., Bookland and Folkland, in: The Economic history Review, Bd. 6, 1935-1936 (mit einer Bibliographie).

Porée, Ch., Les statuts de la communauté des seigneurs pariers de La Garde-Guérin (123851313), in: Bibliothèque de l'Ecole des Chartes, 1907 und: Études historiques sur le Gévaudan, 1919.

Schultze, A., Augustin und der Seelteil des germanischen Erbrechts, in: Abh. der sächs. Akad. der Wiss., Phil. hist. Kl. 28.

Tamassio, G., Il diritto di prelazione e l'espropriazione forzata negli statuti dei comuni italiani, in: Archivio giuridico, 1885.

VII. Die eigentlich feudalen Einrichtungen

1. Allgemeines, Ursprünge des fränkischen Lehnswesens[5]

Bloch, M., Feudalism (European), in: Encyclopaedia of the social sciences, 6, 1931.

Bourgeois, Em., Le capitulaire de Quiersy-sur-Oise: étude sur l'etat et le régime politique de la société carolingienne à la fin du IXe siècle d'après la législation de Charles le Chauve, 1885.

Calmette? J., La Société féodale, 1923 (Collection A. Colin).

Dopsch, A., Benefizialwesen und Feudalität, in: Mitteilungen des österreichischen Instituts für Geschichtsforschung, 1932.

Dopsch, A., Die Leudes und das Lehnwesen, in: Mitteilungen des österr. Instituts für Geschichtsforschung, 1926.

Dopsch, A., Die Wirtschaftsentw. d. Karolingerzeit, 2. A., Wien 1921/1922.

Dumas, A., Le serment de fidélité et la conception du pouvoir du Ier au IXe siècle, in: Revue historique de droit, 1931 (vgl. F. Lot, Le serment de fidélité à l'époque franque, in: Revue belge de philologie, 1933; A. Dumas, Le serment de fidélité à l'époque franque, ibid., 1935).

Ganshof, F. L., Note sur les origines de l'union du bénéfice avec la vasalité in: Études d'histoire dédiés à la mémoire de Henri Pirenne, Brüssel 1937.

Gulhiermoz, A., Essai sur les origines de la noblesse en France au moyen âge, 1902.

Halphen, L., A propos du capitulaire de Quierzy, in: Revue historique, Bd. 106, 1911.

Kienast, W., Die deutschen Fürsten im Dienste der Westmächte bis zum Tode Philipps des Schönen von Frankreich, 2 Bde., Utrecht 1924-1931.

Kienast, W., Lehnrecht und Staatsgewalt im Mittelalter, in: Histor. Zeitschrift, Bd. 158, 1938.

Krawinkel, H., Zur Entstehung des Lehnwesens, Weimar 1936.

Lesne, Em., Histoire de la propriété ecclésiastique en France, 4 Bde., Lille 1910-1936.

Menzel, V., Die Entstehung des Lehnwesens, Berlin 1890.

Mayer, E., Die Entstehung der Vasallität und des Lehnwesens, in: Festgabe für R. Sohm., München 1914.

Mitteis, H., Lehnrecht und Staatsgewalt, Weimar 1933.

Mitteis, H., Politische Prozesse des früheren Mittelalters in Deutschland und Frankreich, in: Sitzungsber. der Heidelberger Akad. der Wissenschaften, 1926.

Roth, P., Feudalität und Unterthanenverband, Weimar 1863.

Société Jean Bodin, Les liens de vassalité et les immunités, Brüssel 1936 (und Revue de l'institut de Sociologie, 1936).

Vinogradoff, P., Foundations of Society und Feudalism, in: Cambridge Medieval History, Bd. 2 und 3.

Waitz, G., Die Anfänge des Lehnwesens, in: G. Waitz, Gesammelte Abhandlungen, Bd. 1, Göttingen 1896.

2. Untersuchungen über einzelne Länder und Landschaften

Beseler, G., System des gemeinen deutschen Privatrechts, Bd. 2, Berlin 1885.

Homeyer, C. G., System des Lehnrechts der sächsischen Rechtsbücher, in: Sachsenspiegel, hrsg. Homeyer, Bd. 2, Berlin 1844.

Lippert, W., Die deutschen Lehnsbücher, Leipzig 1903.

Adams, G. B., Anglo-saxon feudalism, in: American Historical Review, Bd. 7, 1901-1902.

Chew, H. M., The English ecclesiastical tenants-in-chief and knight-service, especially in the thirteenth and fourteenth century, Oxford 1932.

Douglas, D. C., Feudal documents from the abbey of Bury-St-Edmunds, London 1932 (Records of the Soc. and Ec. Hist. of England, 8). Wichtige Einführung.

Jolliffe, J. E. A., Northumbrian institutions, in: English Historical Review, Bd. 41, 1926.

Mac Kechne, W. S., Magna Carta: a commentary, 2. A., Glasgow 1914.

Round, H., Feudal England, London 1907.

Round, H., Military tenure before the Conquest, in: Eng. hist. Rev., Bd. 12, 1897.

Stenton, F. M., The changing feudalism of the middle ages, in: History, Bd. 19, 1934-1935.

Stenton, F. M., The first century of English feudalism (1066-1166), Oxford 1932.

Menéndez Pidal, R., La España del Cid, 2 Bde., Madrid 1929. Deutsche Übersetzung: Das Spanien des Cid, 2 Bde., 1936-1937.

Muñoz-Romero, T., Del estado de las personas en los reinos de Asturias y León, in: Revista de Archivos, 1883.

Paz, R., Un nuevo feudo castellano, in: Anuario de historia del derecho español, 1928.

Sánchez-Albornoz, Cl., Un feudo castellano del XIII, in: Anuario de historia del derecho español, 1926.

Sánchez-Albornoz, Cl., Les behetrias et Muchas páginas más sobre las behetrias, in: Anuario de historia del derecho español, 1924 und 1927.

Secrétan, E., De la féodalité en Espagne, in: Rev. historique du droit, 1863.

d'Espinay, G., La féodalité et le droit civil français, Saumur 1862 (Rec. de l'Académie de Législation de Toulouse. Ergänzungslieferung).

Dillay, M., Le service annuel en deniers des fiefs de la région angevine, in: Mélanges Paul Fournier, 1929.

Brutails, J.-A., Les fiefs du roi et les alleux en Guienne, in: Annales du Midi, 1917.

Lagouelle, H., Essai sur la conception féodale de la propriété foncière dans le très ancien droit normand, 1902.

Rabasse, M., Du régime des fiefs en Normandie au moyen âge, 1905.

Richardot, H., Le fief roturier à Toulouse aux XIIᵉ et XIIIᵉ siècles, in: Rev. histor. de droit français, 1935.

Strayer, J. R., Knight-Service in Normandy, in: Anniversary essays by students of Ch. H. Haskins, 1929.

Yver, J., Les contrats dans le très ancien droit normand, 1926.

Del Giudice, P. und C. Calisse, Feudo, in: Il Digesto italiano, Bd. 11, 2, 1892 bis 1898.

Schneider, F., Die Entstehung von Burg- und Landgemeinde in Italien. Berlin 1924 (Abhandl. zur mittleren und neueren Gesch., 68).

Wunderlich, E., Aribert von Antemiano, Erzbischof von Mailand, Halle 1914.

Brooke, Z. N., Pope Gregory VII's demand of fealty from William the Conqueror, in: English Historical Review, Bd. 26, 1911.

Erdmann, C., Das Papsttum und Portugal im ersten Jh. der portugiesischen Geschichte, in: Abhandl. der Preußischen Akademie, Phil.-hist. Kl., 1938.

Jordan, K., Das Eindringen des Lehnwesens in das Rechtsleben der römischen Kurie, in: Archiv. für Urkundenforschung, 1931.

Kehr, P., Die Belehnungen der süditalienischen Normannenfürsten durch die Päpste, in: Abhandl. der Preußischen Akademie, Phil.-hist. Kl., 1934.

Kehr, P., Das Papsttum und der katalanische Prinzipat bis zur Vereinigung mit Aragón, in: Abhandl. der Preußischen Akademie, Phil.-hist. Kl., 1926.

Kehr, P., Das Papsttum und die Königreiche Navarra und Aragón bis zur Mitte des XII. Jahrhunderts, in: Abhandl. der Preußischen Akademie, Phil.-hist. Kl., 1928.

Kehr, P., Wie und wann wurde das Reich Aragón ein Lehen der römischen Kirche? In: Sitzungsber. der Preußischen Akademie, Phil.-hist. Kl. 1928.

Kölmel, W., Rom und der Kirchenstaat im 10. und 11. Jahrhundert bis in die Anfänge der Reform, Berlin 1935 (Abh. zur mittleren und neueren Gesch., 78).

Tomassetti, G., Feudalismo romano, in: Rivista internationale di scienze sociale, Bd. 5, 1894.

Capasso, B., Sul catalogo dei feudi e dei feudatari delle provincie napoletane sotto la domimazione normanna, in: Atti della r. Accademia di archeologia, Bd. 4, 1868-1869.

Ceci, C., Normanni di Inghilterra e Normanni d'Italia, in: Archivio Scientifico del R. Istituto Sup. di Sc. Ecconomiche . . . Bari, Bd. 7, 1932-1933.

Monti, G.-M., Ancora sulla feudalità e i grandi domani feudali del regno di Sicilia, in: Rivista di storia del diritto ital., Bd. 4, 1921.

La Monte, J. L., Feudal monarchy in the Latin Kingdom of Jerusalem, Cambridge (U.S.), 1932 (Monographs of the Mediaeval Acad., 4).

3. Gefolgschaft, Vasallität und Lehnshuldigung (Mannschaft)

Bloch, M., Les formes de la rupture de l'hommage dans l'ancien droit féodal, in: Nouvelle Revue historique de droit, 1912.

Brunner, H., Zur Geschichte des fränkischen Gefolgswesens, in: Forschungen zur Geschichte des dt. und fr. Rechtes, Stuttgart 1894 (zuvor in: Zeitschr. der Savigny-Stiftung, G. A. 9, 1888).

Calmette, J., Le comitatus germanique et la vassalité, in: Nouvelle Revue historique de droit, 1904.

Chénon, E., Le rôle juridique de l'osculum dans l'ancien droit français, in: Mém. Soc. nationale des Antiquaires, 8e Série, Bd. 6, 1919-1923.

Doubler, O., Formalakte beim Eintritt in die altnorwegische Gefolgschaft, in: Mitteilungen des Instituts für österr. Geschichtsforschung, Ergänzungsband 6, 1901.

Ehrenberg, V., Commendation und Huldigung nach fränkischem Recht, 1877.

Ehrismann, G., Die Wörter für Herr im Althochdeutschen, in: Zeitschrift für deutsche Wortforschung, Bd. 7, 1905-1906.

Grosse, R., Römische Militärgeschichte von Gallienus bis zum Beginn der byzantinischen Themenverfassung, Berlin 1920.

His, R., Todschlagsühne und Mannschaft, in: Festgabe für K. Güterbock, Berlin 1910.

Jud, J., Zur Geschichte und Herkunft von frz. »dru«, in: Archivum romanicum, 1926.

Larson, L. M., The King's Household in England before the Conquest, Madison 1904.

Lécrivain, Ch., Les soldats privés au Bas-Empire, in: Mélanges d'archéologie et d'histoire, 1890.

Leicht, P. S., Gasindi e vassalli, in: Rendiconti della r. Accademia naz. dei Lincei, Sc. morali, 6. Reihe, Bd. 3, 1927.

Little, A. G., Gesiths and thegns, in: English historical Review, Bd. 4, 1887.

Meyer-Lübke, W., Senyor, »Herr«, in: Wörter und Sachen, Bd. 8, 1923.

Mirot, L., Les ordonnances de Charles VII relatives à la prestation des hommages, in: Mémoires de la Société pour l'Histoire du droit et des institutions des anciens pays bourguignons, fasc. 2, 1935.

Müller, M., Minne und Dienst in der altfranzösischen Lyrik, Marburg 1907.

Myrick, A. B., Feudal terminology in medieval religious poetry, in: The romanic review, Bd. 11, 1920.

Petot, P., La capacité testimoniale du vassal, in: Revue historique du droit, 1931.

Platon, G., L'hommage féodal comme moyen de contracter des obligations privées, in: Revue générale du droit, Bd. 26, 1902.

Ramos y Loscertales, La »devotio iberica«, in: Anuario de Historia del derecho español, 1924.

Richter, E., Senior, Sire, in: Wörter und Sachen, Bd. 12, 1929.

Schubert, C., Der Pflegesohn (nourri) im franz. Heldenepos, Marburg 1906.

Seeck, O., Buccellarii, in: P. Wissowa, Real-Encyclopädie der classischen Altertumswissenschaft, Bd. 3, 1899.
Seeck, O., Das deutsche Gefolgswesen auf römischem Boden, in: Zeitschrift der Savigny-Stiftung, G. A. 17, 1896.
Waitz, G., Über die Anfänge der Vasallität, in: G. Waitz, Gesammelte Abhandl., Bd. 1, Göttingen 1896.
Wechssler, E., Frauendienst und Vasallität, in: Zeitschrift für französische Sprache, Bd. 24, 1902.
Wechssler, E., Das Kulturproblem des Minnesangs, Bd. 1, Halle 1907.
Windisch, Vassus und vassallus, in: Berichte über die Verhandl. der k. sächs. Gesellschaft der Wissenschaften, 1892.

4. Prekarie, »beneficium«, Lehen und Allod

Bloch, M., Un problème d'histoire comparée: la ministérialité en France et en Allemagne, in: Revue historique de droit, 1928.
Bondroit, Les »precariae verbo regis« devant le concile de Leptinnes, in: Revue d'histoire ecclésiastique, 1900.
Brunner, H., Die Landschenkungen der Merowinger und Agilofinger, in: Forschungen zur Geschichte des dt. und fr. Rechtes, Stuttgart 1877 (zuvor in: Sitzungsber. der Preuß. Akad., Phil.-hist. Kl., 1885).
Chénon, E., Étude sur l'histoire des alleux, 1888.
Clotet, L., Le bénéfice sous les deux premières races, in: Comptes rendus du Congrès scientifique international des catholiques, 1891.
Gierke, O., Allod, in: Beiträge zum Wörterbuch der deutschen Rechtsprache, Weimar 1908.
von Gladiss, D., Die Schenkungen der deutschen Könige zu privatem Eigen, in: Deutsches Archiv für Geschichte des Mittelalters, 1937.
Kern, H., Feodum, fief, in: Mémoires Soc. Linguistique Paris, Bd. 2, 1872.
Krawinkel, H., Feudum, Weimar 1938 (Forschungen zum dt. Recht, III, 2).
Krawinkel, H., Untersuchungen zum fränkischen Benefizialrecht, Weimar 1936 (Forschungen zum dt. Recht, II, 2).
Jolliffe, J. E. A., Alod and fee, in: Cambridge historical journal, 1937.
Lesne, Em., Les bénéficiers de Saint-Germain-des-Prés au temps de l'abbé Irminon, in: Revue Mabillon, 1922.
Lesne, Em., Les diverses acceptions du mot »beneficium« du VIIIᵉ au IXᵉ siècle, in: Revue historique du droit, 1921.
Lot, F., Origine et nature du bénéfice, in: Anuario de historia del derecho español, 1933.
Pöschl, A., Die Entstehung des geistlichen Benefiziums, in: Archiv. für Kathol. Kirchenrecht, 1926.
Roth, P., Geschichte des Benefizialwesens von den ältesten Zeiten bis ins zehnte Jahrhundert, Erlangen 1850.
Schäfer, D., Honor . . . im mittelalterlichen Latein, in: Sitzungsber. der Preuß. Akad., Phil.-hist. Kl., 1921.
Stutz, U., Lehen und Pfründe, in: Zeitschrift der Savigny-Stiftung, G. A. 20, 1899.
Wirt, R., Le régime des terres du fisc sous le Bas-Empire. Essai sur la precaria, 1894.

5. Das Lehnsrecht
(vgl. auch Acher, S. 562)

d'Arbois de Jubainville, Recherches sur la minorité et ses effets dans le droit féodal français, in: Bibliothèque de l'Éc. des Chartes, 1851 und 1852.

Bellette, Em., La succession aux fiefs dans les coutumes flamandes, 1927.

Blum, E., La commise féodale, in: Tijdschrift voor Rechtsgeschiedenis, 4, 1922 bis 1923.

Ermolaef, Die Sonderstellung der Frau im französischen Lehnrecht, Ostermundingen 1930.

Génestal, R., La formation du droit d'aînesse dans la coutume de Normandie, in: Normannia, 1928.

Génestal, R., Le parage normand, Caen 1911 (Biblioth. d'hist. du droit normand. 2e Série, I, 2).

Génestal, R., Études de droit privé normand, 1: La tutelle, 1930 (Biblioth. d'hist. du droit normand, 2e série, 3).

Klatt, K., Das Heergewäte, Heidelberg 1908 (Deutschrechtliche Beiträge, Bd. 2, 2).

Meynial, E., Les particularités des successions féodales dans les Assises de Jérusalem, in: Nouvelle Revue histor. de droit, 1892.

Mitteis, H., Zur Geschichte der Lehnsvormundschaft, in: Alfred-Schulze-Festschrift, Weimar 1934.

Schulze, H. J. F., Das Recht der Erstgeburt in den deutschen Fürstenhäusern und seine Bedeutung für die deutsche Staatsentwicklung, Leipzig 1851.

Stutz, U., Römerwergeld und Herrenfall, in: Abhandlungen der Preuß. Akademie, Phil.-hist. Kl., 1934.

6. Die Vielzahl von Herren und die ligische Mannschaft

Baist, G., Lige, liege, in: Zeitschrift für romanische Philologie, Bd. 28, 1904.

Beaudoin, Ad., Homme lige, in: Nouvelle Revue historique de droit, Bd. 7, 1883.

Bloomfield, Salic »Litus«, in: Studies in honor of H. Collitz, Baltimore 1930.

Brüch, J., Zu Meyer-Lübkes Etymologischem Wörterbuch, in: Zeitschrift für romanische Philologie, Bd. 38, 1917.

Ganshof, F. L., Depuis quand a-t-on pu en France être vassal de plusieurs seigneurs?, in: Mélanges Paul Fournier, 1929 (Rezension von W. Kienast, in: Historische Zeitschrift, Bd. 141, 1929-1930).

Pirenne, H., Qu'est-ce qu'un homme lige? In: Académie royale de Belgique, Bulletin de la classe des lettres, 1909.

Pöhlmann, C., Das ligische Lehensverhältnis, Heidelberg 1931.

Zeglin, D., Der »homo ligius« und die französische Ministerialität, Leipzig 1917 (Leipziger Historische Abhandlungen 39).

VIII. Die Lehnsverfassung als militärische Einrichtung

1. Die Hauptwerke zur Geschichte der Kriegskunst und des Heerwesens

Baltzer, M., Zur Geschichte des deutschen Kriegswesens in der Zeit von den letzten Karolingern bis auf Kaiser Friedrich II., Leipzig 1877.

Boutaric, E., Institutions militaires de la France, 1863.

Delbrück, H., Geschichte der Kriegskunst im Rahmen der politischen Geschichte, Bd. 3, Berlin 1907.

Delpech, H., La tactique au XIIIᵉ siècle, 2 Bde., 1886.

von Frauenholz, E., Entwicklungsgeschichte des deutschen Heerwesens, Bd. 1, Das Heerwesen der germanischen Frühzeit, des Frankenreiches und des ritterlichen Zeitalters, München 1935.

Köhler, G., Entwicklung des Kriegswesens und der Kriegsführung in der Ritterzeit, 3 Bde., Breslau 1886-1893.

Oman, Ch., A history of the art of war. The middle ages from the fourth to the fourteenth century, 2. A., London 1924.

2. Reiterdienst und Bewaffnung

Bach, V., Die Verteidigungswaffen in den altfranzösischen Artus- und Abenteuerromanen, Marburg 1887 (Ausg. und Abh. aus dem Gebiete der roman. Philologie, 70).

Brunner, H., Der Reiterdienst und die Anfänge des Lehnwesens, in: Forschungen zum dt. und fr. Recht, Stuttgart 1894 (zuvor in: Zeitschrift der Savigny-Stift., G. A. 8, 1887).

Demay, G., Le costume au moyen âge d'après les sceaux, Paris 1880.

Gessler, E. A., Die Trutzwaffen der Karolingerzeit vom VIII. bis zum XI. Jahrhundert, Basel 1908.

Giesse, W., Waffen nach den provenzalischen Epen und Chroniken des XII. und XIII. Jahrhunderts, in: Zeitschr. für roman. Philologie, Bd. 52, 1932.

Lefebvre des Noëttes, L'attelage et le cheval de selle à travers les âges, 2 Bde., 1931 (vgl. M. Bloch, Les inventions médiévales, in: Annales d'hist. économique, 1935).

Mangoldt-Gaudlitz, H. v., Die Reiterei in den germanischen und fränkischen Heeren bis zum Ausgang der deutschen Karolinger, Berlin 1922 (Arbeiten zur dt. Rechts- und Verfassungsgeschichte, 4).

Roloff, G., Die Umwandlung des fränkischen Heeres von Chlodwig bis Karl den Großen, in: Neue Jahrbücher für das klassische Altertum, Bd. 9, 1902.

Sánchez-Albornoz, Cl., Los Arabes y los origines del feudalismo, in: Anuario de historia del derecho español, 1929; Les Arabes et les origines de la féodalité, in: Revue historique de droit, 1933.

Sánchez-Albornoz, Cl., La caballeria visigoda, in: Wirtschaft und Kultur, Festschrift zum 70. Geburtstag von A. Dopsch, Wien 1938.

Schirling, V., Die Verteidigungswaffen im altfranzösischen Epos, Marburg 1887 (Ausg. und Abh. aus dem Gebiete der roman. Philologie, 69).

Schwietering, J., Zur Geschichte vom Speer und Schwert im 12. Jahrhundert, in: Mitteilungen aus dem Museum für Hamburgische Geschichte, Nr. 3 (8. Beiheft, 2. Teil zum Jahrbuch der Hamburgischen wissenschaftlichen Anstalten, 29, 1911).

Sternberg, A., Die Angriffswaffen im altfranzösischen Epos, Marburg 1886 (Ausg. und Abh. aus dem Gebiete der roman. Philologie, 48).

3. Militärische Verpflichtung und besoldete Heere

Fehr, H., Landfolge und Gerichtsfolge im fränkischen Recht, in: Festgabe für R. Sohm, München 1914.

Noyes, A. G., The military obligation in medieval England, Columbus (Ohio) 1931.

Rosenhagen, G., Zur Geschichte der Reichsheerfahrt von Heinrich VI. bis Rudolf von Habsburg, Meißen 1885.

Schmitthenner, P., Lehnkriegswesen und Söldnertum im abendländischen Imperium des Mittelalters, in: Histor. Zeitschrift, 1934.

Weiland, L., Die Reichsheerfahrt von Heinrich V. bis Heinrich VI. nach ihrer staatsrechtlichen Seite, in: Forschungen zur dt. Geschichte, Bd. 7, 1867.

4. Die Burg

Armitage, E. S., Early Norman Castles of the British Isles, London 1913 (vgl. Round, English Historical Review, 1912, S. 544).

Coulin, A., Befestigungshoheit und Befestigungsrecht, Leipzig 1911.

Desmarez, G., Fortifications de la frontière du Hainaut et du Brabant au XIIe siècle, in: Annales de la Soc. royale d'archéologie de Bruxelles, 1914.

Enlart, C., Manuel d'archéologie française. T. 2, Bd. 2, Architecture militaire et navale, 1932.

Painter, S., English castles in the middle-ages, in: Speculum, 1935.

Round, J. H., Castle-guard, in: The archaeological journal, 59, 1902.

Schrader, E., Das Befestigungsrecht in Deutschland, Göttingen 1909.

Schuchardt, C., Die Burg im Wandel der Geschichte, Potsdam 1931.

Thompson, A. H., Military architecture in England during the middle-ages, Oxford 1912.

IX. Die Bande der Abhängigkeit in den Unterschichten[6]
(vgl. Sánchez-Albornoz, S. 575)

von Below, G., Geschichte der deutschen Landwirtschaft des Mittelalters, Jena 1937.

Bloch, M., Les caractères originaux de l'histoire rurale française, 1931.

Bloch, M., Les »coliberti«, étude sur la formation de la classe servile, in: Revue historique, Bd. 157, 1928.

Bloch M., De la cour royale à la cour de Rome: le procès des serfs de Rosny-sous-Bois, in: Studi di storia e diritto in onore di E. Besta, Mailand 1938.

Bloch, M., Liberté et servitude personnelles au moyen âge, in: Anuario de historia del derecho español, 1933.

Bloch, M., Les tranformations du servage, in: Mélanges d'histoire du moyen âge offerts à M. F. Lot, 1925.

Boeren, P.-C., Étude sur les tributaires d'église dans le comté de Flandre du IXe au XIVe siècle, Amsterdam 1936 (Uitgaven van het Instituut voor middeleeuwsche Geschiedenis der ... Universiteit te Nijmegen, 3).

Caro, G., Beiträge zur älteren deutschen Wirtschafts- und Verfassungsgeschichte, Leipzig 1905.

Caro, G., Neue Beiträge zur deutschen Wirtschafts- und Verfassungsgeschichte, Leipzig 1911.

Coulton, G. G., The medieval village, Cambridge 1925.

de Hinojosa, E., El régimen señorial y la cuestion agraria en Cataluña, Madrid 1905.

von Keller, R., Freiheitsgarantien für Person und Eigentum im Mittelalter, Heidelberg 1933 (Deutschrechtliche Beiträge, 14, 1).

Kielmeyer, O. A., Die Dorfbefreiung auf deutschem Sprachgebiet, Bonn 1931.

Luzzato, G., I servi nelle grande proprietà ecclesiastiche italiane nei secoli IX e X, Pisa 1910.

von Minnigerode, H., Wachszinsrecht, in: Vierteljahresschrift für Sozial- und Wirtschaftsgeschichte, 1916.

Perrin, Ch.-E., Essai sur la fortune immobilière de l'abbaye alsacienne de Marmoutier, Straßburg 1935.

Perrin, Ch.-E., Recherches sur la seigneurie rurale en Lorraine d'après les plus anciens censiers, 1935.

Petit, A., Coliberti ou culverts: essai d'interprétation des textes qui les concernent (Xe-XIIe siècles), Limoges 1926.

Petit, A., Coliberti ou culverts: réponse à diverses objections, Limoges 1930.

Petot, P., L'hommage servile, in: Revue historique du droit, 1927 (vgl. den Beitrag desselben Verfassers hier unten zum Titel »Socièté Jean Bodin«, Le Servage).

Petot, P., La commendise personnele, in: Mélanges P. Fournier, 1929 (Vgl. M. Bloch, Ann. d'hist. econom., 1931, S. 254 ff.).

Pirenne, H., Liberté et propriété en Flandre du VIIe au IXe siècle, in: Bulletin Académie royale de Belgique, Cl. des Lettres, 1911.

Puigarnau, J. M. Mans., Las clases serviles bajo la monarquia visigoda y en los estados cristianos de la reconquista española, Barcelona 1928.

Sée, H., Les classes rurales et le régime domanial en France au moyen âge, 1901.

Seeliger, G., Die soziale und politische Bedeutung der Grundherrschaft im früheren Mittelalter, in: Abhandlungen der phil.-hist. Klasse der kgl.-sächsischen Gesellschaft der Wissensch., Bd. 22, 1, 1903.

Société Jean Bodin, Le servage, Brüssel 1937 (und Revue de l'Institut de Sociologie, 1937).

Société Jean Bodin, La tenure, Brüssel 1938.

Thibault, F., La condition des personnes en France du IXe siècle au mouvement communal, in: Revue historique du droit, 1933.

Vaccari, P., L'affrancazione dei servi della gleba nell' Emilia e nella Toscana, Bologna 1925 (R. Accademia dei Lincei. Commissione per gli atti delle assemblee costituzionali).

Vanderkindere, L., Liberté et propriété en Flandre du IXe au XIIe siècle, in: Bulletin Academie royale de Belgique, Cl. des Lettres, 1906.

Verriest, L., Le servage dans le comté de Hainaut, in: Académie royale de Belgique, Cl. des Lettres. Mémoires in- 8°, 2e Série, Bd. 6, 1910.

Vinogradoff, P., Villeinage in England, Oxford 1892.

Weller, K., Die freien Bauern in Schwaben, in: Zeitschrift der Savigny-Stift., G. A. 54, 1934.

Wittich, W., Die Frage der Freibauern, in: Zeitschrift der Savigny-Stift., G. A. 22, 1901.

X. Einige Länder ohne Lehnswesen

1. Sardinien

Besta, E., La Sardegna medioevale, 2 Bde., Palermo 1909.
Raspi, R.-S., Le classi sociali nella Sardegna medioevale, Cagliari 1938.
Solmi, A., Studi storici sulle istituzione della Sardegna nel medio evo, Cagliari 1917.

2. Personenverbände an der deutschen Nordseeküste

Gosse, J. H., De Friesche Hoofdeling, in: Mededeelingen der Kl. Akademie van Wetenschappen, Afd. Letterk., 1933.
Köhler, J., Die Struktur der Dithmarscher Geschlechter, Heide 1915.
Marten, G. und K. Mäckelmann, Dithmarschen, Heide 1927.
Siebs, B. E., Grundlagen und Aufbau der altfriesischen Verfassung, Breslau 1933 (Untersuchungen zur deutschen Staats- und Rechtsgeschichte, 144).

BAND II

Die Klassen und die Regierung der Menschen

Hinweise zur Benutzung der Bibliographie

Die allgemeinen Grundsätze, die der Zusammenstellung der Bibliographie vorangestellt und dort gleichsam an der Spitze dieses Arbeitsinstrumentes dargelegt wurden, sind von derselben Art, die für den vorangehenden Band unter dem Titel: »Das Entstehen von Banden der Abhängigkeit« gilt (S. 559). Es ist, von wenigen Ausnahmen abgesehen, vermieden worden, hier die Titel der schon in der vorigen Bibliographie genannten Werke zu wiederholen, auf die ich den Leser verweise, vor allem, wenn es sich um allgemeine Darstellungen der Feudalgesellschaft handelt. Die Titelliste wie auch ihre Redaktion ist im Februar 1939 abgeschlossen worden.

Übersicht über die Bibliographie

I. Die Klassen im allgemeinen und der Adel
1. Allgemeine Werke zur Geschichte der Klassen und des Adels. 2. Der Ritterschlag und die liturgischen Quellen. 3. Mittelalterliche Abhandlungen über das Rittertum. 4. Arbeiten über Rittertum und Ritterschlag. 5. Die Erhebungen in den Adelsstand. 6. Adliges und ritterliches Leben. 7. Die Wappen. 8. Ministeriale und Ministerialität.
II. Die Kirche in der Feudalgesellschaft. Die Vogtei
III. Die Rechtssprechung
IV. Die Friedensbewegung
V. Die Institution der Monarchie
VI. Die Territorialgewalten
VII. Die Nationalitäten
VIII. Der Feudalismus in vergleichender Geschichtsbetrachtung

I. Die Klassen im allgemeinen und der Adel

1. Allgemeine Werke zur Geschichte der Klassen und des Adels

Bloch, M., Sur le passé de la noblesse française: quelques jalons de recherche, in: Annales d'histoire économique et sociale, 1936.

Denholm-Young, N., En remontant le passé de l'aristocratie anglaise: le moyen âge, in: Annales d'histoire économique et sociale, 1937.

Desbrousses, X., Condition personelle de la noblesse au moyen âge, Bordeaux 1901.

Du Cange, Des chevaliers bannerets. Des gentilshommes de nom et d'armes (Dissertations sur l'histoire de saint Louis, 9 und 10), in: Glossarium, hrsg. Henschel, Bd. 7.

von Dungern, O., Comes, liber, noblis in Urkunden des 11. und 13. Jahrhundert, in: Archiv für Urkundenforschung, 1932.

von Dungern, O., Der Herrenstand im Mittelalter, Bd. 1, Papiermühle 1908.

von Dungern, O., Die Entstehung der Landeshoheit in Österreich, Wien 1930.

Ernst, V., Die Entstehung des niederen Adels, Stuttgart 1916.

Ernst, V., Mittelfreie, ein Beitrag zur schwäbischen Standesgeschichte, 1920.

Fehr, H., Das Waffenrecht der Bauern im Mittelalter, in: Zeitschrift der Savigny-Stiftung, G. A. 35, 1914 und 38, 1917.

Ficker, J., Vom Heerschilde, Innsbruck 1862.

Forst-Battaglia, O., Vom Herrenstande, Leipzig 1916.

Frensdorff, F., Die Lehnsfähigkeit der Bürger, in: Nachrichten der K. Gesellschaft der Wissensch. zu Göttingen, Phil.-hist. Kl., 1894.

García Rives, A., Clases sociales en León y Castilla (Siglos X-XIII), in: Revista de Archivos, Bd. 41 und 42, 1921 und 1922.

Guilhiermoz, A., Essai sur les origines de la noblesse en France au moyen âge, 1902.

Heck, Ph., Beiträge zur Geschichte der Stände im Mittelalter, 2 Bde., Halle 1900-1905.

Heck, Ph., Die Standesgliederung der Sachsen im frühen Mittelalter, Tübingen 1927.

Heck, Ph., Übersetzungsprobleme im früheren Mittelalter, Tübingen 1931.

Langlois, Ch.-V., Les origines de la noblesse en France, in: Revue de Paris, 1904, 5 (zu Guilhiermoz, hier oben).

de La Roque, Traité de la noblesse, 1761.

Lintzel, M., Die ständischen Ehehindernisse in Sachsen, in: Zeitschrift der Savigny-Stiftung, G. A. 52, 1932, S. 438-445.

de Marsay, De l'âge des privilèges au temps de vanités, 1934 und Supplément, 1933.

von Minnigerode, H., Ebenburt und Echtheit. Untersuchungen zur Lehre von der adeligen Heiratsebenburt vor dem 13. Jahrhundert, Heidelberg 1932, (Deutschrechtliche Beiträge, 8, 1).

Neckel, G., Adel und Gefolgschaft, in: Beiträge zur Gesch. der deutschen Sprache, Bd. 46, 1916.

de Neufbourg, Les origines de la noblesse, in: Marsay (wie oben), Supplément.

Otto, E. F., Adel und Freiheit im deutschen Staat des frühen Mittelalters, Berlin 1937[7].

Plotho, V., Die Stände des deutschen Reiches im 12. Jahrhundert und ihre Fortentwicklung, in: Vierteljahrschrift für Wappen-, Siegel- und Familienkunde, Bd. 45, 1917.

Reid, R. R., Barony and Thanage, in: English historical Review, Bd. 35, 1920.

Round, J. A., Barons and knights in the Great Charter, in: Magna Carta: Commenmoration essays, London 1917.

Round, J. A., Barons and peers, in: English historical Review, 33, 1918.

Santifaller, L., Über die Nobiles, in: L. Santifaller, Das Brixner Domkapitel in seiner persönlichen Zusammensetzung, Bd. 1, S. 59-63, Innsbruck 1924 (Schlern-Schriften, 7).

Schnettler, O., Westfalens Adel und seine Führerrolle in der Geschichte, Dortmund 1926.

Schnettler, O., Westfalens alter Adel, Dortmund 1928.

Schulte, A., Der Adel und die deutsche Kirche im Mittelalter, 2. A., Stuttgart 1922.

Voigt, F., Der Bedeutungswandel des Wortes edel, Marburg 1909 (Marburger Akademische Reden, Nr. 20).

Werminghoff, A., Ständische Probleme in der Geschichte der deutschen Kirche des Mittelalters, in: Zeitschrift der Savigny-Stiftung, K. A. 1, 1911.

Westerblad, C. A., Baro et ses dérivés dans les langues romanes, Upsala 1910.

2. Der Ritterschlag und die liturgischen Quellen

Andrieu, M., Les ordines romani du haut moyen âge, 1: Les manuscrits, Löwen 1931 (Spicilegium sacrum lovaniense, 11).

Franz, Ad., Die kirchlichen Benediktionen des Mittelalters, 2 Bde., Freiburg im Breisgau 1909.

Benedictio ensis noviter succincti, Mainzer Pontifikale: Handschriften und Ausgaben, vgl. Andrieu, Les ordines . . ., S. 178 und Index unter ensis; Facsimile: Monaci, Archivio paleografico, Bd. 2, Nr. 73.

Schwertweihe: Pontifikale von Besançon: vgl. Andrieu, S. 445. Ausgabe: Martène, De antiquis eccl. ritibus, Bd. 2, 1788, S. 239; Franz, Benediktionen, Bd. 2, S. 294.

Liturgie des Ritterschlags: Pontifikale von Reims, vgl. Andrieu, S. 112; hrsg. Hittorp, De divinis catholicae ecclesiae officiis, 1719, col. 178; Franz, Bd. 2, S. 295.

Liturgie des Ritterschlags: Pontificale des Guil. Durandus, hrsg. J. Catalani, Pontificale romanum, Bd. 1, 1738, S. 424.

Liturgie des Ritterschlags: Pontificale romanum. Hrsg. (u. a.) Catalani, Bd. 1, S. 419.

3. Mittelalterliche Abhandlungen über das Rittertum

Bonizo, Liber de vita christiana, 7, 28, hrsg. Perels, 1930 (Texte zur Geschichte des römischen und kanonischen Rechts 1).

Chrétien de Troyes, Perceval le Gallois, hrsg. Potvin, Bd. 2, v. 2831 f.

Lancelot, in: H. O. Sommer, The vulgate version of the Arthurian romances, Bd. 3, 1, S. 113-115.

Der Meissner, »Swer ritters name wil empfan . . .«, in: F. H. von der Hagen, Minnesinger, Bd. 3, S. 107, Nr. 10.

Navone, G., Le rime di Folgore da San Gemignano, Bologna 1880, S. 45-49.

L'Ordene de Chevalerie, in: Barbazan, Fabliaux, 2. A. von Méon, Bd. 1, 1808, S. 59-79.

Raimundus Lullus, Libro de la orden de Caballeria, hrsg. J. R. Luanco, R. Academia de Buenos Letras, Barcelona 1901. Französ. Übersetzung in: P. Allut, Étude biographique et historique sur Symphorien Champier, Lyon 1859, S. 266 f. Engl. Übersetzung: The book of the ordre of chivalry, translated and printed by W. Caxton, hrsg. Byles, 1926 (Early English Texts Soc., Bd. 168).

4. Arbeiten über Rittertum und Ritterschlag

de Barthélemy, A., De la qualification de chevalier, in: Revue nobiliaire, 1868.

Erben, W., Schwertleite und Ritterschlag: Beiträge zu einer Rechtsgeschichte der Waffen, in: Zeitschrift für historische Waffenkunde, Bd. 8, 1918-1920.

Gautier, L., La chevalerie, 3. A. o. J.

Massmann, E. H., Schwertleite und Ritterschlag, dargestellt auf Grund der mittelhochdeutschen literarischen Quellen, Hamburg 1932.

Pivano, S., Lineamenti storici e giuridici della cavalleria mediovale, in: Memorie della r. Accad. delle scienze di Torino, 2. Reihe, Bd. 55, 1905, Scienze Morali.

Prestage, E., Chivalry: a series of studies to illustrate its historical significance and civilizing influence, by members of King's College London, London 1928.

Roth von Schreckenstein, K. H., Die Ritterwürde und der Ritterstand. Historischpolitische Studien über deutsch-mittelalterliche Standesverhältnisse auf dem Lande und in der Stadt, Freiburg im Breisgau 1886.

Salvemini, G., La dignità cavalleresca nel Comune di Firenze, Florenz 1896.

Treis, K., Die Formalitäten des Ritterschlags in der altfranzösischen Epik, Berlin 1887.

5. Die Erhebungen in den Adelsstand

Arbaumont, J., Des anoblissements en Bourgogne, in: Revue nobiliaire, 1866.

de Barthélemy, A., Étude sur les lettres d'anoblissement, in: Revue nobiliaire, 1869.

Klüber, J. L., De nobilitate codicillari, in: Klüber, Kleine juristische Bibliothek, Bd. 8, Erlangen 1793.

Thomas, P., Comment Guy de Dampierre, comte de Flandre, anoblissait les roturiers, in: Commission histor. du Nord, 1933; vgl. P. Thomas, Textes historiques sur Lille et le Nord, Bd. 2, 1936, S. 229.

6. Adliges und ritterliches Leben

Apfel, C., Bertran von Born, Halle 1931.

Bormann, E., Die Jagd in den altfranzösischen Artus- und Abenteuerromanen, Marburg 1887 (Ausg. und Abh. aus dem Gebiete der roman. Philologie, 68).

Du Cange, De l'origine et de l'usage des tournois. Des armes à outrance, des joustes, de la Table Ronde, des behourds et de la quintaine (Dissertations sur l'histoire de saint Louis, 6 und 7), in: Glossarium, hrsg. Henschel, Bd. 7.

Dupin, H., La courtoisie au moyen âge (d'après les textes du XIIe et du XIIIe siècle) 1931.

Ehrismann, G., Die Grundlagen des ritterlichen Tugendsystems, in: Zeitschrift für deutsches Altertum, Bd. 56, 1919.

Erdmann, C., Die Entstehung des Kreuzzugsgedankens, Stuttgart 1935 (Forschungen zur Kirchen- und Geistesgeschichte, 6).

George, R. H., The contribution of Flanders to the Conquest of England, in: Revue Belge de philologie, 1926.

Gilson, É., L'amour courtois, in: Gilson, La Théologie Mystique de saint Bernard, 1934, S. 192-215.

Janin, R., Les Francs au service des Byzantins, in: Échoos d'Orient, Bd. 39, 1930.

Jeanroy, A., La poésie lyrique des troubadours, 2 Bde., 1934.

Langlois, Ch.-V., Un mémoire inédit de Pierre du Bois, 1313: De torneamentis et justis, in: Revue Historique, Bd. 41, 1189.

Naumann, H., Ritterliche Standeskultur um 1200, in: H. Naumann und G. Müller, Höfische Kultur, Halle 1929 (Deutsche Vierteljahrschrift für Literaturwissenschaft und Geistesgeschichte, Buchreihe, Bd. 17).

Naumann, H., Der staufische Ritter, Leipzig 1936.

Niedner, F., Das deutsche Turnier im XII. und XIII. Jahrhundert, Berlin 1881.

Painter, S., William Marshal, knight-errant, baron and regent of England, Baltimore 1933 (The Johns Hopkins Historical Publications).

Rust, E., Die Erziehung des Ritters in der altfranzösischen Epik, Berlin 1888.

Schrader, W., Studien über das Wort »höfisch« in der mittelhochdeutschen Dichtung, Bonn 1935.

Schulte, A., Die Standesverhältnisse der Minnesänger, in: Zeitschrift für deutsches Altertum, Bd. 39, 1895.

Schultz, A., Das höfische Leben zur Zeit der Minnesinger, 2. A., 2 Bde., 1889.

Seiler, F., Die Entwicklung der deutschen Kultur im Spiegel des deutschen Lehnworts, 2: Von der Einführung des Christentums bis zum Beginn der neueren Zeit, 2. A., Halle 1907.

Whitney, M. P. Queen of medieval virtues: largesse, in: Vassar Mediaeval Studies...edited by C. F. Fiske, New Haven 1923.

7. Die Wappen

de Barthélemy, A., Essai sur l'origine des armoiries féodales, in: Mém. soc. antiquaires de l'Ouest, Bd. 35, 1870-1871.

Ilgen, Th., Zur Entstehung und Entwicklungsgeschichte der Wappen, in: Korrespondenzblatt des Gesamtvereins der deutschen Geschichts- und Altertumsvereine, Bd. 69, 1921.

v. Ulmenstein, Chr. U., Über Ursprung und Entstehung des Wappenwesens, Weimar 1935 (Forsch. zum deutschen Recht, I, 2).

8. Ministeriale und Ministerialität

(Zu deutschen und französischen Titeln vor 1925 vgl. Ganshof hier unten)

Bloch, M., Un problème d'histoire comparée: la ministérialité en France et en Allemagne, in: Revue historique de droit, 1928.

Blum, E., De la patrimonialité des sergenteries fieffées dans l'ancienne Normandie, in: Revue générale de droit, 1926.

Ganshof, F. L., Étude sur les ministeriales en Flandre et en Lotharingie, in: Mém. Acad. royale Belgique, Cl. Lettres, in-8°, 2. Reihe, XX, 1926.

Gladiss, D. v., Beiträge zur Geschichte der staufischen Ministerialität, Berlin 1934 (Ebering's Histor. Studien, 249).

Haendle, O., Die Dienstmannen Heinrichs des Löwen, Stuttgart 1930 (Arbeiten zur dt. Rechts- und Verfassungsgeschichte, 8).

Kimball, E. G., Serjeanty tenure in mediaeval England, New York 1936 (Yale Historical Publications, Miscellany, 30).

Le Foyer, J., L'office héréditaire de Focarius regis Angliae, 1931 (Biblioth. d'histoire du droit normand, 2. Reihe, 4).

Stengel, E. E., Über den Ursprung der Ministerialität, in: Papsttum und Kaisertum: Forschungen P. Kehr dargebracht, München 1925.

II. Die Kirche in der Feudalgesellschaft
Die Vogtei

Ich war der Meinung, im Folgenden nicht auch noch die allgemeinen Kirchengeschichten insgesamt oder nach Ländern aufzählen zu müssen. Das gilt auch für die Arbeiten, die sich mit verschiedenen Problemen der eigentlichen Kirchengeschichte befassen. Ich begnüge mich damit, an den ganzen Gewinn zu erinnern, den der Historiker der Feudalgesellschaft aus der Benutzung des großen Werkes von A. Hauck, Kirchengeschichte Deutschlands, 5 Bde., Leipzig 1914-1920, und des schönen Buches von P. Fournier und G. Le Bras, Histoire des collections canoniques en Occident depuis les Fausses Décrétales jusqu' au Décret de Gratien, 2 Bde., 1931-1932, zieht.

Zur Vogtei vgl. man auch die III. Abteilung der vorliegenden Bibliographie. Besonders viele deutsche Arbeiten unterscheiden nicht recht zwischen den im übrigen eng verbundenen Problemen der Vogtei einerseits und der allgemeinen Rechtsprechung andererseits.

Génestal, R., La patrimonialité de l'archidiaconat dans la province ecclésiastique de Rouen, in: Mélanges Paul Fournier, 1929.

Laprat, R., Avoué, in: Dictionnaire d'histoire et de géographie ecclésiastique, Bd. 5, 1931.

Lesne, Em., Histoire de la propriété ecclésiastique en France, 4 Bd., Lille 1910-1938.

Merk. C. J., Anschauungen über die Lehre und das Leben der Kirche im altfranzösischen Heldenepos, Halle 1914 (Zeitschrift für romanische Philologie, Beiheft 41).

Otto, E. F., Die Entwicklung der deutschen Kirchenvogtei im 10. Jahrhundert, Berlin 1933 (Abhandl. zur mittleren und neueren Geschichte, 72).

Pergameni, Ch., L'avouerie ecclésiastique belge, Gent 1907. Vgl. P. Bonenfant, Notice sur le faux diplôme d'Otton Ier, in: Bulletin-Commission royale histoire, 1936.

Senn, F., L'institution des avoueries ecclésiastiques en France, 1903. Vgl. die Rezension von W. Sickel, Göttingische Gelehrte Anzeigen, Bd. 156, 1904.

Senn, F., L'institution des vidamies en France, 1907.

Waas, Ad., Vogtei und Bede in der deutschen Kaiserzeit, 2 Bde., Berlin 1919 und 1923.

III. Die Rechtsprechung

Ault, W. O., Private Jurisdiction in England. New Haven 1923 (Yale Historical Publications, Miscellany, 10).

Beaudoin, Ad., Étude sur les origines du régime féodal: la recommandation et la justice seigneuriale, in: Annales de l'enseignement supérieur de Grenoble, 1, 1889.

Beautemps-Beaupré, Recherches sur les juridictions de l'Anjou et du Maine, 1890.

Cam, H. M., Suitors and Scabini, in: Speculum, 1935.

Champeaux, E., Nouvelles théories sur les justices du moyen âge, in: Revue historique du droit, 1935, S. 101-111.

Esmein, Ad., Quelques renseignements sur l'origine des juridictions privées, in: Mélanges d'archéologie et d'histoire, 1886.

Ferrand, N., Origines des justices féodales, in: Le Moyen Age, 1921.

de Fréville, R., L'organisation judiciaire en Normandie aux XIIe et XIIIe siècles, in: Nouv. Revue historique de droit, 1912.

Ganshof, F. L., Notes sur la compétence des cours féodales en France, in: Mélanges d'histoire offerts à Henri Pirenne, 1926.

Ganshof, F. L., Contribution à l'étude des origines des cours féodales en France, in: Revue historique de droit, 1928.

Ganshof, F. L., La juridiction du seigneur sur son vassal à l'époque carolingienne, in: Revue de l'Université de Bruxelles, Bd. 28, 1921-1922.

Ganshof, F. L., Recherches sur les tribunaux de châtellenie en Flandre, avant le milieu du XIIIe siècle, 1932 (Universiteit te Gent, Werken uitgg. door de Faculteit der Wijsbegeerte en Letteren, 68).

Ganshof, F. L., Die Rechtsprechung des gräflichen Hofgerichtes in Flandern, in: Zeitschrift der Savigny-Stiftung, G. A. 58, 1938.

Garaud, M., Essai sur les institutions judiciaires du Poitou sous le gouvernement des comtes indépendants: 902-1137, Poitiers 1910.

Garcia de Diego, V., Historia judicial de Aragón en los siglos VIII al XII, in: Anuario de historia del derecho español, Bd. 11, 1934.

Glitsch, H., Der alamannische Zentenar und sein Gericht, in: Berichte über die Verhandlungen der k. sächsischen Ges. der Wissenschaften, Phil-histor. Kl., Bd. 69, 1917.

Glitsch, H., Untersuchungen zur mittelalterlichen Vogtgerichtsbarkeit, Bonn 1912.

Halphen, L., Les institutions judiciaires en France au XIe siècle: région angevine, in: Revue historique, Bd. 77, 1901.

Halphen, L., Prévôts et voyers au XIe siècle: région angevine, in: Le Moyen Age, 1902.

Hirsch, H., Die hohe Gerichtsbarkeit im deutschen Mittelalter, Prag 1922.

Hirsch, H., Die Klosterimmunität seit dem Investiturstreit, Weimar 1913.

Kroell, M., L'immunité franque, 1910.

Lot, F., La »vicaria« et le »vicarius«, in: Nouvelle Revue historique de droit, 1893.

Massiet du Biest, J., A propos des plaids généraux, in: Revue du Nord, 1923.

Morris, W.-A., The frankpledge system, New York 1910 (Harvard Historical Studies, 14).

Perrin, Ch.-E., Sur le sens du mot »centena« dans les chartes lorraines du moyen âge, in: Bulletin Du Cange, Bd. 5, 1929-1930.

Salvioli, G., L'immunità et le giustizie delle chiese in Italia, in: Atti e memorie delle R. R. Deputazioni di Storia Patria per le provincie Modenesi e Parmesi, 3. Reihe, 1888-1890.

Salvioli, G., Storia della procedura civile e criminale, Mailand 1925 (Storia del diritto italiano publicata sotto la direzione di Pasquale del Giudice, Bd. 3, Teil 1).

Stengel, E. E., Die Immunität in Deutschland bis zum Ende des 11. Jahrhunderts. Teil 1: Diplomatik der deutschen Immunitäts-Privlegien, Innsbruck 1910.

Thirion, P., Les échevinages ruraux aux XIIe et XIIIe siècle dans les possessions des églises de Reims, in: Études d'histoire du moyen âge dédiées à G. Monod, 1896.

IV. Die Friedensbewegung

Erdmann, C., Zur Überlieferung der Gottesfrieden-Konzilien, in: Erdmann, a.a.O., oben S. 586.

Görris, G.-C.-W., De denkbeelden over oorlog en de bemoeeiingen voor vrede in de elfde euw, Nimwegen 1912 (Diss. Leyden).

Herzberg-Fränkel, S., Die ältesten Land- und Gottesfrieden in Deutschland, in: Forschungen zur deutschen Geschichte, Bd. 23, 1883.

Huberti, L., Studien zur Rechtsgeschichte der Gottesfrieden und Landesfrieden, 1: Die Friedensordnungen in Frankreich, Ansbach 1892.

Kluckhon, A., Geschichte des Gottesfriedens, Leipzig 1857.

de Manteyer, G., Les origines de la maison de Savoie... La paix en Viennois (Anse, 17? juin 1025), in: Bulletin de la Soc. de statistique de l'Isère, 4e série, Bd. 7, 1904.

Molinié, G., L'organisation judiciaire, militaire et financière des associations de la paix: étude sur la Paix et la Trêve de Dieu dans le Midi et le Centre de la France, Toulouse 1912.

Prentout, H., La tréve de Dieu en Normandie, in: Mémoires de l'Acad. de Caen, Nouv. Série, Bd. 6, 1931.

Quidde, L., Histoire de la paix publique en Allemagne au moyen âge, 1929.

Schnelbögl, W., Die innere Entwicklung der bayerischen Landfrieden des 13. Jahrhunderts, Heidelberg 1932 (Deutschrechtliche Beiträge, XIII, 2).

Sémichon, E., La Paix et la Trêve de Dieu, 2. A., 2 Bde., 1869.

Yver, J., L'interdiction de la guerre privée dans le très ancien droit normand (Extrait des travaux de la semaine d'histoire du droit normand... Mai 1927) 1928.

Wohlhaupter, E., Studien zur Rechtsgeschichte der Gottes- und Landfrieden in Spanien, Heidelberg 1933 (Deutschrechtliche Beiträge XIV, 2).

V. Die Institution der Monarchie[8]

Becker, F., Das Königtum des Nachfolgers im deutschen Reich des Mittelalters, 1913 (Quellen und Studien zur Verfassung des Dt. Reiches, V, 3).

Bloch, M., L'Empire et l'idée d'Empire sous les Hohenstaufen, in: Revue des Cours et Conférences, Bd. 30, 2, 1928-1929.

Bloch, M., Les rois thaumaturges: étude sur le caractère surnaturel attribué à la puissance royale, particulièrement en France et en Angleterre, Straßburg 1924.

Euler, A., Das Königtum im altfranzösischen Karls-Epos. Marburg 1886 (Ausgaben und Abhandl. aus dem Gebiete der romanischen Philologie, 65).

Kampers, Fr., Rex und sacerdos, in: Histor. Jahrbuch, 1925.

Kampers, Fr., Vom Werdegang der abendländischen Kaisermystik, Leipzig 1924.

Kern, F., Gottesgnadentum und Widerstandsrecht im früheren Mittelalter, Leipzig 1914.

Halphen, L., La place de la royauté dans le système féodal, in: Revue historique, Bd. 172, 1933.

Mitteis, H., Die deutsche Königswahl: ihre Rechtsgrundlagen bis zur Goldenen Bulle, Baden bei Wien 1938.

Naumann, H., Die magische Seite des altgermanischen Königtums und ihr Fortwirken, in: Wirtschaft und Kultur. Festschrift zum 70. Geburtstag von A. Dopsch, Wien 1938.

Perels, E., Der Erbreichsplan Heinrichs VI., Berlin 1927.

Rosenstock, E., Königshaus und Stämme in Deutschland zwischen 911 und 950, Leipzig 1914.

Schramm, P. E., Die deutschen Kaiser und Könige in Bildern ihrer Zeit, 1: 751-1152, 2 Bde., Leipzig 1928 (Veröffentlichungen der Forschungsinstitute an der Univ. Leipzig, Institut für Kultur- und Universalgesch., 1).

Schramm, P. E., Geschichte des englischen Königtums im Lichte der Krönung, Weimar 1937 (mit allgemeiner Bibliographie über die Königskrönung in Europa).

Schramm, P. E., Kaiser, Rom und Renovatio, 2 Bde., Leipzig 1929 (Studien der Bibliothek Warburg, 17).

Schulte, A., Anläufe zu einer festen Residenz der deutschen Könige im Mittelalter, in: Historisches Jahrbuch, 1935.

Schultze, A., Kaiserpolitik und Einheitsgedanken in den karolingischen Nachfolgestaaten (876-962), Berlin 1926.

Viollet, P., La question de la légitimité à l'avènement de Hugues Capet, in: Mém. Académie Inscriptions, Bd. 34, 1, 1892.

VI. Die Territorialgewalten

Vaccari, P., Dall' unità romana al particolarismo giuridico del Medio evo, Pavia 1936.

Ficker, J. und P. Puntschart, Vom Reichsfürstenstande, 4 Bde., Innsbruck, Graz, Leipzig 1861-1923.

Halbedel, A., Die Pfalzgrafen und ihr Amt: ein Überblick, in: A. Halbedel, Fränkische Studien, Berlin 1915 (Ebering's Histor. Studien, 132).

Läwen, G., Stammesherzog und Stammesherzogtum, Berlin 1935.

Lintzel, M., Der Ursprung der deutschen Pfalzgrafschaften, in: Zeitschrift der Savigny-Stiftung, G. A. 49, 1929.

Parisot, R., Les origines de la Haute-Lorraine et sa première maison ducale, 1908.

Rosenstock, E., Herzogsgewalt und Friedensschutz: Deutsche Provinzialversammlungen des 9.-12. Jahrhunderts, Breslau 1910 (Untersuchungen zur deutschen Staats- und Rechtsgeschichte, 104).

Schmidt, G., Das würzburgische Herzogtum und die Grafen und Herren von Ostfranken vom 11. bis zum 17. Jahrhundert, Weimar 1913 (Quellen und Studien zur Verfassungsgeschichte des Deutschen Reiches, V, 2).

Werneburg R., Gau, Grafschaft und Herrschaft in Sachsen bis zum Übergang in das Landesfürstentum Hannover, 1910 (Forschungen zur Geschichte Niedersachsens, III, 1).

Lapsley, G. Th., The county palatine of Durham, Cambridge, Mass. 1924 (Harvard Historical Studies, 8).

d'Arbois de Jubainville, Histoire des ducs et comtes de Champagne, 7 Bde., 1859-1866.

Auzias, L., L'Aquitaine carolingienne (778-897), 1937.

de Barthélemy, A., Les origines de la maison de France, in: Revue des questions historiques, Bd. 13, 1873.

Boussard, J., Le comité d'Anjou sous Henri Plantagenêt et ses fils (1151-1204), 1938 (Biblioth. Éc. Hautes-Études, Sc. histor., 271).

Chartrou, J., L'Anjou de 1109 à 1151, 1928.

Chaume, M., Les origines du duché de Bourgogne, 2 Bde., Dijon 1925-1931.

Fazy, M., Les origines du Bourbonnais, 2 Bde., Moulins 1942.

Grosdidier de Matons, M., Le comté de Bar des origines au traité de Bruges (vers 750-1301). Bar-le-Duc 1922.

Halphen, L., Le comté d'Anjou au XIe siècle, 1906.

de Jaurgain, J., La Vasconie, 2 Bde., Pau 1898.

Jeulin, P., L'hommage de le Bretagne en droit et dans les faits, in: Annales de Bretagne, 1934.

La Borderie, A. Le Moyne de, Histoire de Bretagne, Bd. 2 und 3, 1898-1899.

Latouche, R., Histoire du comté du Maine, 1910 (Biblioth. Éc. Hautes Études, Sc. histor., 183).

Lex, L., Eudes, comte de Blois ... (995-1007) et Thibaud, son frère (995-1004), Troyes 1892.

Lot, F., Fidèles ou vassaux?, 1904.

Powicke, F. M., The loss of Normandy (1189-1204), 1913 (Publications of the University of Manchester, Historical Series 16).

Sprömberg, H., Die Entstehung der Grafschaft Flandern, Teil 1: die ursprüngliche Grafschaft Flandern (864-892), Berlin 1935, vgl. F. L. Ganshof, Les origines du comité de Flandre, in: Revue belge de philologie, 1937.

Valin, L., Le duc de Normandie et sa cour, 1909.

Valls-Taberner, F., La cour comtale barcelonaise, in: Revue historique du droit, 1935.

Les Bouches du Rhône, Encyclopédie départementale. Première partie, Bd. 2, Antiquité et moyen âge, 1924.

Kiener, F., Verfassungsgeschichte der Provence seit der Ostgothenherrschaft bis zur Errichtung der Konsulate (510-1200), Leipzig 1900.

de Manteyer, G., La Provence du Ier au XIIe siècle, 1908.

Previté-Orton, C. W., The early history of the House of Savoy (1000-1223), Cambridge 1912.

de Tournadre, G., Histoire du comté de Forcalquier (XIIe siècle), 1930.

Grimaldi, N., La contessa Matilde e la sua stirpe feudale, Florenz 1928.

Hofmeister, A., Markgrafen und Markgrafschaften im italienischen Königreich in der Zeit von Karl dem Großen bis auf Otto den Großen (774-962), in: Mitteilungen des Instituts für österreichische Geschichtsforschung, 7. Ergänzungsband, 1906.

VII. Die Nationalitäten

Chaume, M., Le sentiment national bourguignon de Gondebaud à Charles le Téméraire, in: Mém. Acad. Sciences Dijon 1922.

Coulton, G. G., Nationalism in the middle ages, in: The Cambridge Historical Journal, 1935.

Hugelmann, K. G., Die deutsche Nation und der deutsche Nationalstaat im Mittelalter, in: Histor. Jahrbuch, 1931.

Kurth, G., Francia et Francus, in: Études franques, 1919, Bd. 1.

Monod, G., Du rôle de l'opposition des races et des nationalités dans la dissolution de l'Empire carolingien, in: Annuaire de l'Éc. des Hautes Études, 1896.

Rempris, M., Die Vorstellungen von Deutschland im altfranzösischen Heldenepos und Roman und ihre Quellen, Halle 1911 (Beihefte zur Zeitschrift für roman. Philologie, 234).

Schultheiss, F. G., Geschichte des deutschen Nationalgefühls, Bd. 1, München 1893.

Vigener, F., Bezeichnungen für Volk und Land der Deutschen vom 10. bis zum 13. Jahrhundert, Heidelberg 1901.

Zimmermann, K. L., Die Beurteilung der Deutschen in der französischen Literatur des Mittelalters mit besonderer Berücksichtigung der Chansons de geste, in: Romanische Forschungen, Bd. 19, 1911.

VIII. Der Feudalismus in vergleichender Geschichtsbetrachtung

Hintze, O., Wesen und Verbreitung des Feudalismus, in: Sitzungsber. der preußischen Akad., Phil.-histor. Kl., 1929.

Dölger, F., Die Frage des Grundeigentums in Byzanz, in: Bulletin of the international commission of historical sciences, Bd. 5, 1933.

Ostrogorsky, G., Die wirtschaftlichen und sozialen Entwicklungsgrundlagen des byzantinischen Reiches, in: Vierteljahrschrift für Sozial- und Wirtschaftsgeschichte, 1929.

Stein, E., Untersuchungen zur spätbyzantinischen Verfassungs- und Wirtschaftsgeschichte, in: Mitteilungen zur osmanischen Geschichte, Bd. 2, 1923-1925.

Thurneyssen, R., Das unfreie Lehen, in: Zeitschrift für keltische Philologie, 1923; Das freie Lehen, ibid., 1924.

Franke, O., Feudalism: Chinese, in: Encyclopaedia of the social sciences, Bd. 6, 1931.

Franke, O., Zur Beurteilung des chinesischen Lehnwesens, in: Sitzungsber. der Preußischen Akad., Phil.-histor. Kl., 1927.

Erslev, Kr., Europaeisk Feudalisme og dansk Lensvaesen, in: Historisk Tidsskrift, 7. Reihe, Bd. 2, 1899.

Becker, C. H., Steuerpacht und Lehnwesen: eine historische Studie über die Entstehung des islamischen Lehnwesens, in: Islam, Bd. 5, 1914.

Belin, Du régime des fiefs militaires dans l'Islamisme et principalement en Turquie, in: Journal Asiatique, 6e série, Bd. 15.

Lybyer, A. H., Feudalism: Sarracen and Ottoman, in: Encyclopaedia of the social sciences, Bd. 6, 1931.

Asakawa, K., The documents of Iriki illustrative of the development of the feudal institutions of Japan, New Haven 1929. Mit wichtiger Einleitung.

Asakawa, K., The origin of feudal land-tenure in Japan, in: American Historical Review, 30, 1915.

Asakawa, K., The early sho and the early manor: a comparative study, in: Journal of economic and business history, Bd. 1, 1929.

Fukuda, T., Die gesellschaftliche und wirtschaftliche Entwicklung in Japan, Stuttgart 1900 (Münchner volkswirtschaftliche Studien, 42).

Ruffini Avondo (Hrsg.), Il feudalismo giapponese visto da un giurista europeo, in: Rivista di storia del diritto italiano, Bd. 3, 1930.

Sansom, J. B., Le Japon: histoire de la civilisation japonaise, 1938.

Uyehara, S., Gefolgschaft und Vasallität im fränkischen Reiche und in Japan, in: Wirtschaft und Kultur. Festschrift zum 70. Geburtstag von A. Dopsch, Wien 1938.

Lévi, S., Le Népal, 2 Bde., 1905 (Annales du Musée Guimet, Bibliothèque, Bd. 17 und 18).

Hötzsch, O., Adel und Lehnwesen in Rußland und Polen und ihr Verhältnis zur deutschen Entwicklung, in: Historische Zeitschrift, 1912.

Wojciechowski, Z., La condition des nobles et le problème de la féodalité en Pologne au moyen âge, in: Revue historique du droit, 1936 und 1937 (mit Bibliographie).

Eck, Al., Le moyen âge russe, 1933.

Fußnoten zur Bibliographie

1 Mit Ausnahme der literarischen Quellen in den Volkssprachen.

2 Die Bibliographie ist vor allem hinsichtlich der Bildung sehr summarisch; die zitierten Werke verweisen auf andere ältere oder detailliertere Untersuchungen.

3 Die bestimmte Landschaften betreffenden Werke sind zusammen mit den Arbeiten, die sich auf die Geschichte der Territorialfürstentümer beziehen, in die Bibliographie zum folgenden Bande aufgenommen (vgl. S. 590).

4 Die Belege für die angelsächsischen Gesetze erscheinen hier oben im Anmerkungstext unter dem Namen der Könige, die auf die Gewohnheitsrechte bezogenen unter ihren Titeln.

5 Vgl. auch hier unten VIII, 2.

6 Eine sehr summarische Bibliographie, die grundsätzlich auf die wichtigsten Werke begrenzt ist, die sich mit persönlicher Abhängigkeit befasse. Die allgemeine Bibliographie über die Grundherrschaft und die Landbevölkerung wird in einem anderen Band der Sammlung »l'Évolution de l'Humanité« erscheinen. Die Arbeiten, welche die Klassenunterschiede im allgemeinen behandeln, sind in der Bibliographie zum zweiten Band aufgeführt.

7 Ich konnte von diesem Werk keine Kenntnis nehmen, das in bestimmten seiner dort aufgestellten Thesen ohne Zweifel anfechtbar bleibt, aber sehr ideen- und faktenreich ist, soweit die auf den Adel bezüglichen Kapitel diesen Eindruck hinterlassen haben.

8 Im Hinblick auf die bibliographischen Angaben zu den politischen Institutionen der verschiedenen Staaten, die vorliegen oder die in anderen Bänden der Sammlung »L'Évolution de l'Humanité« erscheinen sollen, glaubte ich mich hier auf diejenigen Arbeiten beschränken zu können, die sich auf die monarchische Idee im allgemeinen oder auf wichtige Fragen des monarchischen Rechts beziehen.

Sussex 45, 444
Sven Gabelbart, König von Däne-
mark 43
Syrien 245, 264, 355

Tacitus 191, 292, 376
Talmont (Herr von) 409
Talvas (Familie, Geschlecht der) 161,
177
Taormina 20
Tees (Fluß) 41
Templerorden 385
Tertullian 144
Thanet (Insel) 39
Themse 35, 39, 41
Theoderich der Große, König der
Ostgoten, Figur im ›Nibelungen-
lied‹ 131
Thérouanne (Bischof von) 212
Thiais (bei Paris) 314
Thietmar, Bischof von Merseburg 236
Thomas Beckett 416, 443
Thomas d'Ouzouer 161
Thrazien 26, 29
Thüringen, Thüringer 477, 519
Tiber 468
Tiel am Waal 51
Titus Livius 116
Tivoli 471
Tofi (Grundherr) 70
Toscana 166, 297, 457, 483
Toul 481
Toulouse 216, 343, 374, 473
Tournai 360, 481
Tours 185, 195
Toury 87
Towthorpe-in-Yorkshire 70
Transjuranien (Herzogtum) 453
Trient (Konzil von) 415
Tribur 366
Trosly 19
Troyes 84, 475, 509
Turkestan 25, 89
Turpin, Erzbischof von Reims 122
Tyrrhenisches Meer 15, 20

Ukraine 34
Upland 44

Urban II., Papst 144
Ungarn 15, 19, 25-32, 36, 63, 78, 89,
198, 221, 361, 538
Ural 25
Usagre 159
Utrecht
– Bischof 51

Vaccarius 149
Valence 454
Valenciennes 525
Valerius Maximus 134
Valois (Dynastie) 279, 389
Varennes-en-Argonne 536
Vegetius 134
Velluto di Buonchristiano 160 f.
Vendôme (die Mönche von) 240, 366,
508
Venedig 27, 88, 89, 452
Ver 146
Vercelli (Bischof von) 471
Verdun (Vertrag von) 451, 470
Vermandois
– Grafen 366
Verona 454
Vestergötland 33
Vézelay (Abt von) 125, 317
Viennois 454
Vivian (Figur aus dem ›Wilhelms-
lied‹) 122
Voltaire 524
Vontes 61

Wace (Autor des ›Roman de Rou‹)
126
Wales 450
Waltharius (Lied) 124, 130
Warcq-sur-Meuse 480
Wash (Fluß) 41
Welfen (die) 136, 220, 343
Wessex 41, 450
– Dynastie 516, 518
– Könige 36, 42, 43, 63, 71, 74, 469
Westgoten 142, 195, 228, 308
Westmoreland 67
Widukind 15
Wien, Wienerwald 28
Wikinger 19, 22, 33-60, 78, 198, 217,
354
Wilhelm der Eroberer (oder Wilhelm

606

Die französische Ausgabe erschien in den Éditions Albin Michel
unter dem Titel »La société féodale«
Übersetzt von Eberhard Bohm in Zusammenarbeit mit
Kuno Böse, Eva Brückner-Pfaffenberger, Michael Erbe,
Hans-Christian Hjort, Johannes Krieser und Ursula Varchmin
© Éditions Albin Michel, 1939, 1940, 1966, 1967 und 1968
Deutsche Ausgabe © 1982 by Verlag Ullstein GmbH,
Frankfurt/M. – Wien – Berlin,
Propyläen Verlag
Printed in Germany 1982
Satz und Druck Poeschel & Schulz-Schomburgk, 3440 Eschwege
Einband May & Co, Darmstadt
ISBN 3 549 07629 0

CIP-Kurztitelaufnahme der Deutschen Bibliothek

Bloch, Marc:
Die Feudalgesellschaft / Marc Bloch. [Übers.
von Eberhard Bohm in Zusammenarbeit mit Kuno
Böse . . .]. – Dt. Erstausg. – Frankfurt/M. ;
Berlin ; Wien : Propyläen, 1982.
Einheitssacht.: La société féodale ⟨dt.⟩
ISBN 3-549-07629-0